유길준의 知-人, 상상과 경험의 근대

유길준의 知-人,
상상과 경험의 근대

최덕수 편

KOREA
UNIVERSITY
PRESS
고려대학교
출판문화원

책머리에

구당 유길준(1856-1914)은 1876년 '조일수호조규' 체결 이후 1910년 '한국병합'에 이르기까지 한국 근대 사회의 격랑을 온 몸으로 체험한 인물이다. 그는 한국인 최초로 일본과 미국에서 유학하면서 근대 문명을 접하였고, 서구의 근대를 어떻게 한국에 적용할 것인가를 치열하게 고민하였다. 대표 저작 《西遊見聞》과 개혁 구상을 담은 수많은 문서는 이러한 사유와 문제의식의 소산이었다. 그는 사상가였을 뿐만 아니라 실천가이기도 했다. 1894년 갑오개혁을 추진하던 당시 군국기무처에서 핵심 참모로 활동하였으며, 내부대신까지 올라가 조선 사회의 변화를 추동할 수 있는 여러 가지 개혁 법안을 입안하고 시행하고자 했다.

그래서 한국적 근대를 구명하고자 하는 다양한 분과 학문의 연구자들은 일찍부터 유길준에 주목하여 그의 생애와 사상, 개혁 활동 등을 탐색해 왔다. 특히 1971년《兪吉濬全書》(一潮閣, 전5권)가 간행된 이후 유길준에 대한 연구는 양적으로 크게 증가했고, 한국의 근대 사상의 형성 과정을 밝히는 핵심자료로 활용되었다. 여기에는《兪吉濬全書》가 그의 사상을 알 수 있는 자료들을 중심에 두고 편찬되었기 때문이기도 했다. 당시 유길준전서편찬위원회를 구성했던 연구자들은 전서에 수록되지 않은 자료를 나중에 다시 발간하겠다고 기약했다. 그러나 40년이 넘도록 이 작업은 진척되지 않았다.

그러던 차 2003년 유길준 후손 집안에서 소장하고 있었던 자료들을 고려대학교 박물관에 기증하였다. 기증된 자료에는 개인 소품 이외에 편지와 비망록, 원고의 초고, 유길준이 관여한 단체, 회사 관련 자료 등이 포함되어 있었다.《兪吉濬全書》에 수록되지 못한 많은 자료들이 30년의 시간을 지나 새롭게 빛을 보게 되었다.

최근 한국 근대로의 이행 과정에 주목해 온 연구자들은 사회사, 문화사의 영역을 시야에 넣고, 개인의 경험을 통해 근대성 문제를 비판적으로 탐색하는 연구성과를 내어놓고 있다. 최근 기증된 자료는《兪吉濬全書》가 발간된 40년 전과 달리 개인의 경험을 시공간적으로 재현할 수 있는 매우 귀중한 가치를 갖는 것들이었다.

2014년 9월 이후 고려대학교 대학원 개항기 연구팀은 한국연구재단 토대연구지원사업의 일환으로 '한국근대인 유길준 관련 미발굴 자료의 해제 및 저작의 정본화 연구'(2017년 8월까지 3년간)를 추진하여 고려대학교 박물관 소장 유길준 자료를 전반적으로 정리할 수 있었다. 3년에 걸쳐《兪吉濬全書》에 수록되어 있지 않은 미공개 자료들을 스캔하였으며, 각각의 문건에 해제를 작성하여 체계화하였고, 데이터베이스로 구축하는 작업을 진행하였다. 연구과제를 수행하는 중에는 두 차례에 걸쳐 학술대회를 개최하면서 새로운 자료를 학계에 소개하는 자리도 마련하였다. 프로젝트 전임연구인력과 연구보조원 등이 참여하여 2차년도에는 '유길준 미발굴 자료를 통해 본 근대 지식인의 사회활동', 3차년도에는 '유길준의 知-人, 상상과 경험의 근대'라는 제목으로 각각 연구발표회를 가졌다.

이 책은 그간 프로젝트를 진행하면서 두 차례에 걸쳐 발표했던 연구 성과물을 모아 한 권의 책으로 엮은 것이다.《兪吉濬全書》에 수록되어 있지 않은 새 자료를 적극 활용하여 그가 저술활동을 하면서 참고했던 지식의 전거와 연원 및 유길준의 인적 네트워크를 비롯하여 토지 경영과 사회적 자본을 활용한 경제활동, 융희학교의 학사운영을 통한 교육활동 등을 다각도로 규명하였다. 또한 그가 소장하고 있는 도서 가운데 검정청원을 했던 교과서를 통해 통감부 시기부터 조선총독부 초창기에 이르기까지 이루어졌던 검열 활동의 구체적인 양상도 살펴볼 수 있었다. 이 책에 수록된 글들은 기존 연구가《西遊見聞》에 집중되었던 것과 달리 일기와 비망록 등을 이용하여 생애 전반으로 연구를 확대하고 있다. 이 책이 유길준 개인 연구를 넘어 근대 한국의 사회상을 새롭게 조망할 수 있는 계기가 될 수 있기를 바란다.

일찍이《兪吉濬全書》에 수록되지 않았던 자료가 고려대학교 박물관에 기증된 2003년 이후, 관련 연구자들이 개인적으로 자료 열람을 요청한 바 있었다. 하지만 소장처로서는 기증 자료 전체에 대한 정리 작업이 선행되지 못한 상태였기 때문에, 개별 열람 요청에 부응하기 어려운 실정이었다. 이제 유길준 자료 전반에 대한 해제와 정본화를 추진하였던 한국연구재단의 토대연구 지원사업이 마무리되어 공개를 앞두고 있다. 이를 계기로 향후 역사학을 비롯하여 정치외교학, 국문학, 사회학 등 여러 학문 분야에서 '근대 한국'에 대한 연구를 심화시키는 데 크게 기여할 수 있을 것이다. 본서에 수록된 전체 12편의 연구논문이 유길준과 한국사의 전통에서 근대로의 이행에 관한 각 분야의 연구에 디딤돌이 되었으면 한다. 끝으로 그동안 프로젝트를 추진하는 전 기간 동안 연구를 지원해 준 고려대학교 박물관 김상덕 학예부장님을 비롯한 기록자료실 관계자 여러분, 그리고 책의 편집과 출간을 맡아준 고려대학교 출판문화원에 깊이 감사드린다.

2018년 8월 25일
필자들을 대표하여
최덕수

차례

책머리에 5

1부 근대 상상의 지적 토대

유길준의 해외체험과 〈중립론〉에 보이는 열강 인식 _ **허동현** 13
兪吉濬의 〈中立論〉에 대한 국제법적 검토 _ **유바다** 39
갑오·을미개혁기 유길준의 향회개설론 _ **양진아** 62
《서유견문》 19-20편의 전거와 유길준의 번역 _ **서명일** 84
근대적 결혼 기획, 유길준의 〈혼례의 시말〉 _ **박은숙** 118
대한제국기 유길준의 세제개혁 구상 _ **양진아** 148
1907년 유길준의 귀국과 〈平和光復策〉 집필 — 초고본 검토를 중심으로 _ **박한민** 169

2부 근대 상상의 경험적 토대

'보호국' 시기 교과서 검정과 검열 _ **김소영** 215
대한제국기 융희학교의 학사운영과 졸업생의 사회적 진출 _ **최덕수** 239

한자통일회(漢字統一會) 활동과 '동문(同文)' 의식 _ **김소영** 262

마포-노량진 도선업의 변화와 조합회사의 역할 _ **김윤희** 293

1910년대 유길준의 경남지역 토지경영 _ **김기성** 324

보론 유길준의 인맥에 대한 연구 _ **마스타니 유이치** 358

부록 409

1
근대 상상의 지적 토대

유길준의 해외체험(1881-1885)과 〈중립론〉(1885)에 보이는 열강 인식

허동현

1. 머리말

19세기 西勢東漸의 시대를 맞아 동아시아지역에서 문명의 기준은 서구 근대의 산물인 국민국가 수립 여부로 바뀌었다.[1] 유학적 교화 즉 "중국화"를 의미하던 전통적 "문명" 관념이 전복되자, 夷狄으로 취급받던 西區와 먼저 서구를 수용한 일본이 문명이 되는 역전이 초래되었다.[2] 일본보다 늦었지만 조선에서도 개항을 전후해 새로운 문명의 표준을 따르려는 개화파들이 역사의 전면에 등장했다. 이들에게 부여된 시대적 과제는 제국주의 열강의 침략을 물리치고 국민국가를 세우는 것이었다.

矩堂 兪吉濬(1856-1914)도 시대적 소명에 응답한 선각자 중 한 명이었다. 그는 과거급제가 모든 양반들의 소망이던 때 과거 보기를 마다하고 조선 최

1 西川長夫, 1995, 〈日本型國民國家の形成—比較史的觀点から〉, 西川長夫·松宮秀治 編, 《幕末·明治期の國民國家形成と文化變容》, 新曜社, 3-42쪽.

2 정용화, 2004,《문명의 정치사상: 유길준과 근대한국》, 문학과지성사, 400-402쪽. "서구 문명을 至善과 당위로 받아들이는 순간 전근대적 삶의 양식은 야만이 되고, 우리는 문명화를 실현하기 위해 서구를 이식해야만 했다." (박정심, 2007, 〈한국 근대지식인의 '근대성' 인식 I : 문명·인종·민족담론을 중심으로〉,《동양철학연구》52, 126쪽).

초로 일본(1881. 5-1882. 12)과 미국(1883. 7-1885. 9)에 유학해 근대 국민국가의 선진 문물과 사회진화론 등 새로운 사조를 동시대인 중 가장 먼저 보고 수용한 지식인이었다.[3] 그러나 그는 일본 유학을 함께했고 시기는 늦지만 미국 유학(1888. 11-1893. 9) 경험도 공유한 尹致昊(1864-1945)와 대비되는 서구문물 수용양태와 삶의 행로를 걸었다. 유길준은 유교적 가치를 지키려 한 반면 윤치호는 기독교로 개종했다. 또한 이 두 사람과 국민국가 수립의 이상을 함께했던 金玉均(1851-1894)·朴泳孝(1861-1939)·洪英植(1855-1884) 등이 일으킨 갑신정변(1884. 12. 3)으로 인해 윤치호가 1885년 1월 망명길에 오른 반면 유길준은 그해 9월 약 2년간의 미국생활을 접고 귀국길에 올라 12월 16일 제물포로 귀환했다.[4] 일본과 미국에 유학하며 근대문물을 앞서 체험했던 그에게 중국은 이미 따라 배울 문명은 아니었다. 그럼에도 유학 직후 그는 갑신정변 실패 후 전개된 열강 사이의 힘의 균형이 이루어진 국제정치 상황을 주목해 조선의 살 길을 중립국화에서 찾아 이를 중국 주도로 실현하려는 〈중립론〉을 집필했다.

종래 그가 해외 체험을 통해 수용한 사조가 무엇이고 그것이 그의 열강인식에 어떠한 영향을 끼쳤는지를, 그리고 그가 새로운 문명을 도입하려는 이들에게 멸시의 대상으로 전락한 중국에 기댄 조선 중립화론을 제기한 이유를 연속선상에서 究明한 연구는 드물다. 따라서 본고의 목적은 전통과 근대

---

3 李光麟, 1969, 〈미국 유학시절의 유길준〉, 《韓國開化史硏究》, 一潮閣; ____, 1979, 〈유길준의 개화사상〉, 《韓國開化思想硏究》, 一潮閣; 柳永益, 1990, 〈갑오경장 이전의 유길준〉, 《甲午更張硏究》, 一潮閣; 김학준, 2000, 〈유길준의 서양정치학 수용〉, 《한말의 서양정치학 수용 연구》, 서울대학교출판부; 김경일, 2008, 〈문명론과 인종주의, 아시아 연대론: 유길준과 윤치호의 비교를 중심으로〉, 《사회와 역사》 78; 우남숙, 2010, 〈유길준과 에드워드 모스 연구: 사상적 교류를 중심으로〉, 《한국동양정치사상사연구》 9-2; 방상근·와타나베 히로시, 2013, 〈다중적 근대의 모색: 19세기말 후쿠자와 유키치의 경쟁론과 유길준의 교화론〉, 《현대정치연구》 6-1; 김형근, 2014, 〈유길준 작 '지제의'의 구조와 특징〉, 《韓國史學報》 57; 양진아, 2014, 〈갑신정변 이후 유길준의 재정개혁론〉, 《韓國史學報》 57.

4 졸고, 2002a, 〈1880년대 개화파 인사들의 사회진화론 수용양태 비교 연구: 유길준과 윤치호를 중심으로〉, 《史叢》 55, 169-188쪽; ____, 2006, 〈개화기 윤치호의 해외체험과 문화수용〉, 《한국문화연구》 11, 117-151쪽.

가 교차하는 시대를 산 그가 일본과 미국 유학을 통해 어떤 지적 변화를 가져왔는지를 알아본 다음, 〈중립론〉에 담긴 열강(중국·일본·러시아·미국)에 대한 인식을 당시 국내외 정세와 연동해 살핌으로써 그가 중국에 기댄 중립화론을 조선의 생존 방안으로 입안했음에도 이를 세상에 내놓지 않은 이유 등을 밝히려는 데 있다.

2. 일본(1881. 5-1882. 12)과 미국(1883. 7-1885. 9) 유학을 통한 근대 체험

1) 해외 유학의 길을 열어 준 박규수와 민영익

유길준은 노론계 명문인 杞溪 유씨의 후예로 당시 그의 집안은 세도가문에 밀려 家格이 예전만은 못했지만 지배층 내에서 중위권 정도의 위치는 유지하고 있었다. 따라서 그는 과거 준비교육을 체계적으로 받았으며, 충분히 급제할 만한 배경도 갖고 있었다. 그러나 그는 16세와 18세 때 인생에 전환점을 만들어 준 두 사람을 만났다. 1870년에 사제지연을 맺은 朴珪壽(1807-1876)로부터 《萬國公法》 등을 배우며 時務學에 눈떴으며, 그의 사랑방에 출입하던 김옥균·홍영식·박영효·魚允中(1848-1896)·徐光範(1859-1897) 등 개화파 인사들과 교유하면서 1877년에는 과거제도의 해악을 비판하는 〈科文弊論〉을 지을 만큼 과거를 통한 입신양명의 길을 포기하고 근대학문에 도전할 '근대인'으로 성장했다.[5]

박규수 문하에서 개화파 인사들과 교유하면서 갖게 된 외부세계에 대한 지적 호기심을 채울 기회를 갖게 해 준 이는 1872년에 兪萬柱 문하에서 동문수학하면서 알게 된 정계의 실력자 閔泳翊(1860-1914)이었다. 유학생 발탁

5 柳永益, 1990, 앞의 논문, 90-93쪽.

은 물론 학비 보조 등 그의 지원에 힘입어 유길준은 1881년과 1883년 일본과 미국에서 새로운 사조와 지식을 습득할 기회를 잡을 수 있었다.[6]

2) 지적 세례를 준 후쿠자와 유키치와 에드워드 모스

1881년 봄 조선정부가 메이지 일본의 발전상을 파악하기 위해 보낸 朝士視察團 편에 도일한 그는 5월 16일 福澤諭吉(후쿠자와 유키치, 1835-1901)가 세운 慶應義塾(게이오 기주쿠)에 입학했다. 이후 그는 1882년 12월까지 약 1년 반 동안 일본어와 영어, 그리고 국제법과 정치학 등 서구 근대학문을 배웠으며,[7] 이때 학연을 맺은 스승 후쿠자와와 게이오 동문들은 두터운 결속력으로 추후 그의 정치·개혁활동에 도움을 준 후원 세력이자 인맥으로 기능했다.[8]

그러나 그는 1882년 말 민영익의 권고를 받아들여 1년 반 만에 유학을 중단하고 귀국길에 올랐다. 임오군란 발발 이후 긴박해진 국제정세로 인해 외교전문가를 필요로 했기 때문이었다. 서울로 돌아온 후 그는 외교·통상 업무를 총괄한 統理機務衙門의 主事로 발탁되었다. 이후 그는 박영효를 도와《漢

---

6 유동준에 따르면 민영익은 1880년 修信使 金弘集의 隨員으로 그를 추천한 적이 있었으며, 1881년 조사시찰단 파견 시에도 자신의 수원으로 유길준을 발탁했었으나, 그 자신의 도일이 어렵게 되자 어윤중의 수원으로 재배치했다고 한다.(유동준, 1987,《兪吉濬傳》, 一潮閣, 20·41·51-52쪽). 또한 그와 함께 일본에 유학했던 윤치호가 1883년 1월 15일자 일기에서 "이날 이번 달 월급 10원과 芸楣(민영익)가 주는 돈에서 16원을 찾았다"라고 한 점으로 미루어, 이들의 학비는 국고와 민영익의 사재에서 지급된 듯하다.(윤치호 저, 송병기 역, 2001,《국역 윤치호일기 (1)》, 연세대학교 출판부, 15쪽).

7 당시 그는 후쿠자와 유키치가 저술한《서양사정》·《학문의 권장》·《문명론지개략》을 비롯하여, 당시 일본에서 널리 읽혔던 加藤弘之(가토 히로유키, 1836-1916)의《입헌정체략》과《국체신론》및 中江兆民(나카에 조민, 1847-1925)의《民約譯解》같은 서양 정치사상 소개서도 폭넓게 접했을 것으로 보인다.(柳永益, 1990, 앞의 논문, 94쪽).

8 유학 시절 그는 스승 후쿠자와 유키치와 그의 아들인 福澤一太郎(후쿠자와 이치타로, 1863-?)·福澤捨次郎(후쿠자와 스테지로, 1865-?)를 비롯해 小幡篤次郎(오바타 도쿠지로, 1842-1905)·岡本柳之助(오카모토 류노스케, 1852-1912)·犬養毅(이누카이 쓰요시, 1855-1932)·鎌田榮吉(가마타 에이키치, 1857-1934)·石河幹明(이시카와 칸메이, 1859-1943)·尾崎行雄(오자키 유키오, 1858-1954)·井上角五郎(이노우에 가쿠고로, 1860-1938) 등 게이오 동문들과 맺은 학연과 인맥은 그의 삶의 궤적을 이해하는 데 있어 중요한 단서를 제공한다. (Masutani Yuichi, 2016, "A Study on Yu Kilchun and His Network of Acquaintances (1881-1907)", *International Journal of Korean History* 21-2, pp. 19-21 · 42).

城旬報》 창간을 준비하던 중 미국 공사(Lucius H. Foote)의 부임에 대한 답례 차 1883년 7월 미국에 파견된 報聘使의 正使 민영익의 隨員으로 도미했다.[9]

11월 보빙사행이 귀국길에 오른 뒤 홀로 남은 그는 후쿠자와 유키치의 주선으로 사회진화론자인 모스(Edward Sylvester Morse, 1838-1925)의 집에 7개월간 머물며 영어를 몸에 익히는 동안 그로부터 지적 영향도 받았다.[10] 언어능력을 키운 그는 1884년 6월 하버드대학 법과나 商科 진학을 목표로 대학 진학 예비학교(prep school)인 담마학교(Governor Dummer Academy)에 입학했다. 고등학교 수준의 기숙학교인 이곳에서 그는 라틴어·대수·지질학·불어·영문학·물리학 등을 학습했다. 그러나 약 2년간에 걸친 그의 유학생활은 1884년 12월 4일 발발한 갑신정변으로 인해 대학 진학으로 이어지지 못한 수박 겉핥기식 '遊學'으로 끝나고 말았다. 결국 그는 1885년 9월 귀국길에 오르고 말았다.[11]

3) 사회진화론과 "아시아연대론"을 수용하다

사회진화론은 1880년대 일본과 미국 두 나라 사회를 풍미하던 사조였다. 미국에서는 인종적 불평등과 제국주의를 정당화하는 보수적 사상으로 기능하고 있었고, 일본에서도 기독교나 자유민권운동에 맞서 神道와 불교 및 "천황주의"를 정당화하는 사상으로서 지식사회 전체가 함몰될 만큼 경도되어 있었다.[12] 따라서 그도 유학기간 내내 사회진화론에 노출될 수밖에 없었다.

9 柳永益, 1990, 앞의 논문, 94-95쪽.

10 "조선 서생 유길준 역시 집에 두고 도와주시는데, 그 학생은 지난해 오랫동안 일본에서 제 집에 머물렀고, 영어는 통하지 않지만 서양문명에 대해 조금은 아는 자입니다. 지금 귀하의 도움을 받아 조금씩 영문도 읽게 되고 학업이 진보하고 있는 것은 저도 기뻐하는 바입니다." 〈E. S. モース 明治17년 8월 13일〉, 《福澤諭吉書簡集》 4, 171쪽. 후쿠자와는 그의 두 아들(이치타로와 스테지로)을 맡긴 모스에게 유길준의 지도도 부탁했다.(Masutani Yuichi, 2016, *Ibid*, pp. 20-21). 이로 미루어 볼 때 모스와 유길준이 일본에서 조우한 것으로 보는 연구들과 달리 두 사람은 일본에서 만난 바 없었던 것으로 보인다.(柳永益, 1990, 위의 논문, 94쪽 ; 우남숙, 2010, 앞의 논문, 162-163쪽).

11 柳永益, 1990, 위의 논문, 97-100쪽 ; 우남숙, 2010, 위의 논문, 166, 172쪽.

12 졸고, 2002a, 앞의 논문, 173-176쪽. 유길준과 함께 유학했던 윤치호도 당시 사회진화론

특히 그가 유학한 1881년 무렵 일본 지식인들은 일종의 지적 혼돈에 빠져 있었다. 즉 幕末 이후 천부인권론을 설파하던 후쿠자와 유키치와 가토 히로유키 같은 계몽사상가들이 당시 최고조에 이르렀던 자유민권운동을 억압하는 현실적 국권론자로 돌아서 버렸던 것이다. 즉, 후쿠자와는《문명론지개략》(1875)을 정점으로 우승열패의 사회진화론에 기초한 국가주의로 전환해 갔으며, 가토도《국체신론》(1875)에서 소개한 천부인권설을 "오견·망발"로 규정해 폐기처분하고, 새로《인권신설》(1882)을 저술해 일본이 강자·적자가 되어야 한다고 설파하고 있었다. "문생"을 자처할 정도로 후쿠자와의 영향을 크게 받았던 그는 후쿠자와의 초기 저작에 보이는 자유주의·공리주의·개인주의 등 진보적 사상과 함께 사회진화론 등에 영향받은 보수적 국권론에 이중으로 노출되는 이율배반적 사상의 세례를 받았던 것으로 보인다. 이 점은 그가 귀국 직후인 1883년 초에 집필한〈경쟁론〉과〈세계대세론〉같은 논설에서 찾아볼 수 있다.[13] 일본 유학 시절 그의 머릿속에 침투한 사회진화론은 미국 유학 때 만난 철저한 무신론자이자 사회진화론의 신봉자였던 또 한 명의 스승 모스를 통해 더욱 강화되었으며, 이는 그의 主著《서유견문》에서 확인할 수 있다.[14]

또한 그가 유학한 1880년대 초반 일본 朝野는 서구 열강 특히 러시아의 침략을 막기 위해 일본·중국·조선 세 나라가 연대해 대응해야 한다는 "아시아

을 수용한 것으로 보는 필자와 달리 우남숙은 유길준만 최초의 진화론 수용자로 독보적 위상을 점하는 것으로 본다.(우남숙, 2011,〈사회진화론의 동아시아 수용에 관한 연구: 역사적 경로와 이론적 원형을 중심으로〉,《동양정치사상연구》10-2, 132쪽).

13 제목 자체가 사회진화론의 영향을 웅변하고 있는〈경쟁론〉에서 그는 개인을 넘어 국가의 생존도 경쟁의 유무에 좌우된다고 보아 쇄국으로 인한 경쟁의 부재에서 조선 쇠퇴의 원인을 찾은 바 있다. (졸고, 2002a, 위의 논문, 173-176·178-181쪽). 후쿠자와의 1880년대 저작보다 문명개화가 중심축이던 1870년대 저작이 유길준의 사상 형성에 더 큰 영향을 미쳤다고 보는 견해도 있다. (천자현·고희탁, 2011,〈근대 한국의 사회진화론 도입·변용에 보이는 정치적 인식구조〉,《대한정치학회보》18-3, 7-8쪽).

14 柳永益, 1992a,〈"서유견문"과 유길준의 보수적 점진개혁론〉,《韓國近現代史論》, 一潮閣, 122-129쪽.

연대론"을 주변국에 전파하려 했다.[15] 원초적 형태의 황인종주의로 볼 수 있는 "아시아연대론"은 '興亞論'·'제휴론'·'동맹론' 등의 형태로 자국 주재 중국외교관과 조선사절들에게 유포되었다.[16] 恐露症(Russophobia)을 감염시켜,[17] 이를 매개로 조선을 자국의 영향권하에 두려 한 "아시아연대론"은 일본을 모델로 근대 국민국가를 세우려 했던 개화파 인사들에게 파급력이 컸다.[18] 유길준도 예외는 아니었음이 그가 유학을 중단하고 귀국한 직후인 1883년 초 고종에게 올린 〈言事疏〉에서 토로한 嫌露·공로 의식에 잘 나타난다.[19]

4) 메이지 일본을 參用한 점진적 국민국가 수립론의 제기

그는 일본 유학을 통해 서구의 신사조를 접하고도 중국화를 "문명"으로 보

---

15 旗田巍 저, 李基東 역, 1983, 《日本人의 韓國觀》, 一潮閣, 17-21쪽; 박충석, 1996, 〈근대 일본에 있어서 국가주의의 형성〉, 《19세기 일본의 근대화》, 서울대 출판부, 107-110쪽; 강창일, 2002, 《근대 일본의 조선침략과 대아시아주의》, 역사비평사, 27-40·298-317쪽.

16 山田昭次, 1969, 〈自由民權期における興亞論と脫亞論 - アジア主義の形成をめぐって〉, 《朝鮮史硏究會論文集》 6, 43-45쪽; 李光麟, 1989, 〈개화기 한국인의 아시아연대론〉, 《開化派와 開化思想 硏究》, 一潮閣, 140-141쪽.

17 졸고, 2002b, 〈1880년대 한국인들의 러시아 인식 양태: 공로증의 감염에서 인아책의 수립까지〉, 《한국민족운동사연구》 32, 30-38쪽. 일본의 공로증은 1770년대에 일본무역 독점하려 한 네덜란드가 고의적으로 유포한 러시아 위협론에서 비롯되었다. 外川繼男, 1995, 〈明治維新前後の日本人のロシア觀〉, 中村喜和 等編, 《ロシア文化と日本》, 彩流社, 45-46쪽; 和田春樹, 1985, 〈日本人のロシア觀〉, 藤原彰 編, 《ロシアと日本》, 彩流社, 13-14쪽. 최문형은 러시아의 위협은 1880년대 초까지는 실제로 존재하지 않았으며, 《조선책략》에서 제기된 공러 의식은 영국의 선동에 의해 이루어진 조선 개국 공작의 산물이라고 본다. (최문형, 2001, 《한국을 둘러싼 제국주의 열강의 각축》, 지식산업사, 36-39쪽).

18 1880년대 이후 1910년까지 친일개화파 인사들은 거의 예외 없이 아시아연대론에 입각해 일본을 러시아와 같은 백인종 제국주의 국가의 침략에 맞서 한국의 독립을 옹호하며 한국의 근대화를 지원하는 우호적인 외세로 인식하는 고정관념을 갖고 있었다. (졸고, 2004a, 〈개화기(1876-1910) 한국인의 일본관〉, 《사학연구》 76, 218- 222쪽).

19 유길준 저, 졸역, 1987, 〈언사소〉, 《俞吉濬論疏選》, 一潮閣, 9-11쪽. "현재 유독 우리 국가의 영토는 바로 亞洲의 咽喉에 해당하고 인근에 막강한 러시아와 접경하였으니, 천하가 필시 쟁패를 겨루는 지역인 것입니다. 또 러시아인은 사납기가 범이나 이리와 같아서 호시탐탐 기회만 엿보고 있는 지 벌써 여러 해 되었습니다. 러시아가 움직이지 않는 것은 단지 구실이 없기 때문인 것입니다. … 嗚呼! 위태롭습니다. 무릇 국경 사이에 걸린 이해관계에 있어서는 도리를 알고 서로 친애하는 국가라도 굽히지 않고 주장하는 바가 있을 수 있는 것인데, 하물며 러시아인과 같이 포악함에야. 세력이 서로 균등한 나라라야 싸워서 판가름 낼 수 있는 것인데 하물며 러시아와 같이 강대함에야. 서로 조약을 체결한 나라라도 詰辯이 있을 수 있는 것인데 하물며 러시아인과 같이 틈만 노리고 있음에야."

는 이 전통적 문명관을 폐기하지 않았다. 즉 그가 일본 유학을 통해 거둔 신지식을 망라해 정리한 〈세계대세론〉에서 청국을 당시 일본에서 통용되던 "支那"로 표기하면서도, 유교와 관련된 문장에서는 "중국"과 "中原"으로 서술하고 있는 점은 이를 잘 말해준다.[20] 사실 이 글은 우치다 마사오의《輿地志略》등 일본인들의 저작에서 관련 내용을 발췌·번역하면서 유길준이 자신의 생각을 가미해 수정·가필한 것이다. 즉 "儒教는 我國과밋 中原等에 盛行ᄒᆞ고"라는 대목은 우치다의 원문에는 "유교가 있는데 전적으로 인륜의 도를 강구한다. 지나에서 행하여지고 있으며, 약간 隣邦으로 파급되었다"고 서술되어 있다.[21] 즉 현실에 존재하는 清朝에 대해서는 "지나"라는 일본식 卑稱을 그대로 차용하면서도 그가 유교의 발원지를 지칭할 때는 "중원"이나 "중국"을 쓴 데서 알 수 있듯이 그는 유교의 도덕적 가치를 폐기하지 않았다.[22] 어찌 보면 그는 국민국가의 문화·통합기제로 神道를 택한 메이지 일본을 참용해 기독교 포교 공인에 맞설 대체제로 유교를 활용하려 했던 것으로도 볼 수 있다.[23]

---

20 쓰키아시 다쓰히코 저, 최덕수 역, 2014, 〈조선의 국민국가 창출론 형성: 유길준의 대외관과 '국민' 창출론〉,《조선의 개화사상과 내셔널리즘》, 열린책들, 51·54쪽.

21 박한민, 2013, 〈유길준《세계대세론》(1883)의 典據와 저술의 성격〉,《韓國史學報》53, 59-61쪽.

22 이 점은 1883년 초 귀국해서 저술한 〈세계대세론〉과 〈경쟁론〉등의 미발표 논설과 1889년 탈고한《서유견문》의 이곳저곳에서 찾아볼 수 있다. 즉 그는 〈경쟁론〉에서 조선의 생존전략으로 쇄국을 넘어 동포들에게 세계와 경쟁하되 자국의 전통 위에 서구 문물의 장점을 취사·수용할 것을 촉구했으며, 야만 → 미개 → 반개 → 문명의 단계로 진보한다는 발전적 문명관을 피력한 〈세계대세론〉에서도 그 기준을 물질적 진보만이 아니라 도덕과 같은 정신의 진보에도 두었다. 또한 그는 미국 유학 시절 기독교 수용을 생각해 볼 정도로 정치적으로 무해한 종교로 보았지만, 유교적 윤리체계의 우월성을 견지했음은《서유견문》의 〈태서종교의 내력〉을 비롯한 여러 장절에서 찾아볼 수 있다.(졸고, 2002a, 앞의 논문, 180-182쪽; 柳永益, 1992b, 〈개화파인사들의 개신교 수용 양태〉,《한국근현대사론》, 일조각, 84-85쪽). 만년에 기독교에 귀의한 이후에도 그는 여전히 친유교적 입장을 견지했다.(장인성, 1999, 〈유길준에 나타난 "도덕"과 "정치"-자기-타자인식의 정치적 사유〉,《국제문제연구》23-1, 99쪽).

23 메이지 정부는 출범 당시 王政復古와 祭政一致를 내걸고 신도를 국교로 정했으며, 1882년에는 국가제사로서 '神社神道'를 일반 종교로서의 '教派神道'와 분리해 국가신도로 삼아 이 국가신도가 교파신도·불교·기독교 위에 군림하는 특이한 國教제도를 성립시켰다.(졸고, 1998, 〈1881년 조사시찰단의 명치 일본 사회·풍속관〉,《韓國史研究》101, 157-158쪽).

따라서 1887년 기독교 개종 후 유교 전통과 결별한 윤치호가 사회진화론 수용으로 서구나 일본에 대한 열등감을 갖게 된 것과 달리,[24] 그의 경우 사회진화론의 수용이 점진적인 국민국가 수립 운동을 추동하는 정신적 토대가 될 수 있었다.[25] 근대 국민국가 건설과정에서 말과 글이 일치하는 언문일치의 구어체 문장을 만들어내는 것이 국민통합의 기본전제이다.[26] 따라서 일본과 미국 유학 후 그가 거둔 지적 성과를 동포들에게 되돌리기 위해 쓴 〈세계대세론〉·〈경쟁론〉(1883)과 《西遊見聞》(1889)이 국한문혼용체인 점은 그가 점진적으로 국민국가 세우기를 도모했음을 잘 말해준다.[27]

요컨대 전통과 근대가 混在된 시대를 산 그는 掉尾의 유교문명에 해일처럼 밀려오는 근대문명을 접합함으로써 점진적으로 국민국가를 세우려 한 보수적·현실주의적 입장의 사상가이자 관료였다. 따라서 그는 근대를 조속히 이입하기 위해 급진적 변혁을 추구한 김옥균 같은 급진개화파들과 다른 행

---

24 일본에서 2년, 중국에서 3년, 미국에서 5년의 유학생활을 한 윤치호가 남긴 다음 글들이 이를 입증한다. "청국은 사람이 많고 땅이 커서 일본의 11배인데 일본은 30년 내외로 更張·振作하여 문명 부강함이 60년이나 외국과 통상한 청국보다 백배나 더 낫다고 사람들이 칭하니, 그것은 무슨 까닭입니까? 청국은 옛것만 지켰으나 일본은 옛것을 고쳐 새것을 본받았기 때문입니다. 우리나라에는 이 두 개의 귀감이 있으니, 새 것을 좇는 것과 옛것을 지키는 것의 이해가 분명하여 의심할 여지가 없습니다"(《윤치호 일기》 1884년 7월 22일자, 송병기 역, 2001, 앞의 책, 151쪽). "나는 과거에 유교의 四書를 정독하고 많은 교훈을 발견하였다. 그러나 누구도 그 교훈에 복종하여야만 될 까닭은 없었다. … 나는 세례받기를 원한다. 그 이유는 내가 가진 재능이 다섯 달란트이든지 한 달란트이든지, 나의 시간과 재능을 다하여 기독교에 대한 지식과 신앙을 증진하여, 하나님의 뜻이라면 자신과 내 형제를 위하여 쓸모 있는 생을 살려고 하기 때문이다"(윤치호, "A Synopsis of What I was and What I am", 백낙준, 1973,《한국개신교사, 1832-1910》, 연세대학교 출판부, 176-177쪽). 특히 그의 기독교 개종은 "한국의 유교전통에 대해 총체적으로 그리고 의식적으로 반기를 들었던 한 개인의 정신적 혁명"이었다.(柳永益, 1992b, 앞의 논문, 106-107쪽).

25 졸고, 2002a, 앞의 논문, 189-190쪽; 천자현·고희탁, 2011, 앞의 논문, 8쪽.

26 균일하고 균질한 생각을 공유하는 국민을 만들어내는 것이야말로 근대국가 건설의 가장 중요한 과제였으며, 그 관건은 언문일치의 문체 창출에 달려 있었다.(가라타니 고진 저, 송태욱 역, 2003,《일본정신의 기원: 언어, 국가, 대의제, 그리고 통화》, 이매진, 21-32쪽; 李妍淑, 1996,《"國語"という思想: 近代日本の言語認識》, 岩波書店, 47-66쪽).

27 졸고, 2004b, 〈국사교과서에 보이는 유길준(1856-1914) 관련 서술의 문제점과 제언〉, 《韓國史學報》 16, 237쪽. 유길준의 국한문 혼용을 "중국에 대한 조선의 독자성을 주장하는 의미", 즉 종속관계를 부정하는 것으로 해석하는 견해도 있다. (쓰키아시 다쓰히코, 2014, 앞의 논문, 51쪽).

로를 걸었다.[28]

3. 〈중립론〉(1885)에 보이는 열강 인식

1) 집필에 즈음한 국제정세

개화기(1876-1910) 조선인에게 부여된 시대적 과제는 제국주의 열강의 침략을 물리치고 국민국가를 세우는 것이었다. 1880년 말 조선왕조의 위정자들은 金弘集(1842-1896)이 받아 온 《조선책략》에서 제기된 균세(balance of power)와 자강 두 개의 생존전략을 받아들였다. 그러나 자강을 위한 조선정부의 개화정책은 임오군란(1882)의 반동을 불러왔고, 그 결과 중국군 3천 명이 진주해 조선의 독립이 훼손되는 상황이 벌어졌다. 일본의 힘을 빌려 중국을 몰아내려 한 갑신정변(1884)은 중국의 간섭을 강화하는 역설을 범했다. 이 정변의 여파로 윤치호가 망명길에 오르자 그는 1885년 6월경 새로운 영어 통역이 필요했던 고종의 귀국 종용 친서를 받았다. 정변 이후 김옥균·박영효 등 급진개화파 인사와 관계를 끊으려 한 그는 그해 9월 약 2년간의 미국 생활을 접고 귀국길에 올라 12월 16일 제물포로 귀환했다.[29]

귀국 직후 유길준은 중국의 힘을 빌린 중립국화를 조선의 생존전략으로 제안하는 〈중립론〉을 썼다. 이 글을 집필할 당시 국제정세는 다음과 같았다. 한 해전 실패로 끝난 갑신정변을 계기로 중·일 양국군이 한반도에서 충돌할 위기가 고조되었지만, 당시 청불전쟁을 치르고 있던 중국이나 아직 충분한 국력을 쌓지 못한 일본은 전쟁을 원치 않았다. 고종은 묄렌도르프의 引俄·拒淸策을 받아들여 러시아를 끌어들여 가중되는 중국의 간섭을 막으려는 비밀

---

28 "그는 동양문명과 서양문명, 그리고 전통과 근대 사이에 개재하여 양자를 조화시켜보려고 노력한 중용 지향의 인간이었으며, 정치적으로 보수적 입장에 선 현실주의적 개혁가였다"고 본 유영익의 지적이 정곡을 찌른다(柳永益, 1990, 앞의 논문, 129쪽).

29 柳永益, 1990, 위의 논문, 94-95쪽.

외교공작을 펼쳤다. 1885년 2월 조로밀약설이 유포되자 그해 4월 영국은 러시아 견제를 위해 유사시 블라디보스토크를 선제공격할 수 있는 거문도를 점령했으며, 같은 달 맺어진 천진조약의 결과 중·일 양국군은 공동철병을 단행했다. 두 달 뒤 일본은 고종의 인아책을 막기 위한 방책으로 고종의 정치 배제, 묄렌도르프(Paul Georg von Möllendorff, 1848-1901) 제거, 무능한 總辦朝鮮商務 陳壽棠 교체 등을 요청하는 〈조선외무판법〉을 중국에 제시하였으며, 중국은 11월 17일 袁世凱(1859-1916)를 보내 고종의 인아책을 견제·감시하도록 했다.[30]

이처럼 〈중립론〉 탈고 즈음의 국제정세는 한반도에 직접적 이해가 걸린 중국과 일본 사이에 힘의 균형이 이루어지거나 러시아와 영국 사이에 세력균형이 모색되고 있었기에 조선의 중립이 꿈이 아닌 현실이 될 수도 있었다.

2) 유길준의 처지

종래 〈중립론〉 집필 당시 유길준이 처한 상황에 대해서는 크게 세 개의 학설이 대립된다. 하나는 그가 갑신정변을 주도한 급진개화파에 속하기 때문에 귀국 직후 체포되어 포도대장 韓圭卨(1848-1930)의 집에 감금되어 육체적·정신적으로 완전히 자유가 박탈되었다고 보는 1922년 《개벽》에 실린 〈민중의 친우〉라는 글을 전제한 이광린(1969·1979), 강만길(1973), 김학준(2000), 윤병희(2004)의 연구이고,[31] 다른 하나는 閔應植(1844-?)의 도움으로 생명을 건

---

30 최문형, 1990, 《제국주의 시대의 열강과 한국》, 민음사, 93-99쪽; 구선희, 1996, 〈갑신정변 직후 반정정책과 청의 원세개 파견〉, 《사학연구》 51, 36-49쪽; 엄찬호, 1998, 〈임오군란 이후 고종의 引露拒淸 정책〉, 《江原史學》 13·14, 279-281쪽; ____, 2002, 〈거문도사건과 조선의 중립화론〉, 《江原史學》 17·18, 242-244쪽; 김기혁, 2007, 〈청한 종속관계의 변질: 청조의 한반도 개입〉, 《근대 한·중·일관계사》, 연세대학교 출판부, 171-182쪽.

31 "乙酉 冬에 고국에 돌아왔는데 때는 正히 甲申의 政變을 지내인 후이라 개화당의 혐의가 있는 사람은 일망에 타진되고 수구편인 閔氏一黨이 정국의 요로에 當하였는 바, 선생으로써 개화당과 동일한 의사를 가진 사람이라 하야 곳 포도청에 拘囚하였다. 이때는 정계의 형편이 심히 恠惡하여 무릇 외국으로부터 돌아오는 新進有志에 대하여는 그 曲直을 묻지 않고 곳 捕殺하는 바, 선생도 이때의 운명이 심히 위태하였으나 幸히 당시의 捕將 韓圭卨씨의 顧護를 입어 겨우 大禍를 면하고 仍히 한씨가에 幽閉되었으며, 그 후 白鹿洞(今 翠雲亭)에

졌지만 한규설 집에 유폐되었다는 1962년《사상계》에 실린 이희승의 〈구당 유길준선생〉에 나오는 내용을 수용한 유동준(1987), 이광린(1992), 김원모(1999)의 연구이며,[32] 마지막 하나는 그가 귀국 이전 갑신정변 주도자를 지지

안지된 봄이 되어《西遊見聞》을 草하며 凡 팔년간의 세월을 憂鬱慷慨 중에 지내었다."(개벽사 편집국, 1922, 〈민중의 친우〉,《開闢》21, 372-373쪽. 문장은 현대문에 가깝게 수정했다). "서울로 들어서자 체포되었다. 정변에 직접 참여하지는 안았다 해도 오랫동안 김옥균 등 정변의 주동인물과 가까운 처지에 있었던 것이므로 보수정권에서는 그를 자유의 몸으로 두고 싶지 않았던 것이다. 그리하여 처음에는 포도대장 한규설 집에 뒤에는 삼청공원에 가까운 백록동 취운정에 연금되었다."(李光麟, 1969, 앞의 논문, 288쪽). "그는 서울로 들어서자 당시의 보수정권에 의하여 체포되었다. 그러나 비록 개화파에 속해 있었던 사람이라고 해도 갑신정변에 직접 참가한 것도 아니요, 그리고 지금 자기 의사로 떳떳이 귀국한 이상, 의금부에 구금될 수는 없었을 것이다. 보수정권에서는 그렇다고 해서 그를 석방시켜 자유의 몸으로 하고 싶지는 않아 포도대장 한규설 집에 연금하여 외부와의 접촉을 끊어버렸다."(李光麟, 1979, 앞의 논문, 55-56쪽). "갑신정변이 실패한 후였으므로 개화파에 속한 그는 귀국과 동시에 곧 포도대장 한규설의 집에 연금되었고 이후 약 7년간 유폐생활을 하게 되었으며."(강만길, 1973, 〈유길준의 논문 〈중립론〉〉,《창작과비평》30, 1130쪽). "한때는 중용할 생각조차 가졌던 조정이 왜 이 시점에서는 구금했던 것일까? 이유는 여러 가지였겠으나 가장 중요한 이유는 청의 영향력 증대에서 찾을 수 있겠다. 갑신정변을 계기로 조선조정을 다시 장악하게 됐다고 판단한 청은 개화파에 대해서는 뿌리를 뽑아야 한다는 믿음 아래 개화파를 미워하는 민씨척족들을 자극하면서 유길준 같은 사람까지 처형하려 했던 것이다."(김학준, 2000, 앞의 논문, 25쪽). "그는 갑신정변에 직접 참여하지는 않았지만 개화파로서 김옥균 등 갑신정변 주동자들과 친밀한 관계를 맺고 있었기 때문에 귀국하자마자 체포되어 2개월간 포도청에 구금되었다가 1892년 해금될 때까지 7년간의 긴 연금생활을 하게 된다."(윤병희, 2004, 〈유길준이 〈중립론〉을 작성할 때 무슨 생각이었을까〉,《개화기 서울 사람들》2, 어진이, 130쪽). 이러한 학설의 근거자료는 집필년 미상인 兪萬兼의 〈先親略史〉와 〈矩堂居士 略史〉(1914) 두 책이다. 이 책들은 兪吉濬全書編纂委員會 編, 1971,《兪吉濬全書》V(一潮閣)에 실려 있다.

32 "때는 마침 갑신정변을 치르고 친일의 혐의자를 일망타진하던 시기에 지음[*sic*]한지라 당국의 의심을 받는 바가 되어 포도대장에 소환되어 목숨이 매우 위태롭게 되었더니, 趙秉夏[*sic*]와 李喬翼 두 사람이 당시의 顯官(親軍監督) 閔應植에게 부탁하여, 다행히 죽음을 면하게 되었다. 그러나 포장 한규설의 집에 유폐되어 여기에 약 반 년동안 있다가 다시 백록동에 옮기어 拘囚생활하기 6년에 이르렀다. 이 동안 벽지를 떼어서 서유견문기를 편찬하여 울분한 회포를 풀고 있었다. … 이상은《朝鮮人名辭典: 補遺》에 실려 있는 유길준 선생의 약전을 그대로 옮기어 놓은 것이요."(이희승, 1962, 〈구당 유길준선생〉,《사상계》107, 198-199쪽). "李喬翼은 당시 예조판서로 趙康夏와는 척분도 있고 해서 매우 가까운 사이였다. 이교익은 유길준을 구제하자는 조강하의 말을 듣고 즉석에서 찬동하여 두 사람이 閔應植을 설득시켜 보기로 했다. … 조강하와 이교익은 유길준을 단속하는 방법은 일체 민응식에게 일임했다. 그래서 민응식은 다시 우포장 한규설을 불렀다. … 유길준은 당분간이라는 임시조치로 포도대장 한규설의 집에 유폐조치되었던 것인데, 이 유폐조치가 풀린 것은 7년 뒤의 일이었다."(유동준, 1987, 앞의 책, 133·136-137쪽). "(조강하는) 곧 마음을 돌려 예조판서였던 이교익에게 이야기하고, 민씨의 대표격인 민응식과도 의논하여 우포도대장 한규설에게 지시를 내렸다. 유길준을 체포하여 의금부에 가두지 말고 포도청에 가두라는 것이었다."(김원모, 1999, 〈조선보빙사 수원 유길준〉,《한미수교사: 조선보빙사의 미국사행편

하지 않는다는 점을 서면으로 밝혀 국왕과 정부의 혐의를 벗어났으며, 그들의 배려로 원세개의 박해를 면하고 한규설의 집에 연금되어 보호를 받은 것으로 보는 유영익(1990)의 학설을 따르는 쓰기하시 다쓰히코(1991)와 정용화(1998)의 연구이다.[33]

앞의 두 학설은 유영익의 지적처럼 "해방 이전의 여러 가지 略傳을 무비판적으로 수용한 것으로 신빙성과 문제의식 면에서 허점"이 많으며, 이들 연구가 근거로 삼은 "종래의 전기물들은 유길준을 파악하는 데 오히려 방해요소가 된다"는 데 동감한다.[34] 이는 유길준의 서한문, 일본과 미국의 외교문서, 당시의 신문기사 등 당대의 관련 1차 자료를 섭렵해 제기된 것으로 앞의 두 학설과 달리 〈중립론〉 집필에 즈음한 유길준의 처지를 정확하고 생생하게 부각시키고 있는 것으로 판단된다. 이에 따르면 당시 집필에 즈음해 유길준이 처한 상황은 다음과 같이 요약된다.[35]

그가 귀국하기 한 달 전 "監國"으로 부임한 원세개는 개화억제책의 일환으로 갑신정변 이전 해외에 파견된 유학생을 소환·처형하고 있었다. 그의 再從弟 兪亨濬과 기독교 개종자 李樹廷(1842-1886) 등이 귀국 후 사형에 처해진 것에 비추어 볼 때, 한때 갑신개화당이었고 귀국 시 김옥균을 만났던 유길준을 극형에 처하지 않고 한규설 집에 감금했다는 것은 매우 이례적이다. 이는 민응식 등의 구명운동의 덕택이라기보다 영어에 익숙하고 국제법에 밝은 시무가가 필요했던 국왕과 정부 측이 당시 국왕보다 더 실권이 컸던 주차관(resident) 원세개와 정치적으로 타협한 결과로 보는 것이 합리적이다. 또한

(1883)》, 철학과 현실사, 276-277쪽). "유길준이 뒤늦게 귀국하자, 민씨사대파는 유길준을 친일개화파로 지목하면서 체포명령을 내렸다. 그러나 조중하·이교익 등이 구명운동에 나서 親軍監督 민응식에게 구제를 호소한 결과, 유길준은 겨우 죽음을 면하고 그 대신 포도대장 한규설 집에 유폐되고 말았다."(이광린, 1992,《유길준》, 동아일보사, 66쪽).

33 柳永益, 1990, 앞의 논문, 100-105쪽; 月脚達彦, 1991, 〈開化思想の形成と展開: 兪吉濬の對外觀を中心に〉,《朝鮮史研究會論文集》28, 13쪽; 정용화, 2004, 앞의 책, 82-83쪽.

34 柳永益, 1990, 위의 논문, 89쪽.

35 柳永益, 1990, 위의 논문, 100-105쪽.

그는 귀국 이전 이미 국왕과 정부로부터 갑신정변 연루 혐의를 벗어나 귀국 후 선처를 약속받았으며,[36] 종래 그를 체포·감금한 박해자로 알려진 한규설도 원세개의 危害로부터 그를 감싸는 보호자 역할을 했다고 보는 것이 타당하다.

3) 열강 인식

그는 한규설의 집에 연금된 직후 〈중립론〉을 썼다.[37] 그는 당시를 "지난날에는 본래 그럴 기회가 없었으나 지금은 그 시기가 왔고 분위기도 무르익었다고 할 수 있다"고 해 중립을 통한 국가의 보존이 가능한 최적기라고 보았으며,[38] 중·일과 러·영 4강 사이의 세력균형이 이루어져 향후 "태평십년(1885-1894)"이 시작되던 당시 상황을 볼 때 조선의 중립국화는 가능할 수도 있었다.

그는 조선을 둘러싼 열강 중 러시아를 가장 위협적인 最惡의 침략자로,[39]

---

36 柳永益, 1990, 위의 논문, 101쪽. 그가 개화당과 연루된 혐의를 벗기 위해 친지들과 교환한 편지를 이용했다는 점은 1885년 12월 2일 귀국선편에 미국인 스승 모스에게 보낸 다음의 편지가 잘 말해준다. "저는 제 형님이 보낸 편지에서 조선정부가 저를 작년에 일어난 혁명(revolution)에 연루된 것으로 간주하고 제게 불리한 증거를 포착하기 위해 친구들에게 쓴 제 편지를 들추어내고 있다는 사실을 발견하고 적이 놀랐습니다. 다행히도 저는 혁명 후에 제 친구들에게 의심을 살 만한 내용의 편지를 쓰지 않았습니다. 저는 그들[정부]이 그런 일을 할 것이라고 [미리] 짐작하고 있었거든요. 그래서 저는 여러 번 제 부모님과 친구들에게 혁명당(revolutionists)은 임금과 나라에 충성을 다할 때에는 나의 좋은 벗이었지만 그들이 역적(traitors)으로 서 나라에 큰 해를 끼친 이상 이제는 나의 큰 원수(great enemy)라고 [편지를] 써 보냈습니다. 이러한 글은 제게 대한 조선정부의 의심을 해소시켰고 또 임금님과 부모님을 기쁘게 만들었습니다."(柳永益, 1990, 위의 논문, 98쪽에서 재인용).

37 유길준이 귀국한 시기가 1885년 11월 16일(양력 12월 16일)이고 〈중립론〉은 음력으로 을유년에 썼으니 적어도 귀국 후 한 달 반 이내에 집필한 것으로 보인다.

38 유길준 저, 졸역, 1987, 〈중립론〉, 앞의 책, 19쪽.

39 "러시아는 특히 무도하기 때문에 천하가 탐욕스럽고 포악한 나라로 지목하고 있는데도 그 호랑이와 이리 같은 마음이 더욱 왕성해져 그칠 줄 모른다. … 러시아인이 강대한 유럽의 나라들과 반목할 수 없다는 것을 깨달아 드디어 그 군대를 동쪽으로 옮겨 많은 병사를 블라디보스토크에 주둔시키고 시베리아 철로를 가설하기에 이르렀다. 그 비용이 매우 거대해 얻는 것이 잃는 것을 보충하지 못하니, 그 노리는 바는 지혜로운 자가 아니라도 알 만한다. 그러니 우리나라의 위태로움은 그 절박함이 얼마나 심한 것인가."(유길준 저, 졸역, 1987, 〈중립론〉, 위의 책, 15쪽).

일본은 아직 실력이 모자란 次惡의 침략자로,[40] 미국은 기대와는 달리 우방으로 신뢰가 가지 않는 못 믿을 나라로,[41] 그리고 중국은 조선의 안위를 지켜 줄 가장 든든한 보호자로 규정하였다.[42]

첫째, 그가 러시아를 최악의 침략자로 본 이면에는 일본 유학 시 감염된 "아시아연대론"을 매개로 한 공로증이 작동하고 있었다. 그의 러시아 침략자론은 태평양 진출을 위한 부동항 확보라는 러시아의 현실적 필요와 중국인의 공로증을 역으로 이용해 러시아를 중국의 간섭을 막아주는 "독립의 옹호자"로 활용하려 한 고종과 민씨 척족정권의 러시아 인식과 충돌할 가능성이 컸다.[43]

둘째, 그가 차악의 침략자로 본 일본은 1876년 이래 조선에 대해 "개화와 독립의 옹호자"를 자처했지만 실제로는 "제국주의적 침략자"였다. 상품 판매 시장과 원료 공급지 확보라는 경제적 이익과 영토적 야욕, 그리고 러시아

40 "일본도 우리를 침략할 뜻이 없었던 것이 아니지만, 그 형세가 부족한 바가 있고 힘도 미치지 못함을 알기 때문에 스스로를 보존하기에도 겨를이 없으니, 어찌 감히 중국과 맞겨룰 수 있겠는가. … 지금 일본군이 잠시 물러간다 하더라도 이는 단지 눈앞의 군대가 물러갈 뿐 가슴속에 품고 있는 침략욕이 없어지는 것은 아니다."(유길준 저, 졸역, 1987, 〈중립론〉, 위의 책, 16·17-18쪽).

41 "어떤 이는 '미국은 우리나라와 우의가 두터우니 의지하여 도움을 받을 만하다'고 하지만 그렇지 않은 것이다. 미국은 멀리 대양의 저편에 있으며 우리나라와 별로 깊은 관계도 없다. 더구나 먼로주의를 표명한 후에는 유럽이나 아시아의 일에 간섭할 수 없게 되어 설사 우리나라가 위급해지더라도 그들이 말로는 도움을 줄 수 있을지언정 군대를 동원해 구원해 줄 수는 없다. 옛말에도 천마디 말이 총알 한 발만 못하다 했다. 미국은 통상의 상대로서 친할 수 있을 뿐이며, 위급함을 구해주는 우방으로서는 믿을 바가 못 된다."(유길준 저, 졸역, 1987, 〈중립론〉, 위의 책, 16쪽).

42 "어떤 이는 '중국이 우리나라를 병탄하려 하지 않는다는 것을 어찌 알 수 있겠느냐'고 하지만, 이는 그렇지 않은 것이다. 진실로 중국이 병탄하려 했다면 왜 고생스럽게 여러 나라와 조약을 맺도록 권해놓고 이제 와서 집어 삼키려 하겠는가. … 중국은 우리나라와 몇 천 년 동안 조공을 바치고 책봉을 받아온 나라이며, 의관과 문물도 모두 다 본떠 왔고, 풍속과 싫어하고 좋아함도 서로가 비슷하거나 같다. 우리나라 사람들은 성인 箕子의 남은 풍습을 지켜왔고, 지리적으로도 북경의 동쪽 울타리에 해당하여 가까이 의지해 온 관계가 깊고 돈독했다. 중국이 다소 時務에는 뒤떨어졌다고는 하나 갑신정변 때 원병을 청했을 때의 한 가지 일만 보아도 평소의 애호를 짐작할 수 있는 것이다."(유길준 저, 졸역, 1987, 〈중립론〉, 위의 책, 16-17쪽).

43 졸고, 2005, 〈개화·일제기 한국인의 러시아 인식에 보이는 고정관념〉, 《한국민족운동사연구》 42, 44-48·57-60쪽.

와 같은 적대세력의 한반도 장악을 막으려는 전략적 동기 등 가장 큰 침략 동기를 갖고 있었다. 그러나 일본을 따라 배워야 할 이상적 모델로 보고 아시아 연대론과 황인종주의에 매몰되어 있던 개화파 인사들은 일본의 침략성을 간과했으며, 유길준도 예외는 아니었다.[44]

셋째, 지리적 거리와 먼로독트린(the Monroe Doctrine)을 들어 미국이 조선 독립에 큰 도움이 되지 못할 것이라고 본 그의 진단은 황준헌의《조선책략》에서 제기된 약소국을 돕는 관대한 강국이라는 동시대 개화파 인사들이 공유하는 고정관념과 배치되는 것이다. 당시 미국은 기독교 포교와 고래잡이나 무역 같은 상리를 쫓는 이류 제국주의 국가였다. 기독교의 수용에 호의적이지 않았던 유길준은 "미국은 통상의 상대로서 친할 수 있을 뿐이며, 위급함을 구해주는 우방으로서는 믿을 바가 못 된다"고 하여 조선 독립의 수호자로서 미국의 역할을 저평가한 것은 정곡을 찌른다.

넷째, "중국이 다소 時務에는 뒤떨어졌다고는 하나"라는 표현에서 알 수 있듯이, 그는 일본과 미국 유학 등 근대체험을 통해 중국의 후진성을 잘 알고 있었음에도 중국이 주도하는 조선 중립국화 방안을 모색했다. 즉 그는 러시아의 남하를 제지하고자 제6차 러시아·터키 전쟁(1877-1878) 이후 영국과 프랑스 등이 러시아의 남진을 막기 위해 터키의 종속국임에도 불구하고 터키군의 주둔을 금지해 일종의 군사적 완충지대화가 된 불가리아와, 유럽 강대국의 세력들이 상충하는 지리적 위치 때문에 스페인·오스트리아·프랑스·네덜란드 등에게 번갈아 병합되었다가 1839년 영국·프랑스·프로이센·오스트리아·러시아 등의 공동 보장 아래 영세국외중립국이 된 벨기에의 사례를 들어, 조선도 이 두 나라처럼 만들어 러시아의 조선 침략을 막는 것이 중국과 일

44 柳永益, 1983, 〈한·미관계 전개에 있어서의 일본의 역할〉,《한·미수교 1세기의 회고와 전망》, 한국정신문화연구원, 136-142쪽; 졸고, 2004a, 앞의 논문, 216-225쪽. 쓰키아시는 〈중립론〉에 보이는 일본 침략성 비판이 그의 저작 중 유일한 것이며, 그와 윤치호가 임오군란 시 일본군의 파병을 요청한 연명상소는 후쿠자와의 일본 영도하의 아시아연대를 주장한 "동양맹주론"에 영향을 받은 것으로 본다(쓰키아시 다쓰히코, 2014, 앞의 논문, 50·58-59쪽).

본에게도 자국을 지키는 정략도 된다고 보았다.[45]

그는 이러한 열강 인식 위에 "오직 중립 한 가지만이 진실로 우리나라를 지키는 방책이지만 이를 우리가 먼저 제창할 수 없으니, 중국이 이를 맡아서 처리해 주도록 청하는 것이 좋은 듯하다. … 그 모든 방략은 중국에 달려 있을 뿐이고 우리나라가 가까이 믿을 바도 중국만 한 나라가 없으니 우리 정부가 간절하게 청하기를 바랄 뿐이다"라고 하여 중국 주도하의 조선 중립국화를 도모하였다.[46] 중·일과 영·러 사이의 세력균형을 이룬 당시 현실적으로 중국의 압제를 막을 방법이 없던 상황에 비추어 볼 때 이는 중국의 영향력을 줄이는 고육지책이었던 것으로 보인다.

4) 집필 동기

종래 그가 〈중립론〉을 집필한 동기에 대해서도 연구자들의 견해는 서로 충돌한다. 국가를 지키려는 유길준의 충심에서 찾는 강만길(1973)·가지무라 히데키(1980)·김원모(1986, 1999),[47] 한규설의 요청에 응해 쓴 것으로 보는 유동

---

45 유길준 저, 졸역, 1987, 〈중립론〉, 앞의 책, 14·19쪽. "현재 우리나라는 지리적으로는 아시아의 咽喉에 자리함이 유럽의 벨기에와 같으며, 그 국제적 지위로는 중국에 조공하는 나라이니 불가리아와 터키의 관계와 같다. … 우리나라가 처한 상황은 벨기에와 불가리아 두 나라의 사례를 합친 것과 같다. 불가리아를 중립화한 조약은 유럽의 강대국들이 러시아의 남하를 막으려고 한 계책에서 나온 것이고, 벨기에를 중립화한 조약은 유럽 강대국들이 서로 자기 나라를 지키려는 방책에서 나온 것이다. 이로써 논하면 우리나라가 아시아의 중립국이 되는 것은 실로 러시아를 막는 큰 계기가 될 것이며, 아시아 강대국들이 서로 자국을 지키는 정략도 될 것이다. …이것은 우리나라의 입장만을 생각한 것이 아니고 중국에게도 이익이며 여러 나라가 서로 보존하는 계책이기도 한데, 어찌 근심만 하면서 이를 행하지 않는가."

46 유길준 저, 졸역, 1987, 〈중립론〉, 위의 책, 19-20쪽.

47 "러시아의 남하정책을 저지하고 아시아 여러 나라의 세력균형을 이룸으로써 조선의 안전을 얻으려는 데 목적이 있었던 것이다."(강만길, 1973, 앞의 논문, 1133쪽). "유길준안은 이상론이라기보다는 투철한 상황인식을 근거로 한 매우 현실적·상황적인 구상이었다."(梶村秀樹, 1985, 〈러일전쟁과 조선의 중립화론〉, 양상현 편, 《한국근대정치사연구》, 사계절, 342쪽. 이 글은 梶村秀樹, 1980, 〈朝鮮からみた日露戰爭〉, 《史潮》 7의 역문임). "유길준은 역사의 내면성과 현재성을 직시한 역사인식을 바탕으로 중립론을 구상했다고 볼 수 있다."(김원모, 1986, 〈원세개의 한반도 안보책(1886)〉, 《동양학》 16, 18쪽). "귀국해 보니 뜻을 같이하는 개화파 동지는 처형 또는 일본 망명을 했고, 그 자신도 개화파 인물로 지목되어 유폐의 몸이 되고 말았다. 사실상 갑신정변의 실패로 사대수구당인 민씨척족세력이 정권을

준(1987)·이광린(1992)·김학준(2000),[48] 김옥균의 의견을 따라 작성한 것이라는 윤병희(2004),[49] 민영익의 영향력이 작용하였다고 보는 쓰키아시 다쓰히코,[50] 그리고 중국 당국자를 설득하기 위해 쓴 글이라는 정용화의 학설이 상충한다.[51]

그러나 집필 동기를 충심에서 찾는 견해는 그가 아직도 급진개화파와 이상을 같이한 인물로서 국가를 지키기 위해 보수정권의 박해를 무릅쓰고 집필한 것으로 오인한 데서 나온 설득력이 떨어지는 잘못된 해석이라 할 수 있다. 왜냐하면 그가 정치적 망명객으로 미국에 남기를 포기하고 귀국을 택한 것은 김옥균 등의 급진개화파와의 결별을 뜻하며, 이미 살펴보았듯이 당시 국왕과 정부는 박해자가 아니라 보호자였기 때문이다. 그리고 한규설의 요청에 응한 것으로 보는 견해도 그가 한규설이나 고종이 추진하고 있던 인아책에 반하는 내용을 쓴 것으로 볼 때 수긍하기 어려우며,[52] 김옥균의 의견이

장악, 개화파는 완전 절멸상태였다. … 유길준은 이러한 청국 지배라는 가혹한 정치적 현실을 감안하고 1886년 1월 중립화론을 제창하기에 이르렀다."(김원모, 1999, 앞의 책, 279-280쪽).

48 "유길준이 귀국한 지 얼마 아니 되었을 때 한규설이 정부의 요청이라 하며 갑신정변 후 일부 외국에서 제창되고 있는 중립론에 대해서 의견을 물었다. 그는 이에 응하여 한국 중립에 대한 글을 제술하였다."(유동준, 1987, 앞의 책, 151쪽). "포도대장 한규설은 유길준에게 중립론에 대한 의견을 묻지 않았나 생각된다."(이광린, 1990, 앞의 책, 84쪽). "한규설은 정부의 요청이라 하며 유길준에게 중립론에 대해 의견을 물었다. 이에 응해 유길준은 〈중립론〉을 썼던 것이다."(김학준, 2000, 앞의 논문, 28쪽).

49 "이것은 1886년에 발표된 김옥균의 중립론과 비슷하다. 따라서 유길준의 〈중립론〉에는 김옥균의 의견이 반영되었다고 볼 수 있다. 그러므로 유길준은 귀국길에 일본에 들러서 김옥균과 의견교환이 있은 이후로부터 1885년 말 사이의 어느 날에 이 〈중립론〉을 작성하였다고 보는 편이 좋을 듯하다."(윤병희, 2004, 앞의 논문, 131쪽).

50 "아마도 〈중립론〉의 집필 배경에는 러시아에의 접근에 비판적이고 동시에 청국의 지배 강화도 유쾌하게 생각하지 않는 민영익 등의 존재도 있었던 것은 아닌가 생각된다."(月脚達彦, 1991, 앞의 논문, 15쪽).

51 "〈중립론〉의 내용을 자세히 들여다보면, 이 글은 결국 중국 당국자에 보여 그들을 설득하기 위한 글이라고 보여진다. … 〈중립론〉은 바로 이러한 청국의 이해관계를 꿰뚫고 청국의 이해관계에 부합하는 방향으로 중립론의 논리를 전개하고 있음을 알 수 있다."(정용화, 2004, 앞의 책, 177·182-183쪽).

52 고종과 민씨 척족세력들은 임오군란(1882) 이후 청국을 견제하기 위해 러시아를 끌어들이는 방안을 모색한 바 있으며, 실제로 갑신정변(1884) 실패 이후 청국의 간섭이 심해지자 조로밀약을 추진하는 등 인아거청책을 실천에 옮겼다(임계순, 1984, 〈한로밀약과 그 후

반영된 것으로 보는 견해도 유길준이 이미 김옥균과 결별했다는 점과 김옥균의 중립화론이 제기된 시기가 1886년 7월로 유길준보다 7개월 정도 뒤에 나온 것이라는 점을 고려할 때 동의하기 어렵다. 그리고 국왕의 인아책에도 반대하고 청국의 지배 강화도 꺼린 민영익의 의사가 반영되었다고 본 쓰기하시의 견해도 수긍할 수 없다. 왜냐하면 유길준이 중립론을 쓸 무렵에 민영익은 아직 인아론자였을 가능성이 크기 때문이다.[53] 민영익이 국왕의 인아책에 반하는 행동을 취한 것은 제2차 한러밀약을 원세개에게 밀고한 1886년 8월경으로 〈중립론〉이 쓰여진 지 7달이나 지난 뒤이며,[54] 그와 원세개 사이에 금이 간 것도 같은 해 가을에 일어난 국왕폐위음모사건에 즈음해서였다.[55]

끝으로 중국 당국자를 설득해 조선의 중립을 실현하려 했다는 견해는 설득력이 있어 보인다. 하지만 당시 유길준이 처했던 상황을 고려해 보면, 그가 중국 당국자를 설득하려 했다기보다 그가 중국에 해가 되는 일을 하지 않는다는 점을 알리려 했다고 보는 편이 더 타당하다고 생각한다. 왜냐하면 당시 그의 생명을 위협할 여지가 큰 사람은 바로 개화파 숙청에 박차를 가하고 있던 원세개였기 때문이다. 당시 원세개는 고종을 "昏君"으로 몰아 폐위하려 한 적이 있었고, 민영익도 상해로 쫓아낼 정도로 무소불위의 권력자였다. 이는 그가 미국에서 귀국하기 전에 갑신개화당과 절연했다는 점을 소명함으로써, 귀국 후 안전을 보장받은 것에 비추어 볼 때 개연성이 높은 해석이라고 생각한다. 즉 유길준은 이상주의자가 아니라 점진적으로 상황을 개선하려 한

의 한로관계(1884-1894)〉, 《한로관계100년사》, 한국사연구위원회, 83-84·87쪽; 졸고, 2005, 앞의 논문, 58-59쪽).

53 민영익은 보빙사로 미국과 유럽을 다녀온 후 고종에 복명하는 자리에서 "유럽에서는 특히 러시아가 강대하며 유럽 여러 나라는 모두 러시아를 두려워한다. 그리고 조만간 러시아가 아시아로 침략의 손을 뻗쳐 조선에도 그 영향이 미칠 것이니 우리나라 立國의 근본정책은 일본이나 청국만 상대할 것이 아니라 한 걸음 더 나아가 러시아의 보호를 받도록 하는 것이 상책이다"고 고종에게 헌책한 바 있었다(김도태, 1948, 《서재필 박사 자서전》, 수선사, 12쪽).

54 李光麟, 1981, 《한국사강좌: 근대편》, 一潮閣, 208쪽.

55 柳永益, 1990, 앞의 논문, 103쪽. 민영익은 원세개와 불화를 빚자 상해·홍콩으로 피신·망명했다.

보수적·현실주의적 사상가였다.

5) 미공개의 이유

"이 논의는 큰 계획이라 할 수 있지만, 크게 마음에 걸리는 바가 있으니 잠시 지워버리는 편이 좋겠고, 집에 보관하는 경우에는 지워버리지 않아도 될 것 같다."[56] 〈중립론〉을 탈고한 후 그는 글머리에 왜 이 말을 더 써넣었을까? 이 글의 공표를 미루게 만든 이유에 대해서도 유길준의 연금과 보수 세력이 집권하고 있던 국내의 정세 때문이라는 강만길과 가지무라 히데키,[57] 일본의 반발을 피하기 위해서였다는 정용화와 윤병희,[58] 그리고 국왕·민비와 이홍장·원세개 모두의 눈치를 보았기 때문이라는 쓰키아시와 박희호의 진단이 엇갈린다.[59]

---

56 유길준 저, 졸역, 1987, 〈중립론〉, 앞의 책, 13쪽.

57 "당시의 국내 정치적 여건은 반대로 갑신정변이 실패한 후 보수적 정치세력이 집권하고 있었고 유길준 자신이 연금상태에 있었으므로, 이 〈중립론〉은 햇빛을 보지 못했지만, …그는 후일까지도 중립화 계획이 '石劃'이라 생각하였지만, 국내의 정세가 '大有碍眼'하여 그 실현을 보지 못할 것이라 생각하였던 것이며, 따라서 세상에 그 논문이 알려지기를 꺼려했던 것이라 생각한다." (강만길, 1973, 앞의 논문, 1140쪽). "유길준 자신이 개화파 계열이라는 이유 때문에 구미에서 귀국한 직후 민씨 정권에 의해서 연금되었으므로, 이 구상은 공표될 수 없었다."(梶村秀樹, 1985, 앞의 논문, 342쪽).

58 "〈중립론〉의 모두에는 누군가에게 보여서는 안 된다는 매우 조심스러운 태도를 보이는 구절이 있다. … 이는 일본을 의식한 경우로 보인다. 일본을 배제하고 중국을 중심으로 '동맹'을 꾀하는 듯한 논지는 자칫 일본과 외교 마찰을 유발할 수 있다고 생각했기 때문일 것이다."(정용화, 2004, 앞의 책, 183쪽). "이 글을 쓰면서 우려된 것은 아마도 무엇보다도 중국을 긍정적으로 평가하면서 중국을 맹주로 삼아야 한다는 주장을 펴는 반면에 일본을 상당히 비판적으로 기술한 내용이 문제를 야기할지도 모른다는 생각이 들었기 때문이 아니었을까 짐작해 볼 수 있을 것 같다."(윤병희, 2004, 앞의 논문, 145쪽).

59 "유의 〈중립론〉에는 이하의 두 방면에서 파문을 일으킬 가능성이 있다. 그 하나는 그 의론이 청국의 지배 강화를 꺼려 러시아에 접근하려 하는 국왕과 민비를 비판하는 것이 되기 때문이다. … 중립국으로 되는 경우 조선은 국제법상 독립국으로서 승인되는 것이 된다. 그러면 이홍장의 입장과 달리 청국이 전통적인 종속관계를 근대적인 종속관계로 전환시키는 길이 막히는 것이 되어 필시 원세개와의 대립을 초래하게 될 것이다. 유길준의 〈중립론〉은 이상 내외 두 개의 방면에서 파문이 일 가능성이 있자, 그 원고 모두의 난외에 '此篇議論 可謂石劃 而大有碍眼 姑刪之爲好 唯家藏卽不必刪'고 써놓은 것같이 유 자신 그것에 대해서 잘 알고 있었다고 생각되고, 결국은 햇빛을 볼 수 없었던 것이다."(月脚達彦, 1991, 앞의 논문, 14-15쪽. 박희호는 쓰키아시의 견해를 따른다. 박희호, 1998, 〈1880·90 년대의 조선중립론〉, 《東北亞》7, 114-115쪽).

보수세력이 집권하고 있던 국내정세나 연금상태를 이유로 드는 견해는 그가 정부의 박해를 받고 있었다는 잘못된 전제 때문인 것으로 보인다. 그리고 예상되는 일본의 반발 때문이었다고 보는 것도 당시 일본이 러시아의 조선 침투를 저지하기 위해 조선에 대한 중국의 우위를 인정하면서 고종의 친러정책을 막는 데 부심할 만큼 대 조선 영향력이 축소된 상황을 고려해 볼 때 설득력이 떨어진다. 또한 유길준이 도모하는 중립이 인아책을 쓰고 있는 국왕과 왕비의 뜻에 거슬리는 것이자 전통적 종속관계를 근대적인 종속관계로 바꾸려는 이홍장의 정책에도 반하는 것이었기 때문에 두 쪽 모두를 자극하지 않으려고 공개하지 않았다는 진단은 타당성이 있다. 그러나 국제법상 속국의 명의를 피하면서도 실질적인 속방화를 의도하는 이홍장의 "속방자주론"과 국제법의 원리에 따라 贈貢國의 독립주권을 확보하려 한 유길준의 "중립론"은 그 논리구조가 갖는 친연성이 크기에 그 숨은 의도에도 상관없이 중국 측의 환심을 사려는 의도가 더 큰 것으로 보인다.

왜냐하면 유길준이 말하는 중국 주도하의 조선중립국화는 원세개의 가시적인 박해로부터 자신을 보호해 주고 있는 국왕의 인아·거청책을 정면으로 부인하는 것이기 때문이다. 따라서 유길준이 〈중립론〉의 공표를 미룬 것은 원세개의 박해에서 자신을 구해준 고종과 민영익의 눈치를 살펴야 했기 때문인 것으로 보인다. 이처럼 어느 한쪽에 기울 수 없었던 그가 처한 현실이 이 글이 서재 속에 묻히게 한 이유가 아닐까 한다.

4. 맺음말

이상으로 유길준의 유학을 가능하게 한 학적·인적 배경, 유학 시 형성된 학연과 습득한 신사조, 그리고 국가 개혁 방안 등을 살펴본 다음 귀국 직후 중국에 기댄 중립국화를 제기한 〈중립론〉에 보이는 열강 인식, 집필 배경과 미공개 이유 등을 검토한 결과 다음을 밝힐 수 있었다.

첫째, 유길준은 1870년 사제의 연을 맺은 개화사상가 박규수 문하에서 근대학문에 눈을 떴으며, 1872년 만난 정계의 실력자 민영익은 일본과 미국 유학의 꿈을 현실로 만들어 준 후원자였다. 유학 시 만난 후쿠자와 유키치와 모스 두 스승을 통해 그는 사회진화론 등 신사조를 수용했다. 그러나 그의 留學생활은 임오군란(1882)과 갑신정변(1884)으로 인해 3년여의 수박 겉핥기 식 '游學'으로 끝나고 말았다.

둘째, 유학 시절 그는 일본과 미국 두 나라 지식사회를 주름잡던 사회진화론의 세례를 받았으며, 중국의 후진성을 유학을 통해 자각했음에도 기독교로 개종한 윤치호와 달리 유교문명의 掉尾를 딛고 서구문명을 접합하려 했다. 특히 기독교를 神道로 대체해 "천황주의"를 정당화한 국가주의를 세운 메이지 일본의 경험을 參用해 유교의 정신적 가치를 국민·국가 통합의 기제로 삼는 점진적 국민국가 수립론을 모색했다. 또한 국민통합의 전제인 언문일치의 구어체 문장으로 가는 디딤돌인 국한문혼용체로 〈세계대세론〉·〈경쟁론〉(1883)과 《서유견문》(1889)을 써 그가 거둔 지적 성과를 국민에게 되돌리려 했다. 이것도 그가 점진적인 방법으로 국민국가를 수립하려는 노력을 멈추지 않은 것으로 볼 수 있다.

셋째, 그는 급진적 변혁을 모색한 김옥균 등과 달리 점진적 국민국가 수립론을 세운 보수적·현실주의적 사상가였다. 따라서 그는 갑신정변 실패 후 망명길을 택한 윤치호와 달리 귀국길에 올랐고, 귀국 전 김옥균 등과의 절연을 공공연히 노출했으며, 귀국 후에도 후원자 민영익의 보호를 받으며 외교문서와 차관 도입에 관한 문서들을 검토하고 자문하기도 했지만 원세개의 폭압에 순응하기도 했던 것으로 보인다.

넷째, 〈중립론〉 탈고에 즈음한 국제정세는 중·일과 러·영 4강 사이의 세력균형이 이루어져 가던 때로 그가 제기한 조선의 중립국화는 가능할 수도 있었다. 그는 조선의 국내외 정치를 쥐락펴락 옥죄는 패권국인 중국의 간섭에서 벗어나기 위한 차선책으로 중국의 힘에 기댄 중립국화 방안을 모색한 것으로 보인다.

다섯째, 〈중립론〉에 보이는 열강 인식을 보면, 그는 최악과 차악의 침략자로 러시아와 일본을 지목한 다음 미국은 기대와는 달리 우방으로 신뢰가 가지 않는 못 믿을 나라로 저평가한 반면 중국은 조선을 지켜줄 가장 든든한 보호자로 규정했다. 그가 러시아를 최악의 침략자로 본 이유는 그가 '아시아연대론'을 매개로 공로증에 감염되었기 때문이며 이러한 대러 인식은 고종의 인아·거청책과 충돌할 소지가 있었다. 그가 결국 최악의 침략자였던 일본의 침략성을 간과한 이유는 아시아연대론과 황인종주의에 매몰되었기 때문이며, '독립의 수호자'라는 미국에 대한 동시대 지식인들의 호평의 맹점을 지리적 거리와 먼로독트린을 들어 꼬집은 것은 정곡을 찌르는 지적이었다.

여섯째, 그가 중국의 후진성을 알고 있었음에도 중국 주도하의 조선 중립국화를 모색한 이유는 중·일과 영·러 사이의 세력균형이 이뤄진 당시 현실적으로 중국의 압제를 막을 방법이 없었기 때문이다. 중국에 의존하는 중립국화는 중국의 간섭과 통제를 줄이기 위한 고육지책이었던 것으로 보이며, 이로써 당시 실질적 제왕이었던 원세개에게 그가 중국에 害가 되는 일을 하지 않는 인물임을 알리려 했던 것이 집필 동기였던 것으로 보인다. 그러나 이는 원세개의 박해로부터 자신을 보호해주고 있는 고종의 인아·거청책을 정면으로 부인하는 역설을 범한다. 이런 이유로 이 글은 세간에 나오지 못하고 서재에 묻힐 수밖에 없었던 것으로 보인다.

참고문헌

1. 자료
개벽사 편집국, 1922, 〈민중의 친우〉, 《開闢》 21.
김도태, 1948, 《서재필 박사 자서전》, 수선사.

兪吉濬全書編纂委員會 編, 1971,《兪吉濬全書》V, 一潮閣.
윤치호 저·송병기 역, 2001,《국역 윤치호일기》1, 연세대 출판부.
허동현 역, 1987,《兪吉濬論疏選》, 一潮閣.

2. 저서

가라타니 고진 저, 송태욱 역, 2003,《일본정신의 기원: 언어, 국가, 대의제, 그리고 통화》, 이매진.
강창일, 2002,《근대 일본의 조선침략과 대아시아주의》, 역사비평사
旗田巍 저, 이기동 역, 1983,《일본인의 한국관》, 일조각.
백낙준, 1973,《한국개신교사, 1832~1910》, 연세대학교 출판부.
유동준, 1987,《兪吉濬傳》, 一潮閣.
李光麟, 1981,《한국사강좌: 근대편》, 一潮閣.
______, 1992,《유길준》, 동아일보사.
李妍淑, 1996,《"國語"という思想: 近代日本の言語認識》, 岩波書店.
정용화, 2004,《문명의 정치사상: 유길준과 근대한국》, 문학과지성사.
최문형, 1990,《제국주의 시대의 열강과 한국》, 민음사.
______, 2001,《한국을 둘러싼 제국주의 열강의 각축》, 지식산업사.

3. 논문

강만길, 1973,〈유길준의 논문〈중립론〉,《창작과 비평》30
구선희, 1996,〈갑신정변직후 반정정책과 청의 원세개 파견〉,《사학연구》51
김경일, 2008,〈문명론과 인종주의, 아시아 연대론: 유길준과 윤치호의 비교를 중심으로〉,《사회와 역사》78.
김기혁, 2007,〈청한종속관계의 변질: 청조의 한반도 개입〉,《근대 한·중·일관계사》, 연세대출판부.
김원모, 1986,〈원세개의 한반도 안보책(1886)〉,《동양학》16.
______, 1999,〈조선보빙사 수원 유길준〉,《한미수교사: 조선보빙사의 미국사행편(1883)》, 철학과 현실사.
김형근, 2014,〈유길준 작 '지제의'의 구조와 특징〉,《韓國史學報》57.
梶村秀樹, 1980,〈朝鮮からみた日露戰爭〉,《史潮》7.
박정심, 2007,〈한국 근대지식인의 '근대성' 인식 I :문명·인종·민족담론을 중심으로〉,《동양철학연구》52.
박충석, 1996,〈근대일본에 있어서 국가주의의 형성〉,《19세기 일본의 근대화》, 서울대출판부.
박한민, 2013,〈유길준「세계대세론」(1883)의 典據와 저술의 성격〉,《韓國史學報》53.
박희호, 1998,〈1880·90 년대의 조선중립론〉,《東北亞》7.
방상근·와타나베 히로시, 2013,〈다중적 근대의 모색: 19세기 말 후쿠자와 유키치의 경쟁론과 유길준의 교화론〉,《현대정치연구》6-1.

山田昭次, 1969, 〈自由民權期における興亞論と脫亞論 - アジア主義の形成をめぐって〉, 《朝鮮史研究會論文集》6.

西川長夫, 1995, 〈日本型國民國家の形成 - 比較史的觀点から〉, 西川長夫·松宮秀治 編, 《幕末·明治期の國民國家形成と文化變容》, 新曜社.

쓰키아시 다쓰히코 저, 최덕수 역, 2014, 〈조선의 국민국가 창출론 형성: 유길준의 대외관과 '국민' 창출론〉, 《조선의 개화사상과 내셔널리즘》, 열린책들.

양진아, 2014, 〈갑신정변 이후 유길준의 재정개혁론〉, 《韓國史學報》57.

엄찬호, 1998, 〈임오군란 이후 고종의 引露拒淸 정책〉, 《江原史學》13·14.

______, 2002, 〈거문도사건과 조선의 중립화론〉, 《江原史學》17·18.

우남숙, 2010, 〈유길준과 에드워드 모스 연구: 사상적 교류를 중심으로〉, 《한국동양정치사상사연구》9-2.

______, 2011, 〈사회진화론의 동아시아 수용에 관한 연구: 역사적 경로와 이론적 원형을 중심으로〉, 《동양정치사상연구》10-2.

柳永益, 1983, 〈한·미관계 전개에 있어서의 일본의 역할〉, 《한·미수교 1세기의 회고와 전망》, 한국정신문화연구원.

______, 1990, 〈갑오경장 이전의 유길준〉, 《甲午更張研究》, 一潮閣.

______, 1992a, 〈"서유견문"과 유길준의 보수적 점진개혁론〉, 《韓國近現代史論》, 一潮閣.

______, 1992b, 〈개화파인사들의 개신교 수용 양태〉, 《韓國近現代史論》, 一潮閣.

윤병희, 2004, 〈유길준이 〈중립론〉을 작성할 때 무슨 생각이었을까〉, 《개화기 서울 사람들》2, 어진이.

月脚達彦, 1991, 〈開化思想の形成と展開: 兪吉濬の對外觀を中心に〉, 《朝鮮史研究會論文集》28.

外川繼男, 1995, 〈明治維新前後の日本人のロシア觀〉, 中村喜和 等編, 《ロシア文化と日本》, 彩流社.

李光麟, 1969, 〈미국 유학시절의 유길준〉, 《韓國開化史研究》, 一潮閣.

______, 1979, 〈유길준의 개화사상〉, 《韓國開化思想研究》, 一潮閣.

______, 1989, 〈개화기 한국인의 아시아연대론〉, 《開化派와 開化思想 研究》, 一潮閣.

임계순, 1984, 〈한로밀약과 그 후의 한로관계(1884~1894)〉, 《한로관계100년사》, 한국사연구위원회.

장인성, 1999, 〈유길준에 나타난 "도덕"과 "정치" - 자기-타자인식의 정치적 사유〉, 《국제문제연구》23-1.

천자현·고희탁, 2011, 〈근대 한국의 사회진화론 도입·변용에 보이는 정치적 인식구조〉, 《대한정치학회보》18-3.

허동현, 1998, 〈1881년 조사시찰단의 명치 일본 사회·풍속관〉, 《韓國史研究》101.

______, 2002a, 〈1880년대 개화파 인사들의 사회진화론 수용양태 비교 연구: 유길준과 윤치호를 중심으로〉, 《史叢》55.

______, 2002b, 〈1880년대 한국인들의 러시아 인식 양태: 공로증의 감염에서 인아책의 수립까지〉, 《한국민족운동사연구》32.

______, 2004a, 〈개화기(1876~1910) 한국인의 일본관〉, 《사학연구》 76.

______, 2004b, 〈국사교과서에 보이는 유길준(1856-1914) 관련 서술의 문제점과 제언〉, 《韓國史學報》 16.

______, 2005, 〈개화·일제기 한국인의 러시아 인식에 보이는 고정관념〉, 《한국민족운동사연구》 42.

______, 2006, 〈개화기 윤치호의 해외체험과 문화수용〉, 《한국문화연구》 11.

和田春樹, 1985, 〈日本人のロシア觀〉, 藤原彰 編, 《ロシアと日本》, 彩流社.

Masutani Yuichi, 2016, "A Study on Yu Kilchun and His Network of Acquaintances (1881~1907)", *International Journal of Korean History* 21-2.

兪吉濬의 〈中立論〉에 대한 국제법적 검토

유바다

1. 머리말

1885년 兪吉濬은 〈中立論〉을 저술하였다. 歐羅巴洲에 벨기에, 불가리아와 같은 中立國이 있으니 조선도 이를 따르자는 논의다. 이를 소개하면 다음과 같다.

> 지금 歐羅巴洲의 比利時(벨기에), 發佳利亞(불가리아) 및 黑海의 二三개의 島가 或 中立國이나 或 中立地이다. 公法 曰 오직 自主之國만이 能히 中立之權이 있다고 했으니 比利時(벨기에) 같은 경우가 곧 그러하다. 그러나 發佳利亞(불가리아)는 곧 土耳基(오스만 투르크)에 贈貢하는 小國이다.[1]

유길준에 따르면 公法에 自主之國만이 中立할 수 있다고 했으나 불가리아는 오스만 투르크에게 贈貢하기 때문에 自主國은 아니었다. 이는 곧 進貢國(Tributary State)이 自主(Sovereign)한다 하더라도 봉건적 관계로부터 영향

---

1 兪吉濬, 1885, 〈中立論〉(兪吉濬全書編纂委員會 編, 1971, 《兪吉濬全書》Ⅳ, 一潮閣, 320-321쪽), "今歐羅巴洲之比利時發佳利亞及黑海之二三島 或爲中立國 或爲中立地 公法曰惟自主之國 能有中立之權 如比利時則固然 而發佳利亞 乃贈貢於土耳基之一小國也".

을 받을 경우 그 주권에 제한이 있을 수 있다는《萬國公法》의 원리[2]를 따른 것이다. 다음으로 유길준은 조선을 벨기에와 불가리아에 비추어 설명하고 있다.

> 지금 我邦은 地로써는 곧 亞洲의 咽喉에 處해있어 比利時(벨기에)가 歐羅巴에 있는 것과 같다. 位로써는 中國의 貢邦이니 發佳利亞(불가리아)가 土耳基에 하는 것과 같다. 그러하나 同等之禮를 使用하여 各國과 結約하는 權利는 發佳利亞(불가리아)에게는 없고 我邦에는 있다. 貢邦之列에 있어 他邦으로부터 受册하는 일은 比利時(벨기에)에는 없고 我邦에는 있다. 이 때문에 我邦의 體勢가 實로 比發(벨기에·불가리아)兩國의 典例를 兼하고 있다. 發佳利亞(불가리아)가 結約하여 中立者가 된 것은 歐洲諸大國이 俄羅斯(러시아)를 막는 計策에서 나온 것이고 比利時(벨기에)가 結約하여 中立者가 된 것은 歐洲諸大國 서로 自保하는 策略에서 나온 것이다. 이로 말미암아 論하건대 我邦이 亞洲의 中立國이 된다면 實로 防俄의 大機일 것이며 또한 亞洲諸大國이 相保하는 政略일 것이다.

여기서 주목해야 할 것은 불가리아다. 유길준의 〈중립론〉에 대한 초기 연구[3]부터 "조선의 국제적 지위가 중국의 貢邦인 점은 불가리아와 터어키와의 관계가 같다"고 한 유길준의 언급을 주의 깊게 보았다.[4] 이후 韓半島中立化論을 중점적으로 다룬 연구[5]에서 "불가리아는 국제법상 중립국이 아닐뿐더

2《萬國公法》(1981, 亞細亞文化社) 第一卷, 第二章 第十四節, 〈進貢藩屬所存主權〉, 114-118쪽, "第十四節 進貢藩屬所存主權 進貢之國 竝藩邦 公法就其所存主權多寡 而定其自主之分" ; Henry Wheaton, 1855, *Elements of International Law*, Sixth Edition by William Beach Lawrence, Boston: Little Brown and Company, Advertisement to the first Edition, Part First Chapter II §14, Tributary and vassal States, pp.51-55,"§14 Tributary and vassal States. Tributary States, and States having a feudal relation to each other, are still considered as sovereign, so far as their sovereignty is not affected by this relation".

3 姜萬吉, 1973,〈兪吉濬의 論文〈中立論〉〉,《創作과批評》8-4.

4 그 밖에 유길준의 〈中立論〉에 관한 연구는 다음과 같다. 月脚達彦, 1991,〈開化思想の形成と展開-兪吉濬の對外觀を中心に〉,《朝鮮史研究會論文集》28 ; 具仙姬, 1999,《韓國近代對淸政策史 硏究》, 혜안 ; 嚴燦鎬, 2000,《高宗의 對外政策 硏究》, 강원대학교 박사학위논문 ; 안용환, 2010,《유길준, 개화사상과 민족주의》, 청미디어 ; 森万佑子, 2016,《近代朝鮮における宗屬關係と條約關係-對外政策と外政機構の檢討から》, 東京大學 博士學位論文.

5 朴熙琥, 1997,《舊韓末 韓半島中立化論 硏究》, 동국대학교 박사학위논문.

러"라고 언급하는 등 불가리아型 〈중립론〉의 문제점을 지적하기도 하였다. 그러나 불가리아가 국제법상 완벽한 의미의 중립국이 아니었다 하더라도 1885년 시점에 유길준이 불가리아를 주목한 사실은 유의미하게 받아들일 필요가 있다. 앞서 언급한 것과 같이 불가리아 또한 조선과 같이 오스만 투르크에게 贈貢하는 小國이되 結約을 통하여 中立者가 된 점은 유길준에게 조선이 나아갈 방향으로 읽혀졌기 때문이다.

여기서 "結約"은 물론 1878년 유럽에서 열강 사이에 체결된 "베를린 조약"이다. 불가리아는 1878년 베를린 조약을 통하여 (오스만 투르크) 술탄(His Imperial Majesty the Sultan)의 宗主權 下(under the suzerainty) 自治的(autonomous)인 進貢(tributary) 公國(Principality)이 되었다.[6] 필자는 이 베를린 조약을 통하여 自主屬國 불가리아가 성립되면서 조선에 대한 屬國·半主之國 논의가 제기된 과정을 살핀 바 있다.[7] 오스만 투르크의 종주권 하 자치적인 진공 공국 불가리아의 국제법적 지위가 조선의 지위 결정에 곧바로 영향을 준 점에서 유길준의 〈중립론〉에서 불가리아가 지닌 의미는 중립국이 아니라는 이유로 절하될 수 없다. 무엇보다도 지금까지의 연구에서 유길준이 "중립국"의 사례로 삼은 불가리아의 국제법적 지위에 대한 고찰이 거의 없었다는 점이 중요하다. 불가리아에 대한 고찰이 결여된 이상 〈중립론〉을 통하여 유길준이 추구하고자 하였던 조선의 지위 像이 정립될 수 없음은 물론이다. 이 글은 바로 이러한 점에 유의하여 유길준의 불가리아型 중립론이 조선의 국제법적 지위 설정에서 가지고 있는 의미를 살펴보고자 한다.

---

6 Thomas Erskine Holland, 1885, *The European Concert in the Eastern Question*, Oxford, Clarendon Press, pp.277-307. 토마스 어스킨 홀란드는 19세기 영국의 대표적인 국제법학자이다. 이 책은 외교사에 대한 그의 대표작으로 오스만 투르크 제국의 해체과정에 관한 외교사료를 집대성한 것이다.

7 유바다, 2016, 〈1882년 조약·장정의 체결과 속국(屬國)·반주지국(半主之國) 조선의 국제법적 지위〉, 《역사와 현실》 99.

2. 1878년 베를린조약의 체결과 自主·屬國 불가리아의 성립

1878년 3월 3일 러시아는 오스만 투르크와의 전쟁을 승리로 끝내고 산스테파노 조약을 체결하였다.[8] 이 조약의 주요 내용은 다음과 같다.

제2조 오스만 투르크 정부(The Sublime Porte)는 명확하게 몬테네그로 公國(the Principality of Montenegro)의 獨立(the independence)을 認定한다.

제3조 세르비아(Serbia)는 獨立國(independent)으로서 인정받는다.

제5조 오스만 투르크 정부(The Sublime Porte)는 루마니아(Romania)의 獨立(the independence)을 인정한다. 루마니아는 兩國 사이에서 논의될 保障에 대한 권리를 확립할 것이다.

제6조 불가리아(Bulgaria)는 基督教的인 政府와 國民軍과 함께 自治的(autonomous)인 進貢(tributary) 公國(Principality)으로 구성된다.

제7조 불가리아 公爵(The Prince of Bulgaria)은 人民(population)에 의하여 자유롭게 選出될 것이며, 列强의 贊成과 함께 오스만 투르크 정부(the Sublime Porte)에 의하여 承認될 것이다.

제8조 오스만 투르크軍(The Ottoman army)은 더 이상 불가리아에 남아 있지 않을 것이며, 모든 과거의 要塞들은 地方 政府의 비용으로 없어질 것이다. …… 러시아 占領軍(the Russian army of occupation)은 6개 步兵師團과 2개 騎兵師團으로 구성되며 帝國軍에 의한 오스만 투르크로부터의 철수 후에 불가리아에 잔류할 것이며 5만 명을 초과하지 않을 것이다.

제9조 불가리아는 이제부터는 오스만 투르크 정부(the Sublime Porte)에 의하여 거명될 銀行에 貢物을 운송할 것이다. 불가리아가 宗主國 政府(the Suzerain Court)에 지불할 年間의 貢物(the annual tribute)의 수량은 새로운 정부 조직이 운영될 동안 1년 후에 러시아, 오스만 투르크 정부, 그리고 他國의 內閣에 의하여 결정될 것이다.[9]

---

8 산스테파노 조약 및 베를린 조약 체결 과정은 필자의 앞의 논문에서 개략적으로 밝힌 바 있다. 이 장에서는 기존 논의를 확장하여 조약 내용을 보다 구체적으로 거론하면서 서술하고자 한다. 베를린 조약은 유길준의 〈中立論〉에서 언급된 불가리아의 국제법적 지위를 명확히 규정한 조약이기 때문에 반드시 그 전모를 살펴볼 필요가 있다.

9 Thomas Erskine Holland, *Ibid*, pp.335~348, "ART.II. The Sublime Porte recognizes definitively the independence of the Principality of Montenegro. ART.III. Serbia ["Servia" here] is recognized as independent. ART.V. The Sublime Porte recognizes the independence of Romania, which will establish its right to an indemnity, to be discussed between the

앞 조약의 결과를 요약하면 다음과 같다. 첫째, 몬테네그로 公國, 세르비아, 루마니아는 獨立(independence)한다. 둘째, 불가리아는 進貢(tributary)하는 自治(autonomous) 公國(Principality)이 된다. 셋째, 불가리아에서 오스만 투르크軍은 철수하며 러시아軍이 占領(occupation)한다. 넷째, 불가리아가 오스만 투르크에 지불할 貢物(tributary)의 규모는 러시아, 오스만 투르크, 제3국이 결정한다. 이로써 몬테네그로, 세르비아, 루마니아는 封臣國(Vassal State) 내지 半主·屬國(Semi-sovereign State, Dependent State)에서 벗어나 自主·獨立國(Sovereign State, Independent State)이 될 수 있었다.

불가리아 또한 오스만 투르크의 宗主權(Sovereign)으로부터 완전히 벗어나지는 못했다. 그럼에도 불구하고 自治權(autonomous)을 얻어 독자적인 정부와 군대를 구성할 수 있었다. 특히 오스만 투르크軍이 불가리아에서 철수하고 오스만 투르크에 대한 공물(tributary)의 수량을 오스만 투르크뿐만이 아니라 러시아, 제3국까지 함께 결정한다는 점이 중요했다. 불가리아에 대한 오스만 투르크의 종주권은 큰 타격을 받을 수밖에 없었다. 더욱이 제6조에 따르면 불가리아는 進貢하는 自治公國일 뿐 종주국이 별도로 표기되지는 않았다. 이는 불가리아에서 오스만 투르크의 종주권을 탈각시키려는 러시아의 의도에 따른 것으로 보인다.

---

two countries. ART.VI. Bulgaria is constituted an autonomous tributary Principality, with a Christian Government and a national militia. ART.VII. The Prince of Bulgaria shall be freely elected by the population and confirmed by the Sublime Porte, with the assent of the Powers. ART.VIII. The Ottoman army will no longer remain in Bulgaria, and all the ancient fortresses will be razed at the expense of the local Government. ...... The strength of the Russian army of occupation to be composed of six divisions of infantry and two of cavalry, which will remain in Bulgaria after the withdrawal from Turkey by the Imperial army, shall not exceed 50,000 men. ART.IX. The amount of the annual tribute which Bulgaria is to pay the Suzerain Court, by transmitting it to a bank to be hereafter named by the Sublime Porte, will be determined by an agreement between Russia, the Ottoman Government, and the other Cabinets, at the end of the first year during which the new organization shall be in operation. This tribute will be calculated on the average revenue of all the territory which is to form part of the Principality. ART.X. The Sublime Porte shall have the right to make use of Bulgaria for the transport by fixed routes of its troops, munitions, and provisions to the provinces beyond the Principality, and vice versa."

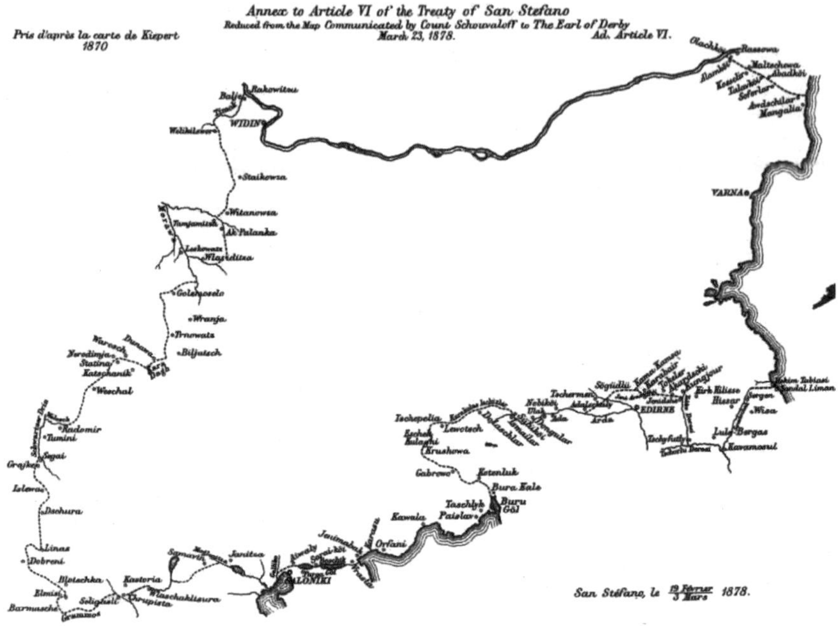

그림 1. 산스테파노 조약에 따른 불가리아의 영토[10]

그리고 이 조약을 통하여 현재 불가리아의 영토를 넘어서 지금의 마케도니아 공화국의 영역까지 포괄하는 大불가리아 公國이 탄생하게 되었다. 이로써 불가리아는 비록 自治公國이되 그에 대한 종주권이 사실상 소멸되고 상당한 영토를 획득한 발칸 반도의 대국이 될 수 있었다. 다만 불가리아에 러시아軍이 잔류하는 이상 발칸 반도는 사실상 러시아의 수중으로 들어간 것이나 다름이 없었다. 그렇기 때문에 영국 등 서구 열강은 러시아를 견제하기 위하여 독일 총리 비스마르크의 중재를 통하여 베를린에서 열강 간 회의를 열었다. 베를린 회의(Congress of Berlin)였다.

---

10 Edward Hertslet, 1891, *The Map of Europe by Treaty; which have taken place since the general peace of 1814. With numerous maps and notes* IV, London: Her Majesty's Stationery Office, pp.2680~2681. 에드워드 허츨렛은 영국 외무부의 사서로서 각종 조약집을 편찬하였다. 이 조약집 또한 그의 작업의 일환이었다.

1878년 6월 13일부터 7월 13일까지 열린 베를린 회의에는 영국, 오스트리아-헝가리, 프랑스, 독일, 이탈리아, 러시아, 오스만 투르크 등 7개국이 참가하였다. 이 회의를 통하여 최종적으로 베를린 조약이 체결되었다. 조약의 주요 내용을 살펴보면 다음과 같다. 산스테파노 조약과 다른 부분은 굵은 고딕체에 밑줄을 그어 표시하였다.

제1조 불가리아(Bulgaria)는 基督敎的인 政府와 國民軍과 함께 **(오스만 투르크) 술탄(His Imperial Majesty the Sultan)의 宗主權 下(under the suzerainty)** 自治的(autonomous)인 進貢(tributary) 公國(Principality)으로 구성된다.

제3조 불가리아 公爵(The Prince of Bulgaria)은 人民(population)에 의하여 자유롭게 選出될 것이며, 列强의 贊成과 함께 오스만 투르크 정부(the Sublime Porte)에 의하여 承認될 것이다.

제9조 불가리아는 이제부터는 오스만 투르크 정부(the Sublime Porte)에 의하여 거명될 銀行에 貢物을 운송할 것이다. 불가리아가 宗主國 政府(the Suzerain Court)에 지불할 年間의 貢物(the annual tribute)의 수량은 새로운 정부 조직이 운영될 동안 1년 후에 **본 조약에 조인한 열강(the Powers Signatory of the present Treaty)**에 의하여 결정될 것이다.

제11조 오스만 투르크軍(The Ottoman army)은 더 이상 불가리아에 남아 있지 않을 것이며, **과거의 要塞들은 1년 동안, 아니면 가능한 빨리 公國(the Principality)의 비용**으로 없어질 것이다.

제13조 **하나의 地方(A province)이 발칸 반도 남쪽에 형성된다. 그것은 '東루멜리아(Eastern Roumelia)'로 불릴 것이며 행정적인 自治(autonomy) 상태를 유지하면서 (오스만 투르크) 술탄(His Imperial Majesty the Sultan)의 직접적인 政治的, 軍事的 權威(authority) 下에 남겨질 것이다. 東루멜리아는 基督敎人 總督(a Christian Governor General)을 가진다.**

제22조 **불가리아와 東루멜리아에서의** 러시아 占領軍(the Russian army of occupation)은 6개 步兵師團과 2개 騎兵師團으로 구성되며 5만 명을 초과하지 않을 것이다. …… **러시아帝國軍에 의한 東루멜리아와 불가리아의 점령 기간은 본 조약의 비준 교환의 날로부터 9개월로 고정된다.**

제26조 몬테네그로(Montenegro)의 獨立(the independence)이 오스만 투르크 정부(the Sublime Porte)에 의하여 認定된다.

제34조 조약체결국들(The High Contracting Parties)은 세르비아 公國(the Principality of

Servia)의 獨立(the independence)을 認定한다.

제43조 조약체결국들(The High Contracting Parties)은 루미니아(Roumania)의 獨立(the independence)을 認定한다.[11]

이 조약의 결과를 요약하면 나음과 같다. 산스테파노 조약과 달라진 점은 굵은 고딕체로 표기하였다. 첫째, 몬테네그로, 세르비아, 루마니아는 獨立(independence)한다. 둘째, 불가리아는 **(오스만 투르크) 술탄(His Imperial Majesty the Sultan)의 宗主權 下(under the suzerainty)** 進貢(tributary)하는 自治(autonomous) 公國(Principality)이 된다. 셋째, 불가리아에서 오스만 투르크軍은 철수하며 러시아軍이 占領(occupation)한다. **그러나 점령 기간은 9개월로 고정된다.** 넷째, 불가리아가 오스만 투르크에 지불할 貢物(tributary)의 규모는 **열강(the Power)이 결정한다. 다섯째, 불가리아 남쪽에 (오스만 투르크) 술탄(His Imperial Majesty the Sultan)의 직접적인 政治的, 軍事的 權威(authority) 下 自治(autonomy) 地方(province)이 형성된다.**

---

11 Thomas Erskine Holland, 1885, *Ibid*, pp.277-307, "Art. I. Bulgaria is constituted an autonomous and tributary Principality under the suzerainty of His Imperial Majesty the Sultan; it will have a Christian Government and a national militia. Art. III. The Prince of Bulgaria shall be freely elected by the population and confirmed by the Sublime Porte, with the assent of the Powers. Art IX. The amount of the annual tribute which the Principality of Bulgaria shall pay to the Suzerain Court—such amount being paid into whatever bank the Porte may hereafter designate—shall be fixed by an agreement between the Powers Signatory of the present Treaty at the close of the first year of the working of the new organization. Art. XI. The Ottoman army shall no longer remain in Bulgaria; old fortresses shall be razed at the expense of the Principality within one year, or sooner if possible; Art. XIII. A province is formed south of the Balkans which will take the name of 'Eastern Roumelia', and will remain under the direct political and military authority of His Imperial Majesty the Sultan, under conditions of administrative autonomy. It shall have a Christian Governor General. Art. XXII. The strength of the Russian corps of occupation in Bulgaria and Eastern Roumelia, which shall be composed of six divisions of infantry and two divisions of cavalry, shall not exceed 50,000 men. …… The period of the occupation of Eastern Roumelia and Bulgaria by the Imperial Russian troops is fixed at nine months from the date of the exchange of the ratifications of the present Treaty. Art. XXVI. The independence of Montenegro is recognized by the Sublime Porte Art. XXXIV. The High Contracting Parties recognize the independence of the Principality of Servia Art. XLIII. The High Contracting Parties recognize the independence of Roumania."

베를린 조약이 체결되면서 러시아는 산스테파노 조약이 보장한 발칸 반도에서의 우위를 잃고 다뉴브강 이북으로 철수하게 되었다. 러시아軍의 불가리아 점령이 9개월로 제한되었기 때문이다. 반대로 오스만 투르크는 이 조약을 통하여 러시아의 압박을 다소 해소하면서 살아날 수 있었다. 더구나 산스테파노 조약 제6조에서는 불가리아에 대한 종주권이 명시되지 않은 반면, 베를린 조약에서는 제1조를 통하여 불가리아에 대한 오스만 투르크 술탄의 종주권이 명확히 기재되었다. 이 조약을 통하여 오스만 투르크는 불가리아에 대한 종주권을 국제법적으로 인정받을 수 있었다. 그리고 불가리아와 오스만 투르크의 사이에 오스만 투르크 술탄의 직접적인 정치적, 군사적 권위 하 自治地方인 東루멜리아가 형성된 점이 주목할 만하다. 이로써 오스만 투르크는 수도 코스탄티니예(Kostantiniyye)를 방위할 수 있는 완충지대를 가질 수 있었다. 코스탄티니예와 불가리아 국경 사이의 거리는 250㎞에 불과했다.

결국 베를린조약을 통하여 大불가리아는 축소되었으며 그 사이에 東루멜리아 자치지방이 설정되어 오스만 투르크는 수도를 방위할 수 있는 최소한의 근거를 마련할 수 있었다.

이 외에 지금의 마케도니아, 알바니아 지역을 비롯한 발칸 반도 내 영토를 상당 부분 보존할 수 있었다. 오스만 투르크의 이와 같은 소생은 東邦問題(Eastern Question)에서 현상유지를 원했던 영국의 의지에 기인한 것이었다.

특히 오스만 투르크가 다자간 국제조약을 통하여 열강들로부터 불가리아에 대한 종주권을 유지할 수 있게 된 점은 주목할 만하다. 이로 인해 오스만 투르크는 러시아軍의 직접적인 위협을 다뉴브강 이북으로 몰아내고 발칸반도 내 영토를 유지할 수 있었다. 그런데 이와 같이 오스만 투르크의 불가리아에 대한 종주권 유지를 명시한 베를린 조약이 바로 동아시아 세계에 영향을 주게 되었다.

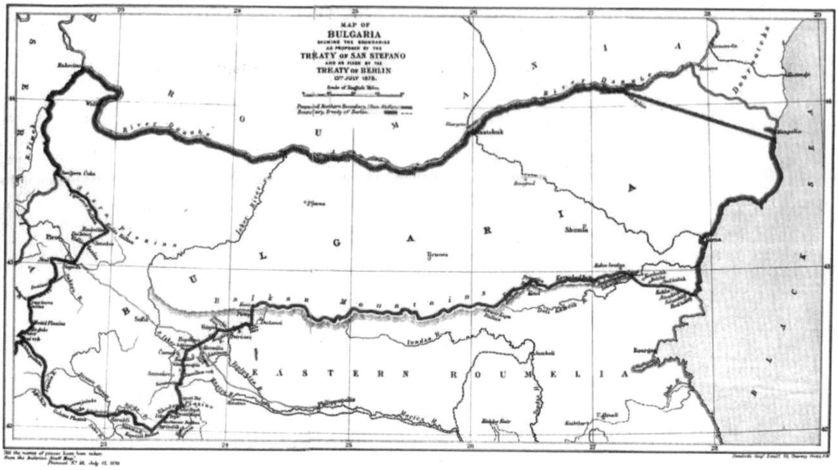

그림 2. 베를린 조약에 따라 축소된 불가리아의 영토[12]

그림 3. 베를린 조약에 따른 발칸 반도의 국경 획정[13]

1878년 12월 7일 駐日清國公使 何如章은 베를린 조약[柏林條約]이 불가리아[博魯哦利亞]를 오스만 투르크 황제[土帝]의 統轄에 屬한 自主侯國으로 規

12 Edward Hertslet, 1891, *Ibid*, pp. 2766-2767.

13 Robert H. Labberton, 1884, *An Historical Atlas*, E. Elaxton and Co, p.XLI.

定하였다는 제목의 보고서(出使日本何大臣抄送柏林條約規定博魯哦利亞為自主侯國屬土帝統轄)를 총리아문에 제출하였다.[14] 이 보고서에는 베를린 조약의 漢譯本이 들어 있었다. 漢文으로 번역된 베를린 조약의 주요 내용을 살펴보면 다음과 같다.

> 프로이센 수도(普都) 베를린(伯林)에서 會同하여 講和의 盟約을 議定하였다.
>
> 第1款 불가리아(博魯哦利亞)는 自主之國으로 삼아 오스만 투르크 皇帝(土帝)가 統轄하는 附庸侯爵에 屬한다. 예수교(耶蘇教) 宗旨를 政府의 主義로 삼아 民兵制度를 定한다.
>
> 第3款 該國(불가리아) 主侯는 國民 公選으로 말미암으며 반드시 오스만 투르크 皇帝(土帝) 및 諸國의 認許를 거쳐 定한다.
>
> 第9款 該國이 오스만 투르크 朝廷(土廷)에 納付해야 할 貢租는 建國 1年 後 諸國이 公議하여 이를 定한다.
>
> 第11款 오스만 투르크軍(土軍)으로 하여금 불가리아(博魯哦利亞) 地方에서 물러나도록 한다. 지금부터 1年 동안 從前의 砲壘는 모두 毁破하고 新築할 수 없다.
>
> 第13款 罷兒敢山 南쪽에 東루멜리아(羅美里亞)州를 세워 오스만 투르크 皇帝(土帝)의 管轄에 屬하게 한다. 또한 自政之權으로써 예수교(耶蘇教) 太守를 둔다.
>
> 第22款 불가리아(博魯哦利亞) 및 루멜리아(羅美里亞)에서 駐屯하는 러시아軍은 5萬을 넘길 수 없으며 지금 9月부터 시작하여 3個月 內 全軍 引退한다.[15]

---

14 《外交檔案》, 總理各國事務衙門-條約-柏林條約及各國商約-出使日本何大臣抄送柏林條約規定博魯哦利亞為自主侯國屬土帝統轄, 〈封面及目錄〉(01-21-048-01-000).

15 《外交檔案》, 總理各國事務衙門-條約-柏林條約及各國商約-出使日本何大臣抄送柏林條約規定博魯哦利亞為自主侯國屬土帝統轄, 〈柏林條約〉(01-21-048-01-001), "普都伯林會同議定講和之盟約也 第一款 以博魯哦利亞爲自主之國屬在附庸侯爵歸土帝統轄之以耶蘇教宗旨爲政府主義以定民兵制度 …… 第三款 該國主侯有國民公選而定必經土帝及諸國之認許 …… 第九款 該納土廷之貢租建國一年之後由諸國公議定之 …… 第十一款 使土軍退博魯哦利亞地方自今一年之間盡毀從前砲壘不得新築 …… 第十三款 在罷兒敢山南建東羅美里亞州屬之土帝管轄且與以自政之權可置耶蘇教太守 …… 第二十二管 屯在博魯哦利亞及羅美里亞之魯軍不可踰五萬自今九月始三個月內全軍引退". 何如章의 이 漢譯은 일본의 잡지《近事評論》의 다음의 번역을 참고한 것으로 보인다. "第一款 ボルガリアヲ以テ自政(オートノミツク)附傭(トリビユータリイ)侯國(プリンシパリチイ)ト爲シテ土帝之ヲ統轄シ耶蘇宗旨ヲ以テ政府ノ主義トナシ國民兵ノ制ヲ定ムベキヿ …… 第三款 主侯ハ國民ノ公選ヲ以テ之ヲ定メ土帝及ビ諸國ノ認許ヲ經ベシ …… 第九款 土廷ニ納ムベキ貢租ハ建國ノ後一年ニシテ條約諸國ノ公議ニ由テ之ヲ定ムベシ."(《近事評論》148, 1878.8.18., 8-9쪽).

이 조약에 따라 불가리아는 自主之國으로 규정되었다. 그러나 동시에 오스만 투르크 皇帝(土帝)가 統轄하는 附庸侯爵에 屬하는 納貢國이 되었다. 이는 淸이 1866년 병인양요 이래 1871년 청일수호조규의 체결을 거쳐 1876년 조일수호조규의 체결에 이르기까지 "朝鮮은 自主之國이나 納貢하는 屬國"이라고 하였던 언설과 일치하는 내용이었다.

사실 베를린 조약의 원문에는 불가리아가 自治(autonomous)한다고 되어 있었으나 漢譯을 통해서는 自主, 즉 主權的(sovereign)인 개념으로 바뀌었다. 이는 불가리아가 이 조약을 통하여 사실상 주권을 획득한 것으로 보고 있었기 때문인 것으로 보인다. 사실 제13관의 漢譯을 통해 볼 수 있듯이 하여장은 自治를 自政이라 하여 自主와 구분하고 있었다. 따라서 이 단계에서 淸 측이 自主와 自治를 구분하지 못하였다고 볼 수는 없다.

淸은 베를린 조약을 통하여 불가리아가 土帝의 統轄에 屬하여 納貢하는 自主之國이 된 점을 주목하였을 것이다. 淸이 조선에 구사하고 있는 정책과 유사했기 때문이다. 이홍장은 하여장에게 보내는 편지를 보내 러시아와 오스만 투르크가 조약을 체결하여 세르비아(塞)와 루마니아(羅)가 독립한 사실을 알고 있다고 하였다.[16] 베를린 조약을 통하여 불가리아가 土帝의 統轄에 屬하여 納貢하는 自主之國이 된 점을 분명히 인식한 결과다.

사실 불가리아가 自主之國이 된 것은 오스만 투르크에게도 유리한 것이었다. 불가리아가 주권을 획득한 이상 러시아군 등 외국군의 장기간 주둔은 허용할 수 없었다. 이로써 오스만 투르크는 불가리아를 자신의 종주권 하에 두면서도 주권국가임을 내세워 러시아군을 불가리아에서 철수시키고 자신의 수도를 방위할 수 있게 되었다.

바로 이러한 점을 淸으로서도 주목할 수밖에 없었을 것이다. 淸에게 조선은 東三省의 屛藩이며 수도 北京 방위를 위한 요충지였다. 불가리아가 오스

16 薛福成,《庸盦文別集》,〈代李伯相復何侍講書〉, 104-106쪽(1985, 上海古籍出版社), "至照俄, 土近約立塞, 羅諸國之例."

만 투르크의 수도와 맞닿은 것과 같았다. 조선이 타국의 손으로 넘어가면 淸은 수도 앞에 적을 두게 된다. 따라서 淸은 불가리아와 같이 조선을 淸의 속국으로 유지하면서도 러시아가 조선을 무단으로 점령하지 못하도록 조선에 주권을 부여해야 했다. 그래서 탄생한 것이 바로 조선의 열강과의 조약 체결을 유도하여 주권을 인정받도록 하되 그 조약을 통하여 조선이 淸의 속국임을 공인하게 만드는 책략이었다. 베를린 조약을 통하여 유럽에서 실현된 防俄策을 淸이 동아시아에서 활용한 것이다.[17]

결국 淸은 1878년 체결된 베를린 조약을 통하여 조선에 대한 기존의 종주권을 인정받고 열강의 조선 점령을 막아낼 수 있는 국제법적인 사례를 찾았기 때문에 조선으로 하여금 열강과 조약을 체결하되 淸의 종주권 하 속국으로 삼는 방안을 마련하였던 것이다. 더욱이 베를린 조약은 러시아를 불가리아로부터 철수시킨 결과를 낳았다. 따라서 베를린 조약의 체결은 동아시아 방면에서 러시아의 남하 내지 조선 점령을 저지하기 위해서라도 반드시 참고해야 할 사례였다. 바로 이러한 점을 통해 볼 때 유길준이 1885년 시점에 불가리아형 중립국을 모색한다 하여도 이는 이미 淸이 설정한 범위 안에 있었던 방안이었음을 알 수 있다.

3. 불가리아 및 조선의 立約權 문제와 유길준의 세계 인식

불가리아가 조선과 다른 점은 立約權이 없다는 것인데 이 또한 1885년 단계가 되면 사정이 달라진다. 신생 불가리아 公國은 1885년 9월 원래 오스만 투르크의 종주권 하 自治 지역이었던 東루멜리아를 倂合하였고 곧바로 인근

---

17 駐新加坡淸國領事 胡璇澤도 이홍장에게 오스만 투르크에서 영국이 러시아의 남하를 저지한 사례를 보고하였다. 顧廷龍, 戴逸 主編, 2008, 《李鴻章全集》 32, 安徽教育出版社, G5-R3-028, G5-R3-029, 426-427쪽, "所以土國之役 英國知其底蘊 得而糾合阻止."

세르비아 王國과 전쟁을 벌였다. 전쟁 결과 불가리아는 1886년 3월 3일 세르비아와 루마니아 부카레스트에서 평화조약(Treaty of Peace)을 체결할 수 있었다. 술탄(His Imperial Majesty the Sultan)의 종주권 하(under the suzerainty) 自治的(autonomous)인 進貢(tributary) 公國(Principality) 내지 土帝가 統轄하는 附庸侯爵이라 하더라도 조약을 체결할 수 있었음을 알 수 있다.

다만 조약문 내에도 오스만 투르크 제국 술탄의 종주권 하의 불가리아 公國이라는 사실(His Imperial Majesty the Sultan, Emperor of the Ottomans, in his capacity as Suzerain of the Principality of Bulgaria)은 분명히 기재되어 있었다.[18] 이른바 屬國이되 自主할 수 있는 사례를 이 조약을 통하여 확인할 수 있다.

반면 조선은 1882년 미국과 조약을 체결한 이래 영국, 독일, 러시아와 차례로 立約하면서도 淸의 屬國임을 명기하지는 않았다. 그러나 그렇다 하더라도 매 조약을 체결할 때마다 屬邦照會를 체약국에 보냈다. 더욱이 淸과 무역장정을 의정하여 스스로 淸의 藩封이자 屬邦임을 선언하였다. 이런 점에서는 오스만 투르크의 종주권을 조약에 표기한 불가리아와 다름이 없었다. 그렇기 때문에 불가리아의 사례를 따라 조선을 中立國으로 삼는다 하더라도 무역장정에서 선언된 淸의 종주권이 소멸되는 것은 아니었고 自主 내지 獨立을 완전히 누릴 수 있는 것도 아니었다. 유길준의 다음의 언급을 보자.

> 或 말하기를 "어찌 中國이 또 우리를 呑倂하지 않으려 함을 아는가?" 라고 한다면 이는 그렇지 않다. 진실로 중국이 이와 같이 하고자 한다면 어찌 諸國과 訂約하도록 勸하고서 今日에 이르러 비로소 그 뜻을 행하겠는가? 중국이 遠人을 待하는 道는 自古로 지금까지 대개 寬柔를 따랐으며 단지 收貢하여 冊封할 뿐 스스로 다스리게 하여(使自爲治) 나머지는 다시 묻지 않았다.[19]

18 Edward Hertslet, 1891, *Ibid*, pp.3141-3157.

19 〈中立論〉(《兪吉濬全書》Ⅳ, 322-323쪽), "或曰安知中國又不欲呑倂我乎 此則不然 苟中國之欲爲是也 何若而勸訂諸國之約 乃到今日 而始行其志哉 中國待遠人之道 自古迄今 槩從寬柔 只收其貢冊其封 而使自爲治 餘不復問也."

조선을 倂呑하지 않고 監國도 설치하지 않으면서 諸國과 訂約하도록 권하되 收貢冊封의 명분만을 남겨두어 屬國으로 삼아 종주권을 유지하려고 한 것이 바로 淸의 조선 정책이었다. 이 지점에서 유길준은 淸의 논리를 완벽하게 따라가고 있었다. 收貢(Tributary)을 하고 冊封(Vassal)을 받는다면 自主(Sovereign)할 수 있다 하더라도 半主(Semi-Sovereign) 내지 屬國(Dependent)의 범주에 들 수 있는 것이 바로《萬國公法》의 원리였다. 따라서 유길준이 조선을 두고 奉貢收冊之國이라고 지칭하는 이상[20] 進貢國 내지 藩屬, 즉 封臣國일 뿐 自主國 내지 獨立國이 되기는 어려웠다. 이뿐만 아니라 유길준은 中國이 盟主가 되어 英, 法, 日, 俄 등 諸國과 會同하여 조선을 中立國으로 하는 盟款을 訂하기를 촉구하였는데[21] 이미 무역장정을 통하여 조선이 淸의 藩封 내지 屬邦임을 확인한 淸이 조선의 中立을 위한 盟主가 될 리는 없었다. 더욱이 설령 그렇게 하여 조선이 중립국이 된다 하더라도 淸이 中立盟款의 盟主가 되고 무역장정이 부정되지 않는다면 조선은 藩屬 지위를 벗어나기 어려웠다. 바로 이러한 점에서 유길준 중립론의 한계가 노출된다고 할 수 있겠다.

사실 유길준이 1883년 〈世界大勢論〉을 저술할 때만 하더라도 불가리아는 시야에 들어오지 않았었다. 〈표1〉을 살펴보자.

歐羅巴洲를 보면 불가리아가 없을 뿐만 아니라 1878년 베를린 조약을 통하여 獨立을 성취한 루마니아, 세르비아, 몬테네그로도 없다. 獨立國, 半獨立國, 半屬地, 屬地, 領地에도 찾아볼 수 없다. 아마도 유길준한테 이들에 대한 정보가 없었거나 아직 獨立 여부를 판별하기 어려웠기 때문에 누락된 것으로 보인다.

여기서 더욱 주목할 것은 半獨立國, 半屬地인 존재들이다. 亞細亞洲에서

---

20 〈中立論〉(《兪吉濬全書》Ⅳ, 323-324쪽), "而中國惟我幾千年奉貢收冊之國 衣冠文物悉皆摹倣 俗尙好惡 互相比同 其人則箕聖之餘風 其地則燕京之東蔽也 親附之深 故倚信之篤 今者請援之一事 亦可見平素之愛好 而難曰少有未達於時務."

21 〈中立論〉(《兪吉濬全書》Ⅳ, 326-327쪽), "唯中立之一事 寔我邦保守之策 而此不可自我而倡之 則其宜請於中國而辦理之乎 如中國 或因事而未則聽準 今日請之 明日又請之 乞中國之爲盟主 會同諸國 如英法日俄之有關係於亞土者 而進我於其間 共訂其盟款乎."

표 1. 兪吉濬 〈世界大勢論〉의 국가 지위 분류[22]

大陸	獨立國	半獨立國, 半屬地	屬地, 領地	國體未立
亞細亞洲	支那(중국) 日本 安南 暹羅(시암) 緬甸(미얀마) 老檛(라오스) 波斯(페르시아) 亞細亞土耳其(아시아 투르크) 瓜哇(자바) 婆羅(보르네오)	滿洲(支那) 蒙古(支那) 伊犁(支那) 西藏(支那)	香港(英吉利) 澳門(葡萄牙) 西比利亞(시베리아, 魯西亞) 英領緬甸 英領印度 佛領印度 葡領印度 呂宋(필리핀, 西班牙) 蘇門荅臘 (수마트라, 和蘭) 馬路古諸島 (말루쿠제도, 和蘭) 小巽他諸島 (소순다제도, 和蘭)	亞業加坦(아프가니스탄) 土耳其斯坦(투르키스탄) 皮路直坦(파키스탄) 亞拉比亞(아라비아) 蘇祿諸島(술루제도)
亞弗利加洲	摩洛哥(모로코) 里卑里亞(라이베리아) 桑結巴(잔지바르) 馬達加斯加島(마다가스카르)	埃及(이집트, 土耳其) 的波里(트리폴리, 土耳其) 突尼斯(튀니지, 土耳其)	帑皮亞(리비아, 土耳其) 亞爾皮(알제리, 佛蘭西) 岌朴哥羅尼(케이프타운, 英吉利) 莫三鼻(모잠비크, 葡萄牙) 西北岸諸島(葡萄牙) 東岸諸島(英吉利)	亞比亞尼亞(아비시니아) 撒哈羅(사하라) 塞內岡比(세네갈) 蘇丹(수단) 幾內亞(기니) 合丁多(카콘다) 岌朴北部諸島 牙蘭(케냐) 索謀和(소말리아) 大湖地方(빅토리아호 지방)
歐羅巴洲	英吉利(영국) 佛蘭西(프랑스) 和蘭(네덜란드) 比耳義(벨기에) 西班牙(스페인) 葡萄牙(포르투갈) 日耳曼(독일) 墺大利(오스트리아) 嗹(덴마크) 瑞典-那威(스웨덴-노르웨이) 魯西亞(러시아) 瑞西(스위스) 伊太利(이탈리아) 希臘(그리스)			
(南亞墨利加洲)	巴西(브라질) 亞然丁合邦 (아르헨티나) 秘魯(페루) 智利(칠레) 玻里非(볼리비아) 巴拉圭(파라과이) 烏拉乖(우루과이) 巴他峨尼(파타고니아)			

中亞墨 利加洲	瓜地馬担(과테말라) 三薩尾多(산살바도르) 閔都拉(온두라스) 尼加拉瓜(니카라과) 哥斯德利加(코스타리카)		百里斯 (벨리즈, 英吉利)	
北亞墨 利加洲	合衆國(미국) 墨西哥(멕시코)		亞墨利加 (그린란드, 嗹國) 亞墨利加 (캐나다, 英吉利)	
大洋洲	三維斯諸島 (하와이제도)		澳太利亞(호주, 英吉利) 達斯馬尼(테즈메이니아, 英吉利) 新西蘭(뉴질랜드, 英吉利) 馬利亞納諸島(마리아나제도, 西班牙) 加羅里邦諸島(캐롤라인제도, 西班牙) 馬爾沙諸島(마샬제도, 英吉利) 馬其薩諸島(마르케사스제도, 佛蘭西)	巴布亞(파푸아) 非支諸島(피지제도) 那米加德諸島(나비게이터제도) 古克諸島(쿡제도) 友島(통가) 低島(투아모투) 公會島(소시어티)

는 蒙古, 伊犁, 西藏이 支那의 半獨立國이었으며 埃及(이집트), 的波里(트리폴리), 突尼斯(튀니지)가 土耳其(오스만 투르크)의 半屬地로 되어 있었다. 利皮亞(리비아)는 오스만 투르크의 屬地로 분류되어 있었지만 사실은 埃及, 的波里와 같이 半屬地와 같은 곳이었다. 어떻든 이들은 獨立國이 아니면서 屬地나 領地(植民地, Colony)도 아닌 半獨立國 내지 半屬地와 같은 중간적인 지위를 가지고 있는 존재들이었다. 국제법적으로는 屬國(Dependent State) 내지 半主之國(Semi-Sovereign State)으로 분류할 수 있을 것이다.

유길준은 이들에 대하여 다음과 같이 표현하였다. 蒙古, 伊犁, 西藏에 대해서는 "支那에 屬ᄒᆞ야스나 그러ᄒᆞ나 各自國王이 잇스니 支那로서 其國務을 干涉ᄒᆞᄂᆞᆫ 故로 半獨立國이라 云ᄒᆞᄂᆞᆫ 者"라고 하였다. 사실 이들은 淸의 藩部로서 理藩院을 통하여 영토로서 다스려지고 있었기 때문에 半獨立國

22 兪吉濬, 1883,〈世界大勢論〉(《兪吉濬全書》Ⅲ, 63-88쪽).

보다는 屬地에 가까웠다. 리비아에 대해서는 "土耳其의 屬地라 稱ᄒᆞ니 其宗은 獨立國과 同ᄒᆞ니라"라고 하였다. 各自 國王이 있어 國務를 간섭받으면 半獨立國이었으며 리비아 같은 경우는 屬地라 칭하더라도 사실상 獨立國이었다. 바로 그러한 면에서 볼 때 조선은 半獨立國 내지 半屬地에 가까운 존재로 여겨졌을 것이다. 淸으로부터 간섭을 받는 것은 사실이었으되 분명 國王이 있었기 때문이다. 오히려 進貢國, 藩屬도 主權을 보유할 수 있다는《萬國公法》의 원리에 따르면 리비아와 같이 獨立할 수도 있었다. 다만 아직은 그 상황이 명확하지 않기 때문에 유길준은 조선을 獨立國으로도 半獨立國, 半屬地로도 분류하지 않은 채 단지 "卽我國"이라고 칭했을 것이다.

위 분류에서 등장하지는 않았지만 루마니아, 세르비아, 몬테네그로는 독립국으로 분류될 존재였으며 불가리아는 半獨立國 내지 半屬地에 가까웠다. 유길준이 조선을 불가리아型 중립국으로 삼고자 하였다면 결국 조선은 半獨立國, 半屬地가 되는 것이며 이는 조선을 두고 泰西 사례에 의한 屬國 내지 半主之國으로 삼으려고 하였던 淸의 정책과 부합하는 것이었다. 조선 국왕이 淸帝의 封臣이고 불가리아가 土帝의 封臣인 이상 조선과 불가리아는 모두 종주국과 봉건적인 관계를 가지고 있는 封臣國, 즉 藩屬(Vassal State)과 같은 존재였다. 藩屬(Vassal State)은 곧 半主·屬國(Semi Sovereign or Dependent State)의 범주에 들었다.

따라서 유길준이 조선을 불가리아와 같이 중립국으로 삼고자 하였더라도 그것은 自主라 하더라도 屬邦이라고 하였던 淸의 종주권 확인을 내용적으로 지지해주는 이상의 의미는 없었다고 볼 수 있다. 이는 곧 淸의 朝鮮屬國論이 유길준에게도 관철되고 있었음을 보여주는 대목이었다. 그리고 불가리아 또한 루마니아, 세르비아, 몬테네그로 등과 마찬가지로 半獨立國, 半屬地과 같은 존재였고 그 지위는 유동적이었다. 이는 조선 또한 불가리아와 같이 중립국이 된다 하더라도 그 지위는 취약할 수밖에 없음을 나타내는 것이었다.

반면 김옥균은 속국론을 배제한 中立論을 설파하여 유길준과 비교된다.

1886년 7월 7일(陰 6월 6일) 김옥균은 이홍장에게 보내는 편지에서 다음과 같은 말을 남겼다.

> 그런 즉 閣下께서는 어찌 大淸國 皇帝陛下를 推尊하여 天下의 盟主로 삼아 公論을 歐米 各 大國에 펴고 그들과 더불어 連續으로 朝鮮을 中立之國으로 세워 萬全無危의 땅으로 만들지 않습니까?[23]

김옥균은 淸을 조선 중립을 위한 "天下의 盟主"로 삼고자 하였으나 유길준같이 收貢(Tributary)과 冊封(Vassal)을 인정하지는 않고 있었다. 따라서 같은 중립론을 펼쳤다 하더라도 유길준과 달리 김옥균은 半主·屬國 조선의 국제법적 지위를 극복할 의지를 가지고 있었다.

다만 김옥균도 당시 중립론과 같이 거론되던 保護論의 영향으로부터 완전히 자유로울 수는 없었다. 그는 李載元에게 보내는 편지를 통하여 "今日 나라를 위한 계책으로 第一은 外國 중 公正하고 강한 一國과 깊이 결탁하고 始終 그 保護의 힘에 의뢰하는 것이다"라고 하였다.[24] 조선에 대한 보호를 상정한 이 시기 중립론의 영향을 받은 것으로 보인다. 그럼에도 불구하고 김옥균은 고종에게 보낸 다음과 같은 상소문을 통하여 淸을 배척하고자 하였다.

> 생각컨대 淸國이 참으로 我邦을 위하여 計코자 하면 能히 時勢에 通曉하여 저윽이 知能있는 者를 我邦에 送하여 此를 誘導할것이어늘 此를 不爲하고 袁世凱와 如한 口尙乳臭로 時勢를 辨치 못하는 者를 派遣하고 顧치아니함은 臣은 그 뜻을 解치못하나이다. 袁世凱는 本來 斗筲의 小人으로 다만 陛下와 坤殿의 歡心을 得하여 李鴻章에게 推薦하여 주기를 望할뿐이니 彼의 一身을 爲하여 計하기도 불능커던 何暇에 陛下를 爲하여 計를 得하오리까. 臣이 愚昧할지라도 淸國의 大함으로 且我와 脣齒

23 韓國學文獻硏究所 編, 1979, 〈與李鴻章書〉, 《金玉均全集》, 149-152쪽, 亞細亞文化社, "然則閣下何不推尊大淸國皇帝陛下 爲天下之盟主 布公論於歐米各國 與之連續 立朝鮮爲中立之國 作萬全無危之地."

24 〈致沁留書〉, 《金玉均全集》, 121-128쪽, "今日爲國之策 第一 深結外國中公正且强之一國 始終賴其保護之力."

> 의 關係가 있삽는데 짐즛 此와 相踈함이 得策이 아닌줄은 知하오나 陛下의 奸臣은 袁世凱等과 如한 無識의 徒와 結黨하여 國權을 蔑如하오니 이것을 臣이 坐視치 못하는바이로소이다.[25]

이를 통해 볼 때 김옥균은 이홍장에게는 淸이 조선 中立의 盟主가 될 것을 주문하고 있었지만 실제로는 淸을 배척하고 있었음을 알 수 있다. 김옥균은 이뿐만 아니라 淸은 물론 일본을 비롯한 他國으로부터 扶助를 얻지 말 것을 고종에게 주문하였다.

> 이제 朝鮮을 爲하여 謀하건대 淸國은 本來 足히 恃치 못할것이오 日本도 亦然하여 此 二國은 各其 自家維持에 餘力이 無한 模樣이온대 何暇에 他國을 扶助함을 득하리이까.[26]

결국 김옥균은 淸, 日本을 비롯한 외국으로부터 어떠한 扶助도 얻지 말 것을 주장하고 있었다. 이는 비록 조선을 중립화하더라도 淸은 물론 다른 어떠한 외국으로부터도 보호를 받지 않을 것이라는 의지의 표현이기도 하였다. 이러한 점은 1884년 半主·屬國 조선의 지위를 극복하고 自主·獨立國을 지향하고자 하였던 정변 당시의 움직임과도 맞닿아 있는 것이었다.

즉 이미 淸이 먼저 불가리아의 사례를 통하여 조선을 속국으로 삼고 종주권을 확인한 이상 불가리아를 통하여 조선의 독립을 입증하고자 하였던 유길준의 시도는 한계에 부딪힐 수밖에 없었다. 앞서 유길준의 〈中立論〉에서도 살펴보았듯이 進貢을 하며 册封까지 받는 조선의 국제법적 지위는 進貢國 내지 藩屬, 즉 封臣國(Vassal State)의 범주를 벗어날 수 없었다.

마지막으로 "貢邦之列에 있어 他邦으로부터 受册하는 일이 없는" 比利時(벨기에)의 중립 사례를 조선에 적용한다면 조선 또한 進貢國 내지 藩屬 지위

25 〈池運永事件糾彈上疏文〉,《金玉均全集》, 139-148쪽.

26 〈池運永事件糾彈上疏文〉,《金玉均全集》, 139-148쪽.

를 벗어날 수 있는 실마리를 발견할 수 있을지도 모른다는 의견이 있을 수 있다. 그러나 결정적으로《萬國公法》에서 "중립", 즉 "局外中立"(neutral) 그 자체는 "보호"(Protection)와 결부되어 있었다. 이를테면 강대국의 보호를 받는 局外中立이 언급되면서 局外와 保護가 같이 쓰였다.[27] 이미 淸 측 이홍장은 1882년 11월 프랑스 측 全權大使 부레(F. A. Boureè)와 安南 共同保護를 논의하면서 벨기에의 사례를 제시한 바 있다.[28] 이는 유길준이 아무리 벨기에의 중립 사례를 조선에 적용한다 하더라도 혹 進貢國 내지 藩屬 지위를 벗어날 수 있을지 모르나 보호국(Protectorate)으로 전락할 가능성을 내재한 점에서 조선의 완전한 自主·獨立은 실현하기 어려운 문제점이 있었다. 즉 불가리아型 중립론을 내세우던 벨기에型 중립론을 내세우던 淸은 이미 불가리아와 벨기에의 사례를 이미 파악하고 조선을 淸의 進貢國 내지 藩屬으로 묶어두거나 심지어 보호국으로 삼을 수 있는 논리를 내부적으로 마련한 상태였음을 생각해야 한다.

4. 맺음말

1885년 저술된 兪吉濬은 〈中立論〉은 1878년 성립한 불가리아型 중립론을 추구한 점에서 시의성을 띠고 있었다. 1878년 베를린 조약을 통하여 불가리아는 오스만 투르크 술탄(His Imperial Majesty the Sultan)의 종주권 하(under the

---

27 〈局外之半權〉,《萬國公法》第四卷, 第三章 第四節. 405-409쪽, "革喇高一城 並其屬地界在俄澳普三國之間 卽賴三國保護 得永遠自主 守其局外之權."; Henry Wheaton, 1855, *Ibid*, Part Fourth Chapter III §4, Imperfect neutrality, pp.482-489, "We have already seen that by the final act of the Congress of Vienna, 1815, art. 6, the city of Cracow, with its territory, is declared to be a perpetually free, independent, and neutral State, under the joint protection of Austria, Prussia, and Russia."

28《中法越南交涉檔》1, 257號, 535쪽. "公同保護謂彼此不取其地 外人如有謀蠶食者 彼此各出力援助 歐西小國如比利時之類 多有此等辨法."

suzerainty)에 屬한 自治的(autonomous)인 進貢(tributary) 公國(Principality)이 되었다. 이는 淸의 納貢之邦이나 內治와 外交는 自主라고 하였던 조선의 지위와도 상통할 수 있는 것이었다.

그렇기 때문에 1880년 들어 淸은 조선으로 하여금 서구 열강과 조약을 체결하도록 하면서도 屬邦照會를 첨부하도록 하여 조선이 淸의 屬邦임을 명시하도록 하였다. 따라서 1885년 유길준이 불가리아型 중립론을 추구하였다 하더라도 불가리아와 같이 조선을 淸의 국제법적인 半主·屬國으로 삼으려고 하였던 淸의 의도를 뛰어넘을 수는 없었다.

즉 이미 淸이 먼저 불가리아의 사례를 통하여 조선을 半主·屬國으로 삼은 이상 불가리아를 통하여 조선의 독립을 입증하고자 한 시도는 한계에 부딪칠 수밖에 없었다. 오스만 투르크에 대한 불가리아의 進貢이 불가리아에 대한 오스만 투르크의 종주권을 인정하는 증거가 되었듯이 淸에 대한 조선의 納貢은 조선이 淸의 속국임을 인정하는 가장 유력한 증거가 될 수 있었기 때문이다.

유길준은 이후 〈邦國의 權利〉를 통하여 受貢國인 淸이 다른 국가와 동등한 예우를 행하면서도 贈貢國인 조선에게 혼자 높이는 자세를 취하기 때문에 조선은 淸 및 여러 국가에 대하여 "앞뒤가 모두 잘린 형세가 되었다[前後의 兩截]"고 하여 조선의 지위를 모순적이라고 인식한 바 있다. 그러나 불가리아의 사례를 통하여 알 수 있듯이 自主 및 自治를 누린다 하더라도 종주권 하에서 進貢을 하는 속국의 존재는 국제법적으로 얼마든지 받아들여질 수 있는 것이었다. 오스만 투르크나 淸의 불가리아 및 조선에 대한 간섭은 국제법적인 종주권이라는 이름으로 용인될 수 있었다. 바로 이 점에서 유길준의 불가리아型 중립론이 가지는 국제법적인 의미를 알 수 있다.

참고문헌

1. 자료

兪吉濬, 1885, 〈中立論〉(兪吉濬全書編纂委員會 編, 1971, 《兪吉濬全書》 Ⅳ, 一潮閣).

兪吉濬, 1883, 〈世界大勢論〉(兪吉濬全書編纂委員會 編, 1971, 《兪吉濬全書》 Ⅲ. 一潮閣).

韓國學文獻研究所 編, 1979, 《金玉均全集》, 亞細亞文化社.

〈萬國公法〉(1981, 亞細亞文化社).

〈外交檔案〉.

〈近事評論〉.

《庸盦文別集》, 1985, 上海古籍出版社.

顧廷龍, 戴逸 主編, 2008, 《李鴻章全集》, 安徽教育出版社.

《中法越南交涉檔》.

Henry Wheaton, 1855, *Elements of International Law*, Sixth Edition by William Beach Lawrence, Boston: Little Brown and Company, Advertisement to the first Edition.

Robert H. Labberton, 1884, *An Historical Atlas*, E. Elaxton and Co.

Thomas Erskine Holland, 1885, *The European Concert in the Eastern Question*, Oxford, Clarendon Press.

Edward Hertslet, 1891, *The Map of Europe by Treaty; which have taken place since the general peace of 1814. With numerous maps and notes* IV, London: Her Majesty's Stationery Office.

2. 저서 및 박사학위논문

具仙姬, 1999, 《韓國近代 對淸政策史 研究》, 혜안.

朴熙琥, 1997, 〈舊韓末 韓半島中立化論 研究〉, 동국대학교 박사학위논문.

안용환, 2010, 《유길준, 개화사상과 민족주의》, 청미디어.

嚴燦鎬, 2000, 〈高宗의 對外政策 研究〉, 강원대학교 박사학위논문.

森万佑子, 2016, 〈近代朝鮮における宗屬關係と條約關係 — 對外政策と外政機構の檢討から〉, 東京大學 博士學位論文.

3. 연구 논문

姜萬吉, 1973, 〈兪吉濬의 論文 〈中立論〉〉, 《創作과批評》 8-4.

유바다, 2016, 〈1882년 조약·장정의 체결과 속국(屬國)·반주지국(半主之國) 조선의 국제법적 지위〉, 《역사와 현실》 99.

月脚達彦, 1991, 〈開化思想の形成と展開 — 兪吉濬の對外觀を中心に〉, 《朝鮮史研究會論文集》 28.

갑오·을미개혁기 유길준의 향회개설론

양진아

1. 머리말

갑오·을미개혁기 조선정부는 향회개설을 공인하였다.[1] 두 시기의 향회개설 공인 모두 중앙집권적, 관치보조적 성격이 특징으로 지적되고 있고, 鄕員의 자격에 신분의 제한을 두지 않는다는 점과 민의 요구를 일정하게 수용한 정책이라는 점이 진보적으로 평가되고 있다.[2] 특히 갑오개혁기의 것은 향원으로 하여금 조세 검납과 수송을 담당하게 했다는 점에서 당시 조세수취상의

1 《官報》, 1894년 7월 12일 ; 〈結戶錢捧納章程〉(《公文編案 (4)》, 甲午年 9월 1일 京畿嶺南主事 忠淸嶺南總務官) ; 《議奏》 36, 140-169쪽 ; 《內部請議書 (2)》, 개국504년 10월 16일 〈請議書〉; 《官報》 203호 1895년 11월 3일.

2 尹貞愛, 1985, 〈韓末 地方制度 改革의 硏究〉, 《歷史學報》 105; 李相燦, 1986, 〈1906-1910년의 地方行政制度 변화와 地方自治論議〉, 《韓國學報》 42; 李相燦, 1989, 〈1894-1905년 地方制度 개혁의 방향 — 鄕會의 법제화 시도를 중심으로〉, 《震檀學報》 67; 유정현, 1992, 〈1894-1904년 地方財政制度의 改革과 吏胥層 動向〉, 《震檀學報》 73; 金泰雄, 1997, 〈開港前後-大韓帝國期의 地方財政改革硏究〉, 서울대학교 박사학위논문; ____, 1997, 〈근대 중국·일본의 地方自治論과 韓末의 지방자치 문제〉, 《歷史敎育》 64; ____, 2012, 《한국근대 지방재정 연구 : 지방재정의 개편과 지방행정의 변경》, 아카넷; 왕현종, 1999, 《甲午改革 硏究 : 改革官僚의 近代國家論과 制度改革을 중심으로》, 연세대학교 박사학위논문; ____, 2003, 《한국 근대국가의 형성과 갑오개혁》, 역사비평사.

폐단을 교정하고, 국가재정을 확충하기 위한 조치로 평가받는다.[3] 반면 을미개혁기의 향회개설은 조세징수 업무가 군수에게 복귀한 후의 국면에서 지방 행정실무자를 이서층에서 향원층으로 교체한 소극적인 지방지배세력 개편으로 평가되거나[4] 이서직임의 감액과 지방경비 축소로 인해 빈틈이 생긴 지방행정을 면리제 강화를 통해 보조하고자 한 조치로 평가되고 있다.[5]

그러나 기존 연구에서는 을미개혁기 향회의 경우 조세 징수 업무를 위임받았던 갑오개혁기 향회에 비해 그 역할이 분명하게 드러나지 못한 측면이 있다. 〈鄕會條規〉(1895. 10.)에서 제시되고 있는 지방관청 내 제반행정에의 참여가 언급되고 있지만 이것만으로 향회개설 공인의 주안이 구체적으로 어디에 있었는지를 파악하기는 어렵다.

또 을미개혁기 향회개설 공인의 청의자가 당시 '內部大臣署理內部協辦兪吉濬'으로 명확한데도 향회개설 공인을 유길준의 인식과 관련해 분석한 논의는 부족한 편이다. 유길준이 갑오개혁기 君民共治적 정치 개혁을 추구하였고 그 일환으로 지방에서 민의 정치참여를 보장한 향회 설립을 추진하였다는 분석[6]이 있지만, 분석의 초점이 중앙정치제도 개혁에 있어 지방제도로서의 향회에 대한 인식을 파악하는데 아쉬움이 있다.

기존 연구에서 위와 같은 한계는 자료의 부족에서 기인한 측면이 적지 않다. 갑오·을미개혁기 향회에 대해 참고하고 있는 자료는 대개 관찬 자료에 실린 章程과 같은 법령이 대부분이고, 특히 을미개혁기의 향회에 대해서는 유길준이 작성하여 재가받은 〈鄕約辦務規程〉과 〈鄕會條規〉가 전부이다. 그러나 최근 발굴된 유길준 저작 중 갑오·을미개혁기 지방제도, 조세제도에 관한 원고들[7]이 있고 여기에서 향회개설을 논하고 있어 주목된다. 이 자료들을

---

3 李相燦, 1986, 앞의 논문; ____, 1989, 앞의 논문.

4 李相燦, 1986, 앞의 논문.

5 유정현, 1992, 앞의 논문.

6 정용화, 2004, 《문명의 정치사상 : 유길준과 근대 한국》, 문학과지성사.

7 유길준의 후손이 2003년 고려대학교 박물관에 기증한 자료로 갑오·을미개혁기 지방제

통해 유길준이 향회를 정식 청의하기 이전 초보적 수준의 향회 구상과 지방제도에 대한 인식을 확인하고 을미개혁기 공인받은 향회의 역할과 의미를 보다 구체화할 수 있을 것으로 기대된다.

이 글에서는 갑오·을미개혁기 유길준의 향회개설 논의를 살펴보고 을미개혁기 그가 청의하여 조선정부로부터 공인받은 향회의 구체적인 역할과 의미를 규명해보고자 한다. 먼저 2장에서는 당시 지방제도에 대한 유길준의 문제의식과 그럼으로써 제기된 이서층 배제 구상을 살펴보고자 한다. 3장에서는 갑오개혁기 유길준의 향회개설 구상과 특히 주안으로 두었던 세원조사·관리기능 위임 구상을 분석해보고, 4장에서는 을미개혁기에 유길준이 청의하여 공인받은 향회개설이 재산권 보호와 재정확충을 전망한 논의였다는 점을 중심으로 살펴보고자 한다. 이를 통해 을미개혁기 향회의 역할과 특징을 확인할 수 있고, 유길준 나아가 개화파의 지방제도 개혁 구상의 일부를 파악하는 데 도움이 될 수 있을 것이다.

2. 지방제도에 대한 문제의식과 이서층 배제 구상

유길준은 갑오개혁 이전 시기부터 지방제도 운영에서 조세수취상의 난맥상을 일대 문제로 포착하고 있었다. 그는 軟禁 시절인 1891년에 작성한 〈稅制

도·조세제도와 관련한 논고의 개략은 다음의 〈표 1〉과 같다.

표 1. 유길준 저작 중 갑오·을미개혁기 지방제도·조세제도 관련 자료

자료명	작성 시기*	분량	형태
〈徵稅事宜〉	1895.윤05-1895.09	7쪽(1424字)	육필 초고본/국한문
〈郡分合事宜〉	上同	4쪽(966字)	上同
〈吏校淘汰〉	上同	4쪽(998字)	上同
〈鄕會〉	上同	8쪽(1841字)	上同

* 작성 시기는 모두 음력이고, 추정된 날짜이다. 1895년 5월 26일(음력)에 칙령으로 반포되어 윤5월 1일부터 시행된 지방제도 개정 내용을 반영하고 있다. 또 徵稅官, 徵稅署, 郡分合에 관한 언급이 있는 것으로 보아 그 하한은 대략 1895년 9월의 徵稅署官制 시행 정지와 各郡經費排定 등이 반포되기 전일 것으로 추정된다.

議〉에서 이러한 문제를 지적하고 대책을 제시하였다. 인민이 조세를 납부하는 과정에서 발생되는 吏胥의 過斂과 중간포흠을 세제운영상의 문제로 비판한 것이다. 이서의 농간으로 인민이 납부해야 하는 세액 定量보다 실제로는 3배 이상을 납부하여 민생에 부담이 되고 있다고 지적하였다. 그리고 납부한 稅穀이 국가 재정수입으로 제대로 충족되지 못하여 인민과 국가 모두가 어려움을 겪고 있다고 전했다.

조세수납 과정에서 이서가 자행하는 폐단상은 대략 다음과 같이 묘사되었다.

> 인민들이 뇌물을 주는 것이 이속들이 바라는 액수와 맞지 않으면 倉庭에 捧納할 때에 吏屬들이 쌀의 색깔이 좋지 않다하여 官에서 퇴짜를 놓으니, 쌀의 색깔을 트집 잡아 관에서 퇴짜 놓는 사이에 또 1斛의 얼마간이 없어지게 된다. 인민들은 창정에서 방황하여 탄식하나 세납에는 기한이 있어 어길 수 없으니, 그 퇴짜 맞은 쌀을 팔아 다시 다른 쌀을 사지 않을 수 없다. 吏屬들이 이때서야 쌀값을 깎아서 받아들이고 또 인민들을 유혹하여 말하기를 "네가 진실로 나에게 뇌물을 준다면 내가 앞으로 네 대신 代納을 해줄 터이니, 너는 다시 쌀을 준비해 오너라."한다. … 이른바 官長이란 자는 公堂 위에 아무 일도 하지 않고 가만히 앉아 있으니, 이속들이 입으로만 존경할 뿐 도리어 부림을 당하고 있는 것이다.[8]

이서들이 稅穀 품질에 대한 자의적 판단으로 수납 여부를 가리고, 수납을 조건으로 뇌물을 강요하고 있다는 것이다. 官長 즉 수령이 있지만, 지방관청 조세 징수 실무는 어디까지나 이서가 전적으로 담당하고 있었다. 유길준은 "위로 公卿에서부터 밑으로 輿儓(하급관리)에 이르기까지 국가에서 급여를 받는다는 자들이 단지 한두 창고지기 아전이 훔치고 속여 축재하는 데 보탬이 될 뿐이라면 나라에 기강이 있다고 할 수 있겠는가?"[9]라고 하여 상급, 하급관리 모두 사실상 이서의 중간포흠을 방조하고 있는 현실을 비판했다.

8 〈稅制議〉, 兪吉濬全書編纂委員會 編, 1971, 《兪吉濬全書》 IV, 一潮閣, 182-183쪽.
9 위의 자료, 184-185쪽.

이에 유길준은 "조세의 봉납을 화폐로 하면 政令 하나로 百弊를 모두 없앨 수 있다."[10]라고 하여 租稅貨幣納을 대책으로 제시하였다. "화폐도 색깔이 좋지 않고 말[斗]에 차지 않는다고 할 수 있겠는가? 이속들이 비록 교묘하다 해도 둘러댈 말이 없을 것이며, 또한 액수가 있으니 어찌 훔칠 수 있겠는가?"[11]라고 하여 이서가 자의적으로 판단할 여지를 화폐납을 통해 봉쇄할 수 있을 것이라고 보았다. 이서가 자의적으로 조세 수납여부를 가리지 못하게 된다면 인민의 부담이 줄어들고 국가 재정의 충실함을 기할 수 있을 것이라고 기대한 것이다.

실제로 갑오개혁기 조세 화폐납은 법제화되었다.[12] 여기에 군국기무처는 아예 지방관청에서 조세 징수 사무를 분리하여 邑·面 鄕會의 鄕員으로 하여금 公錢을 수납하게 하였고,[13] 제2차 김홍집 내각에서는 탁지부 소속의 徵稅署를 신설하여 징세서 관리로 하여금 조세를 수납하도록 했다.[14]

그러나 조세 관련 사무가 지방관청에서 완전히 분리된 것은 아니었다. 일단 지방의 사정과 중앙 재정부족을 이유로 징세서 자체가 전국적으로 설치되지 못하고 있었다.[15] 뿐만 아니라 新 제도상으로도 징세를 제외한 조세 부과, 그리고 세원 조사·관리는 여전히 지방관청에 일임되고 있었다. 1895년 4월 5일 반포된 법률에서 조세부과와 세원 조사·관리에 관한 규정을 보면 〈표 2〉와 같다.

규정에 의하면 邑吏員으로 충당된 各邑賦稅所員은 稅源이 되는 田地를 조사하여 이에 대한 簿冊과 조세부과에 대한 帳簿를 작성, 관리하는 일을 하고, 조세 감면 처리와 賦稅額 査定의 일을 하도록 되어 있다. 이를 근거로 邑

10 위의 자료, 185쪽.

11 위의 자료, 같은 쪽.

12 《高宗實錄》32권, 高宗 31년 7월 10일.

13 〈結戶錢捧納章程〉(《公文編案 (4)》, 甲午年 9월 1일 京畿嶺南主事 忠淸嶺南總務官).

14 〈管稅司及徵稅署官制〉(《官報》, 開國 504년 3월 26일).

15 〈徵稅所の設置〉, 《漢城新報》 103호 1895.09.11.(음력 1895.07.23); 〈徵稅所를 設置함이라〉, 《漢城新報》104호 1895.09.13.(음력 1895.07.25).

표 2. 갑오개혁기 세원조사·관리와 조세부과에 대한 법률 규정

법률	조목
〈收入條規〉 1895.4.5.	제2조 법률명령의 규정에 따라 조세의 부과를 행하는 관리는 賦課額 元簿를 설비하여 매 1인의 세액을 明케 함이 加함. …(중략)… 제3조 收入調定官은 賦課額 元簿 혹 納額 元簿에 근거하여 조세 및 기타 歲入을 조정하고 징세명령 혹 納額 고지를 發하는 준비를 함이 可함. 제4조 조세 및 기타 일반 인민에게서 징수하는 세입에 관하여서는 各邑長官으로서 수입조정관 되게 함. …(중략)… 제5조 조세의 징세에는 收入調整官으로서 각 납세자에 대해 징세명령을 發함이 可함. …(중략)…
〈各邑賦稅所章程〉 1895.4.5.	제1조 각읍에 부세소를 두고 조세 및 기타 歲入 부과에 관한 사무를 掌理케 함 제2조 각읍 부세소원은 邑吏員으로 충당하여 읍장관의 명을 받아 각기 사무를 분장케 함 제3조 각읍부세소 사무 개항이 다음과 같음 제1 田制 및 地籍에 관한 사무를 처리하는 일 제2 지세 잡세 및 조세 외 수입부과에 관한 사무를 처리하는 일 제3 浦落成, 川覆沙, 海溢 및 기타 陳結을 검사하고 더불어 기타 稅 감면에 관하는 사무를 처리하는 일 제4 風損, 水損, 旱損, 蟲損과 기타 災結을 검사하고 더불어 기타 세 감면에 관한 사무를 처리하는 일 제5 新起田, 還起田을 검사하고 더불어 그 부세액을 查定할 일 제6 토지에 관한 簿册을 관리하는 일 제7 지세, 잡세 및 조세 외 수입부과에 관한 장부를 설비와 정리하는 일 제8 징세명령 및 납세고지서를 조제와 발포하는 일 제9 지세, 잡세 및 조세 외 수입 부과에 관한 계산보고를 調理하는 일

* 자료 출전:《官報》제4호 개국504년 4월 5일.

長官인 收入調整官이 부세액을 조정하여 징세명령, 납액 고지를 발포하면 부세소원이 그 징세명령 및 납세고지서를 납세자에게 전달하여 조세를 부과하는 절차였다.

물론 읍장관의 부세사무는 탁지부 소속기관인 管稅司의 감독을 받게 되어 있었으며 각읍부세소원의 조세 감면 처리와 부세액 사정의 일은 탁지부대신의 인허를 거치도록 하여 지방 세무 수행을 중앙기관 차원에서 감독, 관리하는 장치도 마련되어 있었다.[16] 그러나 징세 업무를 지방관청 관리로부터 분리한 신제도의 설정에 비해 세원 조사·관리와 조세 부과의 업무에 대한 설정은 사실상 기존 관행을 그대로 법제화한 수준에 그친 것이었다. 이서층이

16 〈各邑賦稅所章程〉제4조 各邑賦稅所는 租稅 및 기타 歲入에 관하는 현금 및 물건을 영수함을 得지 못함. 제5조 各邑長官은 賦稅事務에 나아가 管稅司의 감독을 받음. 제6조 新起田, 還起田의 賦稅額을 정하고 또 陳結, 災結에 관계하는 조세 감면 등 總稅額增減에 관한 처분은 탁지부대신의 인허를 거침을 요함. 제7조 各邑賦稅所員이 혹 陳結, 災結 혹 新起田, 還起田 등 實地 檢查를 행하는 바는 매번 邑長官 명령을 받음이 옳음. 탁지부대신은 별정한 규정을 의하여 관세사관리를 보내 前項 檢查를 參會케 함.《官報》제4호, 開國 504년(1895) 4월 5일.

여전히 별도의 급료를 정식으로 지급받지 못한 채 구래와 같이 세무의 일정 부분을 수행하는 이상 종래의 폐단이 계속될 여지는 다분했다.

유길준은 이서를 "300여 州縣에 官許한 賊盜"[17]라고 지칭하면서도 "吏校도 역시 사람이니 어찌 이 일을 달게 행하리오만은 官給하는 料賴가 絶無僅有하여 생애가 窮屈困迫하므로 염치를 돌아보기에 한가하지 못함인즉"[18]이라고 하여 지방관청 운영구조상 이서의 중간포흠이 불가피하다고 보았다.

나아가 신제도의 허점에 대해 유길준은 다음과 같이 지적하였다.

> 賦課一事는 지방관에게 맡기고 徵收一事를 徵稅官에게 맡기면 隱結을 어찌 따라 查出할 것인가. 隱結을 查出한 연후에 국가의 재정을 정리할진즉 오늘날 急務는 此에 莫過한지라.[19]

유길준은 탈루 은닉 세원인 隱結의 查出이 국가재정상의 急務라고 강조하면서 신제도로서는 隱結을 查出해내기 어렵다고 보았다. 이는 단순히 인력의 부족을 지적한 것이 아니라, 종래 지방관리에 의해 隱結이 발생했던 것에 대한 우려였다. 신제도에서는 이서 출신의 각읍부세소원이 陳結, 災結, 新起田, 還起田을 조사하고 세액 감면과 부세액을 사정하도록 되어 있었는데 이서 스스로가 隱結의 주체이기도 했던바 기존과 같은 폐단이 재현될 가능성은 충분하였다.

이에 유길준은 隱結을 조사하여 세원으로 포함시키는 일에 있어 이서층을 방해 세력으로 지목하고 철저히 배제하고자 하였다. 그리고 隱結의 查出은 "관원을 파견하여 각 지방에 일일이 조사한다 하여도 도저히 불가능한 일"[20]이라고 하면서, 대안으로 鄕會法 반포를 제시하였다.

---

17 兪吉濬, 〈郡分合事宜〉.
18 위의 자료.
19 兪吉濬, 〈徵稅事宜〉.
20 위의 자료.

> 內部로서 鄕會法을 반포하여 面 執綱과 里 尊位로 하여금 각기 面里 田畓字號卜數及 地主·作者 姓名을 있는 사실대로 낱낱이 소상하게 등록하게 하고 탁지부에서는 한편으로 관리를 파견하여 各面里 成冊을 수합하여 各一郡 出稅總數를 打算하여 지방관에게 전하고 … (하략) …[21]

향회를 개설하고 향회의 面 執綱과 里 尊位로 하여금 田畓을 조사하여 成冊을 만들도록 하자는 것이다. 그리고 成冊은 지방관청 관리의 개입 없이 탁지부에서 파견한 관리가 面里로부터 수합하여 各郡이 납부해야할 出稅結總數를 지방관에게 전하도록 하였다. 지방관청, 이서 차원에서 隱結이 발생할 가능성을 차단하고자 한 것이다. 재정 부담으로 전답을 조사할 관리를 중앙 차원에서 파견하는 것이 어려운 상황에서 기존 향촌사회의 자치조직을 법제화하여 해당 지역 전답 조사와 성책 제작을 일임한 조치는 비용을 절감하면서 稅源을 확보할 수 있는 방법이었다.

유길준은 여기에 향회 차원의 토지 은닉 가능성 또한 염두에 두고 "면리 성책으로 官隱·吏隱은 査明할지나 洞隱·民隱의 諸結은 櫛出하기 어렵다하나 이것도 역시 그 방법이 있으니"[22]라고 하면서 두 가지 방지책을 제시하였다. 첫 번째는 "面 執綱, 里 尊位에게 명령하여 성책 중 누락한 田畓이 있으면 후일 탄로 나는 때에 田地 屬公과 그 地主의 被罰은 물론하고 집강, 존위도 그 책임을 면치 못 할지며"[23]라고 하여 토지 은닉 발각 시 지주에 대한 처벌과 집강·존위의 연대 책임을 명시하였다. 두 번째는 "明年 봄 地券改造하는 令을 미리 發하되 만약 성책 중에 見漏한 자는 地券을 주지 않을지오. 만약 지권이 없는 田畓은 다른 사람이 勒奪하던지 盜賣하더라도 소송도 못하리라"[24]고 하여, 성책에 등록된 전답에 한해 지권을 발권하여 그 소유권을 보장받을 수

21 위의 자료.
22 위의 자료.
23 위의 자료.
24 위의 자료.

있도록 설정하였다. 즉 향회와 지주의 담합으로 발생할지도 모르는 은결은 담합 당사자들에 대한 응징과, 은결의 소유권을 인정해주지 않는 방법으로 방지하고자 하였다.

3. 갑오개혁기 향회개설과 세원조사·관리기능 위임 구상

지방관청 사무에서 이서층을 제외시켜야 한다는 생각은 갑오개혁기 유길준의 일관된 구상이었다. 유길준은 1894년 12월, 福澤諭吉에게 보낸 서한에서도 지방의 개혁을 가로막는 대상으로 "土着小吏"를 들면서 稅法 및 법률 관리를 양성해 이들을 대체해야 함을 주장하였다.[25] 또 1895년 5월 지방제도 개정 즈음 작성된 것으로 추정되는 글에서도 "지방제도 개정하기를 當하여 종전 應役하던 吏校 奴令을 淘汰 아니하면 실지 개혁을 행하지 못하리니"[26]라고 하면서 개혁을 위해 반드시 이서층을 도태시켜야 한다고 보았고, 그 방법으로 향회개설을 주장하였다.[27] 그리고 향회에서 지역 내 大小事를 인민들이 회동, 의논하여 처리하도록 하고, 세원의 조사와 관리를 수행하도록 하였다.

향회에 세원의 조사와 관리를 일임시키고자 한 생각은 1895년 10월 內部大臣署理內部協辦으로서 내각에 청의한 〈鄕約辦務規程〉, 〈鄕會條規〉(이하 '청의서')[28]와, 이에 대한 초고로써 갑오개혁기에 작성하였던 〈鄕會〉[29] 모두에

25 〈與福澤諭吉書〉, 兪吉濬全書編纂委員會 編, 1971, 《兪吉濬全書》 V, 一潮閣, 278-279쪽. 《兪吉濬全書》에서는 이 글의 작성 시기를 1895년 12월 28일로 기재하고 있지만 1894년 12월 28일의 오기이다. 朴徐 二君(박영효·서재필)이 入閣해 있고 井上伯(井上馨)이 개혁 방법에 통달해 있다는 기술은 적어도 1895년 5월 이전 상황이기 때문이다.

26 兪吉濬, 〈吏校淘汰〉.

27 같은 자료 ; 兪吉濬, 〈鄕會〉.

28 《內部請議書 (2)》, 開國 504년 10월 16일. 〈請議書〉.

29 兪吉濬, 〈鄕會〉.

일관적으로 나타나고 있다.

익히 알려진 바의 '청의서'는 〈鄕約辦務規程〉이 총 7조 26항, 〈鄕會條規〉가 총 18조 15항으로 구성되어 있는 반면에 〈鄕會〉는 前文과 7조의 규정, 그리고 後文으로 이루어져 있다. 〈鄕會〉가 '청의서'보다 분량이 적을 뿐 아니라[30] 내용적으로도 소략하다. 따라서 〈鄕會〉의 내용이 '청의서'보다 구체성이 떨어지고 엄밀하지 못한 측면을 감안할 필요가 있다.

〈鄕會〉에서 향회의 세원 조사 및 관리에 관한 서술은 아래와 같다.

> 里 尊位가 해당 里內 居民, 家屋, 人口, 産業을 소상히 등록하여 成冊 2本을 만들어 1本은 해당 里에 두고 1本은 해당 面 執綱에게 送置하고 各面 執綱은 各面 成冊을 郡廳에 合呈함. 다만 産業成冊은 農民을 原冊 중에서 또 따로 抄하여 그 每名 아래 1년 경작하는 전답의 斗落, 日耕 및 出稅結卜 數量을 소상하게 기록하고 또 그 전답의 自他物을 구별함이 옳으니 이 成冊은 徵稅署長에게 送致함이 옳음.[31]

세원 조사·관리를 하는 주체는 里 尊位와 面 執綱이었다. 이들은 각각 향회의 面·里 인민이 회동하여 公選하는 존재로, 班常을 막론하고 동등한 대우를 받도록 규정되어 있었다.[32] 이 가운데 里 尊位에게 里內 居民, 家屋, 人口, 産業을 조사하여 成冊으로 만들도록 했다.

앞서 유길준이 面里 田畓 字號卜數 及 地主·作者 姓名만을 조사하여 성책을 만들도록 구상[33]한 것과 달리, 전답은 '産業'으로 그 대상이 확대되었다. 이는 전답 외의 山林을 포함할 뿐 아니라 農業 외 商業과 같은 인민의 生業을 모두 포함하는 것이라 할 수 있다.

그 외 戶口도 대상으로 포함시키면서 이를 세분시켜 居民, 家屋, 人口를 언급하였다. 이는 인구와 家戶를 각각 파악해야 함을 의미할 뿐 아니라 해당

30 〈鄕會〉의 글자수는 1,841자, 〈鄕約辦務規程〉과 〈鄕會條規〉의 글자수는 2,772자이다.

31 兪吉濬, 〈鄕會〉.

32 앞의 자료.

33 각주 21번 참조.

지역 내 등록된 인구와 실거주자를 따로 구분하여 파악하려는 의도라고 볼 수 있다.

里 尊位가 작성한 성책 1본은 里에서 보관하고 다른 1본은 面 執綱이 수합하도록 했다. 面 執綱은 各里의 성책을 수합한 面 成冊을 郡廳에 보내야 했다. 실상 세원 조사와 확정은 里 향회 차원에서 종결되었고, 面 향회는 이를 취합하는 역할을 하는 것이었다. 里內에 原本이 있는 이상 郡에서 성책을 왜곡하여 세원을 은닉, 누락시키기는 어려울 것이었다.

유길준은 특히 성책 가운데 산업성책, 그 중에서도 농업 부분은 별도 관리하도록 했다. 농민 1명당 1년 경작하는 전답, 두락, 일경 등의 면적, 出稅結數, 自他物 구별 즉 소유 여부를 구별하여 기록하고 농업성책을 따로 만들어 징세서장에게 보내도록 한 것이다.

이는 재정수입 가운데 지세 수입의 비중이 지대하고, 각종 폐단이 지세에서 발생하였기 때문에 각별함을 기할 필요가 있었기 때문인 것으로 보인다. 세원에 관한 성책을 향회에서 작성해 군청에 올리더라도 조세 부과 과정에서 지방관청이 자행할 수 있는 부정을 재차 방지할 필요가 있었던 것이다. 탁지부 소속으로 징세서 역시 성책을 보유하고 있다면 그와 같은 부정이 발생할 가능성은 더욱 적어지는 것이었다. 이상이 갑오개혁기 유길준의 향회에 대한 구상이다.

그러나 1895년 8월 을미사변이 발생하여 내각이 교체되면서 갑오개혁기의 지방제도, 조세수취제도에 관한 개혁 조치들이 중단되었다.[34] 당장 9월 초부터 기존의 〈管稅司及徵稅署官制〉와 〈各邑賦稅所章程〉의 시행을 정지하라는 勅令이 반포되었다.[35] 〈管稅司及徵稅署官制〉는 一邊 시행이 되어 管稅司長, 徵稅署長 등의 임명이 이루어져 있는 상태였다.[36] 그런데 막상 가을이

34 〈地方制定と徵稅署〉, 《漢城新報》 123호 1895.10.21(음력 09.04).

35 《官報》 제156호, 開國 504년 9월 7일.

36 《議奏》 29, 〈管稅司及徵稅署官制竝各邑賦稅所章程施行의 停止에 관한 勅令案에 대한 內閣決定書〉.

와 수확을 하고 조세를 수취해야 하는 시기에 各府 징세서장을 불일내로 파견해야 하는 상황이 오자 정작 재정이 窘匱하여 일을 성사시킬 수 없는 현실에 직면하였다.[37] 탁지부에서는 징세사무를 도로 군수가 행하게 하고 23府에 稅務視察을 맡아 볼 奏任官을 1명씩 파견할 것을 내각에 청의하였다. 그리고 〈管稅司及徵稅署官制〉는 물론이고 여기에 짝하여 반포되었던 〈各邑賦稅所章程〉까지도 시행정지의 명령이 내려졌다.

새로 반포된 〈稅務視察官章程〉과 〈各郡稅務章程〉[38]에서는 조세 부과·징수, 국고 송납의 사무를 모두 군수가 담당하도록 하였다. 다만 군수 아래 군수가 추천하여 탁지부의 임명을 받은 稅務主事를 두어 세무를 담임하도록 하였다. 또 탁지부 소속의 稅務視察官을 전국에 23인 이하로 파견하여 各府·郡의 세무를 감독, 관찰하게 하였다.[39]

이제 지방관청 내 세무는 다시 해당 관청의 소관 업무로 복귀하였다. 탁지부의 임명을 받는 세무주사를 군수 아래 두도록 했지만, 결국 군수가 지방 내 "廉潔하고 聲望" 있는 자를 추천하도록 한 규정은 군수의 주관적 판단 아래 종래 지방관청 내 세무 실무자인 이서를 임명할 수밖에 없는 조건을 마련해 준 것이나 다름없었다. 더군다나 各郡에 稅務課를 두어 適宜한 吏員을 배치하고 세무주사로서 그 課長을 맡아 지휘하도록 한 것은[40] 지방관청 내 세무 업무가 완전히 이서에게 복귀하였음을 의미하는 것이었다. 그나마 各郡經費排定[41]이 이루어져 군수 이하 官屬에 대한 봉급이 일정하게 마련되어 중간 수탈의 가능성을 낮추고 있었다.

새로운 체제에서 조세징수·부과, 그리고 세원 조사와 관리의 업무 모두

37 《議政府來去案》, 開國 504년 9월 4일, 〈徵稅事務를 各郡守로 行케 ᄒᆞ고 前日敍任ᄒᆞᆫ 管稅司長과 徵稅署長을 變通ᄒᆞ야 地方各府에 稅務視察ᄒᆞᆯ 官員을 另派ᄒᆞᆯ 意로 閣議에 提出ᄒᆞᆷ믈 請ᄒᆞᄂᆞᆫ 案〉.

38 《官報》 제156호, 開國 504년 9월 7일.

39 앞의 자료.

40 앞의 자료, 〈各郡稅務章程〉 제5조.

41 위의 자료.

세무주사(稅務課長) 지휘 아래 稅務課가 맡아 보게 되어 있었다. 세무과 소관 업무를 소개하면 아래와 같다.

> 제6조 稅務課 소장 사무 槪項이 다음과 같음.
> 제1 地稅 및 戶布錢, 기타 잡세의 부과, 징수, 배송납에 관한 사무를 처리하는 일.
> 제2 田制 및 地籍에 관한 사무를 처리하는 일.
> 제3 新起田, 還起田을 검사하고 아울러 그 賦稅額을 사정하는 일.
> 제4 浦落成, 川覆沙, 海溢 및 기타 陳結을 검사하고 아울러 기타 稅 감면에 관한 사무를 처리하는 일.
> 제5 水損, 旱損, 기타 災結을 검사하고 아울러 기타 稅 감면에 관한 사무를 처리하는 일.
> 제6 量案, 기타 토지에 관한 賬簿를 정리하는 일.
> 제7 호포전, 기타 잡세에 관한 賬簿를 정리하는 일.[42]

1895년 윤5월 박영효의 내부대신 실각 후 내부협판으로서 내부대신서리를 지내던 유길준은 그해 7월 해임, 8월에는 의주부관찰사에 임명되어 내각에서 퇴진하였으나 을미사변 후 내부협판 이어 내부대신서리에 임명되어 다시 내각에 복귀, 을미개혁을 추진하였다.[43] 그러나 을미개혁기 탁지부의 제도 개정 행보에 세원 조사·관리를 향회에 맡기자는 본인의 원래 구상(〈鄕會〉에서의 구상)을 관철시키지는 못했던 것 같다. 갑오개혁 세력이 군국기무처 시기부터 주안으로 두었던 징세업무의 분리마저 원래대로 지방관청에 복구된 시점에 세원 조사·관리 업무의 분리, 더군다나 그것을 민간 자치조직에 일임시키자는 유길준의 주장은 받아들여지기 쉽지 않았을 것이다.

하지만 유길준은 결국 탁지부와는 별도로 〈鄕約辦務規程〉과 〈鄕會條規〉를 내각에 청의하여 내각결정 및 국왕의 재가를 받았다. 유길준이 〈鄕約辦務規程〉과 〈鄕會條規〉를 작성한 것은 〈稅務視察官章程〉, 〈各郡稅務章程〉

---

42 위의 자료.

43 《官報》, 1895년 윤5월 14일; 1895년 7월 9일; 1895년 8월 17일; 1895년 8월 24일; 1895년 8월 25일.

이 반포된 9월 5일 당일이었다.[44] 그리고 이것이 내각에 청의된 것은 10월 16일,[45] 내각결정을 받아 상주된 것은 10월 26일,[46] 마침내 반포된 것은 11월 3일의 일이었다.[47]

4. 을미개혁기 향회개설 공인과 재산권 보호·재정확충 전망

유길준은 '청의서'에서 面 執綱과 里 尊位로 하여금 지역 내 대소사를 관장하게 하고 里會·面會·郡會에서 제반 행정사항을 회의하여 결정하도록 향회에 관한 규정과 규약을 마련하였다. 그 가운데 세원조사·관리에 관해 명시한 부분은 아래와 같다.

> 제6조 各里內 戶口, 産業을 해당 里로서 조사하여 산업의 寡多로 戶秩을 5等에 정하고 상세히 기록하여 한 簿는 해당 里에 두고 한 부는 해당 面에 두고 面으로서는 各里 부록을 本郡에 합쳐 알리되 호구의 移居, 生死와 산업의 賣買, 遷易을 매년 12월로 本郡에 알림.
>
> 1. 戶數는 해당 里로서 상세히 기록하되 從來 定式한 原戶數는 몇이든지 막론하고 實數대로 함.
> 2. 인구는 雇傭과 挾寓라도 누락치 말아야함.
> 3. 산업을 懸錄하되 대략 다음 표와 같음.
>
> 家屋, 臺榭, 倉庫, 寺院(間數), 田畓(斗落息耕), 洑港, 堤堰(稅款), 山林(四票步數), 陂池(周圍灌漑), 漁磯, 鹽田, 藿場(幾座), 竹田, 蘆田, 柴坪(庤數), 牛馬, 驢(匹數), 船隻(把長裝載), 鍮砂木陶 等, 幕烟竹縇巾 및 廚店, 鐵店, 負商, 褓商, 客主, 冶匠, 木匠, 庖丁 等 이와 같은 類를 말함.[48]

---

44 《議奏》36, 156쪽.
45 《內部請議書 (2)》, 開國 504년 10월 16일, 〈請議書〉.
46 《議奏》36, 140쪽.
47 《官報》제203호, 開國 504년 11월 3일.
48 《內部請議書 (2)》, 開國 504년 10월 16일 〈請議書〉, 〈鄕約辦務規程〉.

'청의서'의 내용이 초고인 〈鄕會〉보다 훨씬 구체적인데, 이것은 법규정으로의 제정을 전망하고 작성한 글이기 때문일 것이다. 전체적인 내용은 〈鄕會〉와 같으나 특기할 만한 부분들은, 먼저 산업의 寡多로 戶秩 즉 家戶의 등급을 5등급으로 나누어 파악하는 데 있다. 이것은 가호를 이전보다 체계적이게 관리할 것임을 보여주는 대목이다. 그런데 그 기준이 산업의 寡多 즉 재산의 寡多에 있다는 것은 세금을 안정적이고 충실하게 납부할 수 있는지의 여부가 지역민 관리의 제1 기준으로 작용할 것임을 보여준다. 출신이나 관직과 같은 사회적 지위가 아닌 납세능력에 대한 중시는 조세체납 처분을 받은 자는 향회 구성원 자격을 주지 않는다든지,[49] 향회 개최 시 上等戶民을 面 執綱, 里 尊位의 次席에 앉힌다던지 하는 여타 조목을 통해서도 발견된다.[50]

또 〈鄕會〉단계에서보다는 호구 및 산업에 대한 파악을 보다 정밀히 하도록 하여 里 차원에서의 세원 관리의 강도를 높이고 있다. 특히 변경사항을 매년 12월 군청에 알리도록 한 것이나 "從來 定式한 原戶數는 몇이든지 막론하고 實數대로 함"이라고 한 것은 종래 장부상의 세원을 대물림하던 관습을 타파하고 호구와 산업 상황을 1년마다 정확히 파악하여 실제에 대응한 조세 부과를 할 것임을 보여준다.

또한 조사하고 성책해야 할 '産業'의 종류를 예시하고 있는데, 이는 크게 ① 건축물(家屋, 臺榭, 倉庫, 寺院), ② 토지·산림(田畓, 洑港, 堤堰, 山林, 陂池, 漁磯, 鹽田, 藿場, 竹田, 蘆田, 柴坪), ③ 교통수단(牛馬, 驢, 船隻), ④ 제조업과 상업(鍮砂木陶 等 幕烟竹 縇巾 及 廚店, 鐵店, 負商, 褓商, 客主, 冶匠, 木匠, 庖丁)으로 나누어 볼 수 있다. 이것들은 곧 예비 세원이다. 유길준은 1891년 저술한 〈稅制議〉나 연대미상의 저작 〈財政改革〉에서 국가재정 수입의 확충을 위해 구래의 토지, 호구 외 세원을 개발한 다양한 명목의 세금을 제시한 바 있었다. 家屋稅, 財

49 앞의 자료, 〈鄕約辦務規程〉제3조, 〈鄕會條規〉제2조.

50 앞의 자료, 〈鄕會條規〉제16조.

産稅, 物産稅, 營業稅, 官許稅, 庖稅, 酒煙稅, 船舶稅 등이 그것이다.[51]

그러나 조세 부과·징수권 자체가 군수에게 있고, 그 실무를 세무주사를 위시로 한 이서층이 담당하고 있는 상황은 중간 수탈의 가능성을 완전히 배제할 수 없게 만드는 것이었다. 이에 유길준은 조세 부과·징수와 관련된 사항을 향회에서 회의하여 결정하도록 하여 중간 수탈을 미연에 방지하고자 했다.

사실 〈鄕會〉 단계에서만 하더라도 향회의 의결 대상을 구체적으로 제시하고 있지는 않았다. 다만 다음과 같이 적고 있다.

> 里에 관계하는 大小事는 里 尊位가 해당 里 內 인민을 회동, 의논하여 처리하고 面에 관계하는 대소사는 面 執綱의 해당 面 소관 각里 尊位 또는 해당 各里 공동 選送人을 모여 의논하고 처리하여 결정하며 一郡에 관계하는 중대사건은 各面 執綱이 지방관의 소집을 응하여 협의하기도 하고 또는 各面 執綱이 지방관에게 청하여 議會를 열기도 함[52]

즉, 面·里의 '대소사', 그리고 郡의 '중대사건'을 각각의 향회에서 다룬다고만 할 뿐이었다.

반면 〈鄕約辦務規程〉, 〈鄕會條規〉에서는 향회의 회의사항을 열두 가지로 나열하면서, 그 가운데 戶籍 및 地籍에 관한 사항, 諸般 稅目 및 納稅에 관한 사항을 포함하고 있다.[53] 과세의 근거와 세목, 납세에 관한 사항을 里會·面會·郡會에서 의논하여 결정할 수 있게 함으로써 군청의 자의적인 결정과 처리, 여기에서 파생될 수 있는 부정을 방지하도록 한 것이다. 이는 지방관청에 조세 부과·징수권한이 모두 부여된 상황에서 임의적이거나 과도한 조세 부과의 가능성을 차단할 수 있는 방법이었다.

이것을 의결할 수 있는 회의 구성원은 里會·面會·郡會 각 鄕會의 회원이

---

51 兪吉濬全書編纂委員會 編, 1971, 《兪吉濬全書》 Ⅳ, 一潮閣, 192-193쪽, 197-200쪽.

52 兪吉濬, 〈鄕會〉.

53 《內部請議書 (2)》, 開國 504년 10월 16일 〈請議書〉, 〈鄕會條規〉 제5조 2항, 8항.

었다. 그 회원에 대한 규정을 살펴보면 아래와 같다.

> 제2조 里會 회원은 尊位와 해당 里內 每戶 1인으로 함.
> 다만 懲役 및 조세滯納 처분을 받은 자는 회원을 못함.
> 제3조 面會 회원은 執綱과 해당 面 소속 各里 尊位 및 各里에서 임시 公擧한 2인 이하로 함
> 제4조 郡會 회원은 군수와 各面 執綱 및 各面 公擧人 각 2인으로 함.[54]

회원 규정 중 주목할 것은 조세체납 처분을 받은 자의 경우 회원 자격을 제한하고 있는 것인데, 이는 사실상 납세능력을 최소한의 회원 자격으로 둔 것이다. 여기에 이러한 자격을 갖춘 회원이 회의에 참석할 시 의석에 관한 규정을 두고 있어 역시 주목을 요한다.

> 제16조 里會, 面會, 郡會하는 의석에는 賦役이 많은 上等戶民이 執綱, 尊位의 次席에 앉음.
> 郡會에는 1郡의 上等戶요, 面會에는 1面의 上等戶요, 里會에는 1里의 上等戶로 함.[55]

앞서 산업의 寡多에 따라 戶秩을 5等으로 정한다고 한 규정을 상기해보면,[56] 납세 능력에 따라 배석에 우열을 나누고 있음을 알 수 있다. 上等戶民을 회의 참석 시 面 執綱, 里 尊位(이들이 面會와 里會에서는 각각 議長)의 차석에 둔다는 것은 납세능력이 의결에 영향을 끼치는 요소라는 것을 의미한다.

결국 향회의 의결 기능은 조세 부과·징수권자의 적정과세를 조장함과 동시에 납세자의 권익을 보장해주는 역할을 하도록 설정된 것이라 할 수 있다. 적정과세와 납세자 보호는 과세의 기반인 민간 경제를 안정시켜 일정한 세

---

54 앞의 자료.

55 앞의 자료.

56 각주 48번 참조.

입을 지속적으로 유지할 수 있게 하는 방법이었다.

유길준이 향회를 개설하여 법제화하고자 하는 본뜻도 과연 여기에 있었다. 〈鄕約辦務規程〉과 〈鄕會條規〉를 내각에 청의하면서 그 취지를 "지방인민의 氣力 智慮를 奮發하며 또 그 心志를 통합하여 사물에 歸着하고 겸하여 재산 권리를 自護케 하기 위하여"라고 하였다. 재산권을 언급하고 있는 것이 주목된다. 유길준의 향회개설 청의에 대해 내각에서 내린 內閣決定書에서도 "該 규정 중 인민의 권리와 의무에 상관하는 것이 있으며 또 행정 조직의 骨髓되는 것도 있어 법률 칙령으로서 규정됨이 可"[57] 하다고 평하였는데, 여기에서 인민의 권리 또한 다름 아닌 재산권일 것이었다. 유길준은 이미 《西遊見聞》에서 인민의 권리를 일곱 가지로 설명하면서 '身命의 權利' 다음으로 '財産의 權利'를 제시한 바 있었다.[58]

지방자치조직인 향회로 하여금 지역 내 세원을 조사·관리하도록 하고 납세자 중심으로 납세를 비롯한 제반행정 사항을 의결하도록 함은 인민의 재산권을 그 스스로가 보호하는 길이었다. 그럼으로써 과세 기반의 안정을 통한 재정 수입의 확충을 꾀하였던 것이다. 유길준은 향회개설을 국왕으로부터 재가받은 후 지방관리와 인민에게 내린 내부 훈시에서 "금차 新式을 지코저 할진대 인민이 각기 권리를 保守하여서 국가의 권리를 保守하기에 外치 아니함이니 인민의 권리는 즉 기 생명과 재산을 自護함이오"[59] 라고 하여, 인민 재산권 보호가 곧 국가를 보호하기 위한 길임을 밝히고 있다.

이러한 향회 개설 논의는 서양 근대 제도로부터 영향을 받은 것이었지만 특정 제도를 모방한 것이라고 보기는 어렵다. 특히 당시 일본제도[60]와 비교

---

57 《議奏》36, 開國 504년 10월 26일 758호, 142면.

58 〈第四編 人民의 權利〉, 《西遊見聞》, 116-117쪽(兪吉濬全書編纂委員會 編, 1971, 《兪吉濬全書》I, 一潮閣, 136-137쪽).

59 〈內部의 訓示라〉, 《漢城新報》153호, 1895.12.21(음력 11.06).

60 郡區町村編制法 (明治 11年 7月 22日); 府縣會規則 (明治 11年 7月 22日); 區町村會法 (明治 13年 4月 8日); 市制 (明治 21年 4月 17日); 町村制(明治 21年 4월 17일); 府縣制(明治 23年 5月 17日); 郡制(明治 23年 5月 17日).

해보면 그 유사한 점들은 근대제도의 일반적인 것들이 대부분이다. 예컨대 말단 지방 말단 단위를 자치조직으로 운영하고 여기에 의회를 설치하며 이것을 법제화한다는 점, 자치조직의 長이나 議長 등을 선거로 선발한다는 점, 피선거권과 선거권의 조건에 납세액이 고려된다는 점, 의결 사항 가운데 세금에 관한 것이 있다는 점이 그것이다.

당시 일본은 國稅와 관련해서는 町村會의 町村長이 郡長으로부터 받은 徵稅令書를 바탕으로 徵稅傳令書를 納稅人들에게 배부하고 정촌장이 선임한 收入役이 국세를 수납하였다.[61] 세원 관리는 예컨대 토지의 경우 町村의 土地臺帳은 島廳 郡役所에서 그것을 만들고 취급했다.[62] 유길준이 구상한 鄕會와는 구체적 내용이 다름을 알 수 있다. 일본과 조선의 조세제도, 지방제도 사정이 달랐던 만큼 내부대신직을 수행하는 유길준이 일본제도의 구체적인 부분들을 모방하기란 쉽지 않았을 것이다.

유길준은 "鄕會는 我國의 舊來 美俗이라"[63] 하고 "舊來 傳規를 參互 潤色"[64]하였다고 밝힌 것과 같이 구래의 향촌 자치조직을 의식한 바가 컸다. 내각 및 국왕으로부터 향회제도를 공인받고 지방사회에 이를 안착시키자면 구래의 향회를 표방하는 편이 저항이 적은 방법이었다. 다만 기존 향회는 郡縣 단위에서 士族 중심으로 수령의 행정을 보좌·견제하는 기구였다면, 유길준이 추진한 향회는 郡·面·里 각 단위에서 납세자 중심으로 제반 행정사항을 의결하고 특히 面會와 里會는 세원 조사·관리 기능을 수행한 기구였다는데 차이가 있었다. 결국 유길준은 국가를 운영하고 개혁을 이행시켜야 하는 입장에서 재정 수요를 충족시키고자 구래의 향회에 서양 근대제도를 참고하여

61 《官報》1709號, 1889.03.14 〈法律〉 法律 第9號 〈國稅徵收法〉(日本 國立國會圖書館デジタルコレクション).

62 《官報》1716號, 1889.03.23 〈勅令〉 勅令 第39號 〈土地臺帳規則〉(日本 國立國會圖書館デジタルコレクション).

63 兪吉濬, 〈鄕會〉.

64 위의 자료.

향회 개설을 주장한 것으로 판단된다.

요컨대 갑오·을미개혁기 유길준의 향회개설론은 향회에서 세원을 조사·관리 기능을 수행하고 납세자 중심으로 제반 행정사항을 의결하도록 설정하여 인민으로 하여금 재산권을 자호하게 함으로써 과세기반을 안정시키고자 했다는 데 그 특징이 있다. 자치조직으로 하여금 스스로 세원을 조사·관리하게 하고 납세자 중심으로 제반 행정사항을 의결하게 한다는 것은 기존 지방제도상의 문제인 조세수취 과정에서의 폐단을 부과·징수 이전 단계에서부터 예방하여 교정하려는 조치였다. 이는 지방관으로부터 조세징수권한을 분리하고자 한 갑오개혁기의 조치들이 정지된 을미개혁기의 상황에서 지방제도 운영상의 폐단을 바로잡아 재정을 확충할 수 있는 현실적 대책이었다.

5. 맺음말

유길준은 갑오개혁 이전 시기부터 지방제도 운영상의 문제를 지방관청 내 세무 실무자인 이서층의 과렴과 중간포흠에 있다고 인식하였다. 갑오개혁기 조세화폐납 법제화와 지방관청으로부터의 징세사무 분리가 이루어졌지만, 조세부과, 세원조사·관리 사무는 여전히 지방관청 소관이었다. 이에 대해 유길준은 세원조사·관리 사무를 지방관청에서 수행해서는 隱結의 查出이 철저하게 이루어질 수 없다는 점을 지적하였다. 따라서 이서층을 배제하고 鄕會法을 제정하여 향회로 하여금 세원을 조사·관리하도록 할 것을 주장하였다.

갑오개혁기 향회 구상을 확인할 수 있는 글 〈鄕會〉를 보면, 戶口와 產業을 향회의 里 尊位가 조사하여 成冊으로 만들어 面에 送置하고 이것을 面 執綱이 모아 郡廳에 合呈하도록 했다. 특히 전답의 조사와 이를 수록한 산업성책의 경우는 徵稅署 관리에게 송부하여 지방관청이 정해진 액수를 초과해 조세부과하는 것을 방지하고자 하였다.

그러나 을미개혁기인 1895년 9월 징세업무가 지방관청 소관업무로 돌아감으로써 조세수취상의 폐단이 발생할 우려가 도리어 더 높아졌다. 이에 유길준은 향회 개설 법제화를 청의하여 재가를 받았다. 이때 청의한 〈鄕約辦務規程〉과 〈鄕會條規〉는 이전 단계의 향회 구상을 보다 구체화하고 있다. 특히 세원 조사·관리 시 戶口는 재산의 寡多로 등급을 나누도록 하여 납세능력을 중심으로 관리하고자 하였고, 産業은 그 범위를 토지·산림 외로 확장시켜 다양한 명목의 세금이 부과될 수 있는 가능성을 열어두고 있었다. 또한 세원에 대한 임의적이고 과도한 조세부과·징수는 납세자 중심의 의결을 통해 견제하고자 하였다. 특히 향회 회원 자격이나 회의 배석 시 납세능력을 고려하고자 하였다.

결국 유길준은 향회에서 세원 조사·관리 기능을 수행하도록 하고 납세자 중심으로 제반 행정사항을 의결하도록 설정하여 인민으로 하여금 재산을 스스로 보호하게 함으로써 과세 기반의 안정을 도모 하였다. 이러한 향회는 舊來의 美俗에 서양 근대제도를 참고하여 고안된 것이었고 郡縣 단위에서 士族 중심으로 수령을 보좌·견제하던 구래의 향회와도 구별되는 것이었다.

요컨대 갑오·을미개혁기 유길준의 향회개설론은 향회에서 세원조사·관리 기능을 수행하고 납세자 중심으로 제반 행정사항을 의결하도록 설정하여 인민으로 하여금 재산권을 자호하게 함으로써 과세기반을 안정시키고자 했다는 데 그 특징이 있다. 자치조직으로 하여금 스스로 세원을 조사·관리하게 하고 납세자 중심으로 제반 행정사항을 의결하게 한다는 것은 기존 지방제도상의 문제인 조세수취 과정에서의 폐단을 부과·징수 이전 단계에서부터 예방하여 교정하려는 조치였다. 이는 지방관으로부터 조세징수 권한을 분리하고자 한 갑오개혁기의 조치들이 정지된 을미개혁기의 상황에서 지방제도 운영상의 폐단을 바로잡아 재정을 확충할 수 있는 현실적 대책이었다.

참고문헌

1. 자료

《官報》,《議奏》,《內部請議書 (2)》,《公文編案 (4)》,《議政府來去案》

《官報》(日本 國立國會圖書館デジタルコレクション)

〈鄕會〉,〈徵稅事宜〉,〈郡分合事宜〉,〈吏校淘汰〉(兪吉濬 著. 고려대학교 박물관 소장)

兪吉濬全書編纂委員會 編, 1971,《兪吉濬全書》Ⅰ·Ⅳ·Ⅴ, 一潮閣.

《漢城新報》(연세대학교 학술정보원·연세대학교 근대한국학연구소 엮음, 2014,《한성신보 :1895~1905》1, 소명출판).

2. 단행본

김태웅, 2012,《한국근대 지방재정 연구 : 지방재정의 개편과 지방행정의 변경》, 아카넷.

왕현종, 2003,《한국 근대국가의 형성과 갑오개혁》, 역사비평사.

정용화, 2004,《문명의 정치사상 : 유길준과 근대 한국》, 문학과지성사.

3. 논문

유정현, 1992,〈1894~1904년 地方財政制度의 改革과 吏胥層 動向〉,《震檀學報》73.

尹貞愛, 1985,〈韓末 地方制度 改革의 硏究〉,《歷史學報》105.

李相燦, 1986,〈1906~1910년의 地方行政制度 변화와 地方自治論議〉,《韓國學報》42.

______, 1989,〈1894~1905년 地方制度 개혁의 방향 — 鄕會의 법제화 시도를 중심으로〉,《震檀學報》67.

《서유견문》19-20편의 전거와 유길준의 번역

서명일

1. 머리말

근대화의 첫걸음을 외국인 교사의 채용과 유학생 및 시찰단의 파견, 그리고 근대 지식의 '번역'이라 본다면,[1] 조사시찰단에 참여하였고 최초의 미국 유학생이었으며 다양한 계몽서적을 번역했던 유길준의 지적 여정은 한국 근대사의 시작을 대변한다고 보아도 무리가 아닐 것이다. 따라서 그의 대표작 《서유견문》 역시 유길준의 미국 유학과 서양 체험이 반영된 저술로서 개화사상을 집대성한 역작으로 평가받고 있다.[2] 그러나 《서유견문》을 통해 유길준의 사상을 읽어내려는 시도에는 언제나 어려움이 따라왔다. 유길준 자신이 유학시절 "보고 들은 것을 수집"하고 "본국에 돌아온 뒤 서적에 의거"하였다고[3] 밝힌 만큼, 《서유견문》에는 여러 참고문헌이 존재하겠지만 어떠한 책을 참고했는지 밝혀놓지 않았기 때문이다. 앞선 연구를 통해 《서유견문》

1 마루야마 마사오·가토 슈이치 저, 임성모 역, 2000, 《번역과 일본의 근대》, 이산, 25쪽.

2 유길준과 《서유견문》에 관한 연구사는 최덕수, 2015, 〈해방 후 유길준 연구의 성과와 과제〉, 《근대 한국의 개혁 구상과 유길준》, 고려대학교출판문화원, 13-55쪽을 참고.

3 《서유견문》, 〈備考〉, 4쪽(이하 《서유견문》의 출처 표시는 영인본이 아닌 원본의 쪽수를 따랐다. 다만, 번역문을 직접 비교하는 경우가 아닌 이상 원문의 인용은 허경진 역, 2004, 《서유견문》, 서해문집을 참고해 현대어로 개역하였음을 밝혀둔다).

의 상당 부분이 후쿠자와 유키치(福澤諭吉)의 《西洋事情》을 번역한 것으로 확인되었지만,[4] 전체 20편으로 구성된 《서유견문》의 절반 이상은 여전히 전거를 알 수 없는 상황이다. 《서유견문》의 상당 부분이 번역에 기초해 있다는 사실은 전거가 밝혀져 있지 않은 나머지 부분에 대한 해석을 위축시킬 수밖에 없다. 언제든 새로운 참고문헌이 나타날 수 있는 이상, 《서양사정》의 번역이 아니란 사실만으로는 유길준의 창작 여부를 단언할 수 없기 때문이다. 요컨대 《서유견문》을 통해 유길준의 사상을 해명하기 위해서는 언제나 '번역'의 가능성을 염두에 두어야 한다.

물론 창작과 번역을 구분하려는 시도가 번역을 단순한 베끼기로 폄하하기 위함은 아니다. 번역에는 언제나 사상이 수반되어 왔다. 어떤 주제를 번역할 것인지, 그리고 누구의 책을 번역할 것인지 결정하는 단계에서부터 번역자의 의도가 개입한다는 것은 널리 알려진 사실이다. 여기에 번역자의 오해와 오역, 나아가 주관까지 덧붙여지면 원본과는 이질적인 텍스트가 등장하게 마련이다. 번역에는 분명 '원본'이 존재하지만 양자의 관계는 일방적인

4 참고문헌이 밝혀져 있다 해도 500페이지가 넘는 저술에서 번역된 부분을 파악하는 것은 매우 어려운 작업이다. 더구나 《서유견문》처럼 편목에 따라 번역문의 길이가 다르고 번역자의 해석과 견해가 덧붙여져 문장의 어휘와 구성이 변형된 경우에는 번역문의 분량을 명시적으로 파악하는 것이 쉽지 않다. 따라서 《西洋事情》을 번역한 부분이 얼마나 되는지에 관해서도 연구자에 따라 조금씩 차이를 보이고 있다. 연구 초기에는 목차 비교만을 통해 《서유견문》의 70% 이상이 《西洋事情》의 '集成'이라거나 60% 정도가 '譯述'이라고 언급되었지만(金泰俊, 1977, 〈西遊見聞と西洋事情〉, 《韓》 64, 124쪽 ; 金秉喆, 1977, 〈各界意見〉, 《韓》 64, 131쪽), 본문 내용을 비교한 연구들이 발표된 이후에는 번역문의 비중을 절반 이하로 파악하고 있다. 예컨대 이광린은 3편-18편의 절반 정도가 《西洋事情》을 '대본'으로 삼았다고 보았고 이한섭은 전체 20편 중 9편이 《西洋事情》의 번역이라고 언급하였으며, 임전혜의 경우 《서유견문》 전편을 항목별로 나누어 전체 71개 항목 가운데 26개 항목이 명백히 《西洋事情》에 의거한 것이라 보았다(이광린, 1977, 〈유길준의 개화사상〉, 《역사학보》 75·76, 226-231쪽 ; 이한섭, 1987, 〈《서유견문》에 받아들여진 일본의 한자어에 대하여〉, 《일본학》 6, 89쪽 ; 任展慧, 1994, 《日本における朝鮮人の文學の歴史》, 法政大學出版局, 45쪽). 그리고 최근에는 원문과 취지가 다른 곳에 《西洋事情》을 부분적으로 인용한 경우를 구분함으로써 대략 《서유견문》 전체 분량의 1/3 정도를 《西洋事情》의 번역으로 보고 있다. 가령 쓰키아시는 全譯에 근접하거나 번역이 많이 포함된 부분을 6편 내외로 파악하고 있다(月脚達彦, 2009, 《朝鮮開化思想とナショナリズム》, 東京大學出版會, 65쪽).

이식과 전파가 아닌 셈이다.[5] 더구나 '서양'이란 목표를 향해 의식적으로 전개된 동아시아의 근대화 과정에서는, '번역'이 서양을 학습하는 수단으로 간주됨에 따라 번역자의 의도가 보다 적극적으로 텍스트에 개입해 왔다. 따라서《서유견문》의 참고문헌을 밝히는 작업은 유길준의 사상을 부정하거나 폄하하는 근거가 아니라 원저자의 견해 속에 묻혀 있는 유길준의 고유한 목소리를 구별해내려는 시도라고 할 수 있다.

문제는 전거를 밝힐 수 없다면 번역자의 의도를 파악할 수 있는 가능성이 원천적으로 봉쇄된다는 데 있다.《서유견문》의 상당 부분이《서양사정》을 번역한 것임에도 불구하고 양자의 사상적 기반이 다르다는 최근의 연구성과[6] 역시《서양사정》이란 전거 분석이 축적되었기에 가능한 결과였다. 하지만《서유견문》의 전거에 대해서는 여전히《西洋事情》과의 관계만이 반복적으로 언급될 뿐, 새로운 참고문헌을 밝혀내지 못하고 있다. 후쿠자와의 다른 저작인《文明論之概略》이나《學問のすすめ》,《萬國公法》과 그 원저인 *Elements of International Law*, 그리고 헨리 포셋(Henry Fawcett, 1833-1884)의 *Manual of Political Economy*를 漢譯한《富國策》등이 제3의 참고문헌으로 거론되고 있지만,[7] 전거 분석이 결여된 관행적 추론에 머물고 있다. 결국《서유견문》의 절반 이상은 전거를 모른 채 창작과 번역 사이에서 해석의 갈피를 잡기 어려운 상황이다.《서유견문》의 내용을 곧바로 유길준의 사상으로 추인하기에는 그의 생각을 과장하거나 오독할 우려가 크고, 전거를 밝히지 못

5 창조적 재해석 작업으로서 번역의 가능성에 대해서는 류시현, 2010, 〈1920년대 전반기《유물사관요령기》의 번역·소개 및 수용〉,《역사문제연구》24 ; 박진영, 2011,《번역과 번안의 시대》, 소명출판 ; 김남이, 2011, 〈20세기 초 한국의 문명전환과 번역 — 중역과 역술의 문제를 중심으로〉,《어문논집》63 ; 이헌미, 2012,《반역의 정치학 — 대한제국기 혁명개념 연구》, 서울대학교 박사학위논문 ; 손성준, 2012,《영웅서사의 동아시아 수용과 중역의 원본성》, 성균관대학교 박사학위논문을 참고할 수 있다.

6 月脚達彦, 2009, 앞의 책 ; 정용화, 2004,《문명의 정치사상》, 문학과지성사 ; 황호덕, 2005,《근대 네이션과 그 표상들》, 소명출판.

7 이광린, 1977, 앞의 논문, 217-228쪽 ; 전봉덕, 1981,《한국근대법사상사》, 박영사, 193-194쪽 ; 이광린, 1999, 〈유길준의 문명관〉,《한국근대사논고》, 일조각, 11-13쪽 ; 유영익, 1990, 〈《서유견문》론〉,《한국사 시민강좌》7, 142-143쪽 ; 정용화, 2004, 앞의 책, 51쪽.

한 채 번역의 가능성만을 강조할 경우 번역을 통해 전달하려던 유길준의 '목소리'를 외면하게 될 뿐이다.

필자는 이런 상황을 타개하기 위해 《서유견문》의 전거를 추적하고 있으며, 이 가운데 가장 먼저 19-20편의 전거를 밝히고자 한다. 19-20편은 서양 8개국 37개 도시를 소개하는 인문지리적 서술로서 유길준이 유학을 마치고 귀국하는 도중 유럽을 여행하며 견문한 내용으로 간주되고 있다. 유길준의 귀국 여정이 밝혀져 있지 않기 때문에 그가 서양 8개국을 모두 여행했을지에 관해서는 논란이 있지만,[8] 현지 체험 후의 구체적인 소감을 피력한 부분이 자주 나타나며 1인칭 시점으로 서술된 부분이 적지 않다는 사실은 19-20편을 경험적 서술로 파악하는 주요한 근거가 되었다. 더욱이 19-20편은 《서유견문》에서 유일하게 견문록의 형태를 띠고 있었기 때문에 견문 속에 담긴 경험과 감상을 확인하는 데 연구의 초점이 맞추어진 채[9] 번역의 가능성은 논의의 대상이 되지 않았다. 그럼에도 불구하고 본고에서 19-20편의 전거를 추적하려는 까닭은 학비 마련조차 쉽지 않았던 유길준이 수개월에 걸쳐 유럽을 여행했을 가능성은 크지 않다고 보기 때문이다. 만약 그의 유럽 체험이 제한된 범위에서 진행되었다면 서양의 37개 도시를 소개하기 위해 경험을 대체할 수 있는 것은 참고문헌의 번역뿐이다. 실제 유길준은 19-20편의 서두에서, 자신이 가보지 못한 곳은 "다른 사람의 여행 기록을 참고"했다고[10] 밝힌 바 있다. 즉 그가 소개한 도시 가운데 상당수는 자신도 경험하지 못한 채 참고문헌의 내용을 번역했을 가능성이 크다.

따라서 이 글에서는 그가 참고했다는 "다른 사람의 여행 기록"을 추적해

8 이광린은 상당수의 도시를 유길준이 직접 체험했을 것으로 보았지만 유영익은 런던 이외에는 방문한 도시가 없을 것으로 추정하고 있다(이광린, 1992, 《유길준 — 닫힌 사회에 던진 충격》, 동아일보사, 55쪽 ; 유영익, 1990, 앞의 논문, 135쪽).

9 이형대, 2009, 〈《서유견문》의 서구 여행 체험과 문명표상〉, 《비평문학》 34 ; 허경진, 2013, 〈유길준과 베트남 사신의 견문기에 나타난 프랑스 인식〉, 《동아인문학》 24.

10 《서유견문》, 489쪽. "他人의 遊歷ᄒᆞᆫ 記書ᄅᆞᆯ 考閱ᄒᆞ야".

번역과정을 검토함으로써 19-20편에 나타난 유길준의 직접 체험과 번역을 구분하고자 한다. 전거 분석을 통해 경험적 서술과 번역을 구분할 수 있다면 번역에 의존한 도시들을 추출함으로써 논란 속에 남아 있는 그의 귀국 행적을 재구성할 수 있을 것이다. 또한 이를 통해 견문록임에도 불구하고 화자가 분명하지 않아 '견문' 여부를 파악할 수 없었던 부분에 대해서도 서술 주체를 명확히 밝힐 수 있을 것이다. 나아가 번역할 국가와 도시를 선정하고 참고문헌을 발췌하는 과정에 수반되는 번역자의 개입까지 확인할 수 있다면, 번역문 속에 감춰진 유길준의 고유한 '목소리'를 복원할 수 있을 것이다. 19-20편의 전거 분석이 '서양'을 비춰주는 유길준이란 '프리즘'을 이해하는 데 일조할 수 있기를 기대해 본다.

2.《서유견문》 19-20편의 전거

1)《서유견문》과《미구회람실기》의 비교

유길준이 참고한 문헌자료들을 추적하기 위해 가장 먼저 검토해야 할 대상은 역시《서양사정》이다.《서양사정》은《서유견문》 전편에 걸쳐 폭넓게 활용되었기 때문에 연구 초기에는 목차 비교만을 통해 19-20편 역시《서양사정》을 참고한 것으로 간주되기도 했다. 그러나 두 책의 내용을 비교해 보면 19-20편은《서양사정》과는 무관한 텍스트임을 알 수 있다.《서양사정》이 서양 주요 국가의 역사와 정치, 경제, 군사 현황 등을 서술하고[11] 있는 반면, 19-20편은 국가적 현황 소개 없이 각국의 도시 경관을 소개하는 여행기에 가깝다는 점에서 두 책은 근본적인 차이를 보이고 있다.

11《西洋事情》에 대한 개략적인 설명은 김석근, 2009,〈후쿠자와 유키치, 한 몸으로 두 삶을 살다〉,《근대 동아시아 지식인의 삶과 학문》, 성균관대학교출판부, 283-289쪽과 マリオン ソシエ, 2009,〈解說〉,《西洋事情》, 慶應義塾大學出版會, 341-350쪽 참조.

한편 미국을 시작으로 유럽의 주요 도시를 둘러보고 홍해와 인도양을 거쳐 귀국한 유길준의 여행 경로에 주목할 경우, 그와 비슷한 여정을 보였던 이와쿠라 사절단(岩倉使節團)의 《特命全權大使 米歐回覽實記》(이하 《미구회람실기》) 역시 참고문헌으로 고려해 볼 수 있다.[12] 《미구회람실기》는 서양 12개국에 대한 시찰기록으로서 19-20편의 서술 지역을 포괄하고 있을 뿐만 아니라 유길준과 마찬가지로 시찰 내용을 도시별로 구분해 두었기 때문에 개연성 있는 비교대상이라고 할 수 있다.

실제 두 책을 비교해 보면 유사한 부분을 쉽게 확인할 수 있다. 가령 유길준이 소개한 첫 번째 도시인 워싱턴의 경우, 대통령 관저의 입지와 운영방식에 대한 묘사가 《미구회람실기》와 매우 비슷하다. 유길준은 대통령 관저에 대해, 동북쪽이 언덕이고 동쪽과 남쪽으로 출입문을 설치했으며 서쪽에는 넓은 정원이 있다고 묘사했는데 이와 동일한 설명은 《미구회람실기》에서도 찾을 수 있다.[13] 또한 관저에 경비병을 상주시키지 않아 누구나 자유롭게 둘러볼 수 있다는 부연 설명 역시 똑같다. 이처럼 《미구회람실기》에는 19-20편과 비슷하거나 동일한 내용이 전권에 걸쳐 나타나고 있다.

그러나 이 같은 유사성에도 불구하고 《미구회람실기》를 참고문헌으로 단정할 수는 없다. 19-20편에는 워싱턴의 '잭슨 동상'이나 뉴욕의 '자유의 여신상'처럼 《미구회람실기》에서 언급하지 않은 소재들이 자주 등장할 뿐만 아니라, 동일한 대상을 언급하면서도 내용이 일치하지 않는 부분이 빈번히 나타나기 때문에 두 책 사이에 인과관계를 설정하는 것은 곤란하다. 예컨대 두 책 모두 브뤼셀을 소개하며 워털루 전투를 언급했지만 전투의 날짜는 서

---

12 이와쿠라 사절단과 《미구회람실기》에 대해서는 다나카 아키라 저·현명철 역, 2006, 《메이지 유신과 서양 문명》, 소화, 5-28쪽과 박삼헌, 2011, 〈책을 내면서〉, 《특명전권대사 미구회람실기》 1, 소명출판, 3-10쪽 및 로버트 캠벨, 2008, 〈미국 서부의 이와쿠라 사절〉, 《일본연구》 10, 7-13쪽을 참조.

13 《서유견문》, 491쪽; 《미구회람실기》 제1권, 204쪽(이하 《미구회람실기》의 인용은 구메 구니타케 저, 정애영·방광석·박삼헌·서민교·정선태 역주, 2011, 《특명전권대사 미구회람실기》 제1권-제5권, 소명출판을 따랐다).

로 다르다. 《미구회람실기》에서는 전투일을 1815년 6월 15일로 언급한 반면 19-20편에서는 6월 18일로 서술했다.[14] 프랑스 파리에 대한 소개 역시 마찬가지이다. 두 책 모두 센(Seine)강을 언급하고 있지만 센강을 가로지르는 교각의 갯수는 일치하지 않는다. 《미구회람실기》에서 28개의 교각이 있다고 언급한 것과 달리 유길준은 센강의 다리를 33개라고 서술했다.[15] 결국 두 저술 사이에 상당한 유사성이 발견되는 것은 사실이지만, 19-20편에는 《미구회람실기》에 근거하지 않은 서술들이 폭넓게 존재하며 동일한 대상을 다르게 서술한 부분이 적지 않기 때문에 유길준이 《미구회람실기》를 참고했다고 보기는 어렵다.

2) 《서유견문》과 《만국명소도회》의 비교

유길준이 19-20편을 서술하기 위해 참고한 서적은 《미구회람실기》가 아니라 《世界旅行 萬國名所圖繪》(이하 《만국명소도회》)라는 낯선 책이었던 것으로 보인다.[16] 《만국명소도회》는 'ILLUSTRATED GUIDE BOOK FOR TRAVELLERS ROUND THE WORLD'라는 영문 서명에서 나타나듯, 1885-1886년 일본 오사카의 출판인 아오키 츠네사부로(青木恒三郎, 1863-1926)가 편찬한 세계여행 안내서이다(〈그림 1〉 참조). 이 책은 총 7권으로 구성되어 있으며 여행기의 형식을 빌려 각 대륙별 주요 도시를 소개하고 있지만, 앞서 출판된 서양 안내서들을 편집한 책일 뿐 실제 여행 기록은 아니다.[17]

---

14 《미구회람실기》 제3권, 246쪽 ; 《서유견문》, 554쪽 ; 《미구회람실기》 국역본에는 전투 날짜를 실제 역사에 근거해 '18일'로 번역했지만, 원문에서는 '15일'로 소개하고 있다(《特命全權大使 米歐回覽實記》 第3篇, 225-227쪽).

15 《미구회람실기》 제3권, 77쪽 ; 《서유견문》, 525쪽.

16 《만국명소도회》는 국립중앙도서관과 일본 국회도서관 등에 소장되어 있으며 본 논문에서는 전권(총7권)을 모두 갖추고 있는 일본국회도서관 소장본을 활용하였다. 《만국명소도회》는 초판 간행 이후 1889년 3월 개정증보판이 발행되었지만 유길준이 참고한 것은 초판뿐이다.

17 荒山正彦, 2013, 〈《世界旅行 萬國名所圖繪》の復刻と同書に關する覺え書き〉, 《關西學院史學》 No. 40, 49쪽.

1885년 1권 초판이 간행된 이후 1889년 개정판이 나올 때까지 5만 부가 판매되었다는 출판사 측의 광고를 받아들인다면,[18] 막부 말기 일본 최대의 베스트셀러였다는 《서양사정》에는[19] 미치지 못하겠지만 《만국명소도회》 역시 일본에서 널리 읽히고 있었음을 짐작할 수 있다.[20]

〈그림 1〉《만국명소도회》(1권)의 표지와 본문

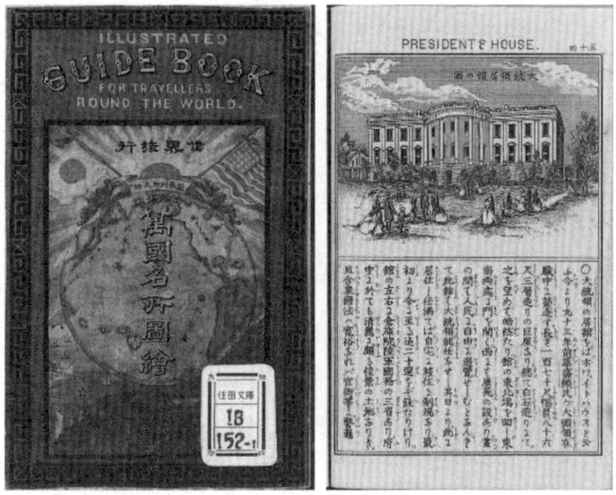

《서양사정》에 의지하던 유길준은 19-20편을 서술하며 참고문헌을 전면 교체했고《만국명소도회》를 참고문헌으로 선택했다. 19-20편이《만국명소도회》를 참고했음에도 불구하고《미구회람실기》와 유사성을 보였던 까닭은《만국명소도회》의 주요 참고문헌이《미구회람실기》였기 때문일[21] 뿐, 두 책에서 소개하고 있는 국가와 도시, 도시별 서술 소재 등을 비교하면 19-20편의 참고문헌은《만국명소도회》 1-3권이었음을 알 수 있다.

우선 두 책의 목차를 보면, 소개하고 있는 국가와 도시가 대부분 일치하는 것을 확인할 수 있다(〈표1〉 참조).《만국명소도회》는 1-3권에 걸쳐 총 9개국 40개 도시를 소개하고 있는데, 이 가운데 8개국 37개 도시가 19-20편에 반영되었다. 19-20편에 수록되지 않은 나라가《만국명소도회》의 3권 마지막

18 《萬國名所圖繪》 第1巻(1889년 개정판), 138쪽.

19 마루야마 마사오·가토 슈이치 저, 임성모 역, 2000, 앞의 책, 114쪽.

20 《西洋事情》은 15만 부가 팔렸다고 하며 해적판을 포함할 경우 발행부수는 20만 부 내지 25만 부로 추산된다(와타나베 히로시 저, 김선희·박홍규 역, 2017,《일본 정치사상사 — 17-19세기》, 고려대학교출판문화원, 420쪽). 또한 국민 계몽을 위해 일본 정부에서 간행한《미구회람실기》의 발행부수가 1923년 무렵 7-8만 부 이상으로 파악되는 것을 감안하면(다나카 아키라, 2006, 앞의 책, 175쪽), 발간한 지 4년 만에 5만 부가 판매되었다는《만국명소도회》의 발행부수 역시 적은 양이 아니었음을 알 수 있다.

21 《미구회람실기》와《만국명소도회》의 비교는 荒山正彦, 2013, 앞의 논문, 59-64쪽 참조.

표1.《만국명소도회》1-3권과《서유견문》19-20편의 목차 비교

《만국명소도회》1-3권		
1권	미국	샌프란시스코
		시카고
		필라델피아
		뉴욕
		워싱턴
		보스턴
2권	영국	런던
		리버풀
		맨체스터
		글래스고
		에든버러
		더블린
	포르투갈	리스본
		오포르토
	스페인	마드리드
		코르도바
		그라나다
		세비야
		카디스
		산루카르
		사라고사
		바르셀로나
	프랑스	마르세유
		리옹
3권		파리
		베르사유
	벨기에	브뤼셀
		앤트워프
	네덜란드	로테르담
		헤이그
		라이덴
		암스테르담
	독일	쾰른
		프랑크푸르트
		뮌헨
		포츠담
		베를린
		함부르크
		뤼벡
	덴마크	코펜하겐
9개국 40개 도시		

《서유견문》19-20편			비고
19편	미국	워싱턴	《만국명소도회》의 부분역
		뉴욕	
		필라델피아	
		시카고	
		보스턴	
		샌프란시스코	
	영국	런던	《만국명소도회》의 전역에 가까움.
		리버풀	
		맨체스터	
		글래스고	
		에든버러	
		더블린	
20편	프랑스	파리	
		베르사유	
		마르세유	
		리옹	
	독일	베를린	
		함부르크	
		쾰른	
		프랑크푸르트	
		뮌헨	
		포츠담	
	네덜란드	헤이그	
		라이덴	
		암스테르담	
		로테르담	
	포르투갈	리스본	
		오포르토	
	스페인	마드리드	
		코르도바	
		그라나다	
		세비야	
		카디스	
		사라고사	
		바르셀로나	
	벨기에	브뤼셀	
		앤트워프	
8개국 37개 도시			

비고:《만국명소도회》의 목차에서 짙은 명암이 표시된 곳은 19-20편에 포함되지 않은 국가와 도시이다.

에 배치되어 미완성으로 끝난 덴마크뿐이었음을 감안하면, 두 책이 소개하고 있는 나라는 사실상 일치한다. 소개 도시 역시 서술 분량이 많지 않은 산루카르와 뤼벡, 코펜하겐 등의 3개 도시를 제외하면《만국명소도회》에서 소개한 도시는 모두 19-20편에 수록되었다.

또한 영국, 포르투갈, 스페인, 벨기에 등의 4개국은 도시의 배치 순서까지 일치한다. 가령《만국명소도회》에서는 영국의 도시를 런던-리버풀-맨체스터-글래스고-에든버러-더블린의 순으로 서술하고 있는데, 이 같은 순서는 19-20편에서도 그대로 반복되었다. 배치 순서에서 차이를 보인 나머지 4개국 역시 미국을 제외하면 대개 한두 도시의 순서만 바뀌었을 뿐《만국명소도회》의 구성에서 크게 벗어나지 않은 것은 마찬가지이다. 나아가 도시를 소개하는 방식에 있어서도 37개 도시 모두《만국명소도회》의 구조를 충실히 따르고 있다. 예를 들어 유길준은 베를린에 대해 도시 개요-왕궁-도로-대학-산업의 순으로 소개했는데, 이 같은 항목과 순서는《만국명소도회》와 일치한다.[22] 이처럼 두 책은 국가 및 도시의 구성, 도시의 배치 순서와 소개 항목까지 대부분 일치하기 때문에, 유길준이《만국명소도회》를 토대로 19-20편을 구성했음은 분명하다.

3.《만국명소도회》의 번역과 유길준의 경험 세계

그럼 유길준은《만국명소도회》를 얼마나 참고했을까? 유길준이 소개한 37개 도시를《만국명소도회》와 비교해 보면, 영국 런던에서부터 벨기에 앤트워프까지 31개 도시에 대한 서술은 거의 모든 내용이《만국명소도회》의 번역에 의존하고 있다는 점에서 全譯에 가깝다. 런던과 프랑크푸르트에 관한 두 책의 서술을 비교해 보자.

①《만국명소도회》: 巴力門は國會の議事院にして其場處はウエストミンストル橋

22《서유견문》, 535-538쪽 ;《萬國名所圖繪》第3卷, 83-89쪽.

の北岸にあり。其構造魏傑壯大の會堂なり。地積大約一萬坪、全體花岡石以て建築す。其前後には方錐の高塔參差竝立し、高さ六十五間余周壁の雕鏤精巧に內景の美觀煥々たり。上院下院と大審院其他附屬の廳舍等、皆此內に備れり。其建築の入費は一千二百五十萬......[23]

②《서유견문》: 國會議事院은 漢譯으로 巴力門이라 謂ᄒᆞᄂᆞᆫ 者니 西美尼秀多橋의 北岸에 在ᄒᆞ야 花崗石으로 全體를 建築ᄒᆞ고 其 前後에 方錐의 高塔이 參差竝立ᄒᆞ야 高者ᄂᆞᆫ 六十五間이라 周壁의 雕鏤가 極巧ᄒᆞ며 內飾ᄒᆞᆫ 景像도 明煥ᄒᆞ니 上院下院 及 太審院 與他附屬ᄒᆞᆫ 廳舍가 此中에 備存ᄒᆞ야 其營造ᄒᆞᆫ 財費가 黃金一千二百五萬斤(英吉利斤)이라......[24]

③《만국명소도회》: 佛蘭克佛は哥羅尼より東南鐵路百五英里余迷尼河岸に濱したる。人口九萬九百余の一小盛都と知られたり。元來此府は獨立の都會をなして此州は共和政治の制を以て彼の聯邦に加盟しつ。且日耳曼聯邦の政府も此處に設けしが、今より十有九年前普に滅され當今は其州縣に隸屬す。[25]

④《서유견문》: 此府ᄂᆞᆫ 汨論의 東南에 處ᄒᆞ야 鐵路 三百餘里로 通ᄒᆞ니 其地가 磨仁岸河에 據ᄒᆞ고 人口ᄂᆞᆫ 九萬有餘라 元來 此府가 獨立ᄒᆞᆫ 都會로 共和政治의 制를 建ᄒᆞ야 日耳曼 聯邦의 盟에 連合ᄒᆞ고 且 聯盟ᄒᆞᆫ 政府가 此地에 在ᄒᆞ더니 二十年前에 廢ᄒᆞ야 普魯士의 州縣을 作ᄒᆞᆫ지라.[26]

런던의 경우(①과 ②) 국회의사당 건축 비용에서 차이(1250만과 1205만)를 보이고 있지만 이것은 번역과정의 실수일 뿐, 일부 생략된 문장을 제외하면 유길준의 서술은《만국명소도회》의 직역에 가깝다. 프랑크푸르트(③과 ④) 역시 마찬가지이다. 지명의 한자 표기 방식만 달라졌을 뿐 두 책의 내용은 동일하다. 물론 프랑크푸르트와 쾰른 사이의 거리가 다르게 서술되어 있지만 유길준의 도량형 환산 방식을 고려하면 이 역시 번역일 뿐이다. 원문에서

23《萬國名所圖繪》第2卷, 9-10쪽.
24《서유견문》, 509-510쪽.
25《萬國名所圖繪》第3卷, 75-76쪽.
26《서유견문》, 540쪽.

'105英里'라고 설명한 두 도시의 거리를, '300餘里'라고 서술한 것은 원문의 거리단위인 마일(mile·英里)을 조선의 里로 환산했기 때문이다. 유길준은《서유견문》 집필 초기 1마일을 3.3리로 정확히 환산했던[27] 것과 달리, 19-20편에서는 1마일을 3리로 환산했고 그마저 정확히 계산하지 않은 채 대략적인 근사치만을 제시했다. 이처럼 19-20편에 등장하는 거리값은 대부분 원문의 '마일'을 조선의 '里'로 환산한 것이기 때문에 수치는 다르지만 같은 거리를 뜻한다.[28] 두 도시의 사례에서 나타난 것처럼, 전체 도시의 80%가 넘는 31개 도시에서는 참고문헌을 번역한 내용이 대부분이었을 뿐《만국명소도회》에 근거하지 않은 서술은 거의 찾아볼 수 없었다.

전체 37개 도시 가운데 全譯에 해당하지 않는 도시는 워싱턴, 뉴욕, 필라델피아, 시카고, 보스턴, 샌프란시스코 등의 6개 도시뿐이다. 하지만 이들 6개 도시 역시 서술 내용의 상당 부분이《만국명소도회》에 의지하고 있는 것은 마찬가지이다. 이들 도시는 대개 보빙사의 일원으로 시찰까지 했던 곳이었지만[29] 그의 경험이 반영된 사례는 많지 않았다. 가령 그는 샌프란시스코에서 상공회의소와 클리프 하우스(Cliff House), 골든게이트 공원, 프레시디오 육군기지, 유니온 철공소 등을 방문했지만,[30] 19-20편에 수록된 것은 클리프

27 박한민, 2015, 〈유길준《세계대세론》의 전거와 저술의 성격〉,《근대 한국의 개혁구상과 유길준》, 고려대학교출판문화원, 75-76쪽.

28 참고로 19-20편에 나타난 도량형 표기방식의 특징은 다음과 같다. 화폐단위의 경우, 원문에서 '弗'로 표시된 달러를 조선의 '兩'으로 환산했는데 1달러를 20냥으로 환산했다. 그리고《서유견문》의 〈備考〉에서 미터[佛尺]를 피트[英尺]로 환산한다고 밝힌 것과 달리 실제로는 원서의 미터 표기가 그대로 사용된 예가 많다. 또한 일본의 '尺'과 '間' 역시 대부분 별도의 환산없이 그대로 사용되었다. 전체적으로 도량형 표기를 통일하려는 계획은 있었지만, 실제 번역과정에서는 잘 지켜지지 않았고 환산과정에서도 잦은 실수가 나타났다. 단적으로 유길준은 '方英里'와 같은 면적단위를 환산할 때에도 거리단위처럼 계산함으로써 통계값에 큰 오차를 초래했다.

29 보빙사의 미국 사행과 유길준의 행적에 대해서는 변종화, 1982, 〈1883년의 한국사절단의 보스톤 방문과 한미 과학기술 교류의 발단〉,《한국과학사학회지》 4-1과 김원모, 1999,《한미수교사》, 철학과 현실사 및 金鳳珍, 2005, 〈E.S.モースと遣米報聘使, 兪吉濬の滞米·留學〉,《社會システム研究》, No. 3을 참조.

30 김원모, 1999, 앞의 책, 51-52쪽.

하우스[巖亭]뿐이며[31] 그마저《만국명소도회》의 내용을 조금 수정한 수준이었다.[32] 뉴욕도 마찬가지이다. 유길준은 뉴욕에서 해군 工廠과 제독 관저, 브루클린의 도크, 제당공장 등을 시찰했지만,[33] 19-20편에는 이에 대한 기록이 전혀 남아 있지 않다. 뉴욕은 19-20편에서 소개한 도시 가운데 경험적 서술이 가장 많이 포함된 곳 중 하나였지만, 전체 서술내용 가운데 '外民接受舘'과 '食需物의 販購場'을 제외한 나머지 항목은 모두《만국명소도회》의 번역에 기초해 있었다. 뉴욕 '자유의 여신상'에 대한 두 책의 서술을 비교해 보자.

①《만국명소도회》: 自由の巨像は新約克港一小島の巨觀なり。像の高さ尋るに一百五十一尺余爪の長さ三尺余、右脚の內は空洞にして十二人を容る食堂あり。我國奈良や京都の大佛どのは孫兒とも言ふ可き斗り絶大の實に比ひなき鑄造なり。海面を拔く五十尺丘岡上に建てたりき。右手に電氣の燈を擧げ其光り二十里の海面上に達すと……[34]

②《서유견문》: 自由의 巨像은 紐約港口 一小島의 奇觀이니 自由는 人의 權利를 謂홈이오 巨像은 巨人의 像이라. 其高가 一百五十一尺에 過ᄒᆞ고 一爪의 長이 三尺이오. 其餘가 有ᄒᆞ니 右脚의 內에 空洞ᄒᆞᆫ 小堂을 排成ᄒᆞ야 十二人을 可容ᄒᆞᄂᆞᆫ지라. 五十尺 邱岡上 築臺에 建ᄒᆞ야 右手에 電氣燈을 捧ᄒᆞ야 其光이 六十里의 海面을 達ᄒᆞ니……[35]

유길준은 '自由의 巨像'이란 생경한 이름의 기념물을 설명하기 위해 '自由'와 '巨像'이 무엇을 말하는지 부연설명을 덧붙였고 일본의 불상과 크기를

31 《서유견문》의 여러 국역본과 연구서들은 샌프란시스코의 '佑杜蘭公園'을 '골든게이트 공원'으로 번역하며 유길준의 경험담으로 파악하고 있다. 그러나《만국명소도회》에 따르면 '佑杜蘭公園'은 'Woodward Park'를 말한다(《萬國名所圖繪》第1卷, 12쪽). 즉, 유길준은 보빙사 시절 '골든게이트 공원'을 경험했지만, 19-20편을 집필할 때에는《만국명소도회》의 'Woodward Park'를 그대로 옮겼을 뿐 자신의 경험을 반영하지 않았다.

32 《서유견문》, 505-506쪽 ;《萬國名所圖繪》第1卷, 11쪽.

33 김원모, 1999, 앞의 책, 87-88쪽.

34 《萬國名所圖繪》第1卷, 49-50쪽.

35 《서유견문》, 496쪽.

비교한 문장을 생략하는 등 원문을 일부 수정했다. 하지만 조각상의 입지와 크기, 내부 구조와 외관 묘사 등은 원문의 내용을 그대로 따르고 있다. 유길준은 직접 방문한 도시조차 경험을 토대로 참고문헌의 내용을 보충한 것이 아니라, 참고문헌을 번역하며 부분적으로 자신의 견해를 가필하는 형태의 글을 쓰고 있었다. 결국 서술 대상인 37개 도시 가운데 80%가 넘는 31개 도시가 전역에 가까웠고 나머지 도시 역시 참고문헌의 상당 부분을 옮긴 부분역에 해당하는 이상, 19-20편은 경험적 서술로 보기 어렵다. 19-20편을 관통하는 서술 방식은 경험의 재구성이 아닌 참고문헌의 번역이었다.

그동안 유길준의 서양 체험이 19-20편의 밑바탕일 것이라 추론해왔던 까닭은, 본문 속에 1인칭 서술이 나타나 있으며 직접 가보지 않고는 서술하기 어려운 내용들이 포함되어 있었기 때문이다. 예컨대 그는 맨체스터의 감옥을 소개하며 "(감옥)문이 작아서 한 사람이 겨우 드나들 수 있"으며 감방의 크기가 "우리나라의 한 칸[間]과 비슷"하다고[36] 언급한 바 있다. 직접 체험하지 않고선 감방의 크기를 비교하는 것이 쉽지 않기 때문에 이 문장은 그의 맨체스터 체류를 추정케 하는 근거가 되었다. 하지만 《만국명소도회》와 대조해 보면 이는 유길준의 경험이 아니었다. 그의 서술은 "방 하나에 다다미[疊] 4장을 깔 수 있다"는[37] 《만국명소도회》의 내용을 일본 유학 시절 자신의 경험에 비추어 "우리나라의 한 칸과 비슷"하다고 의역한 것이었다. 이처럼 《만국명소도회》는 여행기의 형태를 띠고 있었기 때문에 話者의 존재가 곳곳에 드러나 있었지만, 그는 일본인 화자가 드러난 부분을 모두 생략하거나 수정했다. 그리고 화자의 흔적을 지운 자리에는 자신의 첨언을 채워넣었다. 참고문헌이 일문 저술임을 보여주는 문장들이 모두 삭제됨으로써 19-20편의 화자는 자연스럽게 일본인 '아오키 츠네사부로'가 아니라 조선인 '유길준'으로 변모하게 되었다. 결국 19-20편 속에 등장하는 1인칭 서술들은 여행기 형식

36 《서유견문》, 518쪽.

37 《萬國名所圖繪》 第2卷, 40쪽.

의 참고문헌을 번역한 결과물이었을 뿐, 체험의 주체는 유길준이 아닌 참고문헌 속 가상의 여행자였다. 그는 자신의 서양 체험을 토대로 참고문헌에 담긴 여행 정보를 번역한 것이 아니라, 《만국명소도회》라는 저본을 토대로 서양을 소개하고 있었다. 따라서 19-20편을 경험적 서술로 간주해왔던 것은 유길준이 여행안내서를 번역함에 따라 빚어진 오해였을 뿐, 19-20편은《만국명소도회》의 구성과 내용을 옮겨온 번역문에 가까웠다.

유길준이 2년여의 서양 체류에도 불구하고 경험을 재구성하는 대신 타인의 여행 기록을 번역했던 까닭은 그의 서양 체험이 제한되어 있었기 때문이다. 그는 덤머 아카데미의 수업을 마치고 귀국하는 도중 수개월에 걸쳐 유럽을 여행한 것으로 알려져 왔다. 그러나 학비 지원마저 끊긴 상황에서 유길준이 유럽을 여행했을 가능성은 크지 않다. 실제《서유견문》어디에도 자신이 유럽을 여행했다는 언급은 없으며 그의 귀국 경로를 담은 것으로 알려진 〈思親詞五十四首〉에서도 그는 런던에서 곧장 지브롤터 해협을 향하고 있었다.[38] 오히려 기존 연구에서 유길준이 갑신정변 발발 소식에 놀라 귀국을 결심했다고 파악한[39] 것과 달리, 그는 자신이 미국을 떠난 시점을 '1885년 가을[乙酉秋]'이라고[40] 밝힌 바 있다. 즉 유길준은 1885년 가을 미국을 출발해 그 해 11월 말이면 이미 일본에 도착했기[41] 때문에 그의 귀국 여정은 고작 2-3개월에 불과했던 셈이다. 반면 그의 귀국 경로는 지구 반 바퀴를 돌아야 하는 머나먼 여정이었다. 대서양과 인도양을 가로지르는 데에만 수개월이 소요되는 상황에서 그에게 유럽을 여행할 만한 시간적 여유는 없었을 것으로 보

38 《兪吉濬全書》제5권, 115-116쪽, 〈思親詞五十四首〉.

39 이광린, 1977, 앞의 논문, 210쪽 ; 전봉덕, 1981, 앞의 책, 189쪽 ; 김원모, 1999, 앞의 책, 276쪽 ; 한철호, 2000, 〈유길준의 생애와 사상〉, 《한일관계사연구》 13, 7쪽 ; 안외순, 2010, 〈1870-80년대 유길준의 '근대' 인식〉, 《동양고전연구》 40, 322쪽 ; 김봉진, 2011, 〈유길준의 근대국가관〉, 《동양정치사상사》 10-1, 218쪽 ; 김도형, 2014, 《근대 한국의 문명전환과 개혁론》, 지식산업사, 262쪽.

40 《서유견문》, 〈序〉, 4쪽.

41 유길준의 귀국일정에 대해서는 박한민, 2015, 앞의 논문, 68쪽을 참조.

인다.[42]

실제 19-20편에는 경험적 서술이었다면 결코 나타날 수 없는 오류들이 산재해 있다. 예컨대 그는 독일에서 쾰른 대성당이 600년째 건축 중이라고 서술했지만[43] 쾰른대성당은 이미 1880년에 완공되어 있었다. 이러한 오류는 그가 쾰른에 가보지 않은 채 《만국명소도회》의 내용을 그대로 번역한 결과였다.[44] 파리의 노트르담 대성당에 대한 서술도 마찬가지이다. 그는 교리상의 이유로 노트르담에는 인물을 담은 그림과 조각[畵像偶塑]이 장식되어 있지 않다고 언급한 바 있다.[45] 이것은 聖畵와 聖像을 용인하지 않는 '십계'의 우상숭배 금지를 지칭한 것이다. 그러나 천주교 성당이었던 노트르담에는 성당 입구부터 수많은 성상이 설치되어 있기 때문에 그의 서술은 명백한 오류이다. 유길준은 노트르담에 가보지 않았던 것이다. 그에게 노트르담을 소개해 준 것은 역시 《만국명소도회》였다.[46] 다만 《만국명소도회》에서 우상숭배 금지를 개신교의 특징으로 소개한 것과 달리, 그는 개신교와 천주교를 아우르는 기독교의 일반적 교리로 이해함으로써 노트르담에 성화와 성상이 설치되어 있지 않다고 오역했던 것이다. 이러한 오역은 유길준이 노트르담에 가보지 않았을 뿐만 아니라 천주교와 개신교의 교리상의 차이에 대해서도 명확히 인식하지 못했음을 보여주고 있다. 배경지식의 부족은 견문을 통해 보완될 수 있었지만 유길준은 노트르담에 가보지 못한 채 참고문헌을 번역했기 때문에 자신의 번역이 오역임을 눈치 채지 못했다.

이처럼 유럽에 관한 서술은 대부분 《만국명소도회》를 번역한 것일 뿐 그

42 참고로 보빙사 전권대신 민영익 일행의 귀국 경로는 유길준의 여정과 흡사한데, 서양의 주요 명승지를 여행했던 그가 조선으로 돌아오기까지는 6개월 이상 걸렸다. 또한 상대적으로 짧은 태평양 횡단 노선을 택했던 전권부대신 홍영식 일행 역시 시찰이나 유람 없이 조선으로 귀국하는 데에만 2개월 가량 소요되고 있었다(보빙사의 귀국 경로는 장규식, 2006, 〈개항 후 미국 사행과 서구 수용의 추이〉, 《중앙사론》 24, 73쪽 참조).

43 《서유견문》, 539쪽.

44 《萬國名所圖繪》 第3卷, 74-75쪽.

45 《서유견문》, 532쪽.

46 《萬國名所圖繪》 第3卷, 31쪽.

의 직접 체험과 감상은 거의 나타나지 않았다. 유럽 7개국 31개 도시에서 소개한 장소 가운데《만국명소도회》에서 언급하지 않은 곳은 단 한 곳도 없다. 직접 경험한 지역이라 할지라도 참고문헌을 번역·소개할 수는 있지만, 유럽에 대한 서술처럼 전역에 가까운 경우에는 번역의 이면에 경험이 존재한다고 보기 어렵다. 이는 경험지역이었던 미국의 경우 도시마다《만국명소도회》에 근거하지 않은 장소들이 소개되었던 것과 뚜렷한 차이를 보인다. 예컨대 워싱턴에서 소개한 '華盛敦氏의 紀功碑'나 뉴욕의 '外民接受舘', 그리고 보스턴의 '精美手術院' 등은 모두 참고문헌에서 언급하지 않았던 소재들이다.[47] 앞서 보았듯 미국 역시《만국명소도회》의 구성과 내용을 옮겨온 것은 마찬가지였지만 직접 경험해 본 지역이었기 때문에 참고문헌을 번역하면서도 자신의 체험을 반영할 수 있었다. 반면 유럽의 경우 일본행 증기선을 타기 위해 잠시 런던에 머문 것을[48] 제외하면 그 역시 경험해 보지 못한 세계였기 때문에 별다른 첨언과 가필 없이 참고문헌의 내용을 번역할 수밖에 없었다. 결국 번역으로 일관되어 있는 유길준의 유럽 소개는 그의 서양 체험이 유럽에 미치지 못했음을 말해주고 있다. 그가 경험한 '서양'은 사실상 유학지였던 미국에 한정되어 있었다. 모스 박사에게 작별인사도 전하지 못한 채 서둘러 귀국길에 올랐던[49] 그가, 비교적 짧은 태평양 횡단 노선을 제쳐두고 대서양과 인도양을 지나야 하는 머나 먼 귀국여정을 선택한 것은 미국 너머의 세계를 경험해 보고 싶다는 바람 때문이었을 것이다. 하지만 로웰(Lowell)에게 빌린 돈만으로는 잠깐 동안의 런던 체류가 전부였고 그는 결국 유럽을 둘러

47《서유견문》, 491-492쪽, 504쪽.

48《鎭西日報》, 1885년 12월 9일〈兪吉濬〉. "同氏는 조선국 경성인인데 메이지 14년 우리 동경에 유학해서 후쿠자와 유키치씨를 따라 일본어를 배우고 메이지 16년 미국으로 도항하여 경제학과 화학의 두 과목을 강구하였다. 올해 영국에 건너가 런던에서 1주일 남짓 체재하였고 귀국의 길에 올랐다."

49 이광린, 1988,〈유길준의 영문서한〉,《동아연구》14, 15쪽 ; Peabody Essex Museum, 2007, *Yu Kilchun(1856–1914) and the Korean Collection at PEM*, Peabody Essex Museum, p.52.

보지 못한 채 조선으로 향할 수밖에 없었다.[50]

4. '견문' 없는 견문록의 한계

19-20편이 실제 서양을 견문한 기록이 아니라면, 그는 왜 자신도 경험하지 못한 서양의 도시들을 소개한 것일까? 그가 《서유견문》의 마지막 두 편을 도시 소개에 할애한 까닭은 참고문헌의 선택과정을 통해 짐작할 수 있다. 19-20편은 그가 미국 유학시절 완성한 《서유견문》의 초고에는[51] 없었던 부분이다. 19-20편에는 저술시점이 '1884년'으로 설정된 내용들이 자주 나타나고 있지만 이것은 초고와의 저술시점을 통일시키려는 인위적인 설정일 뿐,[52] 19-20편은 귀국 이후 초고의 차례를 정리하고 유실된 원고를 보충하며 추가된 내용이었다. 이 과정에서 그는 《서양사정》이라는 익숙한 참고문헌을 번역하는 대신 새로운 참고문헌을 선택했다.

물론 서양에 관한 정보는 《서양사정》만으로도 충분했다. 《서양사정》은 서양의 주요 국가를 소개하는 데에 전체 지면의 절반 이상을 할애했기 때문에 유럽을 견문하지 못한 유길준에게는 여전히 유용한 정보의 원천이었다.

---

50 따라서 그 동안 알려진 유길준의 귀국 동선 역시 전면 수정되어야 한다. 일찍이 이광린이 19-20편을 근거로 그의 귀국 동선을 추정한 이래, 유길준은 영국-프랑스-독일-네덜란드-벨기에-포르투갈-수에즈 운하-일본을 거쳐 제물포로 귀국한 것으로 알려져 왔다(이광린, 1992, 앞의 책, 55쪽 ; 국립중앙박물관·조선일보사, 1994, 《유길준과 개화의 꿈》, 국립중앙박물관·조선일보사, 26-27쪽 ; 이승원, 2009, 《세계로 떠난 조선의 지식인들》, 휴머니스트, 32쪽 ; 허경진 옮김, 2004, 《서유견문》, 서해문집, 28-29쪽). 그러나 19-20편의 내용은 《만국명소도회》의 구성을 차용한 것일 뿐 그의 귀국 동선과는 무관하며 유길준은 런던에서 곧바로 일본으로 향했다.

51 《서유견문》, 〈序〉, 4쪽.

52 예컨대 유길준은 리버풀을 소개하며 1785년 미국과 영국 사이에 체결된 강화조약을 '99년 전의 일'이라고 서술했다(《서유견문》, 516쪽). 자연스럽게 리버풀에 대한 소개 시점은 '1884년'으로 간주되었다. 그러나 그의 리버풀 소개는 모두 《만국명소도회》를 번역한 내용이었다. 즉 유길준은 1887년 이후 《만국명소도회》를 번역했지만, 의식적으로 '99년 전의 일'이란 주석을 덧붙임으로써 저술 시점을 '1884년'으로 조정하고 있었다.

그러나《서유견문》을 마무리할 즈음 유길준은 더 이상《서양사정》을 번역하지 않았다. 대신 그가 참고한 것은《만국명소도회》라는 여행안내서였다. 두 책 모두 서양이란 낯선 세계를 소개하고 있었지만 서술의 방향은 판이했다.《서양사정》이 역사와 제도에 관한 거시적 관점에서 서양을 소개했다면《만국명소도회》는 여행안내서답게 도시경관 소개에 중점을 두고 있었다. 물론《만국명소도회》역시 도시 경관 소개에 앞서 각 나라에 대한 개괄적 정보를 제시하고 있었지만 유길준은 이 부분을 모두 생략한 채 '국가'에 대한 언급 없이 도시경관만을 소개했다. 결국《만국명소도회》의 번역은 '국가' 단위의 서양 소개에서 벗어나 '도시'를 보여주기 위한 의식적인 선택이었던 셈이다.

잘 알려져 있듯이《서유견문》은 일반적인 견문록의 형식에서 크게 벗어나 있다. 서양을 체험한 최초의 관찰자들이 경험에 기초한 일지 형식의 글을 쓴 것과 달리, 유길준은 참고문헌을 통해 학습한 정보를 정리함으로써 체험의 범위를 넘어서는 체계적인 지식을 전달하려 했다.[53] 따라서 그는 서양의 부강함을 경험의 테두리 안에서 재현하려 하지 않고 그 이면에 놓인 제도적 기반과 원리를 설명하려 했다.《서유견문》에서 유길준의 직접 경험을 찾기 힘든 것은 이 때문이다. 하지만 부강의 원리와 문명의 질서를 소개하는 것만으로는 '문명개화'의 필요성에 공감하기 어려운 법이다. 유길준 자신이 유학에 앞서 미국의 부강함을 학습했음에도 불구하고 "구름 위로 솟아 오른" 국회의사당의 위용에 놀라고 고가철도를 보며 "천하의 장관"이라 환호했던 것처럼,[54] 책을 통한 학습과 직접 체험 사이에는 실감의 차이가 존재할 수밖에 없다. 결국 서양을 경험하지 못한 조선의 독자들로부터 문명에 대한 공감을 이끌어내기 위해서는, "아시아의 나라들에 비해 백 배나 부강"하다는[55] 저들

53 김현주, 2002,〈《서유견문》의 과학, 이데올로기 그리고 수사학〉,《상허학보》8, 212-216쪽.
54《서유견문》, 490쪽, 494쪽.
55《서유견문》, 148쪽.

의 번영을 경험적 차원에서 보여줄 필요가 있었다. 즉 유길준은 '문명'을 직접 경험해 본 사람으로서 자신이 느낀 충격과 놀라움을 전달하기 위해 문명의 '꽃'이라 할 수 있는 서양의 근대 도시를 소개했던 것이다.

유길준은《만국명소도회》를 번역함으로써 자신도 직접 견문하지 못한 서양의 여러 도시들을 소개할 수 있었다.《만국명소도회》 역시 실제 여행기는 아니었지만 2년여에 걸친 이와쿠라 사절단의 시찰 기록을 토대로 작성되었기 때문에 '문명'이 집약되어 있는 근대 도시의 번영을 생생하게 보여줄 수 있었다. 더구나 화자의 경험을 자연스럽게 독자의 경험으로 전이시키는 여행기의 특징은 매 페이지마다 수록된 수백 장의 삽화와 어우러져 서양을 직접 여행하는 듯 문명의 위용을 실감할 수 있게 해주었다. 유길준은 프랑스에 가보지 않았지만《만국명소도회》를 통해 "도로의 청초함과 가옥의 화려함이 천하의 으뜸"이라는 파리의 번영을 체험할 수 있었고 지구상 어떤 궁궐보다도 화려하고 아름답다는 튈르리궁을 목격할 수 있었다.[56] 또한 "학술의 정밀하고 분명함이 고금의 으뜸"이라는 베를린 대학의 위용을 보여준 것 역시《만국명소도회》였다.[57]《만국명소도회》가 보여준 서양의 도시는 웅장하고 아름다웠으며 깨끗하고 풍요로웠다. 결국 유길준은 '문명'에 대한 원론적 설명에 뒤이어《서유견문》의 마지막을 도시에 대한 소개로 마무리함으로써 역사와 제도, 그리고 통계현황이 전달하지 못한 '문명'의 화려함을 보여줄 수 있었다.

다만, 도시의 번영을 소개하기 위해 그가 참고할 수 있었던 것은《만국명소도회》뿐이었고 그마저 전권을 참고할 수는 없었다. 그는 귀국 도중 일본에서《만국명소도회》를 구입한 것으로 보이는데, 그가 일본에 머물 당시《만국명소도회》는 3권까지만 간행된 상태였기 때문에 그가 참고할 수 있었던 것

56 《서유견문》, 525쪽 ;《萬國名所圖繪》 第3卷, 6쪽 ;《서유견문》, 527쪽 ;《萬國名所圖繪》 第3卷, 12쪽.

57 《서유견문》, 537쪽 ;《萬國名所圖繪》 第3卷, 88쪽.

은 전체 7권 가운데 1-3권뿐이었다(〈표2〉 참조).《만국명소도회》는 그가 귀국한 직후 후속권이 간행되었고《서유견문》을 집필할 무렵에는 전권이 발간되어 있었지만, 유폐상태였던 유길준은 이를 참고하지 못한 채《서유견문》을 마무리 지어야 했다.

표 2.《만국명소도회》의 발간시기와 유길준의 귀국 행적

날짜	내용
1885년 5월	《만국명소도회》1권 발간
1885년 8월	《만국명소도회》2권 발간
1885년 10월	《만국명소도회》3권 발간
1885년 11월 25일	유길준, 일본 요코하마 입항
1885년 12월 21일	유길준, 인천 도착
1886년 1월	《만국명소도회》4권 발간
1886년 4월	《만국명소도회》5권 발간
1886년 7월	《만국명소도회》6권 발간
1886년 12월	《만국명소도회》7권 발간
1887년 가을	《서유견문》집필 재개

또한 19-20편에 나타난 여러 오역은 그가 별도의 영문저술을 참고하지 못한 채《만국명소도회》만을 번역했음을 보여준다. 그는 앞서《서양사정》을 번역할 때에도 여러 오역을 남긴 바 있다. 예컨대 유길준은 서양철학사를 개괄하며 "フランシスバーコン, テス カルテス"라는[58] 구절을 "布蘭施(프란세스)와 裴坤德(바콘데스)과 哥道壽(카데스)"로[59] 오역했다. '프랜시스 베이컨과 데카르트'를 뜻하는 원문은 전혀 다른 정체불명의 세 사람으로 소개되고 말았다. 마찬가지로 10편〈법률의 공도〉에서 '谷壽氏의 良法'이라고 소개한 것도 원문에는 'ハビュース コルクスノ法'라고 언급되어 있다.[60] 'ハビュース コルクス'는 'habeas corpus', 즉 인신보호법을 뜻한다. 하지만 유길준은 이것을 법률 제창자의 이름으로 파악함으로써 姓에 해당하는 'コルクス'만을 '谷壽氏'라고 음역했던 것이다.[61] 이 같은 오역은 유길준이 '데카르트'와 '베이컨', 그리고 '인신보호법'에 대한 추가정보 없이《서양사정》만을 번역했음을 보여준다.

58《西洋事情》初編之一, 64쪽(이하《西洋事情》의 인용은 게이오대학에서 제공하는 후쿠자와 컬렉션의 원문을 따랐다).

59《서유견문》, 330쪽.

60《서유견문》, 269쪽 ;《西洋事情》外編之二, 15쪽.

61 전봉덕은 '谷壽氏'에 대해 권리청원을 기초한 에드워드 코크(Edward Coke, 1552-1634)를 지칭한 것으로 파악했다(전봉덕, 1981, 앞의 책, 237쪽). 그러나 유길준이 에드워드 코크를 알고 있었을 가능성은 크지 않고 '谷壽'를 'Coke'의 음역이라 보기엔 무리가 따른다.

이러한 양상은 19-20편에서도 나타난다. 가령 유길준은 워싱턴의 입지를 '布土幕河와 西支河'가 합류하는 지점이라고 설명했는데,[62] 그가 말한 '西支河'는 'エステンブランヂ'의[63] 오역이다. 그는 원문의 'エステンブランヂ'를 'Western Branch'라 생각했고 이것을 '西支河'로 번역했던 것이다. 그러나 원문에서 말한 'エステンブランヂ'는 애너코스티아江을 뜻하는 'Eastern Branch'를 지칭한다. 런던 웨스트민스터 사원의 번역 역시 마찬가지이다. 유길준은 웨스트민스터 사원을 'Westminster'라는 영문명과는 동떨어진 '狎阫禮拜堂'이라[64] 번역해 놓았다. 원문은 'ウエストミニストルアベイ'였지만,[65] 유길준은 'ウエストミニストル'를 지명으로, 'アベイ'를 사원의 이름으로 이해함으로써 'アベイ'만을 '狎阫'로 음역했던 것이다. 'アベイ'가 '사원'을 뜻하는 'abbey'의 번역이었기 때문에 '狎阫禮拜堂'은 사원의 이름을 빠뜨린 동어반복의 오역이 되고 말았다.[66] 영문 저술을 참고할 수 있었다면 이 같은 오역은 나타나지 않았겠지만 그가 참고할 수 있었던 것은《만국명소도회》뿐이었다.

'뮌헨'의 지명 표기는《만국명소도회》에 대한 의존상황을 보여주는 단적인 사례라고 할 수 있다. 유길준은 '뮌헨'을 '岷仁見(멘인겐)'으로 번역했다.[67] 물론 이 같은 번역은 뮌헨의 지명과는 거리가 멀다. 오히려 '慕尼克'으로 옮기고 'ミユンチエン'으로[68] 발음한《만국명소도회》의 번역이 실제 지명에 가깝다. 그럼에도 불구하고 유길준이《만국명소도회》의 번역을 따르지 않은

62《서유견문》, 490쪽.

63《萬國名所圖繪》第1卷, 51쪽.

64《서유견문》, 514쪽.

65《萬國名所圖繪》第2卷, 28쪽.

66 그 결과《서유견문》이 발간된 지 10여 년이 지난 후에도《대한매일신보》에서는 웨스트민스터 사원을 '압비례비당'이라고 소개하고 있었다(《大韓每日申報》1908.04.12 〈국치전(속)〉).

67《서유견문》, 541쪽.

68《萬國名所圖繪》第3卷, 77쪽.

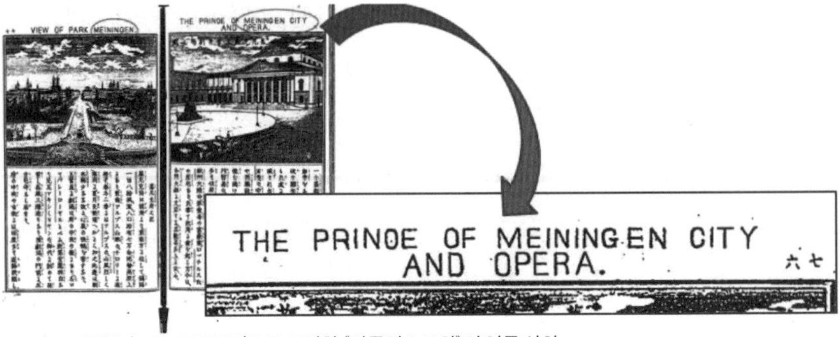

〈그림 2〉 뮌헨을 'MEININGEN'으로 표기한《만국명소도회》의 영문 삽화

것은 뮌헨의 영문명을 'MEININGEN'으로 잘못 알고 있었기 때문이다.《만국명소도회》에는 도시마다 영문 삽화가 수록되어 있었는데, 뮌헨의 삽화에는 지명이 'MEININGEN'으로 적혀 있었다(〈그림 2〉 참조). 'MEININGEN'은 '뮌헨'과는 별개의 도시인 '마이닝겐'을 지칭했지만, 원서의 편집과정에서 뮌헨의 지명으로 잘못 수록되었던 것이다. 결국 독일에 가보지 못한 유길준으로선 'MEININGEN'을 뮌헨의 영문 표기라 오해할 수밖에 없었고 잘못 표기된 영문 삽화를 음역함으로써 '뮌헨'을 '岷仁見(멘인겐)'이라 오역하고 말았다. '岷仁見(멘인겐)'이란 엉뚱한 번역어는 일본어를 거치지 않고 서양을 직접 번역하려는 열의가 빚은 오역이었던 셈이다.

일문 번역인 'ミュンチエン' 대신 'MEININGEN'을 번역했다는 사실은 그가 중역의 한계를 의식하고 있었음을 보여준다. 그러나 유길준에게 뮌헨의 영문명을 알려준 것은《만국명소도회》 속의 삽화뿐이었다. 정확한 번역을 위해 삽화의 영문 설명을 참고한 사례가 여러 곳에서 나타나는 것을 보면, 그가 가진 참고문헌 속에는 서양의 도시를 소개해 줄 만한 영문 저술이 포함되어 있지 않았음을 알 수 있다. 유길준은 일본보다 미국에 더 오래 머물렀지만, 미국에서 돌아온 이후에도 여전히 알파벳 대신 가나(假名)와 한자로 쓰인 책들을 통해 근대 지식을 수용하고 있었다. 유길준에게 서양을 향한 지적 수단은 영어가 아닌 일어였던 셈이다.

결국 '견문' 없는 견문록이었던 19-20편에서 유길준이 개입할 여지는 크지 않았고 단일 저술에 의존한 그의 서양 소개는 참고문헌의 틀을 벗어날 수 없었다. 그는 여행 경로에 따라 구성된 원서의 국가와 도시를 국력과 인구 규모에 따라 재배치했을 뿐, 소개할 국가와 도시를 선정하기 위해 자신의 경험을 반영하지 못했다. 도시별 서술 소재 역시 미국에서 나타난 일부 사례를 제외하면 참고문헌의 내용을 그대로 따랐다. 따라서 경험에서 파생된 감상과 견해 역시 눈에 띄지 않는다. 19-20편이 견문록이었기 때문에 나타날 수밖에 없는 주관적 서술은 대부분 이와쿠라 사절단의 시찰기록을 중역한 결과였다. 예컨대 유길준은 1851년 만국박람회 당시 영국의 공산품이 다른 나라에 비해 세련되지 못하다고 평가했고[69] 자국 공산품에 외국 상표를 붙여 비싼 값에 역수입하는 미국인의 외제 선호 실태를 꼬집기도[70] 했지만, 이 같은 판단은 모두 이와쿠라 사절단이 남겨 놓은 것이었다.

부족한 경험을 대체하기 위해선 참고문헌이 필요했지만 유길준이 참고할 수 있었던 것은《미구회람실기》가 아니라《만국명소도회》였고 그마저 전권이 아닌 1-3권뿐이었다. "세계의 부를 망라"했다는[71] 영국을 소개하면서도 정작 영국의 공업시설에 대해 언급할 수 없었던 것 역시, 그에게 "근대 산업경제에 대한 구체적인 이해가 결여되어"[72] 있었기 때문이 아니라《미구회람실기》를 참고하지 못한 채《만국명소도회》만을 번역했기 때문에 빚어진 결과였다.《미구회람실기》에는 영국의 공장에 대한 시찰기록이 담겨 있었지만, 유길준이 보았던 것은 이와쿠라 사절단의 시찰 기록을 여행 안내서로 축

69 《서유견문》, 511-512쪽 ;《萬國名所圖繪》 第2卷, 10쪽 ;《미구회람실기》 제2권, 90쪽 ; 이 같은 평가는 영국 자본주의의 위력을 제대로 이해하지 못한 유길준의 한계로 거론되어 왔다(박지향, 2000, 〈유길준이 본 서양〉,《진단학보》 89, 255쪽). 그러나 만국박람회 당시 영국 제품에 대한 서술은 이와쿠라 사절단의 판단을 중역한 것이기 때문에 이를 근거로 유길준의 자본주의 인식 정도를 가늠할 수는 없다.

70 《서유견문》, 498-499쪽 ;《萬國名所圖繪》 第1卷, 38-39쪽 ;《미구회람실기》 제1권, 321쪽.

71 《서유견문》, 509쪽.

72 박지향, 2000, 위의 논문, 255쪽.

약한《만국명소도회》뿐이었기 때문에 공업시설에 대해서는 언급할 수 없었던 것이다. 마찬가지로 유길준이 수교국에 대한 지식의 절박함을 강조하면서도[73] 당시 조선과 조약을 체결했던 러시아나 이탈리아 등에 대해 소개하지 못한 것도 참고문헌의 제약 때문이었다. 두 나라에 대한 소개는 그가 참고하지 못한《만국명소도회》4권에 수록되어 있었기 때문에, 포르투갈이나 스페인 같은 유럽 변방의 도시들까지 소개하면서도 정작 조선과 조약을 체결한 나라들에 대해서는 소개할 수 없었던 것이다.

이처럼 그가 제시할 수 있는 정보는《만국명소도회》에서 소개하는 내용을 넘어서지 않았다.《만국명소도회》의 내용을 비판적으로 수용하기에는 그가 가진 지적 자산이 충분하지 않았다. 그에게는 경험과 참고문헌 모두 부족했다. 결국 앵발리드(Invalides)에 있는 나폴레옹의 무덤이 노트르담 대성당에 있다고 서술한[74] 것처럼 원서의 오류는 교정되지 않은 채 반복될 수밖에 없었고, 원서의 철지난 통계 역시 그대로 사용되었다. 예컨대 그는 서양 각 도시의 인구를 소개하며《만국명소도회》의 통계를 그대로 번역했지만,《만국명소도회》가 인용한 통계는 대개 이와쿠라 사절단이 참고한 1870년 전후의 통계였다. 그는 미국 유학에서 돌아와 서양을 소개했음에도 불구하고《한성순보》의 통계보다도 오래전 자료를 제시한 셈이다.[75]《서유견문》이 1895년에 간행되었음을 감안하면 19-20편이 담고 있는 도시정보는 거의 한 세대 전의 정보였다고 할 수 있다. 19-20편은 '서양을 여행하며 보고 들은 것'이란 자신의 책 제목에 가장 부합하는 내용이라고 할 수 있다. 그러나 그마저도 '견문' 없는 견문록이었다. 미국 유학은 일본이란 경유지를 거치지 않고 서양을 직접 수용할 수 있는 기회였지만 유학에서 돌아온 이후에도 그가 참고한 것은 일본의 서적이었고, 그는《만국명소도회》를 번역함으로써 메이지

73 《서유견문》, 〈序〉, 6쪽.

74 《서유견문》, 532쪽 ;《萬國名所圖繪》第3卷, 31쪽.

75 《漢城旬報》1884년 7월 3일 〈歐洲四大都新調查人口表〉.

일본이 남긴 근대 경험의 축소판 속에서 서양을 이해하고 있었다.

5. 번역에 나타난 유길준의 목소리

참고문헌에 의존할 수밖에 없는 근본적 한계에도 불구하고 그가 소개한 서양의 모습은《만국명소도회》와 일치하지 않는다. 직접 견문한 내용이 아니었기 때문에 그가 개입할 여지는 크지 않았지만 번역에 따른 재해석은 19-20편 역시 예외가 아니었다. 유길준은《만국명소도회》의 구성과 내용을 따르는 대신, 참고문헌의 내용을 삭제하거나 부분적으로 생략 또는 수정함으로써 원서와는 다른 자신의 목소리를 표출했다.

도시의 번영을 소개하며 그가 가장 철저히 삭제한 부분은 기독교에 대한 서술이었다. 19-20편은 세인트폴이나 노트르담 같은 서양의 성당에 대해서도 소개했기 때문에 기독교에 관해 거리낌 없이 서술한 것처럼 보였다. 그러나《만국명소도회》와 비교해 보면, 유길준은 교회와 성당을 주요 건축물로 소개했을 뿐 기독교에 대해선 언급하지 않았음을 알 수 있다.《만국명소도회》는 도시마다 교회와 성당을 빠짐없이 서술했고 각국의 종교적 상황과 역사적 배경까지 언급했다.《만국명소도회》의 저자는 서양이 이룩한 부강의 원천으로서 기독교에 주목했기 때문에 기독교와 관련된 역사적 장소나 기념물에 대해 많은 지면을 할애하고 있었다. 예컨대 미국에서는 보스턴 인근의 '퓨리턴人民紀念碑(Puritan Monument)'를 소개하며 청교도의 이주와 독립 이전의 역사를 자세히 언급했다. 원저자는 '발견'된 지 300년도 되지 않아 "모든 사물이 완비되어 전 세계에서 뛰어난 것이 예수교의 恩澤인가? 아니면 청교도인 덕분인가?" 되물을 만큼 기독교에 큰 관심을 갖고 있었다.[76] 마찬가지로 영국에서는 '聖書會社'의 성서보급 운동에 대해 소개했고 영국의 부강

76 《萬國名所圖繪》 第1卷, 73-78쪽.

함이 '聖書'에서 유래한 것이라는 빅토리아 여왕의 발언을 싣기도 했다.[77] 반면 유길준은 이와 같은 내용을 전혀 번역하지 않았다. 결국 19-20편에서는 종교에 관한 언급을 찾을 수 없게 되었다.

기독교에 대한 언급이 불가피한 경우조차 내용을 수정했던 것을 보면, 그가 종교에 관해 매우 민감하게 반응했음을 알 수 있다. 예컨대 유길준은 '자유의 여신상'을 소개하며 원문의 내용을 그대로 옮겨왔지만 여신상의 왼손에 '십자가'가 들려 있다는 문장만은 번역하지 않았다.[78] 또한 맨체스터의 감옥을 소개할 때에는, 수감자들이 '성서'를 읽고 회개한다는 문장을 번역하며 원문의 '聖書'를 '古人의 善書'로 바꾸었다.[79] 원문에서는 '성서'를 읽는다는 구절 옆에 방점까지 찍어 기독교의 교화를 강조했지만 유길준은 이를 단지 '옛 사람의 좋은 책'이라고 수정함으로써 '성서'의 존재를 의식적으로 감추었다. 원저자가 서구 부강의 이면에 놓인 기독교의 존재에 주목한 것과 달리 유길준이 찾은 부강의 근원은 종교가 아니었다. 기독교에 비판적이었던[80] 그는 서양의 번영에 대한 소개가 자칫 기독교에 대한 관심으로 이어지지 않을까 우려하고 있었고 자신의 책이 기독교에 대한 선망을 자극하지 않도록 세심한 주의를 기울이고 있었다.

원서와 차이를 보이는 또 다른 부분은 정치체제에 대한 서술이다. 그는 서양과 아시아의 현격한 차이를 낳은 가장 중요한 요소로 정치체제의 차이에 주목해 왔다.[81] 그러나 유길준은 공화정에 대해서만큼은 언급하지 않으려 했다. 자신이 유학했던 미국 역시 공화제 국가였지만 미국의 정체를 보여주는 내용들은 모두 생략되었다. 그는 대통령의 임기를 밝히지도 않았고 대통령

77 《萬國名所圖繪》第2卷, 14-15쪽.

78 《萬國名所圖繪》第1卷, 50쪽. 실제 '자유의 여신상'이 들고 있는 것은 십자가가 아닌 독립선언서이다.

79 《萬國名所圖繪》第2卷, 40쪽 ; 《서유견문》, 519쪽.

80 유영익, 1990, 〈1880-1890년대 개화파인사들의 개신교 수용 양태〉, 《진단학보》 70, 81-86쪽.

81 정용화, 1998, 〈조선에서 입헌민주주의 관념의 수용〉, 《한국정치학회보》 32-2, 117쪽.

선거가 20번이나 실시된 사실도 번역하지 않았다.[82] 미국의 법령이 관대하다는 내용을 번역할 때에도 그 같은 특징이 "공화국의 관습[共和國の習慣]"이라는[83] 구절만은 번역하지 않았다. 워싱턴에 관한 서술은 그가 공화정에 대한 언급을 의식적으로 회피하고 있음을 단적으로 보여준다. 워싱턴은 독립의 아버지였지만 건국 이후 왕위에 오르지 않았고 권력을 세습하지도 않았다는 점에서 동아시아 지식인들의 큰 관심을 받아왔다. 가령《영환지략》에서는 대통령직을 세습하지 않은 워싱턴이 '三代'의 정치를 복원했다며 서양 역사상 최고의 인물이라 평가할 정도였다.[84] 유길준이 미국 유학 전부터 워싱턴에 대해 큰 관심을 보였던 까닭도 당시의 이런 인식과 무관하지 않을 것이다.[85] 하지만 유길준은 낙향해 평민으로 돌아간 워싱턴을 '순임금과 우임금'에 비견하면서도[86] 그가 왕위에 오르지 않은 것과 대통령직을 세습하지 않은 사실은 번역하지 않았다.[87] 왕이 되기를 거부한 워싱턴의 일화는 군주제에 대한 도전으로 간주될 수 있는 민감한 소재였기 때문에 번역하기에는 부담스러웠던 것으로 보인다. 결국 공화정은 미국을 경험한 많은 관찰자들이 주목했던 부분 중의 하나였지만 유길준은 비판도, 호기심도 드러내지 않은 채 미국의 부강함 속에서 공화정을 지워나갔다. 그가 보았던 미국은 분명 공화제 국가였지만, 공화정은 그가 보여주고 싶었던 모습이 아니었다.

그가 보여주려던 미국은 다른 곳에서 찾을 수 있다. 삭제와 생략을 통해 자신의 견해를 투영하던 그는 미국의 독립전쟁에 대해서 만큼은 원서에 없는 내용을 덧붙이며 자신의 견해와 감상을 직접적으로 표명했다. 가령 필라델

82 《萬國名所圖繪》第1卷, 67쪽, 54쪽.

83 《萬國名所圖繪》第1卷, 55쪽.

84 오명금, 2001, 〈서계여의 서구 민주주의 인식〉, 이화여대 석사논문, 37쪽.

85 유길준은 미국 유학에 앞서 현지 언론과 진행한 인터뷰에서 워싱턴이 신사적이고 좋은 사람(He was a gentle and good man)이라고 언급하며 워싱턴 묘소를 방문할 계획까지 밝혔다(*National Republican* 1883.10.08 A CHAT WITH A COREAN). 유길준의 인터뷰 내용에 대해서는 金鳳珍, 2005, 앞의 논문, 101-103쪽 참조.

86 《兪吉濬全書》제5권, 181쪽, 〈華盛敦〉"復見人間姚姒時."

87 《萬國名所圖繪》第1卷, 68쪽.

피아에서는 '독립대회당(Independence Hall)'을 소개하며 원서의 단조로운 서술을 번역한 뒤 "어느 누가 이 건물에 들어와 찬탄하는 마음이 없겠는가? 다른 나라의 모욕[慢侮]을 받는 자들은 다른 사람에 비해 그 마음이 더할 듯 하다"며[88] 자신의 견해를 피력했다. 그가 말한 '모욕받는 자'는 조선이었고 '모욕하는 자'는 淸이었음에 틀림없다. 유길준은 영국의 압제에 맞서 독립을 쟁취한 미국의 역사 속에서 청의 간섭에 신음하는 조선의 현실을 떠올렸던 것이다. 따라서 "미국 인민의 승리는 실로 천하의 자유를 보존한 것"이라는[89] 상찬의 이면에는 청의 간섭에서 벗어나 정치적 독립을 확보해야 한다는 유길준의 현실인식이 내재되어 있음을 알 수 있다.

청에 대한 비판적 시선은 샌프란시스코의 차이나타운에 대한 서술에서도 확인할 수 있다. 유길준은 앞서 '모욕하는 자'가 누구인지 명시적으로 언급하지 않았던 것처럼, 차이나타운을 번역할 때에도 원문의 '淸國人民'을 '중국인'으로 바꾸고, '支那의 도회와 다르지 않다'는 문장을 '중국풍이 있다'고 수정하며 조심스러운 태도를 보였다.[90] 그러나 그는 원문에서 찾아볼 수 없는 문장을 덧붙여 차이나타운 형성이 수치스런 일이라고 비판했다. 그에 따르면 차이나타운은 미국 내 중국인들이 아편을 즐기고 청결하지 않아 도시에서 함께 살 수 있는 권리를 잃은 결과였다. 원서는 차이나타운이 존재한다는 간단한 서술에 불과했지만, 유길준은 원서에 없는 해석을 가미해 청에 대한 자신의 생각을 드러낸 셈이다. 《미구회람실기》에서도 차이나타운에 대해 소개했지만, 중국인들이 "매우 부지런하고 난관을 두려워 하지 않는다"거나 "성격이 매우 검소하다"고[91] 긍정적으로 서술한 것을 보면, 중국인에 대한 비판적 견해는 당대 조청관계를 염두에 둔 유길준의 목소리였음을

88 《서유견문》, 499쪽.
89 《서유견문》, 496쪽.
90 《萬國名所圖繪》第1卷, 14-15쪽 ; 《서유견문》, 507쪽.
91 《미구회람실기》 제1권, 110쪽.

알 수 있다.

그는 영국에 맞서 독립을 쟁취한 미국의 역사와 청의 간섭에 신음하는 조선의 현실을 대비시킴으로써 미국이 누리는 부강의 일차적 조건이 외압의 배제에 있음을 강조했다. 미국 독립사에 대한 적극적인 해석은 '입헌정체'를 최선의 정치체제라고 인정하면서도 영국의 국회의사당을 소개하며 아무런 감상을 남기지 않았던 것과 대조적이다. 물론 미국 독립사는 훗날 '혁명' 담론의 매개가[92] 될 만큼 공화정에 대한 요구로 귀결될 수 있는 위험성을 내포하고 있었지만, 공화정에 대한 서술이 축약된 상황에서는 '반청독립'의 기치 아래 애국심을 고취시키는 논리로만 작동할 뿐이었다. 파리를 소개하며 1830년의 '7월혁명 기념탑(七月標, Colonne de Juillet)'이[93] 통째로 번역에서 제외되었 듯 미국 독립사가 미국 혁명사로 이해될 수 있는 가능성은 철저히 차단되었다. 결국 유길준은 자신이 견문하지 못한 세계를 보여주기 위해《만국명소도회》를 번역했지만, 미국 독립사는 부각시키고 기독교는 배제하며 공화정은 축소시킴으로써 자신이 해석한 서양을 제시했다. 그가 보여준 서양의 역사적 성취 속에는 기독교와 공화정, 나아가 혁명이라는 체제 위협적인 요인들이 모두 제거되어 있었다. 서양을 경험하지 못한 조선의 독자들은 유길준이 제시한 근대 도시의 번영을 보며 서양을 상상할 수 있었지만 그들이 보았던 것은 유길준이라는 '프리즘'을 통해 재해석된 서양이었다.

6. 맺음말

《서유견문》19-20편은 유길준이 유학을 마치고 귀국하는 도중 유럽을 여행하며 견문한 내용으로 알려져 왔다. 그러나 그가 남긴 견문 기록은 1885년 일

92 이헌미, 2012, 앞의 논문, 105쪽.
93《萬國名所圖繪》第3卷, 14쪽.

본에서 간행된《만국명소도회》라는 여행안내서를 번역한 내용이 대부분이었다. 그가 소개한 도시는 모두《만국명소도회》의 번역에 기초해 있었고 전체 37개 도시 가운데 31개 도시는 全譯이라 보아도 무방할 정도였다. 그 동안 19-20편을 경험적 서술로 간주해왔던 것은 유길준이 여행안내서를 번역했기 때문에 빚어진 오해였을 뿐, 그의 '견문'으로 간주되었던 내용들은《만국명소도회》속 화자의 경험이었고 '견해'로 추정되었던 서술들 역시 대부분 참고문헌을 번역한 것이었다. 결국《서유견문》의 마지막 두 편은 견문록의 형태를 띠고 있는 것과 달리《만국명소도회》의 구성과 내용을 옮겨온 번역문에 가까웠다.

유길준이 2년여의 서양 체류에도 불구하고 '견문' 없는 견문록을 남긴 까닭은 그의 경험세계가 유학지였던 미국에 한정되어 있었기 때문이었다. 그는 귀국길에 유럽을 여행한 것으로 알려져 왔지만, 2-3개월 만에 지구 반 바퀴를 돌아야 했던 그에겐 유럽을 여행할 만한 시간적 여유가 없었다. 실제 19-20편의 내용을 보면, 미국의 도시에서만 경험적 서술이 나타날 뿐 유럽에 관한 서술은《만국명소도회》를 번역한 내용이 대부분이었다. 유럽에서 소개한 장소 가운데 참고문헌에서 언급하지 않은 곳은 단 한 곳도 없었다. 결국 번역으로 일관되어 있는 그의 유럽 소개는 유길준의 서양 체험이 유럽에 미치지 못했음을 말해주고 있다. 그에게 '번역'은 경험을 보완하는 수단이 아니라 부족한 경험을 대체하기 위한 의식적인 선택이었던 셈이다.

유길준은 여행안내서였던《만국명소도회》를 번역함으로써 자신도 가보지 못한 '문명' 중심부의 위용을 경험적 차원에서 소개할 수 있었다. 다만, 문명의 화려함을 소개하기 위해 그가 참고할 수 있었던 것은《만국명소도회》뿐이었고 영문 저술을 참고한 흔적은 나타나지 않았다. 유럽을 직접 견문하지 못한 상황에서 참고문헌마저 충분하지 않았기 때문에 그의 번역은《만국명소도회》의 내용에 전적으로 의존할 수밖에 없었다. 미국 유학은 일본이란 경유지를 거치지 않고 서양을 직접 수용할 수 있는 기회였지만 유학에서 돌아온 이후에도 그가 참고한 것은 일본의 서적이었고, 그는《만국명소도회》를 번역함으로써 메이지 일본이 남긴 근대 경험의 축소판 속에서 서양을 이해하고 있었다.

그럼에도 불구하고 유길준이 번역한 서양은《만국명소도회》가 그려놓은 모습과 일치하지 않는다. 번역에 따른 재해석은 그에게도 예외가 아니었기 때문이다. 그가 번역 과정에 개입할 여지는 크지 않았지만, 유길준은 참고문헌의 내용을 삭제하거나 생략함으로써 자신의 주관을 투영했다. 그는《만국명소도회》를 번역하며 기독교에 관한 서술을 모두 삭제했고 '성서'와 '십자가' 같은 단순한 상징조차 언급하길 꺼려했다. 유길준은 서양의 번영에 대한 소개가 기독교에 대한 관심으로 이어지지 않을까 우려했고 자신의 책이 기독교에 대한 선망을 자극하지 않도록 세심한 주의를 기울이고 있었다. 마찬가지로 공화정에 대한 서술도 대부분 생략되었다. 공화정은 유길준이 경험한 서양의 유일한 정치체제였지만 19-20편 속에서 공화정의 흔적은 모두 지워져 있었다.

유길준은 민감한 내용을 삭제하거나 생략하는 방식을 통해 번역에 개입했기 때문에 그의 목소리는 번역문 속에 감춰지는 경우가 대부분이다. 반면 미국의 독립전쟁에 대해서만큼은 원문에 없는 견해와 감상을 덧붙이며 적극적으로 자신의 목소리를 표출했다. 그는 영국에 맞서 독립을 쟁취한 미국의 역사와 청의 간섭에 신음하는 조선의 현실을 대비시킴으로써 미국이 누리는 부강의 일차적 조건이 외압의 배제에 있음을 강조했다. 미국 독립사에 대한 적극적인 해석은 '입헌정체'를 최선의 정치체제라고 인정하면서도 영국 국회의사당을 소개하며 아무런 감상을 덧붙이지 않았던 것과 대조적이다. 결국 유길준은 견문의 제약을 넘어서기 위해 번역에 의존하면서도, 미국독립사는 부각시키고 기독교는 배제하며 공화정은 축소시킴으로써 자신이 해석한 서양을 제시했다. 그가 보여준 서양의 역사적 성취 속에는 기독교와 공화정, 나아가 혁명이라는 체제 위협적인 요인들이 모두 제거되어 있었다. 서양을 경험하지 못한 조선의 독자들은 유길준이 제시한 근대 도시의 번영을 보며 서양을 상상할 수 있었지만 그들이 보았던 것은 유길준이라는 '프리즘'을 통해 재해석된 서양이었다.

참고문헌

1. 자료
《西遊見聞》.
《西洋事情》.
《世界旅行 萬國名所圖繪》(일본 국회도서관).
《特命全權大使 米歐回覽實記》(구메 구니타케 저, 정애영·방광석·박삼헌·서민교·정선태 역주, 2011,《특명전권대사 미구회람실기》제1권-제5권, 소명출판).
유길준의 영문서한[Peabody Essex Museum, 2007, *Yu Kilchun(1856-1914) and the Korean Collection* at PEM, Peabody Essex Museum].

2. 저서
김도형, 2014,《근대 한국의 문명전환과 개혁론》, 지식산업사.
김원모, 1999,《한미수교사》, 철학과 현실사.
다나카 아키라 저, 현명철 역, 2006,《메이지 유신과 서양 문명》, 소화.
마루야마 마사오·가토 슈이치 저, 임성모 역, 2000,《번역과 일본의 근대》, 이산.
박진영, 2011,《번역과 번안의 시대》, 소명출판.
月脚達彦, 2009,《朝鮮開化思想とナショナリズム》, 東京大學出版會(쓰키아시 다쓰히코 저, 최덕수 역, 2014,《조선의 개화사상과 내셔널리즘》, 열린책들).
유영익, 1990,《갑오경장연구》, 일조각.
이광린, 1992,《유길준 — 닫힌 사회에 던진 충격》, 동아일보사.
任展慧, 1994,《日本における朝鮮人の文學の歷史》, 法政大學出版局.
전봉덕, 1981,《한국근대법사상사》, 박영사.
정용화, 2004,《문명의 정치사상》, 문학과지성사.
최덕수 외, 2015,《근대 한국의 개혁 구상과 유길준》, 고려대학교출판문화원.

3. 논문
김남이, 2011,〈20세기 초 한국의 문명전환과 번역〉,《어문논집》63.
金鳳珍, 2005,〈E.S.モ — スと遣米報聘使, 兪吉濬の滯米·留學〉,《社會システム研究》,

No. 3.
金泰俊, 1977, 〈西遊見聞と西洋事情〉, 《韓》64.
김현주, 2002, 〈《서유견문》의 과학, 이데올로기 그리고 수사학〉, 《상허학보》8.
박지향, 2000, 〈유길준이 본 서양〉, 《진단학보》89.
손성준, 2012, 《영웅서사의 동아시아 수용과 중역의 원본성》, 성균관대학교 박사학위논문.
안외순, 2006, 〈유길준의 해외체험과 민주주의의 유교적 수용〉, 《한국문화연구》11.
유영익, 1990, 〈《서유견문》론〉, 《한국사 시민강좌》7.
이광린, 1977, 〈유길준의 개화사상〉, 《역사학보》75·76.
______, 1988, 〈유길준의 영문서한〉, 《동아연구》14.
이한섭, 1987, 〈《서유견문》에 받아들여진 일본의 한자어에 대하여〉, 《일본학》6.
이헌미, 2012, 《반역의 정치학-대한제국기 혁명개념 연구》, 서울대학교 박사학위논문.
이형대, 2009, 〈《서유견문》의 서구 여행 체험과 문명표상〉, 《비평문학》34.
장규식, 2004, 〈개항기 개화지식인의 서구체험과 근대인식〉, 《한국근현대사연구》28.
하영선, 2011, 〈구당 유길준의 삼중 어려움〉, 《역사 속의 젊은 그들》, 을유문화사.
한철호, 2000, 〈유길준의 개화사상서 《서유견문》과 그 영향〉, 《진단학보》89.
______, 2000, 〈유길준의 생애와 사상〉, 《한일관계사연구》13.
허경진, 2004, 〈유길준과 《서유견문》〉, 《어문연구》32.
荒山正彦, 2013, 〈《世界旅行 萬國名所圖繪》の復刻と同書に關する覺え書き〉, 《關西學院史學》No. 40.

근대적 결혼 기획, 유길준의 〈혼례의 시말〉

근대적 가족·국민 형성의 출발점

박은숙

1. 머리말

유길준은《서유견문》15편 첫 장에 서양의 결혼 풍속도를 소개하는〈혼례(婚禮)의 시말(始末)〉을 배치했다. 그 내용은 남녀의 '연애'와 '사랑[愛]'에 기초한 결혼, 화순(和順)한 부부와 회혼례(回婚禮), 이혼 절차와 재가의 자유, 축첩 금지와 일부일처제 등의 풍속을 소개·설명하는 것이었다. 조선의 유교적 사회질서를 뒤흔드는 파격적 내용들이 포함되어 있었다. 그래서인지 유길준은 "우리나라의 예절과 현격하게 달라서 헐뜯고 비방[譏刺]할 단서가 많으나 다른 나라의 풍속이니 이는 그러한 대로 두고" "그 실경(實景)을 기사(記寫)할 따름이니"[1]라는 변명을 늘어놓았다.

그는 왜 구차한 변명을 하면서까지 서양의 혼례를 소개하고자 한 것일까? 자신의 말대로 '헐뜯고 비방'의 여지가 많은 혼속을 굳이 소개한 것은 역설적으로 자신의 의도가 강하게 내포되어 있음을 반증하는 것으로 볼 수 있다. 근대국민국가 건설을 지향했던 유길준은 피지배층에 머물렀던 민(民)을 문명

1 유길준,《서유견문》제15편,〈혼례의 시말〉.

개화와 부국강병의 주체인 국민으로 전환시킬 필요를 느꼈으며, 그 출발점이 바로 근대적 혼인과 가족제도에 있다고 보았기 때문이다. 따라서 〈혼례의 시말〉은 근대국가 건설을 위한 전략적 기획의 산물이라 할 수 있다. 이와 관련하여 우리가 주목해야 할 지점은 1894년 갑오개혁과의 연관성으로, 군국기무처의 첫 개혁 의안(議案)에 드러난 조혼 금지와 결혼 적령 규정, 과부의 재혼의 자유 등이 바로 〈혼례의 시말〉에서 언급했던 내용과 맞닿아 있다는 점이다.

혼례는 예로부터 인륜지대사(人倫之大事)로 여겨 매우 중시되어 왔다. 혼인은 성인으로 인정받고 집안과 사회의 중대사를 논의할 수 있는 자격을 얻는 관문이며, 가족(가정)·국민 생성의 출발점이라는 점에서 사회적·국가적으로도 중요한 의미를 갖고 있는 의례였다. 조선왕조는 혼례를 포함한 관혼상제(冠婚喪祭)를 사례(四禮)로 규정하고 유교적 통치이념과 사회질서를 확립하려 했다.

유길준의 《서유견문》은 대체로 서구를 모델로 삼아 조선의 근대적 개혁을 모색한 개화사상서이자 전략적 기획서라는 평가를 받고 있다.[2] 필자는 "견문을 따라 논의를 세운 것도 있고, 타인의 글[書]을 모방하고 참고하여 번역한 것도"[3] 있다고 했다. 특히 후쿠자와 유키치(福澤諭吉)의 《서양사정(西洋事情)》과 동일하거나 유사한 내용들이 적지 않은데, 대체로 후쿠자와의 사상에 동조하여 옮겨 적은 것으로 보고 있다.[4]

그렇다면 서구의 혼속을 소개한 〈혼례의 시말〉은 그가 견문한 실경을 기록한 것일까, 아니면 다른 글을 참조하거나 베껴 쓴 것일까? 혼례 관련 내용

2 李光麟, 1977, 〈유길준의 개화사상〉, 《歷史學報》 75·76집 ; 柳永益, 1990, 〈서유견문론〉, 《한국사시민강좌》 제7집 ; 김봉열, 1998, 《유길준 개화사상의 연구》, 경남대학교출판부 ; 정용화, 2004, 《문명의 정치사상 : 유길준과 근대 한국》, 문학과지성사 ; 최덕수 외, 2015, 《근대 한국의 개혁 구상과 유길준》, 고려대학교출판문화원.

3 《西遊見聞》, 〈備考〉.

4 李光麟, 앞의 논문, 223-230쪽.

은 일본의 근대화 방략을 담은《서양사정》이나《특명전권대사 미구회람실기(特命全權大使米歐回覽實記)》등에 드러나지 않았다. 다만 부분적으로 후쿠자와 유키치의《일본부인론(日本婦人論)》(1885)과 유사한 내용이 보인다.《일본부인론》은 기본적으로 인종개량을 위해 내외잡혼(內外雜婚)을 권장해왔던 논리 속에서 일본 여성의 해방을 유도한 글이다. 그것은 첫 장에서 "우리가 자력으로 인종개량을 행하려면 먼저 일본국 부인의 마음을 활발하게 하고, 그 신체를 강장(强壯)하게 하여 좋은 자손[好子孫]을 구하려는" 것에 있다는 서술에도 잘 드러나 있다. 대략적 내용은 여자에게 동산·부동산 등의 자산을 소유하도록 하고, 심신의 발달과 강장을 권장하고 정감(情感)을 자유롭게 표현하도록 하며, 가족의 근본은 부부에 있다는 점을 강조하고, 남편과 부인의 성을 혼합하여 신가족(新家族)의 성[苗字]을 창조하도록 하며, 혼인의 권리와 자산의 평등을 주장하는 것들이었다.[5]

이러한 점을 고려하면, 인종개량을 전제로 한 후쿠자와의《일본부인론》과 유길준의〈혼례의 시말〉은 기본 전제부터 차이가 있으며, 내용과 체제 및 용어 등도 달랐다. 어쩌면〈혼례의 시말〉은 자신의 견문을 토대로 하여 일부 '산실(散失)'되지 않은 '구고(舊藁)'를[6] 다듬어 발간한 것이 아닐까 한다. 그런 점에서《서유견문》에서 주목되는 독자적인 글로 생각된다.

지금까지〈혼례의 시말〉을 본격적으로 다룬 연구는 없었다. 대부분 서양의 특이한 풍속을 소개하는 보론 정도로 이해하였고, 여성 교육과 국민 형성에 관련된 글에서 부분적으로 인용하는 정도였다.[7]

본고에서는〈혼례의 시말〉에서 유길준이 강조하여 소개한 결혼의 자격·조건과 혼인의 자기결정권, 연애와 사랑에 기초한 결혼과 화목한 부부, 이혼

5 福澤諭吉,〈日本婦人論〉(慶應義塾 編, 2003,《福澤諭吉著作集》10, 慶應義塾大學出版會, 12-53쪽); 福澤諭吉 지음, 표세만 외 옮김, 2014,《후쿠자와 유키치의 젠더론》, 보고사.〈일본부인론〉은 1885년 6-7월에《時事新報》에 연재된 것을 같은 해 단행본으로 출간했다.

6《西遊見聞》,〈西遊見聞序〉.

7 김소영, 2013,〈대한제국기 '국민' 형성과 여성론〉,《한국근현대사연구》67, 259-260쪽.

절차와 재혼의 자유 등에 대한 내용을 검토하고, 그 안에 함축된 배경과 전략적 의도 등을 더듬어볼 것이다. 또한 그가 결혼의 가장 중요한 요소로 부각시킨 남녀의 심성적 연애와 사랑[愛]이라는 개념에도 주목할 것이다. 혼례를 둘러싼 그의 구상들이 1894년 갑오개혁 때 법제화된 조혼 금지, 여성의 재혼 허용, 양자 문제 등과 어떻게 연결되고 있는지 살펴볼 것이다.

이를 통해 〈혼례의 시말〉은 특이한 서양의 혼속 소개에 그치는 것이 아니라 유길준의 근대화 방략과 맞물린 전략적 선택이었음을 알 수 있을 것이다. 또한 연애와 사랑에 기초한 근대적 결혼, 부부-가족-국민으로 이어지는 패러다임의 변화를 꿈꾼 국민국가론의 한 단면을 엿볼 수 있을 것이다. 그의 이러한 의도가 갑오개혁에 어떻게 반영되어 법제화되는지를 이해할 수 있을 것이다.

2. 결혼의 자격과 구혼

유길준의 〈혼례의 시말〉은 서양의 혼례 풍속을 소개한 것으로, 1-21까지 번호를 매겨 세분화하여 설명하였다. 결혼 자격에 대한 내용 1개항(1번), 구혼에서 결혼 결정까지의 내용 7개항(2-8), 결혼식 절차와 풍경에 대한 내용 9개항(9-17), 결혼 비용과 피로연 관련 내용 1개항(18), 회혼례와 이혼 관련 내용 3개항(19-21)으로 구성되어 있다. 조선시대 혼속과 비교해 보면, 각각 관례, 의혼(議婚), 대례(大禮), 후례(後禮)의 단계에 해당되며, 나머지 회혼례와 이혼·재혼 관련 내용은 여성·인권·가족 문제와 연관된 것으로, 유길준의 기획 의도가 반영된 것으로 보인다.

1) 결혼의 자격

유길준은 〈혼례의 시말〉 첫 문장에서 결혼의 전제로서, 남자의 성인으로서의 자질과 자격을 들었다.

> 태서각국의 풍속에 남자의 나이가 20세 이상에 이르면 그 부모가 성인이라 비로소 허락하여 모든 하는 일이 정직한 때는 자주(自主)하는 권(權)을 부여하나니, 그러한지라 그 의복·음식과 일용사물(日用事物)의 잡비는 모두 자기의 영구(營求)로 담당하며, … 무릇 남자가 장성한 후는 그 일신의 생활도 자기 부모에게 의뢰하기 불능하거든, 하물며 처자의 부담[累]이리오. 이와 같은 고로 자기의 지식과 재산이 족히 일가(一家)의 생계를 배정(排定)할 연후에 감히 유실(有室)의사를 비로소 제기하며…

남자는 나이 20세 이상이 되면 부모로부터 성인으로 인정받고, 정직하면 자주권을 부여받았다. 성인 남자는 스스로 모든 생활비를 벌어서 충당해야 하기 때문에 부모에게 의뢰하는 것이 불가능했다. 따라서 결혼할 남자는 한 가정의 생계를 꾸려갈 만한 지식과 재산을 갖추어야만 했다. 유길준은 다시 강조하기를 "그 재물이 한 집안을 꾸려갈 방도에 넉넉지 않으면 감히 의혼할 의사도 내지 못하는 고로 장성한 남자는 놀거나 게으른 자가 없음이니"라고 하여 남자의 경제적 능력과 자립을 결혼의 가장 중요한 조건으로 보았다.

여자의 결혼 조건과 자격은 남자에 비해 상대적으로 수동적인 것으로 그렸지만, 그 재능과 학문을 매우 중요한 요인으로 꼽았다.

> 여자는 나이의 정한(定限)이 없고, 그 유가(有家)하는 때 이전은 그 부모에게 의탁하여 몸을 마치도록 구혼하는 자가 없으면 처자의 신세로 세월을 경과하되, 어떠한 일을 하든지 자기의 재능대로 남자와 다름이 없어서 가령 학술이 풍유하면 학교의 교사나, 성질이 영민하면 관청과 상고(商賈)의 서기(書記)의 직을 행하는 자가 많은지라. … 또 여자도 자기의 일생 신세는 1차 결혼하는 의(儀)에 있는 고로 극히 조심하고 삼가고 구혼자가 비록 있어도 경솔히 허신(許身)하는 약속을 하지 않아 20세 이전의 혼인하는 자가 희소함이라. … 무릇 여자의 행실이 단정하지 않든지, 학식이 부족하든지 용모가 추악하든지 이 세 가지에 하나라도 있으면 구혼하는 자가 없는 고로 여자의 몸가짐과 수학(修學)이 극진하고 …

여자의 결혼 연령은 일정한 기한이 없지만, 20세 이전은 드물다고 하여 대부분 20세 이후에 결혼하는 것으로 보았다. 여자는 결혼 이전 부모에게 의탁한다고 보았기 때문에 남자에게 엄격하게 요구했던 성인으로서의 자주권과 경제적 자립 문제는 언급하지 않았다. 그러나 학술과 능력을 갖춘 여자는 남자와 마찬가지로 교사나 공무원 등 직장생활을 할 수 있다는 점을 강조했다. 또한 여자의 일생이 결혼에 달려 있고, 구혼자가 없으면 평생 처녀 신세로 지내야 하는 수동적 존재로 이해했다. 여자가 구혼을 받을 수 있는 요인으로 단정한 행실과 학식, 용모를 들었다. 특히 "여자의 몸가짐과 수학(修學)"을 강조했는데, 이는 근대적 국민국가를 도모했던 유길준의 여성 교육론과 맞닿아 있는 부분이다.

유길준이 결혼의 조건과 자격을 소개하면서 남성의 자주적 독립과 경제적 능력을 중시하고 여성의 수학과 재능을 강조한 것은 조선의 결혼 풍속도와 비교하여 주목되는 지점이다. 《경국대전》에 의하면 조선시대 결혼 적령은 남자 15세, 여자 14세 이상으로 규정되어 있었다. 그러나 12-13세의 어린 나이에 혼인하는 경우도 적지 않았다. 결혼할 남녀는 혼례 이전에 성인식을 치렀는데, 남자의 관례는 보통 15세 전후에 상투를 틀고 갓을 썼으며, 여자의 계례는 쪽을 찌고 비녀를 꼽는 의식이었다. 19세기 관례는 혼례의 과정으로 편입되어 혼담이 오가거나 혼례가 확정된 후 진행되었다. 이러한 성인식은 의례적·형식적 절차였으며, 성인으로서의 자주적 결정권이나 경제적 능력과는 거리가 멀었다.

유길준이 결혼의 자격과 조건으로 성인으로서의 나이와 지적·경제적 능력을 강조하여 소개한 것은 당시 조선사회의 혼례가 어린 나이에 진행됨으로써 부모에게 의존할 수밖에 없는 구조에 대한 부정적 인식 때문으로 보인다. 이러한 그의 인식은 갑오개혁 때 조혼 엄금과 결혼 적령을 규정하는 개혁 의안으로 법제화되었다.

2) 연애에 기초한 결혼

유길준은 서양의 구혼 방식과 결혼 당사자의 자기결정권에 관련된 내용을 상세하게 소개했다. 그는 청혼과 결혼 결정에 관한 내용을 매작(媒妁)으로 표현했다. 매작은 중매나 매파의 개념으로,[8] 서양의 청혼과는 차이가 있지만, 결혼식 이전의 의혼 단계라는 점에서 상통하는 점이 있다.

> 중매[媒妁]하는 도(道)를 의논하면 우리나라의 예절과 현격하게 달라서 비판의 단서가 많으나 그러하나 다른 나라의 풍속이니 그러한 대로 두고, 또 그 나라의 남자와 여자의 지식과 교도(交道)와 권리가 피차의 구별이 없으며, 인생의 백년 고락은 가실(家室)의 상봉에 있다 말하여 시집·장가가는 당사자[當者]가 상합(相合)한 연후에 화응(和應)하는 뜻으로 심구(審究)하면 여하할지. 나는 그 실경(實景)을 기사(記寫)할 따름이니, 대개 중매의 도가 하나같지 않은지라. 어떤 것을 따르든지, 남자가 먼저 행함으로 예절을 만들고 그 허부(許否)는 여자에게 있으니 …

유길준은 서양사회의 매작의 도를 본격적으로 논하기에 앞서 남녀의 "지식과 교도와 권리"의 구별이 없다는 점을 전제하여 결혼과 연결시키고 있다. 지식과 교도와 권리의 개념은 《서유견문》의 〈인민의 교육〉 및 〈인민의 권리〉 등과 연결되어 있으며,[9] 남성의 전유물이 아니라 여성에게도 차별 없이 적용된다는 점을 강조했다.

유길준은 국민의 지식을 근대 국민국가로의 전환에 있어서 가장 중요한 요인의 하나로 간주했으며, 교도와 권리의 기본 바탕으로서 매우 중시했다. 특히 그는 여성의 지식을 강조했는데, 그 배경은 〈여자 대접하는 예모(禮貌)〉에 잘 나타나 있다. 그가 여자의 지식을 강조한 것은 첫째, 자녀의 교육을 담당할 어머니로서 지식을 갖추어야 한다는 것이다. 즉 "지식이 없으면 그 교육하는 방도를 이해하지 못하여" 자녀 교육을 제대로 담당할 수 없다고 보

---

8 《世宗實錄》世宗 22년(1440) 6월 17일 ; 《正祖實錄》正祖 10년(1786) 12월 3일 등.

9 《西遊見聞》제3편 〈인민의 교육〉, 4편 〈인민의 권리〉, 15편 〈朋友相交하는 도리〉.

았다. 둘째, 가정을 다스리고 손님을 접대할 때도 지식이 있어야 한다는 것이다. 셋째, 전쟁 등으로 남편이 없을 때 남자가 행하던 일을 능히 해낼 수 있기 때문이라고 했다.[10]

곧이어 유길준은 지식을 함양할 여성 교육의 필요성을 역설했다. 그 이유로 여자를 가르치지 않으면 "사람의 행하는 일을 행하기 불능"하여 "인민의 인구가 천만에 이르러도 500만의 수에 불과"하기 때문이었다.[11] 즉 교육을 통해 여자도 사람의 일을 행할 수 있는 '사람'으로 포섭하여 근대적 국민의 일원으로 재탄생시키려는 의도가 작동하고 있음을 알 수 있다.

유길준이 지식과 더불어 강조한 권리 또한 남녀 간에 동등하게 적용되는 것으로, 〈방국(邦國)의 권리〉 〈인민의 권리〉에 나타난 근대적 개념이라 하겠다. 권리란 용어는 조선시대에도 있었는데, 주로 왕과 권세가·부호 등 기득권층의 '권세와 이익'을 뜻하는 부정적 의미로 사용되어 왔다.[12] 유길준은 인민의 권리 개념을 '자유와 통의(通儀)'의 해석하였는데,[13] 처음으로 근대법적 개념으로 사용했다는 점에서 주목된다. 나아가 모든 인민이 자신의 권리를 지킨 후에 의기(義氣)를 일으켜 한 국가의 권리를 지킬 수 있다고 함으로써 개인의 권리와 국가의 권리가 유기적으로 연결되어 있음을 강조했다.[14]

또한 서양 사람들은 인생의 백년 고락이 가실의 상봉에 있다고 여기기 때

10 《西遊見聞》 제15편 〈여자 대접하는 禮貌〉.

11 《西遊見聞》 제15편 〈여자 대접하는 禮貌〉. "이런 이치로 미루어 생각하건대 가르치지 않은 여자는 사람의 행하는 일(事)을 행하기 불능하니, 태서의 유명한 학자가 말하건대, '사람이 사람의 일을 행한 연후에 사람이오, 또 사람이 가르침(教誨)을 받은 연후에 그 일을 능히 행하나니, 여자를 가르치지 않으면 사람의 일을 행하기 어찌 능하리오. 여자가 남자와 다름이 있다 하나, 또한 사람이라. 그런 고로 여자를 가르치지 않는 나라는 그 인민의 口가 천만에 이르러도 실상은 500만의 수에 불과하다' 하니, 그 말이 여하한지 引證할 따름".

12 《世宗實錄》 世宗卽位年(1418) 11월 23일 ; 《文宗實錄》 文宗 1년(1451) 4월 14일 ; 《成宗實錄》 成宗 10년(1479) 10월 24일 등.

13 《西遊見聞》 제4편 〈인민의 권리〉, 109쪽.

14 《西遊見聞》 제3편 〈방국의 권리〉, 99쪽. "인민의 지식이 高明하며 국가의 법령이 均平하여 各人의 1인 권리를 衛護한 연후에 만민의 각자 지키는 義氣를 일으켜 一國의 권리를 지키는지라".

문에 시집·장가가는 당사자가 상합한 연후에 화응한다고 소개했다. 그는 결혼에 있어서 당사자의 상합과 화응을 역설했는데, 이는 결혼 당사자의 정서적 교감과 자기결정권을 강조한 것이라 하겠다. 일반적으로 가실은 보통 집안의 아내를 가리키는 용어로 사용되었지만, 가족·가정·가옥을 의미하기도 했다. 그렇다면 위의 인용문에 등장하는 가실은 바로 이어지는 시집·장가가는 당사자와 연결하여 결혼할 여자와 남자를 지칭하는 것으로 보는 것이 타당하다고 판단된다.[15]

이어 유길준은 서구사회의 구혼의 방식을 다섯 가지로 나누어 소개하였으며, 남자의 구혼과 여자의 결정권에 주목했다.

> 대개 매작(媒妁)의 도가 한결 같지 않은지라. 어떤 방법을 따르든지, 남자가 먼저 행함으로 예절을 만들고 그 허부는 여자에게 있으니, 지금 그 여러 가지 중매하는 도를 기록하건대
>
> 제1. 남자가 그 마음에 연애하는 여자가 있으면 그 여자의 부모에게 글로서 구혼하든지, 언사로써 의혼하든지 당장 사세의 편함을 따르며, 여자의 부모는 반드시 먼저 그 여자에게 논급하여 그 가부를 결단한 연후에 회답하는 것[事].
>
> 제2. 남자가 혹 그 연애하는 여자의 부모에게 구혼하는 의논[議]을 하지 않고 직접 그 여자에게 합당한 기회를 타서 글이나 혹 언사로 혼설(婚說)을 통한즉 여자가 그 부모에게 고하여 가부를 평량(評量)하되, 결단하는 권리는 자기에게 있는 것.
>
> 제3. 남자가 그 연애하는 여자가 있는데, 본래 일면도 서로 알지 못하면 그 여자의 친우되는 여자를 방문하여 서사(書詞)로 자기의 품은 생각을 그 여자에게 통하기 청하고, 그렇지 않으면 소개서를 구하여 그 여자에게 몸소 가서 의논하나니, 여자의 도는 제2조와 같음.

구혼은 남자가 연애하는 여자에게 하는데, 그 여자나 여자의 부모, 친구에게 말이나 글로써 청혼을 하며, 때로는 소개서를 갖고 직접 구애하기도 했다.

---

15 이는 유길준의 〈여자 대접하는 禮貌〉에서 "태서인이 말하기를, 여자는 人世의 근원이오, 家室의 동량이라."고 한 것에서도 엿볼 수 있다. 즉 가실은 아내만을 지칭한 것이 아니라 가정(가족)의 뜻으로 사용되었으며, 서구의 근대적 여성상, 근대적 소가족제도와 연결성을 갖고 있는 것이다(《西遊見聞》 제15편 〈여자 대접하는 禮貌〉).

구혼을 받은 여자는 부모에게, 부모는 딸에게 반드시 구혼 사실을 알리고 서로 협의하여 청혼의 허부를 결정하는데, 결정권은 여자에게 주어져 있었다.

제4, 제5의 구혼 방식은 신문 광고를 통한 것인데, 매우 특별한 경우에 해당된다. 제4의 구혼은 부득이한 사유로 이출(離出)하기 어려운 남자가 자신의 거주지와 나이·재산 정도를 고지하고, 행실과 용모 등 원하는 여성상을 제시하면서 사진과 서찰 등을 보내라는 광고를 한다. 광고에 응하는 여성이 있을 경우 결혼의 결정권은 남자가 행사하는 것이다.

제5의 구혼은 남자가 우연히 마주친 여자를 '연애'하여 결혼을 원하나, 그 여자의 신상정보를 전혀 모를 경우에 일시·장소·인상착의 등을 신문에 광고하여 구혼하는 방식이다.

유길준의 눈에 비친 서양의 구혼 방식은 당사자인 남자가 먼저 연애하는 여자에게 청혼하면, 여자가 청혼의 허부를 판단하여 결정권을 행사했다. 따라서 부귀인의 자녀라도 "병신이 구체(具體)한 자와 결혼"한다든가 천치와 지혜로운 자의 결혼은 불가능하기 때문에 "청란(青鸞, 평과의 새)이 목계(木雞, 나무로 만든 닭)를 짝하는 원한"은 생기지 않는다는 점을 부기했다. 당사자의 자기결정권을 존중한 결혼은 원치 않는 혼사로 인한 원한을 방지하고, 축첩과 여성 차별 등의 가족 문제를 해결할 수 있는 방안이라고 판단했기 때문이다.

혼례 날짜와 장소는 여자에게 가깝고 편리한 곳으로 정하는데, 결혼식장은 관청이나 예배당 등을 이용하고, 주당(周堂, 혼인 때 꺼리는 귀신)과 같은 금기 풍속은 없다는 점을 덧붙였다.

서양의 구혼과 택일·장소 결정은 조선의 의혼 단계에 해당된다. 조선의 전통적 혼례에서 구혼은 집안의 어른들이 중매쟁이 등을 통해 알아보고 혼인 여부를 결정하는데, 혼례의 결정권은 집안 어른, 특히 아버지에게 주어져 있었다. 결혼이 결정되면, 양가는 납채-연길-송복-납폐의 단계를 밟았다.

이처럼 유길준은 '지식과 교도와 권리'의 행사에 있어서 남녀 간의 차별이 없음을 전제하고, 이를 구혼과 결혼에 결부시키고 이후 부부 관계에까지 연결시키고자 했다. 특히 교육을 통한 여성의 지식 습득에 관심을 기울였는데, 여성을 국민으로 포섭하려는 전략이 함축되어 있었다. 그는 서양의 혼속에서 연애하는 여성에 대한 남자의 구혼, 여성의 혼인 결정권 행사에 주목했다. 이는 애정을 바탕으로 한 근대적 부부와 가족이 탄생할 수 있는 기반이 되는 것으로, 근대적 국민을 양성하여 국민국가를 건설하고자 했던 그의 개혁 구상을 반영한 것이라 하겠다.

3. 결혼 예식과 화목한 부부, 그리고 이혼과 재혼

1) 결혼식, 사랑[愛]과 자기결정권 확인

유길준은 서양의 혼례 절차는 한결같지 않아 성행하는 예식을 소개한다고 했다. 결혼식 당일 신랑·신부와 가족들의 손님 접대, 형편에 따른 부조, 웨딩 음악, 신랑과 신부의 웨딩드레스와 연미복, 소요 비용, 피로연과 결혼 비용 등에 대한 내용을 소개했다. 특히 신랑·신부의 "서로 공경하는 도리와 서로 사랑[愛]하는 정의(情義)도 증거"하는 증인을 강조함으로써 결혼 당사자 간 공경과 사랑의 중요성을 거듭 강조했다.

유길준은 결혼 예식에서 가장 먼저 주례가 신랑·신부에게 묻는 혼인서약의 내용을 소개하고 성혼선언문을 자세히 기록했다. 그만큼 혼인서약과 성혼선언을 중요하게 여겼기 때문이라 하겠다.

> 신랑 신부가 길일을 당하여 예식하는 자리에 나간 즉 법관 지방관 혹 교정(教正) 중 그 근례(巹禮)를 관장하는 자가 신랑더러 먼저 물어 갈아대, "귀 공(公)이 장차 이 부인으로 귀공의 근례한 정처(正妻) 삼아 어느 때에 이르든지 귀공과 부인의 양위(兩位) 생세(生世)한 사이에 두 마음을 갖지 않고 귀공의 신세를 이 부인에 의탁하여 질병에 이 부인을 평안히 보호하며 강녕에 이 부인을 공손히 대접하고 또 이 부인을 사랑[愛]하며 이 부인을 육(育)하여 혼례의 정법으로 하늘이 정한 연분을 맺어 백년해

로하기를 원하노라." … 그 다음에 신부더러 물어 갈아대 … 신랑과 신부가 함께 응답하여 왈 "허락합니다. 성실한 신의로 그렇게 한다 하거든 장례자가 비로소 집수(執手)하는 예를 행하라 명한즉 신랑과 신부가 손을 잡고 장례자를 향하여 서나니…[16]

혼인서약에서 주목되는 것은 주례가 신랑·신부에게 정처(正妻)·장부(丈夫)로 삼아 일생 동안 두 마음을 갖지 않고, 아플 때 평안히 보호하고, 서로 공손히 대접하고, 남편은 부인을, 부인은 남편을 사랑[愛]하는가를 묻는 것이다. 혼인서약의 내용을 상세히 소개한 것은 결혼 이후 축첩이나 외도를 하지 않는다는 점과 부부 간의 공경과 사랑을 강조함으로써 근대적 결혼과 부부의 상을 제시한 것으로 보인다. 바로 이어 주례는 혼인서약을 확인한 후 곧이어 "서로 사랑하며 서로 공경하고 또 기쁘게 하며 안전케"하는 도리를 확인하고 두 사람의 "부부되는 길사를 공언"하는 성혼선언문을 구체적으로 기록하여 소개했다.

이후 주례가 '혼인 명문(明文)'을 지급하면, 증인의 서명을 받아 법률아문에 제출하였다. 유길준은 혼인 명문을 조선의 혼서지(婚書紙)와 같은 것이라고 소개했으나, 오늘날의 혼인신고서와 같은 것이다. 혼인 명문에는 혼인 당사자의 이름을 거론하고, 주례와 증인을 말미암아 혼례의 의식을 거행했다는 사실을 증명하는 서류로서, 주례가 법률아문에 제출하는 것이었다.

이어 법률적으로 혼인의 성사를 인정하기 위해서는 반드시 심사숙고해야 할 5개 조항을 기록하고, 1개 조항이라도 미흡한 것이 있으면 혼인을 불허한다는 점을 설명했다.

제1 남자와 여자가 혼인하기를 서로 좋아하는 것
제2 남자와 여자가 진실한 성의(誠意)의 호유(互有)한 것
제3 남자와 여자가 허혼하는 나이에 이른 것
제4 남자와 여자가 이왕에 타인과 성혼함이 없는 것과 만약 있으면 파혼하는 것
제5 남자와 여자가 친근한 혈속 아닌 것

16 《西遊見聞》 제15편 〈혼례의 시말〉, 391-393쪽.

법적으로 혼인 승인에 있어서 가장 중요한 제1, 제2항은 바로 남녀가 결혼을 서로 좋아하는가(相樂), 진실한 성의가 있는가의 여부였다. 이는 당사자의 자율적 선택권이 보장되었는지, 혼인에 대한 진정한 의도가 있는지를 확인하는 것으로, 강제적 결혼이나 사기 결혼을 막기 위한 조치라 할 수 있다. 제3의 조항은 결혼 적령을 확인하는 것으로, 미성년자의 조혼을 막겠다는 조치이고, 제4항은 이미 결혼한 자의 이중 결혼을 막고, 그럴 경우 파혼할 수 있도록 한 것이며, 제5항은 가까운 친족 간의 근친혼을 막기 위한 것이었다.

그런데 유길준은 왜 결혼식 절차에서 혼인 서약과 혼인 명문, 법적인 허가 조항을 강조하고, 부부의 사랑과 공경을 중복적으로 언급한 것일까? 그것은 연애와 사랑에 기초한 결혼, 결혼 당사자의 자기결정권, 결혼과 가족의 법적 포섭 등을 매우 중요한 요인으로 여겼기 때문이라 하겠다.

2) 화목한 부부, 그리고 이혼과 재혼

유길준은 이어 결혼 후 부부 문제를 거론했다. 특히 결혼 후 이혼과 재혼에 대한 내용을 상세하게 서술했다.

> 이와 같이 결혼식[執手禮]을 행한 후에 부부 화순한 정의로 백년의 해로하는 낙을 함께 누리거니와 만약 남녀 간에 마음이 변하여 서로 맞지 않는 한(恨)이 일어나면 역시 법관에게 고소하여 그 혼(婚)을 이(離)하기 청하나니, 법관이 사실(査實)하여 여자가 허물이 없으면 불허하고, 그러나 남자가 동거하기를 원하지 않으면 즉 그 여자의 일생 의식과 세간 잡비를 모두 남자에게 변(辨)하는 명령을 내려 매년 배급하게 하다가, 여자가 재가하면 그치고, 또 남녀 간에 불행하여 일찍 죽는 자가 있으면 재혼[再醮]하기를 허락하여 전날의 결혼을 거리끼지 않는데 남자의 복첩(卜妾)하는 일도 여자의 이부(二夫)를 유(有)함과 같이 국법의 엄금이오, 풍속의 괴변으로 지목하여 감히 행하는 자가 없더라.[17]

이처럼 결혼한 부부는 대부분 화순하게 백년해로하고, 1·2 … 50·60주년

17 《西遊見聞》 제15편 〈혼례의 시말〉, 395-396쪽.

마다 친척과 친구들의 축하와 선물을 받는 회혼례를 소개했다. 그러나 서로 맞지 않으면 이혼할 수 있고 재혼도 할 수 있다는 점을 덧붙였다. 이혼은 부부 간에 마음이 변하여 서로 맞지 않고 恨이 있을 때 법적 절차를 밟아 이루어졌다. 부부가 이혼을 청구하면, 법관이 조사하여 부인에게 허물이 없으면 불허하고, 남편이 동거를 원치 않으면 부인의 일생 생활비를 지급토록 하고 허용하는데, 만약 부인이 재가하면 생활비 지급을 그만두었다. 재혼은 부부간에 먼저 사망한 자가 있으면 재혼할 수 있으며, 이전의 결혼은 문제 삼지 않는다는 것이다.

이렇게 부부 간에 마음이 맞지 않을 경우, 이혼과 재혼제도가 구비되어 있기 때문에 여성이 두 남편을 거느릴 수 없는 것처럼 남자의 축첩 또한 법으로 엄금하고 있다는 것이다. 사회적 관습으로도 축첩하는 것을 괴변으로 생각하기 때문에 그러한 폐단은 없다고 보았다. 이러한 서술은 결혼 후 첩을 두거나 재혼을 금기시하는 혼속에 대한 비판적 인식이 깔려 있는 것이고, 여성의 기본적 인권과 권리에 대한 의도가 담긴 것이라 할 수 있다. 이러한 유길준의 인식은 갑오개혁 때 과부의 재가의 자유라는 개혁안으로 법제화되었다.

3) '연애'와 '사랑[愛]'의 개념과 결혼

유길준의 〈혼례의 시말〉에서 우리의 주목을 끄는 것은 남녀 간 사랑을 의미하는 '연애'와 '사랑[愛]'이라는 용어가 전면 등장하여 혼례의 핵심 요소로 거론되고 있다는 점이다. 유길준은 남녀 간의 연애와 사랑을 결혼의 가장 중요한 전제 조건의 하나로 간주하고, 화목한 부부와 가정의 출발점으로 보았다.

유길준은 연애와 사랑이라는 말을 구체적 설명 없이 곧바로 사용했기 때문에 용어의 출처와 배경 등은 추론의 여지가 적지 않다. 연애라는 말은 '연애하는' 동사 형태로 5번 사용했는데, 모두 남자가 구혼하는 단계에서 사용했다. '사랑[愛]이라는 용어 또한 동사 형태로 4번 사용했는데, 모두 결혼식

도중 신랑·신부 상호 간의 애정을 확인하는 절차에서 등장했다. 한편 사랑은 인류의 보편적인 속성과 관련된 감정의 영역이고, 연애는 사랑의 감정에 기반한 지속적인 의사소통 관계로서 근대에 새롭게 등장한 사회적 관계를 지칭한다는 주장을 눈여겨볼 필요가 있다.[18]

그간 남녀 간의 사랑을 뜻하는 '연애' 개념은 일본을 통해 수입되었으며, 1910년대 최초로 사용한 것으로 알려져 왔으나,[19] 근래 유길준의 〈혼례의 시말〉에서 처음 사용되었다는 사실이 밝혀졌다.[20] 연애는 영어의 love를 번역하기 위해 고안된 일본의 신조어에서 유래한 것이고, '戀'과 '愛'라는 한자어를 합성한 용어로 이해되었다. 근대 이전 동아시아에는 '연애'라는 말이 아예 존재하지 않았으며, 19세기 중반 중국에서 선교사 메드허스트가《영화사전(英華辭典)》을 편찬할 때 서양의 'Love'를 연애로 번역한 것이 최초의 용례로 소개되었다.[21] 연애는 남녀의 자유로운 만남을 전제로 탄생할 수 있고, 일부일처제 확립과 가족관계의 재편을 필요로 하는 것으로, 한국 근대의 형성·전개에 중요한 역할을 한 것으로 평가되었다.

그런데 조선시대에도 연애라는 용어가 사용되었다. 예컨대 효종이 윤선도의 상소문에 대해 "진술한 것에 연애의 정과 우국의 성이 사표(辭表)에 넘쳐흐르고"라고 하였고, 그 외에 아버지와 아들 사이, 며느리와 시모 사이에도 '연애'한다는 표현을 썼다.[22] 그리고 남녀 간의 사랑이라는 의미로도 사용

---

18 김동식, 2001, 〈연애와 근대성 — 신소설과 계몽적 논설을 중심으로〉,《민족문학사연구》 18, 300-301쪽.

19 김지영, 2004, 〈'연애'라는 번역어〉, *Journal of Korean Culture* Vol. 6 ; 김지영, 2007,《연애라는 표상》, 소명출판, 42-43쪽 ; 권보드래, 2008, 〈'연애'의 역사성과 허구성〉,《문학 사학 철학》, 한국불교사연구소, 61-68쪽.

20 CHIYOUNG KIM, 2013, "The Conceptual History of 'Yŏnae' (Love) in the Korean Colonial Period", *Acta Koreana* Vol. 16, No.1, p. 118.

21 김지영, 위의 책, 43쪽 ; 권보드래, 위의 논문, 61-68쪽.

22《承政院日記》孝宗卽位年(1649) 10월 7일 "答曰 省覽疏章 念昔日師傅之功不覺感歎 所陳事戀愛之情憂國之誠溢於辭表 … " ; 肅宗 13년(1687) 1월 20일, 9월 25일 ; 英祖 16년(1740) 2월 25일, 英祖 39년(1763) 8월 1일 ; 正祖 3년(1779) 6월 12일 ; 정약용,《與猶堂全書》문집 卷18, 書, 答李季受(한국고전번역원 http://db.itkc.or.kr/)

되었으니, 조선 중기 한 시문집에 "저녁이 되자 여자가 잠자리 시중을 들었는데 여자도 매우 아름다웠다. 두 사람의 정이 매우 서로 연애하였다."[23]라는 구절이 있다. 조선시대의 연애는 주로 임금과 신하, 부모와 자식 간에 '사모하고 아낀다'는 의미뿐만 아니라, 남녀 간의 사랑이라는 의미로도 사용되었음을 알 수 있다.

유길준이 '연애'라는 용어를 구체적 설명 없이 남녀 간 사랑의 의미로 사용한 것은 굳이 설명을 붙이지 않아도 그 의미를 이해할 수 있었기 때문으로 보인다. 주목해야 할 것은 이때 처음으로 남녀 간의 사랑하는 관계를 의미하는 '연애' 개념을 혼례와 연결하여 사용했다는 점이다. 유길준은《서유견문》을 1882년부터 구상하여 1887-1889년 집필하였고, 책은 1895년 출간되었으니, 결혼의 전제로서 연애라는 개념의 등장 시기 또한 1880년대로 볼 수 있다. 이후 연애 개념은 남녀 간의 사랑에 대한 인식 변화를 가져왔고, 결혼과 가족제도의 근대적 전환을 추동했다.

또한 유길준은 결혼하는 남녀의 '사랑[愛]'을 수차례 강조하고 확인하는 절차를 소개했다. 혼인서약에서 주례가 신랑은 신부를, 신부는 신랑을 '사랑'하는가를 물어 확인하고, 다시 "서로 사랑하며 서로 공경"하는 성혼선언문 전문(全文)을 배치했다. 결혼의 증인 또한 신랑·신부의 "사랑하는 정의"를 확인해야 하는 책무를 지니고 있음을 구체적으로 설명했다.

유길준이 결혼의 전제로서 제시한 남녀의 '사랑[愛]'이라는 용어는 어디에서 끄집어내어 사용했는지는 정확하지 않다. 애(愛)는 조선시대에도 보편적 사랑의 의미로 널리 사용되었고, 후쿠자와 유키치의《일본부인론》에도 자주 등장하고 있기 때문이다.[24]

23《晩悔集》晩悔集拾遺, 拾遺, 然松雜錄, 朴知章得魅疾. "曾往來平安道時 道經黃海道一山谷間 日暮無人家可宿尋入一山畔村家寄宿 其家小而潔只有姥女兩人 而具食甚精且設非土產不時之物 夕則以女薦枕女亦甚有容色 兩情甚相戀愛 而但欲講歡則女不從曰若講歡則恐有害於君 臨別贈以繡囊以致繾綣".

24 福澤諭吉, 〈日本婦人論 後便〉(慶應義塾 編, 앞의 책).

한 연구에 의하면 전근대 한국 사회에서 사랑 혹은 애(愛)는 그리 주목받는 가치가 아니었고, 인(仁)이라는 유교적 덕목에 종속된 것이라고 보았다. 동아시아에서 사랑과 애라는 개념은 기독교가 전래되면서 부상하기 시작했으며, 개항 이후 신교가 등장하면서 널리 퍼져 나갔다고 하였다.[25] 이때 사랑은 인간에 대한 신의 사랑이라는 의미를 갖고 있었으며, 19세기 말부터는 국가에 대한 사랑이라는 의미로 확장되어 갔다. 당시 사랑이라는 용어는 신과 국가에 대한 보편적 사랑으로서의 위상으로 차지하고 있었으며, 남녀 간의 사랑은 배제되어 있었다는 것이다.

그러나 조선사회에서도 사랑[愛]은 임금과 국가에 대한 사랑, 신하와 백성에 대한 사랑, 부모와 처자에 대한 사랑 등 폭넓게 사용되어 왔다. 이는 애군(愛君)·애국(愛國)·애신(愛臣)·애친(愛親)·애민(愛民)·애인(愛人)·애처(愛妻)·애기(愛妓)·애물(愛物) 등의 용례에도 잘 나타나 있다.[26] 심지어 예(禮)나 경(敬)과 같은 추상적 단어에도 적용하였다. 이렇듯 애는 공적·사적 영역, 사람과 사물, 구체적·추상적 범주를 넘나들면서 보편적 사랑의 의미로 사용되어 왔음을 알 수 있다. 그런 점에서 본다면 남녀 간의 사랑이 특별히 부상되지는 않았지만, 애처·애기와 같은 용례를 보면 남녀 간의 사랑을 배제한 것은 아니었다.

조선시대의 한글 소설인《춘향전》에도 이른바 사랑가로 불리는 "사랑 사랑 내사랑이야"라는 구절이 있으며, 그 앞뒤로도 사랑이라는 말이 여러 번 등장하고 있다.[27] 특히 사랑가는 판소리 형태로도 널리 알려져 있다. 이를 보면 이미 19세기 이전부터 사랑이라는 말이 남녀 간의 애정을 표현하는 용어

25 권보드래, 앞의 논문, 64-68쪽.

26《定宗實錄》定宗 1년(1399) 8월 3일 ;《太宗實錄》太宗 10년(1410) 7월 17일 ;《世祖實錄》世祖 2년(1456) 6월 9일 등.

27《춘향전》(규장각한국학연구원 소장, 가람고813.5-c472m 015b쪽, 작자와 연대 미상) ;《춘향전》(송성욱 풀어 옮김, 민음사, 2004). 민음사의《춘향전》은 19세기의《열녀춘향수절가》84장본과 경판《춘향전》30장본을 저본으로 한 것이며,《열녀춘향수절가》원본이 첨부되어 있다.

로 널리 사용되었음을 알 수 있다.

유길준이 사용한 '사랑[愛]'이라는 용어에 주목해야 하는 것은 보편적 사랑의 개념을 남녀 간의 사랑이라는 개념으로 전면 부각시켜 결혼의 전제이자 부부생활의 필수 요인으로 강조했다는 점이다. 그럼으로써 성과 결혼, 가족·사회·국가로 연결되는 패러다임을 근대적으로 전환하려 했기 때문이다.

1896년《독립신문》에서도 타국의 풍습을 소개하면서 남녀 사이의 '사랑'이라는 말을 자연스럽게 쓰고 있었다. 즉 남자가 여자를 "ᄉᆞ랑ᄒᆞᆯ ᄉᆡᆼ각"이 있으면 친구 같이 지내다가 "참 ᄉᆞ랑 ᄒᆞᄂᆞᆫ ᄆᆞ음이 ᄉᆡᆼ길것 ᄀᆞᆺᄒᆞ면" 청혼한다는 것이다.[28] 이를 보면 사랑이라는 말이 자연스럽게 남녀 간 애정을 표현하는 용어로 사용되고 있음을 알 수 있으며, 결혼의 전제로서 연애와 사랑을 강조한 유길준의 글과 같은 맥락에 있다는 것을 확인할 수 있다.

이렇듯 연애와 사랑이라는 용어는 예로부터 군신 간, 부모·자식 간, 남녀 간 등에 폭넓게 사용되어 왔다. 그렇다면 유길준은 연애와 사랑이라는 용어를 어떻게 사용하게 된 것일까? 서구의 Love 개념을 소개하면서 이전부터 써오던 연애와 사랑이라는 용어를 끄집어내어 변환 사용한 것인지, 영어 Love를 직접 번역하여 사용한 것인지, 아니면 일본이나 중국의 번역된 용어를 차용한 것인지 확인하기 어렵다.

어쨌든 조선사회에서 연애와 사랑[愛]이라는 말은 그리 낯선 용어가 아니었다.《춘향전》과《독립신문》에서 보이는 바와 같이 남녀 간의 사랑이라는 말이 자연스럽게 사용되고 있었음을 확인할 수 있다. 다만 유교적 사회질서와 배치되는 남녀평등과 자유로운 교제 등을 전제로 한다는 점에서 당시로서는 사회적·정서적 거부감이 없지 않았을 것이다.

그렇다면 유길준은 왜 혼례의 전제 조건으로, 그리고 부부생활의 기반으로 연애와 사랑을 그토록 강조하여 소개한 것일까? 그것은 근대국가 건설이

28《독립신문》, 1896년 6월 6일자(음력 4.25), 〈논설〉

라는 시대적 과제와 밀접한 연관을 갖고 있으며, 여성의 인권 문제와도 맥락이 닿아 있다.

첫째, 남녀의 자유로운 만남을 전제로 한 연애와 사랑은 자율적 결혼 선택으로 이어지고, 연애와 사랑에 기초한 결혼은 동등한 부부와 화목한 가정으로 연결되어 근대적 국민 양성의 출발점이 되기 때문이다. 유길준은 세계를 제패한 서구의 산업발달과 문명화의 단초가 연애와 사랑에 기초한 자율적 결혼과 부부 중심의 소가족 제도에 기인하고 있다고 보았던 것 같다. 실제 유길준이 체험했던 19세기 말 서구사회는 산업화가 진행되면서 성과 결혼 가족에 관계된 구조적 변화와 이데올로기의 변화가 일어났으며, 낭만적 사랑에 기초한 결혼과 부부 중심의 소가족제도가 보편화되어 가고 있었다.[29]

둘째, 연애와 사랑이 충만한 결혼은 축첩제를 폐지하고 일부일처제를 구현할 수 있는 근간이 될 수 있다고 보았기 때문이다. 유길준은 〈여자를 대접하는 예모〉에서 "태서에는 귀하기 제왕에 이르고 부(富)가 공후(公侯)에 견줄 만하여도 첩[別室]을 두는 풍속이 없고, 일부일부(一夫一婦)는 천자(天子)로 서인에 이르러 통행하는 예라."고 하여 빈부귀천을 막론하고 첩을 두지 않는 일부일처제를 긍정적으로 바라보았다.

유길준은 일부일처제가 확고한 서구 사회에서는 남편의 외국 출장이나 여행에도 부인이 동행하기 때문에 "봄날 안방에서나 가을 다듬이질"에서 여자의 원한을 찾아볼 수 없고, 세상의 즐거움을 누리며, 인생의 화기(和氣)를 보존할 수 있다고 하였다.[30] 이를 보면 그는 축첩제로 인한 여성의 고통과 원한, 여성의 기본 인권과 행복에 대해 관심을 기울이고 있었음을 알 수 있다.

이처럼 유길준이 결혼의 전제 조건으로 남녀의 연애와 사랑을 강조한 것은 근대적 국민국가 건설에 필수적인 근대적 부부-가족-국민을 양성하기 위한 공적 기획 의도가 작동하고 있었다. 또한 타율적 결혼과 축첩제 등으로

29 조은·이정옥·조주현, 1997, 《근대가족의 변모와 여성문제》, 서울대학교출판부, 19-21쪽.
30 《西遊見聞》 제15편 〈여자 대접하는 예모〉.

인한 폐단을 방지하고, 여성의 기본적 인권과 행복을 보호하려는 의도가 함축되어 있었다. 그런 점에서 유길준은 연애와 사랑이라는 용어를 근대적 국가·사회를 건설하기 위한 새로운 패러다임으로 전환하여 사용했다는 점에서 연애와 사랑이라는 개념의 새로운 지평을 열었다고 할 수 있다. 이후 연애와 사랑은 숱한 남녀 간의 애정을 표현하는 개념으로 사용되었으며, 자유연애, 자유결혼, 연애결혼 등의 담론으로 확산되어 부부와 가족 관계, 국가·사회적 변화를 추동하는 중요한 요인이 되었다.

4. 갑오개혁 의안에 반영된 혼례 및 가족제도 개혁

1894년 갑오개혁은 정치·경제·사회 등 국정 전 분야에 걸친 제도적 개혁을 통해 근대국민국가 건설을 추구한 혁명적 개혁이라 할 수 있다. 2년이 채 안 되는 짧은 기간이었지만, 입헌군주제적 정치체제, 국가 재정의 일원화와 상업자본의 성장, 신분제·노비제 폐지 등 수많은 개혁정책을 적극 추진했다.[31] 그러나 갑오개혁은 1896년 아관파천으로 중도이폐되어 근대적 국민국가 수립에 실패했다. 이후 일부 개혁안은 이전의 것으로 환원되거나 후퇴하기도 했지만, 신분제·노비제 폐지 등은 그대로 유지되어 근대화의 발걸음은 계속되었다.

갑오개혁 추진 기구인 군국기무처는 일체의 국정을 심의 결정하는 최고 정책결정기관이며, 1894년 6월 25일(양 7월 27일)에 일본의 영향력 아래 신설되어 12월 17일까지 운영되었다. 이에 개혁의 자율성·타율성 논의가 있을 수 있다. 그러나 군국기무처는 조선의 개혁 관료 중심으로 운영되었다. 따라

31 갑오개혁의 내용은 다음의 글을 참고했다. 유영익, 1994, 《甲午更張硏究》, 一潮閣 ; 신용하, 2001, 《갑오개혁과 독립협회운동의 사회사》, 서울대학교출판부 ; 왕현종, 2006, 《한국 근대국가의 형성과 갑오개혁》, 역사비평사 등.

서 당시 군국기무처 관료들이 입안하여 추진한 개혁 의안들은 자신들의 개혁 구상과 이념을 반영한 산물이라 할 수 있다.

갑오개혁에서 가장 주목되는 인물은 바로 유길준이다. 유길준은 군국기무처의 핵심 멤버로서 처음 출범할 때부터 마지막까지 의안의 입안·심의에 적극 관여하고, 영향력을 발휘했다.[32] 그는 1881년 수신사(修信使)와 1883년 보빙사(報聘使)의 수행원으로서 일본과 미국을 방문했다가 현지에 남아 유학생활을 했다. 일본과 미국에서 유학생활을 하면서 그는 근대적 학문을 배우고 문명화의 실상과 현실을 직접 경험했다. 1885년 미국 유학을 접고 귀국한 그는 이전부터 구상해 왔던 조선의 근대화 방략을 가다듬고 《서유견문》을 집필했다.

이렇듯 화려한 전력을 가진 유길준은 갑오개혁의 브레인 역할을 하면서 본격적으로 자신의 개혁 구상을 제안하여 정책으로 반영하기 시작했다. 유길준은 1894년 6월 22일(양 7.24) 통리교섭통상사무아문 참의로 임명되었다. 군국기무처 발족 하루 전인 6월 24일 유길준과 안경수 등은 군국기무처 전신인 평의회(評議會)의 조직 문제 등을 협의 입안하였다. 6월 25일에는 군국기무처 회의원(會議員)에 지명되어 "날마다 와서 모여 크고 작은 사무를 협의하여 품지하여 거행하도록 하라."는 임무를 맡았다.[33] 군국기무처는 다수결로 의결하고 국왕에게 상신하도록 되어 있었으나, 실제로는 독자적으로 회의를 소집하고 의안을 심의 결정했다. 이러한 체제는 유길준 등의 의견이 반영되어 입법부의 기능이 강화되었기 때문으로 보고 있다.[34] 따라서 군국기무처 의안에는 근대 국민국가를 건설하려 했던 유길준의 개혁 구상이 적지 않게 반영되어 있음을 짐작할 수 있다.

---

32 유영익, 위의 책, 141-142쪽 ; 김현철, 2015, 〈갑오개혁의 정치사적 의의와 현재적 시사점〉, 《아시아리뷰》 4-2, 103쪽.

33 《高宗實錄》 高宗 31년(1894) 6월 22일, 25일.

34 김신재, 2001, 〈갑오개혁기의 국가형태 개혁 — 제1차 개혁기를 중심으로〉, 《慶州史學》 20, 222-223쪽.

군국기무처는 6월 28일 개혁의 내용과 방향을 가늠할 수 있는 첫 번째 의안 12개 안건을 발표했다. 그 내용을 보면 다음과 같다.

> 군국기무처에서 올린 의안은 "一 이제부터 국내외의 공사(公私)문서는 개국기년(開國紀年)을 쓴다. 一 청국과의 조약을 개정하고 각국에 특명전권공사를 파견한다. 一 문벌과 반상(班常) 등급을 혁파하고, 귀천에 관계없이 인재를 선발하여 등용한다. 一 문무 존비의 차별을 폐지하고 품계만 따르며, 별도로 상견(相見)하는 의례를 정한다. 一 죄인 자기 외에 연좌의 형률을 일체 시행하지 않는다. 一 본처와 첩에게 모두 아들이 없을 경우에만 비로소 양자를 세우도록 구전(舊典)을 신명(申明)한다. 一 남녀의 조혼을 속히 엄금하고, 남자는 20세, 여자는 16세 이후 비로소 시집⌈장가가는 것을 허락한다. 一 과부의 재가는 귀천을 막론하고 그 자유에 맡기도록 한다. 一 공사노비의 법을 일체 혁파하고 인구(人口)를 판매하는 것을 금한다. 一 비록 평민이라도 이국편민(利國便民)의 의견을 제기할 것이 있으면 군국기무처에 상서하여 회의에 붙인다. 一 각 관청의 조례(皁隷)는 참작하여 가감 설치한다. 一 조정 관리의 의제(衣制)는 … "고 했으며, 모두 윤허하였다.[35]

첫 개혁 의안 12개 안건 중 1·2번째 개국기년 사용과 조청조약 개정 및 각국 외교관 파견은 자주독립국가로서의 위상과 주권을 대내외에 널리 알리는 상징적 조치라 하겠다. 이어진 3-12번째 개혁안은 신분제·노비제 폐지와 귀천·반상·문무·존비·처첩·서얼의 차별 철폐, 능력 중심의 인재 등용과 여론 수렴, 기본적 인권을 보장하고 실용적 가치를 중시하는 내용들이었다. 언뜻 보면 별개 안건처럼 보이지만, 근대 국민국가 건설을 위한 사회적 개혁이라는 점에서 일맥상통하고 있음을 알 수 있다.

특히 주목을 끄는 것은 첫 날의 개혁안에 혼례와 가족 관련 안건이 3개(6-8번)를 차지하고 있다는 점이다. 관련 의안의 내용을 검토해보자.

제7 의안은 "남녀의 조혼을 속히 엄금하고, 남자는 20세, 여자는 16세 이후 비로소 시집·장가가는 것을 허락한다."는 내용이다. 이는 조혼을 금지하

---

35 軍國機務處 編, 〈更張議定存案〉(奎17236) ; 《高宗實錄》 高宗 31년(1894) 6월 28일(양력 7월 30일).

고 결혼 적령을 남자 15세에서 20세로, 여자 14세에서 16세로 상향 조정한 것이다. 이전에도 조혼의 폐단으로 요절과 부모로서의 역할 등에 대한 문제가 거론되기는 했으나,[36] 조혼은 왕실과 양반가 등을 가리지 않고 널리 행해졌다. 참고로 19세기 후반에 혼인했던 개화파 인사 박영효와 홍영식은 각각 12세(만 11세), 13세(만 12세)에 결혼했다. 개항 후 1886년《한성주보》에도 조혼의 폐단에 대한 지적이 있었으며, 일본과 유럽 각국의 결혼 연령을 소개하기도 했다.[37]

조선사회의 조혼은 당사자의 의도와 상관없이 집안 어른의 일방적 합의로 결정되었으며, 그로 인한 남편의 외도와 축첩, 수절 강요와 재혼 금기시 등 등 숱한 가정적·사회적 문제를 야기하였다. 또한 어린 나이에 자녀를 출산·양육해야 했기 때문에 부모로서의 역할과 책임을 감당하기 어려웠다.

조혼 금지와 혼인 적령 규정은 〈혼례의 시말〉에서 언급한 내용과 밀접한 연관성이 보인다. 앞에서 살펴본 바와 같이 유길준은 20세 이상 성인으로 자주권을 부여받고, 지식과 재산이 일가를 운영할 만하면 결혼할 수 있다는 점을 강조했다. 서양의 결혼 적령과 자격, 성인으로서의 자주권과 책임감 등에 대한 호의적 인식과 조선사회에 만연한 조혼의 폐단을 개혁하려는 의지가 반영되어 조혼 금지와 혼인 적령의 법제화로 나타난 것으로 판단된다.

이처럼 정부는 제도적으로 조혼을 금지하고 남자 20세, 여자 16세 이상으로 규정하였지만, 민간에서는 잘 지켜지지 않았다. 1896년《독립신문》은 논설을 통해 "어린 ᄋᆞ희들을 압졔로 혼인을 식혀" 나타나는 조혼의 폐단을 비판하고, 조혼 금지를 역설했다. 그 이유로는 남자들의 축첩과 여자들의 원통함, 집안의 불화, 어린 나이에 생산하는 자녀의 병약함, 경제적 자립 불가 등을 꼽았다.[38] 그러나 민간에서는 대부분 15세 정도에 혼인이 행해졌으며, 이

36 《中宗實錄》 中宗 13년(1518) 6월 6일.

37 《漢城週報》 제5호, 1886년 3월 1일 ; 박경, 2012, 〈개화 지식인들의 조혼에 대한 인식〉, 《여성과 역사》 16, 72-73쪽.

38 《독립신문》, 1896년 6월 6일자, 〈논설〉.

에 정부는 1907년에 다시 조혼 금지를 명령하고, 결혼 적령을 남자 17세, 여자 15세 이상으로 조정하기도 했다.[39]

제8 의안은 "과부의 재가는 귀천을 막론하고 그 자유에 맡기도록 한다."는 것이다. 과부의 재혼은 고려시대까지 자유로웠으나, 성리학적 도덕을 강요한 조선사회에서는 금기시 되었다. 《경국대전》에 "실행(失行)한 부녀 및 재가한 여자의 소생은 동·서반직에 임명하지 말고, 증손부터 비로소 위의 各司 외에 임용할 수 있다."[40]라는 내용을 법제화함으로써 과부의 재가는 사회적으로 금기시 되었고, 남편을 잃은 여인은 평생 과부로 지내는 경우가 대부분이었다.

재가녀 소생에 대한 이러한 법적 조치는 수절과 열녀를 강요함으로써 여자의 삶을 고통스럽게 했으며, 재가녀의 소생 또한 공적 관직에서 배제되고 사회적으로 차별의 대상이 되었다. 그러나 조선후기 천주교가 들어온 이래 외국인 신부들은 과부의 개가를 적극 권유하여, 과부의 개가 문제가 조선사회에 파급되기 시작했다고 한다.[41] 과부의 재가 허용은 여성에 대한 기본적 인권을 보호하는 조치이자 전통적 가족제도와 차별에 대한 개혁 의지를 담고 있는 규정이라 하겠다.

유길준은 〈혼례의 시말〉에서 서양의 이혼과 재혼을 소개하였는데, 결혼 후 부부 간에 서로 마음이 맞지 않으면 이혼할 수 있고, 이혼이나 사별 후에도 결혼의 전력에 관계없이 재혼하는 풍속을 소개했다. 재혼에 대한 이러한 인식론이 과부의 재가 허용으로 연결되어 반영된 것으로 보인다.

갑오 이후 과부의 재가는 법제적으로 자유로워졌지만, 사회적으로는 여전히 집안의 수치로 여겨 따가운 눈총을 받아야 했다. 갑오개혁을 주도한 김

---

39 박은숙, 2013, 〈경기도 분원마을 지규식의 자녀 혼사와 사돈 관계〉, 《한국인물사연구》 19, 43-45쪽 ; 《純宗實錄》 純宗卽位年(1907) 8월 14일.

40 《經國大典》, 〈吏典〉 京官職. "失行婦女及再嫁女之所生勿叙東西班職至曾孫方許以上各司外用之".

41 노용필, 2004, 〈개화기 과부의 재가와 천주교〉, 《韓國思想史學》 22, 363-364쪽.

윤식은 과부의 재가 금지를 악법으로 비판하고 자신의 외손녀를 개가시켰으며, 경향을 막론하고 더러 과부들의 재혼이 있었다.[42]

제6 의안은 결혼 후 자녀 입양에 관한 것으로, 본처와 첩에게 모두 아들이 없을 경우에만 양자를 세우도록 한 구전(舊典)을 다시 밝혔다. 이는 서자가 있는데도 친척의 아들을 입양함으로써 가계 계승에서 서자를 배제하는 적서차별의 폐단을 개혁하려 한 것으로 보인다. 이 의안은 현실적으로 존재하는 첩을 인정하고 적서차별의 폐해를 시정하려는 것이지만, 결국 축첩제를 폐지하려는 구상을 함축한 것으로 보인다.

결혼과 여성, 가족과 사회 문제로 연결되는 이들 의안의 입안과 결정에는 유길준의 영향력이 매우 컸을 것으로 판단된다. 그의 저서《서유견문》의〈혼례의 시말〉과〈여자 대접하는 예모〉등에 관련된 내용과 구상이 직간접적으로 드러나 있고, 양자 관련 의안도 유길준의 아이디어에서 비롯되었음을 확인할 수 있기 때문이다.[43] 또한 앞에서 살펴본 바와 같이 군국기무처 내에서 차지하는 유길준의 역할과 위상이 중요한 비중을 차지했기 때문이다.

특히 당시 개혁을 주관한 군국기무처는 비상시국에서 급히 설립되었기 때문에 갑자기 정책을 구상·입안하는 데 인력과 시간을 집중 투입하기 어려운 상황이었다. 따라서 유길준의 준비된 구상과 정책들이 개혁안의 아이디어로서 빛을 발했을 것으로 보인다. 그렇다 해도 의안의 결정까지는 군국기무처의 다른 회의원들과의 논의와 합의, 총재의 승인이 수반되기 마련이므로 그 과정에서 다른 관료들의 견해가 제시되어 조정의 과정을 거쳤을 것으로 판단된다. 그런 점에서 신분제와 노비제 폐지 등 다른 사회적 개혁안들 또한 유길준의 아이디어에서 비롯되었을 개연성이 높다.

---

42 김소영, 앞의 논문, 265-266쪽 ;《독립신문》, 1898년 6월 14일 ;《하재일기》1898년 11월 30일(양력 1899년 1월 11일).

43《高宗實錄》高宗 31년(1894) 7월 1일. "議員 유길준이 어제 회의에서 특별히 의론한 '본처와 첩에게 모두 아들이 없을 경우에만 비로소 양자를 세우도록 舊典을 申明한다.'는 구절 아래 '명령 이전에 있었던 일은 追論하지 않는다.'는 한 구절을 添入한다."

그렇다면 유길준과 개혁 관료들은 왜 첫 개혁안에 조혼 금지, 결혼 적령 제시, 과부 재가, 양자 입적과 같은 사회적 개혁안을 쏟아낸 것일까? 다른 시급한 정치·경제적 현안들이 쌓여 있었음에도 불구하고 사회적 개혁안을 첫 의안에 배치한 것은 그만한 배경이 있다 하겠다.

첫째, 국가·사회의 기초인 근대적 '국민' 생성의 토대로서 혼례와 가족제도에 주목했기 때문이다. 근대 국민국가를 지향했던 개혁 관료들은 피지배층으로 규정된 백성[民]을 근대적 국민으로 전환시켜 국민으로서의 의무와 권리를 담당할 주체로 전환시킬 필요가 있었으며,[44] 특히 교육과 납세·양병(養兵)에 깊은 관심을 기울였다.[45] 이러한 국민은 근대적 가정과 가족제도 아래 양성되고, 그 출발점은 바로 연애와 사랑에 기초한 결혼과 부부 관계로부터 비롯되기 때문이다.

둘째, 동학농민전쟁에 참여한 농민군과 하층민, 그리고 귀천·반상·문무·적서 사이에서 차별받는 자들의 지지와 공감을 이끌어내기 위한 전략적 의도가 반영된 것이다. 위로부터의 근대화와 개혁이 성공을 거두기 위해서는 아래로부터 민의 지지와 협력이 절실했기 때문이다. 또한 동학의 교리에 시천주(侍天主)·사인여천(事人如天)과 같은 평등 지향의 사상이 담겨 있었고, 당시 농민군이 제시한 폐정개혁안에 노비문서 소각, 칠반천인의 대우 개선, 청춘과부의 개가 등의 주장이 있었던 것을 보면, 농민군의 요구를 파악하여 반영하였음을 알 수 있다.

셋째, 유교적 가부장제 아래 고통받는 여성의 기본적 인권을 보장하고. 여성도 국민으로 포섭하여 국가·사회의 일원으로서 자신의 역할과 능력을 발휘하는 것이 문명사회로 가는 방안의 하나로 생각했기 때문이다.

이렇듯 갑오개혁의 포문을 연 군국기무처의 첫 의안에는 조혼 금지와 과

44 정용화, 앞의 책, 233-263쪽 ; 김소영, 앞의 논문, 259-260쪽 ; 김윤희, 2009, 〈근대 국가 구성원으로서의 인민 개념 형성〉, 《역사문제연구》 21, 314-328쪽.

45 《西遊見聞》 제3편 〈인민의 교육〉, 제7편 〈수세하는 법규〉와 〈인민의 납세하는 分義〉, 제9편 〈교육하는 제도〉와 〈養兵하는 제도〉 참조.

부 재가, 양자 입적 문제를 비롯하여 신분제·노비제 폐지 등 각종 사회적 차별과 불평등을 철폐하는 내용이 집중 배치되었다. 이러한 내용은《서유견문》에 담긴 구상과 밀접한 연관성을 갖고 있다는 점에서 유길준의 근대화 방략이 직간접적으로 영향을 미치고 있음을 알 수 있다. 군국기무처의 싱크탱크인 유길준과 관료들이 이러한 내용을 쏟아낸 것은 반상과 귀천·문무·처첩·적서 사이에 작동하고 있는 차별과 불평등의 폐단을 걷어내고 근대 국민국가로 나아가려는 기획이라 할 수 있다. 또한 동학농민군의 요구를 수용하고, 하층민과 차별받는 자들의 지지를 확보하기 위한 전략적 의도가 작용하고 있으며, 국가·사회의 기초인 가족의 '동량'인 여자의 기본 인권을 보호하고 국민으로 포섭하여 근대적 가족-국민-국가로 이어지는 개혁의 기반을 구축하려 한 것이라 하겠다.

5. 맺음말

지금까지 서양의 결혼 풍속도를 소개한 유길준의 〈혼례의 시말〉을 검토해 보았다. 그의 눈에 비친 서양의 혼속을 살펴보고, 그 이면에 담긴 조선의 혼속에 대한 우회적 비판과 근대 국민국가 건설을 위한 전략적 기획 의도 등을 더듬어보았다.

유길준은 먼저 구혼과 택일 풍속을 소개했는데, 남자의 청혼과 여자의 결정권에 역점을 두었다. 지식과 경제력을 갖춘 20세 이상의 성인 남자는 '연애'하는 여성에게 구혼할 수 있으며, 구혼받은 여자는 자신의 혼인을 결정하는 권한을 갖고 있었다. 특히 결혼 당사자의 연애와 사랑, 자기결정권을 강조했다. 이에 앞서 남녀 간에 "지식과 交道와 권리"의 행사에 있어서 차별이 없음을 전제하였는데, 이는 남성은 물론 여성에 대한 교육과 지식 함양의 중요성, 여성을 국민으로 포섭해야 할 필요성을 역설한 것이었다.

이어 결혼 예식의 절차와 풍경을 소개했다. 그는 유달리 신랑·신부의 '사랑[愛]'을 확인하고 백년해로를 맹세하는 혼인 서약과 혼인 명문 등을 강조했다. 그것은 연애와 사랑에 기초한 결혼과 당사자의 선택권, 부부와 가족 탄생의 법적 포섭 등을 매우 중요한 요인으로 여겼기 때문이라 하겠다. 결혼 후 부부는 화목하게 백년해로하지만, 마음이 맞지 않을 때는 법적 절차를 거쳐 이혼할 수 있고, 재혼 또한 자유롭게 할 수 있다는 내용을 소개했다.

이처럼 결혼 당사자의 연애와 사랑, 남자의 청혼과 여자의 결정, 이혼과 재혼 등 이질적 혼속은 소개 그 자체로 혁명적이고 놀랄 만한 일이었다. 유길준이 굳이 비판 여지가 많은 내용을 소개한 것은 조선사회의 조혼과 축첩제도 재혼 금기 등에 대한 비판적 인식이 깔려 있는 것으로, 여성의 기본적 인권을 보호하고, 근대적 국민으로 포섭하려는 의도가 반영된 것으로 판단된다.

1894년 갑오개혁을 주관한 군국기무처의 첫 개혁 의안에 혼례와 가족 관계에 관련된 조혼 금지와 결혼 적령 규정, 여성의 재혼의 자유, 입양 조건 등의 내용이 포함되어 있었다. 유길준이 처음부터 군국기무처의 핵심 멤버로 참여했고, 〈혼례의 시말〉에서 이러한 내용들을 구체적으로 다루었으며, 입양 문제를 적극 주장한 점 등을 감안하면, 조혼 금지와 결혼 적령, 여성의 재혼 등에 대한 의안은 유길준의 기획으로 판단된다. 신분제와 노비제 폐지 등 다른 사회개혁 관련 개혁안들 또한 유길준의 구상에서 비롯되었을 개연성이 크다.

유길준과 개혁 관료들이 첫 개혁안에 조혼 금지, 과부 재가 등과 같은 사회적 개혁안을 집중 배치한 것은 근대 국민국가의 토대로서 '국민'을 창출하기 위한 방안의 하나로 혼례와 가족제도에 주목했기 때문이며, 동학농민전쟁에 참여한 농민군과 하층민, 신분·귀천·처첩·적서 차별로 고통받는 자들의 지지와 공감을 이끌어내기 위한 전략적 의도가 반영된 것이라 하겠다. 또한 여자의 기본적 인권을 보장하고 교육과 지식을 함양하여 가정적·사회적으로 능력을 발휘하도록 함으로써 국민으로 포섭하기 위한 의도가 개입되어 있었다.

유길준의 〈혼례의 시말〉은 단순히 서양의 혼속을 소개한 것이 아니라, 남녀의 연애와 사랑에 기초한 결혼-가족-사회·국가로 연결되는 근대 국민국가를 건설하기 위한 전략적 기획이 개입되어 있었으며, 자유와 인권·교육·지식 등 근대적 가치가 내포되어 있었다. 또한 연애와 사랑이라는 용어를 근대적 국가·사회를 건설하기 위한 새로운 패러다임으로 전환하여 적용했다는 점에서 연애와 사랑이라는 개념의 새로운 지평을 열었다고 할 수 있다. 그의 기획은 부분적으로 1894년 갑오개혁 때 조혼 금지와 과부의 재가 허용 등의 규정으로 구체화되었다. 근대적 혼례-가족-국민으로 이어지는 유길준의 구상은 정부형태와 권력구조, 국민의 권리와 의무 등 정치·경제·사회적 개혁과 맞물려 도출된 기획이라 하겠다.

참고문헌

1. 자료

《승정원일기》.《조선왕조실록》.《경국대전》.

《춘향전》, 작자·연대 미상(규장각한국학연구원 소장, 가람고813.5-c472m).

《열녀춘향수절가》(민음사, 2004,《춘향전》수록).

유길준, 1895,《서유견문》, 일본 동경 文詢社(유길준전서편찬위원회 편, 1971,《유길준전서》Ⅰ, 일조각).

후쿠자와 유키치(福澤諭吉),〈日本婦人論〉(慶應義塾 編,《福澤諭吉著作集》제10권, 경응의숙대학 출판회, 2003).

군국기무처 편,〈경장의정존안(更張議定存案)〉(규17236).

2. 저서 및 논문

유영익, 1994,《갑오경장연구》, 일조각.

조은·이정옥·조주현, 1997,《근대가족의 변모와 여성문제》, 서울대학교출판부.

김봉열, 1998,《유길준 개화사상의 연구》, 경남대학교출판부.

신용하, 2001,《갑오개혁과 독립협회운동의 사회사》, 서울대학교출판부.

정용화, 2004,《문명의 정치사상 : 유길준과 근대 한국》, 문학과지성사.
김지영, 2007,《연애라는 표상》, 소명출판.
福澤諭吉 지음, 표세만 외 옮김, 2014,《후쿠자와 유키치의 젠더론》, 보고사.
최덕수 외, 2015,《근대 한국의 개혁 구상과 유길준》, 고려대학교출판문화원.

이광린, 1977, 〈유길준의 개화사상〉,《역사학보》75·76집 .
김신재, 2001, 〈갑오개혁기의 국가형태 개혁 — 제1차 개혁기를 중심으로〉,《경주사학》20.
김지영, 2004, 〈'연애'라는 번역어〉, *Journal of Korean Culture* Vol. 6.
노용필, 2004, 〈개화기 과부의 재가와 천주교〉,《한국사상사학》22.
권보드래, 2008, 〈'연애'의 역사성과 허구성〉,《문학 사학 철학》, 한국불교사연구소.
김윤희, 2009, 〈근대 국가구성원으로서의 인민 개념 형성〉,《역사문제연구》21.
박경, 2012, 〈개화 지식인들의 조혼에 대한 인식〉,《여성과 역사》16.
김소영, 2013, 〈대한제국기 '국민' 형성과 여성론〉,《한국근현대사연구》67.
CHIYOUNG KIM, 2013, "The Conceptual History of 'Yŏnae' (Love) in the Korean Colonial Period", *Acta Koreana* Vol. 16, No. 1.

대한제국기 유길준의 세제개혁 구상

양진아

1. 머리말

갑오개혁기 재정 확충과 민생 안정을 위해 조세제도의 개혁이 추진되었다. 조세수취 관행에서 수령과 이서층의 과도한 수취와 중간수탈이 문제가 되었으므로 수취 과정에서 이들을 배제하고 조세 부과와 징수를 분리하고자 하였다.

갑오개혁기 조선정부는 수령과 이서층에게서 징세권을 박탈하고 鄕會 또는 징세전담 관리에게 징세업무를 담당하게 하였다. 그러나 기존 조세제도의 특권층이었던 양반층의 반발과 경제기반을 잃은 이서층의 저항으로 이러한 시도는 무산되었다.[1] 을미사변 이후 정계 개편이 이루어지면서 조세 부과와 징수는 갑오개혁 이전 수령·이서층이 담당하는 체제로 복귀하였다.

유길준은 조세수취 과정에서의 이서층의 중간수탈을 문제로 인식하고 을미개혁기인 1895년 10월 內部大臣署理內部協辦으로서 〈鄕會條規〉와 〈鄕約辦務規程〉을 請議하여 鄕會를 제도화하고 鄕會에서 납세에 관한 사항을

1 李相燦, 1989, 〈1894-5년 地方制度 개혁의 방향; 鄕會의 법제화 시도를 중심으로〉, 《震檀學報》 67, 87-93쪽; 유정현, 1992, 〈1894-1904年 地方財政制度의 改革과 吏胥層 動向〉, 《震檀學報》 73, 98-101쪽.

논의하도록 했다. 그러나 지방 세무행정이 수령·이서층에게 돌아간 상황에서 이와 같은 시도는 제한적일 수밖에 없었다. 결국 징세권은 수령과 이서층이 담당한 채로 일제의 지방행정개혁을 맞이하게 되었다.

유길준의 〈稅務部〉는 수령과 이서층에게서 징세권을 박탈하려고 한 갑오개혁기 시도가 수포로 돌아간 시기에 작성된 稅制 관련 문서이다. 지금까지의 연구에서 재정제도 관련한 유길준의 구상을 보여주는 자료로 활용해 온 것은《西遊見聞》(1895)과《兪吉濬全書》[2] '經濟改革論' 파트에 수록된 〈地制議〉(1891), 〈稅制議〉(1891), 〈財政改革〉(연대미상)이다. 유길준이 이 자료에서 일본 明治政府의 地租改正을 모방한 地稅改革 중심의 稅制改革을 주장한 사실이 주목되었다. 그리고 그의 세제개혁론은 地主制를 온존시킨 채 당시 사회경제적 모순을 부세제도 개혁을 통해 해결하려 한 '지주적 코스의 개혁론'으로 평가되었다.[3] 그 외 1894년 지세개혁의 前史로써 개화파의 지세개혁론을 다룬 연구와 대표적 근대 인물로서의 유길준의 경제개혁 구상을 밝히려는 연구 등에서 위 자료들이 다뤄졌는데 대개 지주적 입장의 개혁론이라는 앞의 평가가 반복되었다.[4]

기존 유길준의 재정개혁, 세제개혁 관련 연구들은 시기적으로는 갑오개혁 이전, 내용상으로는 국가의 토지제도나 중앙의 조세제도에 논의가 집중되었다. 주된 원인은 자료 때문인데, 주어진 자료가 위 자료들밖에 없는 상황에서는 불가피했다.

하지만 유길준이 갑오·을미개혁기에 內務協辦, 內部大臣 등으로 개혁에 직접 참여하고, 이후 일본에 망명하여 12년간 일본사회를 경험한다는 점에

---

2 兪吉濬全書編纂委員會 編,《兪吉濬全書》Ⅳ, 一潮閣, 1971.

3 金容燮, 1974, 〈甲申~甲午改革期 開化派의 農業論〉,《東方學志》15; ____, 1988, 〈近代化過程에서의 農業改革의 두 方向〉,《韓國資本主義性格論爭》, 大旺社.

4 왕현종, 1997, 〈19세기 후반 地稅制度 改革論과 甲午改革〉,《韓國 近現代의 民族問題와 新國家建設》, 金容燮教授停年紀念韓國史學論叢刊行委員會, 知識産業社; 조정희, 2006, 〈유길준의 경제개혁론〉,《韓國思想과 文化》33.

서 갑오개혁 이전의 자료만으로 논의를 이어가기에는 한계와 아쉬운 점이 많다. 새로운 자료 〈稅務部〉는 시기적으로 대한제국기에 쓰였고, 내용상으로는 지방의 제도를 다루고 있다는 점에서 기존 연구의 한계를 돌파할 수 있는 중요한 전환점을 제공해줄 것으로 기대된다.

〈稅務部〉는 유길준의 후손이 2003년 고려대학교 박물관에 기증한 여러 자료 중 하나이다. 국한문을 혼용하여 총 65쪽에 9,236字로 쓰여 있다. 중간중간의 빈 쪽들을 제외하고 순수 문장만은 22쪽, 여기에 표가 25쪽으로, 오늘날 200자 원고지 34장 분량이다. 비슷한 주제를 다루었던 1891년 作 〈稅制議〉는 한문전용으로 총 18쪽, 3,451字의 원고지 19장 분량의 글이었다.

〈稅務部〉는 한 쪽에 세로 12줄짜리 '半中堂板' 원고용지에 쓰여 있다. 줄을 긋거나 검게 뭉개서 고친 흔적이 종종 있는 것으로 보아 草稿인 것 같다. 수정 흔적 없이 정제하여 쓴 〈稅制議〉의 글씨체와 동일한 것으로 보아 유길준 친필 원고로 추측된다.(그림1 참조)

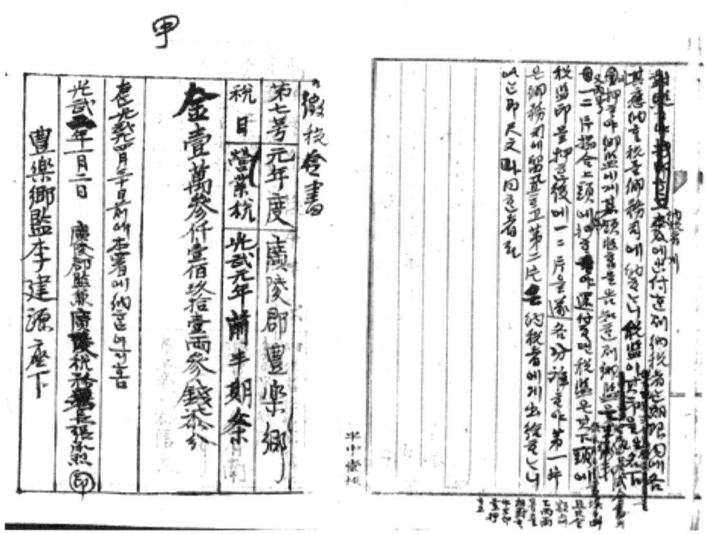

그림 1. 〈稅務部〉원고의 일부
문장 서술뿐 아니라 표를 제시해서 설명을 돕고 있다. 서술 중에 줄을 긋거나 검게 뭉갠 흔적, 덧쓴 흔적들이 있다. 가운데 아래쪽에 '半中堂板'이라는 글씨가 보인다.

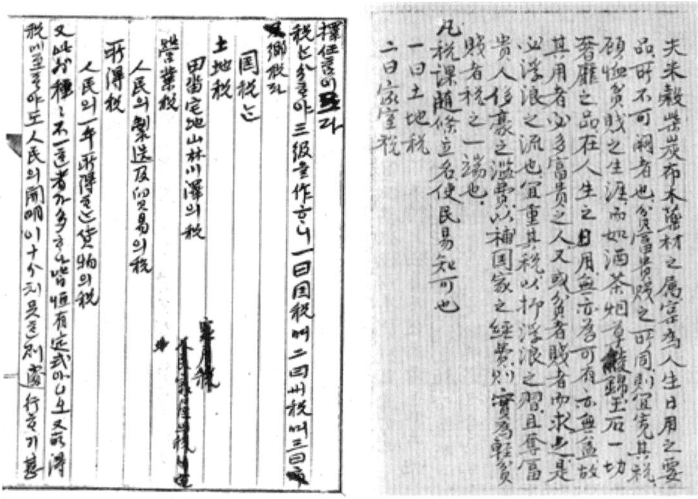

그림 2. 〈稅務部〉와 〈稅制議〉(1891作)의 글씨체 비교
왼쪽이 〈稅務部〉, 오른쪽이 〈稅制議〉이다.

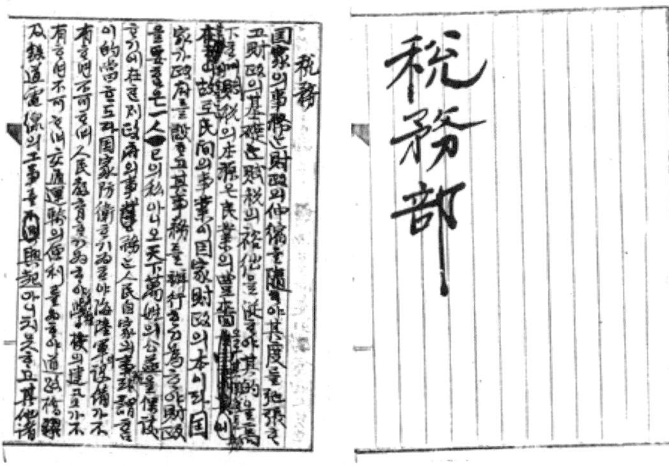

그림 3. 〈稅務部〉의 표지와 본문 첫 페이지
오른쪽이 표지이고 왼쪽이 본문 첫 페이지이다.

문서의 표지격인 첫 번째 쪽에는 '稅務部'라고 쓰여 있고 그 다음 쪽이자 서술 첫 번째 쪽의 첫줄에는 '稅務'라고만 쓰여 있다. 일단 표지에 적힌 제목대로 '稅務部'를 이 문서의 제목으로 삼아도 무리가 없을 것 같다.(그림2·3 참조)

자료 작성의 정확한 시기가 명시되어 있지 않지만, 문서에서 예로 제시한 '徵稅令書' 등에 '光武元年'(1897년), '光武二年'(1898년)이라고 써 있다. 때문에 유길준이 대한제국기 고종 재위 기간에 작성한 문서로 생각된다. 광무 연호가 사용되었던 1897년 8월부터 1907년 7월까지의 기간에 유길준은 일본 망명 중이었다. 1896년 2월 아관파천으로 김홍집 내각이 무너지면서 일본 망명길에 오른 유길준은 1907년 순종 즉위 후 귀국할 수 있었다. 갑오·을미개혁기 유길준의 세제에 관한 입장과 〈稅務部〉 작성시기만으로 미루어보았을 때 이 문서는 대한제국기 복고적 세무 양상을 비판하는 관점에서 씌었다는 것을 충분히 짐작해 볼 수 있다.

이 글에서는 새로 발굴된 자료 〈稅務部〉의 내용을 분석, 소개하고자 한다. 〈稅務部〉서술 자체는 크게 세 부분, 즉 ① 조세 징수가 필요한 이유, ② 조세 분류, ③ 조세수취 방법을 서술한 부분으로 나누어 볼 수 있다. 그러나 여기에서는 〈稅務部〉의 특징적인 논의들을 중심으로 내용을 소개하고자 한다. 이를 통해 유길준이 갑오개혁 이후 구상한 국가상을 이해하는 데 도움이 될 수 있을 것이다.

2. 지방행정구역의 개편

1894년 7월 12일 군국기무처가 의정한 〈鄕會設立에 關한 件〉은 그 기안자가 유길준인 것으로 추측되고 있다.[5] 〈鄕會設立에 關한 件〉에서는 各面의 대표인 鄕員이 鄕會에서 법령의 시행, 폐단의 시정 등 고을에서 시행하는 일의 가부를 논의하여 공동 결정하도록 하고 있다. 이에 대해 기존 연구에서는 지방

5 金泰雄, 1997, 〈근대 중국·일본의 地方自治論과 韓末의 지방자치 문제〉, 《歷史教育》 64, 47쪽 각주 52.

민의 정치 참여를 통해 지배층의 수탈을 방지하려 한 발상,[6] 의회 개설운동의 일환,[7] 鄕會의 제도화 시도[8] 등으로 평가하고 있다. 이후 1894년 10월의 〈結戶錢捧納章程〉에서 鄕會는 다시 등장하는데, 수령과 이서층으로부터 분리시킨 징세권을 鄕員이 맡도록 하고, 鄕員이 結戶錢을 수납, 상납할 것 등이 명시되었다. 민선대표를 조세행정에 참여시켜 民의 폐단을 줄이고 중간수탈을 없앰으로써 국가재정을 확충하고자 한 시도로 평가된다.[9]

1895년 4월 김홍집·박영효 내각은 〈管稅司及徵稅署官制〉, 〈各邑賦稅所章程〉, 〈收入條規〉를 발표하여 조세수취에서 鄕會의 역할을 없애고 별도의 징세기구를 출범시켰다. 즉 각 道에 管稅司를 설치하고 각 郡縣에 徵稅署를 설치하여 종래 지방관이 담당하던 징세업무를 담당하게 하였다. 군국기무처의 조치와 비교하여 "일본군국주의자들의 사주"에 의해 民의 정치참여는 고려하지 않고 국가의 입장만을 고려한 조세제도의 개편으로 평가되고 있다.[10]

鄕會가 다시 등장하는 것은 1895년 10월 을미개혁 내각이 공포한 〈鄕會條規〉와 〈鄕約辦務規程〉이다. 이것은 유길준이 內部大臣署理內部協辦으로서 請議한 것으로 알려져 있다. 〈鄕會條規〉와 〈鄕約辦務規程〉에서는 鄕會로 里會, 面會, 郡會를 두고 이들 鄕會에서 納稅를 포함한 지역 내 제반사항을 논의하고 다수결로 결정하도록 했다. 鄕會員이 신분제적 원리를 벗어난 인물들로 구성되었다는 점에서 의미가 있었지만, 鄕會의 역할이 관치보조적이고, 정치참여가 제한되어 있다는 점에서 근대적 議會와는 차이가 있었다.[11]

---

6 金容燮, 1974, 〈甲申-甲午改革期 開化派의 農業論〉, 《東方學志》 15.

7 鄭昌烈, 1982, 〈韓末 變革運動의 政治「經濟的 性格〉, 《韓國民族主義論》, 創作과 批評社.

8 金泰雄, 1997, 앞의 논문.

9 李相燦, 1989, 앞의 논문, 78쪽.

10 같은 논문, 83쪽.

11 金泰雄, 1997, 앞의 논문, 50-52쪽; 李相燦, 1989, 앞의 논문, 85-86쪽; 李相燦, 1986, 〈1906-1910년의 地方行政制度 변화와 地方自治論議〉, 《韓國學報》 42, 52-53쪽.

군국기무처 시기와 을미개혁기 유길준의 鄕會 구상의 공통점은 鄕會를 제도화하여 官治行政의 영역으로 편입하고자 했다는 점이다. 유길준이 일본망명기에 작성한 〈稅務部〉에서도 鄕會 구상이 발견되는데 州會, 鄕會가 그것이다. 州會는 州의 民會, 鄕會는 鄕의 民會로 설정하고 있는데, 당시 지방행정구역 체제상에는 없는 州와 鄕의 설치가 전제된 구상이었다.

조선시대 지방행정구역은 8道 이하 5府·5大都護府·20牧·75都護府·77郡·148縣으로 편성되어 중앙에서 파견된 지방관리의 통제 아래 있었다. 군현 아래에는 지방관이 파견되지 않는 面里가 있어 부세 공동납의 단위로서 지방관의 간접 지배를 받았다.

그러나 갑오개혁기인 1895년 5월, 기존의 8道를 세분하여 23府로 개편하고, 郡縣을 모두 郡으로 단일화하여 23府 이하 337郡을 편성하였다. 이것은 아관파천으로 성립한 내각에 의해 다시 23府가 13道로 바뀌고 13道 이하 8府 1牧 332郡으로 변경되었다(1896.8). 갑오개혁 이전 체제로 복귀한 것으로 보이나 8道가 13道로 세분되었다는 점, 郡縣이 郡위주로 단일화되었다는 점은 갑오개혁기 원칙은 유지되는 것이었다.[12]

유길준은 1896년에 확정된 지방제도를 다시 개편하려 했던 것으로 보인다.

> ……此에 一鄕이 有ᄒᆞ니 名曰 豊樂鄕이오 其 附屬ᄒᆞᆫ 里ᄂᆞᆫ 十二니 曰 嘉成 曰 仁秀 曰 泰定 曰 靜喜 曰 獐項 曰 碑立臣里 曰 三水 曰 長春 曰 蟹川 曰 坪村이라 其 本郡은 廣陵이며 漢南州의 管下에 屬ᄒᆞᆫ 者니……[13]

위 예시문에서 보이듯이 漢南州의 관하에 廣陵郡이 있고, 광릉군 아래에 豊樂鄕이 있으며 豊樂鄕 아래 嘉成里, 仁秀里, 泰定里, 靜喜里, 獐項里, 碑立

12 尹貞愛, 1985, 〈韓末 地方制度 改革의 硏究〉, 《歷史學報》 105, 95쪽.
13 兪吉濬, 〈稅務部〉.

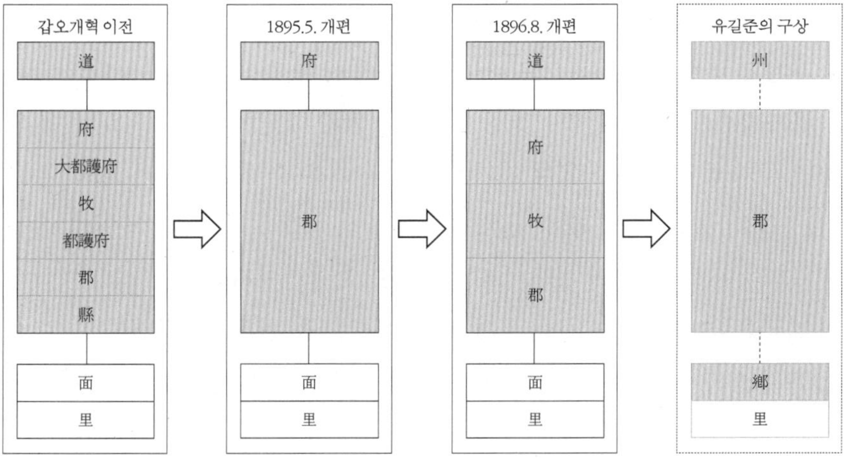

그림 4. 갑오개혁 전후 지방행정구역 양상과 유길준의 구상
(회색으로 칠한 부분은 관치영역을 의미한다)

臣里, 三水里, 長春里, 蟹川里 坪村里의 10개 里가 편제되어 있다. 제시하고 있는 지명의 당시 실제 위치가 어디인지에 대한 설명은 없다. 유길준 생존 시기나 현재 모두 쓰이지 않는 지명들이다. 다만 '漢南'은 고려 성종 때부터 불려온 경기도 水原의 다른 이름이었고, '漢州'가 新羅 9州 5小京의 하나이자 경기도 廣州의 옛 이름이었으며 '廣陵' 역시 경기도 廣州를 달리 이르는 말이었다.[14] 그런 점에서 '한남주 광릉군'은 대략 현재 경기도 광주 지역임을 가늠해볼 수 있다. 경기도 광주는 유길준 집안의 先塋이 있는 곳이자 丙寅洋擾期 유길준이 3년간 피난생활을 한 곳이다.

위 예시문에서 무엇보다 중요한 점은 지방행정구역을 州·郡·鄕·里로 개편하고자 했다는 사실이다. 기존의 道를 州로 변경하고, 郡縣을 완전히 郡으로 단일화하고, 郡 이하의 面里를 鄕里로 개편하려 한 것이다. 유길준의 구상은 갑오개혁기 지방행정구역 개편의 흐름, 즉 광역 단위의 개편과 郡 단위 중심의 단일화와 같은 방향에 위치해 있었다.(그림4 참조)

14 한국역사지명사전 편찬위원회 저, 2008,《한국역사지명사전》, 여강출판사.

그러나 광역 단위로 '州'를 설정한 것이 특징적이다. '州'는 삼국통일 후 신라가 전국을 9州 5小京으로 나누면서 사용한 바 있고, 그 연원을 더 거슬러 올라가자면 중국 고대에서 찾을 수 있다. 《書經》〈夏書〉편과 〈禹貢〉편에 의하면 禹가 중국을 다스릴 때 전역을 豫州와 이를 중심으로 하여 冀州, 兗州, 青州, 徐州, 揚州, 荊州, 梁州, 雍州의 九州로 나누었다고 기록되어 있다. 이를 근거로 九州는 중국 전역을 이르는 아칭으로 일컬어져왔다. 그리고 漢代에 와 전국을 13州로 나누고, 州 아래 郡, 郡 아래 縣을 두어 운영하였다.

유길준은 이미 《西遊見聞》을 집필하면서 미국의 행정구역 '스테이트(State)'와 영국의 행정구역 '카운티(County)'를 모두 '州'로 번역한 바 있었다. 예를 들어 미국 매사추세츠(Massachusetts)를 '磨沙州', 영국 랭커셔(Lancashire)를 '蘭柱沙州'라고 표기하였다.[15] 중국 古制를 차용한 '州'를 미국, 영국의 광역단위 번역 표기와 한국의 지방행정구역에 적용하여 국가 간 제도의 수평성, 통일성을 꾀한 것이 아닌가 싶다.

面里을 鄕里로 개편하는 것은 柳馨遠(1622~1673)의 《磻溪隧錄》에서도 나타나는 구상이다. 유형원 역시 중국의 古制를 참고하여 기존의 面里制를 정비한 鄕里制을 구상했다.[16] 面은 官으로부터 직접 통치받는 지역이 아니었으나, 鄕에는 토지를 분급하고 官에서 임명받은 鄕正을 두어 鄕을 생산과 통치 단위로 삼고자 했다.

유형원의 鄕里制와 유길준의 鄕里制는 둘 다 기존에 官의 통치 영역에 포함되지 않은 말단 소지역단위 面을 官治 영역으로 편입하려 했다는데 공통점이 있었다. 面은 조선시대 그리고 1895년, 1896년 지방제도 개혁에서도 官治 영역으로 고려되지 않았고, 統監府期에 와서야 지방행정단위로 포착, 1917년 일제가 '面制'를 공포함으로써 面단위까지 식민지 공권력 아래 편

15 兪吉濬, 《西遊見聞》, 3쪽-517쪽(兪吉濬全書編纂委員會 編, 1971, 《兪吉濬全書》 I, 一潮閣).

16 吳永教, 1994, 〈磻溪 柳馨遠의 地方制度 改革論 研究〉, 《國史館論叢》 57.

제되었다. 유길준은 이보다 이른 시기에 面을 官治 영역 아래 둔 지방행정구역 재편을 구상한 것이다. 유길준이 1891년 〈地制議〉를 작성하면서 유형원을 언급한 적이 있는 바, 유형원의 鄕里制 구상 역시 참고하였을 가능성도 있다.[17]

3. 지방세와 지방의회의 설치

유길준은 한 州의 사무를 판별하고 처리하기 위해 州稅가 필요하고 역시 한 鄕의 사무를 판별하고 처리하기 위해 鄕稅가 필요하다고 하면서 州·郡·鄕·里制로의 개편과 함께 地方稅 신설을 구상하였다. 구체적으로 國稅는 土地稅, 營業稅, 所得稅, 州稅는 土地加稅, 營業加稅, 戶稅, 鄕稅는 土地附稅, 營業附稅, 所得稅附稅의 稅目을 두고자 했다.

州稅와 鄕稅의 稅目名에서도 알 수 있듯이 각각은 國稅에 附加하는 방식으로 설정되었다. 구체적으로 土地加稅는 "國稅 15分 이상, 20分 이하"를 취

표 1. 유길준 〈稅務部〉에서의 國稅 · 州稅 · 鄕稅 구상

세금 종류	세목	세액산출 방법
國稅	土地稅	
	營業稅	
	所得稅	
州稅	土地加稅	土地稅의 15% 이상, 20% 이하
	營業加稅	營業稅의 7% 이상, 15% 이하
	戶稅	
鄕稅	土地附稅	土地加稅의 10% 이상, 20% 이하
	營業附稅	靈業加稅의 10% 이상, 20% 이하
	所得稅附稅	

17 유길준은 〈地制議〉에서 結負制를 비판하고 柳馨遠을 언급하면서 《磻溪隧錄》의 頃畝法을 소개하였다. 김형근, 2015, 〈〈지제의〉 번역본〉, 《근대 한국의 개혁 구상과 유길준》, 고려대학교출판문화원, 376-378쪽.

하게 하고, 營業加稅는 "國稅의 7分 이상 15分 이하"를 취하게 하였다.[18] 이는 土地加稅는 土地稅의 15% 이상, 20% 이하로, 營業加稅는 營業稅의 7% 이상 15% 이하로 稅額을 정할 수 있다는 의미로 해석된다. 마찬가지로 鄉稅의 경우에는 稅目에 상관없이 "州稅의 10分 이상, 20分 이하"를 취하게 하였는데, 이는 土地附稅, 營業附稅의 경우 土地加稅와 營業加稅의 10% 이상, 20% 이하로 세액을 정할 수 있다는 의미로 해석된다.[19]

수령·이서층이 조세수취를 담당하는 체제에서 중간수탈이 발생하는 이유 중 몇 가지는 지방관청 경비가 부족하고 갑오개혁 이전에는 이서층의 봉급이 정식으로 지급되지 않았기 때문이었다. 또 납세에 드는 비용을 모두 지방관청에서 해결해야만 했던 것도 이유였다.

이에 갑오개혁기 개화파에 의해 地方稅制 도입이 구상된 바 있으나 실현되지 못했다.[20] 대신 징수하는 結戶錢 중 일부를 各郡經費로 배정하도록 했지만 지방관청의 수요를 감당하기에는 부족하여 배정 경비의 대부분이 官屬의 봉급으로 쓰였다.[21] 여기에 중앙으로의 재원 이속은 지방관청의 재정을 더욱 위축시켰고 경비의 부족분을 民에게 전가하여 중간수탈이 발생할 수밖에 없었다.[22] 때문에 地方稅 설정은 國稅와 구별되는, 지방관청만의 안정적인 법적 재원의 보장이라는 측면에서 의미가 있었다.[23]

유길준이 地方稅를 國稅에 부가하는 방식으로 수취하고자 한 것은 地方稅만의 별도 稅源을 포착하지 못했기 때문인 것으로 보인다. 附加稅 방식을

18 兪吉濬, 〈稅務部〉.

19 같은 자료.

20 金泰雄, 1991, 〈1894-1910년 地方稅制의 시행과 日帝의 租稅收奪〉, 《韓國史論》 26, 101-109쪽.

21 같은 논문, 109-118쪽; 유정현, 앞의 논문, 103쪽.

22 유정현, 앞의 논문, 104-114쪽.

23 한국에 실제로 地方稅가 도입되는 것은 1907년 '地方稅規則'과, 이것이 실패하고 다시 마련된 1909년 '地方費法'의 제정이다(金泰雄, 1991, 앞의 논문, 125쪽). 그 목적이 통감부의 식민지 제반 사업을 위한 재원 마련에 있었다는 점을 생각해보면 유길준의 지방세 구상이 갖는 의미는 보다 각별하다.

택한 이상 地方稅는 國稅의 등락에 영향을 크게 받을 수밖에 없었다.

그러나 더 근본적인 문제는, 地方稅가 납세자에게 國稅의 增徵으로 받아들여질 가능성이 크다는 점이다. 國稅에 대한 附加稅 방식으로 地方稅를 설정했기에 더더욱 그러한 인상이 짙을 것이었다. 그렇기 때문에 地方稅의 신설은 租稅抵抗의 계기로 작용될 여지가 있었다.[24]

地方稅 설치로 인한 租稅抵抗의 소지는 議會 구상을 통해 보완되고 있다. 유길준은 地方稅와 동시에 地方議會를 설정하고 있다. 州會와 鄕會가 그것이다.

> 州稅는 各其州의 事務 辦理를 爲ᄒᆞ야 徵收ᄒᆞᄂᆞᆫ 者인즉 此ᄂᆞᆫ 其州內 住居 人民의 自己 擔當이라 故로 州稅의 名目을 立ᄒᆞ야 國稅와 分別ᄒᆞᆷ이니 若 此稅의 賦課 及 徵收ᄒᆞᄂᆞᆫ 方法 及 事務를 州監司에게 專任ᄒᆞᆯ진ᄃᆡ 其弊害의 生出ᄒᆞᆷ이 千端萬緒로 剪除ᄒᆞᆯ 道理 업실지라 乃 州會를 設ᄒᆞ고 其 州內 各郡의 觧事 人員을 選擧法으로 擇出ᄒᆞ야 議員에 充ᄒᆞ고 每年 冬에 州廳의 在ᄒᆞᆫ 地에 會同ᄒᆞ야 其州의 一年 經費를 議定ᄒᆞᆯᄉᆡ 事務의 繁簡을 視ᄒᆞ야 其課稅의 多寡를 決ᄒᆞᄂᆞ니 經費豫筭案은 州監司가 提出ᄒᆞ야 州議員의 決定을 求ᄒᆞ고 州議員은 其案을 考ᄒᆞ야 刪增을 任行ᄒᆞ나 然ᄒᆞ나 必多數의 同意를 得ᄒᆞᆫ 然後에 可ᄒᆞ거니와 其經費가 不足ᄒᆞ게 刪減ᄒᆞᆷ은 經常 用度의 不許ᄒᆞᄂᆞᆫ 바라……[25]

> 鄕稅ᄂᆞᆫ 一鄕의 事務를 辦理ᄒᆞ기 爲ᄒᆞ야 收徵ᄒᆞᄂᆞᆫ 者니 …… 其 收捧ᄒᆞᄂᆞᆫ 稅에 限制를 立ᄒᆞ야 郡稅의 十分一 以上 二十分 以下로 定ᄒᆞ고 若特異ᄒᆞᆫ 事情이 有ᄒᆞ야 鄕會의 公議로 此限을 踰코져 ᄒᆞ야도 內部 及 度支部大臣의 許可를 不得ᄒᆞ면 行치 못ᄒᆞ게 ᄒᆞ고 且 其 經常 歲入出의 豫算도 必鄕會의決定으로 郡監의 許可를 請ᄒᆞ게 ᄒᆞ니 ……[26]

24 1907년 통감부가 제정한 '地方稅規則'이 실패로 돌아간 뒤 1909년 다시 '地方費法'을 제정할 당시 통감부는 '地方稅' 용어를 피하고자 했다. "地方稅라는 용어를 사용할 경우 인민에게 新稅를 부과하고 있는 듯한 감상을 불러일으킬 혐의"가 있기 때문이었다.《漢城府事務官及各道書記官會議要錄》(金泰雄, 1991, 앞의 논문, 135쪽에서 재인용).

25 兪吉濬,〈稅務部〉.

26 같은 자료.

州會는 선거를 통해 州議員을 선출하고 州감사가 제출한 1년 경비 예산안을 심의하여 조정하고 과세액을 확정하는 권한을 가지고 있었다. 鄕會에 대한 기술은 이보다 소략하지만 역시 鄕의 經常 세입출의 예산을 의결하는 권한을 가졌다.

1894년 군국기무처의 鄕會 구상에서 面會에 조세 징수권을 부여한 것과 비교해본다면 〈稅務部〉에서는 보다 상위의 권한인 예산심의권을 州會와 鄕會에 부여하고 있었다. 근대 의회제도의 발달에 기여한 예산심의권을 州會와 鄕會에 보장하고자 한 것은 획기적인 구상이었다. 수령과 이서층의 중간수탈이라는 조세수취상의 폐단을 제거할 뿐 아니라 중세적 지배체제 자체를 근본적으로 해체할 계기로 작용할 수도 있었다.

4. 조세수취체계의 개편

유길준은 세액을 부과하고 징수하는 방법 역시 기존과는 새로운 방식으로 구상하였다. 먼저 군국기무처 단계에서 수령과 이서층을 징수과정에서 배제시키기 위해 鄕會에 부여하고자 한 징세권은 〈稅務部〉에서는 鄕監에게 부여되고 있었다.

> ……其賦調査 及 賦課額은 成案이 旣有ᄒᆞᆫ 則 鄕의 擔任은 其 集取ᄒᆞᆷ에 專在ᄒᆞ나 其 調査ᄒᆞᄂᆞᆫ 本은 亦鄕을 捨ᄒᆞ고ᄂᆞᆫ 其效를 奏ᄒᆞ지 못ᄒᆞᄂᆞ니 土地稅로 言ᄒᆞᆫ 則 土地賬簿가 鄕에 在ᄒᆞ며 營業稅로 論ᄒᆞ야도 營業名簿가 鄕에 在ᄒᆞ고 又 所得稅 及 其他 各項 名目이 皆 其本은 鄕에 在치 아니ᄒᆞᆫ 者 업ᄂᆞᆫ지라 故로 其實은 稅務의 關係가 鄕으로ᄡᅧ 根據地을 삼지 아니치 못ᄒᆞᄆᆡ……[27]

> ……郡監으로 ᄒᆞ야곰 郡堂上에 終年 獨坐ᄒᆞ야 其收捧ᄒᆞᄂᆞᆫ 責을 擔任ᄒᆞ라 ᄒᆞᆷ이 實은

27 같은 자료.

> 行不得훌 政令이라 故로 其勢가 吏校를 多派ᄒᆞ야 鄕里를 擾ᄒᆞ기에 至흠이니 今에 鄕監 及 鄕稅監으로 ᄒᆞ야곰 各其 一鄕의 稅務를 掌ᄒᆞ야 上司의 令을 執行케 ᄒᆞᆫ 則 其利가 大綱으로 三이 有ᄒᆞ니 第一은 白徵漏落 疊捧 幻弄 及 欠逋 等 弊端을 可히 杜絶훌지며 第二ᄂᆞᆫ 奸吏 猾校 及 悍心 奴令輩가 鄕里에 羅織ᄒᆞ야 小民 誅求ᄒᆞᄂᆞᆫ 惡習을 可히 割斷훌지며 第三은 鄕監 及 稅監이 其鄕內 事情을 日常 見聞ᄒᆞᆫ 則 民力을 斟量ᄒᆞ야 其期限內 收捧ᄒᆞ기를 期흠으로 愆滯 不納ᄒᆞᄂᆞᆫ 人民이 自然減少훌지니……[28]

鄕監은 州·郡·鄕·里制로의 개편과 함께 관치체제에 포섭된 鄕을 책임지는 관리였다. 예산심의권이 議會에 부여된 상황에서 그외 稅源 조사와 세금 부과, 징수, 수납에 이르는 세무행정은 모두 鄕內 관리로 하여금 담당하게 하였다. 그러면 이서층에 의한 폐단도 일소되고, 鄕監이 군의 수령보다는 鄕內 사정을 잘 파악하여 세금을 연체, 미납하는 경우도 감소할 것으로 보았다.

鄕을 통한 조세 부과·징수 및 수납의 과정은 비교적 구체적으로 구상, 제시되었는데, 정리하면 다음과 같다.

1. 國稅의 경우 (郡) 稅務署長이 세목별로 세액을 기재한 徵稅傳令書를 鄕監에게 전달한다.
   (州稅의 경우 徵稅傳令書[29]를 郡監이 鄕監에게 전달한다.)
2. 鄕監은 徵稅傳令書의 내용을 鄕에서 가지고 있는 地租名簿, 營業名簿 등과 비교한다.
   차이가 있을 시 세무서 또는 郡을 오가며 자료를 대조·비교하여 정정한다.
3. 鄕監은 徵稅傳令書의 내용을 土地稅는 地租分期帳,[30] 營業稅는 營業稅分期帳에 기입한다.

28 같은 자료.

29 徵稅傳令書의 형태는 〈그림 5〉 참조.

30 土地稅 分期帳의 형태는 〈그림 6〉 참조.

4. 鄕內 거주민(납세자)에게 납부할 세목과 세액을 기재한 納稅令書[31]를 발부한다.
5. 납세자는 기한 내 세금을 鄕稅務司에 납부한다.
6. 稅監이 鄕監에게 세납 領收를 고지한다.
7. 鄕監은 分期帳에 영수 月, 日을 기재하고 分期帳과 納稅令書에 기재된 납세액 위에 각각 半印을 찍고, 納稅令書 가운데에도 도장을 찍어 納稅令書를 稅監에게 돌려준다.
8. 稅監은 納稅令書에 도장을 찍어 納稅令書를 두 조각으로 분리하여 한 조각을 鄕稅務司에 유치하고 나머지 한 조각을 납세자에게 出給한다.

稅務는 郡에서 鄕으로 徵稅傳令書를 전달한 이후로는 전적으로 鄕 차원에서 이루어지도록 했다. 鄕에서는 徵稅傳令書 외 세금부과의 자료가 되는 세목별 명부, 부과세액을 鄕內 납부자 및 분기별로 적어놓은 세목별 分期帳, 그리고 납세자에게 발부하는 세목별 納稅令書를 관리하기로 되어 있다. 그리고 鄕內 稅務를 관장하는 鄕監 외에 별도로 鄕稅監이 있고, 세금 납부 기관으로 鄕稅務司가 있다. 鄕 단위에서 稅務 행정이 이루어지게 하는 가운데 세무전문관리 및 문서 定式의 별치를 통해 세무 전문화 또한 기하고자 했음을 확인할 있다.

이러한 구상은 기존에 郡이 담당한 세원 조사, 조세부과·징수 권한을 郡으로부터 박탈하고 鄕에 부여한 것이었다. 그런 점에서 〈稅務部〉의 내용은 기존 조세수취상 중간수탈로 인해 문제가 되었던 수령·이서층을 조세행정에서 배제시킬 수 있는 방법이었다.

그렇다면 기존에 수령·이서층이 발생시켰던 폐단이 鄕에서 재현될 우려는 없는 것일까? 鄕이 郡보다 소지역단위이기 때문에 지역민의 사정에 밀착

31 納稅令書의 형태는 〈그림 7〉 참조.

할 수 있다는 점, 그리고 과도한 세액 부과의 가능성은 예산심의권을 가지고 세액을 확정하는 地方議會를 통해 사전 차단될 수 있다는 점에서 기존과 같은 폐단이 재현될 가능성은 많지 않았다. 게다가 지방경비 충당 용도로 독자적인 재원인 지방세가 설정되었으므로 法外 課稅의 가능성은 이전보다 적었다.

이처럼 유길준은 郡 대신 그 하위단위인 鄕에 조세수취행정을 담당하도록 구상하였다. 그런 점에서 보자면 지방행정구역의 개편도 결국 面을 官治행정구역인 鄕으로 개편하는 데 주안이 있었고, 지방세의 설치도 鄕에 독자적 재원을 부여하여 그 운영의 근간을 안정시키고자 한 것에 중점이 있었다. 이러한 기반 위에서 鄕으로 하여금 조세수취행정을 담당하게 하여 인민에게 밀착한, 정교한 조세수취를 행하고자 한 것이다.

지금까지 살펴본 〈稅務部〉의 내용은 당시 일본에서 시행되고 있던 제도와 유사하다. 당시 일본에서 지방세 제도를 실시하고 府県會, 町村會 등의 지방민회 제도를 운영했음은 주지의 사실이거니와 조세 부과·징수, 수납의 절차의 경우는 〈稅務部〉와 일본 제도가 특히 비슷하다.

明治政府는 1889년 3월 〈國稅徵收法〉을 공포하였는데, 이 법에서 町村長은 郡長으로부터 徵稅令書를 발부받고 이것에 근거해 徵稅傳令書를 調製해 각 納稅人에게 발부하도록 되어 있다. 그리고 각 납세인은 세금을 町村 收入役에게 拂込하고 영수증에 町村長의 檢印을 받아 납세의 의무를 완료하도록 되어 있다.[32] 〈稅務部〉의 鄕監과 鄕稅監은 일본 제도의 町村長과 町村 收入役에 대응하는 존재로 유길준은 〈國稅徵收法〉과 동일한 형식과 절차로 조세 부과·징수, 수납을 수행하도록 설정한 것이다. 이는 갑오개혁기 郡守인 收入調定官이 조세부과액을 정하고 징세명령 및 납액고지서를 각 납세자에게 발부하여 탁지부 소속 징세서 관리가 조세를 징수하도록 한 조치와는 분명히

32 《官報》 1709號, 1889.03.14. 〈法律〉 法律 第9號 〈國稅徵收法〉(日本 國立國會圖書館デジタルコレクション).

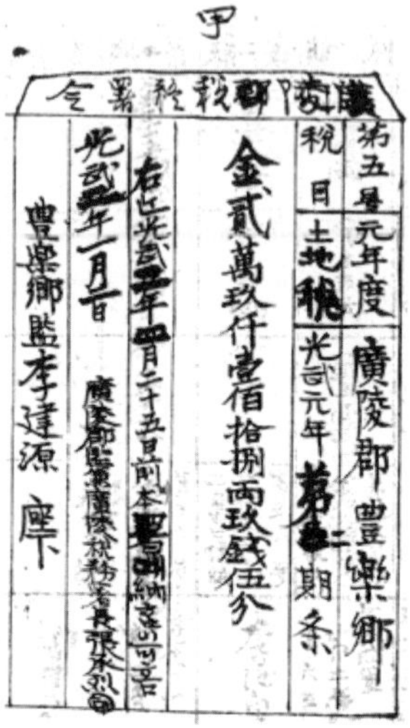

갑

광릉군 세무서령					
제5호	원년도	광릉군풍락향			
세목	토지세	광무원년 제2기조			
金 2만 9천 1백 18냥 9전 5푼					
오른쪽은 광무2년 4월 25일 전 본서에 납부함이 옳음					
광무2년 1월 2일 광릉군감 겸 광릉세무서장 장승렬 인					
풍락향감 이건원 좌하					

그림 5. '徵稅傳令書' 예시

國稅 중 土地稅 '徵稅令書'이다. 郡稅務署長이 鄕監에게 해당 鄕이 납부해야 할 土地稅額을 기재한 '徵稅令書'를 발부하면, 鄕監은 鄕內 地租名簿와 대조 · 비교하여 내용이 맞는지를 확인한다. 그리고 徵稅令書의 세액을 근거로 鄕內 납세자 개개인에게 '納稅令書'를 발부한다.

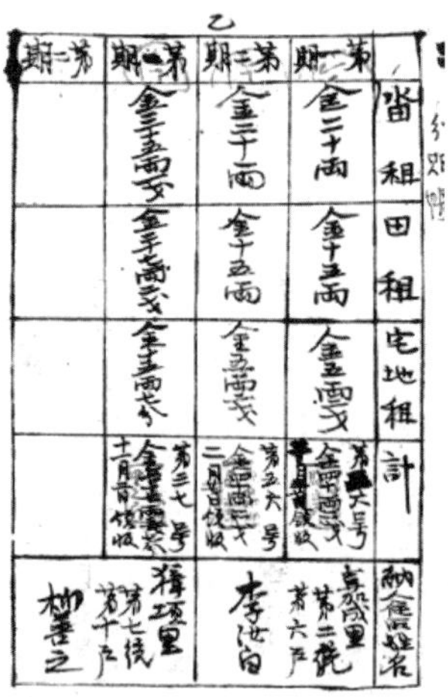

을

분기장

	제1기	제2기	제1기	제2기
畓租	金 20냥	金 21냥	金 35냥 1전	
田租	金 15냥	金 15냥	金 27냥 2전	
宅地租	金 5냥 2전	金 5냥 2전	金 15냥 7푼	
계	제26호 金 40냥 2전 2월 27일 영수	제56호 金 40냥 2전 2월 27일 영수	제37호 金 77냥 2전 7푼 11월 2일 영수	
납부자 주소 성명	가성리 제2통 제6호 이여백		장항리 제7통 제10호 류선지	

그림 6. '分期帳' 예시

國稅 중 土地稅 '分期帳'이다. 鄕監이 郡稅務書로부터 土地稅 '徵稅令書'를 받아 本鄕이 납부해야 할 세액을 확인한 후 분기별, 납부자별 부담해야 할 토지세액을 '分期帳'에 기재하여 관리한다. 鄕內 납세자들이 세납하면 향감은 분기장에 영수날짜를 적고 '分期帳'과 '納稅令書'에 間印을 찍는다.

유길준은 '民力을 넓게 펴게 하기 위해서' 세납 시기를 前半期(제1기)와 後半期(제2기)로 나누도록 했다. 토지세 전반기는 7월 1일-12월 30일, 후반기는 1월 1일-6월 30일이고, 영업세 전반기는 1월 1일에서 6월 30일, 후반기는 7월 1일에서 12월 30일이다.

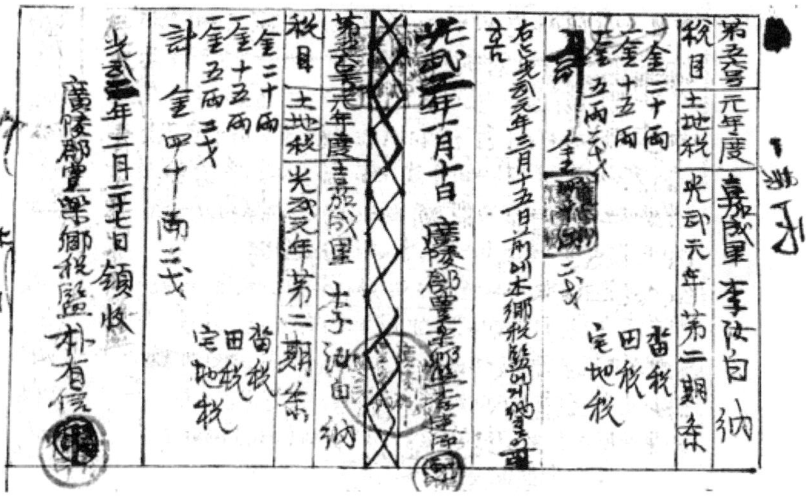

병 제1

제56호 원년도원년도 가성리 이여백 납부

세목 토지세토지세 광무원년 제2기조

一金20냥 답세

一金15냥 전세

一金5냥 2전 택지세

계 金40냥 2전

오른쪽은 광무원년 3월 15일 전에 본향 세감에게 납부함이 옳음

광무2년 1월4일 광릉군 풍락향감 이건원 印

병 제2

제56호 원년도원년도 가성리 이여백 납부

세목 토지세토지세 광무원년 제2기조

一金20냥 답세

一金15냥 전세

一金5냥2전 택지세

계 金40냥 2전

광무2년 2월 27일 영수

광릉군 풍락향 세감 박유신 印

그림 7. '納稅令書' 예시

國稅 중 土地稅 '納稅令書'로 鄕監이 납세자 개개인에게 발부한다. 납세자가 납세하면 鄕稅監이 '納稅令書' '丙 제2' 부분에 인장을 찍어 鄕監에게 세금 영수를 고지한다. 鄕監은 '分期帳'과 '納稅令書'에 間印을 찍고 '納稅令書' '丙 第一'과 '丙 第二'가 합쳐진 부분에 인장을 찍어 鄕稅監에게 '納稅令書'를 돌려준다. 鄕稅監은 '納稅令書' '丙 第一'을 鄕稅務司에 유치하고 '丙 第二'를 납세자에게 지급한다.

구별된다.[33] 유길준은 일본 망명기 지방행정, 조세제도 개혁 구상을 갑오개혁기 개혁 추진 내용과 달리 일본 제도를 보다 적극적으로 참고하여 전개하고 있었던 것이다.

5. 맺음말

고려대학교 박물관 소장 〈稅務部〉는 유길준이 일본 망명시절인 대한제국기 고종 재위기간에 작성한 문서로 추측된다. 갑오개혁기 수령·이서층으로부터 분리되었던 징세업무가 다시 수령과 이서층의 소관으로 복귀한 대한제국기 복고적 세무 양상을 비판하는 성격의 문서이다.

그 구체적인 내용을 살펴보면, 유길준은 州·郡·鄕·里制로의 개편을 전제로 한 세제개혁을 구상하였다. 이는 광역 단위 지역 개편과 郡 단위 중심의 단일화 조치가 취해진 갑오개혁기 지방제도 개혁과 같은 방향에 있는 구상이었다. 광역단위명칭을 중국 古制를 차용하여 '州'라고 하였고, 面을 鄕으로 개편하려 한 구상은 面(鄕)을 官治영역 아래 두려 했다는 점에서 유형원의 鄕里制 구상과 유사했다.

국세와는 별도의 지방관청재원으로 지방세인 州稅와 鄕稅를 설치하고자 하였고, 이것은 國稅에 附加하는 방식으로 稅額이 산출되는 것이었다. 유길준은 예산심의권을 부여받은 지방의회 州會와 鄕會를 설립하고자 하였다. 세원의 조사와 조세부과·징수·수납의 총괄적 세무 권한은 새롭게 관치 행정구역으로 편입하고자 한 鄕에 부여되었다.

이는 기존에 郡이 담당한 세원 조사, 조세부과·징수 권한을 鄕에 부여한 것으로, 기존 조세수취 과정에서 문제가 되었던 수령·이서층을 완전히 배제

33 《官報》 제4호 개국504년 4월 5일, 〈收入條規〉.

하려 한 구상이었다. 鄕이 郡보다 지역민과 밀착한 하위행정구역단위라는 점과, 예산심의하여 세액을 확정하는 地方議會가 설정되어 있다는 점, 별도 재원인 지방세가 설정되어 있다는 점에서 구래 수령·이서층이 발생시켰던 것과 같은 중간수탈의 가능성은 줄어드는 구상이었다.

이러한 구상은 당시 일본 제도를 모방한 것으로 특히 鄕에서의 조세수취 형식과 절차는 일본의 〈國稅徵收法〉(1889)과 유사했다. 이는 갑오개혁에서의 조세수취제도와 구별되는 것으로 일본 망명기 유길준이 일본 제도를 갑오개혁기보다 적극적으로 수용하여 개혁을 구상하고 있었음을 알 수 있다.

기존 연구에서 활용해온 유길준의 재정, 세제 관련 저작들은 시기적으로는 갑오개혁 이전, 내용적으로는 토지제도개혁론, 중앙의 조세제도개혁론에 관한 것들이 대부분이었다. 그러나 〈稅務部〉를 통해 갑오개혁 이후 지방행정구역과 지방세무의 개편을 비롯한 지방제도, 조세제도 개혁 구상을 확인할 수 있었다. 이처럼 유길준 개혁 구상의 시간적 범위와 대상을 확장시킨다는 점에서 〈稅務部〉 발굴의 의미를 찾을 수 있다.

참고문헌

1. 자료
〈稅務部〉(兪吉濬 著, 고려대학교 박물관 소장).
《西遊見聞》(兪吉濬全書編纂委員會 編, 1971, 《兪吉濬全書》 I, 一潮閣).
《官報》(日本國立國會圖書館デジタルコレクション).
한국역사지명사전 편찬위원회 저, 2008, 《한국역사지명사전》, 여강출판사.

2. 논문
金容燮, 1974, 〈甲申~甲午改革期 開化派의 農業論〉, 《東方學志》 15.
______, 1988, 〈近代化過程에서의 農業改革의 두 方向〉, 《韓國資本主義性格論爭》, 大旺社.
金泰雄, 1991, 〈1894~1910년 地方稅制의 시행과 日帝의 租稅收奪〉, 《韓國史論》 26.
______, 1997, 〈근대 중국·일본의 地方自治論과 韓末의 지방자치 문제〉, 《歷史教育》 64.

吳永教, 1994,〈磻溪 柳馨遠의 地方制度 改革論 硏究〉,《國史館論叢》57.
왕현종, 1997,〈19세기 후반 地稅制度 改革論과 甲午改革〉,《韓國 近現代의 民族問題와 新國家建設》, 金容燮敎授停年紀念韓國史學論叢刊行委員會, 知識産業社.
유정현, 1992,〈1894~1904年 地方財政制度의 改革과 吏胥層 動向〉,《震檀學報》73.
尹貞愛, 1985,〈韓末 地方制度 改革의 硏究〉,《歷史學報》105.
李相燦, 1986,〈1906~1910년의 地方行政制度 변화와 地方自治論議〉,《韓國學報》42.
______, 1989,〈1894~5년 地方制度 개혁의 방향: 鄕會의 법제화 시도를 중심으로〉,《震檀學報》67.
조정희, 2006,〈유길준의 경제개혁론〉,《韓國思想과 文化》33.
鄭昌烈, 1982,〈韓末 變革運動의 政治·經濟的 性格〉,《韓國民族主義論》, 創作과批評社.

1907년 유길준의 귀국과 〈平和光復策〉 집필[1]

초고본 검토를 중심으로

박한민

1. 머리말

1907년 8월 16일 유길준은 서울로 돌아왔다. 아관파천 이후 일본으로 망명한 지 11년이 지나고서야 그는 고국 땅을 밟을 수 있었다. 귀국하고 나서 얼마 지나지 않은 시점에 그는 궁내부 특진관(宮內府特進官)에 임명되었다. 하지만 이를 사양하는 상소를 올렸다. 그때 작성하여 같이 올린 문서가 바로 〈平和光復策〉이었다.

〈平和光復策〉은 일본에서 돌아온 유길준이 본인의 생각을 체계적으로 정리하여 純宗에게 제출한 문건이었다. 여기에는 일본에 대한 인식, 부국강병의 실현 방향, 국민들에게 충의와 애국심을 고취시키기 위한 제언 등 여러 가지 내용이 수록되어 있다. 아울러 유길준 본인은 더 이상 관직에 종사하지 않고 '자유평민'으로서 민간에 남아 사회활동에 전념하겠다는 의사를 밝혔다.

1 이 글은 2017년 8월《韓國史學報》68호에 게재하였던 원고를 수정 보완한 것이다. 아울러 1907년 7월 유길준이 일본에서 귀국하기 직전 일본 내각총리대신 사이온지 긴모치에게 보낸 편지의《皇城新聞》과《東京日日新聞》수록 원문을 대조하여 정리한 것을 부록으로 수록하였다.

〈平和光復策〉에 대해서는 한국에서 윤병희가 보호국화의 원인, 대일 평화관계의 수립, 충의정신의 계도로 분리하여 전반적인 내용을 유길준이 이전에 남긴 텍스트와의 관계 속에서 검토한 바 있다.[2] 이후 연구에서는 러일전쟁 이후 유길준의 인식을 '동아시아 협력론'과 '문명론'에 기초해 있었다고 보거나, 평화관에는 일본에 대한 우호적인 협조와 강대국에 대한 묵종이 담겨 있었다고 보면서 그 근거로 〈平和光復策〉 일부를 추출하여 논거로 활용하기도 하였다.[3] 일본에서는 쓰키아시 다쓰히코(月脚達彦)가 한성부민회(漢城府民會)의 조직과 운영을 분석하는 가운데 유길준이 작성한 '平和克復策'에 담겨 있는 일본관과 보호국 인식, 국민의식 형성론을 조명했다.[4]

하지만 〈平和光復策〉 분석은 연구자의 필요에 따라 텍스트를 추출하여 부분적으로 의미를 부여하는 방식으로 진행된 감이 없지 않다. 유길준은 귀국하기 직전 일본에서 적극적으로 여러 인사들을 만나고 언론과도 빈번하게 접촉하면서 자신의 입장을 적극적으로 드러냈다. 〈平和光復策〉에 담겨 있는 여러 내용은 귀국 직전 유길준의 활동과도 밀접하게 연결되어 있었다. 그러한 만큼 일본 측에 남아 있는 여러 자료 가운데 유길준과 관련된 기사들까지 아우르면서 〈平和光復策〉의 집필 배경, 행간을 분석하는 방향으로 나아갈 필요가 있다. 이것은 텍스트 속에 담겨 있는 전후 맥락을 당대에 생산된 다른 자료와의 관계 속에서 살펴보는 작업이기도 하다. 이를 통해 귀국 전후로 유길준이 갖고 있던 인식의 연속성과 변화 양상을 확인해 볼 수 있다.

〈平和光復策〉을 분석하는 데 있어서 주목해 보아야 할 또 하나의 자료로는 고려대학교 박물관에 소장되어 있는 초고본을 들 수 있다. 이 문서를

2 尹炳喜, 1998,〈兪吉濬의 辭職과〈平和光復策〉〉,《兪吉濬研究》, 國學資料院.

3 장인성, 2008,〈근대 한국의 평화관념〉, 와타나베 히로시·박충석 공편,《한국·일본·'서양'》, 아연출판부 ; 현광호, 2009,〈유길준의 동아시아 인식〉,《한국 근대 사상가의 동아시아 인식》, 선인.

4 月脚達彦, 1997,〈保護條約以後の〈実力養成運動〉の論理と活動 — 兪吉濬と漢城府民會を中心に〉,《朝鮮學報》165(쓰키아시 다쓰히코 저, 최덕수 역, 2014,《조선의 개화사상과 내셔널리즘》, 열린책들, 제3장 수록).

《純宗實錄》이나 《皇城新聞》에 게재된 기사, 《兪吉濬全書》에 수록된 〈平和光復策〉와 비교해 보면 곳곳에서 문구를 수정하거나 보완, 혹은 삭제한 흔적이 적지 않다. 〈平和光復策〉 초고본의 존재는 귀국 직전 유길준이 갖고 있던 일본관, 정세 판단, 인물에 대한 평가 등의 변화를 구체적으로 확인해 볼 수 있는 단서를 제공해 준다는 점에서 사료적 가치가 높다. 〈平和光復策〉은 귀국 직전 유길준의 활동 내역과 그가 남긴 초고본 내용과의 관계 속에서 종합적으로 검토할 필요가 있는 텍스트라 할 수 있다.

따라서 본고에서는 먼저 1907년 7-8월 일본에서 귀국하기 직전 유길준이 전개했던 각종 활동과 인적 교류를 일본 측 각종 신문(《東京日日新聞》, 《東京朝日新聞》, 《朝鮮新報》, 《福岡日日新聞》)과 잡지(《太陽》, 《東亞》, 《外交時報》, 《漢陽報》) 기사, 일본정부의 망명자 동향 보고 문서(《要視察韓國人擧動》), 그가 일본인에게 받았던 서한(고려대학교 박물관 소장) 등을 통해 살펴볼 것이다. 그리고 이러한 활동들이 귀국 후 제출된 〈平和光復策〉 내용과 연결되는 지점을 검토해 보려 한다. 아울러 〈平和光復策〉 초고본과 제출본[5] 사이에 나타나고 있는 내용상의 차이를 비교 검토해 볼 것이다. 이 작업은 〈平和光復策〉이 망명자라고 하는 신분적 제약과 통감부 통치라고 하는 시대적 배경 아래에서 어떠한 방식으로 정착되어 나갔는지 그 과정을 살펴보는 데 기여할 것이다. 이것은 일본에서 장시간에 걸쳐 망명 생활을 했던 지식인이 귀국 후 곧바로 체감하게 된 피보호국의 현실 속에서 통감부의 존재를 의식하면서 자신의 정치적 입장을 어떻게 피력해 나갔는지를 살펴보는 작업이기도 하다. 이 과정에서 유길준이 거론하고 있는 '평화'와 '광복' 개념이 어떠한 맥락에서 사용되었

5 여기서는 고려대학교 박물관 소장 유길준 자료 가운데 소장되어 있는 문서를 초고본, 《純宗實錄》과 《皇城新聞》에 수록되어 있는 국한문혼용체 원고를 제출본으로 지칭하고자 한다. 다만, 《皇城新聞》 수록본에도 누락되어 있는 내용이 산견된다. 그러한 만큼 제출본은 실록에 수록된 내용을 기준으로 삼을 것이다. 《兪吉濬全書》에는 순한문으로 작성된 〈平和光復策〉이 수록되어 있으나 기존 연구에서도 지적하였듯이 내용이 크게 다르지는 않다. 엄밀하게 말하자면 초고본에는 '平和光復策'이라는 문서 제목이 붙어 있지 않으나, 《兪吉濬全書》를 비롯하여 기존 연구에서는 이 명칭으로 불러왔다. 또한 새롭게 문서명을 부여할 경우 혼동을 초래할 수도 있는 만큼 〈平和光復策〉이란 문서명은 그대로 사용하고자 한다.

는지에 대해서도 고찰해 보고자 한다.

2. 귀국 이전 유길준의 일본 내 활동과 언론보도

1896년 2월 11일 아관파천으로 내각이 붕괴되면서 유길준은 역적으로 몰려 순검들에게 체포될 위기에 처했다. 이때 관보국(官報局)에 고용되어 있던 일본인 두 명의 도움을 받아 일본군 병영으로 일단 도망쳤다. 그는 조희연과 함께 일본군 병졸 복장으로 갈아입고 사람들의 이목을 피할 수 있는 야간 시간을 틈타 일본공사관으로 옮겨갔다.[6] 그 후 진고개(泥峴)에 위치한 일본 상인 집에서 한동안 숨어 지냈다. 4월 13일 저녁 유길준은 조중응(趙重應), 한석로(韓錫潞), 이선재(李璿載)와 함께 다음날 인천에서 일본으로 출항 예정이던 오타루마루(小樽丸)에 승선하기 위해서 기선을 이용하여 용산을 떠났다.[7] 유길준 일행은 4월 21일 히로시마(廣島) 우지나(宇品) 항에서 하선하였으며, 이틀 후 도쿄에 도착했다.[8] 이때부터 본격적으로 일본 망명 생활을 시작하였다. 1907년 귀국할 때까지 10년 이상의 긴 시간이 걸릴 것이라고는 유길준도 처음에는 예상하지 못했을 것이다.

일본에서 망명 생활을 하는 가운데 그는 도쿄에서만 체류하지 않았다. 가끔은 사이타마 현(埼玉縣) 우라와(浦和) 지방과 같은 곳에 동생 유성준(兪星濬)을 데리고 가서 견문활동을 하기도 했다.[9] 혹은 조희연과 박영효를 비롯한 망

---

6 原敬文書研究會 編, 1984,《原敬關係文書》卷1(書翰篇一), 1896년 2월 17일 內田定槌 → 原敬 書翰, 日本放送出版協會, 248쪽.

7 原敬文書研究會 編, 1984, 위의 책, 1896년 4월 13일 內田定槌 → 原敬 書翰, 249쪽. "兪吉濬、張博等ハ彼ノ二月十一日事變後當地ノ或日本人家屋ニ潛伏致居候處、兪吉濬、趙重應、韓錫潞、李璿載ノ四名ハ彌々本日夕刻龍山ヨリ小蒸氣ニ乘リ下仁シ、明日出帆ノ小樽丸ニテ本邦へ渡航スル事ニ相成候."

8 이규수, 2017,〈일본 언론의 유길준 인식〉,《史林》60, 수선사학회, 11쪽.

9 국사편찬위원회 편, 2001,《要視察韓國人擧動》卷1, 1897년 10월 21일 乙秘第904號, 국사편찬위원회, 188쪽 ;《大隈重信関係文書》(早稲田大学所藏), 문서번호 A885.

명자들과 스마(須磨) 등지에서 모임을 갖기도 했다.[10] 1901년에는 오사카(大阪)에서 오타루(小樽)까지 일본 동서를 폭넓게 왕복하면서 후카가와 준이치(深川淳一)를 비롯한 여러 일본인들과 만났다.[11] 이때의 여행 경비는 체류 지역 일본인들에게 揮毫를 써주면서 충당했던 것으로 보인다.

1902년에는 인천의 부호 서상집(徐相潗)과 결탁해 쿠데타를 계획하기도 했다. 하지만 이 계획은 사전에 발각되어 미수에 그쳤다. 유길준은 이 해 5월 2일 경시청에 소환되어 심문을 받은 후 퇴거 처분을 받고 6월 4일 오가사와라 제도(小笠原諸島)로 출발하는 배에 올라야 했다.[12] 오가사와라 내 하하시마(母島)에서 1년, 하치조시마(八丈島)로 이전하여 3년 간 유배생활을 했다.[13] 그러다가 일본 내무대신으로부터 내지에서 거주해도 문제가 없겠다는 처분을 받은 후 1906년 3월 21일 도쿄로 돌아올 수 있었다.[14]

도쿄로 복귀한 지 1년이 지난 후, 1907년 7월 순종이 즉위함에 따라 일본에 체류하고 있던 망명자들에게 사면령이 내려졌다. 유길준도 이들과 더불어 귀국 준비에 나서게 된다. 〈제3차 한일협약〉이 체결되던 시점에 육군 보병 제1연대장 우쓰노미야 타로(宇都宮太郎)는 그와 친분이 있던 장박과의 만남을 통해서 망명자들이 조만간 귀국하게 된다는 소식을 들었다. 유길준은 7월 25일 장박, 조희연과 함께 우쓰노미야의 초대를 받고 연회에 갔다.[15] 이 자

10 이규수, 2017, 앞의 논문, 12-14쪽.

11 Masutani Yuichi, 2016, "A Study on Yu Kilchun and His Network of Acquaintances (1881-1907)", *International Journal of Korean History* 21-2, Center for Korean History Korea University, pp. 27-33.

12 〈亡命韓人取調〉, 《東京朝日新聞》 1902년 5월 4일 ; 〈兪吉濬氏退去を命ぜらる〉, 《読売新聞》 1902년 6월 5일. 유길준의 1902년 쿠데타 기도 전말과 사건의 처리 과정은 다음 연구를 참고. 尹炳喜, 1998, 〈일본망명시절 兪吉濬의 쿠데타 음모사건〉, 《兪吉濬研究》, 國學資料院.

13 유길준의 전반적인 일본 망명 생활에 관해서는 다음 연구를 참고. 李光麟, 1989, 〈일본망명시절의 유길준〉, 《開化派와 開化思想 研究》, 一潮閣.

14 국사편찬위원회 편, 2002, 《要視察韓國人擧動》 卷3, 1906년 3월 24일 甲秘第64號 警視總監 安樂兼道→外務大臣 西園寺公望 〈韓國亡命者ニ付テ〉, 국사편찬위원회, 141쪽.

15 《韓国ニ於テ第二回万国平和会議へ密使派遣並二同国皇帝ノ譲位及日韓協約締結一件》 第二巻, 乙秘 第922號 7月 27日 〈韓國亡命者ノ動靜〉(アジア歴史資料センター, Ref.

리에서 화제는 자연히 전날 체결되었던 한일협약이었다. 여기서 유길준은 백인과 대항하기 위해서는 일본과 협동해야 한다는 취지로 발언을 했던 것으로 확인된다. 이 만남을 자신의 일기에 남긴 우쓰노미야는 유길준의 발언이 과연 본심일지는 의심스럽다고 적었다.[16] 이어지는 장박 및 조희연에 대한 우호적 평가와 비교해 보았을 때, 우쓰노미야는 유길준의 수사(修辭)를 액면 그대로 신뢰하기는 어렵다는 인식을 갖고 있었음을 알 수 있다. 망명객으로서 처지가 불안정하였던 유길준으로서도 "일 개인의 의견으로서 금일의 경우 조선이 일본에 반항을 해나가고 있는 일은 득책이 아니라고 생각"[17]한다고 발언하는 군인 우쓰노미야 앞에서 굳이 그와 배치되는 이야기를 할 필요는 없었을 것이다.

망명객들의 사면을 통해 귀국시키는 일이 도한 목적 가운데 하나였던 일한동지회(日韓同志會) 간사 나카무라 다하치로(中村太八郎)는 통감부와 교섭한 끝에 7월 26일 동의를 얻어냈다.[18] 그가 전보를 통해 "통감 동의를 얻어 망명객 일동의 죄를 사면하고 소환하기로 결정했다"고 전한 소식은 이튿날 언론에 신속하게 보도되었다.[19] 유길준은 이 해 5월 춘계 총회에 참가한 적이 있었다.[20] 회원들과도 교류하고 있었던 만큼[21] 나카무라의 전보 내용도 곧바로

B06150551100). "又二十五日ハ趙羲淵等ト共ニ步兵第一聯隊長宇都宮太郎方ニ招待セラレテ赴キタリト云フ".

16 宇都宮太郎関係資料研究会 編, 2007,《日本陸軍とアジア政策：陸軍大將 宇都宮太郎日記》卷1, 岩波書店, 129-130쪽.

17 宇都宮太郎関係資料研究会 編, 2007, 위의 책, 130쪽.

18 池川英勝, 1990,〈日韓同志会について〉,《朝鮮学報》135, 朝鮮学会, 112쪽.

19 〈亡命客召還〉,《東京朝日新聞》1907년 7월 27일. 나카무라 다하치로는 나카무라 야로쿠(中村弥六), 이시카와 야스지로(石川安次郎)와 함께 7월 21일 도쿄에서 출발했으며, 이때 유길준도 이들을 배웅하는 자리에 가 있었다고 한다. 나카무라 다하치로는 9월 초순까지 한국에서 체류했다(池川英勝, 1990, 위의 논문, 111-113쪽).

20 池川英勝, 1990, 위의 논문, 121쪽.

21 유길준은 귀국 후에도 나카무라와 편지를 주고받으면서 일한동지회 동향을 지속적으로 파악했다. '한국병합' 전후 시기이기는 하나 이들의 교류를 뒷받침할 수 있는 자료인 만큼 서한 내용을 소개해 두고자 한다. 1909년 12월 말에는 일본 내에서 '합병론자'들이 여론을 주도하면서 세력이 커지고 있는 상황이라 "부주의하게 공공연히 반대론 등을 주창한다면 도리어 불 속에 기름을 끼얹게 될 수 있기" 때문에 조심하고 있으며, 27일 '합병문제'를 논

접했을 것으로 생각된다. 유길준은 도쿄 아사히 신문(東京朝日新聞) 기자나 잡지 타이요(太陽) 기자와도 접촉하는 가운데, 조선의 시국에 대하여 인터뷰를 하면서 자신의 의견을 적극적으로 피력하였다.[22] 이것은 망명 기간 중 언론과의 접촉이 거의 없었던 이전 생활과는 다른 모습이었다. 기자들과 만나는 기회가 늘어남에 따라 유길준의 외모와 인상이 어떠한지를 언급하는 기사가 잡지에 실리기도 했다. 일본어를 자유자재로 구사할 줄 알고, 두뇌 회전이 빠른 지략가로서의 모습이 일본인 기자 눈에도 인상적이었던 것 같다.

> 유길준은 조의연(조희연 – 인용자)과 비교해 보면 나이도 어리고, 인상도 자못 열등하다. 조의 윤곽은 둥근데, 유는 사각형으로 길고, 광대뼈(顴骨)가 높으며, 피부도 좋지 않다. 조에 비해 현저히 건강에서 떨어지기 때문도 있는 듯도 하다. 조는 흰 피부에 혈색이 좋으나, 유는 이에 반하여 형용(形容)이 자못 말라 있으므로 비교해 본다면 오히려 유 쪽이 꽤나 나이 들어 보인다. 유의 눈동자는 지모로 빛나고 있다. 입에는 재기가 흘러넘친다. 두뇌는 예리하고 명민하다. 유의 담화는 쾌활하고 경묘(輕妙)하다. 조의 담화는 진중하고 간명하다. 유는 거의 자유자재로 일본어로 이야기하는데, 조는 충분히 이해는 하더라도 말하기에는 충분하지 않은 듯하다. 유는 머리를 쓰는 사람, 수완이 있는 사람이다. 조는 정서적인 사람으로 德人이라고도 말해야 할 것 같다. 두 사람의 성정(性情)에는 어느 정도 차이가 있는 듯 보였다.[23] (밑줄은 인용자)

의한 일한동지회 모임에서는 출석자들이 '합병'의 "필요를 인정하지 않았고", 일본인 회원들은 "어디까지나 인도(人道)로서 한국에 임하며, 약자를 억압하는 것과 같은 논의에는 찬성하지 않는다"고 결정했으니 유길준이 한국인 동지들에게도 잘 전달해 주기 바란다고 전했다(고려대학교 박물관 소장 유길준 자료, 1909년 12월 29일 夜 中村太八郎 → 兪吉濬 서한). 1910년 11월 일한동지회가 조선협회(朝鮮協會)로 이름을 바꾼 지 얼마 지나지 않은 시점에 나카무라는 "대확장을 실시하여 널리 회원을 모집하고 일대 웅비"하려 한다는 취지와 함께, 협회 임원은 다음 달 1월 회의에서 협의하고 결정하여 발표하겠다는 내용을 유길준에게도 알렸다(같은 자료, 1910년 12월 6일 夜 中村太八郎 → 兪吉濬 서한). 1911년에 보낸 서한에서는 새로 선임된 간사 5명의 명단과 더불어 조선협회 취지서와 조선협회 규약 인쇄물을 동봉하면서 이 내용을 박영효에게도 전해달라고 부탁했다(같은 자료, 1911년 6월 4일 中村太八郎 → 兪吉濬 서한).

22 《要視察韓國人擧動》 卷3, 1907년 7월 26일 乙秘第918號 〈韓國亡命者ノ擧動〉, 203쪽 ; 같은 책, 1907년 8월 3일 乙秘第945號 〈韓國亡命者ノ行動〉, 209쪽 ; 같은 책, 1907년 8월 4일 乙秘第951號 〈韓國亡命者ノ行動〉, 210쪽.

23 〈趙義淵と兪吉濬〉, 《太陽》 第13卷 第12號 1907년 9월, 博文館, 202-203쪽. 이 기사가 실린 잡지의 목차 앞부분에는 '歸國を赦されたる韓國名士'라는 제목으로 유길준과 조희연의 실물 사진이 주러시아 일본공사 모토노 이치로(本野一郎), 러시아 외무대신 이즈볼스키

8월 1일 유길준은 하야시 다다스(林董) 외무대신을 경유하여 통감 이토 히로부미(伊藤博文)에게 자신들의 귀국 의사를 타진하고 거기에 따르겠다는 결정을 전달했다.[24] 조선으로 귀국함에 있어 일본 측 눈치를 상당히 살피고 있는 모습을 엿볼 수 있는 대목이다. 이로부터 6일 후 이진호(李軫鎬)와 함께 외무성을 재차 방문한 유길준은 야마자 엔지로(山座圓次郎) 정무국장에게 공식적으로 귀국해도 무방하다는 이토 통감의 통지를 전해 들었다.[25] 일본정부의 당국자로부터 직접 귀국이 가능하다는 소식을 전달받으면서 귀국에 대한 마음을 확실하게 굳혔던 것으로 보인다.

일본 언론에서도 귀국 여건이 조성된 분위기를 감지할 수 있다. 이들의 귀국 결정에는 법부대신 조중응의 귀국을 종용하는 편지와 여기에 이의가 없다고 한 이토의 의향 때문이라는 보도가 있었다.[26] 유길준이 귀국을 앞두고 사이온지 긴모치(西園寺公望) 총리대신에게 보낸 편지[27] 내용도 일본 당국자들의 시선을 의식하면서 환심을 사려 했던 맥락에서 이해할 수 있을 것이다. 다음은 그 내용을 보도한 기사이다.

> 헤이그 사건이 세상에 폭로되자 한국 망명객 유길준 씨는 우려를 스스로 둘 데가 없어서 한편으로는 한국황제(韓皇)의 무모함을 슬퍼했다. 다른 면으로 일본정부의 악

와 나란히 수록되어 있다. 이를 통해서 한국 망명자들에 대한 일본 측의 관심을 확인해 볼 수 있다.

24 《要視察韓國人擧動》卷3, 1907년 8월 1일 乙秘第938號 〈亡命者ノ擧動〉, 207쪽.

25 《日本外交文書》卷40-1, #580 〈趙義淵等ノ歸國照會ニ對シ回答ノ件〉 附記2 乙秘第967號, 555쪽 ; 〈亡命客ノ歸國〉, 《朝鮮新報》 1907년 8월 13일.

26 〈韓國亡命者の歸國〉, 《東京日日新聞》 1907년 8월 10일 ; 〈亡命韓客歸國の事情〉, 《大阪每日新聞》 1907년 8월 10일.

27 《兪吉濬全書》 Ⅳ권에는 〈建白書〉라는 제목으로 《皇城新聞》 기사가 수록되어 있다. 하지만 유길준의 편지 원문에는 이러한 표현이 등장하지 않으며 본문 내용과도 맞지 않는다. 《皇城新聞》에서도 《東京日日新聞》 기사를 확인해 보니 유길준이 사이온지에게 보낸 것이 '건백서'가 아니라 헤이그 밀사사건 이후 한국 "황실의 존엄과 국가의 안녕을 일본에게 신뢰한다는" 취지에서 보낸 '長書'였다고 하여 기존에 나간 기사 내용을 정정하였다(〈兪氏長書〉, 《皇城新聞》 1907년 8월 21일). 그러한 만큼 《兪吉濬全書》에 수록된 〈建白書〉라는 제목은 유길준이 사이온지에게 보낸 편지로 바꾸어 쓸 필요가 있다.

> 감정을 고려하면서 황실의 大事가 이 때에 있다고 하여 붓을 휘둘러 편지 한 통을 써서 사이온지 총리대신에게 보냈다. 또한 와카(和歌) 한 수를 지어 증정하였다고 한다. 대개 이자의 의견은 어디까지나 이씨 황실과 종사를 尊奉擁護해야 한다고 말하는 데 있었다. 그러므로 존경의 보장과 국가의 安固는 두터이 일본을 신뢰해야 하며, 한국 신민은 오류 때문에 황실과 국가에 누를 끼치는 거동을 힘써서 피해야만 한다고 했다. 저번에 皇位를 선양할 때 이토 통감이 새 황실을 향하여 축사를 바쳤음을 듣고 점차 일본에게 다른 뜻이 없음을 알았으며, 滿幅의 성의로 한국 황실을 위해서 축복을 할 정도였다. 씨는 이번에 귀국한다고 하더라도 단연코 정치상 관계를 끊고 전적으로 민간사업에 종사할 결의인 듯하다. 심사를 비운 세월과 거기에 꺾인 유랑생활 10여 년의 星霜을 거쳐 이제야 일개 평민이 될 각오로 귀국길에 오르니 그 감회가 어떠할지?[28] (밑줄은 인용자)

유길준은 제2차 헤이그 평화회의에 밀사를 파견했던 고종의 행위에 대하여 '무모'하다고 하여 부정적인 평가를 내리고 있었다. 이것은 이미 《東京朝日新聞》과의 인터뷰에서 발언했던 내용이기도 하다.[29] 그러면서도 한국 황실과 종사를 유지하기 위해서는 일본을 신뢰하고 관계를 잘 유지해야 한다고 발언했다. 〈제3차 한일협약〉 체결 이후 기울어진 대세를 거스르기는 어렵다는 판단 아래에서 본인은 귀국 후 정치문제에 관여하지 않겠다고 선언하였다. 다만 사이온지에게 제출한 편지의 경우 다른 망명자들과 상의도 하지 않은 채 독단으로 실행해 버렸다는 점 때문에 유길준과 조희연 사이에는 의견충돌이 있었던 것 같다.[30] 귀국 전에 유길준은 빈번하게 다른 망명자들과 여러 차례에 걸쳐 회동하면서 수당 배분이라던가, 같이 돌아갈 날짜 등을 조율하고 있었다. 그러다가 일본 내각총리대신에게 편지를 써서 제출한 유길준의 행동에는 확실히 다른 망명자들보다 도드라지는 면이 있었다. 정략적

28 〈兪吉濬氏の封事〉, 《東京日日新聞》 1907년 8월 12일.

29 〈兪吉濬氏餘談〉, 《東京朝日新聞》 1907년 7월 24일. "이번 기회의 밀사사건 같은 일은 요컨대 황제의 무식을 폭로한 한 가지 사건에 불과하다. 어리석다고도 말할 수 있겠으나, 역시 동정을 할 만한 바가 없지는 않다."

30 《日本外交文書》 卷40-1, #579 〈韓國亡命者趙義淵等ノ歸國內願ニ付照會ノ件〉 附記2 乙秘第908號, 553쪽.

으로 볼 때 중요도가 높은 사람들에게 자신을 어필할 수 있는 능력을 한껏 발휘하고 있었던 것이다. 사이온지에게 보낸 편지 내용은 이 보도가 나간 지 9일 후《皇城新聞》에서도 이 내용을 번역하여 소개했다.[31] 하지만 한편으로 유길준이 형세를 관망하면서 다시 정치세력화를 도모하려 한다는 동정 보도도 이어졌다.

> 유길준을 비롯하여 본방 재류 한국 망명객 7명은 조만간 귀국길에 오를 예정이다. 현재 그들은 돌아갈 준비 중이다. 들은 바에 따르면 아직 공공연히 사면의 大命을 접하지 못했으나, 어쨌든 귀국하는 길에 이토 통감을 통하여 恩命을 접하는데 이르게 될 예정이다. 저들은 적어도 이후 1년간의 처지로는 서서히 내외의 형세를 관망해 본 후 다시 획책하는 바가 있으리라는 이야기가 있었다고 한다.[32] (밑줄은 인용자)

유길준을 비롯한 망명자들은 귀국하기는 하되 일단 한국 내 정세를 관망하면서 자신들의 입지를 다져보려는 생각이 없지 않았을 것이다. 민간에서 활동하겠다고 공언한 데에는 결국 한국 내에서 자신들의 힘이나 지지기반이 일본에서의 긴 망명기간으로 인하여 약해져 있었다는 현실적인 이유가 크게 작용했다. 곧바로 정치활동을 재개하기에는 여러모로 위험 부담이 컸다. 그래서 일단은 귀국 후 '민간사업에 종사할 결의'를 내비쳤던 것으로 생각된다.

유길준은 8월 8일 우에노 야스타로(上野安太郎)를 통해 이타가키 다이스케(板垣退助)와도 만났다. 면담한 주요 내용은 일본 국내에서 이틀 후 발간된 신문기사로 확인 가능하다.[33] 한국에서는《皇城新聞》이《大阪每日新報》를

31 〈兪氏長書〉,《皇城新聞》1907년 8월 21일. 이 기사에 실린 원문은《東京日日新聞》게재 원문과 비교해 보았을 때 오탈자가 곳곳에서 산견된다. 아울러 맨 마지막에 "啻不贅言, 閣下若以燕閑之暇, 許借前席數尺之地, 尤不勝幸甚"과 같은 문구와 작성시기가 7월이라는 내용이 빠져 있다. 두 신문에 게재된 원문 기사를 대조한 것은 본고 말미에 첨부해 놓은 부록을 참고하기 바란다.

32 〈韓國亡命客〉,《東京日日新聞》1907년 8월 5일.

33 〈兪吉濬氏の板垣伯訪問〉,《東京朝日新聞》1907년 8월 10일 ; 이규수, 2017, 앞의 논문, 23-24쪽.

번역했다고 하면서 8월 13일자 기사로 그 내용을 비교적 신속하게 소개했다.[34] 각각의 기사를 비교해 보더라도 발언 내용은 모두 동일하다. 이 내용은 한 달 후 〈이타가키 백작의 담화〉라는 제목으로 잡지《漢陽報》에도 재수록되었다.[35] 면담 당시 이타가키는 인도 사례를 거론하면서 조선이 문명화를 달성하기 위해서는 부국강병을 이루어야 하며, 조선과 일본의 협약은 동양의 평화와 문명의 발달을 위한 것이니 조선이 이러한 취지를 알아 경거망동하지 않기를 바란다고 하였다. 그리고 귀국 후에는 유길준이 사회하층에 유념하여 개혁 진보에 힘쓰기를 바란다고 발언하였다. 〈제3차 한일협약〉이 체결된 만큼 일본과 정치적으로 대립하지 말고, 민간에서 사회활동에 종사하면서 조선의 실력을 배양하는 편이 좋겠다는 조언이었다. 이 기사에서 이타가키가 '자가의 대한정책'을 진술하였다고 한 것은 유길준이 방문하기 직전에 작성했던 〈對韓策〉을 가리킨다. 이것은 일본 신문에 이틀에 걸쳐 원문이 게재된 바 있다.[36] 유길준에게 했던 발언과도 연관성이 높기 때문에 그 내용도 아울러서 살펴보도록 한다.

이타가키는 〈對韓策〉(上)에서 한일 양국이 예로부터 '순치보거(脣齒輔車)'의 밀접한 관계에 있다고 하였다. 이번에 일본이 신협약을 체결하여 한국을 보호국으로 삼은 것은 "진정으로 만사 어쩔 수 없는 일에 속한다"고 보았다. 그는 무력만으로는 한국인들을 제압하기보다는 "문명 자유의 통치를 받도록 하고 지혜와 덕을 개발함으로써 하늘이 부여한 행복을 온전하게 하고 신뢰하도록 함"으로써 "순치보거의 실질"을 달성해야 한다고 주장했다.

〈對韓策〉(下)에서는 한국의 경우 "무덕(武德)에 입각할 수 없기 때문에 자

34 〈兩氏談話〉,《皇城新聞》1907년 8월 13일.

35 〈板垣伯의 談話〉,《漢陽報》제1권 제1호 1907년 9월, 漢陽社, 33쪽.

36 〈對韓策〉(上),《福岡日日新聞》1907년 8월 6일 ; 〈對韓策〉(下), 1907년 8월 7일. 〈對韓策〉은 8월 2일 이타가키 다이스케가 후쿠오카 니치니치 신문 사장이었던 소야노 한야(征矢野半彌) 앞으로 보낸 편지의 일부로 게재된 것이다. 8월 7일자 기사 가운데 한 문단 정도의 내용은 인천 지역에서 발간되는《朝鮮新報》에도 실렸던 것이 확인된다(〈板垣伯の韓國觀〉,《朝鮮新報》1907년 8월 10일).

연히 문덕(文德)에 입각해야 하고", 일본이 한국민을 "선의로 지도"하여 "일본의 보호 아래에 있으면서 개인의 지혜와 덕을 연마하여 국가적 관념을 배양함으로써 세계의 문명국과 함께 문명의 즐거움을 함께 하도록" 하는 통치방법을 취할 필요가 있다고 하였다. 이것을 달성하기 위해서는 계급문벌의 폐해를 타파하고, 국민의 지식을 개발하여 대의정치에 익숙해지도록 한다면 한일 양국의 공동 이익을 온전하게 할 수 있다고 주장했다. 〈제3차 한일협약〉을 체결했다고 해서 일본인들이 시세에 편승하여 한인들에게 모멸감을 주고, 무위(武威)를 함부로 휘둘러 반감을 사서는 안 된다고 식자층의 주의를 촉구했다. 이타가키는 보호국 체제 하에서 한국인들이 문명의 길에 익숙해질 수 있도록 계도해야 한다는 입장에서 일본 내부의 여론을 환기하고자 했다. 유길준과 만나서 실력양성에 매진하라고 충고했던 내용도 이러한 맥락의 연장선상에서 나온 것이었다. 결국 현 시국과 대세를 거스르지 않는 내에서 한국의 부국강병과 개혁 진보를 달성할 수 있도록 민간에서 온건하게 활동해야 한다고 주문한 것이기도 했다.

유길준이 일본 도쿄에서 귀국하기 위해서 다른 망명자들 즉 장박, 조희연, 이범래, 이진호, 최정덕, 조희문과 함께 출발한 날짜는 8월 12일이었다.[37] 일한동지회에서는 이들의 귀국을 맞이하여 출발 하루 전날인 11일 니혼바시(日本橋) 카이라쿠엔(階樂園)에서 송별회를 개최했다.[38] 이 자리에는 나카무

37 《要視察韓國人擧動》 卷3, 1907년 8월 12일 甲秘第93號 警視總監 安樂兼道 → 外務大臣 林董 〈韓國亡命者歸國ノ件〉, 214-215쪽 ; 〈亡命韓客歸國の途に就く〉, 《東京朝日新聞》 1907년 8월 13일 ; 《太陽》, 앞의 기사. 기존 연구에서는 유길준이 8월 13일에 남아 있던 망명자들과 같이 귀국길에 올랐다고 서술한 경우도 있기는 하다(서영희, 2003, 《대한제국정치사연구》, 서울대학교출판부, 374-375쪽). 하지만 이 세 가지 자료의 교차 확인을 통해 망명자 일행은 12일 오후에 도쿄 신바시(新橋) 역에서 출발하였음을 알 수 있다.

38 《要視察韓國人擧動》 卷3, 1907년 8월 12일 乙秘第974號 〈韓國亡命者ノ行動〉, 214쪽; 〈歸韓亡命客送別會〉(東京電話12日發), 《大阪朝日新聞》 1907년 8월 13일 ; 〈日韓同志會報告 : 送別會〉, 《東亞》 第25號 1907년 9월 16일, 東京堂, 34쪽. 일한동지회는 박영효의 귀국을 계기로 하여 조직된 단체로, 한일 "양국민의 친목을 도모하고 한국을 부식(扶植)하려는 목적"을 설립 취지로 삼고 있었다. 여기에는 박영효와 친분이 있던 나카무라 야로쿠, 나카무라 다하치로, 이시카와 야스지로와 같은 일본인들이 참여하였다. 이 해 6월 27일 발기회가 개최되었던 장소도 귀국자들에 대한 송별회가 열렸던 곳과 같다(〈日韓同志會成る〉, 《東

라 야로쿠(中村彌六)를 비롯하여, 앞서 이타가키와의 만남을 주선한 우에노 야스타로, 혼마 도쿠지로(本間德次郎) 등이 참석했다. 유길준이 대표로 나카무라 야로쿠의 송별 인사에 대하여 답사를 했다. 모임을 마치기 전에 일행은 사진사를 불러다 기념촬영을 했다.[39] 이 무렵 한국 언론에서도 유길준이 곧 귀국한다는 풍문이 보도되기 시작했다.[40]

8월 14일 유길준을 비롯한 망명자들은 시모노세키(下關) 소재 슌판루(春帆樓)에서 도쿄로 잠시 돌아가던 길에 있던 통감 이토와도 만났다. 이 자리에서 자신들의 귀국과 관련하여 주의해야 될 사항에 대하여 이야기를 들었다.

> 조희연, 유길준, 장박 외 6명은 오늘 아침 통감과 잠시 면회. 통감은 저들에게 경성에 도착한 다음에는 성실하게 행동을 삼가고, 정치상으로 장애를 초래하지 않도록 훈유하였음. 저들도 만사를 통감의 지휘에 따르며, 결코 경솔한 행동을 하지 않겠다는 취지로 대답함. 저들은 오늘 저녁 연락선으로 부산을 향한다고 하며, 여비가 부족한 모양이라서 통감이 500엔의 돈을 지급했음.[41] (밑줄은 인용자)

신문에서도 이토와 망명자들의 면담을 상세히 보도했다. 이에 따르면 망명자들은 통감이 나쁜 일을 기도하지 말라는 훈유를 듣고 향후 결코 '나쁜 일' 즉, 배일적 행동은 하지 않겠으며, 통감의 지도를 바란다고 대답했다고 한다.[42] 위의 보고와도 크게 다른 내용은 아니다. 유길준의 경우 귀국하기 전까지도 정식으로 사면을 받지 못했다. 고종도 일본에 의하여 강제 퇴위를 당

京朝日新聞》 1907년 6월 29일 ; 〈日韓同志會と朴泳孝〉, 《福岡日日新聞》 1907년 7월 31일).

39 〈日韓同志會報告 : 送別會〉, 위의 잡지; 이규수, 2017, 앞의 논문, 24-25쪽.

40 〈망명객이 귀국〉, 《대한매일신보》 1907년 8월 11일 ; 〈歸國諸氏就道〉, 《皇城新聞》 1907년 8월 12일 ; 〈兪氏到釜說〉·〈兩氏談話〉, 《皇城新聞》 1907년 8월 13일 ; 〈장차특사〉, 《대한매일신보》 1907년 8월 14일.

41 《統監府文書》 卷3, 1907년 8월 14일 〈趙羲淵·兪吉濬·張博 외 六名 歸國에 앞서 滯日中인 統監과의 面談 件〉, 350쪽.

42 이규수, 2017, 위의 논문, 25-26쪽. 《漢陽報》에서도 관련 기사가 확인되는데, 주로 이토 히로부미가 발언한 내용만 번역하여 소개한 것이다(〈春帆樓上統監〉, 《漢陽報》 제1권 제1호, 18-20쪽).

한 상황이었다. 때문에 어찌 되었건 간에 이토 히로부미의 수완을 빌릴 수밖에 없는 처지였다.[43] 경제적으로도 형편이 그리 넉넉하지 않아 다른 망명자들과 마찬가지로 일본정부로부터 귀국 여비를 수당으로 지급받아야 할 정도였다.[44] 이토로서도 망명자들을 귀국시킨 다음 이들이 한국 내에서 또 다시 소란스럽게 정치적 활동을 전개하도록 내버려 둘 수 없었다. 그래서 귀국에 앞서 이들과 먼저 만나서 면담을 하는 가운데 정치활동을 자제하도록 주의를 주었던 것이다.

이상과 같은 귀국 전 언론기자와의 여러 차례에 걸친 인터뷰, 사이온지 긴모치에게 작성해서 보낸 건의서, 이타가키 다이스케와의 면담, 일한동지회 개최 송별회 참석, 통감과의 면담 등을 통해 알 수 있듯이 유길준은 귀국을 앞두고 분주하게 움직이면서 각계의 인사들과 접촉했다. 일본어를 자유자재로 구사할 수 있던 그로서는 각계각층의 인사와 만나 의견을 들으면서 정세 판단을 하고, 다른 망명자들과 달리 언론과 접촉 빈도를 높임으로써 본인의 존재감을 부각시키고자 했다. 귀국 후 본인의 활동 반경을 정확하게 자리매김하기 위해서 촉각을 곤두세우고 기민하게 대처해 나가고 있었던 것이다.

시모노세키를 떠난 유길준은 8월 15일 부산에 잠시 들렀다. 다음 날 서울 남대문정거장에 도착했다.[45] 귀국 후 유길준은 9월 6일 황제가 내린 조서로 죄명의 탕척을 받았다.[46] 그 소식은 언론에도 보도되었다.[47] 10월 14일 그는 조희연, 장박과 함께 궁내부 특진관에 임용되었다.[48] 하지만 그는 21일에 1차

---

43 이토 통감과 면담할 일이 있던 마이니치 신문(毎日新聞) 기자 이시카와 야스지로(石川安次郎)에게도 망명자들이 귀국할 수 있도록 힘써 달라고 부탁한 정황도 확인된다.《統監府文書》卷3, 1907년 6월 10일 別紙 乙秘第586號〈朴泳孝ニ就テ〉, 321쪽.

44 서영희, 2003, 앞의 책, 373-375쪽.

45 〈兪吉濬等釜山着〉(釜山十五日午前特發),《時事新報》1907년 8월 16일 ;〈兪氏入城期〉,《皇城新聞》1907년 8월 16일 ;〈渡海諸氏入城〉,《皇城新聞》1907년 8월 17일 ;〈망명객입성〉,《대한매일신보》1907년 8월 18일.

46 《高宗純宗實錄》隆熙 元年 9월 6일.

47 〈특사조칙〉,《대한매일신보》1907년 9월 8일 ;〈罪名蕩滌〉,《皇城新聞》1907년 9월 9일.

48 《高宗純宗實錄》隆熙 元年 10월 14일.

사직 상소와 더불어 〈平和光復策〉을 올리면서 관직을 사양하였고, 본인은 민간에서 사회개혁을 실천하겠다는 의사를 밝혔다.[49] 이미 8월 12일 일본 언론에 보도되었던 대로 민간 영역에 머무르면서 자신이 할 수 있는 일을 하겠다는 원론적인 입장을 대외적으로 반복해서 표명했던 것이다. 이틀 후인 23일 순종은 유길준에게 사임하지 말라는 비답을 내렸다.[50]

유길준은 내각총리대신 이완용(李完用)에게 본인의 사직이 받아들여질 수 있도록 해달라고 부탁하는 편지를 한 통 작성하였다. 작성 날짜는 10월 25일이었다.[51] 자신은 특진관의 직책을 감당하기에는 과분하며, "두서없고 외람되게 졸렬한 술책을 진술하였던" 〈平和光復策〉에 대해서도 황제께서 지나치게 칭찬을 하시어 황송하다는 심정을 밝혔다.[52] 본인은 '태황제'가 재위했던 시기에 후대를 받으면서 묘당에서 관직 생활을 했던 만큼 "지금은 마땅히 영원히 물러나 오로지 지난날 임금의 얼굴을 바라보면서 여러 해에 걸친 연모의 정을 따르는 것이 신하된 자의 지극한 정"이라고 하였다.[53] 이러한 마음으로 다시 사직소를 상주하고자 하니 총리대신께서 이를 잘 주선하여 궁내부 특진관 자리에서 물러날 수 있도록 처리해 주기를 바란다는 의향을 밝혔다.

편지에서 사직 의사를 명확하게 밝혔듯이 그는 10월 31일과 11월 16일 두 번에 걸쳐 사직 상소를 추가로 제출했다. 절차를 지키면서 관직을 받지

---

49 〈平和光復策〉, 《皇城新聞》 1907년 10월 22일 ; 〈期於圖免〉, 《大韓每日申報》 1907년 10월 23일 ; 《高宗純宗實錄》 隆熙 元年 10월 23일.

50 《高宗純宗實錄》 隆熙 元年 10월 23일.

51 유길준 본인이 소장하고 있는 것으로 볼 때, 실제로 이완용에게 전달되었는지의 여부는 확인하기 어렵다. 다만 글씨를 정서하여 작성하였으며, 문서 작성의 격식을 제대로 갖추고 있다. 이러한 점에서 유길준이 1차 사직 상소를 올린 후에 갖고 있던 생각을 구체적으로 확인해 보기에는 좋은 자료로 판단된다.

52 隆熙 元年 10月 25日 兪吉濬 → 內閣總理大臣 李完用 書翰(고려대학교 박물관 소장 자료). "兪吉濬荷恩如天圖報無地, 特進榮啣夢外荐降感泣, 過分不敢承當, 且顧舊愆欲行自贖, 奉疏乞遞兼納品階臨去, 低徊猥陳愚策, 優批過奬極爲惶蹙".

53 위의 서한. "而吉濬頃歲過蒙太皇帝陛下眷遇備位廊廟矣, 天日照盆罪名去身, 今當永退一望舊日之天顔, 以副積歲之戀慕, 臣子之至情也".

않겠다는 의사를 순종에게 전달한 것이다.[54] 실록에는 이 가운데 한 건만 실려 있을 뿐이다. 세 번에 걸친 사직 상소 전문은《兪吉濬全書》에〈辭職納品疏〉,〈再辭職納品疏〉,〈三辭職納品疏〉라는 제목으로 실려 있다.[55] 관직 제수에 있어서 세 차례에 걸쳐 사양하던 조선의 전통적인 방식을 그대로 취하면서, 대외적인 정치 활동에는 신중하게 대처하고 있었음을 알 수 있다.

1907년 8월 귀국을 전후로 한 시점의 경우〈제3차 한일협약〉이 체결(7월 24일)되었고, 신문지법(7월 24일)과 보안법(7월 27일)의 반포, 군대해산(7월 31일), 일본인 차관 임용(8월 9일) 등 일련의 조치가 속속 이뤄지고 있었다. 고종의 강제퇴위와 정미조약 및 군대해산으로 인하여 조선 내에서는 서울을 비롯해서 각 지방에서 고종퇴위 반대 투쟁과 무장해제 후 해산당한 군인들의 의병전쟁 합류로 인하여 일본군과의 전투가 전국적으로 빈번하게 발생했다.[56] 10월 들어서는 일본황태자 요시히토(嘉仁)가 가쓰라 다로(桂太郎), 도고 헤이하치로(東鄕平八郎), 하나부사 요시모토(花房義質) 등을 수행원으로 데리고 잠시 한국을 방문했다. 일본황태자 일행은 10월 17일부터 19일까지 서울에 체류하면서 순종과 황태자 이은(李垠)을 비롯하여 여러 인물들과 만남을 가졌다. 이것은 이토가 '한일친선'을 과시하기 위한 목적으로 만들어낸 하나의 정치적 행사였다.[57]

조선 내 지식인들의 경우 의병활동에 직접 뛰어든 인사들이 아닌 이상 '보호국'론이나 '문명화론'에 영향을 받으면서 통감부의 시정개선에 기대를 걸고 있던 사람들이 적지 않았다.[58] 게다가 제국주의 국가로 발돋움하고 있는

54《承政院日記》隆熙 元年 10월 31일 및 11월 16일.

55 兪吉濬全書編纂委員會 編, 1971,《兪吉濬全書》Ⅳ, 一潮閣, 73-77쪽.《承政院日記》에서도 3차에 걸친 사직 상소 내용은 확인 가능하다.

56 박은식 저, 김태웅 역해, 2012,《한국통사 : 국망의 아픈 역사를 되돌아보는 거울》, 아카넷, 246-256쪽 ; 조경달 저, 최덕수 역, 2015,《근대 조선과 일본》, 열린책들, 244-245쪽.

57 原武史, 2000,《大正天皇》, 朝日新聞社, 120-131쪽.

58 최덕수, 2009,〈근대 계몽기 한국과 일본 지식인의 '보호국론' 비교 연구〉,《東北亞歷史

모습을 10여 년 넘게 일본 국내에서 목도하였으며, 망명생활을 마치고 귀국하는 과정에서도 통감이 행사하는 통치권의 자장 안에서 운신의 폭이 넓지 않았던 만큼 유길준도 대세를 거스르는 행동을 취하기란 어려웠다. 일본을 상당히 의식하면서 작성했던 〈平和光復策〉의 행간은 이러한 정치사회적 배경 속에서 좀 더 주의하면서 읽을 필요가 있다. 다음 장에서는 〈平和光復策〉 초고본을 중심으로 하여 유길준이 귀국 후에 가지고 있던 구상이나 정세, 일본에 대한 인식 등의 내용을 검토해 보도록 한다.

3. 〈平和光復策〉 초고본의 검토

주지하듯이 〈平和光復策〉은 궁내부 특진관에 임명된 유길준이 1차 사직 상소를 제출할 때 같이 작성해서 올린 글이다. 《皇城新聞》에서는 10월 23일 잡보란을 통해 사직상소 원문을 먼저 전하였다. 그리고 같은 달 29일과 30일 이틀에 걸쳐 〈兪氏의光復策〉이라는 제목으로 〈平和光復策〉 내용을 나누어 게재했다. 《皇城新聞》에서는 이 기사가 연재되기에 앞서 의병들의 활동에 대하여 무기를 버리고 고향으로 돌아가 실력양성과 지식 계발, 자제 교육, 자산 저축 등에 힘쓰며, 한일 양국의 관계를 친밀하고 원활하게 해야 함을 권유하는 논설을 싣고 있었다.[59] "목금 아국도 역시 일본을 배척하고는 능히 독립을 유지하지 못할 것은 자명한 도리"[60]라고 한 표현에서도 엿보이듯이 일본과의 친선 유지를 전제로 하는 위에서 한국의 실력 발전을 통해 국권 회복을 도모해야 한다는 것이 기조였다. 의병활동에 대해서는 비판적 입장에 서 있

論叢》 24, 동북아역사재단 ; 권태억, 2014, 〈일제의 문명화 사업에 대한 한국인들의 인식과 대응〉, 《일제의 한국 식민지화와 문명화》, 서울대학교출판문화원.

59 〈警告義兵諸君〉, 《皇城新聞》 1907년 9월 25일 ; 〈警告日本當局諸公〉, 1907년 9월 26일 ; 〈再警告義兵〉, 1907년 10월 22일.

60 〈有識者의對日論衡〉, 《皇城新聞》 1907년 10월 9일.

었으며, '합법적 범위 내에서의 교육과 실업 진흥론'에 기초한 실력양성론을 내세우고 있었다.[61] 이것은 〈平和光復策〉 내에서 "생각건대 우리가 광복할 방도는 오직 평화로 말미암아야 하며, 성취할 방향은 전적으로 부강해지는 데 있다"고 주장했던 내용과도 맞닿아 있었다. 평화적으로 온건한 방법론을 채택해야 한다는 전제를 깔고 있었던 것이다. 유길준의 상소문과 〈平和光復策〉 내용을 널리 알리려는 목적에서 관련 내용 전문을 게재하였던 것도《皇城新聞》에서 이 시기에 표방하고 있던 대외인식 및 논조와 맞아떨어지는 친연성이 존재했기 때문으로 보인다. 이러한 점은《大韓每日申報》에서 같은 시기에 〈平和光復策〉 전문을 게재하지 않고 있었던 모습과 대조적이다.

현재 고려대학교 박물관에 소장되어 있는 유길준 자료 가운데에는 〈平和光復策〉 초고본이 존재한다. 초고본은 각종 문서들이 뒤섞여 있는 박물관의 자료 보관상자 안에서 발견되었다. 먼저 초고가 작성된 용지와 관련하여 기본적인 사항을 간단히 제시해 두도록 한다. 용지는 '河內屋製'라고 종이를 제조한 곳의 명칭이 작게 찍혀 있으며, 붉은색 판심으로 찍힌 용지에 세로 10칸을 기록 공간으로 쓸 수 있는 규격이다. 전체 40쪽인데, 맨 앞과 맨 뒤는 1장씩 비어 있으므로, 실제 용지를 사용하여 내용을 기재한 분량은 36쪽에 해당한다.《兪吉濬全書》에 수록된 한문본의 경우 용지 규격이 11칸이며, 전체 17쪽 분량인 것과는 약간 차이가 있다. 〈平和光復策〉 초고 내용만 담겨 있으며, 원고 우측으로 위아래 두 군데에 걸쳐 편철하였다. 보관하는 과정에서 용지가 물기에 닿아 번진 흔적이 있기는 하나, 붓으로 작성한 글씨까지 훼손된 정도는 아니라서 원고 내용을 확인하는 데에는 크게 지장은 없다.

〈그림1〉을 통해 알 수 있듯이 초고 서두에는《兪吉濬全書》에 수록된 원고와는 달리 '平和光復策'이라는 제목과 작성 연도인 '丁未'는 적혀 있지 않다.[62] 초고가 아마도 한문으로 먼저 작성한 후 국한문으로 옮겼을 것이라

61 박찬승, 1992,《한국근대정치사상사연구》, 역사비평사, 74-75쪽.

62 연구자에 따라서는《兪吉濬全書》에 수록된 원고 제목에 입각하여 '平和克復策'으로도

는 기존 연구의 추정과는 달리 국한문으로 적혀 있으며,[63] 내용을 삭제하거나 새로 내용을 덧붙인 흔적이 곳곳에 남아 있다. 여기서는 〈平和光復策〉 초고본을 중심으로 하여 〈平和光復策〉 제출본과 내용을 비교 검토해 보도록 한다.

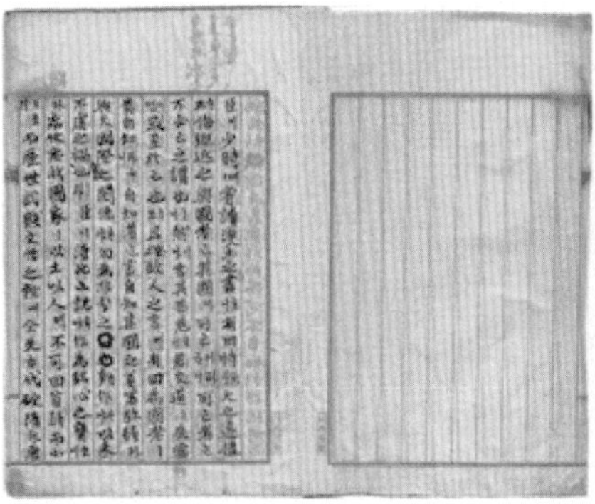

그림 1. 〈平和光復策〉 초고본 도입부

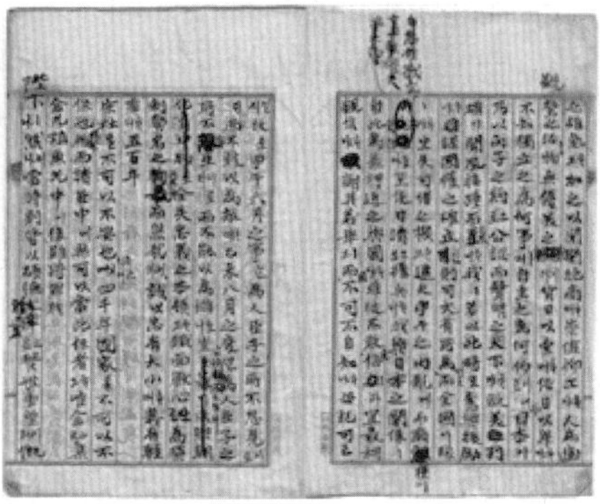

그림 2. 〈平和光復策〉 초고본 본문

1) 조약 체결과 일본에 대한 인식 서술

(1) 일본에 대한 인식과 본인 입장의 표명

유길준은 한일 양국의 관계는 교제가 오래되었고 관계도 밀접하다고 했다.[64] 일본은 "가장 가까이 붙어 있는 동맹국"으로서 청일전쟁 당시 조선에 대하여 "자부와 자강이 독립의 실질을 거론할 수 있어야 영원히 보거순치의 동맹

판독하기도 한다. 하지만 원고 내용 전체에 걸쳐 '克復'이라는 용어는 사용되고 있지 않으며, '평화'와 '광복'이라는 단어를 연결하여 구사하고 있음을 확인할 수 있다. 당대에 원고를 소개한《皇城新聞》에서도 '광복책'이라는 용어를 사용하였다. 이러한 점을 감안해서 볼 때 후대에 누군가가 제목을 주기하는 가운데 '광복'을 '극복'이라는 단어로 잘못 기입했던 것이 아닐까 추정된다. 참고로 1907년 1월부터 12월에 걸쳐 '광복'이라는 단어가 들어간 기사를 사설과 잡보를 중심으로 해서 데이터베이스를 검색해 볼 경우《皇城新聞》에서만 유길준의〈平和光復策〉과 관련해서 언급하고 있음을 확인할 수 있다.《大韓每日申報》국한문판에서는 '광복'이란 용어가 사용된 사례를 찾아보기 어렵다.

63 尹炳喜, 1998,〈兪吉濬의 辭職과〈平和光復策〉〉, 앞의 책, 15-16쪽 각주 1번.

64 〈平和光復策〉(초고본). "竊惟我之於日本에 交際之舊와 關係之密은 不待臣言而明이라."

으로 삼을 수 있다"는 생각을 가지고 개혁을 권고했던 것으로 보았다.[65] 그러면서 일본군의 경복궁 점령 사건과 을미사변에 대해 다음과 같이 서술했다.

> 대저 갑오의 내란에 묘당의 신하가 지모를 잃어버려 일본과 청으로 하여금 병력을 끌고 오도록 하였습니다. 우리와 일본의 관계가 이로부터 가장 가까이 붙어 있는 동맹국이므로, 감히 모욕하지 않으고, 가장 친하게 지내고 믿어서 그 의거에 감사함이 마땅합니다. 또한 스스로 알지 못하는 것은 불가하므로 그칠 만한 일은 범하지 않았습니다. 때문에 갑오년 6월의 일은 신하된 자로서 목불인견이기는 하나, 감히 적으로 생각하지는 않았습니다. 을미년 8월의 변고는 신하된 자로서 차마 살아서는 안 됩니다만, 원수로 여길 수 없었습니다. 그러하니 어찌 공경으로서 보필하는 신하가 전적으로 충의의 본령을 잃어버리고 얼굴에 철판을 깔고 짐승의 마음으로 영리와 공명을 위하여 파는 것을 할 수 있었겠습니까?[66]

두 가지 정치적 사건이 모두 정서상 '목불인견'이자 신하로서 생명을 부지해서는 안 되는 중대한 사건이기는 하지만, 일본을 차마 적이나 원수로 여길 수는 없었다고 술회하였다. 여기에는 갑오개혁 추진 주체로서 정국운영에 적극 참여한 본인이 일본을 끌어들이게 되었던 이유를 변호하기 위한 성격이 강하게 내포되어 있는 것으로 보인다. 국가 간 관계는 개인들 간의 정과는 성격을 달리 하기 때문에 일시적인 감정으로 일희일비해서는 앞날이 어떻게 될지 예측하기 어렵다는 점을 내세웠다. 그래서 "적으로 삼을만한 자를 감히 적으로 삼지 않고 친구로 삼아 친하게 지내는 것"이며, "원수로 삼을만한 자를 원수로 삼지 않고 스승으로 삼아 그를 신뢰하는 것"이라고까지 주장하였다. 이것은 결국 "형세가 연결되어 있으므로 영원히 우호를 생각"

65 〈平和光復策〉(초고본). "而其時日本之眞情實意ᄂᆞᆫ 在於我之自富自强이 能擧獨立之實ᄒᆞ야 永爲其輔齒之同盟이라 故로 勸我告我에 懇摯誠篤ᄒᆞ야 按盡衷曲이 無所不至오."

66 〈平和光復策〉(초고본). "夫甲午之內亂에 而廟臣이 失謀至야 至使日淸으로 搆兵ᄒᆞ니 我與日本之關係ㅣ 自此爲最狎近之與國ᄒᆞ야 非徒不敢之侮라 宜最相親信ᄒᆞ야 謝其義擧ㅣ오 而且不可不自知ᄒᆞ야 毋犯可已 일ᄉᆡ 故로 甲午六月之事ᄂᆞᆫ 爲人臣子之所不忍見이로ᄃᆡ 而不敢以爲敵ᄒᆞ며 乙未八月之変ᄋᆞᆫ 爲人臣子之所不忍生이로ᄃᆡ 而不能以爲讎ᄒᆞ니 豈公卿輔弼之臣이 全失忠義之本領ᄒᆞ고 鐵面獸心으로 爲榮利勢名之所賣 而然哉잇가."

하는 것이며, "종사와 국가를 보호하는 만세의 큰 계책을 입안"하기 위해서 나왔던 것이라고 하였다.[67] 그러면서도 유길준 본인이 의도한 바와 달리 일이 실패로 돌아가 역적으로 몰리고 일본으로 망명하여 간난고초를 겪었지만, "충애의 열성은 일찍이 조금도 식은 적이 없다"고 하여 조국을 향한 본인의 변함없는 충정을 토로했다.[68] 순종에게 '평화광복'의 대책을 올리는 것도 그러한 마음에서 출발하였던 만큼 누를 끼치지 않도록 하겠다는 의사를 밝혔다. 유길준이 국시로 삼으라고 제시한 평화광복 대책의 요점은 다음과 같았다.

> 신이 감히 말씀드립니다만, 오직 우리 광복의 방도는 오직 평화로 말미암아야 하며, 그것을 성취하는 방향은 전적으로 부강에 있습니다. 만약 스스로 부강의 방책을 만들지 않고 단지 광복의 대업을 바라기만 하는 자는 앉아서 백년하청(百年河淸) 하기만을 바라는 것과 다르지 않습니다.[69]

핵심 요지는 평화적인 방향으로 한국이 부강을 실현하는 데 있었다. 하루라도 빨리 이 방책에 입각하여 시행한다면 광복의 대업이 실현될 가능성이 높아지는 만큼 국민들에게 권고와 계도를 실시하여 "물방울과 티끌만큼의 보답"이라도 도모하고자 한다고 하였다.[70] 그러면서 본인의 향후 거취를 다

67 〈平和光復策〉(초고본). "此其所以可以爲敵者ᄅᆞᆯ 不徒不敢爲之敵이라 而爲之友而親之ᄒᆞ며 此其所以可以爲讎者ᄅᆞᆯ 不徒不能爲之讎ㅣ라 而爲之師而信之ᄒᆞ야 形勢連結에 永以爲好ᄒᆞ고 典章施設ᄋᆞᆯ 一皆取範ᄒᆞ야 欲以立安宗社保國家之萬世大計而期盡忠義之節於陛下ᄒᆞ야 不遑區區爲庸行之細謹일ᄉᆡ 則臣이 亦不揆人微地輕ᄒᆞ고 妄從大夫之後 而不左右顧ᄒᆞ야 以取苟容者也ㅣ로소이다."

68 〈平和光復策〉(초고본). "及其途中事敗에 忠反爲逆이라 家殘身辱ᄒᆞ고 寄命海外ᄒᆞ야 艱楚顚踣ㅣ 有所不堪이로ᄃᆡ 而其忠愛之熱性ᄋᆞᆫ 未嘗少冷ᄒᆞ야 以爲吾國이 存ᄒᆞ니 則吾家之殘ᄋᆞᆫ 不足憂也ㅣ라ᄒᆞ며 吾君이在ᄒᆞ시니 則吾身之辱ᄋᆞᆫ 不足恤也ㅣ라ᄒᆞ야 日夜祈天永命而爲庶幾之望也ㅣ니이라."

69 〈平和光復策〉(제출본). "臣이 敢曰惟我光復之道ᄂᆞᆫ 一由平和ㅣ오 而其成就之方ᄋᆞᆫ 亶在於富强이니 若不自爲富强之策ᄒᆞ고 只望光復之業者ᄂᆞᆫ 無異於坐俟百年之河淸이라."

70 〈平和光復策〉(초고본). "使我富强之道ㅣ 速一日이면 則光復之業이 速一日이라 故로 欲以一得之愚로 警惺我國民ᄒᆞ며 勸告我國民ᄒᆞ며 啓誘我國民ᄒᆞ야 以稱陛下意而圖爲涓埃報焉이니."

음과 같이 거론하였다.

표1. 유길준 본인의 향후 처신에 대한 서술

초고본	제출본
且臣則曾爲天子大臣ᄒᆞ야 有罪無功이오 顧又賦性榻茸ᄒᆞ고 學識이 菲薄ᄒᆞ야 文非治之才며 武無撥亂之畧이라 不敢復爲天子大臣ᄒᆞ야 以妨賢者之路也일ᄉᆡ 玆敢還納品階ᄒᆞ고 降爲自由之平民ᄒᆞ야 以使從事於卑賤之業而效報國之微忱也ㅣ라 故로 繼自時로 舊怨ᄋᆞᆯ 不記ᄒᆞ며 宿讎ᄅᆞᆯ 相忘ᄒᆞ고 苟可以共奉光復之國是者인ᄃᆡ 則握手相懽ᄋᆞᆯ 如兄如弟ᄒᆞ야 上以無貽陛下之憂ㅣ오 而下則無垂於國民之協和焉이니 臣雖至愚無狀이나 以平和之道로 自任爲光復之策이라 臣頸ᄂᆞᆫ 可斷이로ᄃᆡ 臣之此心此神ᄋᆞᆫ 不可以奪也ㅣ며 臣骨ᄋᆞᆫ 可粉이언뎡 臣之此氣此魄ᄋᆞᆫ 不可以滅也ㅣ니이라 至夫國政之施措ᄒᆞ야ᄂᆞᆫ 其緩急先後之方이 一在於陛下之簡心委毗라 故로 臣이 不敢瀆爲絮貽之論이로ᄃᆡ 然且一片不自己之丹衷ᄋᆞᆫ 有不能含嘿而不達者ᄒᆞ야 不畏斧鉞之誅ᄒᆞ고 敢備蒭蕘之詢ᄒᆞ노니 固知狂妄이 極矣며 濫越이 至矣나 以當非常之會라 故로 欲望非常之擧於陛下而然者也ㅣ로소이다	若臣則 素以獨立之義로 爲天子之大臣者也ㅣ라 國步蹉跎에 到今地頭ᄒᆞ야 欲死而無所ᄒᆞ고 欲生而無樂ᄒᆞ니 以何面目으로 立於國中而見天下之人乎잇가 然而 猶且區區爲苟活之計者ᄂᆞᆫ 以前途之事ㅣ 有望ᄒᆞ야 使我富强之道로 速一日이면 則 我光復之業이 速一日 故也ㅣ로ᄃᆡ 顧賦性榻茸ᄒᆞ며 學識菲薄ᄒᆞ야 文非佐治之才ㅣ오 武無撥亂之畧이라 不敢復爲天子大臣ᄒᆞ야 以妨賢路於非常之時也ᄀᆞᆯᄉᆡ 玆願還納前後品階ᄒᆞ고 降爲自由平民ᄒᆞ야 以便置身於市井之間 而效報國之微忱也라 繼自時로 苟可以共奉陛下之光復國是者인ᄃᆡ 讎怨相忘ᄒᆞ며 嫌隙相置ᄒᆞ고 携手惠好ᄅᆞᆯ 如兄如弟ᄒᆞ야 上以無貽陛下之憂ㅣ며 下則 無乖於國民之協和焉이니 臣雖不肖無狀이나 以平和光復之道로 亦自任爲國家之重이라 臣頭ᄂᆞᆫ 可斷이언뎡 臣之此心此神ᄂᆞᆫ 不可以奪也ㅣ며 臣骨ᄋᆞᆫ 可粉이언뎡 臣之此氣此魄ᄋᆞᆫ 不可以滅也ㅣ니

초고본에서는 처음에 '자유로운 민인(民人)'이라고 썼다가 '민인'을 지우고 그 위에다 '평민'이라고 고쳐 쓴 흔적을 확인할 수 있다. 본인 처지에 대해서는 일찍이 천자의 신하로서 죄는 있고 공은 없다고만 간략하게 기술했다. 제출본에서는 이것을 보완하여 본인이 애초부터 '독립의 의'를 품고 있었음을 강조하면서 현재의 위태로운 시국 상황 속에서 본인으로서는 사람들에게 나설 면목이 없다고 표현했다. 이러한 이유를 들면서 품계를 반납하고 민간으로 돌아가겠다고 하고, '평화의 방도'를 통해서 "광복의 방책을 자임"하겠다는 의사를 피력했다. 초고본에서는 평화광복의 대책을 실현하기 위해서는 국정운영의 완급과 선후관계를 결정해야 하는 국왕의 의사에 달려 있다고 했다. 그러나 이 내용은 제출본에서 삭제했다. 여기에 곧바로 이어지는 대목은 제출본에서 맨 마지막에 글을 마무리하는 부분으로 옮겨졌다.

기존 연구에서는 관직을 맡지 않고 '자유평민'이 되어 민간에서 활동하겠다는 점을 명시적으로 밝혔다는 대목에 주목하여, 사회적 방면(민간)에서 활동하고자 한 그의 본령이 보호국 상황에서 실현되었다고 보기도 했다.[71] 하지만 앞서 살펴본 귀국 직전 유길준의 활동, 그리고 이후 전개한 한성부민회, 흥사단 등에서의 활동까지 연결해서 보자면 정치적으로 자신의 기반을 다질 수 있는 사회단체를 자신의 영향력 아래에 두면서 활동반경을 넓혀가려 한 정황이 꾸준히 포착된다. 그러므로 '자유평민'이라는 용어는 사직소를 올릴 당시에 관직을 사양하려는 차원에서 구사한 수사적 표현에 가까웠던 것으로 이해해야 한다.

(2) 일본과 체결한 여러 조약에 대한 설명

병자년에 체결한 〈朝日修好條規〉에서 조선의 독립을 인정하였다는 내용에서 출발하여 청일전쟁에 이를 때까지의 경과를 간단하게 서술하면서 일본의 행동이 어디에서 기인하였는지를 서술했다. 초고본에서는 병자년의 조약 체결을 통한 독립 인정이 "일본의 공정한 마음과 정의"에서 나왔으나, 국민들이 이를 알지 못하고 구태로 반목하여 결국 "몇 차례에 걸쳐 자주"를 상실한 결과 청일전쟁이 발발하게 되었다고 서술하였다. 아울러 청일전쟁에서 일본이 조선으로 출병하여 독립을 부조(扶助)하려 했던 행동도 "협심과 의거"에서 기인하였다고 평가하였다. 하지만 이 대목은 제출본에서 삭제했다.

표 2. 개항 이후 청일전쟁까지 조선에 대한 일본의 의도 서술

초고본	제출본
夫丙子之認我獨立ᄋᆞᆫ 實出於日本之公心正義어ᄂᆞᆯ 而我國之民ᄋᆞᆫ 不徒其恩之不知感이라 反用疑猜相待ᄒᆞ고 泥舊不振ᄒᆞ야 幾於自失自主則竟至有甲午日淸之役ᄒᆞ니 其扶我獨立이 亦俠心義擧之使然이로ᄃᆡ 而不幸中間之変故ㅣ 疊出ᄒᆞ야 齟齬不合ᄒᆞ고 踈間甚前ᄒᆞ야 以及甲辰日露之役에 而其對我之政略이 遂変ᄒᆞ니 盖甲午之役은 其種ᄋᆞᆯ 已播於甲申이오 甲辰之役ᄋᆞᆫ 其萌이 已兆於丙申이라	今則 自居爲先覺ᄒᆞ야 丙子之約ᄋᆞᆫ 與我爲好而認我獨立也ㅣ어ᄂᆞᆯ 而我ㅣ 昏昏如夢ᄒᆞ고 甲申之事ᄂᆞᆫ 因我有變而激我獨立也ㅣ어ᄂᆞᆯ 而我ㅣ 睊睊相反ᄒᆞ며 若甲午日淸之役則 彼ㅣ 見我之有內外亂 而懼我之不敷自守ᄒᆞ야 奮然出義에 代爲興師ᄒᆞ야 以扶我之獨立也ㅣ어ᄂᆞᆯ 而我之廷臣이 乖離未合ᄒᆞ고 疑懼未定 而中間之變故ㅣ 從之疊出ᄒᆞ야 不徒我彼之情이 齟齬不容이라 踈間之實이 有甚前日ᄒᆞ야 彼ㅣ 知我之不可與有爲ㅣᆯᄉᆡ 荏苒十年에 以及乎日露甲辰之役ᄒᆞ야 而其對我之政畧이 遂變ᄒᆞ니 盖甲午之役ᄋᆞᆫ 其種이 已播於壬午오 甲辰之役ᄋᆞᆫ 其兆ㅣ 已萌於丙申이라

71 쓰키아시 다쓰히코 저, 2014, 앞의 책, 143쪽.

오히려 제출본에서는 갑신정변 당시 일본의 행동을 부연 설명하면서 이것이 조선의 독립을 격려하였다고 보충 설명하였다. 자주보다는 독립 쪽에 좀 더 초점을 맞추어 일본의 역할이 조선의 대외적 지위 설정에 미친 영향을 서술한 것이다. 유길준의 문제의식이 '독립' 쪽에 좀 더 쏠려 있었음을 보여주는 대목이라고 할 수 있다.

청일전쟁 기원에 대한 서술도 약간 다르다는 점도 눈에 띈다. 초고본에서는 그 발단을 갑신정변으로 둔 데 반해, 제출본에서는 그것을 임오군란으로 설정했다. 시기적으로 일본이 조선 문제에 적극적으로 개입하기 시작한 시점을 갑신년보다 2년 전인 임오년으로 올려잡았던 것이다. 청국으로부터의 독립 문제를 의식했기 때문에 실제로 정치외교적 개입이 이루어지기 시작했던 임오군란 당시도 염두에 두면서 시기를 바꾼 것이 아닐까 생각된다. 다음은 러일전쟁 이후 한일 간에 체결하였던 조약과 관련된 서술이다.

표 3. 러일전쟁 이후 체결한 조약 내용의 서술 비교

초고본	제출본
故로 斷然行不得已之事ㅣ오 而非其所樂爲也ㅣ니 假使置我於日本之地ᄒᆞ고 易而思之ᄒᆞ면 將何以處之乎잇가 臣이 曩在日本ᄒᆞ야 窃伏聞民間之傳說ᄒᆞ니 韓日新約之成案也에 日本國皇帝陛下ㅣ 對卷撫然ᄒᆞ사 爲不樂者ㅣ 良久ᄒᆞ시라니 ᄒᆞᄂᆞ 臣이 未敢知此說之果眞이나 然이나 使其眞也ㅣᄂᆞᆫ듸 則兩國皇室之友誼親睦이 實根於天ᄒᆞ사 有非下土人臣이 所能想像於萬一이라 故로 臣이 不勝感激懽喜之狀ᄒᆞ야 以不敢明知之說로 敢以聞之於天陛者也ㅣ로소다	乃以光武九年十一月之協約으로 借受我外交之權ᄒᆞ고 至內治則 只入其顧問而協助之ᄒᆞ야 以斬我ㅣ 自行整理에 趍速就緖ㅣ러니 歇后漫漶에 杳無奏效之期라 則又以本年七月之協約으로 政法之上에 立指導承認之權ᄒᆞ고 官吏之任免을 亦行干涉而兼入推薦之日本人士ᄒᆞ야 以助理之ᄒᆞ며 且以我傭兵이 非徒不足爲國防之具ㅣ라 臨事暴動에 抗命滋騷ᄒᆞ야 極爲危險 故로 姑行解散ᄒᆞ니 顧以一國之體面則 皆非我所欲이나 然이나

〈표3〉은 〈제2차 한일협약〉(을사조약)과 〈제3차 한일협약〉(정미조약)에 대한 서술을 비교한 것이다. 초고본과 제출본 간에 조약문 언급이 상이하다. 초고본에서는 군대해산 문제와 관련하여 일본이 이를 실시한 것은 "단연코 부득이한 일"이었고 "달가워하지 않았기" 때문에 입장을 바꾸어서 생각해 보면 어떻겠느냐고 반문하였다. 그러면서 유길준 자신이 일본에 체류하는 동안 민간에서 들은 이야기를 하나 제시했다. 한일협약 문안을 받아본 일본 천

황이 이것을 꽤 오랫동안 만지작거리면서 그다지 달가워하지 않았다는 것이다. 물론 이에 대한 진위 여부는 본인도 판단하기 어렵지만, 일본 천황의 망설임은 아래에 있는 인민들이 상상하기 어려운 "양국 황실의 우의와 친목"에서 비롯된 행동일 수도 있다고 보았다. 소문일지언정 일본황실 동향을 언급했던 것은 다분히 순종이 관심을 가질 것을 염두에 두었기 때문으로 보인다. 하지만 이 서술은 제출본에서 사라졌다. 풍문의 경우 사실 관계에 대한 확인이 어려웠다. 메이지(明治) 천황을 직접적으로 거론하는 것에 대해서도 통감부와 일본정부가 어떠한 반응을 보일지도 고려해야 했다. 유길준으로서는 본인 이름으로 올리는 글에 책임을 져야 하는 만큼, 결국 이 내용을 삭제했던 것으로 보인다.

대신 군대해산에 대해서는 제출본에서 향후 전망을 추가 서술했다. 유길준은 일본이 군대해산을 시킨 것은 한국이 강해지는 것을 돕는 데 있으며, 이것이 "협약의 일대 주안점"이라고 하였다. 그러한 만큼 향후 국고 형편에 따라서 훈련교육과 군제개편을 실시하고, 전 국민에 대한 병역 의무를 실시할 수 있게 될 것으로 보았다. 이것을 이행하지 않는다면 "약속한 말을 배신하여 천하의 신의를 잃게 될 것"이니 일본이 반드시 한국의 강병을 도와줄 것으로 기대하였다.[72]

제출본에서는 〈제3차 한일협약〉과 관련하여 '지도 승인의 권한'과 '관리 임면 동의' 조항도 초고본보다 좀 더 상세히 거론했다. 이것은 시정개선에 대해 통감의 지도를 받아야 한다고 한 제1조, 법령 제정과 행정 처분에서 통감에게 사전적으로 승인을 얻어야 한다고 한 제2조, 한국 측 고등관리 임면에 통감의 동의가 필요하다는 제4조, 통감이 추천하는 일본인 관리를 임명한다

---

72 〈平和光復策〉(제출본). "彼之助我爲强안 協約之一大主眼 而顧我傭兵이 不合時宜에 徒爲長物則 先行解隊之擧ᄒᆞ야 以清其本 而視國庫之力ᄒᆞ야 鍊育將材ᄒᆞ며 改編軍制ᄒᆞ야 使全國之民으로 就兵役之義務而建萬世之干城也ㅣ니 若不然而永行解散ᄒᆞ야 俾絶我爲强之道則 是ᄂᆞᆫ 背于約言ᄒᆞ야 失信天下ㅣ라 彼豈爲此哉잇가".

는 제5조 내용을 각각 가리킨다.[73] 순종이 통감을 '총애하는 客卿'과 '의지하는 閣臣'처럼 믿고 대우한다면 크게 문제될 일은 없다고 보았다. 아울러 정부 내에 일본인들을 관리로 임용하는 것도 '개선에 하나의 첩경'이 될 수도 있으니 부정적으로 볼 필요만은 없다고 주장했다.[74] 이 시점은 조약 체결을 통해 한국정부에 대한 통감의 통제 권한이 강화되고 장악력이 한층 높아지고 있던 때였다. 그 와중에 통감과의 신뢰 관계 구축과 일본인 고용의 기대효과를 국왕에게 거론했다는 것은 현실적으로 실권을 휘두르는 존재를 좀 더 강하게 의식하면서 글을 작성하였음을 시사한다. 〈平和光復策〉제출을 통해 유길준이 개진하고자 한 정국 운영의 메시지는 수신자가 순종으로만 한정되지 않았던 것이다. 일본과의 조약 체결이 향후 한국에 미칠 수 있는 문제점에 대하여 비판적 입장을 텍스트 안에서 드러내지 않았던 것도 이와 무관하지 않다.

표 4. 외교권 위탁 서술의 비교

초고본	제출본
謹按外交委託之條에 附有認富强還附之文ᄒᆞ니 此ᄂᆞᆫ 可見其非奪我權이오 而欲激我ᄒᆞ야 使速爲富强以復之ㅣᄅᆞ시 則臣이 敢言其出於不得已오 非其所樂爲者以此也ㅣ니이라	謹按協約冒頭之文에 特筆有迄認富强之言호니 可見其憂我之本意와 愛我之眞情이 津津溢於詞表ᄒᆞ야 勸我以富强之道ᄒᆞ며 望我以富强之道ᄒᆞ야 待我富强之日而將以復之也ㅣ니

외교권 위탁과 관련된 조문 내용은 제출본에서 협약 전문으로 서술이 바뀌었다. 초고본에서는 "부강이 인정될 때 돌려준다"는 문구가 있는데, 이것은 "우리를 자극하여 속히 부강해지도록 하려는" 의도에서 "부득이하게 나왔으며", "달가워하는 바는 아니다"고 하였다.

제출본에서도 일본이 한국을 걱정하는 본의와 아끼는 진정에서 부강의 방도를 권하고 회복하기를 바란다고 서술한 맥락은 비슷하다. 다만 외교권

---

73 최덕수 외 지음, 2010,《조약으로 본 한국 근대사》, 열린책들, 677쪽.

74 〈平和光復策〉(제출본). "今以其指導承認之權과 與夫官吏任免之同意로 言之則 直不過一大臣之事耳라 陛下ㅣ 其以統監으로 視之爲尊寵之客卿ᄒᆞ시며 信之如依毗之閣臣ᄒᆞ시면 則足矣오 且用日本人爲官吏之事ᄂᆞᆫ 國人이 必多疑忌나 自臣觀之면 不必然也ㅣ니 … 而顧我文武官吏ㅣ 不閑政事則 混用能達之外人ᄒᆞ야 以示模範而使則效之ㅣ 亦改善之一捷逕也ㅣ니".

박탈에 대한 구체적 언급은 의식적으로 피하고, 조약의 전문에 설정된 조건과 관련하여 일본 측이 한국에게 방도를 권하고 바란다는 식으로 서술 방향을 선회하였음을 알 수 있다. 조약문 서술은 다음에 나오는 대목에서도 변화가 감지된다.

표 5. 조약서술 내용의 비교

초고본	제출본
竊以此次之約이 非因戰爭之勝敗也ㅣ오 而出自兩國之友好ᄒᆞ야 今日에 我ㅣ 乃以平和之意로 委託之ᄒᆞ고 彼ㅣ 旣以平和之意로 代辦之ᄒᆞ니 後日에 我ㅣ 復以平和之意로 收回之면 彼ㅣ當以平和之意로 還附之라 故로 臣이 敢曰惟我光復之道ᄂᆞᆫ 一由平和ㅣ오 而其成就之方ᄋᆞᆫ 亶在於富强이니 若不自爲富强之策ᄒᆞ고 只望光復之業者ᄂᆞᆫ 無異於坐俟百年之河淸이라	固知彼之眞意ㅣ 在於平和 故로 我亦以平和應之ᄒᆞ야 外交焉委其代辦ᄒᆞ고 內治焉聽其指導ᄒᆞ니 後來 我勢之長이 可伍文明之隣ᄒᆞ야 以平和之眞意로 收其代辦ᄒᆞ며 謝其指導則 彼亦當以平和應之라 故로 臣이 敢曰惟我光復之道ᄂᆞᆫ 一由平和ㅣ오 而其成就之方ᄋᆞᆫ 亶在富强이니 不自爲富强之策ᄒᆞ고 只望光復之業者ᄂᆞᆫ 無異於坐俟百年之河淸이라

초고본에서는 〈제3차 한일협약〉체결이 전쟁의 승패에서 기인한 것이 아니라 양국의 우호에서 나왔다고 서술했다. 평화적인 의사에서 위탁한 것인 만큼 훗날 이것을 '회수'하고자 한다면 일본이 이것을 한국에게 돌려줄 것으로 전망했다. 제출본에서는 조약의 구체적 내용으로서 일본이 한국에 대하여 외교 대리와 내치 지도를 할 터인데, 한국이 문명의 이웃으로 대오를 같이 할 정도의 수준이 되어서 두 가지를 회수하고자 한다면 일본이 평화적으로 여기에 응할 것이라고 보았다. 실력양성을 해야 훗날 박탈당한 조약상의 권리를 평화적으로 회수할 수 있을 것이라고 전망했다는 점에서 문맥은 동일하다. 단, 제출본에서는 한국이 일본처럼 문명국의 수준을 나란히 할 수 있을 때라고 하여 실현 조건을 좀 더 구체적으로 적었다. 하지만 제출본에서는 '돌려준다(還附)'는 직접적인 표현보다는 응한다는 표현으로 한 발 후퇴한 감이 있다. 앞서 살펴본 내용과 마찬가지로 '박탈'이나 '회수' 등의 용어는 초고본에 사용하였다가 제출본에서는 이것을 다른 표현으로 완화시켜 사용하고 있음을 알 수 있다. 본인이 작성해서 올리는 글을 통감부 측에서도 확인해 본다는 점을 강하게 의식하면서 문구를 수정했던 것이다.

2) 정치 관련 인사들에 대한 평가와 요구사항

(1) 金弘集

유길준이 먼저 거론한 인물은 그와 함께 갑오개혁을 추진하다가 1896년 2월 아관파천 당시 도피하지 않고 죽음을 맞이한 총리대신 김홍집이었다.

> 諸臣 가운데는 이 직임을 감당할 만한 자가 없었습니다. 오직 김홍집, 김윤식, 어윤중이 나중에 비록 폐하께 죄를 얻었습니다만, 당시에는 곧 아량을 송덕하였고, 세상에 무거운 신망을 받아 분개하여 결정을 하는데 몸을 던지면서 어려움과 마주하였습니다. 그 때 말하기를, "대신된 자가 상도(常道)로서 이 때에 마땅히 죽을 것이오. 그 죽음이 또한 충이라고 일컬을 수 있다면 충이며, 의라면 의다. 이러한 비상한 때를 맞이하여 예측할 수 없는 가운데 군부를 버리며, 종사와 국가가 위급하고 망하는 지경에다가 두고, 홀로 일신의 명예만을 급급하게 구함은 역시 대신된 자로서 할 수 있는 바가 아니라"고 하였습니다. 때문에 조정의 의심을 무릅쓰고도 두려워하지 않았으며, 거국적인 비방을 배척하고 뜻을 꺾지 않았습니다. 은인자중하면서 괴로움을 머금고도 임금에게 충성하며 자신의 이익을 돌보지 않았습니다.[75] (밑줄은 인용자)

위 내용에서는 갑오개혁 당시 사람들로부터 신망을 받았으며, 충과 의의 소임을 다하였고, 본인의 이익을 돌아보지 않았던 김홍집을 적극 변호하고 있다. 특히 밑줄 친 부분의 경우 〈金弘集辨明疏〉와 비교해 보면 문맥과 표현이 거의 일치한다.[76] 이를 통해서 초고본에서 언급했던 내용을 제출본에서는 삭제하는 대신, 아관파천 시기에 김홍집과 유길준 본인이 나누었던 이야기

75 〈平和光復策〉(초고본). "而諸臣中에 無可以當此任者ᄒᆞ고 唯金弘集金允植魚允中이 後雖得罪於陛下ㅣ나 然이나 當時則皆以頌德雅量으로 繫世重望이라 慨然有決에 挺身當難ᄒᆞ야 謂爲大臣者ㅣ 以常道則固當死此時오 而其死ㅣ 且可謂忠則忠矣며 義則義矣로ᄃᆡ 臨此非常之際ᄒᆞ야 棄君父於不測之中ᄒᆞ며 置宗社國家於危急存亡之地ᄒᆞ고 獨自硜硜然求完一己之名節이 亦非爲大臣者ㅣ 所可爲也ㅣ라 하야 故로 冒盈廷之疑而不惧ᄒᆞ며 排擧國之謗而不撓ᄒᆞ고 隱忍含痛ᄒᆞ야 蹇蹇匪躬이오."

76 〈金弘集辨明疏〉, 《兪吉濬全書》 IV, 一潮閣, 79쪽. "苟以常道倫之, 爲人臣者, 於忠於義, 固當此死時, 誠以忠有大小, 義有輕重, 臨非常之際, 置君父於不測之中, 棄宗社國家於危急存亡之地, 獨自硜硜然求完一已之名節, 非爲爲大臣者之所可爲也 … 冒盈廷之疑而不╒, 排擧國家之謗而不撓."

등을 보완하면서 관련 내용을 좀 더 발전시켜 〈金弘集辨明疏〉라고 하는 한 편의 글로 만들었음을 알 수 있다. 〈金弘集辨明疏〉는 초고본에서 파생된 또 하나의 부산물로서 내용을 집필한 저자가 같다는 사실을 잘 보여주는 사례라 할 수 있다.

(2) 閔泳煥

제출본에서는 민영환의 순국을 두고 "서릿발 같은 충의"라고 짧게만 기술했다. 이에 비해 초고본에서는 민영환의 자결이 갖는 의미에 대하여 좀 더 적극적으로 의미를 부여했다. 다음은 그 내용이다.

> 민영환 등과 같은 죽음은 눈서리처럼 차갑고 산악처럼 무거워 국민의 정신을 진작하고 격려하며, 국민의 기력을 격렬하게 만들어서 광복의 단서를 열었습니다. 그러니 그 공이 세상인심에 미치는 바는 필적할 데가 전무합니다. 그러니 진정 성스러운 이(李) 황조의 충신이자 신단국가의 의로운 인민이라 일컬을 만합니다. 그러하니 헛되이 죽은 심순택(沈舜澤)의 작위를 하사하시어 충의 제신으로 추가하고, 이를 포상하고 돌보십시오. 이를 국인이 보고 듣도록 권함으로써 죽을 고비에 임했던 말을 더욱 느끼도록 하고, 그 마음을 삼도록 어찌 하지 않으십니까?[77]

유길준은 민영환의 죽음이 국민정신을 진작하고 기운을 북돋아 광복할 수 있는 계기를 제공하였다고 보았다. 아울러 민영환이 '진정 성스러운 이 황조의 충신'이자 '신단국가의 의로운 인민'이라고까지 높이 평가했다. '심순택의 작위'라 함은 1906년 2월 20일 영돈녕사사 심순택이 청녕공(青寧公)에 봉해졌던 것을 가리키는 것으로 보인다.[78] 민영환은 자결 후 1905년 12월 3일에 '忠正'의 시호를 받은 바 있으나[79] 공작의 작위에 봉해진 적은 없었다.

---

77 〈平和光復策〉(초고본). "如閔泳煥等之死는 凜若霜雪ᄒᆞ고 重如山岳ᄒᆞ야 振勵國民之精神ᄒᆞ며 激蔽國民之氣力ᄒᆞ야 以啓光復之緖ᄒᆞ니 其有功於世道人心이 前無其匹이라 眞可謂聖李皇朝之忠臣이오 神檀國家之義民이니 何不以賜徒死沈舜澤之爵으로 加之忠義諸臣而褒恤之ᄒᆞ사 以聳國人之觀聽ᄒᆞ야 使益感其臨死之言而以其心爲心乎잇가."

78 《高宗純宗實錄》高宗 43년 2월 20일.

79 《高宗純宗實錄》高宗 42년 12월 3일.

유길준은 죽음을 통해 충을 진정으로 실현하려 한 민영환이 천수를 누리고 원로 대우까지 모두 누리고 죽은 심순택에 미치지 못할 바가 없다고 판단했던 것 같다. 그래서 민영환에게도 공작의 작위를 추가로 내려줌으로써 다른 국민들에게 충신의 모범임을 가시적으로 보여주고, 이를 따르도록 해야 한다고 요청했던 것이다. 이 내용은 제출본에서 삭제되었다.

여기서 '신단국가(神檀國家)'란 문구가 눈에 띈다. 이와 동일한 표현은 〈김홍집변명소〉에서도 김홍집만이 국가와 종사를 편안하게 보호할 수 있는 신하임을 거론하는 데에서 한 차례 등장한다.[80] 이 당시에 일반적으로 통용되던 용어는 아니었는데, 독특한 단어 구사를 통해서도 초고본은 유길준이 작성했던 것임을 알 수 있다.[81]

(3) 崔益鉉

민영환에 이어서 초고본에서는 최익현과 같이 의병활동을 전개한 인물도 거론했다. 그 내용은 다음과 같다.

> 최익현 등의 일에 이르러서는 무지하고 망녕되이 일을 만들어 국가를 병들게 하고 인민을 해친다고 하니 그 죄가 중하다고 할 것입니다. 그러나 그 정황을 되돌아보면 역시 용서할 수 없지는 않습니다. 그 식견이 좁아서 세계의 대세를 알지 못하며, 일본의 진의를 오해하여 앞에 놓인 광복의 바람에 몽매합니다. 나라가 망하는 것을 생각건대 사는 것 역시 어떻게 할 것이며, 군주를 욕되게 하는 것이니 죽음은 애초부터 당연하다고 하여 죽창과 늘어선 깃발의 오합지졸로 민간에 모여들고, 潢池 안에서 마음대로 헤아렸습니다. 그래서 양국의 우려를 배태하였고, 면할 수 없는 업보를 스스로 만들었습니다. 그 죄는 본래 일본의 법을 범한 것은 아니며, 일 개인이 사적으로 한 것도 아닙니다. 일단의 뒤섞이지 않은 충의는 경거망동하는 행동의 표면으로 절

80 〈金弘集辨明䟽〉, 《兪吉濬全書》 Ⅳ, 一潮閣, 79쪽. "且五百年聖李之宗社, 臣知非金弘集莫可以安也, 四千年神檀之國家, 臣知非金弘集莫可以保也."

81 '신단국가'라는 용어는 당대에 발행된 《皇城新聞》과 《大韓每日申報》에서는 사용된 사례를 데이터베이스 검색으로는 찾지 못하였다. 참고로 정용화의 경우 〈金弘集辨明䟽〉에서 '신단국가'를 거론했던 것은 민족의식 고양을 위하여 단군을 활용했던 것이라고 보았다(정용화, 2004, 《문명의 정치사상 : 유길준과 근대 한국》, 문학과지성사, 383-384쪽).

> 로 숨어 있다가 나타날 터이니 일본 관리가 역시 반드시 그 사람을 증오하지는 않을 것입니다. 다만, 이 무리가 함부로 날뛰어서 사단이 생겨 불어난다면 비단 우리나라의 안녕을 방해할 뿐만 아니라, 또한 일본의 성위(聖威)와도 관계가 있다는 점을 고려하였습니다. 때문에 군법으로 이를 따져 이들을 역외(域外)로 옮겼던 것입니다. 그러하니 이 무리가 지금에 이르러 마땅히 그 무모한 아이들 장난을 뉘우칠 것이오, 국가에 일정한 방책이 있다는 것을 알도록 한다면, 모두 마땅히 옛 정을 느껴 양민이 되어 여기에 순종하기를 바라게 될 것입니다.[82] (밑줄은 인용자)

제출본에서는 직접적으로 최익현을 거명하지 않았다. 단지 "독서하면서 충을 원하는 선비"가 시국을 오해하여 봉기하였다고 에둘러 표현하였다.[83] 초고본에서는 의병으로 봉기한 최익현과 같은 선비들을 식견이 좁아 시세에 어둡고 일본의 진의를 오해한 존재로 보았다. 이것은 제출본에서 "자신을 아는 식견이 부족하고 망할 수 있다는 경계를 범하는 자들"로 표현이 바뀌었지만, 이들을 바라보는 유길준의 인식은 동일하였음을 보여준다. 최익현은 1906년 6월 전라북도 태인에서 거병하였다가 체포되었고, 이 해 8월 말 쓰시마(對馬)로 압송되었다.[84] 그 이유에 대해서 유길준은 국내의 치안방해와 '일본의 성위'를 고려하였기 때문에 군법에 따라 역외로 옮겼던 것으로 보았다. 물론 이들로 하여금 "무모함을 뉘우치고 국가에 일정한 방책이 있음을 알게

82 〈平和光復策〉(초고본). "至崔益鉉等之事ᄒᆞ야ᄂᆞᆫ 無知妄作이 病國害民이라ᄒᆞ니 其罪ㅣ 重矣나 然이나 顧其情矣면 則亦不無可恕ㅣ라 以其識見之小로 不知世界之大勢ᄒᆞ며 誤解日本之眞意ᄒᆞ야 而昧於前途光復之望일ᄉᆡ 以爲國之亡矣인ᄃᆡ 生亦何爲며 君之辱矣인ᄃᆡ 死固當然이라ᄒᆞ야 烏合之竹槍席旗로 與嘯聚於草業之間而恣算於潢池之中ᄒᆞ야 以貽兩國之憂ᄒᆞ고 而自作不可逭之孼이로ᄃᆡ 其罪ㅣ 本非犯日本之法이오 且非爲一已之私라 則其一段不泯之忠義ᄂᆞᆫ 自有隱現於輕擧妄動之表者ᄒᆞ니 日本之宦이 亦非必憎其人이오 而但慮此輩ㅣ 跳梁ᄒᆞ야 滋生事端이면 徒以妨於我國之安寧이오 而亦有關於日本之聲威라 故로 問之軍法ᄒᆞ야 移之域外者也ㅣ니 此輩ㅣ 到今에 應悔其無謀之兒戲ㅣ오而且知國家ㅣ 有一定之策인ᄃᆡ 則皆當感舊ᄒᆞ야 願爲良民而從順之ᄒᆞ리니."

83 〈平和光復策〉(제출본). "間或 自命爲讀書願忠之士ㅣ 誤解時局에 義變爲狂ᄒᆞ야 竹槍席旗로 嘯聚烏合ᄒᆞ야 其所爲ㅣ 究不過於殺越剽掠而失職不平之群과 乘時窃發之徒ㅣ 鷄借鳳毛ᄒᆞ며 麋蒙豹皮ᄒᆞ야 因之逞其怒肆其毒而內貽國家之患ᄒᆞ며 其稍有耳食之知者ᄂᆞᆫ 抵掌談宇內事ᄒᆞ야 北畇西翹에 庶幾有列强均勢之論이 朝夕且起而我乃坐受其利ᄒᆞ야 輕擧妄動에 累及君父而外招與邦之怒ᄒᆞ니 皆乏自知之見而犯可亡之戒者也ㅣ라."

84 조경달, 2015, 앞의 책, 235-236쪽.

한다면" 다시 양민이 되어 통치에 순종하게 될 것으로 전망했다. 이것을 실현하기 위한 대책으로 한국정부가 일본과 교섭에 나서 "너그러이 사면하는 방법을 강구"해야 한다고 주장하였다.[85] 물론 이 당시 통감부에서는 의병을 진압하기 위해서 병력을 대대적으로 증강하고 탄압에 박차를 가하고 있었다. 때문에 제출본에서는 봉기한 의병들을 사면해야 한다는 주장은 완전히 삭제할 수밖에 없었을 것이다.

(4) 李範晉

유길준은 초고본에서 최익현 다음으로 이범진과 같은 해외 망명자들도 언급했다. 일본 이외에 국외로 망명해 있던 신하들의 절박한 형편을 거론하면서 이들이 계속 해외에서 떠돌면서 방황하도록 놓아두어서는 안 된다는 내용이 주를 이루었다.

> 또한 이범진 등 바깥에 있는 여러 신하에 이르러서는 비록 완미하고 불령하여 중간에 일을 그르치는 실수가 있었습니다. 그러나 죄가 없으면서도 망명한 자들처럼 국가는 있으되 돌아올 수 없습니다. 국가가 있어도 거주하지 못하여 고향을 그리는 정이 절박합니다. 하지만 의심받는 것을 두려워하여 감히 돌아오지를 않습니다. 그러하니 이 무리가 외국에 체류하는 것은 수학하면서 지혜를 늘리는 이익이 없으며, 도리어 객지를 떠도는 나그네의 괴로움을 늘릴 뿐이니, 추호도 국가를 보조하는 데 도움이 되지 않습니다. 이들로 하여금 부모의 방국으로 돌아올 수 있도록 하여 일정한 국시를 받들고 분수와 재주에 따라 각자 국민의 의무를 다하도록 한다면 역시 도움이 될 것입니다. 그러하니 어찌 이들을 소환하여 스스로 안전한 지역의 경계에 있도록 하고, 스스로 새롭게 하는 길을 허락하도록 하지 않으시겠습니까?[86] (밑줄은 인용자)

---

85 〈平和光復策〉(초고본). "請亟令政府之臣으로 交涉于日本之宦ᄒᆞ야 以講交還而宥免之道케하소셔 日本之宦이 若明知其改心悛過ᄒᆞ야 不復爲梗化之擧ㅣ ㄴᄃᆡ 亦不必追究前失ᄒᆞ야 斬持不聽也ㅣ 리이라."

86 〈平和光復策〉(초고본). "且至李範晉等在外諸臣ᄒᆞ야ᄂᆞᆫ 雖或頑迷不靈ᄒᆞ야 間有誤事之失이나 然이나 無罪而如亡命之人ᄒᆞ야 有國莫歸ᄒᆞ며 有家莫居ᄒᆞ야 切於首邱之情ᄒᆞᄃᆡ 而危疑不敢來也ㅣ니 此輩를 留之外國에 非有修學長智之益이오 徒增其羈旅之苦而毫且無補於國家ㅣ라 使得返父母之邦ᄒᆞ야 奉一定之國是而隨分應才ᄒᆞ야 各盡國民之義務케ᄒᆞ면 亦如有所裨焉ᄒᆞ리니 何不召還之ᄒᆞ야 界以自安之地而許以自新之路乎잇가."

유길준 본인도 10년 넘게 일본에서 망명 생활을 하면서 고초를 겪은 경험이 있었다. 그러한 경험이 일정 정도는 반영된 서술로 볼 수 있다. 이범진 같은 망명객들에 대하여 조국이 포용력을 발휘하여 귀국을 허락하고, 이들이 "분수와 재주에 따라 각자 국민의 의무를 다하도록 한다면" 국익에 적지 않게 도움이 될 것이라고 전망했다. 하지만 제2차 헤이그 만국평화회의에 파견되었던 밀사 중 이위종(李瑋鍾)의 부친이 이범진이었고, 이 사건을 계기로 고종이 강제 퇴위를 당했다. 밀사들에게는 체포 후 교형 혹은 종신형에 처한다는 판결이 내려진 지 얼마 지나지 않은 시점이었다.[87] 이 요구는 현실적으로 실현 가능성이 거의 없다고 판단했기 때문에 제출본에서 이 내용 역시 삭제했던 것으로 보인다.

(5) 朴泳孝

유길준은 본인이 제안한 광화 광복의 방책을 수용하여 국정을 시행하는 일은 선후완급이 모두 순종의 마음에 달려 있다고 하였다. 현재 비상한 시국을 맞이하고 있는 만큼 인재를 맞이하여 활용해야 한다는 점을 강조하기 위해서 중국 측 古事를 거론했다. 그 사례로는 무정, 제갈공명, 여상, 관중, 상앙, 낙의의 여섯 신하가 등용되었던 과거의 경우를 선별하여 제시했다. 물론 이들을 발탁하여 사용한 것은 각 군주에게 명석함이 있었고, 한 번 등용을 해서는 의심하지 않고 책임을 맡겼기 때문에 실제로 개혁 효과를 거둘 수 있었다고 하였다.

고사를 논한 다음 그는 "정녕 비상한 시국"에 처해 있는 조선의 처지를 환기시켰다. 유길준은 이러한 시국에 "비상한 재능을 갖고 있지 않은 자가 위로는 천자를 보좌하면서도 국민을 이끌지 않는다면 비상의 대업을 보존하기 어렵습니다"라고 주장했다. 비상한 재능을 가진 자로서 "평화광복을 국시로 삼고 이를 받들 수 있어야 망할 수 있는 업신여김을 만들지 않으며, 스스로 아

87 《高宗純宗實錄》隆熙 元年 8월 8일.

는 바가 명확한 자라야 가능할 뿐"이라고 적시했다.[88] 비상시국의 상황 속에서 군주를 모시면서 '평화광복'을 국시로 삼을 수 있는 자질을 갖고 있는 자로 박영효를 천거했다. 추천 이유는 다음과 같았다.

> 신은 만사의 죄를 무릅쓰고 감히 금릉위 신 박영효를 폐하께 추천합니다. 또한 만사의 죄로써 감히 바라건대 폐하께서는 그를 저들 여섯 군주가 여섯 신하를 기용했던 것처럼 하십시오. 신은 박영효가 문무재덕이 발군이라서 우리 수천 만 신민으로 이 자보다 뛰어난 자가 없다고 감히 말씀드리려는 것은 아닙니다. 그러나 신은 [그가-인용자] 지극 정성으로 나라를 걱정하여 절의와 충을 겸하고 있으며, 담력이 다른 사람보다 뛰어남을 잘 압니다. 그러하니 확고하게 지키면서 빼앗기지 않으며, 마음을 쓰고 근력을 다하는 데 더할 나위가 없습니다. 대국의 시세에 통하며 국가의 정황을 변별하기 때문에 능히 스스로 알고 망할 만한 일은 범하지 않습니다. 폐하께서 평화의 방도를 보존하려는 것을 보좌하며, 광복의 기초를 세우는 자로 신으로서는 감히 아직 박영효만한 자가 없다고 감히 말씀드립니다. 비단 신 한 명만이 사사로이 이러한 이야기를 하는 것은 아닙니다. 실로 전국의 여론이 그러하며, 천하 식자가 관망하고 있는 바입니다.[89] (밑줄은 인용자)

유길준은 박영효가 우국충정과 절개, 담력, 시세에 대한 통달 등의 측면에서 자질이 뛰어나다고 하면서, "평화의 방도를 보존"하고 "광복의 기초를 세우는" 데 있어서 충분히 소임을 다할 수 있는 인물로 추켜세웠다. '평화광복'

88 〈平和光復策〉(초고본). "顧今我國家ㅣ 丁非常之時矣라 不有非常之才ㅣ 上佐天子ᄒᆞ며 不導國民이면 難保致非常之業이니 數千萬忠義臣民之中에 臣이 非敢曰無其人이로ᄃᆡ 安也問荷衆人之望ᄒᆞ며 外達萬國之情ᄒᆞ야 處險不易其操ᄒᆞ며 臨危不惜其命이오 而又以平和之光復으로 奉爲國是ᄒᆞ야 勿作可亡之侮ᄒᆞ며 能有自知之明者ㅣ라야 乃可耳라 則臣이 亦不敢不曰才難이 不其然乎아ᄒᆞ노니 今에 可曰 陛下ㅣ 已得其人乎잇가 臣不敢知也ㅣ로소이다."

89 〈平和光復策〉(초고본). "臣이 冒萬死之罪ᄒᆞ고 敢以錦陵尉臣朴泳孝로 進之於陛下ᄒᆞ며 又以萬死之罪로 敢望陛下ㅣ 用之ᄅᆞᆯ 如彼六君之用彼六臣也ᄒᆞ노이라 臣이 非敢曰朴泳孝ㅣ 文武才德이 超羣拔萃ᄒᆞ야 以我數千萬臣民이 無出其右者ㅣ나 然이나 臣이 明知其至誠憂國ᄒᆞ야 秉節忠請ᄒᆞ며 膽氣過人에 確守不奪이오 而勞心苦筋에 增益不能ᄒᆞ야 通大局之勢ᄒᆞ며 辨與國之情이라 故로 能自知而不犯可亡ᄒᆞ야 佐陛下保平和之道ᄒᆞ며 建光復之基者ᄂᆞᆫ 臣이 敢曰姑無如朴泳孝其人者라ᄒᆞ노니 非臣一人이 私爲此說이오 實全國與論之所在也ㅣ며 天下識者之所觀望也ㅣ라."

의 국시를 국왕 곁에서 보좌할 만한 능력을 지닌 자는 박영효가 적격이라고 하면서 그의 편을 들어준 것이다. 유길준의 이러한 진술은 귀국 전 일본에서 신문기자와 만나 인터뷰했던 내용과도 동일한 맥락에 서 있었다.

> 대개 한국의 현재 상황에서 능히 군소를 황제의 좌우로부터 물리쳐 황제에게 간언하여 창생을 도탄에서 구할 수 있는 일은 박[영효-인용자 삽입]을 제쳐두고 달리 한 사람도 없을 것이다. 그리고 박은 다수의 한민(韓民)에게서 경모와 신뢰를 받고 있다. 한국의 안위와 관련해서는 박과 어깨를 나란히 하기란 불가하지 않겠는가? 그렇기 때문에 박이 이번에 귀국하자마자 다소의 기탄을 받을 수밖에 없었을 것이다.[90]

유길준은 황제를 도와 도탄에 빠진 백성들을 구제할 수 있는 자로 박영효만한 자가 없다고 하면서 많은 한국인들로부터 "경모와 신뢰를 받고 있다"고 발언했다. 이 내용은 앞서 인용한 초고에서 "우리나라 여론이 그러하며, 천하 식자가 관망하고 있는 바"라고 한 문구와도 동일한 맥락이다. 이와 같이 박영효에 대하여 난국을 타개할 인재로서 긍정적으로 평가하면서 순종에게 천거한 내용은 초고본에서만 확인된다.[91]

그렇다면 어째서 유길준은 〈平和光復策〉 제출본에서 박영효에 대하여 언급한 내용을 완전히 지워버렸는가? 초고본 내용 안에서 그 이유를 발견하기는 어렵다. 다만, 유길준이 귀국한 지 얼마 지나지 않은 시점에 박영효는 평리원(平理院)에서 재판을 받고 제주도로 유배를 떠났다는 사실을 고려해 본다면 약간의 실마리를 찾을 수 있다. 7월 19일 궁내부대신에 임명되었던 박영효는 제2차 헤이그 만국평화회의에 밀사를 파견했다는 것을 이유로 삼아 통감부가 추진한 고종의 강제 양위에 반대했다.[92] 일본 측에서는 역모를 꾸

90 〈兪吉濬氏餘談〉, 《東京朝日新聞》 1907년 7월 24일.

91 물론 귀국하기 직전 일본 언론과의 인터뷰에서 박영효를 옹호하는 발언을 두 차례나 하고 있었던 정황도 확인되기는 한다. 초고본에서 박영효를 추천하려 한 내용은 이러한 연장선상에서 나온 것으로 이해할 수 있다.

92 이광린, 1993, 〈春皐 朴泳孝〉, 《開化期의 人物》, 延世大學校出版部, 161쪽.

몄다는 혐의를 걸어 24일 이도재(李道宰), 남정철(南廷哲) 등과 함께 박영효를 체포했다. 8월 22일 평리원에서 태형 80대 처분의 선고를 받은 후 벌금을 내고 석방되었다가 치안방해 우려가 있다는 이유로 박영효는 재차 구금되었다.[93] 8월 26일 내부대신 임선준(任善準)에게 〈保安法〉 제5조에 의거하여 1년간 제주도 이외 지역에서의 거주를 금지한다는 처분을 받은 후 박영효는 식솔들을 데리고 29일 서울을 떠났다. 그는 인천에서 며칠 체류하다가 9월 3일 제주도로 가는 선박에 탑승했다.[94] 〈제3차 한일협약〉이 체결되고 난 직후의 인터뷰에서 유길준은 일본에서 그간 보아온 모습을 볼 때 박영효가 폭동을 선동할 하등의 이유가 없다면서 혐의는 곧 풀리게 될 것이라고 옹호해 주는 발언을 한 적이 있었다.[95] 귀국 후 국내에서 그나마 자신과 같이 활동할 만한 대상으로는 다른 정치세력보다 일본 망명 당시 같이 고생하면서 자주 접촉한 적이 있는 박영효를 우선순위에 둘 수밖에 없었던 것 같다. 유길준은 그와의 정치적 제휴를 염두에 놓으면서 일본 현지에서 박영효를 두둔하는 발언을 했던 것으로 볼 수 있다.

하지만 귀국 후 박영효가 재차 구속되고 제주도로 압송되는 현실을 목도하면서 유길준은 국내 정국이 돌아가는 형편상 〈平和光復策〉에서 그를 직접 거론하기에는 본인 스스로도 정치적으로 상당한 역효과를 초래할 수 있음을 직감했을 것이다. 귀국 전 시모노세키에서 잠깐 만났던 이토 통감에게 귀국 후 정치상 지장을 초래하는 행위를 하지 말라고 주의를 받았던 것도 그리 오래된 일은 아니었다. 그리하여 중국 고사까지 길게 나열하는 가운데 박영효

93 오가와라 히로유키 저, 최덕수·박한민 역, 2012, 《이토 히로부미의 한국 병합 구상과 조선사회》, 열린책들, 187쪽 ; 〈朴泳孝の遠謫〉(9月 5日 曉花生 稿), 《東亞》 第25號, 東京堂, 5쪽.

94 〈韓國時報〉 朴泳孝氏の配流, 《外交時報》 第119號 1907.10, 外交時報社, 25쪽 ; 《東亞》 第25號, 위의 글 ; 《統監府文書》 卷4, 1907년 8월 31일 丸山 警視總監 → 古谷 祕書官 〈仁川滯在中인 朴泳孝 濟州島押送處分 件〉. 《東亞》에서는 박영효에 대한 보안법 제5조 위반 처분이 조문상으로는 일정 지역 내로 들어가지 못하도록 한 것을 정반대로 적용한 것이기 때문에 "법조문을 위반한 명령으로 무효가 될 수 있다"는 문제점을 지적하기도 했다.

95 〈兪吉濬氏의 新協約에 對흔 談〉, 《漢陽報》 제1권 제1호, 31쪽.

를 등용해야 할 이유를 길게 제시하였던 초고 내용은 〈平和光復策〉 제출본에서 전면 삭제했던 것으로 보인다.

이러한 점들을 종합적으로 고려해 본다면 〈平和光復策〉 초고본은 애초에 순종과 국내 정치세력을 독자로 상정하면서 시국과 관련된 여러 인물들의 사면과 등용에 주안점을 두었던 것으로 볼 수 있다. 구체적으로 이름을 거론한 것은 그로 대표되는 세력들과 정치적으로 제휴할 수 있는 기반을 만들어 보겠다는 의사를 표명한 것이기 때문이다. 반면, 제출본은 자신이 작성한 글을 읽어볼 대상으로 통감까지도 염두에 두어야 한다는 점을 강하게 의식하면서 자기검열을 실시한 결과물이었다. 사직 상소와 같이 올리는 글에서 유길준은 통감부가 곧바로 문제 삼을 만한 인물들의 선처와 재등용을 거론할 만한 정세가 아니라고 판단했다. 그래서 초고본에서 집필했던 내용을 대폭 삭제하거나 줄여버리면서 정치적으로 위험에 처할 가능성을 낮추었던 것이다. 초고본에서 제출본으로 넘어가는 단계에서 나타난 내용상의 차이는 유길준이 국내 정치에 대해 체감하면서 판단을 바꾸게 된 과정을 구체적으로 잘 보여준다는 점에서 의미가 있다.

3) '평화'와 '광복'의 의미

〈平和光復策〉에서 유길준이 핵심적으로 주장하는 내용은 초고본과 제출본 간에 내용이 동일하다. "생각건대 우리가 광복할 방도는 오직 평화로 말미암아야 하며, 성취할 방향은 전적으로 부강해지는 데 있다"라고 하면서 스스로 부강해질 방법을 마련하지 않고 광복의 대업만을 바라는 것은 '백년하청(百年河淸)'과 마찬가지라고 했다. 부강의 달성 없이 광복을 실현할 수 없다는 말이었다. 이외에 평화와 광복을 언급하고 있는 문구의 용례를 초고본 내용 가운데서 추출해 보면 〈표6〉과 같다.

'평화'라는 용어는 주로 방도(道)라는 수단적 표현과 같이 쓰이고 있다. 그리고 '광복'은 특정 상태를 달성하기 위한 과제로서 방책(策)이나 대업(業)이

표6. 초고본 중 '평화', '광복'을 거론한 구절

문구	내용
平和光復之策	伏願 陛下눈 以平和光復之策으로 立爲國是ᄒᆞ사 明以詔之全國之臣民ᄒᆞ사 使奉之爲金科玉條而死生以之ᄒᆞ야 父子ㅣ 相傳ᄒᆞ며 兄弟ㅣ 相告ᄒᆞ며 夫婦ㅣ 相勸ᄒᆞ며 明友ㅣ 相助ᄒᆞ야 無老無少無貴無賤ᄒᆞ고 一惟富强之道를 是講是究케ᄒᆞ시고
光復之地	而能沉思焦慮ᄒᆞ야 得立還附之約ᄒᆞ야 以爲後日光復之地者눈 其功이 亦不爲不多也ㅣ로소이다
光復之大策	皆當軆陛下之心ᄒᆞ야 以光復之大策으로 爲其天理人事之命ᄒᆞ고 而與日本之臣民으로 務修親密信切和睦之交ᄒᆞ야 相資爲益ᄒᆞ며 共濟以善ᄒᆞ야 期日夜臻富强之域이니
光復之業	使我富强之道ㅣ 速一日이면 則光復之業이 速一日이라
平和之道 光復之策	臣雖至愚無狀이나 以平和之道로 自任爲光復之策이라 臣頸눈 可斷이로ᄃᆡ 臣之此心此神은 不可以奪也ㅣ며 臣骨은 可粉이언뎡 臣之此氣此魄은 不可以滅也ㅣ니이라
平和之光復	而又以平和之光復으로 奉爲國是ᄒᆞ야 勿作可亡之侮ᄒᆞ며 能有自知之明者ㅣ라야 乃可耳라
光復之大業	則陛下ㅣ 將誰與共治天下ᄒᆞ사 以圖光復之大業乎잇가 此ㅣ 臣所以不敢不言也ㅣ로이라
平和之道 光復之基	能自知而不犯可亡ᄒᆞ야 佐陛下保平和之道ᄒᆞ며 建光復之基者눈 臣이 敢曰姑無如朴泳孝其人者라ᄒᆞ노니 非臣一人이 私爲此說이오 實余國與論之所在也ㅣ며

라는 표현을 쓰고 있으며, 그 지위(地)나 기반(基)을 가리키는 용어와도 연결시키고 있다. 위의 표현들을 종합해서 의미를 살펴본다면 유길준은 평화적인 방법이나 수단을 통해서 광복의 상태를 달성하는 것을 지향하고자 했음을 알 수 있다. 그것은 부강해지는 방법을 강구하고 하루라도 빨리 달성함으로써 실현 가능하다고 보았던 것이다. 여기서 말하는 '광복'은 〈제2차 한일협약〉에서 "부강함을 인정할 때까지"라고 언급했던 조건을 대한제국이 장차 달성하여 국권을 회복하게 되는 상태를 지칭하는 것으로 보인다.[96] 〈제3차 한일협약〉까지 체결된 시점에서 유길준이 제시할 수 있었던 평화 광복의 방책은 결국 대세에 순응하는 가운데 실력양성을 도모하여 부강의 내실을 다지면서 국권을 회복할 수 있는 온건한 방향으로 귀결되었다. 초고본보다 제출본에서 통감부가 한국에 대해 실시한 여러 결정에 대하여 우호적으로 바라보려는 뉘앙스를 좀 더 강하게 담은 것도 이와 무관하지 않다. 유길준으로서는 망명자 신분에서 해제된 지 얼마 지나지 않았기 때문에 정치적으로

96 이보다 조금 앞선 시기로 1906년 4월 이필화(李苾和)가 올린 상소문에서 '광복'이 "국권을 광복할 수 있다(國權可以光復)"는 문구로 사용된 것이 확인된다(《高宗純宗實錄》 高宗 43년 4월 17일 기사). 그리고 1908년 4월 대한협회와 관련하여 정교(鄭喬)가 한 축사에서 "구권을 광복한다(光復舊權)"는 표현을 찾아볼 수 있다(〈祝辭〉, 《大韓協會會報》 제1호, 1908년 4월 25일).

민감한 발언이나 제안을 하기는 어려운 처지였다. 그러한 만큼 통감부가 보기에도 온건하다고 판단할 수 있는 부강 실현의 방책을 '평화'와 '광복' 두 가지의 개념을 조합하면서 작성했던 것이 아닐까 한다.

4. 맺음말

본고에서는 1907년 8월 귀국한 유길준이 궁내부 특진관 자리를 사양한다는 의사를 밝히면서 올린 〈平和光復策〉의 저술 배경, 고려대학교 박물관에 소장되어 있는 초고본과 제출본 간의 내용상 차이를 살펴보았다. 검토해 본 내용을 정리해 보면 다음과 같다.

첫째, 1907년 7월부터 8월 사이에 귀국을 앞두고 유길준은 도쿄에서 여러 인물들과 접촉하면서 적극적으로 활동했다. 기자들과도 활발하게 접촉하면서 시국에 대하여 입장을 밝히고 있었다는 사실은 여러 일본 측 신문보도나 잡지 기사를 통해서 확인할 수 있었다. 이때 그가 발언한 인물평이나 시국에 대한 인식은 귀국 이후 그가 저술한 글과도 연속성을 갖고 있었다. 일본어가 능숙했던 그로서는 각계각층의 인사와 만나 의견을 들으면서 정세 판단을 하고, 다른 망명자들과 달리 언론과 접촉 빈도를 높임으로써 본인의 존재감을 부각시킬 수 있는 방향으로 기민하게 움직이고 있었다. 귀국 후 관직에 나아가지 않고 민간에서 활동하겠다고 한 그의 발언은 일단 정국 상황을 지켜보면서 활동하겠다는 입장을 표명했던 것으로, 다분히 정치적 수사에 가까웠다.

둘째, 〈平和光復策〉 초고본과의 비교를 통해 제출본과 차이가 나는 내용들이 적지 않게 담겨 있었다는 사실을 확인하였다. 초고본에서만 확인되는 내용으로는 최익현, 이범진, 박영효와 관련된 서술을 들 수 있다. 민영환의 경우 초고본에서 충의를 실현한 신하로서 높게 평가했다. 이에 반해 제출본에서는 거론하는 비중이 대폭 줄어들었다. 박영효의 경우 유길준이 그를 추천하는 이유를 중국 고사까지 전거로 들어가면서 길게 서술했다. '평화광복'의 국시를 국왕 곁에서 보좌할 만한 능력을 지닌 자는 박영효만 한 자가 없다고 천거했다. 하지만 제출본에서는 이 내용이 자취를 감추었다. 최익현이나 이범진 등을 사면하고 용서해 주어야 한다는 내용 역시 제출본에서는 삭제하였다. 이것은 귀국 후 국내 정세가 돌아가는 상황을 보았을 때 이들에 대하여 상소문에서 직접적으로 거론하는 것이 유길준 본인에게도 정치적으로 불리하게 작용할 가능성이 높다고 판단했기 때문으로 보인다. 통감부의 대응을 의식하면서 정치적으로 민감한 현안이나 인물에 대해서는 제출본을 완성하는 과정에서 대폭 삭제하거나, 표현을 우회적으로 돌려서 위험성을 낮추는 전략을 택하였음을 알 수 있다. 유길준이 통감부의 존재를 의식하면서 자기검열을 실시했던 흔적은 초고본에 수록되었다가 삭제하거나 대폭 줄인 내용들이 고스란히 잘 보여준다. 유길준이 제시할 수 있었던 평화 광복의 방책은 대세에 순응하는 가운데 실력양성을 도모하여 대한제국이 부강의 내실을 다지면서 국권을 회복할 수 있는 온건한 방향에 기초해 있었다.

셋째, 〈平和光復策〉이 한문으로 먼저 작성되었을 것이라는 기존 예상과는 달리 국한문 혼용체로 작성되었다는 사실을 초고본의 존재를 통해 확인했다. 여기에서 문체 사용 문제까지 본격적으로 다루어 볼 여유는 없었지만, 유길준이 의식적으로 국한문 혼용체를 사용하면서 〈平和光復策〉 초고를 작성하고 수정하는 작업을 하고 있었다는 점에는 주목할 만하다. 아울러 초고본에는 '평화광복책'이라는 제목이 붙어 있지 않다. 아마도 유길준 사후 원고를 정리하는 과정에서 누군가가 본문 상에서 핵심적인 키워드로 다루어지고 있던 '평화광복'이라는 표현에 주목하여 제목을 덧붙였을 가능성이 높다.

넷째, 유길준의 〈平和光復策〉이 국내 언론 가운데《皇城新聞》에만 두 차례에 걸쳐 전문이 게재될 수 있었던 배경을 살펴보았다. 1907년 7월부터 10월 사이에《皇城新聞》은 일본과의 친선 유지를 전제로 하는 위에서 한국의 실력 발전을 통해 국권 회복을 도모해야 한다는 입장에 서서 사설을 내보내고 있었다. 유길준의 〈平和光復策〉 내용도 결국 평화에 기초하여 부강을 도모해야 한다는 실력양성의 입장에 서 있었던 만큼 《皇城新聞》의 논조와도 친연성이 높았다. 장문의 〈平和光復策〉을 두 차례에 걸쳐 전문을 게재한 것도 결국 같은 입장을 널리 알리려는 목적이 컸던 것으로 볼 수 있다.

참고문헌

1. 자료

《東京朝日新聞》.《大阪每日新聞》.《東京日日新聞》.《時事新報》.《福岡日日新聞》.

《朝鮮新報》.《皇城新聞》.《大韓每日申報》.《太陽》.《東亞》.《漢陽報》.《外交時報》.

《高宗純宗實錄》.《承政院日記》.

兪吉濬全書編纂委員會 編, 1971,《兪吉濬全書》Ⅳ, 一潮閣.

국사편찬위원회 편, 1998,《統監府文書》卷3, 국사편찬위원회.

국사편찬위원회 편, 2002,《要視察韓國人擧動》卷3, 국사편찬위원회.

《日本外交文書》卷40-1.

原敬文書研究會 編, 1984,《原敬關係文書》卷1(書翰篇一), 日本放送出版協會.

宇都宮太郎関係資料研究会 編, 2007,《日本陸軍とアジア政策：陸軍大將 宇都宮太郎日記》卷1, 岩波書店.

〈平和光復策 草稿〉(고려대학교 박물관 소장).

유길준 수발신 서한(고려대학교 박물관 소장).

2. 논문 및 저서

권태억, 2014,《일제의 한국 식민지화와 문명화》, 서울대학교출판문화원.

박은식 저, 김태웅 역해, 2012,《한국통사 : 국망의 아픈 역사를 되돌아보는 거울》, 아카넷.

서영희, 2003,《대한제국정치사연구》, 서울대학교출판부.

쓰키아시 다쓰히코 저, 최덕수 역, 2014,《조선의 개화사상과 내셔널리즘》, 열린책들.

오가와라 히로유키 저, 최덕수·박한민 역, 2012,《이토 히로부미의 한국 병합 구상과 조선 사회》, 열린책들.

原武史, 2000,《大正天皇》, 朝日新聞社.

尹炳喜, 1998,《兪吉濬研究》, 國學資料院.

李光麟, 1989,〈일본망명시절의 유길준〉,《開化派와 開化思想 研究》, 一潮閣.

______, 1993,〈春皐 朴泳孝〉,《開化期의 人物》, 延世大學校出版部.

이규수, 2017, 〈일본 언론의 유길준 인식〉, 《史林》 60, 수선사학회.
장인성, 2008, 〈근대 한국의 평화관념〉, 와타나베 히로시·박충석 공편, 《한국·일본·'서양'》, 아연출판부.
장인성·김현철·김종학 엮음, 2012, 《근대한국 국제정치관 자료집》 1, 서울대학교출판문화원.
조경달 저, 최덕수 역, 2015, 《근대 조선과 일본》, 열린책들.
池川英勝, 1990, 〈日韓同志会について〉, 《朝鮮学報》 135, 朝鮮学会.
최덕수, 2009, 〈근대 계몽기 한국과 일본 지식인의 '보호국론' 비교 연구〉, 《東北亞歷史論叢》 24, 동북아역사재단.
현광호, 2009, 《한국 근대 사상가의 동아시아 인식》, 선인.
Masutani Yuichi, 2016, "A Study on Yu Kilchun and His Network of Acquaintances (1881~1907)", *International Journal of Korean History* 21-2, Center for Korean History Korea University.

부록

1907년 7월 유길준이 일본 내각총리대신 사이온지 긴모치에게 보낸 편지

1. 원문은《皇城新聞》隆熙 元年 8月 21日 2면 1단 別報〈兪氏長書〉를 기준으로 했다. 대조를 위해서 활용한 일본 신문기사는《東京日日新聞》1907년 8월 12일 4면〈兪吉濬氏の封事〉이다.《兪吉濬全書》Ⅳ권에는〈建白書〉라는 제목으로 수록되어 있는 문서이다(347-348쪽).
2. 원문 글자에 밑줄을 치고 이어서 [ ]로 표기한 대목은 글자나 표현상 차이가 나는 부분이다. [ ] 속 글자나 문구가《東京日日新聞》기사에 실려 있는 표현이다.
3. 밑줄 없이 [ ] 표시만 있는 부분은《皇城新聞》기사에서 빠진 글자에 해당한다.
4. 밑줄 표기만 있는 부분은《東京日日新聞》기사에 없는 글자이다.

편지 원문내용 대조

大韓國累人兪吉濬 謹奉書于 大日本國內閣總理大臣侯爵西園寺公望閣下

累人 廢居積歲 自分爲一棄物 不敢向人作世間語 今也情有所切 義有所迫 不遑顧左右量前后而狂走 直鳴於閣下之前者 以所謂海牙密事事件 所關甚重也 蓋其事不敢曰必無[不曰必然] 又不敢曰必有[不曰必有] 則雖不敢明言其有無 擧弊邦百年以來情形 明我皇之心[必]無他 以釋閣下之疑 亦累人之分也 夫弊邦自外戚專政以後 百度解紐 王室孤危 所依信而爲安者 唯宦妄[妾]近侍而已 則別蓄私人 作爲耳目 以汲汲於自衛 而至今皇之世國政愈亂而王室愈危 私蓄耳目之事 隨亦愈廣焉 所謂私人者 卽雜輩也 雜輩之爲分 [每]蠱惑聰明 無所不至 而自新協約以後 則乘我皇疑懼之際 或以無實之言騷動之 或以旣成之實事符合之 或以疑似之形跡搆[構]造之 務多得內庫之金 故我皇之親信日本 非其所願 依毗[日本]政府 亦非其所欲 締結譸幻至於此極 我皇 本非有眞正之世界智識 只不過得聞皮相之論於耳食之輩 而所日夜焦心者 在其位之安危 則今此之擧[則國權云云] 其本意 卽自衛其躬之策 非出於如日本所視以爲協約違反之重[擧]也 私人挾雜之組織 其來甚久 便成慣例 恃[特]爲腹心 而反爲其所誤 雖有臣民之衆 欲信無人 雖有國土之廣 欲安無地 漸漬浸淪[潤] 轉轉入疑 萬事懊惱 煩悶之極 行動往往非常軌 是皆不得已之事情而亦我臣民之罪也 決非我皇之本心矣 閣下以此次之事 誠宜忿怒 然一轉而思之 乃亦應不禁一掬同情之淚[已] 宇內萬國中 有帝國之名 而立最不幸之地者 豈有如我皇者哉 苟眞知其位與其躬之安 果因協約之效力而確定 惟恐日本之不親也 累人 不敢爲妄言 以欺閣下 欲因此機 以明我皇之心 而仰冀閣下以恢弘光明之道 務求我皇之覺醒 擔保其尊嚴與安寧 如協約之文 則我皇 始眞知日本之實而新信之 不爲小人之所間[聞]也 且我國民將心腹日本之恩德 永矢不忘也 此言後若不實 累人 請以一死報之 [啻不贅言 閣下若以燕閑之暇 許借前席數尺之地 尤不勝幸甚 七月 日]

和歌

さゞ波は何か憂へん渡津海の / 廣き心の君し居まさば。

2

근대 상상의 경험적 토대

'보호국' 시기 교과서 검정과 검열

흥사단 검정청원 교과서본을 중심으로

김소영

1. 머리말

근대 한국에서 검열제도의 등장은 일본 제국주의의 식민지배 확립 과정에서 통치의 효율성을 높이기 위해 등장했다. '보호국' 시기 시작된 검열제도는 이후 식민지 시기 검열제도로 연속되었다. 이러한 검열제도를 문화, 사상, 정보 통제라는 일본의 식민지배 정책의 일환으로 살펴보고 검열제도의 역사적 의미와 현재적 의미, 영향을 밝히는 것이 필요하다. 즉 '보호국' 시기에 시작되어 식민지 전 시기 동안 지속되었던 검열제도가 일본의 식민통치를 유지하고 공고히 하기 위해 어떠한 역할을 담당, 작동했는지를 이해하기 위해서는 그 성립 초기 단계부터 살펴볼 필요가 있다.

본 연구는 일련의 검열 관련 법령, 규정 가운데 1908년 9월 반포된 〈교과용도서검정규정〉과 그 실제 적용에 주목하고자 한다. 교과서 검정에 관한 이 규정은 〈사립학교령〉과 함께 한국민의 민족교육 실시를 막기 위해 통감부에 의해 제정된 것이었다. 즉 일본은 1905년 11월 대한제국을 '보호국'으로 만든 이후 다시 '완전한' 식민지로 만들기 위한 정책을 추진하고 있었다. 통감부는 식민통치를 실현하기 위해 무엇보다 한국민의 교육열, 특히 민족교육 실시에 대한 열망으로 폭발적으로 증가하고 있던 사립학교와 그곳에서 사용되고 있던 교과서를 통제할 필요가 있었다. 관립 또는 공립학교가 이미 통감부의 통제로 인해 제대로 된 민족교육을 실시할 수 없다고 판단한 지식인들은 각지에 사립학교를 설립하고 그 곳에서 사용할 교과서를 저술, 편찬했다.[1]

1906년부터 1910년까지 일본의 '보호국'으로 통감통치를 받던 대한제국은 외교권은 물론 내정 역시 통감에 의해 장악되어 사실상 식민지나 다름없는 상황이었다. 통감부는 효율적인 식민통치를 위해 반일 또는 민족감정을 고취할 수 있는 사상, 정보 통제에 나섰고, 이는 1907년 〈보안법〉, 〈신문지법〉, 1908년 〈교과용도서검정규정〉, 1909년 〈출판법〉 등 일련의 법령으로 제도화되었다. 이와 같은 검열제도의 성립으로 신문, 잡지 등이 정간되거나 교과서를 비롯한 출판물들이 압수되고 금서로 지정되기도 했다는 사실은 이미 많은 연구에서 밝혀졌다. 또 검열기준에 대한 검토, 검열로 인해 금서로 지정된 출판물의 내용 등에 대한 연구도 이루어졌다.[2]

하지만 1906년 통감통치가 실시되며 출판과 언론에 대한 검열, 통제가 시작되었음에도 불구하고 검열제도에 관한 연구는 시기적으로 식민지 시기에

---

1 김소영, 2010, 〈대한제국기 '국민' 형성론과 통합론 연구〉, 고려대학교 대학원 한국사학과 박사학위논문, 110-111쪽.

2 강윤호, 1973, 《개화기의 교과용 도서》, 교육출판사 ; 윤건차, 1987, 《한국근대교육의 사상과 운동》, 청사 ; 고덕환, 1988, 〈출판과 출판법〉, 《출판학연구》 90, 범우사 ; 김봉희, 1999, 《한국개화기 서적문화 연구》, 이화여자대학교출판부 ; 이중연, 2001, 《'책'의 운명 — 조선-일제강점기 금서의 사회·사상사》, 혜안 ; 김효전, 2003, 〈구한말 경찰의 이론과 실제〉, 《인권과정의》 325 ; 정근식, 2003, 〈식민지적 검열의 역사적 기원 : 1904-1910〉, 《사회와 역사》 64 ; 石松慶子, 2003, 〈통감부치하 대한제국의 수신교과서·국어독본 연구〉, 연세대대학원 석사학위논문 ; 구희진, 2004, 〈한국 근대개혁기의 교육론과 교육개편〉, 서울대학교 대학원 사회교육과 박사학위논문 ; 정근식, 2007, 〈구한말 일본인의 조선어교육과 통역경찰의 형성〉, 《한국문학연구》 32 ; 이계형, 2008, 〈대한제국기 통감부의 식민교육정책 연구〉, 국민대학교 국사학과 박사학위논문 ; 김소영, 2010, 〈대한제국기 '국민' 형성론과 통합론 연구〉, 고려대학교 대학원 한국사학과 박사학위논문 ; 송민호, 2014, 〈대한제국시대 출판법의 제정과 출판검열의 법 — 문자적 기원〉, 《한국현대문학연구》 43.

집중되었다. 이와 같이 특정 시기에만 연구가 집중되었던 이유는 검열제도가 본격적으로 실시되고 구체화된 것이 주로 식민지 시기로, 검열제도와 그 실제 적용 예를 비롯한 검열 관련 자료를 풍부하게 확보할 수 있기 때문이다.

특히 1910년 이후 일제의 식민지배 정책과 관련해 검열제도 및 정책을 다룬 연구가 주를 이루고 있다. 일제는 '효율적이고' 강고한 식민통치를 위해 식민지 시기 내내 언론, 사상의 자유를 억압하고 통제하는 정책을 펼쳤다. 이러한 통제정책은 신문, 잡지, 교과서와 같은 인쇄출판매체는 물론이며 영화, 미술작품, 음반 등 광범위한 분야에 적용되는 검열제도로 성립되었다. 식민지 시기 언론, 사상의 통제, 검열정책, 검열제도에 대한 연구를 세부적으로 살펴보면 총독부의 검열 관련 법령과 정책의 내용 자체를 분석한 연구, 검열관, 검열기구, 검열과정에 대한 연구들이 주를 이룬다. 또 식민지 조선에서의 검열체제는 식민 모국인 일본과 연동하는 것이었으므로 일본의 검열체제가 조선의 검열체제에 미친 영향, 양자의 차이점, 공통점 등을 비교 분석한 연구도 이루어졌다.[3]

이와 같이 식민지 시기 검열에 관한 다양한 연구가 이루어질 수 있었던 것은 앞서 언급한 바와 같이 사상, 지식, 정보를 통제하는 검열제도가 식민통치를 유지하고 공고히 하기 위한 중요하고 '효율적인' 식민정책의 하나였다는 문제의식이었다. 또 식민지 전 시기에 걸쳐 검열제도가 작동했던 만큼 다양

---

3 한만수, 2004, 〈식민지시대 출판자본을 통한 문학검열에 대하여〉, 《국어국문학》 131 ; 정근식, 2005, 〈일제하 검열기구와 검열관의 변동〉, 《대동문화연구》 51 ; 김창록, 2006, 〈일제강점기 언론, 출판법제〉, 《한국문학연구》 30, 동국대학교 한국문학연구소 ; 한만수, 2006, 〈1930년대 검열기준의 구성원리와 작동기제〉, 《한국어문학연구》 47 ; 한만수, 2007, 〈식민지 시기 근대기술(철도, 통신)과 인쇄물 검열〉, 《한국문학연구》 32 ; 박광현, 2007, 〈검열관 니시무라 신타로(西村眞太郎)에 관한 고찰〉, 《한국문학연구》 32 ; 손지연, 2007, 〈식민지 조선에서의 검열의 사상과 방법 — 검열 자료집 구축 과정을 통하여〉, 《한국문학연구》 32 ; 동국대학교 문화학술원 한국문화, 2010, 《식민지 시기 검열과 한국문화》, 동국대학교출판부 ; 검열연구회, 2011, 《식민지검열》, 소명출판 ; 정근식, 2012, 〈식민지검열과 "검열표준" — 일본 및 대만과의 비교를 통하여〉, 《대동문화연구》 79 ; 정근식, 2013, 〈식민지 전시체제하에서의 검열과 선전, 그리고 동원〉, 《상허학보》 38 ; 정진석, 2014, 《극비 조선총독부의 언론검열과 탄압 — 일본의 침략과 열강세력의 언론통제》, 커뮤니케이션북스 ; 정근식 외, 2016, 《검열의 제국 — 문화의 통제와 재생산》, 푸른역사.

하고 풍부한 검열 관련 자료가 남아 있어 이러한 자료들을 활용한 연구가 활발히 이루어질 수 있었다.

이 가운데 본 연구의 문제의식, 방법론에서 주목되는 연구는 출판물의 검열 흔적과 검열 과정이 직접적으로 기록되어 있는 검열 대상 원본을 분석, 정리한 연구이다. 예를 들어 식민지 시기 잡지와 소설 납본을 통해 검열 과정을 살펴본 연구와 조선과 마찬가지로 일본제국의 식민지였던 대만에서 발행되던 신문 및 잡지의 검열 흔적을 살펴본 연구는 본 연구를 수행하는 데 여러 가지 시사점을 던져준다. 이 연구는 검열의 흔적이 남아 있는 판본을 분석하여 검열을 담당했던 검열관의 도장, 수기를 통해 당시 검열을 담당했던 인물, 검열관이 누구인지, 어떠한 방식으로 검열이 이루어졌는지 그 검열과정, 검열 결과 승인의 행정절차도 밝혀냈다. 또한 검열관이 어떠한 검열 기준을 가지고 내용의 삭제, 수정 등을 요구했는지도 분석했다. 또한 법령으로 정해진 검열기준, 검열과정뿐만 아니라 실제 적용 사례를 분석함으로써 일본 식민지 검열체제의 실상을 밝히고 있다.[4]

이처럼 식민지 시기 검열에 관해서는 지금까지 많은 연구가 이루어졌고, 본 연구의 분석 대상 시기인 '보호국' 시기 검열 관련 연구 역시 식민지 시기 검열체제의 전사(前史)로 꾸준히 이루어져 왔다. 식민지 시기 검열 연구와 마찬가지로 이 시기의 검열 연구도 검열 관련 각종 법령에 대한 분석과 검열에 의해 정간된 잡지 및 신문, 금서로 지정된 출판물 등에 관한 연구, 그리고 통감부의 검열정책, 체제에 대한 한국민의 반발, 대응에 대한 연구가 주를 이루고 있다. 다만 앞서 언급한 바와 같이 검열 관련 자료가 풍부한 식민지 시기에 비해 상대적으로 자료가 적고, 특히 검열, 검정제도 실제 적용 사례를 보여주는 자료가 없어 관련 연구가 전무한 상황이었다.

그런데 최근 '보호국' 시기 학부, 실제로는 통감부의 교과서 검정의 실태

4 검열연구회, 2011, 《식민지 검열 : 제도·텍스트·실천》, 소명출판.

를 보여주는 교과서 검정청원본이 새롭게 발굴되었다. '보호국' 시기 통감부의 교과서 검정 실례를 보여주는 새로운 자료, 즉 흥사단의 교과서 검정청원본은 2003년 유길준 후손들이 고려대학교 박물관에 기증한 '유길준 관련 신자료'에 포함되어 있다. '유길준 관련 신자료'는 '유길준 소장 도서'와 '유길준 문서', '유길준 서간문' 등으로 나눌 수 있으며, 교과서 청원본은 '유길준 소장도서'에 포함되어 있다. 유길준은 국민교육, 소학교육을 위주로 한 근대교육을 실시하고 인재를 양성할 목적으로 1907년 흥사단을 창립하고 단체를 이끌었다. 따라서 그가 흥사단과 흥사단 관련 인물들이 저술, 편찬한 교과서의 검정청원본을 소장하고 있었던 것으로 추측된다.[5] 이에 본 연구는 새롭게 발굴된 교과서 검정청원본들을 분석하여 '보호국' 시기 교과서 검정 및 검열의 실례와 그 역사적 의미를 밝히고자 하는 일련의 연구 가운데 첫 번째 시도로 다음 두 가지 점을 살펴보고자 한다.

먼저 일본이 식민통치를 확립하기 위해 언론과 출판을 통제하는 검열정책을 '보호국' 시기부터 수립, 전개해 갔다는 사실에 주목하고자 한다. 또 '보호국' 시기의 검정과 검열 체제가 이후 식민지 시기 검열체제로 연속된다는 점에 유의하여 그 시기 검정 및 검열 관련 법령을 검토하여 근대 한국에서 검열 체제의 성립 초기 과정을 살펴볼 것이다.

다음으로 교과서 검정청원본을 서지적으로 분석하고자 한다. 언급한 바와 같이 '보호국' 시기 교과서 검정청원본은 그동안 분석되거나 활용된 적이 없는 새로운 자료로, 그 서지학적 분석이 우선될 필요가 있다. 교과서의 저자 및 발행자, 발행 연도, 사용 용도, 목차 구성과 같은 일반적인 서지사항은 물론, 검정청원본이라는 점에서 검정 과정을 살필 수 있는 사항들을 함께 밝혀야 할 것이다. 즉, 청원본에 기록되어 있는 검정을 담당했던 검열관에 대한 조사와 검정 이후 발행 여부도 확인할 필요가 있다.

5 최덕수 외, 2015, 《근대 한국의 개혁 구상과 유길준》, 고려대학교출판문화원, 32-34쪽.

위의 사항들을 일차적으로 분석한 후 향후 진행해야 할 연구과제는 다음과 같다. 먼저 가장 중점을 두고자 하는 것은 검정 과정에서 검열관이 요구했던 수정, 삭제, 보완의 내용에 관한 분석으로 통감부가 교과서 검정을 통해 한국민의 교육 및 사상을 어떠한 내용과 방식으로 통제하고자 했는지 살펴보고자 한다.

다음으로 교과서 검정은 출판물에 대한 통제만이 아니라 교육에 대한 통제를 목적으로 한 것이었다. 따라서 여타의 언론, 출판물에 대한 검열보다도 보다 분명하게 일본이 추구했던 식민정책, 식민통치의 본질을 보여주는 것이다. 이러한 점에 주목하여 교과서 검정 내용을 분석한다면 '보호국' 시기 통감부의 추구했던 통치의 내용과 성격을 파악하는 데 도움이 될 것이다.

마지막으로 '보호국'이었던 대한제국 이외에 이미 일본제국의 식민지였던 대만과 식민 모국이었던 일본의 교과서 검정 및 검열 정책과도 비교, 검토할 필요가 있다. 이를 통해 검정과 검열체제가 제국을 형성하고 유지하는 데 어떠한 역할을 담당했는지를 파악할 수 있을 것이다.

2. 교과서 검정과 검열 제도의 도입

1895년 3월 25일 학부관제가 반포되고 편집국이 설치되면서 근대적 교과서가 편찬되기 시작했지만 교과서 검정에 관한 구체적인 규정은 마련되지 않았다. 이후 사찬교과서 출판이 늘어나기 시작하면서 1900년 9월 중학교 관제 제4조에서 "중학교 각과에 교과서는 학부에서 편집한 외에는 혹 학부대신의 검정을 經한 者"를 사용하게 하고 제12조에서 "관공사립 각 중학교의 교과서는 학부에서 일정한 교과서 외에는 用치" 못하도록 했다. 1905년 11월 을사늑약으로 대한제국을 '보호국'으로 만든 일제는 1906년 통감부를 설치, 통감통치를 실시하면서 본격적으로 학부를 통해 교육 전반에 영향력을

행사하기 시작했다.[6]

1907년 일제는 헤이그특사사건을 빌미로 고종황제를 강제 퇴위시키는 한편 '제3차 한일협약', 즉 정미조약을 체결하고 군대를 해산시켰다. 이에 서울을 비롯한 전국 각지에서 반대 시위가 일어났고, 해산 군인이 가담한 의병이 봉기하여 반일투쟁이 계속되었다. 또 언론에서는 정미조약이 대한제국의 자주성을 침해하는 것이라고 하여 일본의 대한정책에 대한 비난이 연일 계속되었다. 통감부는 일본군을 동원하여 한국민의 저항을 무력으로 탄압했다. 그리고 다른 한편으로 일본, 그리고 통감부를 비난하고 충군애국심을 고취하는 여론을 통제하기 위해 언론과 출판의 자유를 제한하고 통제하는 일련의 법령을 반포했다. 먼저 1907년 7월 24일 〈신문지법〉을 반포하여 언론 통제를 시작했다.[7] 〈신문지법〉은 한국민이 언론의 자유를 상실하는 것은 물론 정치자유와 생계자유, 다시 말해 국가의 권리와 그 '국민'의 제반 활동을 모두 막는 것을 의미했다. 또 언론을 막는 것은 한 국가의 귀와 입을 막는 것이나 다름없어 19세기 말 20세기 초 제국주의 국가들의 경쟁과 침탈 속에서 대한제국이 살아남을 수 있는 경쟁력을 더욱 잃게 하는 조치였다. 〈신문지법〉에 이어 통감부는 7월 27일 〈보안법〉을 제정했다.[8]

통감부는 1908년 8월 26일 〈사립학교령〉을 제정했는데, 이 법령의 제6조에서 교과서 통제에 관한 조항을 명시했다.[9] 연이어 1908년 9월 1일에 〈교과용도서검정규정〉을 반포했다.[10] 이 법령은 어린 학생들에게 항일의식과 '애국심'을 고취시키는 데 가장 효율적이고 영향력을 미칠 수 있는 교육과 그 교재인 교과서 내용을 통제하기 위해 제정된 것이었다. 학부는 〈교과용도서검정규정〉에 따라 교과서 내용을 심의하기 시작했다. 교과서 검열의 기준은 크

---

6 이계형, 2008, 〈대한제국기 통감부의 식민교육정책 연구〉, 국민대학교 박사학위논문.

7 《舊韓國官報》, 光武 11년 7월 27일, 법률 제5호 〈신문지법〉.

8 최기영, 1981, 〈광무신문지법에 관한 연구〉, 《歷史學報》 92, 42-49쪽.

9 《舊韓國官報》, 隆熙 2년 9월 1일, 칙령 제62호 〈사립학교령〉.

10 《舊韓國官報》, 隆熙 2년 9월 1일, 학부령 제16호 〈교과용도서검정규정〉.

게 정치적 방면, 사회적 방면, 교육적 방면으로 나뉘었다. 그 가운데 정치적 방면에서는 "한일관계와 두 나라의 친한 교정을 방해하고 또 비방하는 일이 없는지", "기교하고 편협하여 나라를 근심하는 마음을 고동하는 일이 없는지", "일본을 배척하는 사상을 고동하고 또 본국 사람으로 하여금 일인과 다른 나라 사람을 대하여 악감정을 품게 하는 기록이나 말이 없는지"를 기준으로 교과서를 검열하는 것이었다. 이러한 검정기준은 〈교과용도서검정규정〉의 제정 목적이 항일의식이나 애국심을 고취시키는 내용이 교과서에 포함되는 것을 막는 데 있었음을 보여주는 것이다.

교과서의 경우 〈교과용도서검정규정〉 외에 1909년 2월 23일 반포된 법률 제6호 〈출판법〉에 의해서도 검열을 받게 되었다.[11] 즉, 교과서 검정을 관할하던 학부와 〈출판법〉을 주관하던 내부의 이중 검열을 받게 되었던 것이다.[12]

검열과 검정으로 인해 교과서는 물론 한국민들이 발행, 출판하던 언론매체와 저서들이 정간, 발행금지, 압수되는 등 언론, 출판의 자유가 극도로 제한되었다. 이에 지식인들을 중심으로 한 한국민들은 통감부가 제정한 일련의 검열 관련 법령과 그 실행에 대해 비난하고 저항하기도 했지만, 다른 한편으로 현실에 '타협'하고 '절충'하는 방안을 택해 검열, 검정 기준에 부합하는 저술과 출판을 시도하기도 했다. 이러한 '타협'과 '절충'은 교과서 검정청원본에서도 확인할 수 있다.

1908년 〈교과용도서검정규정〉을 공포한 통감부는 교과서 검정을 실시했고, 심사한 결과를 토대로 문제의 소지가 있는 교과서 내용을 지적했다. 지적한 내용의 대부분은 한국민들의 애국심이나 반일의식, 국권회복에 관한 의지를 북돋는 것이었다. 또 "결점이 重"한 교과서 중에는 "재료 선택 又는 서

11 《西北學會月報》 12, 1909년 5월, 〈官報摘要〉.

12 김소영, 2010, 〈대한제국기 '국민' 형성론과 통합론 연구〉, 고려대학교 대학원 한국사학과 박사학위논문, 133쪽.

술의 방법이 적당함을 得치 못한 자가 多"한 것이 있는데 그 예로 든 것이 바로 수신교과서였다.

통감부는 수신교과서를 검정한 후 보통학교 학생들과 같이 어린 학생들을 가르치는 교재로 일상생활에 가깝고 쉬운 내용을 위주로 해야 함에도 불구하고 국가의 법률과 의무 등에 관한 사항을 교과서에 실어 학생들이 이해하기 어려운 이론을 기술하고 있는 것이 적지 않다고 비판하였다. 즉, 수신교과서에서 다루어야 할 내용은 효제, 충신, 예의, 염치 등으로 유교윤리의 덕목들과 일치하는 것들과 근면, 청결 등 근대적 인간으로서 갖추어야 할 덕목들이었고, 국가의 법률과 의무에 관한 사항은 학생들의 지식이 진전된 후에야 '국민'으로서 준수할 책무로 가르쳐야 한다고 주장했다.[13]

또 정치적 내용이 교과서에 기술되는 것도 문제 삼았다. 통감부는 교과서에 정치적 내용이 기술된 것은 정치와 교육을 혼동해서는 안 된다는 점을 한국인들이 충분히 인지하지 못하고 있다는 증거이며, 또는 이러한 내용을 담은 교과서를 다른 목적으로 이용하고자 하기 때문이라고 보았다. 특히 수신, 독본(국어), 한문, 역사 등 교과서에 그러한 특징이 더욱 두드러진다고 보고 문제가 되는 내용들을 다음과 같이 정리했다.

첫째, 대한제국의 현상을 통론하는 내용, 둘째, 과격한 문자로 자주독립을 말하고 국권을 만회해야 한다는 주장, 셋째, 외국의 사례를 들어 대한제국의 장래를 경고하는 것, 넷째, 타국에 의뢰하는 것이 불가하다고 풍자하는 것, 다섯째, 일본 및 기타 외국과 관계가 있는 사담(史談)을 과장하여 일본 및 기타 외국에 대한 적개심을 일으키는 것, 여섯째, 비문한 문자로 근래의 국사를 서술하여 한일국교를 저해하는 것, 일곱째, 본국의 고유한 언어, 풍속, 습관을 유지하고 외국을 모방하는 것일 불가하다고 주장하여 배외사상을 창도하는 것, 여덟째, 국가론과 의무론을 들어 불온한 연설을 하는 것, 마지막으

13 〈教科書의 內容에 關ᄒᆞᆫ 調査〉, 《畿湖興學會月報》 제12호, 1909년 7월, 39쪽.

로 애국심을 고취하는 것 등이었다.[14]

특히 애국심에 관한 검정 기준이 주목된다. 학부는 검정 기준에서 벗어난 교과서들이 기술한 충군애국의 내용은 '진정한 충군애국'이 아니며, 애국을 실행하는 방법에 대해서도 잘못된 것을 기술했다고 비난했다.[15] 학부가 주장하는 '진정한 애국'은 자유, 독립과 같은 정치의식 또는 국가사상이 아니라 국가의 부강을 위해 자신이 맡은 바 직분을 충실히 하여 부국강병을 이루려는 '근면함'과 같은 것이었다.

이와 같이 통감부가 교과서 검정과 검열에 관한 법령과 기준을 마련하고 실행한 이유는 한국민들의 반일감정과 의식을 고취하는 교육을 막고자 함이었다. 즉, 일본이 궁극적으로 실현하고자 한 목표, 즉 대한제국을 일본의 식민지로 만들고 통치하기 위해서는 일본의 식민통치에 대한 비판이나 저항을 막기 위한 정책이 필요했으며, 이러한 정책 가운데 하나가 바로 교육과 언론을 통제하는 검정과 검열 체제의 성립이었다고 볼 수 있다.

3. 교과서 검정청원본을 통해 본 검정 실례(實例)

앞서 살펴본 바와 같이 '보호국' 시기 통감부의 교과서 검정 체제를 살펴본 기존 연구들은 주로 〈교과용도서검정규정〉의 검정 기준 등을 분석하는 한편 검정에 통과하지 못하고 발행금지, 압수된 교과서들의 목록과 내용을 통해 간접적으로 통감부가 어떠한 내용들이 교과서에 기재되는 것을 막으려 했는지를 검토했다. 그러나 교과서 검정청원본과 같이 실제 검정 기준을 적용해 검정한 사례가 발견되지 않아 교과서 검정 및 검열에 관한 연구는 그 이상 진척되지 못하고 답보 상태에 놓였었다.

14 〈教科書의 內容에 關ᄒᆞᆫ 調査〉, 《畿湖興學會月報》 제12호, 1909년 7월, 40-42쪽.
15 〈教科書의 內容에 關ᄒᆞᆫ 調査〉, 《畿湖興學會月報》 제12호, 1909년 7월, 42-43쪽.

그런데 언급한 바와 같이 교과서검정을 위해 학부에 납본했던 교과서 검정청원본이 발굴되면서 '보호국' 시기 교과서검정 및 검열에 관한 연구가 진전될 수 있는 전기를 맞이하게 되었다. 이들 교과서 검정청원본의 목록은 다음 〈표1〉과 같다.

표 1. 교과서 검정청원본 목록

교과서명	권수	검정 청원 년도	언어	저역자(발행자)	查閱員	비고
初等學 農業大要 1	1	1909	국한문	朴晶東(洪箕周)	福島	검정청원, 사립학교 학도용 3학년, 가필, 띠지, 수정, 사열원 성명에는 福島만 기입되어 있으나 본문 수정 및 삭제 요구 시 小田의 도장 찍힘
初等學 農業大要 2	1	1909	국한문	朴晶東(洪箕周)	福島	검정청원, 사립학교 학도용 4학년, 가필, 사열원 성명에는 福島만 기입되어 있으나 본문 수정 및 삭제 요구 시 小田의 도장 찍힘
보통학수신서 1	1	미상	국한문	박정동 또는 유길준 추정		검정청원, 보통학교 1학년 학도용, 가필, 띠지, 수정
보통학수신서 2	1	미상	국한문	박정동 또는 유길준 추정		검정청원, 보통학교 2학년 학도용, 가필, 띠지, 수정
보통학수신서 3	1	미상	국한문	박정동 또는 유길준 추정		검정청원, 보통학교 3학년 학도용, 가필, 띠지, 수정
보통학수신서4	1	미상	국한문	박정동 또는 추정		검정청원, 보통학교 4학년 학도용, 가필, 띠지, 수정
初等(學) 本國略(歷)史 1	1	1908	국한문	홍사단 추정		검정청원, 출판허가, 가필
初等(學) 本國略(歷)史 2	1	1908	국한문	홍사단 추정		검정청원, 출판허가, 사립학교 학도용 4학년, 가필
初等學 本國略(歷)史 3	1	1908	국한문	홍사단 추정		가필
初等 本國地理 1	1	1909	국한문	홍사단 편집부(同文館)		가필, 띠지
初等 本國地理 1	1	1909	국한문	홍사단 편집부(同文館)		출판허가, 가필, 띠지, 검열도장
初等 本國地理 2	1	1909	국한문	홍사단 편집부(同文館)		검정청원, 출판허가, 가필, 검열도장
初等 理科 1	1	1910	국한문	홍사단 편집부장 박정동(동문관 홍기주)		사립학교 학도용 3학년, 검정청원, 학부검정허가, 가필, 검열도장, 청원서 포함
初等 理科 2	1	1910	국한문	홍사단 편집부장 박정동(동문관 홍기주)		사립학교 학도용 3학년·4학년, 검정청원, 학부검정허가, 가필, 검열도장
初等 理科 3	1	1910	국한문	홍사단 편집부장 박정동(동문관 홍기주)		사립학교 학도용 4학년, 검정청원, 학부검정허가, 가필

初等小學讀本 1	1		국문	불명		교과서 초본으로 추정
幼穉讀本 1	2	1909	국문	홍사단 편집부장 박정동(동문관 홍기주)	小田(主查), 上村, 玄櫶	검정청원, 가필, 띠지, 검열도장
幼穉讀本 2	1	1909	국문	홍사단 편집부장 박정동(동문관 홍기주)	小田(主查), 上村, 玄櫶	검정청원, 가필, 띠지, 검열도장
幼穉讀本 3	1	1909	국문	홍사단 편집부장 박정동(동문관 홍기주)	小田(主查), 上村, 玄櫶	검정청원, 가필, 띠지, 검열도장
幼穉讀本 1	1	1909	국문	홍사단 편집부장 박정동(동문관 홍기주)	小田(主查), 上村, 玄櫶	검정청원 이후 수정본으로 추정, 가필, 띠지
幼穉讀本 3	1	1909	국문	홍사단 편집부장 박정동(동문관 홍기주)	小田(主查), 上村, 玄櫶	검정청원 이후 수정본으로 추정, 가필, 띠지, 삽화
初等學讀本 1, 2, 3, 4	1	1909	국한문	홍사단 편집부장 박정동(동문관 홍기주)	上田(主查), 上村, 李琮夏 (삭제)	초등학독본 1, 2, 3, 4 합본, 검정청원
初等學讀本 1	1	1909	국한문	홍사단 편집부장 박정동(동문관 홍기주)	上田(主查), 上村	검정청원, 초등학교 1학년 학도용, 가필, 띠지, 검열자, 검열도장
初等學讀本 2	1	1909	국한문	홍사단 편집부장 박정동(동문관 홍기주)	上田(主查), 上村	검정청원, 초등학교 2학년 학도용, 가필, 띠지, 검열도장
初等學讀本 3	1	1909	국한문	홍사단 편집부장 박정동(동문관 홍기주)	上田(主查), 上村	검정청원, 초등학교 3학년 학도용, 가필, 띠지, 검열도장
初等學讀本 4	1	1909	국한문	홍사단 편집부장 박정동(동문관 홍기주)	上田(主查), 上村	검정청원, 초등학교 4학년 학도용, 가필, 띠지, 검열도장

〈표1〉에서 알 수 있듯이 발굴된 교과서 검정청원본 대부분의 저자와 발행처는 박정동(朴晶東)과 동문관이다. 박정동과 동문관은 모두 홍사단과 관련된 인물이자 출판사였다. 먼저 박정동은 홍사단의 편집부장이었다.[16] 동문관은 홍사단에 부설되어 초기에는 인쇄소로 출발하여 발행을 담당하는 출판사가 되었다.

홍사단은 1907년 11월 유길준이 주축이 되어 '國民皆士'를 위한 국민교육을 보급하는 것을 목적으로 설립한 단체였다.[17] 국민교육을 실시하기 위해 '興士團規則'에서 밝힌 주요 업무는 다음과 같다.

---

16 박정동은 한성사범학교를 졸업하고 관립 소학교와 남원군의 공립 소학교, 그리고 한성사범학교에서 교사를 역임하였으며, 휘문의숙에서 이학을 강의하기도 하였다. 또 기호흥학회, 교남학회, 흥사단 등 각종 학회에서 두드러진 활동을 벌인 인물이다.

17 〈興士團趣旨書〉와 〈興士團規則〉은 《兪吉濬全書》 II(兪吉濬全書編纂委員會 編, 一潮閣, 1971).

第二條 本團은 일반국민의 교육보급할 방침을 연구함으로 主旨랄 作함
第三條 本團은 前條의 목적을 관철하기 위하야 左開事項에 從事함
一. 국민의 보통교과서적을 편찬간행하난 事
二. 교사에 可備할 人員은 양성하난 事
三. 旣成한 학교에 對하야난 영구유지의 방법을 강구하며 且未設한 지방에 對하야난 其設立與維持의 방침을 硏究成就케하난 事
四. 各學校에서 교사의 雇聘及敎科書籍의 구매랄 請要하난 力及하난대로 此랄 周旋酬應함
五. 本團의 교육목적은 일반국민에게 점차로 의무적 교육제도랄 실행케 하난 事라

위의 규칙에서 밝힌 바와 같이 흥사단의 설립 목적은 전체 국민의 자질 향상을 위한 국민 교육을 실시하는 것을 제일의 목표로 설정했다. 또 국민교육을 실시하기 위해 필요한 교과서를 저술, 편찬하는 것 역시 흥사단의 목표였다. 《皇城新聞》 1908년 5월 3일 논설 '흥사단의 필요한 사업'에서도 흥사단이 실행할 급무로 교과서 편찬을 언급하였다.

교과서는 학자의 요소라 譬컨데 農夫의 田地와 工師의 기계와 如하여 若其精美한 교과서가 無하면 어찌 정미한 학문이 有하리오 是以로 세계상 문명각국의 교육제도를 觀하건데 각종 교과서적이 皆其高明한 문학가의 苦心專力과 博究精硏으로 分門別類에 務極精美하여 尋常中等高等普通專門의 수요를 공급한 者라 我韓은 舊來敎育이 只漢文一課에 在함으로 초학교과로 言하면 千字文童蒙先習史略通鑑等書而已러니 挽近에 若個敎育家가 出하여 각종교과의 印行흠이 有하나 또한 완비타 謂치 못할지라 然則 금일 교육기관에 대하여 교과편찬이 어찌 시급필요한 사업이 아니리오 (후략)[18]

이와 같이 흥사단의 교과서 편찬을 주도적으로 이끈 것은 유길준이었다. 《皇城新聞》 1907년 12월 28일자에는 "흥사단의 설립 취지는 前報에 已記하였거니와 日來로 亥事務를 착수하였는데 부단장 유길준 씨가 해사무소에 式

18 《皇城新聞》 1908년 5월 3일 논설.

日來宿하면서 爲先 소학교교과로 편집하는데 국어독본과 수신교과서는 유씨가 自擔編輯하고 기타 편집도 지휘 협조한다"라고 하여 유길준이 흥사단의 주요 사업이었던 교과서 편찬을 주도하고 있었다는 사실을 전하고 있다.[19]

유길준을 비롯해 흥사단 관련 인물들이 저술, 발행한 교과서 목록은 〈표 2〉와 같다.

표 2. 흥사단 및 관련 인물 저술, 발행 교과서 목록

저자	교과서명(출판년도)	검정청원본(청원년도)
흥사단	初等本國地理(1909), 初等本國略史(1909), 新撰小博物學(1908)	初等本國地理 검정청원본(1909, 인가, 출판허가), 初等本國略(歷)史 검정청원본(인가, 출판허가),
유길준	厚禮斗益大王七年戰史(1908), 大韓文典(1908), 勞動夜學讀本(1908), 英法露土帝國哥利米亞戰史(1908)	보통학수신서(유길준 또는 박정동 저술 추정)
박정동	初等大東歷史(1909), 初等修身(1909), 初等本國地理(1909), 初等理化學(1908), 新撰理化學(1908), 撰新尺牘完篇(1909), 新撰家政學(1907), 撰理化學(1908), 初等本國略史(1909)	初等學農業大要 검정청원본(1909), 初等學讀本 검정청원본(1909), 幼稺讀本(1909), 初等理科 검정청원본(1910, 청원서 포함, 학부검정허가), 보통학수신서(박정동 또는 유길준 추정)
김상연	普通教育學(1908), 會社法(1909), 精選萬國史(1906), 國家學, 商法總論	
유성준	法學通論(1905), 新撰小博物學(1907), 普通教科大東歷史略(1908)	
이면우	算術教科書(1908)	
이상재	初等生理衛生學大要(1909)	
안종화	初等本國歷史(1909), 初等萬國地理大要(1909), 初等大韓地誌(1907), 初等倫理學教科書(1907), 國朝人物誌(1909), 初等大韓地理(1910), 初等衛生學教科書(1909), 初等生理衛生學大要(1909), 初等修身教科書(1910)	
장지연	商業學(1907), 埃及近世史(1905), 여자독본(1908), 大韓新地誌(1907), 瑞士建國誌(1907), 接木新法(1909), 萬國事物紀原歷史(1909)	

〈표2〉에서 언급된 교과서들과 검정청원본을 비교해 보았을 때 검정을 통과하고 발행된 교과서와 인가를 받지 못한 경우를 볼 수 있다. 예를 들어 《幼稺讀本》의 경우 학부에 검정을 청원했으나 통과하지 못해 간행되지 못했던 것으로 보인다. 현재 남아 있는 개화기 교과서들 가운데 《幼稺讀本》이라는 제목의 교과서는 찾아볼 수 없으며, 혹 검정 후 교과서명을 수정했을 가능성이 있어 간행된 초등독본의 내용을 비교해 보았지만 역시 찾을 수 없었다. 또

19 《皇城新聞》 1907년 12월 28일 잡보.

《皇城新聞》의 기사 가운데《幼穉讀本》의 검정과 관련된 내용으로 추측되는 기사가 있는데 그 내용 역시《幼穉讀本》이 검정을 통과하지 못했을 가능성을 시사한다.

먼저《皇城新聞》1908년 7월 23일자 기사에는 "興士團副長 유길준 씨가 幼蒙教科書를 고심편찬하여 학부에 검정을 청하였더니 認許를 得지 못하여 該本을 還推하였다는데 其 손해가 六千餘圓이라더라"라고 전하고 있다.[20] 또 비슷한 시기《대한매일신보》에서도 "興士團副團長 俞吉濬씨가 幼年教科書 편찬한 件을 학부에서 검정을 許치 아니 함으로 편찬중에 未妥한 조건을 장차 개정하여 학부에 검정을 更請한다더라"는 기사가 실렸다.[21]

이들 기사는 유길준이 유년교과서를 편찬했으나 학부의 검정을 받지 못하여 사용할 수가 없게 되었으며, 이로 인해 손해를 보게 되었다는 것과 다시 검정 기준에 충족하도록 개정하여 검정을 재청하고자 한다는 사실을 전하고 있다. 기사에서는 구체적인 교과서명이 언급되지 않았고, 유길준이 편찬한 교과서라고 말하고 있지만 아마도 검정청원본 가운데 박정동의《幼穉讀本》을 가리키는 것으로 추측된다. 앞서 언급한 바와 같이 박정동은 당시 흥사단 편집부장을 담당하고 있었으므로《幼穉讀本》저자로 되어 있으나 그가 모든 교과서를 직접 저술, 편찬한 것으로 볼 수는 없으며,《皇城新聞》기사에서 언급했듯이 독본류와 수신교과서류는 유길준이 저술했을 가능성이 높다.

그렇다면《幼穉讀本》이 검정을 통과하지 못한 이유는 무엇일까? 이를 알기 위해서는 앞서 살펴본 〈교과용도서검정규정〉과 검정 기준의 실제 적용 과정을 살펴볼 필요가 있다.《幼穉讀本》검정청원본에는 학부가 시행한 검정, 검열의 흔적이 그대로 남아 있어 그 실상을 살피기에 충분하다. 즉 교과서의 저자, 발행인, 검열관(사열원) 성명 등 서지학적 사항들과 검열 과정에서 검열관의 검열 흔적, 즉 복자(覆字), 먹칠, 삭제, 내용 수정, 검열도장 등이 표

20《皇城新聞》1908년 7월 23일자 雜報〈不許檢定〉.
21《大韓每日申報》1908년 7월 25일자 雜報〈教科書改正〉.

시되어 있다.

이러한 검정, 검열의 흔적은《幼穉讀本》외 다른 교과서 검정청원본에서도 찾아볼 수 있다. 특히 앞서 통감부가 경계했듯이 다른 교과목들과 비교해, 수신, 역사, 국어(독본) 교과의 경우 학생들에게 민족의식, 충군애국심 등을 고취할 수 있는 내용이 기술되는 경우가 많았기 때문인지 검정청원본 중《幼穉讀本》을 비롯해《보통학수신서》,《초등본국역(략)사》는 다른 교과서에 비해 수정, 삭제 등의 요구가 많았다.

이 가운데 먼저《幼穉讀本》을 살펴보고자 한다. 검정청원본 앞표지에는 교과서 제목과 검정청원이라는 도장이 찍혀 있다. 앞표지의 뒷면에는 다음 〈표3〉과 같은 내용이 실려 있다.

〈표3〉에서 보이는 바와 같이《幼穉讀本》은 1909년 1월 25일 검정을 청원했다. 순국문체, 총 3권으로 구성되었고, 사립학교 학도용으로 저술되었다.

표3.《幼穉讀本》검정 청원서

願書接受	圖書의名稱	冊數及定價	目的ᄒᆞᆫ學校並學科의種類	用途의區別用途의區別	版數及發行年月日	著譯者姓名	發行者姓名	查閱員	決定
隆熙三年 一月二十五日	幼穉讀本	一帙三冊 四十八錢	私立學校 初等教育 國語科	學徒用		中部壽洞興士團編輯部長朴晶	中部壽洞同文館長 洪箕周	小田(主査), 上村, 玄檍	隆熙 年 月 日

저자는 흥사단 편집부장 박정동으로 되어 있고, 발행자는 홍기주이다.[22] 청원서에서 주목되는 것은 검정, 검열을 담당한 사열원이다. 사열원은 일본인 小田과 上村 그리고 한국인 玄檍으로, 일본인 사열원이 검정 전반을 책임지고 한국인 사열원은 한국어에 능숙치 못한 일본인 사열원을 보조하는 역할을 담당했을 것으로 보인다.

검열을 주도한 小田은 학부서기관이었던 오다 쇼고[小田省吾]로 추정된다. 그는 도쿄제국대학 사학과를 졸업하고 1899년 나가노 현 사범학교 촉탁교원이 되어 교육 활동을 시작했다. 이후 야마구치 현 하기중학[萩中學] 교유, 도쿠시마 현 사범학교장, 나라 현 우네비중학[畝傍中學] 교장, 第一高等學校 教授를 역임하였다. 그는 1908년 11월 미쓰지 주조[三土忠造]의 후임으로 조선에 건너와 학부 서기관에 임명되었다. 1910년 10월에는 조선총독부 편집과장이 되었다. 오다 쇼고는 식민지 시기 조선에서 식민교육정책을 수립하고 실행하는 데 공헌했다. 즉, 그는 총독부가 제1차 조선교령과 제2차 조선교육령을 반포하고 식민교육을 위한 새로운 교과서를 편찬하는 데 주도적인 역할을 담당했다. 또 경성제국대학 설립을 준비하고 그 곳에서 교수로 재직하며 조선사를 강의하는 한편 조선사 관련 학회와 조선사편수회(朝鮮史編修會) 활동을 통해 식민사관을 형성해 낸 인물이기도 했다.[23]

이와 같은 오다 쇼고의 식민교육 활동은 이미 '보호국' 시기 교과서 검정부터 시작되었다는 것을 본 교과서 검정청원본을 통해 알 수 있다. 청원본에 기재되어 있는 각종 수정 및 삭제 요구들을 분석한다면 그가 추구했던, 그리고 통감부가 추구했던 식민교육이 무엇이었는가를 파악할 수 있을 것이다. 또한 '보호국' 시기부터 식민지 시기까지 연속되는 교과서 편찬과 관련된 그

---

22 동문관장으로 발행자 홍기주는 1906년부터 2년여간 보성전문학교사무원으로 근무하였고, 1908년4월에는 흥사단에서 설립한 壽進學校 교감, 같은 해 9월에는 융희학교 교감을 겸무했고, 1908년 10월부터 동문관장을 맡았다.

23 최혜주, 2010, 〈小田省吾의 교과서 편찬활동과 조선사 인식〉, 《동북아역사논총》 27, 279-293쪽.

의 활동을 볼 때 '보호국' 시기 교과서 검정 및 검열 체제가 시작되어 식민지 시기로 연속되었다는 것을 확인할 수 있다. 오다 외에 또 한 명의 일본인 사열원인 上村 역시 학부 사무관이었던 우에무라 마사키[上邨正己, 上村正己]로 보인다.[24]

한국인 사열원이었던 현헌의 이력을 살펴보면 1905년 1월 관립일어학교를 졸업하고 1905년 2월 외국어학교 부교관이 되었다. 또 1906년 8월에는 시마네 현립 상업학교(島根縣立商業學校) 한국어 교사로 초빙되었고, 1907년 관립한성고등여학교 교수가 되었다. 그리고 1907년 8월 학부 번역관, 1909년 3월 학부 편집관으로 재직했다.[25] 따라서 1909년 1월《幼穉讀本》의 검정 청원이 이루어졌을 당시 현헌은 학부 편집관으로서 일본인 사열원들과 함께 검정에 참여했던 것이다.

이처럼 이 시기 교과서 검정의 실무를 담당한 것은 학부의 일본인 및 한국인 관료였다. 통감부는 교과서 편찬 및 검정을 위해 학부 내에 〈教科書編輯及檢定委員會〉를 설치했는데 1909년 위원회의 인적 구성은 다음과 같았다. 교과서편집 및 검정위원에는 구마모토 시게키치[隈本繁吉](학부 서기관), 이만규(학부 비서관), 우에무라 마사키[上村正己](학부 사무관)가 있었으며, 임시교과서편집 및 검정위원으로 다카하시 도루[高橋亨](관립한성고등학교 학감), 增戶鶴吉(관립한성사범학교 학감), 宗像鴨四郎(관립한성외국어학교 학감), 齋藤欽二(관립한성사범학교 교수), 松本宗治(관립사범고등학교 교수), 山內愛助(관립한성고등학교 교수), 兒島元三郎(관립한성고등학교 교수), 후쿠시마 하쿠조[福島百藏](관립한성고등학교 교수)가 있었다.[26] 검정위원회 명단에 등장하는 인물 중 우

24 최혜주, 2010, 위의 논문, 285쪽.

25 1911년 1월 官立漢城高等女學校 敎諭, 같은 해 11월 京城高等普通學校 敎諭 겸 京城女子高等普通學校 敎諭를 역임했다. 1921년 2월 總督府 視學官이 되어 學務局에서 근무하고, 같은 해 7월 朝鮮總督府 編修官을 겸했으며, 1931년 江原道 參與官으로 승진했다가 1934년 3월 관직에서 물러났다. 같은 해 4월 朝鮮總督府 中樞院 參議에 임명되어 1935년에 이른다.

26 阿部洋 編, 1991,《日本植民地教育政策史料集成(朝鮮編) 總目錄·解題·索引》, 淸溪書舍.

에무라는 앞서 살펴본 바와 같이《幼穉讀本》의 검정청원본에서 사열원으로 참여했으며, 후쿠시마 역시《초등학농업대요》의 검정에 사열원으로 이름이 올라 있다.

또 다른 교과서《초등학독본》검정청원본의 사열원 우에다[上田駿一郎]의 경우는 검정위원회의 명단에는 포함되어 있지 않으나 역시 학부 편집관이었다. 그는 동경제대 불문과를 졸업하고 육군성 통역으로 일했으며, 1904년부터 1907년까지 미국에서 유학한 후 1908년에 한국정부 학부 촉탁으로 건너와 학부 편집관으로 일했다. 그는 후에 경성고보 교유, 조선총독부 편수관으로 활동했다.[27]

《幼穉讀本》에는 복자(覆字), 삭제, 내용 수정이 있고, 그 위에는 대부분 사열원의 도장이 찍혀 있다. 내용 수정이나 삭제를 요구하는 경우 그 이유나 수정 문구를 본문에 직접 표기하거나 또는 띠지에 표기했다. 수정 요구 사항은 오탈자나 맞춤법, 표기 방식의 변경 등과 같이 단순 수정 요구가 대부분을 차지하고 있다. 내용에 대한 수정이나 삭제 요구도 적지 않았지만 띠지의 일부 분실이나 글자 판독상의 어려움이 있어 수정 요구 내용을 분석하는 데 시간이 걸릴 것으로 보인다.

《幼穉讀本》검정청원본에서 주목되는 또 한 가지는 두 차례의 검정이 이루어진 흔적이 그대로 남아 있다는 것이다. 앞의 신문기사에서 언급한 바와 같이 유길준은《幼穉讀本》을 학부에 검정 청원했으나 인허를 받지 못했고 다시 재청했던 것으로 보이는데,[28] 검정청원본에는 바로 이러한 사실을 반영하는 듯 교과서 본문에 수정 요구가 있고, 다시 그 위에 수정사항을 반영한 또 하나의 본문이 부착되어 있다. 그리고 수정된 본문 위에도 다시 검열관의 수정 요구가 적혀 있다. 이처럼 두 차례에 걸친 검정에도 불구하고《幼穉讀本》

27 정근식, 2007, 〈구한말 일본인의 조선어교육과 통역경찰의 형성〉,《한국문학연구》32, 44-45쪽.
28《皇城新聞》, 1908년 7월 23일자 雜報〈不許檢定〉.

은 교과서로 발행되지 못한 것으로 보인다.

다음으로 《초등학농업대요》 역시 현재 남아 있는 교과서 중에 같은 제목의 교과서가 없는 것으로 보아 검정을 통과하지 못하고 발행되지 못했던 것으로 추측된다. 이 교과서 역시 저자는 박정동이며, 발행자는 동문관의 홍기주로 되어 있다. 사열원은 '福島'라고만 표기되어 있는데 언급한 바와 같이 검정위원회 명단에 있던 후쿠시마[福島百藏]로 추측된다. 후쿠시마는 관립한성고등학교 교수로 재직하면서 《新撰農業教科書》를 공동 저술하기도 했던 것으로 보아 농업 관련 전문가로 보이며,[29] 따라서 《초등학농업대요》 검정에 참여했던 것으로 추측된다. 그런데 검정청원본 본문의 수정 요구 등에 찍힌 검열도장은 후쿠시마가 아닌 《幼穉讀本》과 마찬가지로 학부 서기관이었던 오다 쇼고의 도장이 찍혀 있어 교과서 검정의 최종 책임자가 그였다는 것을 짐작케 한다.

《보통학수신서》 검정청원본의 경우 검열관의 수정 요구와 삭제 요구가 가장 많았으며, 이로 인해 여러 차례 재청원이 이루어졌던 것으로 보인다. 이 청원본에는 교과서의 저자나 발행자명, 그리고 검정을 맡은 사열원명이 표기되어 있지 않다. 또한 저술 연도도 정확히 알 수 없다. 다만 청원본 맨 앞 장에 '金相天'이라는 이름의 명함이 부착되어 있는데, 김상천 역시 동문관의 주인이라는 기록이 남아 있어,[30] 《보통학수신서》 역시 홍사단에서 저술, 편찬하고 동문관에서 발행한 교과서일 것이라는 추측이 가능하다.

이러한 가능성에 무게가 실리는 또 한 가지 이유는 《보통학수신서》 검정청원본과 1909년 박정동이 저술한 사립학교 수신서인 《초등수신》과 비교했을 때 두 책의 목차나 내용이 유사하다는 것이다. 《초등수신》은 1909년 4월 학부 검정을 받아 같은 해 7월 12일 역시 동문관에서 출판되었다.[31] 목차

29 김봉희, 1999, 《한국개화기 서적문화 연구》, 이화여자대학교출판부, 257쪽.

30 김봉희, 1999, 앞의 책, 88쪽.

31 안종화, 박정동 외 저, 허재영 외 역, 2011, 《근대수신교과서 1》, 소명출판, 136-174쪽.

구성과 내용 서술을 비교해 보면 두 교과서가 상당히 유사하다는 점을 알 수 있다.

하지만 두 교과서는 서로 다른 책이다. 즉,《보통학수신서》는 학년에 따라 1학년에서 4학년까지 총 4권으로 구성되어 있고,《초등수신》에 비해 기술 분량이 많다. 또《초등수신》은 전체 내용이 국한문혼용체로 기술되어 있으나《보통학수신서》는 1학년 교과서의 경우 순한글, 그 외 학년은 국한문혼용체로 기술되어 있다. 두 교과서는 발행 시기도 다르다.《초등수신》은 1909년 검정을 통과하고 출판되었다.[32]《보통학수신서》는 검정을 청원한 시점이 1910년 8월 '병합조약'이 체결되기 직전 또는 직후로 추측되는데, 그 이유는 청원본에 대해 사열원이 요구한 전체적인 수정사항에 本朝를 李朝로, 我國 및 本國을 朝鮮으로, 일본을 內地로 수정하라는 요구가 있기 때문이다. 이는 병합 이전 검정 청원되었던 교과서를 병합 이후 〈구학부 편찬 보통학교용 교과서 및 구학부 검정 및 인가의 교과용 도서에 관한 교수상의 주의 및 자구 정정표〉(1910년, 이하 정정표로 표기)의 규정과 같이 편집·교수 수정을 요구했던 것으로 보인다. 〈정정표〉에서는 "국호에 관한 사항 '我國', '我韓'은 '朝鮮' 또는 '半島'라 칭한다. '일본'은 '我國'으로 한다"는 원칙이 등장한다.《보통학수신서》 검정청원본의 수정 요구는 바로 〈정정표〉의 원칙에 따른 것이라고 볼 수 있다.

그 외에《초등본국지리》,《초등(학)이과》는 모두 검정을 통과하여 발행되었다. 이 두 교과서는 내용상 크게 문제가 되는 것이 없었던 듯 단순한 자구 수정이나 부분 삭제만이 요구되었다. 이 두 교과서의 경우에는 검정청원본과 검정 통과 후 최종 발행된 교과서를 비교하여 수정 요구가 어떻게 반영되었는지 비교, 분석할 필요가 있다.

32 안종화, 박정동 외 저, 허재영 외 역, 2011, 위의 책, 136-174쪽.

4. 맺음말 — 교과서 검정청원본 분석을 통한 향후 연구 계획

이상으로 '보호국' 시기 교과서 검정 및 검열 제도의 성립에 대해 정리하고, 검정과 검열 제도가 실제 적용된 사례로 흥사단 또는 관련 인사들이 저술, 편찬한 교과서 검정청원본의 서지사항 등을 간략히 살펴보았다.

'보호국' 시기 통감부에 의한 교과서 검정 및 검열 과정을 잘 보여주는 교과서 검정청원본의 발굴은 이 시기 교육정책은 물론 검열제도 연구를 한층 심화할 수 있는 새로운 자료의 확보라는 점에서 체계적인 정리와 분석이 필요하다. 역사학은 물론 교육학, 언론학, 국문학 등 다양한 학문분야에서 활용될 수 있는 귀중한 자료이다. 각 교과서 검정청원본의 원문과 검정 및 검열 내용을 입력, 해제하여 자료집 형태로 출판한다면 '보호국' 시기부터 시작된 근대 한국검열체제 연구의 지평을 확장하는 데 크게 기여할 수 있을 것으로 기대한다.

자료 정리와 함께 검정청원본을 분석하여 후속 연구를 진행하고자 한다. 먼저 〈교과용도서검정규정〉의 법률적인 규정과 검열주체에 따른 내부기준을 모두 포함한 검정 기준이 교과서 검정에 실제 어떻게 적용되었는지를 분석해 보고자 한다. 사열원, 즉 검열관이 요구한 수정 또는 삭제 요구의 내용을 분석한다면 〈교과용도서검정규정〉의 기준을 비롯해 구체적인 검정 및 검열 기준이 무엇이었는지를 밝힐 수 있을 것이다. 다음으로 동시기 일본과 일본의 식민지였던 대만의 검정 및 검열 체제, 그리고 이후 식민지 시기 조선에서 검정 및 검열 체제를 비교, 검토하여 일본이 제국으로 성립하는 과정에서 검정 및 검열 체제를 어떻게 활용했는지, 일본과 식민지에서 검정 및 검열 체제의 공통점 또는 차이점은 무엇이었는지를 살펴보고자 한다.

마지막으로 언론·출판 검열, 교과서 검정제도는 '보호국' 시기와 식민지 시기뿐 아니라 해방 이후 현재까지도 국가가 권력을 획득, 유지하고 통치를 원활하게 하기 위한 통제 시스템의 하나였다. 즉 검열, 검정제도는 일본의

'보호' 통치, 식민통치에서만 유효했던 사상, 정보, 언론통제 시스템이 아니었다. 해방 이후 현재까지도 교과서 검정을 비롯해 검열을 통한 통제가 일정하게 존속되고 있는 이유가 무엇인지, 그러한 통제가 현 한국사회에 미치는 영향은 무엇인지를 그 역사적 사례를 통해 확인하고자 한다.

참고문헌

1. 자료

《官報》.《대한매일신보》.《皇城新聞》.《畿湖興學會月報》.《統監府文書》.

《初等學農業大要》검정청원본.《普通學修身書》검정청원본.

《初等學本國(歷)略史》검정청원본.《初等本國地理》검정청원본.

《幼稺讀本》검정청원본.《初等學讀本》검정청원본.《初等學理科》검정청원본.

俞吉濬全書編纂委員會 編, 1971,《俞吉濬全書》Ⅱ, 一潮閣.

아세아문화사 편집부 편, 1977,《한국개화기교과서총서》1-20, 아세아문화사.

2. 저서 및 논문

강윤호, 1973,《개화기의 교과용 도서》, 교육출판사.

구대열, 1986,《제국주의와 언론》, 이화여자대학교출판부.

윤건차, 1987,《한국근대교육의 사상과 운동》, 청사.

고덕환, 1988,〈출판과 출판법〉,《출판학연구》90, 범우사.

최기영, 1991,《대한제국시기 신문연구》, 일조각.

윤병희, 1991,〈兪吉濬의 興士團運營〉,《國史館論叢》23.

阿部洋 編, 1991,《日本植民地教育政策史料集成(朝鮮編) 總目錄·解題·索引》, 淸溪書舍.

윤병희, 1993,〈대한제국말기 유길준의 사상과 활동〉, 서강대학교 사학과 박사학위논문.

김봉희, 1999,《한국개화기 서적문화 연구》, 이화여자대학교출판부.

이중연, 2001,《'책'의 운명 — 조선~일제강점기 금서의 사회·사상사》, 혜안.

김효전, 2003,〈구한말 경찰의 이론과 실제〉,《인권과정의》325.

정근식, 2003,〈식민지적 검열의 역사적 기원 : 1904-1910〉,《사회와 역사》64.

石松慶子, 2003,〈통감부치하 대한제국의 수신교과서·국어독본 연구〉, 연세대학교 대학원 석사학위논문.

구희진, 2004,〈한국 근대개혁기의 교육론과 교육개편〉, 서울대학교 대학원 사회교육과 박사학위논문.
한만수, 2004, 〈식민지시대 출판자본을 통한 문학검열에 대하여〉, 《국어국문학》 131.
정근식, 2005, 〈일제하 검열기구와 검열관의 변동〉, 《대동문화연구》 51.
김창록, 2006, 〈일제강점기 언론, 출판법제〉, 《한국문학연구》 30, 동국대학교 한국문학연구소.
이나바 쯔기오, 홍준기 옮김, 2006, 《구한말 교육과 일본인》, 온누리.
이윤미, 2006, 《한국의 근대와 교육》, 문음사.
한만수, 2006, 〈1930년대 검열기준의 구성원리와 작동기제〉, 《한국어문학연구》 47.
______, 2007, 〈식민지 시기 근대기술(철도, 통신)과 인쇄물 검열〉, 《한국문학연구》 32.
박광현, 2007, 〈검열관 니시무라 신타로(西村眞太郎)에 관한 고찰〉, 《한국문학연구》 32.
손지연, 2007, 〈식민지 조선에서의 검열의 사상과 방법 — 검열 자료집 구축 과정을 통하여〉, 《한국문학연구》 32.
정근식, 2007, 〈구한말 일본인의 조선어교육과 통역경찰의 형성〉, 《한국문학연구》 32.
이계형, 2008, 〈대한제국기 통감부의 식민교육정책 연구〉, 국민대학교 국사학과 박사학위논문.
김소영, 2010, 〈대한제국기 '국민' 형성론과 통합론 연구〉, 고려대학교 한국사학과 박사학위논문.
동국대학교 문화학술원 한국문화, 2010, 《식민지 시기 검열과 한국문화》, 동국대학교출판부.
최혜주, 2010, 〈小田省吾의 교과서 편찬활동과 조선사 인식〉, 《동북아역사논총》 27.
김소영, 2011, 〈한말 수신교과서 번역과 '국민' 형성〉, 《한국근현대사연구》 59.
검열연구회, 2011, 《식민지검열》, 소명출판.
안종화, 박정동 외 저, 허재영 외 역, 2011, 《근대수신교과서 1》, 소명출판.
장신, 2011, 〈한국강점 전후 일제의 출판통제와 '51종 20만원 분서(焚書) 사건'의 진상〉, 《역사와현실》 80.
정근식, 2012, 〈식민지검열과 "검열표준" — 일본 및 대만과의 비교를 통하여〉, 《대동문화연구》 79.
정근식, 2013, 〈식민지 전시체제하에서의 검열과 선전, 그리고 동원〉, 《상허학보》 38.
정진석, 2014, 《극비 조선총독부의 언론검열과 탄압 — 일본의 침략과 열강세력의 언론통제》, 커뮤니케이션북스.
송민호, 2014, 〈대한제국시대 출판법의 제정과 출판검열의 법 — 문자적 기원〉, 《한국현대문학연구》 43.
하수미, 2014, 〈兪吉濬의 교육활동에 나타난 전통과 근대〉, 홍익대학교 교육학과 박사학위논문.
최덕수 외, 2015, 《근대 한국의 개혁 구상과 유길준》, 고려대학교출판문화원.
정근식 외, 2016, 《검열의 제국 — 문화의 통제와 재생산》, 푸른역사.

대한제국기 융희학교의 학사운영과 졸업생의 사회적 진출

최덕수

1. 머리말

1905년 11월 17일 〈제2차 한일협약〉(을사늑약)이 체결되었다. 《皇城新聞》이 "개돼지 같은 대신들"이라고 참여대신들을 질타하였던 〈是日也放聲大哭〉은 전 국민의 분노와 슬픔을 상징적으로 보여준 논설이었다. 이 기사로 《皇城新聞》은 신문발행을 정지당했다. 3개월 뒤 《皇城新聞》은 발행정지 조치에서 풀려났다. 이때 나온 《皇城新聞》의 사설은 〈保護國論〉이었다. 이것은 '보호국'이 된 조국의 현실을 돌아보면서 앞날을 기약해야 한다는 내용이었다. '보호'에서 벗어나 '자립'과 '독립'을 회복하기 위해서는 한국이 '실력'을 길러야 한다는 것이 사설의 요점이었다.[1] 실력 양성은 곧 교육을 통해서 이루어질 수 있는 것이었다.

이만규는 《조선교육사》에서 러일전쟁 이후 '한국병합'에 이르는 시기를 '신교육의 각성기(1905-1910)'라고 칭하고 다음과 같이 당시 상황을 묘사하였다.

1 최덕수, 2009, 〈근대 계몽기 한국과 일본 지식인의 '보호국론' 비교 연구〉, 《東北亞歷史論叢》 24, 동북아역사재단.

> 시대상에서 말한바와 같이 을사년 보호조약은 망국의 싹을 전국민에게 보여준 것이었다. 여기에 격분된 인심은 무엇이 나라를 살리는 방법이냐는 것을 생각하다가 교육으로 民智를 각성시키는 것이 오직 하나인 길이라고 깨달았다. 그리하여 일본인의 종노릇을 하지 않겠다고 벼슬을 내던진 자 중에 교육을 사업으로 택한 자가 많고, 自强會나 大韓協會 같은 정치단체로 국정을 고치려던 인사 중에도 교육사업으로 돌아선 자가 많고, 열렬한 애국자들은 각처로 다니며 비분강개한 연설을 하다가 눈물을 흘리고 주먹을 치며 교육을 부르짖었다. 이리하여 반도에 가득한 기운은 교육열이었다. 당시에 이동휘 같은 애국자가 함경도 같은 지방을 한 번 돌면 학교가 백여 개교씩 일어났다. 그러한 지사의 애원, 격려, 호소에는 인색한 부자들도 어찌할 수 없이 돈을 내놓게 되었다. 안내어 놓으면 그야말로 구두쇠로, 더 나아가 매국노로 지목되어 처세할 수가 없는 지경에 이르게 되는 일이 많았고, 조금이라도 새 지식을 가진 이는 돈벌이나 벼슬질을 하지 않고 시골로 가서 조그마한 학교라도 만들거나 한 곳의 청년들을 모아 가르치는 것이 국가에 대한 의무로 여기는 분위기가 팽만해 있었다. … 그 수는 실로 3천에 이르렀으며 융희 4년 5월에 사립학교령을 내려 정리할 때에 겨우 1년 9개월 동안에 인가받은 사립학교만도 2천 2백 50개라는 놀랄 만한 수자가 드러났다.[2]

위 글에서 지적하고 있는 것과 같이 보호조약 체결을 계기로 나라의 패망이 눈앞의 현실로 드러나면서, 이에 대한 민중의 대응은 직접 저항을 추구하였던 의병 봉기와 다른 하나는 전국적으로 추진되었던 학교 설립을 통한 교육구국운동이었다. 기존 연구에서는 자료에 따라 편차가 있지만 병합 당시 인가받은 사립학교의 숫자가 2,250개라고 지적하고 있다.[3] 이 시기 학교 설립의 주체와 교원양성 과정에 대해 크게 세 가지 경로로 파악하고 있다. 첫 번째는 선교사가 직접 교원양성을 하는 이화학교 등의 개신교계 학교와 보성학교와 오산학교 등 비교적 경제기반이 정비된 민족계 사립학교이다. 이 시기 기독교계 학교가 8백여 개로 대체로 전체 학교 수의 1/3을 차지하였다.

두 번째 경로는 대한자강회 등 계몽기 민간단체 가운데 정치운동 중심이

2 이만규, 1988, 《조선교육사》 Ⅱ, 거름, 103쪽(초판은 1947년 을유문화사에서 간행되었다).
3 1910년 7월 현재 학부의 조사에 따르면 2,082개교였다고도 한다(김효정, 2015, 〈韓末 民立 師範學校의 設立과 敎育救國運動〉, 서울대학교 대학원 사회교육과 석사학위논문, 5쪽).

었던 단체가 1907년 이후 교육활동으로 전환하였던 경우와 서우학회(그 중 서북학회)나 기호학회 등 처음부터 학보 발간 등 계몽에 중점을 두었던 단체가 설립한 경우였다. 각 지역에서 결성되었던 학회 운동은 이 시기 자강운동의 중심적 역할을 하고 있었고, 사립학교 설립은 곧 교육구국을 지향한 것이었다.

세 번째 경로는 지방유지가 설립한 학교이다. 이들의 규모에 대해서는 불명확한 부분이 많지만, 주최자가 군수나 관찰사 등 지방관리와 지방유지가 출자하여 설립하였다. 서원 등 전통적인 교육기관 관계자도 참여하였다.[4]

전국적으로 학교가 설립되면서 교육 현장에서 부딪혔던 문제는 어떻게 학생을 모집하고 선발할 것인가, 어떤 내용으로 체계적인 교육을 할 것인가, 누가 새로운 교육 내용을 가르칠 것인가 하는 것이었다. 신교육을 담당할 수 있는 교사 양성과 교과서 집필, 그리고 체계적인 교육과정과 교육환경이 제공되어야 했다. 가장 시급했던 과제가 교육 현장에서 학생들을 교육하고 이끌어 가는 교사를 양성하는 것이었다. 당시 문명화 정책을 시정목표로 내세웠던 통감부의 교사양성 정책은 소수의 관립학교에 한정되어 있었다.

그리하여 민간의 학교 가운데 교원양성을 위한 기반을 갖추었던 학교들이 교사양성을 추진하였다. 사립학교 교원의 양성은 크게 네 가지의 형태로 추진되었다. 즉, 사립사범학교를 비롯하여 사립중등학교에 부설된 사범과와 사범속성과, 사범강습소, 특별과, 선교사가 세운 교회학교의 단기강습과와 남녀 사범학교 등에서 양성하였다. 예를 들어 서우학회는 1906년 사범속성야학교를 설치하고, 1907년 1월에 제1회 사범속성과 야학교 학생을 모집하였다. 입학자격은 25세 이상 40세 이하, 과목은 산술·역사·법률·물리학·교육학·영어·일어·작문으로 오후 6시부터 9시까지 매일 3시간 수업을 시행하였다고 한다.

4 本間千景, 2010,《韓国〈併合〉前後の教育政策と日本》, 思文閣, 113-126쪽.

사립학교 교원양성기관은 어떤 일정한 제도적 근거에 의하여 통일적으로 조직된 것이 아니었다. 사립 사범교육기관은 명칭, 내용, 체제 등이 각기 상이하여 이들에 대해서는 체계적으로 기술하기란 쉽지 않다. 이 시기 사범학교 설립과 교육 현황에 대한 기존 연구는 대체로 한국정부와 통감부의 법령 자료 및 관보, 《西友》와 같은 관련 학회지의 기사, 그리고 《大韓每日申報》와 《皇城新聞》 등 당시 신문 기사에 나타나는 단편적인 자료에 기초하여 정리하는 데 그치고 있다.[5] 어떤 기관은 그 명칭만 알려져 있을 뿐, 교사양성교육 실시에 관한 구체적인 사실이 전혀 알려져 있지 않다. 학생 선발 과정과 구체적인 학사운영 과정 등을 밝히는 단계까지는 나아가지 못했다.

이 연구는 고려대학교 박물관 소장 유길준 자료 가운데 포함되어 있던 《隆熙學校 學事書類》[6](이하 《學事書類》로 약칭)를 바탕으로 당시 학교 교육과정의 구체적인 상황을 밝힌 것이다. 융희학교의 학생 선발 과정, 교육과정과 운영상을 검토하고, 제한된 범위 내에서 졸업자들의 사회 진출을 추적하였다.

2. 융희학교 학생과 교육과정

현재 고려대학교 박물관이 소장하고 있는 《學事書類》는 융희학교 설립 직후인 1908년 9월(隆熙 2년)부터 1910년(隆熙 4년) 2월까지의 기록이다. 개교와 함께 입학했던 학생들의 졸업 시기까지의 자료로 판단된다.

《學事書類》 1권 1호는 〈학원학적부〉, 〈학원입학시험성적표〉, 〈학원 월말시험성적표〉, 〈학원 교과서 분급 및 수업정도표〉, 〈퇴출학원 성명부〉 등으로 구성되어 있다. 1권 1호는 처음 학생을 모집하였던 시기에 작성된 자료로 입

---

5 金英宇, 1987, 《韓國近代教員教育史 (1)》, 正民社, 121-160쪽 ; 本間千景, 2010, 앞의 책, 112-126쪽 ; 김형목, 2016, 《대한제국기 경기도의 근대교육운동》, 경인문화사.

6 《學事書類》 문서철은 월별로 편철되어 있다. 전체 15권이며, 표지를 포함하여 전체 분량은 266쪽에 달한다.

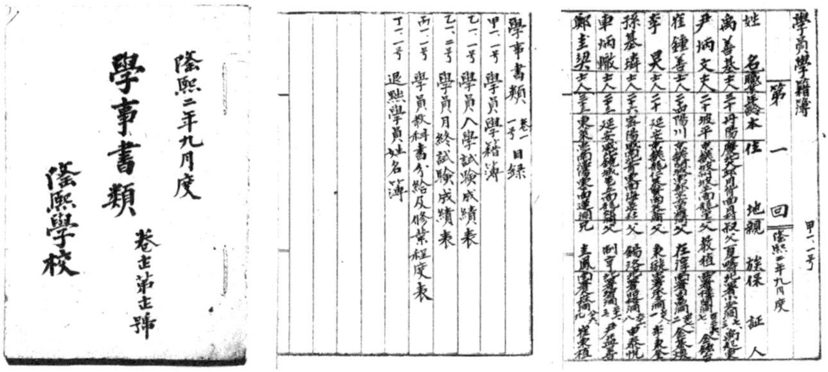

隆熙二年九月度
學事書類
隆熙學校
卷一第一號

學事書類 卷一 一號 目錄
甲一號 學員學籍簿
乙一號 學員入學試驗成績表
乙二號 學員月終試驗成績表
丙一號 學員教科書分給及修業程度表
丁一號 退黜學員姓名簿

學員學籍簿 第一回 隆熙二年九月度 甲一號

그림1. 융희학교 學事書類 (왼쪽부터 표지, 목록, 내용)

학생의 신원 전반을 알 수 있는 학적부가 서류 첫 부분에 배치되어 있다. 학적부는 입학생의 직업과 연령, 본관, 주소, 친족, 보증인 등을 구체적으로 기록하였다. 1권 1호는 이어서 입학생의 성적표가 붙어 있다. 1권 2호는 학원 월말 시험성적표, 학원 교과서 분급 및 수업정도표, 퇴출학원 성명부로 구성되어 있고, 1권 3호(1908년 11월) 이후 자료도 같은 체제이다.

서류의 맨 마지막 면은 서류 작성의 주체를 기재한 확인서이다. 확인서에는 교장 兪星濬, 교감 洪箕周 등 학교 운영진과 설립주체인 흥사단[7] 단장 金允植(11월부터는 유길준)의 성명이 기재되어 있으며 유길준의 경우 '흥사단장 대변 부단장'으로 직책이 기록되어 있다. 확인서에 기재된 내역은 〈그림2〉, 〈그림3〉과 같다.

이하에서는 융희학교의 교과내용과 학사상황을 관립학교였던 한성사범학교와 사립 보창학교·이화학당 등과 비교하면서 융희학교 교육과정을 구체적으로 제시하고자 한다.

7 유길준의 흥사단 운영에 대해서는 다음 연구 참조. 尹炳喜, 1991, 〈兪吉濬의 興士團 運營〉, 《國史館論叢》 23, 국사편찬위원회.

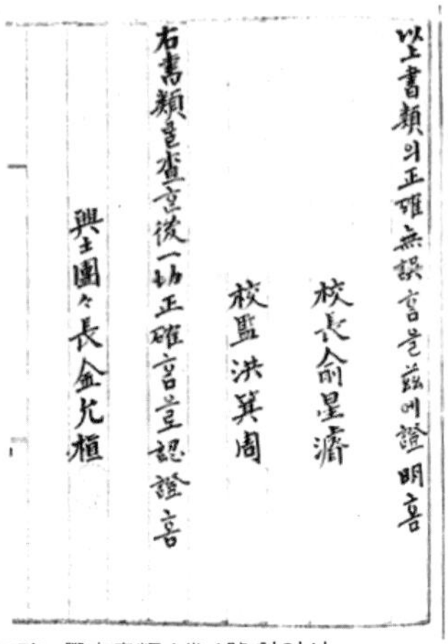
以上書類의 正確無誤홈을 玆에 證明홈
校長 俞星濬
校監 洪箕周
右書類를 査홈後 一切正確홈을 認證홈
興士團々長 金允植

그림2. 學事書類 1卷 1號 확인서

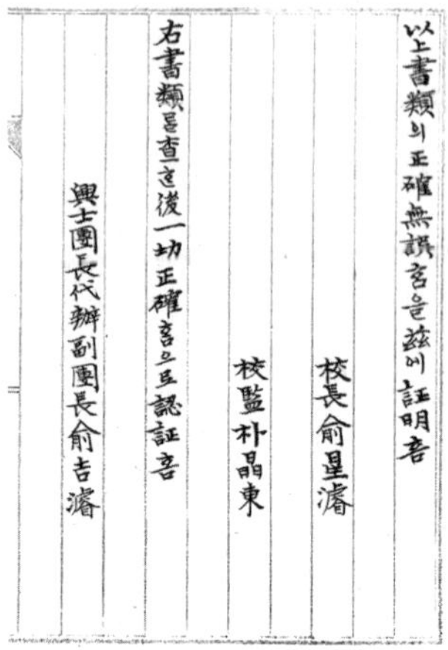
以上書類의 正確無誤홈을 玆에 証明홈
校長 俞星濬
校監 朴晶東
右書類를 査홈後 一切正確홈으로 認証홈
興士團長代辦 副團長 俞吉濬

그림3. 學事書類 1卷 15號 확인서

1) 학적부 및 교과과정

융희학교는 1908년 8월 6일자《皇城新聞》에 다음과 같이 학생 모집을 알리는 광고를 게재하였다.

○ 學員募集廣告

本校에셔 學部檢定에 應試홀 教師學識을 教授ᄒᆞ기 爲ᄒᆞ야 學員을 募集ᄒᆞ오니 願學人은 本月 二十五日內(陰七月二十八日)로 稟保狀을 先呈後 應試하심을 爲要.

一. 課程 : 修身, 國語, 地誌及歷史 內外, 物理, 博物學, 法學通論, 經濟學, 作文, 心理學, 數學, 簿記, 小學教授法, 圖畫, 唱歌, 體操, 外國語, 討論

一. 修業期 : 二十四個月

一. 學費 : 月謝金 每月 五十錢

一. 試驗及開學 : 試取 本月二十六日(陰七月二十九日), 開學 九月 十日內

一. 試取科目及方法 : 作文(國漢字交用), 內國歷史地誌(面講), 算術(四則以內)

一. 入學資格 : 年齡 二十歲 以上 四十歲 以下로 身體健康ᄒᆞᆫ 者.

융희학교보다 2년 앞서 개교하였던 관립 한성사범학교와 비교해볼 때 가장 큰 차이점은 입학시험 과목에서 드러난다. 융희학교는 입학시험 과목으로 역사·지리·수학·작문을 각각 30, 20, 30, 20점으로 배분하여 총 100점을 만점으로 했다. 관립한성사범학교는 입학자격을 15세 이상의 남자로, 보통학교 졸업 이상의 학력이 있는 자로 규정하였다. 입학시험으로는 신체검사와 구술시험, 그리고 학력시험을 부과하고 있다. 학력고사 과목으로 국어 및 한문·일어·산술·역사·지리·이과 등을 채택하고 있다. 관립 한성사범학교는 일본어 과목을 입학시험에 요구하고 있었다.

《學事書類》 1권 1호의 〈학원학적부 갑1.1호〉에 의하면 융희학교의 첫 신입생은 188명이다.[8] 학적부의 기록에 기초하여 입학생의 연령과 출신지, 그리고 입학성적 등을 정리해 보면 다음의 표 및 그림과 같다(〈표1〉 및 〈그림4〉).

학생들의 주소지를 검토해 보면 융희학교는 전국 각지에서 신입생이 모였다는 사실을 알 수 있다. 출신지별로는 경기도가 전체 학생의 1/5을 넘겨 제일 많았고, 그 다음으로 서울(18.1%)이었다. 지방 출신으로는 황해도 19명(10.1%), 경상북도 17명(9.0%), 함경남도 14명(7.4%), 충청남도 12명(6.4%), 전라남도 10명(5.3%), 평안북도 8명(4.3%) 순이었다. 지방 가운데 함경남도(14명)와 함경북도(8명) 출신이 비교적 많았다는 점이 눈에 띈다.

표 1. 학적부 재적인원 출신지

주소지	인원수	비율(%)
서울	34	18.1
경기도	40	21.3
강원도	5	2.7
충청남도	12	6.4
충청북도	4	2.1
전라남도	10	5.3
전라북도	6	3.2
경상남도	1	0.5
경상북도	17	9.0
황해도	19	10.1
평안남도	1	0.5
평안북도	8	4.3
함경남도	14	7.4
함경북도	8	4.3
미상	9	4.8
전체	**188**	**100.0**

8 입학시험성적표에서는 160명이었지만 학적부에 기재된 인원은 188명이었다. 학적부에는 나중에 복학하거나 편입한 인물도 포함되었던 것으로 보인다.

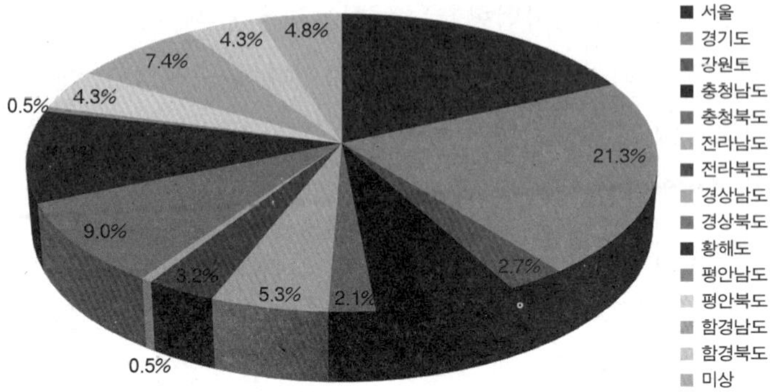

그림 4. 학적부 재적인원 출신지별 비율

한편 평안남도와 경상남도 출신 학생은 각 1명이었다. 이 시기 교육운동이 가장 적극적으로 일어났던 지역이 평안남도임을 감안하면 예상 밖의 수치이다.

평안남도는 지역 내에서 학생들을 수용할 수 있었기 때문에 융희학교로까지 진학했던 학생 수가 적었을 것으로 추정된다. 통감부 시기에 설치된 사립 교원양성기관과 강습회 가운데 평안남도가 111개 교로 21.6%를 차지하고 있었다. 지역 내에 安昌浩와 尹致昊가 설립했던 大成學校와 朴殷植 등 西友學會가 세운 五星學校를 비롯하여 장로교 메소디스트파에서 설립한 협동여자사범강습회와 협동하기사범학교 등 24개의 사립학교가 설립되어 있었다.[9]

〈표2〉와 〈그림5〉는 학적부 재적인원에 기초한 학생들의 연령의 통계와 비율을 정리한 것이다. 입학자격에서는 학생 연령을 20세 이상 40세 신체 건강한 자로 규정하고 있었다. 반면, 한성사범학교에서는 15세 이상의 남자로 보통학교 졸업 이상의 학력이 있는 자였다. 보통학교 이상의 학력을 가진 남자로 한정하였던 것이다. 학적부에 따르면 융희학교의 학생의 연령은 20세가 32.4%인 61명, 21세 16.5%인 31명, 22세가 11.7%인 22명이었다. 20대 초반이 60.6%을 차지하고 있다. 30세부터 34세가 3.2%, 그리고 연령이 정확

9 本間千景, 2010, 앞의 책, 114-124쪽 〈표 7〉 참조.

0.5%

하게 확인되지 않은 학생이 5.3%이었다. 입학 가능 연령을 20세부터 40세까지로 폭넓게 제시하고 있었지만, 실제로 입학한 학생들은 주로 20대 초반이었다는 사실을 알 수 있다.

표 2. 학적부 재적인원 연령별 통계

연령	인원수	비율(%)
20	61	32.4
21	31	16.5
22	22	11.7
23	11	5.9
24	10	5.3
25	15	8.0
26	10	5.3
27	8	4.3
28	4	2.1
29	0	0.0
30	2	1.1
31	2	1.1
32	0	0.0
33	1	0.5
34	1	0.5
미상	10	5.3
전체	188	100.0

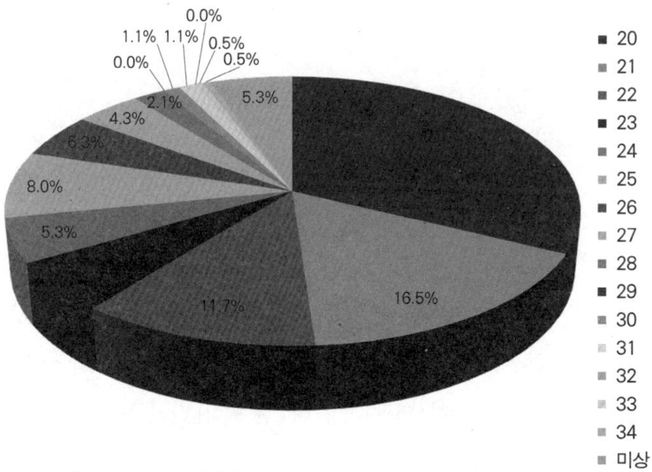

그림 5. 학적부 재적인원 연령별 비율

융희학교는 모집광고에서 교육과정의 목표에 대해 '학부 검정에 응시할 교사 학식을 교수'라고 제시하였다. 융희학교는 실제 '교수과목분급' 표에 따른 교육을 실시한 뒤 매월 월말 시험을 시행하고, 과목별로 획득 점수를 개인별 기록으로 남겼다. 교수과정 분급표와 월말 시험성적표를 토대로 교육과정을 구체적으로 분석해 보고자 한다. 교수과목은 수신·국어·내외 지지급 역사·물리·박물학·법학통론·경제학·작문·심리학·수학·부기·소학교수법·도화·창가·체조·외국어·토론 과목 등이었다. 융희학교와 다른 사립학교의 교수과목을 비교하면 다음과 같다.

〈표3〉은 융희학교보다 이른 시기에 설치되어 운영되었던 사립학교로 강화읍에 있던 普昌學校와 이화학당의 1904년 당시 교수과목 일람이다.[10] 학교별로 조금씩 차이가 있지만 국어와 작문, 지리와 역사, 체조, 도화, 음악(창가), 수학(산술), 화학, 외국어는 공통으로 들어가 있음을 알 수 있다. 다른 학교와 차이가 나는 과목은 부기, 소학교수법, 심리학, 기하학, 대수학, 광물학, 식물학 등이다. 보창학교의 경우 병식 기계체조가 눈에 띈다. 이화학당의 경우 학교 설립 특성상 성경과 영어, 재봉 과목을 교수하였다.

표 3. 보창학교와 이화학당의 교수과목

학교명	교수과목
보창학교	윤리학, 수신학, 독서, 작문, 내외지지, 내외역사, 교육학, 물리학, 화학, 생리학, 경제원론, 법학통론, 수학, 도화, 창가, 병식 기계체조, 외국어(영어·일본어)
이화학당 중등과	국어, 한문, 산술, 역사, 지리, 성경, 영어, 이과(물리·화학), 도화, 생리, 음악, 작문, 재봉, 체조

다음에 정리한 교과과정표(〈표4〉)는 1908년 8월부터 1910년 2월까지 전 기간 동안 교수했던 과목을 정리한 것이다. 일어·체조·화학·수신·산술·심리학·법학통론·경제학·도화 과목이었다. 수학기간 동안 교수한 과목이었

10 강명숙, 2010, 〈성재 이동휘의 보창학교 설립과 교육구국운동〉, 《사학》 126호, 대한사립중고등학교장회, 60쪽 ; 이화100년사 편찬위원회 편, 1994, 《이화100년사》, 이화여자대학교출판부, 72쪽 참고.

으므로, 이른바 필수과목이었던 것으로 볼 수 있다. 전반기에 해당하는 1909년 6월까지 작문과 내국지지·내국역사·이화시교·소학교수법 등도 교육과정에 포함시키고 있다. 후반기에 해당하는 1909년 6월 이후와 9월부터는 물리학·만국지지·지문학·생리학·문전·식물학·창가·부기·만국사·동물학·기하학·대수학·광물학 등을 교수하였다.

표 4. 교과과정표

	제1학년 제1학기									제2학년 제1학기						합계
년	1908				1909					1909				1910		
월	9	10	11	12	1	2	3	4	6	9	10	11	12	1	2	
일어	7	10	12	10	5	4	9	8	6	0	1	6	3	3	1	85
체조	4	7	8	8	5	5	7	10	6	4	5	10	6	0	5	90
화학	4	9	9	11	1	3	10	8	9	0	5	10	10	0	5	94
수신	2	6	5	3	3	2	6	1	3	3	5	5	3	3	2	52
산술	9	13	15	15	7	6	12	14	11	9	11	19	17	9	6	173
심리학	2	4	4	3	2	2	3	1	1	2	2	7	6	2	3	44
법학통론	5	5	8	7	4	7	13	11	8	3	4	9	10	5	7	106
경제학	2	5	4	3	3	2	4	4	3	1	2	7	4	2	1	47
도화	2	6	4	4	1	2	3	1	3	2	3	2	4	2	x	39
작문	2	3	4	2	2	3	2	1	1	x	x	x	x	x	x	20
내국지지	6	12	12	12	4	2	9	x	x	x	x	x	x	x	x	57
내국역사	6	10	11	12	5	6	x	x	x	x	x	x	x	x	x	50
이화시교	4	11	6	4	2	0	x	x	x	x	x	x	x	x	x	27
소학교수법	7	11	12	10	6	6	x	x	x	x	x	x	x	x	x	52
지대학	x	x	x	x	x	3	x	x	x	x	x	x	x	x	x	3
물리학	x	x	x	x	x	x	6	8	8	5	7	10	10	6	4	64
만국지지	x	x	x	x	x	x	11	9	8	2	4	4	4	2	0	44
지문학	x	x	x	x	x	x	13	10	11	4	4	10	x	x	x	52
생리학	x	x	x	x	x	x	9	7	5	4	3	8	4	0	0	40
문전	x	x	x	x	x	x	4	4	1	1	0	1	0	2	x	13
식물학	x	x	x	x	x	x	7	6	6	3	3	7	1	2	2	37
창가	x	x	x	x	x	x	4	3	3	2	3	2	4	3	2	26
동양사	x	x	x	x	x	x	2	9	10	x	x	x	x	x	x	21
부기	x	x	x	x	x	x	x	x	6	2	1	5	2	3	1	20
만국사	x	x	x	x	x	x	x	x	x	3	5	7	7	4	3	29
동물학	x	x	x	x	x	x	x	x	x	1	3	5	3	0	3	15
기하학	x	x	x	x	x	x	x	x	x	4	3	3	10	6	7	33
대수학	x	x	x	x	x	x	x	x	x	3	5	6	5	3	7	29
광물학	x	x	x	x	x	x	x	x	x	2	1	4	3	2	2	14
총계	62	112	114	104	50	53	134	115	109	60	80	147	116	59	61	1376

교수과목 가운데 가장 많은 시간을 할애한 과목은 산술(173)이었고, 법학통론(106), 화학(94), 일어(80), 체조(80) 순이었다. 교육과정을 검토 해보면 수학과 과학 과목의 비중이 상대적으로 높은 비중을 차지하고 있었다는 점을 알 수 있다. 참고로 이화학당 중등과 과정에서는 국어, 한문, 산술, 영어가 많은 시수를 차지하고 있었다. 수학 과목에 많은 수업 시수가 할애되고 있었다는 점은 융희학교와 이화학당 중등과도 같았다. 외국어 수업도 시수상 적은 비중은 아니었지만, 학교에 따라 1차적으로 중시하는 언어가 달랐기 때문에 교과목이 영어 혹은 일본어로 나누어졌다.

융희학교는 교육목표로 검정시험을 통해 교사 양성을 목표로 제시하였는데, 소학교수법 과목은 수신 과목과 동일한 비중(52)을 차지하고 있다(〈표 5〉). 소학교수법과 일어 과목의 교수 비중을 관립 한성사범학교와 비교 검토해 보고자 한다.

표5. 융희학교의 소학교수법·일어 과목 시수 및 비율

구분시기	소학교수법(A)	일어(B)	월총교수 시수(C)	비율(%)	
				A/C	B/C
1908.9	7	7	62	11.29	11.29
1908.1	11	10	112	9.82	8.93
1908.11	12	12	114	10.53	10.53
1908.12	10	10	104	9.62	9.62
1909.1	6	5	50	12.00	10.00
1909.2	6	4	53	11.32	7.55
1909.3	0	9	134	0.00	6.72
1909.4	0	8	115	0.00	6.96
1909.6	0	6	109	0.00	5.50
1909.9	0	0	60	0.00	0.00
1909.1	0	1	80	0.00	1.25
1909.11	0	6	147	0.00	4.08
1909.12	0	3	116	0.00	2.59
1910.1	0	3	59	0.00	5.08
1910.2	0	1	61	0.00	1.64

표6. 관립한성사범학교 본과 일본어 비율표

연도	1906						1909					
구분 학년	교육	국어(A)	일어(B)	주당총 교수 시수(C)	비율(%)		교육	국어급 한문(A)	일어(B)	주당총 교수 시수(C)	비율(%)	
					A/C	B/C					A/C	B/C
1	3	3	4	34	8.82	11.8	-	6	6	34	17.6	17.6
2	3	3	4	34	8.82	11.8	3	4	6	34	12.1	18.2
3	3	3	4	34	8.82	11.8	5	4	6	31	12.9	19.4

〈표6〉에서 보는 바와 같이 관립 한성사범학교 본과의 경우, 전체 학과목 중에서 일본어가 차지하는 주당 교수 시수의 비중을 보면, 1906년도에는 일어 교육에 국어보다 더 많은 시간을 배당하였다. 즉, 일본어를 가장 많이 가르쳤던 것이다. 1909년에는 사범학교령 시행규칙을 개정하여 '일어'는 1906년 시기보다 50%나 더 많은 시간을 배정하였고, 주당 시간수에서도 '일어' 시간의 비중은 17.6-19.4%나 차지하였다. 융희학교도 입학 후 일어를 가르쳤으나 1년 뒤부터는 점차 줄여 1910년 2월에는 1시간 밖에 가르치지 않았다.

한편 융희학교에서는 흥사단에서 편찬했던 각종 도서나 교과서를 수업 교재로 활용했을 것으로 추정된다. 1907년 8월에 귀국한 유길준이 11월에 설립하였던 흥사단은 〈興士團規則〉에서 "국민 전체의 자질 향상을 위한 국민교육"을 위한 소학교육을 활성화를 목표로 제시하였다. 이를 위해 국민교육을 위한 보통교과서를 편찬 간행하며, 교사를 양성하고, 미설립 지역에 학교 설립과 유지를 지원, 각 학교별 교사 고빙과 교과서 지원, 일반 국민에 대한 점진적 의무교육제도 실행을 추진하였다. 유길준을 비롯하여 흥사단 관계자들이 이 당시에 발간했던 도서 목록은 다음과 같다.[11]

표7. 흥사단 관계자의 교과서 및 도서 발간 목록

발행자	저서명
興士團	初等本國地理(1909), 初等本國略史(1909), 新撰小博物學(1908)
兪吉濬	厚禮斗益大王七年戰史(1908), 大韓文典(1908), 勞動夜學讀本(1908), 英法露土帝國哥利米亞戰史(1908)

11 尹炳喜, 1991, 앞의 논문, 57-67쪽.

金祥演	普通教育學(1908), 會社法(1909), 精選萬國史(1906), 國家學, 商法總論
兪星濬	法學通論(1905), 新撰小博物學(1907), 普通教科 大東歷史略(1908)
朴晶東	初等大東歷史(1909), 初等修身(1909), 初等本國地理(1909), 初等理化學(1908), 新撰理化學(1908), 新撰尺牘完篇(1909), 新撰家政學(1907), 撰理化學(1908), 初等本國略史(1909)
魚瑢善	波瀾末年戰史(1899)
李冕宇	算術教科書(1908)
李商在	初等生理衛生學大要(1909)
安鍾和	初等本國歷史(1909), 初等萬國地理大要(1909), 初等大韓地誌(1907), 初等倫理學教科書(1907), 國朝人物誌(1909), 初等大韓地理(1910), 初等衛生學教科書(1909), 初等生理衛生學大要(1909), 初等修身教科書(1910)
張志淵	商業學(1907), 埃及近世史(1905), 녀자독본(1908), 大韓新地誌(1907), 瑞士建國誌(1907), 接木新法(1909), 萬國事物紀原歷史(1909)
兪承兼	最新經濟教科書(1910), 中等萬國史(1909)
兪鈺兼	簡明教育學(1908), 西洋史教科書(1910), 東洋史教科書(1908), 中等外國地理(1908), 小學教授法(1909)
文石琓	最新作蠶學(1910)
金澤吉	新撰測量學(1908)
李命求	平面幾何學(1909)

〈표7〉에 나오는 도서명과 융희학교의 교과목을 비교해 보았을 때 교과서로 나오는 서적명들은 융희학교 교육 현장에서 교재로서 활용되었을 것으로 보인다. 역사과목의 경우 내국사-동양사-만국사의 순서로 학습이 이루어졌는데, 역사교과서로는 흥사단에서 발간한 〈초등본국약사〉를 비롯하여 교장을 역임한 박정동의 저서와 유옥겸이 집필한 《서양사교과서》와 《동양사교과서》 등이 이용되었을 것으로 보인다. 유옥겸이 발간한 《소학교수법》은 융희학교의 교과명과도 일치한다는 점에서 교재였을 가능성이 높다. 아울러 이면우가 쓴 〈산술교과서〉나 이명구가 쓴 〈평면기하학〉등도 산술 과목 교과서로 추정된다.

2) 학사운영과 학력평가

융희학교의 교육과정 운영을 좀 더 구체적인 자료를 토대로 검토해 보려 한다. 융희학교는 전 학기에 걸쳐 매월 말 시험을 실시하였다. 월말 성적표에는 교수 과목 이외에 근만(출석)·상점·평상 등 교육 참여 분야에 관한 평가 항목 등도 포함되어 있다. 입학시험을 친 이후 융희학교에서 실시한 시험에 응시한 학생 수의 증감은 〈표9〉와 같다. 시험 응시생 수는 1908년 9월 116명에서 시작하여 점차 줄어들어 1910년 2월에는 87명으로 줄었다.

표8. 학생증감: 시험응시생 수

시험 시행 시기	입학시험	1908.9	1908.10	1908.11	1909.2	1909.7	1910.2
시험 응시생 수	160	116	115	114	98	102	87

다음은 입학시험 응시자의 성적이다. 〈표9〉는 역사, 지지, 산술, 작문 네 과목을 중심으로 하여 전체 160명 가운데 최상위를 차지한 다섯 명과 중간 성적을 차지한 세 명, 그리고 최하위권에 들어간 세 명의 성적을 정리한 것이다.[12] 과목별 평균을 보면 역사는 22.6점, 지지는 18.2점, 산술은 22.6점, 작문은 14.5점이었다. 최상위층의 경우 네 과목 모두 우수한 성적이었고, 중위층의 경우 산술 과목에서 강세를 보이고 있었다는 점이 눈에 띈다.

표9. 입학시험 성적 개관

순위	성명	歷史	地誌	算術	作文	합계
1	우○기	30	20	30	20	100
2	윤○문	30	20	30	20	100
3	최○선	30	20	30	20	100
4	이○	29	20	28	20	97
5	손○린	27	18	30	20	95
⋮	⋮	⋮	⋮	⋮	⋮	⋮
81	장○수	20	7	24	20	71
82	김○진	20	5	30	15	70
83	김○택	15	10	30	15	70
⋮	⋮	⋮	⋮	⋮	⋮	⋮
158	전○준	25	15	12	8	60
159	안○원	15	20	13	10	58
160	유○환	20	15	-	-	35
성적평균		22.6	18.2	22.6	14.5	77.9

〈표10〉은 1908년부터 1910년까지 월말시험 과목의 시기별 변동 양상과

12 이하 표에서 정리하여 제시한 학생들 이름과 성적 등은 개인정보에 해당하기 때문에 이름의 가운데 자를 ○으로 지우고 표기하였음을 밝혀둔다.

시험 횟수를 정리한 것이다. 전체 32과목 가운데 1908년 9월에는 9과목, 10월에는 15과목, 11월에는 9과목에 대하여 시험을 쳤다. 그리고 이듬해 2월과 7월에는 시험 과목이 조금 다르기는 하나 14과목에 대하여 시험을 실시하였다. 기록상으로 확인되는 마지막 시험은 1910년 2월에 있었는데, 이때에는 18과목이 부과되었다. 과목별 시험횟수를 놓고 보자면 산술과 체조가 6회로 매번 시험이 있었고, 화학과 일본어가 각각 5회 시행되었다.

표10. 월말시험 과목 변화

시기 과목	1908.9	1908.10	1908.11	1909.2	1909.7	1910.2	시험횟수
勤慢	○	○	○	○	○	○	6회
平常	×	×	×	○	○	×	2회
法通	○	○	○	○	○	○	6회
小教	○	○	○	○	×	×	4회
算術	○	○	○	○	○	○	6회
幾何	×	×	×	×	×	○	1회
代數	×	×	×	×	×	○	1회
日語	○	○	○	○	○	×	5회
作文	○	○	×	○	×	×	3회
物理	×	○	×	×	○	○	3회
化學	×	○	○	○	○	○	5회
生理	×	×	×	×	○	○	2회
植物	×	×	×	×	○	○	2회
動物	×	×	×	×	×	○	1회
礦物	×	×	×	×	×	○	1회
地誌	○	○	○	×	×	×	3회
地文	×	×	×	×	○	×	1회
外地	×	×	×	×	○	×	1회
內地	×	×	×	○	×	×	1회
歷史	○	○	○	×	×	×	3회
內史	×	×	×	○	×	×	1회
東洋史	×	×	×	×	○	×	1회
西史	×	×	×	×	×	○	1회
經濟	×	○	×	○	○	○	4회
簿記	×	×	×	×	×	○	1회
心理	×	○	×	○	×	○	3회
文典	×	×	×	×	×	○	1회
修身	×	○	×	×	×	×	1회
圖畫	×	○	×	○	×	×	2회
唱歌	×	×	×	×	×	○	1회
體操	○	○	○	○	○	○	6회
과목수 (총 32과목)	9과목	15과목	9과목	14과목	14과목	18과목	

〈표11〉은 입학 이후 1908년 9월과 10월 두 달에 걸쳐 과목별 월말 성적을 정리한 것이다. 최상위 3명, 중간층 3명, 하위층 3명의 성적을 조사한 것이다. 9월의 경우 최우수자의 과목 평균이 94.3점이었고, 성적 평균은 75.9점이었다. 최하위자는 전체 평균이 28.6점이었다.

표11. 1908년 9월 월말 시험성적

순위	성명	勤慢	法通	小教	算術	日語	作文	地誌	歷史	體操	합계	평균
1	이○선	100	80	94	90	100	85	100	100	100	849	94.3
2	차○철	98	80	94	80	96	100	100	75	100	823	91.4
3	이○성	100	85	88	98	100	75	100	75	100	821	91.2
⋮	⋮	⋮	⋮	⋮	⋮	⋮	⋮	⋮	⋮	⋮	⋮	⋮
54	홍○기	100	60	40	65	94	80	100	75	90	704	78.2
55	강○구	100	60	65	38	100	75	100	75	90	703	78.1
56	박○의	100	65	65	40	92	80	100	75	85	702	78.0
⋮	⋮	⋮	⋮	⋮	⋮	⋮	⋮	⋮	⋮	⋮	⋮	⋮
114	최○환	67	60	0	40	0	65	100	95	0	427	47.4
115	이○진	85	60	30	25	84	0	0	0	0	284	31.6
116	목○세	100	30	30	30	67	0	0	0	0	257	28.6
성적평균		95.4	57.8	63.4	50.1	89.1	78.8	89.2	79.0	80.4	683.3	75.9

1908년 10월에는 9월에 2위였던 인물이 최상위의 성적을 거두었다는 점을 확인해 볼 수 있다. 최상위자의 과목 평균은 92.7점으로 9월보다 1.6점이 하락했다. 학생 전체 평균도 72.9점으로 3.0점이 떨어졌다. 최하위 성적을 차지한 인물의 전체 평균도 27.3점으로 9월보다 1.3점이 더 떨어진 것을 확인할 수 있다. 한 달 사이에 수학해야 하는 교과목이 여섯 개가 추가되었기 때문인지도 모르겠으나, 전체적으로는 성적이 조금 하락하는 경향이었다.

〈표13〉은 융희학교를 졸업한 서상규의 월별 학업 성취도를 정리한 것이다. 학년 전체 평균과 비교해 보았을 때 서상규는 地誌, 地文, 內地, 歷史, 東洋史, 西史, 簿記, 圖畵에서 학업 성취도가 높았다. 반면에 수리 영역인 算術과 幾何, 과학 영역인 植物과 礦物, 그리고 文典에서는 평균 이하의 성적을 받았다. 이를 통해서 서상규가 주로 역사와 지리 쪽에 많은 흥미를 갖고 수학하였다는 사실을 알 수 있다. 아울러 일본어와 체조 과목도 전체 평균보다는 조금

표12. 1908년 10월 월말 시험성적

순위	성명	勤慢	法通	小教	算術	日語	物理	化學	修身	歷史	地誌	作文	經濟	圖畫	心理	體操	合計	
1	차○철	100	95	100	100	100	96	98	67	100	100	90	100	95	49	100	1390	92.7
2	서○훈	100	95	98	70	100	80	98	70	100	100	90	85	75	95	85	1341	89.4
3	임○진	100	90	99	75	96	83	99	66	100	100	85	90	70	81	95	1329	88.6
⋮	⋮	⋮	⋮	⋮	⋮	⋮	⋮	⋮	⋮	⋮	⋮	⋮	⋮	⋮	⋮	⋮	⋮	⋮
54	박○수	97	65	65	25	88	66	97	69	100	70	95	60	60	64	85	1106	73.7
53	현○환	100	40	80	30	92	78	95	50	100	99	70	65	50	67	90	1106	73.7
55	어○선	98	60	40	25	98	60	75	55	100	99	85	100	60	70	80	1105	73.7
⋮	⋮	⋮	⋮	⋮	⋮	⋮	⋮	⋮	⋮	⋮	⋮	⋮	⋮	⋮	⋮	⋮	⋮	⋮
112	남○훈	100	50	48	0	92	48	0	0	0	100	70	50	50	38	85	731	48.7
114	박○식	100	35	20	0	50	10	10	10	50	50	70	60	50	10	80	605	40.3
115	박○신	100	55	50	30	97	78	0	0	0	0	0	0	0	0	0	410	27.3
성적평균		94.9	61.8	73.1	34.4	90.9	68.9	73.2	56.6	92.7	96.5	80.3	63.0	64.5	58.0	85.0	1093.7	72.9

표13. 졸업자 서상규의 각 시험별 성적 통계

	1908.9.	1908.10.	1908.11.	1909.2.	1909.7.	1910.2. (16호)	평균	학년 전체평균
勤慢	100	100	100	96	99	89	97.3	91.6
賞点	-	-	-	10	-	-	10.0	6.8
平常	-	-	-	75	84	-	79.5	74.0
法通	30	65	60	60	65	40	53.3	62.9
小教	55	97	65	60	-	-	69.3	70.2
算術	55	25	45	90	80	50	57.5	62.1
幾何	-	-	-	-	-	50	50.0	60.7
代數	-	-	-	-	-	50	8.3	9.9
日語	88	94	77	93	60		82.4	86.9
作文	75	85	-	80	-	-	80.0	80.6
物理	-	53	-	-	82	10	24.2	27.1
化學		85	65	100	60	58	73.6	72.2
生理	-	-	-	-	66	30	48.0	62.2
植物	-	-	-	-	40	40	40.0	67.6
動物	-	-	-	-	-	70	11.7	11.9
礦物	-	-	-	-	-	40	40.0	71.2
地誌	100	99	88	-	-	-	95.7	94.1
地文	-	-	-	-	99	-	99.0	98.3
外地	-	-	-	-	60	-	60.0	84.8
內地	-	-	-	100	-	-	100.0	98.7
歷史	100	75	100	-	-	-	91.7	88.4
內史	-	-	-	100	-	-	100.0	97.3
東洋史	-	-	-	-	100	-	100.0	99.9
西史	-	-	-	-	-	80	80.0	70.7
經濟	-	60	-	90	85	70	76.3	76.7
簿記	-	-	-	-	-	80	80.0	77.8
心理	-	65	-	70	-	51	62.0	62.5
文典	-	-	-	-	-	50	50.0	78.5
修身	-	57	-	-	-	-	57.0	56.6
圖畫	-	60	-	90	-	-	75.0	69.8
唱歌	-	-	-	-	-	70	70.0	89.1
體操	85	80	85	90	95	69	84.0	89.0
평균	76.4	73.3	76.1	86.0	76.8	55.4	65.8	77.1
학년전 체평균	75.9	72.9	80.9	82.4	84.7	65.6	77.1	

떨어지기는 하나, 평균 80점 이상을 유지하고 있었다. 학년 전체 평균을 놓고 보더라도 융희학교 학생들이 서상규와 마찬가지로 역사와 지리 과목에서 학업 성취도가 높았으며, 물리와 동물과 같은 자연과학이나 산술 과목에서는 상대적으로 성취도가 낮았다. 서상규는 융희학교를 졸업하고 나서 교사직으로 진출하게 되는데, 그의 경력에 대해서는 다음 장에서 거론하고자 한다.

3. 맺음말 — 융희학교 졸업생의 사회적 진출

지금까지 대한제국 시기 융희학교의 학사 운영에 대하여 살펴보았다. 융희학교는 1908년 9월 전체 학생수 116명으로 개교하였는데, 1910년 2월에 월말 시험 응시생 수는 점차 줄어들어 87명이 응시하고 있다. 끝으로 학생들이 융희학교를 졸업하고 학교 설립 목적이었던 교원 등으로 사회에 진출하여 활동했던 상황에 대해 검토하고자 한다. 이를 위해서 두 가지 방향에서 접근해 보았다.

첫 번째로는 유길준 소장 자료 가운데 개인 서한류를 검토하였다. 고려대학교 박물관 소장 유길준 자료 가운데에는 유길준이 받은 서한류 1,339통이 있다. 이 서한 가운데 융희학교 졸업생이 개인 이력서를 동봉한 서한이 있었다. 매우 한정된 인원이지만 이를 통해서 융희학교 졸업생이 졸업 이후 어떠한 활동을 전개하였는지를 확인해 볼 수 있었다.

졸업자 두 사람의 이력에 대하여 간단하게 제시해 보도록 한다. 한 명은 앞 절에서 과목별 학업 성취도를 다루어 본 徐相奎이며, 다른 한 명은 鄭柄翰이다.

이력서 기재 내용에 따르면 서상규는 1882년 4월 10일 충청남도 공주군 정안면에서 태어났다. 1888년부터 20년간은 사숙에서 한문을 수학하였고, 1908년 9월 융희학교에 입학하였으며, 1910년 10월에 졸업하였다. 같은 달

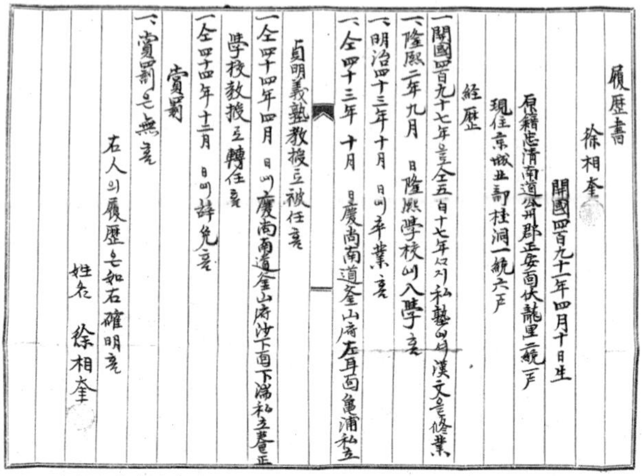
履歷書
徐相奎
開國四百九十一年四月十日生
原籍忠淸南道公州郡正安面伏龍里一統二戶
現住京城北部桂洞一統六戶
經歷
一、開國四百九十七年으로仝五百十七年々지私塾에서漢文을修業
一、隆熙二年九月 日隆熙學校에入學함
一、明治四十三年十月 日에卒業함
一、仝四十三年十月 日慶尙南道釜山府左耳面龜浦私立
貞明義塾教授로被任함
一、仝四十四年四月 日에慶尙南道釜山府沙下面下湍私立養正
學校教授로轉任함
一、仝四十四年十二月 日에辭免함
賞罰
一、賞罰은無함
右人의履歷은如右確明함
姓名 徐相奎

그림6. 서상규 자필 이력서

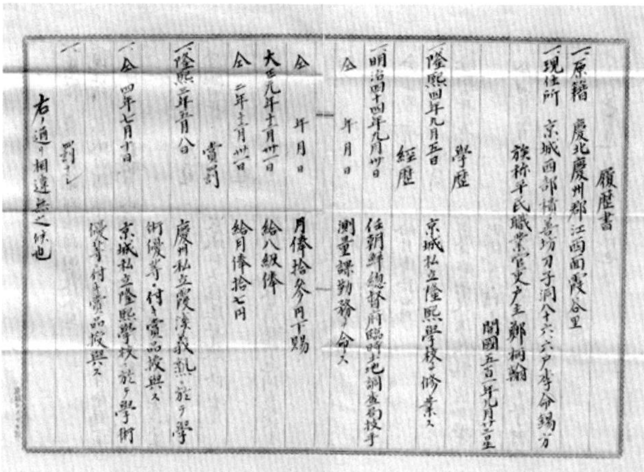
履歷書
一、原籍 慶北慶州郡江西面霞谷里
一、現住所 京城西部積善坊刀子洞八十六戶李命錫方
族稱平民職業官吏戶主 鄭炳翰
開國五百一年九月廿三日生
學歷
一、隆熙四年九月五日 京城私立隆熙學校ヲ修業ス
經歷
一、明治四十四年九月廿日 任朝鮮總督府臨時土地調査局技手
仝 年 月 日 測量課勤務ヲ命ス
仝 年 月 日 月俸拾參円下賜
大正九年十二月廿一日 給八級俸
仝 二年十二月卅日 給月俸拾七円
賞罰
一、隆熙三年五月 日 慶州私立霞溪義塾ニ於テ學術優等ニ付賞品授與ス
一、仝 四年七月十日 京城私立隆熙學校ニ於テ學術優等ニ付賞品授與ス
一、罰ナシ
右ノ通リ相違無之候也

그림7. 정병한 자필 이력서

경상남도 부산부 좌이면 龜浦 私立貞明義塾 교수에 임명되었다. 1911년 4월에는 부산부 사하면 下湍 私立養正學校 교수로 전임하였다는 사실이 확인된다.

정병한은 1892년 9월 23일 경상북도 경주군 강서면 하곡리에서 태어났다. 1909년 5월에는 경주 私立霞溪義塾에서 수학하면서 학술이 우등하여 수상한 경력이 있었고, 1910년 7월 10일에 융희학교에서도 학술 우등으로 수상하였다. 1910년 9월 5일 융희학교를 졸업한 뒤 1911년 9월 30일 조선총독부 임시토지조사국 기수가 되어 측량과에서 근무하였다.

두 번째로는 국사편찬위원회에서 서비스하는 한국사데이터베이스를 이용하여 융희학교에서 수학했던 자와 동일한 한자 이름을 검색하는 방법을 취하였다. 그 결과 '한국병합' 이후 공립학교 교직에 있었던 것으로 확인되는 인물은 대략 40여 명이었다. 다만, 동명이인일 가능성도 배제할 수는 없으므로, 거주지와 근무 학교가 지역적으로 인접해 있는 경우로 한정한 경우 6명 정도를 추출해 볼 수 있었다. 李承駿, 尹在鎬, 兪明煥, 朱鍾述, 安鉐遠, 黃權八 등이 여기에 해당하는 인물들이었다.

융희학교 졸업자의 사회 진출에 대해 이 글에서는 융희학교 학생의 수료·졸업 이후의 면면을 전수 조사하여 상세히 복원할 여유는 없었다. 향후 관련 자료를 보완하여 조사를 진행하고자 한다.

참고문헌

1. 자료
《隆熙學校 學事書類》(고려대학교 박물관 소장).
유길준 수신 서한류(고려대학교 박물관 소장).

2. 연구
金英宇, 1987, 《韓國近代教員教育史 (1)》, 正民社.
김형목, 2016, 《대한제국기 경기도의 근대교육운동》, 경인문화사.
김효정, 2015, 〈韓末 民立 師範學校의 設立과 教育救國運動〉, 서울대학교 대학원 사회교육과 석사학위논문.
윤완, 2001, 《대한제국말기 민립학교의 교육활동연구》, 한결.
이만규, 1988, 《조선교육사 (Ⅱ)》, 거름.
윤건차 저, 심성보 역, 1987, 《한국근대교육의 사상과 운동》, 청사.
윤건차 저, 이명실·심성보 역, 2016, 《다시 읽는 조선근대교육의 사상과 운동》, 살림터.
중앙백년사 편찬위원회 편, 2008, 《中央百年史》, 中央校友會.

후루카와 아키라 저, 이성옥 역, 2006,《구한말 근대학교의 형성》, 경인문화사.
佐藤由美, 2000,《植民地教育政策の研究 : 朝鮮·1905-1911》, 龍溪書舍.
本間千景, 2010,《韓国〈併合〉前後の教育政策と日本》, 思文閣.

부록

월말시험 전체평균

	1908.9	1908.10	1908.11	1909.2	1909.7	1910.2	과목 전체 평균
	9과목	15과목	9과목	14과목	14과목	18과목	총 32과목
勤慢	95.4	94.9	92.7	85.4	93	88.2	91.6
賞点	-	-	-	6.8	-	-	6.8
平常	-	-	-	72.4	75.5	-	74.0
法通	57.8	61.8	69.9	65.9	65.4	56.7	62.9
小教	63.4	73.1	59.6	84.5	—	—	70.2
算術	50.1	34.4	64.6	70.2	93.1	60.2	62.1
幾何	-	-	-	-	-	60.7	60.7
代數	-	-	-	-	-	59.3	9.9
日語	89.1	90.9	82.5	89.3	82.7	-	86.9
作文	78.8	80.3	-	82.7	-	-	80.6
物理	-	68.9	-	-	78.2	15.4	27.1
化學	-	73.2	78.4	90.7	68.2	50.7	72.2
生理	-	-	-	-	80.4	44	62.2
植物	-	-	-	-	73.7	61.4	67.6
動物	-	-	-	-	-	71.2	11.9
礦物	-	-	-	-	-	71.2	71.2
地誌	89.2	96.5	96.7	-	-	-	94.1
地文	-	-	-	-	98.3	-	98.3
外地	-	-	-	-	84.8	-	84.8
內地	-	-	-	98.7	-	-	98.7
歷史	79	92.7	93.6	-	-	-	88.4
內史	-	-	-	97.3	-	-	97.3
東洋史	-	-	-	-	99.9	-	99.9
西史	-	-	-	-	-	70.7	70.7
經濟	-	63	-	68.9	95.8	79.1	76.7
簿記	-	-	-	-	-	77.8	77.8
心理	-	58	-	70.7	-	58.9	62.5
文典	-	-	-	-	-	78.5	78.5
修身	-	56.6	-	-	-	-	56.6
圖畵	-	64.5	-	75	-	-	69.8
唱歌	-	-	-	-	-	89.1	89.1
體操	80.4	85	89.9	94.6	97	86.8	89.0
합계	683.3	1093.7	728	1153	1186	1180	1004.0
평균	75.9	72.9	80.9	82.4	84.7	65.6	77.1

* 상점(賞点)은 점수합계에서 근만(勤慢)에 더함

주요 과목 점수 변화

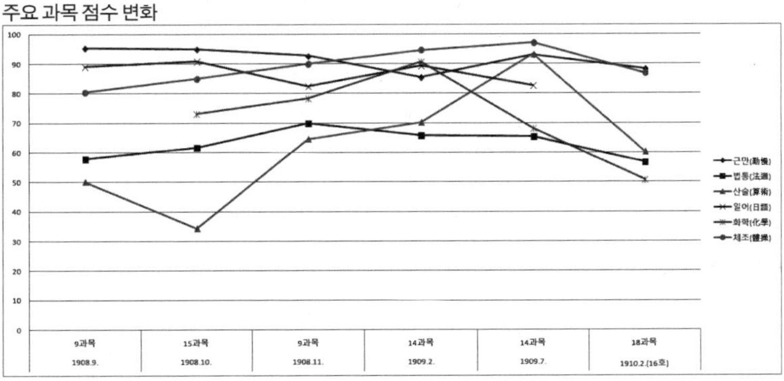

한자통일회(漢字統一會, 1907-1909) 활동과 '동문(同文)' 의식

김소영

1. 머리말

지금까지 한국사에서 한자통일회(漢字統一會)와 관련해 알려진 바는 1909년 이토 히로부미가 암살된 후 그를 추도하는 행사가 '한자통일회이등박문추도회(漢字統一會伊藤博文追悼會)'라는 명칭으로 주도되었다는 것이다. 이를 통해 한자통일회(漢字統一會)라는 단체가 존재했었다는 것과 한자통일회라는 명칭을 통해 본 단체가 한자 통일을 추구했다는 점을 짐작할 수 있었다. 하지만 이 단체를 설립하고 이끈 주체가 누구인지, 한자 통일의 목적이 무엇이며, 단체의 구체적 활동 내용이 무엇인지에 주목하거나 분석한 연구는 이루어지지 않았다.

한자통일회는 가네코 겐타로(金子堅太郎), 이자와 슈지(伊澤修二) 등이 1907년 일본에서 조직한 단체로, 이후 한국과 중국에도 각각 그 지회가 설립되었다. 지금까지 이 단체에 대한 연구는 주로 일본, 중국의 연구자들에 의해 이루어졌다. 한자통일회를 창립하고 《동문신자전(同文新字典)》을 출판하는 데 주도적인 역할을 했던 이자와 슈지 개인에 대한 연구, 즉 그의 교육관과 교육활동에 관한 연구가 주를 이룬다.[1] 또 한자통일회에서 저술, 출판한 《동문

신자전》과 관련하여 언어학, 어학 분야에서 분석한 연구도 이루어진 바 있다.[2]

먼저 이자와 슈지에 관해서는 메이지 시기 일본의 관료, 지식인들의 아시아주의를 바탕으로 한 식민통치와 문화통치라는 측면에서 이자와 슈지의 근대적 교육활동과 '동문' 교육활동을 살펴본 연구가 있다.[3] 일본 근대 교육의 선구자 중 한 명이라고 할 수 있는 이자와는 일본 내 근대 교육 실시를 위한 여러 가지 활동을 전개했을 뿐만 아니라 대만, 중국, 그리고 조선에서 '동문' 인식을 형성하기 위해 교육활동을 전개했다는 것이다. 이자와는 대만에서 대만총독부의 초대 학무부장으로 식민교육을 담당했으며, 중국에서 그의 교육 활동은 고노에 아쓰마로(近衛篤麿)의 동아동문회와 연결되어 전개되었다는 점이 밝혀졌다.[4]

이와 같이 일본, 중국의 기존 연구들은 이자와 슈지 개인의 교육활동을 중심으로 살펴보면서 그의 교육활동 가운데 하나로 한자통일회가 설립되었다는 것과 한자통일회가 《동문신자전》을 편찬, 출판했다는 사실을 언급하는 데 그치는 경우가 대부분이었다. 이는 한자통일회의 활동과 직접적으로 관련된 자료가 단체 설립을 알리는 언론매체의 몇 가지 기사와 한자통일회가 편찬한 《동문신자전》에 실린 한자통일회 취지서, 그리고 자전 자체만 남아 있어 매우 한정적이기 때문이다. 따라서 한자통일회 설립 취지서를 분석하여 단체 설립의 목적을 간단히 언급하거나 일본어학, 중국어학적 관점에서 자전의 구성, 내용 등을 분석한 연구만이 이루어져 왔던 것이다.

---

1 上沼八郎, 1962,《伊澤修二》, 吉川弘文館 ; 尹健次, 1982,〈明治前期国民形成論の展開 — 伊沢修二の教育思想にみるその一研究〉,《교육학연구》49-2.

2 陳娼, 2014,〈清末における日本語の辞書 — 中国人学習者を対象として〉《東アジア文化交渉研究》7 ; 朱鵬, 2001,〈伊沢修二の漢語研究(上, 下)〉,《天理大學學報》52-2, 53-1.

3 고마고메 다케시 지음, 오성철 외 옮김, 2008,《식민지제국 일본의 문화통합》, 역사비평사, 64-82쪽.

4 朱鵬, 2001,〈伊沢修二の漢語研究(上)〉《天理大學學報》52-2 ; 朱鵬, 2001,〈伊沢修二の漢語研究(下)〉,《天理大學學報》53-1.

일본과 중국에서 제한적이나마 한자통일회와《동문신자전》에 대해 분석한 연구가 이루어진 데 비해 언급한 바와 같이 한자통일회 또는《동문신자전》과 관련한 한국학계의 연구 성과를 찾아볼 수 없다. 한자통일회는 일본뿐만 아니라 한국과 중국에서도 그 지회가 설립되어 한국 관료들, 지식인들이 참여했다. 또《동문신자전》 편찬에 유길준이 관여했음이 확인된다. 그리고 단체의 설립 취지에 대해 대동학회(大東學會)를 중심으로 한 유교지식인들이 찬성의 뜻을 표하기도 했다. 하지만 지금까지 한자통일회의 구체적인 활동이나《동문신자전》 내용 등을 분석한 연구는 없었다. 다만 한자통일회를 설립하고 자전을 편찬하는 데 주도적 역할을 했던 이자와 슈지의 식민지적 교육관과 활동을 분석한 연구만이 이루어졌을 뿐이다. 이 연구에서도 이자와의 한자통일회 관련 활동에 관한 분석은 이루어지지 않았다.[5]

한자통일회를 주도했던 이자와의 교육관과 교육활동은 식민주의와 아시아주의에 바탕을 둔 것이었다. 그의 구체적인 교육활동은 일본을 물론 중국, 한국에서 '동문' 의식을 형성하고 확장하는 형태로 전개되었다. 이자와가 한국, 중국, 일본 삼국의 한자 통일을 목적으로 한자통일회를 설립하고《동문신자전》을 펴낸 것도 삼국의 '동문' 의식 형성 및 확장을 위해서였다고 볼 수 있다.

하지만 이 시기 일본 지식인들이 형성, 확산시키고자 한 '동문' 의식은 단순히 전근대부터 존재했던 중국, 한국, 일본 등이 공통의 문자를 사용하고 같은 문화권에 속해 있다는 문화적 정체성이나 의식에 그친 것이 아니었다. 또는 한자라는 삼국 공용의 문자를 통일하여 교류와 교역의 편리함을 추구하려는 실용적 목적의 '동문'에만 머문 것도 아니었다. 한자통일회의 회장이었던 가네코 겐타로, 부회장 이자와 슈지가 내세웠던 '동문'은 한국, 중국, 일본을 서양이라는 타자와 구별되고 그에 대적하여 공동의 번영을 이룰 하나의

5 정준영, 2011, 〈식민지 교육정책의 원점 — 이자와 슈지의 동화주의와 청각적 근대성〉, 《정신문화연구》34-2.

'공동체'라는 인식이었으며, 이를 주도하는 것은 일본으로 상정되었다. 따라서 이 시기 '동문' 의식은 일본 정치인, 지식인들이 근대 초부터 주장했던 아시아연대론, 삼국공영론과 같은 아시아주의를 정당화하고 뒷받침하는 역할을 담당하게 된다.

본 연구에서는 먼저 한자통일회 설립을 주도했던 이자와 슈지가 일본, 대만, 중국에서 펼친 교육활동을 정리하고, 이자와가 일본은 물론 한국, 중국에서 '동문' 의식을 재형성하고 확장하기 위해 한자통일회를 설립했다는 것, 그리고《동문신자전》을 편찬하게 되었다는 점을 선행 연구와 단체 설립 취지서 분석을 통해 밝히고자 한다.

다음으로 한자통일회 한국부의 설립과《동문신자전》편찬 과정에서 한국 관료, 지식인들이 참여하거나 또는 활동을 지지하게 되는 시대적 상황과 인식론적 배경을 살펴보고자 한다. 한국인들의 참여와 지지는 한자통일회가 내세웠던 '동문' 의식에 기반했다는 점에 주목하여 그들이 공감했던 '동문' 의식의 기원과 내용이 무엇인지, 그러한 '동문' 의식이 대두된 시대적 상황 등을 분석하고자 한다. 마지막으로 한자통일회의 설립 목적이자 유일한 결과물이었던《동문신자전》의 편찬 과정에 유길준이 참여하게 된 배경을 살펴보고자 한다.

2. 일본의 '同文' 정책과 한자통일회

1) 대만과 청국에서 이자와 슈지의 교육 활동

이자와 슈지는 1851년 신슈[信州] 다카토번[高遠藩]에서 출생하였다. 그는 6-7세부터 가학으로 한문을 수학했고, 이후 번학교인 진덕관(進德館)에 진학하여 한학을 수학하였다. 1870년 이자와는 대학남교(大學南校)에 입학했다. 대학남교는 초번벌적인 국가적 관점에서 근대 엘리트를 양성하려는 태정관 직할 교육기관이었다.[6] 이 학교에서 이자와는 양학(洋學), 즉 서양의 학문을 수학했다. 그는 1875년 문부성에 의해 미국으로 파견되어 메사추세츠(Massachusetts)주 브릿지워터 사범학교(Bridgewater State Normal School) 사범학교에 입학했다.[7] 그는 미국 유학을 통해 근대적 교육이론, 교육정책을 수학했다. 1878년 귀국하여 일본의 근대적 교육체계, 교육과정을 수립하는 데 크게 기여했고, 특히 근대적인 체육, 창가, 농아 교육을 일본에 도입했다. 이자와는 일본 근대 교육의 선각자로서 현재까지도 높이 평가를 받고 있는 인물이다.[8]

또한 이자와는 일본 식민교육의 단초를 놓은 인물이기도 했다. 1895년 청일전쟁에서 승리한 일본은 중국으로부터 대만을 획득했다. 일본은 대만 획득으로 메이지유신 이후 처음으로 식민지를 통치하게 되었고, 여러 가지 식민정책을 수립해 갔다. 대만을 통치하기 위해 대만총독부가 설치되었고, 1896년 4월에는 총독부 민정국의 하위 부서로 학무부가 설립되었다. 이자와는 대만총독부의 초대 학무부장에 임명되어 2년 남짓 동안 대만에서 식민교육정책을 입안하고 추진했다.[9]

그는 대만을 일본의 일부로 삼기 위해 인간의 마음을 근본부터 일본화해야 할 필요성이 있다고 보았으며, 이를 위해 적극적으로 일본어 교육정책을 실시했다. 대만인들에게 일본어를 익히게 한다면 일본의 국가 정신을 그들에게 주입시킬 수 있을 것이라고 판단하여 일본어 교육을 위해 대만 각지에 국어전습소, 즉 일본어교육기관을 설립하고 교과과정 및 교재를 개발했다.[10]

6 上沼八郎, 1962,《伊澤修二》, 吉川弘文館, 1-38쪽.

7 브릿지워터 사범학교는 현재의 메사추세츠 주 브릿지워터 주립대학교(Bridgewater State University)의 전신으로 1840년 교사양성을 목표로 개교했다. 대학 홈페이지의 학교 연혁에는 1875년 이자와 슈지가 이 학교에 입학하여 1877년 졸업했다는 것과 그가 메이지 시기 일본의 근대 교육의 선구자였다는 설명을 담고 있다 (http://www.bridgew.edu/the-university/history-tradition).

8 上沼八郎, 1962, 앞의 책, 82-183쪽

9 上沼八郎, 1962, 앞의 책, 213-253쪽

10 정준영, 2011, 앞의 논문, 164-168쪽

이와 같은 이자와의 교육정책은 대만을 일본에 완전히 '동화'시키고자 하는 '동화주의' 교육의 첫 번째 실현으로 평가되기도 한다.[11]

이자와가 추구했던 식민교육정책의 기본 방침은 1897년 11월 5일 〈新版圖人民教化의 方針〉이라는 글에 잘 드러난다. 이 글에서 이자와는 신판도의 인민, 즉 식민지 인민들을 교화하기 위한 세 가지 방침을 제시했다. 첫 번째는 "우리 국어, 우리 풍습 등 모두 우리의 것이라고 말할 수 있는 것들을 위주로 하여 교화를 행해 가는 방법", 두 번째는 "그들의 언어 및 그들의 이기를 빼앗아 이를 우리가 이용하여 마침내 우리가 목적한 것을 도달하는 방법", 세 번째로는 "우리와 저들이 혼합 융화하여 부지불식간에 같은 나라로 만들어 가는 방법" 등 총 세 가지 방법을 제시했다. 이자와는 이러한 방법을 차례로 '자주주의', '가타주의(仮他主義)', '혼화주의'라고 칭하고, 이 세 가지 중 대만을 교화하는 방법으로 세 번째 방법, 즉 '혼화주의'를 채택해야 한다고 주장했다.[12]

일본의 식민지가 된 대만에서 '혼화주의', 즉 '동화주의' 교육을 추구했던 이자와는 비슷한 시기 일본의 식민지가 아니었던 중국, 한국에서는 '동문' 의식에 기반한, 또는 '동문' 의식을 형성하는 교육 정책을 추진하고자 했다. '동문' 교육 정책은 먼저 동아시아 삼국에서 공통적으로 사용되고 있던 한자, 한문 교육을 중심으로 한 것이었다. 살펴본 바와 같이 이자와는 동시기 한국과 중국의 많은 지식인들처럼 근대적 학문을 습득하기에 앞서 유년 시절 가학으로 한문을 배웠다. 또 성장한 이후에는 중국어를 익혀 전통 한문 및 일본, 중국의 한자에 능통했다. 따라서 이자와는 미국 유학을 통해 근대적 학문을 익히고 일본에서 서구식의 근대교육을 실시하는 데 선구적 역할을 하면서 동시에 동아시아 삼국에서 전통적으로 사용했던 한자, 한문 그리고 유교적 윤리교육, 도덕교육에도 큰 관심을 가지고 있었다. 그가 대만에서 추진

11 정준영, 2011, 앞의 논문, 156-159쪽

12 上沼八郎, 1962, 앞의 책, 239-242쪽.

했던 '혼화주의', '동화주의' 교육 역시 일본어는 물론 한문과 유교적 윤리라는 '동문'을 기반으로 한 것이기도 했다.[13]

대만에서 2년여 동안의 관직 생활을 마치고 일본으로 돌아온 이자와는 다시 중국에서 교육 활동을 펼치는 데 관심을 기울이기 시작했다. 그는 일찍부터 일본과 중국이 제휴해야 한다는 인식을 가지고 있었다. 양국은 '동종', '동문', '동교'의 나라이지만 서로 언어가 통하지 않는 문제가 있으며, 음운학을 통해 이러한 문제를 해결할 수 있을 것으로 보고 일본어음과 중국어음 표기법 등을 연구하는 데 매진했다.[14]

중국에서 이자와의 활동은 고노에 아츠마로가 회장으로 있던 동아동문회(東亞同文會) 활동과 함께 전개되었다. 동아동문회 성립 이전부터도 아시아의 '동문', '동종(同種)'이 서로 연대해야 한다고 주장하며 중국과 한국에서 활동을 전개한 단체들이 있었다. 대표적인 단체로는 1880년 3월 9일 도쿄에서 일본 대외경파가 창립한 흥아회(興亞會)를 들 수 있는데, 이 단체의 발기인 중 한 명이었던 와타나베는 "구미 각국은 인종이 같아 동족 동문 동교의 단결을 통해 아시아에 도량"하고 있는데, "인종이 같고 문교가 서로 다르지 않은 아시아 각국이 소원"하므로 "아시아 전토에 대세를 진흥"하고 "아시아 각국의 합종연횡을 실현"하는 흥아주의(興亞主義)를 단체 설립의 목적으로 내세웠다. 흥아회는 이후 아세아협회로 개칭했고, 1899년 동아동문회에 합쳐졌다.[15]

동아동문회의 설립 목적과 활동 역시 흥아회와 거의 일치했다. 즉, 흥아회가 중국에서 어학교육활동을 전개했던 것처럼 동아동문회 역시 중국에서 교육사업을 전개했다. 동아동문회는 동아동문서원(東亞同文書院), 동경동문서원(東京同文書院), 천진동문서원(天津同文書院), 강한중학학교(江漢中學校) 등

13 고마고메 다케시, 2008, 앞의 책, 75-77쪽.

14 上沼八郎, 1962, 앞의 책, 316-317쪽.

15 강창일, 2002, 《근대 일본의 조선침략과 대아시아주의》, 역사비평사, 154-161쪽.

교육기관을 설립하고《동아시론(東亞時論)》이라는 잡지를 발간했다.[16]

동아동문회는 그 발회 결의안에서 '지나'의 '보전'. '개선', "국론 환기"라고 하여 단체를 창립한 목적이 주로 중국 문제에 있다는 것을 밝혔다. 또 '주의서'에서도 청일 양국이 오랫동안 교류해 왔으며, "문화가 서로 통하고 풍교가 서로 같아 정을 가지고 하면 형제의 친함이 있고 형세를 가지고 하면 순치(脣齒)의 관계"이므로 서세동점에 중국과 일본이 협력하여 대응해야 한다고 주장했다. 중국만을 대상으로 했던 동아동문회는 다음해인 1899년 11월 '주의서'와 '결의'에서 활동 지역과 활동 목표에 한국을 추가했다.[17]

이자와는 동아동문회 회장인 고노에와 여러 단체에서 함께 활동하며 친밀한 관계를 맺고 있었다. 이자와가 이끌었던 학제연구회(學制硏究會)의 회장을 고노에가 맡았으며, 또 고노에의 계획을 중심으로 조직되었던 조약실시연구회(條約實施硏究會)에 이자와가 입회하였다. 또한 동아동문회에도 입회하여 평의원이 되었다.[18] 이자와와 고노에가 여러 단체에서 함께 활동했던 것은 한국과 중국에 대한 인식과 정책, 즉 '동문' 또는 '동문동종' 의식을 바탕으로 아시아 삼국이 연대해야 한다는 인식 및 대외 정책을 공유했기 때문이라고 할 수 있다.

이상에서 살펴본 바와 같이 이자와가 펼친 대만, 중국에서 교육 정책 및 활동은 당시 일본과 중국, 그리고 추가적으로 한국을 포함한 아시아연대론의 범주 안에서 전개된 것이었다. 아시아연대를 목적으로 이자와가 중점을 두었던 것은 '동문' 의식을 형성하고 확장하기 위한 활동이었다. 그리고 이를 실현하기 위해 설립한 단체들 중 하나가 바로 한자통일회였다. 다음에서는 이자와가 한자통일회를 설립한 목적과 과정, 그리고 한국에서 한자통일회 설립 과정에 대해 구체적으로 살펴보도록 하겠다.

---

16 朱鵬, 2001, 앞의 논문, 66-67쪽.
17 강창일, 2002, 앞의 책, 154-161쪽.
18 朱鵬, 2001, 앞의 논문 53-1, 66-67쪽.

2) 동아시아 삼국에서 '동문(同文)' 지향과 한자통일회(漢子統一會) 설립

앞서 살펴본 바와 같이 이자와는 아시아연대라는 목표하에 삼국에서 공통적으로 사용되고 공유되어 온 한자와 한문, 유교에 많은 관심을 기울였다. 즉 그가 한자, 한문 사용 및 유교윤리에 관심을 기울이고 일본은 물론, 대만, 중국에서 '동문' 교육을 실시하고자 했던 이유는 한자와 한문으로 대표되는 삼국의 '동문', '동문' 의식을 바탕으로 연대하여 서구의 아시아 침탈에 효율적으로 대응하고 아시아의 공영을 추구한다는 명목이었다.

이자와 외에도 많은 일본 지식인들이 유사한 논리를 펼쳤다. 서양의 무비판적 모방을 반대하고 일본 고유의 전통을 바탕으로 국민국가를 설립해야 한다는 국수주의적 취지로 설립된 세이쿄샤[政教社]의 회원이었던 미야케 세쓰레이[三宅雪嶺]는 1895년 8월, '한자이도설(漢字利導說)'을 주장했다. 그는 한자폐지론자에 대해 반박하며 한자의 결점에도 불구하고 그 자체를 폐지하는 것에 대해 반대했다. "한자의 이(利)는 동아사상을 얻고 동아 공략, 동아 상략(商略)을 돕는 데 있으며, 따라서 한자 기습(記習)과 함께 한문을 익힐 것을 요한다 … 대략 한자를 알고 그 배합의 이치를 터득하면, 교통상의 요충인 동아를 일괄할 수 있을 것이다"라고 하여 한자가 동아시아에서 일본의 세력을 확충하는데 중요한 도구가 될 것이라고 주장했다.[19]

'동문'이라는 용어와 개념은 이자와 슈지를 비롯한 일본 지식인들에 의해서만 사용된 것은 아니었다. 중국에서 한자, 한문을 공유한다는 의식으로서 '동문' 의식은《중용(中庸)》의 "서동문(書同文)"에서 찾을 수 있을 만큼 오랜 연원을 가진 것이었다. 이후 한자를 중심으로 한 문명권, 문화정체성으로서 '동문' 의식은 중국 내에서만이 아니라 중국과 사대관계에 있던 조선, 베트남, 일본 등으로 확산되었다. 조선, 중국, 일본, 베트남의 지식인들은 각기 한자의 발음에서는 차이가 있었지만 한자의 뜻을 이해함으로써 상호간 활발하

---

19 이연숙 지음, 고영진·임경화 역, 2006,《국어라는 사상 : 근대 일본의언어 인식》, 소명출판, 70-71쪽.

게 교류하며 '동문' 의식을 공유해 갔던 것이다. 일본이나 베트남보다 중국과 지리적으로 가까이 위치해 있던 조선의 경우 더욱 빈번하게 중국과의 지식교류, 문화교류를 이어갔다.[20]

하지만 19세기 말, 즉 청일전쟁 이후 동아시아에서 청의 영향력이 약화되면서 청 중심의 중화질서가 해체되고 '동문' 의식 역시 약화되기 시작했다. 조선의 지식인들은 한자, 한문을 더 이상 조선의 것이 아닌 중국의 문자로 인식하고 이를 대신해 훈민정음, 언문을 '국문'으로 여기기 시작했다. 정치·외교적 측면에서뿐만 아니라 문화적 측면에서도 '중화주의(中華主義)'가 약화되어 갔던 것이다.[21]

하지만 이자와 슈지를 비롯한 일본 지식인들, 정치인들은 '동문' 의식을 재정립하고자 했다. 한자통일회 회장 가네코 겐타로는 한자라는 '동문'이 동아시아에서 오랫동안 사용되어 왔으나 이 시기에 이르러 두 가지 점에서 문제가 있다고 보았다. 첫째, 일본을 비롯해 한국, 중국에서 한자, 한문의 위상이 추락하고 있다는 것이다. 즉 일본, 한국에서 지배층에 의해 전유되며 '국문'의 역할을 담당했던 한자, 한문에 대해 무용론, 폐지론이 제기되면서 한자의 위상이 급격히 추락하기 시작했다는 것이다.[22]

둘째, 같은 한자를 사용한다고는 하나 삼국에서 사용되는 한자 발음이 서로 다르고 사용 한자의 종류도 달라 상호 교류에서 불편함이 따르며 '동문' 사용의 이점을 찾기 힘들다는 것이다. 따라서 삼국의 인민들에게 한자, '동문'의 중요성을 알리고 삼국의 한자를 통일할 필요성이 있다고 보았으며, 이를 추진할 단체로 한자통일회를 설립한다는 목적을 밝히고 있다.[23]

---

20 Cho Sung-san, 2011, "The Formation and Transformation of the Awareness of a Common Culural Idnetity in 19th Century Chosŏn", *International Journal of Korean History* 16-1, pp. 81-93.

21 *Ibid*, pp. 93-100.

22 漢字統一會 撰, 1909,《同文新字典序》, 1-3쪽.

23 한자통일회, 1909, 위의 책 序, 14-17쪽.

일본의《타이요(太陽)》는 일본 학계에서 오랫동안 한자를 통일해야 한다는 논의가 있었으며, 이를 위해 가네코 겐타로를 비롯한 수십 명이 마침내 한자통일회를 설립했다고 보도했다.[24] 또 1907년 4월 12일 화족회관에서 총회를 개최하여 이토 히로부미[伊藤博文]를 총재로 추대하고, 일본부(日本部) 회장에는 가네코 겐타로, 부회장에는 이자와 슈지와 무라이 기치베[村井吉兵衛], 두 사람을 선출했다. 청국부(淸國部) 회장으로는 장향사(張香帥, 장지동), 부회장으로 단방(端方), 엄수(嚴修) 두 명을 선출했다. 한국부의 회장으로는 박제순(朴齊純)을 선출했다는 소식도 전하고 있다.[25]

한국 언론에서는 먼저《대한매일신보》가 1907년 11월 5일자로 한자통일회가 설립되어 장지동을 회장으로 삼고자 했으나 장지동은 이미 호북제학사 황소기(黃紹箕)를 명예회장으로 정하였다고 소식을 전하고 있다. 한자통일회 한국부가 아닌 청국부의 상황을 단편적으로 전했던 것이다.[26]

이어《西友》1907년 12월자에 일본에서 한자통일회가 개설되었다는 소식과 함께 단체 설립 목적이 번역되어 게재되었다.[27] 이때《西友》에 실린 한자통일회 설립 취지와 1909년 출판된《동문신자전》서문의 한자통일회 설립 취지는 모두 가네코 겐타로가 작성한 것이었다. 따라서 그 내용은 대체로 일치하지만 몇 가지 점에서 차이를 보인다.

먼저 사용 용어에서 차이가 보인다.《西友》에서는 지나어(支那語), 지나(支那)라고 하여 당시 중국을 낮춰 부르는 용어로 칭했던 데 반해《동문신자전》에서는 화어(華語)와 청국(淸國)을 사용하고 있다. 이는《西友》에 실린 글의 경우 가네코가 자국민인 일본인을 일차적 대상으로 설립 목적을 밝힌 것을 그대로 번역하면서 지나, 지나어라는 용어 역시 그대로 번역한 것으로 보

24《太陽》13권 6호, 1907년 5월 1일,〈漢字統一會〉.
25《太陽》13권 6호, 1907년 5월 1일,〈漢字統一會〉.
26《대한매일신보》, 1907년 11월 5일, 외보.
27《西友》제13호, 1907년 12월 1일〈漢字統一會開設에 關ᄒᆞᆫ 意見〉.

인다.《西友》가 번역한 취지문은《동문신자전》출판 이전인 1907년 일본에서 한자통일회가 설립되면서 일본 잡지《타이요》가 게재한 한자통일회 설립 취지문을 그대로 번역한 것으로 보인다. 두 잡지의 취지문을 비교해 보면 용어나 내용에서 축자 번역이라고 할 만큼 일치한다.[28] 반면《동문신자전》의 경우 일본뿐만 아니라 한국, 중국의 독자층을 의식하면서 앞서 사용했던 용어와 내용을 일부 변경했던 것으로 보인다.

그렇다면 한자통일회 설립의 취지는 무엇이었는지 구체적으로 살펴보도록 하겠다. 먼저 한자통일회는 과거부터 현재까지 일본, 한국, 청국의 정체, 사상, 사회 조직, 도덕, 경제, 종교, 실업 등의 문명 발달이 모두 한학의 힘으로 성립된 것이라고 주장했다. 또한 향후 일본을 포함한 삼국의 지속적 발전 역시 한학에 의하지 않고서는 불가능하다고 주장했다.[29]

다음으로 당시 한국에서도 한문폐지론, 한문무용론이 대두되었던 것처럼 일본에서도 한문무용론, 한문을 폐지하자는 주장이 끊임없이 제기되고 있었다. 즉 한문자를 폐지하고 국어를 로마자로 개조하자는 의견과 한화혼합(漢和混合), 즉 한문과 일본어를 혼합하여 사용하자는 의견 등이 첨예하게 맞서고 있었다. 한자통일회는 기본적으로 후자의 주장에 동의하며 "일본은 동으로 로마자에 의하여 수입한 태서의 참신한 과학 기계 기타의 문물을 서(西)로 향하여 아세아 대륙에 부식하여서 아세력을 확장하며 아무역을 발달하고자 할진대 한문자를 의하여 그 목적을 도달하는 외에 좋은 계책이 없다"라고 보았다.[30] 앞서도 주장한 바와 같이 한문자를 사용해야만 일본을 포함한 아시아의 발전이 가능하다는 것이다.

그런데 한자통일회가 한문 폐지를 반대하고 그 유용성을 주장하기 위해 중요한 논거로 제시한 것 중 하나가 구미 제국의 한문에 대한 인식이었다. 독

28《太陽》13권 14호, 1907년 11월 1일, 논설〈漢字統一會開設に關する意見〉.
29 한자통일회, 1909, 앞의 책 序, 7-9쪽.
30 한자통일회, 1909, 앞의 책 序, 13-14쪽.

일을 비롯해 미국 등 서구 제국들이 중국을 비롯한 아시아로 진출하기 위해 동양어학, 즉 한문학을 익히고 중국어 및 일본어를 교육시키는 동양어학교를 세우는 노력을 기울이고 있다는 것이다. 즉 구미 제국들이 아시아와의 교류와 무역을 확장하기 위해서는 한문을 비롯한 동양이의 중요성을 깨달아 그것을 익히고자 하는데 일본은 그에 역행하려 하고 있다는 것이다. 그리고 서구 제국과 달리 한국, 중국, 일본은 모두 "동문의 국"으로 비록 발음은 달라 대화는 불가능할지라도 문자로는 서로 소통할 수 있으므로 상호간의 사상, 문화교류, 무역에 매우 유리하며 따라서 이러한 '동문', 즉 한문은 포기할 수 없다고 주장했다.[31]

한국 언론이 한자통일회 한국부의 설립에 대해 보도한 것은 1908년에 들어서였다. 《皇城新聞》은 1908년 6월 6일 학부대신 이재곤과 중추원고문 박제순이 한자통일회를 발기한 취지를 보도했다.[32] 이재곤, 박제순이 발표한 것으로 보이는 한국 측의 한자통일회 발기 취지 역시 가네코 겐타로가 작성한 한자통일회 설립 취지와 큰 차이는 없었다.[33] 또 《大東學會月報》도 1908년 6월 25일 앞서 《皇城新聞》에 게재되었던 한자통일회의 설립 취지를 소개하고, 그 취지에 동의하는 논설을 실었다.[34]

이처럼 한국 지식인들 중에는 한자통일회의 설립 취지에 찬성하여 지지를 표시하거나 단체에 직접적으로 참여, 활동한 이들도 있었다. 이들은 동아시아 삼국이 진정한 '동문'을 이뤄 상호 교류, 교역을 활성화하고 문화를 발전시켜 다른 언어권, 문화권인 서구 제국의 침탈을 막고 공동 번영하자는 한자통일회의 취지에 뜻을 같이한 것으로 볼 수 있다. 이와 같은 한국인의 '동문' 의식에 대해서는 다음 장에서 다시 자세히 살펴보도록 하겠다.

31 한자통일회, 1909, 앞의 책 序, 4-7쪽.
32 《皇城新聞》, 1908년 6월 6일, 잡보 〈한자통일회〉.
33 《皇城新聞》, 1908년 6월 6일, 잡보 〈한자통일회〉.
34 藕山居士, 《大東學會月報》 5, 1908년 6월 25일, 논설, 1-8쪽.

그런데《西友》가 번역한 취지서의 원문이었던《타이요》에 실린 취지서와《동문신자전》에 실린 한자통일회 취지서는 모두 '동문동종'이라는 용어를 사용하고 또 아래와 같이 인종론을 바탕으로 한 '황화론'을 언급했다.

> 현금 태서제국에서 황화론을 주창하여, 일본인종이 황화라고 두려워하는 원인은 많다고 할 수 있지만 요컨대 일본은 청한 양국과 동인종동문의 나라이므로 이 동문과 동인종을 이용하여 아세아대륙의 경영을 도모하는 날에는 구미인은 마침내 지나 대륙으로부터 구축되는데 이를 것이라는 공포심에 다름 아니다. 그러므로 금일 일부의 일본인이 주창하는 것처럼 고래 관용의 한문자를 버리고 로마자로 변경한다면 금일 구미인이 불리하다는 바의 기관으로 일본인이 다행히 천년 이전부터 소지해 온 바의 이기를 버리고 똑같아지는 것이다. 환언하면 일본인의 장점이라고 두려워하는 일대기관을 폐기하는 것이다. 동종동문에 속하여 만일 삼국이 동심협력하여 동아경영을 진행하면 구미국인이 후일 동아대륙에서 축출될 것을 두려워하는 것이다. 만일 한문을 폐하고 로마자를 전용하면 또한 날카로운 칼날을 버리고 부엌칼을 취하는 것과 다르겠는가.[35]

반면《西友》가 번역한 취지서에는 위의 구절이 모두 빠져 있다. 또한 '동문동종'이 아닌 '동문'으로만 용어를 번역했다. '동종'과 '황화론'은 모두 인종론을 기반으로 한 개념이라고 할 수 있다.《西友》가 이들 용어와 논리를 그대로 번역하지 않은 것은 '동문' 인식, 개념과 달리 '동종'이라는 개념, 인식이 한국인들에게 일반적으로 수용되기 힘든 상황이었기 때문이 아니었을까 한다.

1904년 러일전쟁이 발발하자 한국에서도 많은 사람들이 이 전쟁을 황인종과 백인종의 대결로 인식하여 일본의 승리를 기원하고, 전쟁이 일본의 우세로 종결되었을 때 같은 황인종의 '승리'를 기뻐하고 찬양하기도 했다. 한국과 일본이 같은 황인종이라는 인식, 또 러일전쟁을 서구제국주의의 동아시아 침략을 막기 위한 전쟁이라는 인식이 일본은 물론 한국, 중국의 인민들에게 공유되기도 했다.[36]

---

35 한자통일회, 1909, 앞의 책, 10쪽 ;《太陽》13권 14호, 1907년 11월 1일, 논설〈漢字統一會開設に關する意見〉, 35쪽.

36 김윤희, 2009,〈1909년 대한제국 사회의 "동양" 개념과 그 기원 — 신문 매체의 의미화

하지만 러일전쟁 종결 후 1905년 '을사늑약' 체결, 1907년 고종의 강제 퇴위와 정미조약(丁未條約) 체결 등 일본의 한국 침탈이 본격화되자 의병항쟁이 일어나는 등 반일감정이 격화되었다. 따라서 이 시기 일본이 주창하던 '황화론', '동종론'이 곧 침략을 정당화하기 위한 논리라는 부정적인 인식이 나타났다. 즉《대한매일신보》는 북만주 지역 하얼빈에서 발간되던〈원동보(遠東報)〉기사를 인용하여 고종 황제의 퇴위가 일본의 강압으로 이루어졌다는 것을 밝히며 일본이 한국인을 '동종'이라고 칭하여 왔으나 대우하는 바는 대만인을 대하는 것과 다름없고, 대만인을 대하는 것은 야수를 대하는 것과 같아 대만민족이 쇠멸하고 있다고 비난했다. 따라서 일본이 말하는 '동종', '동포'의 실상은 그 '동종'을 멸망시키는 것을 의미하는 것이라며 '黃人', '황인종'은 경계심을 가져야 한다고 주장했다.[37] 즉 일본이 내세우고 있던 '황인종', '동종론'의 허구성과 침략성을 지적했던 것이다.

종래 일본이 주장하던 '동문동종론'에 공감하며 러일전쟁을 지지했던《皇城新聞》역시 러일전쟁 종결 후 일본의 침탈이 가시화되자 이를 비판하기 시작했다. 다만《대한매일신보》가 '동종'의 허구성과 침략성을 지적하며 일본을 비판했던 것과 달리《황성신문》은 여전히 일본이 주장하던 '동문동종'을 근거로 비판했다는 점에서 일정한 차이를 보였다.[38]

이처럼 '동문' 또는 '동문동종'의 허구성을 지적하거나 또는 그것을 근거로 일본의 한국 침탈을 비판했던 세력과 달리 한자통일회 한국부는 일본의 '동문론'을 그대로 수용하며 친일적인 입장을 분명히 드러냈다. 즉 일본 한자통일회 취지서와는 별도로 한국부 회장 이재곤과 부회장 박제순이 발표한 취지서는 '동문'은 물론 '동인종'이라는 용어와 개념을 사용하면서 이를 바탕으로 한 삼국연대의 필요성을 강하게 주장했다. '동문'인 한자를 통해야만

과정을 중심으로〉,《개념과 소통》4, 116-118쪽.

37《대한매일신보》, 1907년 8월 11일, 별보〈論韓皇之退位 遠東報照謄〉.

38 김윤희, 2009, 앞의 논문, 118-121쪽.

'同倫의 宗旨', '同類의 團體'를 이루어 삼국이 하나가 될 수 있으며, 삼국의 교류뿐만 아니라 서구의 각종 서적들, 즉 지식들을 이용하기 위해서도 한문은 반드시 필요하다고 주장했다. 따라서 한문을 폐지할 것이 아니라 오히려 이를 발전시켜야 하며, 이를 위해 삼국 공통의 한자를 선택하여 하나의 자전을 만들기 위해 한자통일회가 설립되었으며, 자신들 역시 이러한 목적에 찬성한다는 것이다.[39]

'동종'과 달리 '동문'이라는 용어는 앞서 언급한 바와 같이 유학적 소양을 갖춘 지식인들에게 익숙한 용어이자 개념이었다. 따라서 '동문' 의식에 기반하여 한자 및 한문의 유용성과 중요성을 강조했던 한자통일회의 취지를 가장 긍정적으로 수용했던 인물들이 주로 유교지식인, 유학자들이었다. 1907년 유학자들이 중심이 되어 설립한 대동학회는 기관지였던《大東學會月報》에 한자통일회와 관련한 논설을 게재하며 그 취지에 적극적으로 동의했다. 또한 한자통일회의 취지를 자신들이 주장해 오던 바, 즉 한자, 한문의 유용함과 중요성을 뒷받침하는 논거로 활용하기도 했다.[40]

이처럼 한국과 일본, 그리고 중국의 지식인들은 '동문'을 통한 삼국연대의 필요성을 공감하는 경우가 적지 않았다. 하지만 한자통일회 회장인 가네코 겐타로가 밝힌 설립 목적을 살펴보면 궁극적으로 '동문'을 내세우며 일본이 추구한 아시아연대가 어떠한 성격의 것인지 잘 드러난다.

> 방금 우내의 대세상으로 달관하여 아국(일본—필자 주)의 지위를 연구하면 위에서 서술한 바와 같으니 일본이 원래 로마자로 인하여 구미의 문명을 수입하고 능히 이를 저작하며 이를 소화하여 그 얻은 결과를 한문자를 통하여 이를 조선 지나에 수출할 대책임을 부담한 자라. 세계에 국가를 세운한 자 비록 많으며 또 태서문명의 정화를 모은 구미선진국이 비록 있으나 동서양반구의 문화를 일국에 모아서 이를 혼화융합하고 그 결과를 다시 아시아대륙에 대하여 발휘 확충할 좋은 지위를 점한 나라는 일

39 《皇城新聞》, 1908년 6월 6일, 잡보 〈한자통일회〉.
40 藕山居士,《大東學會月報》5, 1908년 6월 25일 논설, 1-8쪽.

> 본을 제한 외에 마땅한 자가 없음은 역력한 사실이니라.
> 이상 서술한 사실로부터 단정하면 동서양반구의 문명을 일국에 모아 일단하여 이십 세기에 신문명의 원소를 양성하고 그 원소를 인하여 아시아 개발의 계획을 세움은 실로 아국의 천직이오 장래의 일대사업이라. 이 사업을 완성함에는 일본민족 이외에 이처럼 유망한 지위를 점한 인종이 있지 아니한 고로 아국의 한학을 더욱 발달하게 하며 구미의 외국어도 십분 연구할지니 한학과 태서의 학술을 융화혼합하여 아시아 발전의 대계획을 시도하면 구미 제국은 세가 모두 아국의 방침에 의하여 아시아에 대한 사업을 진함이 필수이다.[41]

위의 글에서 한국, 중국, 일본 3개국 가운데 아시아연대와 번영을 위해 가장 중요한 역할을 담당해야 하는 국가는 일본이었다. 즉 일본만이 서구의 지식을 수용하여 이를 다시 한문자로 한국, 중국에 전달하여 동서양 문물을 융합하는 역할을 담당할 수 있으며, 아시아의 발전을 이끄는 '맹주'의 역할을 담당할 수 있으며 해야 한다는 것이었다.

이와 같이 한자통일회는 일본이 '동양맹주'가 되는 아시아연대론에 기반하여 삼국의 '동문'인 한자, 한문 통일을 목적으로 설립된 것이었다. '동문'이라는 용어와 개념을 통해 전근대부터 존재해 왔던 한자문화권의 존속 또는 강화를 내세우고 있으나 실상은 일본에 의해 주도되고 일본이 중심이 되는 새로운 아시아의 형성을 목표로 한 것이었다.

3. 한국에서 국·한문 사용 논쟁과 유길준의 《동문신자전(同文新字典)》 발간 참여

1) 국문과 한문 사용을 둘러싼 논쟁

1880년대 후반 유길준을 필두로 하여 이후 많은 지식인들이 언문 등으로 불

---

41 《西友》 14, 1908년 1월 1일 〈漢字統一會開設에 關흔 意見(續)〉, 23-24쪽 ; 《太陽》 13-14, 1907년 11월 1일, 논설 〈漢字統一會開設に關する意見〉, 36쪽.

리웠던 한글과 한자 또는 한문 사용에 대해 다양한 견해를 표출하기 시작했고, 1894년 갑오개혁으로 훈민정음 또는 언문, 반절이라고 불려왔던 한글이 마침내 '국문'으로 인정받게 되었다. 조선정부는 모든 공문서를 '국문'을 위주로 작성하며 한문을 부기하거나 국한문으로 작성하도록 했다.[42] 또 교과용 도서를 '국문' 또는 국한문혼용으로 펴내기 시작했다. 이후 '국문' 사용은 급속도로 확대되어《독립신문》과 같은 순국문 신문이 발행되어 많은 독자층을 확보하기도 했다.[43]

'국문'인 한글의 사용이 확대되고 위상이 높아져 갔던 반면 한자 또는 한문에 대해서는 부정적인 견해가 이어졌고, 급기야는 한문무용론, 폐지론이 등장하기 시작했다. 이와 같은 '국문'과 한문 사용을 둘러싼 논쟁은 크게 세 가지 내용으로 정리될 수 있다. 첫째, 한문을 전폐하고, '국문'만을 전용하자는 주장, 둘째, '국문'과 한문의 혼용, 또는 병용, 즉 국한문체를 사용하자는 주장, 셋째, 국문을 전폐하고 한문을 전용하자는 주장 등이 있었다.[44] 이 가운데 세 번째 주장과 같이 한문만을 진문으로 여기며 '국문'이 아닌 한문만을 전용하자는 주장은 점차 찾아보기 힘들어졌다.

한문이 아닌 '국문'을 사용하자는 주장은 근대 어문민족주의에 바탕을 두고 있다. 언어는 민족의 정체성을 구성하는 중요한 요소 가운데 하나로, 공통의 언어를 통해 민족을 통합하고 일체성을 형성할 수 있다는 것이다. 또 공통의 언어뿐만 아니라 공통의 문자를 사용할 때 비로소 민족구성원, 국가구성원들의 통합과 일체감이 형성될 수 있다는 하는 언문일치론도 '국문' 전용을 주장하는 근거였다.[45] 많은 지식인들이 한문을 중국의 문자로 인식하고 훈민

42 강명관, 1985, 〈한문폐지론과 애국계몽기의 국·한문 논쟁〉,《한국한문학연구》8, 198쪽.

43 《독립신문》, 1896년 4월 7일, 논설.

44 《太極學報》21, 1908년 5월 24일, 〈國文과 漢文의 過渡時代〉.

45 이러한 어문민족주의는 서구와 일본의 근대국민국가 수립 과정에서 앞서 등장했으며, 한국의 경우 1895년 청일전쟁에서 청이 패배하고 탈중화가 진행되면서 본격적으로 나타났다고 할 수 있다. 특히 일본 메이지시대 초기부터 제기된 한문폐지론은 그 논리가 1890년대 후반 본격화된 한국 지식인들의 한문폐지론과 유사한 논리 구조를 보이고 있다. 다만 일본

정음, 언문을 '국문'으로 인식하게 되는 어문민족주의 등장과 언문일치론은 중화질서의 해체와 맞물리는 것이었다.[46]

1895년 이후 청일전쟁에서 패배한 청의 조선에 대한 영향력이 거의 사라지면서 유길준을 비롯한 많은 지식인들이 민족주의적 어문관을 갖게 되었다. 이들 지식인들은 훈민정음, 언문을 '국문'으로 인식하고, 한문이 아닌 '국문'을 사용해야 한국민들이 상호 일체감, 한국민으로서 정체성을 가질 수 있다고 보았다.[47] 국가를 구성하는 요소에 언어를 포함시키며 완전히 독립된 국어, 국문이 없다면 완전히 독립한 국가로 볼 수 없다는 어문민족주의가 점차 팽배해져 갔다.[48] 또 표의문자인 한문보다 표음문자인 '국문'이 더 익히기 쉽다는 실용적인 이유도 한문 폐지, '국문' 사용 주장을 뒷받침했다.[49]

이처럼 한문 무용론, 폐지론이 비등하는 가운데 한문 폐지를 반대하는 논의도 지속적으로 제기되었다.[50] 한문 폐지를 반대하는 논리는 다시 두 가지로 대별되었다. 첫째, '국문'을 중시하고 '국문' 사용을 주로 하되 오랫동안 사용해 온 한자, 한문을 즉각적으로 폐기할 수는 없으므로 '국문'을 보조하는 문자로 사용한다는 것이었다. 즉 국한문체를 사용하되 '국문'이 우선시되어야 한다는 것이었다.[51]

의 '국어', '국문' 논쟁은 한자폐지론, 국자개량, 가나문자론과 로마문자론 등 보다 복잡다기한 형태로 진행되었다(이연숙, 2006, 앞의 책, 51-75쪽).

46 이미 18세기부터 박제가, 박지원 등 실학자들을 중심으로 언문불일치의 문제점과 불편함이 인식되기 시작하여 이를 해결하기 위한 방안이 모색되기 시작했다. 하지만 이들이 제시한 방안은 전면적인 한어(漢語) 사용을 주장하고 보다 정확한 중화의 음성을 구현해 내려는 것이었다(조성산, 2009, 〈18세기 후반-19세기 전반 조선 지식인의 語文 인식 경향〉, 《한국문화》 47, 186-191쪽). 즉 언문불일치의 문제점을 인식했지만 어문민족주의에 기반하여 언문일치의 방안을 모색했던 것은 아니었다.

47 《독립신문》, 1896년 4월 7일, 논설.

48 《夜雷》, 1907년 2월 5일, 〈國語維持論〉.

49 신해영, 《대조선독립협회회보》 16, 1897년 7월 15일, 〈漢文字와 國文字의 損益如何(續)〉; 《독립신문》, 1897년 4월 22일, 4월 24일 〈국문론〉.

50 《대한유학생회학보》, 1907년 3월 3일, 〈國文과 漢文의 관계〉.

51 이승교, 《서북학회월보》 1, 1908년 6월 1일, 〈國漢文論〉; 유길준, 《皇城新聞》, 1908년 6월 10일, 〈소학교육에 대ᄒᆞᆫ 의견〉.

둘째, 보수적 유교 지식인들은 한문 폐지가 한문으로 대표되는 유교문화, 유교적 가치관을 폐기하는 것이라고 여겨 적극적으로 반대에 나섰다.[52] 이들 유학자들은 국한문 혼용을 주장하는 경우에도 앞서의 논자들과 달리 '국문'이 아닌 한문을 주로 삼고 '국문'을 보조로 사용해야 한다고 주장하거나 또는 한문이 곧 '국문'이라고 주장을 펼치기도 했다.[53]

한문이 곧 '국문'이라고 주장했던 대표적인 인물은 유학자 여규형(呂圭亨)이었다. 그는 한문이 중국의 문자라는 주장에 대해 한문이 오랫동안 한국에서 사용되어 왔으며 따라서 더 이상 중국만의 문자가 아니라고 반박했다. 그리고 한문을 중국만이 아닌 조선, 일본의 문자라는 의미로 '아문(亞文)'으로 호칭했다.[54]

그런데 여규형의 '아문'은 과거 '동문'과 마찬가지로 한문, 한자만을 지칭하는 것이 아니라 삼국이 공유했던 하나의 문화적 정체성, 문명권을 의미하는 것이기도 했다. 또한 중국을 중심으로 여겼던 과거의 '동문' 의식과 달리 새로운 동아시아의 중심으로 일본을 설정하고 있다는 점에서 이자와 슈지를 비롯한 일본 지식인들이 추구한 '동문' 의식과 일치했다. 중국이 아닌 일본을 중심으로 재편되는 것이기는 하나 한문은 물론 유교적 가치관을 공유하는 문화적 정체성, 문화권을 재강화할 수 있다는 점에서 유학자들 가운데에는 일본이 주장하는 '동문' 의식에 공감하는 경우가 많았다.

일본적 '동문' 의식에 공감했던 여규형, 신기선 등 유학자들은 대동학회(大東學會)를 설립했고, 학회지였던《大東學會月報》에 한자통일회의 취지에 공감하는 논설을 게재했던 것이다.[55] 이후 대동학회의 친일적 경향 및 활동은 여규형이 언급했던 '아문', 즉 '동문' 의식에 기반한 것이었다.[56] 대동학회

52 정교,《大東學會月報》4, 1908년 5월 25일,〈漢文과 國文의 辨別〉.
53《대한매일신보》, 1908년 3월 17, 18, 19일,〈國漢文의 輕重〉.
54 藕山居士,《大東學會月報》5, 1908년 6월 25일, 논설, 1-8쪽.
55 藕山居士,《大東學會月報》5, 1908년 6월 25일, 논설, 1-8쪽.
56 藕山居士,《大東學會月報》7, 1908년 8월 25,《論亞文》, 1-4쪽.

는 한국의 유학자들을 친일화할 목적으로 통감부와 일본지식인들이 적극적으로 개입해 조직된 단체였다. 이러한 일본의 정치적 의도에도 불구하고 많은 한국의 유학자, 유교지식인들이 대동학회 설립을 환영하고 회원으로 가입했던 것은 단체의 설립 목적을 한문과 유교 윤리의 재강화로 파악했기 때문이었다. 또 이러한 목적을 위해 과거부터 '동문'이었던 일본과의 '연대'를 추진해야 한다는 주장 역시 쉽사리 수용할 수 있었던 것이다. 과거의 '동문' 의식이 중국을 중심으로 한 '연대'였다면 재정립된 '동문' 의식은 일본을 중심으로 한 것이었다. 일본 중심의 '동문' 의식은 문화적 측면뿐만 아니라 정치적 '연대'도 수용했다. 즉 대동학회는 1909년 10월 공자교회(孔子敎會)로 명칭을 변경하고 본격적인 친일노선을 취하였으며, 일본과의 '병합' 역시 찬성하게 되었다.

2) 유길준의《동문신자전》편찬 참여

한자통일회는 그 취지서에 밝혔던 바와 같이 삼국 공용 한자를 모은《동문신자전》을 1909년 출판했다.[57] 이 자전의 서(序)에는 앞서 살펴본 한자통일회 회장 가네코가 쓴 취지서가 한문으로 작성되어 실려 있고 부회장인 이자와 슈지가 자전을 편찬한 목적과 경위 등도 순한문으로 기술되어 있다.[58] 또 자전의 범례가 일본어와 한문으로 작성되었다. 자전의 내용과 체계는 범례에서 밝히고 있듯이 한국, 중국, 일본에서 상용하는 한자 6천 자를 선별하였고, 각 글자마다 한국어, 중국어, 일본어 발음을 모두 표기했다. 출판사는 도쿄의 태동동문국(泰東同文局)으로, 1902년 설립되어 1911년 폐업하기까지 주로 중국 관련 도서를 출판했다.[59]

---

57 본 자전은 1915년 재판이 발행되었다.

58 한자통일회, 1909,《同文新字典 序》, 태동동문국.

59 이 출판사 역시 이자와의 제안으로 설립된 것으로 알려져 있으며, 이자와는 중국에도 분국을 설립하고자 했다. 출판사의 사업 목표 중 하나는 일본의 교과서를 중국어로 번역하여 소학교, 사범학교, 중학교 등에 사용하게 하려는 것이었다(朱鵬, 2001, 앞의 논문, 68쪽).

자전의 범례와 본문 내용에 따른 구성 체제를 살펴보면 다음과 같다. 먼저 한·청·일 3개국에서 공통적으로 사용되는 실용 한자 6천 자를 선별하여 3개국의 음운과 그 의미를 표기했다. 선별한 한자는《강희자전(康熙字典)》을 기반으로 해 부수와 획수순으로 배열되었다. 각 글자마다 히라가나로 일본어 음과 훈독음을 달고, 중국 관화음(官話音)과 한글을 표기했다. 그리고 다시 일본의 독자층을 염두에 두고 중국어 발음과 한글 발음을 표기하였는데, 이자와는 자신이 고안한 일종의 신음자(新音字)로 이 발음을 표기했다. 마지막으로 한자의 뜻을 번역하고 로마자를 기록했다.[60]

그런데 자전이 출판된 후 한국 측 신문 기사나 출판 광고 등에서는 자전에 관한 내용이나 홍보를 찾아볼 수 없다. 다만《동문신자전》의 저자 및 교정, 감수자 목록을 살펴보면 이 자전의 한국어 발음 교정에 유길준이 참여했음을 알 수 있다. 자전의 표지에는 물론 범례에 "한어음은 한국학사 유길준이 바로잡았다"라고 하여 유길준이 이 책의 편찬에 관여했음을 명확히 밝히고 있다.

또한 유길준의 아들 유억겸은 부친인 유길준이 한글을 중시하여 국한문 혼용체를 일상적으로 사용했으며 여러 권의 한글 관련 서적을 저술했으며, 또한 "東京에 잇든 사람 伊澤修와 某 支那人과 합동해서 3인이 발음 사전을 공동 저작한 것은 그 당시에 있어서 적지 않은 대사업이였음니다"라고 회상했다. 이택수는 바로 이자와 슈지(伊澤修二)를, 그와 함께 만들었다는 발음사전은《동문신자전》을 가리키는 것이다.[61]

그러나 이러한 기록 외에 유길준이 자전 출판에 어떤 식으로 참여하게 되었는지, 실제 어떤 역할을 담당했는가를 자세히 알 수 있는 기록은 보이지 않는다. 유길준이 한자통일회에 직접적으로 관련되어 있었다는 기록도 찾을 수는 없으나 일본 망명 시절 그가 작성했던 주소록에 이자와 슈지에 관한 기

60 한자통일회, 1909,《同文新字典 凡例》, 태동동문국.
61 유억겸,《三千里》10-5, 1938년 5월 1일.

록이 있는 것으로 보아 개인적인 친분과 교류가 있었음을 짐작할 수 있다.[62] 또 이토 히로부미가 암살된 후 한자통일회가 주최한 추도회에 한성부민회장이었던 유길준이 참여했다는 신문 보도가 있지만 한자통일회 회원으로서 참여했던 것은 아니었던 것으로 보인다.[63]

유길준이《동문신자전》에 참여하게 된 계기는 크게 두 가지로 볼 수 있다. 먼저 유길준의 '국문'에 대한 관심과 지식 때문이다. 즉 이자와 슈지가 자전의 한국어 발음 교정을 유길준에게 담당하게 한 이유는 유억겸이 회상한 바와 같이 유길준이 오랫동안 국문 또는 국한문혼용을 주장하고 그에 대한 언어학적 연구를 해왔기 때문이었다고 할 수 있다.

유길준의 한글, 국문관, 언어에 대한 관심을 최초로 보여주는 것은 1895년 출판된《西遊見聞》이다. 그는 책의 서문에서 국문, 즉 한글만을 사용하여 서술하고자 하였으나 편의상 국한문혼용을 채택하여 서술할 수밖에 없었다는 점을 밝혔다.

> (전략) 세계 여러 나라를 돌아보건대 각기 나라의 언어가 다르므로 문자가 역시 따라 다르니 대개 언어는 사람의 생각이 성음으로 나타남이오 문자는 사람의 생각이 형상으로 나타남이니 이로써 언어와 문자는 나누면 둘이 되고 합하면 하나이니 아문은 선왕조가 애써 만드신 인문이오 한자는 중국과 통용하는 것이라. 나는 오히려 우리말을 아문(我文)을 순용하기 불가능함을 한탄하노니 외인의 교류를 이미 허락함에 국중인이 상하귀천 부인 어린아이를 막론하고 저들의 정형을 모르는 것이 불가한즉 어렵고 서투른 문자로 엉클어진 글을 지어서 실정을 전하는데 어긋남이 있기보다는 유창한 글과 친근한 말을 통하여 사실 그대로의 상황을 힘써 나타내는 것이 옳으니 (후략)[64]

62 유길준이 작성한 〈주소록〉은 2003년 유길준 후손들이 고려대학교 박물관에 기증하여 소장되어 있는 '유길준 관련 신자료'에 포함되어 있으며, 1907년 8월, 유길준이 일본에서 귀국하기 이전에 작성되었던 것으로 보인다. 이자와 슈지의 주소와 전화번호가 기재되어 있다.

63《皇城新聞》, 1909년 12월 14일, 잡보.

64 유길준, 1895,《西遊見聞》, 5-6쪽.

유길준은《西遊見聞》을 사실상 '아문', 즉 '국문'만을 전용하여 서술하고 싶었으나 현실상 그러지 못하고 국한문을 혼용할 수밖에 없었음을 밝히고 있다.《서유견문》의 주요 독자층이 될 관료들과 지식인들은 여전히 '국문'이 아닌 한문에 익숙해 있었기 때문에 '국문'만으로 서술하는 것은 오히려 이들의 이해를 방해할 수 있기 때문이었다.

유길준은 이후에도 한문보다 '국문'이 더 유용하며 중요하다는 점을 여러 차례 설파했다. 또 다른 그의 저서《노동야학독본(勞動夜學讀本)》에서도 "문자로 말하면 우리나라의 글이 천하에 제일이요 한문도 쓸 데 없고 일본문도 쓸 데 없고 영국문은 더군다나 쓸 데 없으니 우리나라 사람들에게는 우리나라의 국문이라야 하지요. 우리가 이러한 좋은 글이 있는데 어찌하여 배우지 않고 나라에 무식한 사람이 많소"라며 '국문'의 유용함과 중요성을 주장했다.[65]

유길준은 '국문'을 발전시켜 더 잘 활용하기 위해서는 그 문법을 체계적으로 정리할 필요가 있다고 여겼다. 그리하여 1890년대 후반부터 문법서인《조선문전(朝鮮文典)》을 집필하기 시작했으며, 여러 차례 수정을 거쳐 1909년《대한문전(大韓文典)》으로 완성, 출판했다.[66] 이 문법서들의 서문을 살펴보면 역시 유길준의 '국문'에 대한 인식이 잘 드러난다. 즉 우리 고유의 언어와 문자가 있음에도 수백 년 동안 한문만을 숭배하여 사용해 왔다는 점을 지적하며 언문일치를 주장하고, '국문'의 중요성을 강조했다.[67]

이처럼 유길준은 한문의 여러 가지 폐해를 언급하고 언문일치에 기반한 '국문' 사용의 필요성과 편리함을 강조했다. 하지만 그는 한문이 아닌 한자의 사용에 대해서는 다른 인식을 가지고 있었다. 소학교과서를 서술하는데 '국문'만을 사용할 것인지 또는 한자를 사용할 것인지에 대한 논쟁에 대해

65 유길준, 1908,《勞動夜學讀本》, 46쪽.
66 유길준, 1909,《大韓文典》, 동문관.
67 유길준, 1909, 위의 책, 自序, 1-6쪽.

다음과 같은 견해를 보였다.

> (전략) 소학 교과서의 편찬은 국문만을 사용하는 것이 옳은가? 그러하다. 그런즉 한자는 사용하지 않는 것이 옳은가? 아니다. 한자를 어찌 폐할 수 있겠는가? 한문은 폐하되 한자를 버려서는 안된다. (혹자가) 말하기를 한자를 사용하면 이는 곧 한문이니 당신이 전폐라 하는 말은 내가 이해하지 못하겠는 바라. (내가) 말하기를 한자를 연철하여 구독을 이룬 연후에 비로소 한문이라 하니 글자마다 따로 사용함이 어찌 한문이라 말할 수 있으리오. 또 우리가 한자를 차용함이 이미 오래되어 그 동화한 습관이 국어의 일부를 이루었으니 만일 그 훈독하는 법을 사용한 즉 그 형태가 비록 한자라고 말하겠으나 우리 국문의 부속품이며 보조물이라. (하략)[68]

즉, 유길준은 '국문'으로 교과서를 서술해야 한다는 입장을 견지하면서도 한문이 아닌 한자는 이미 그것이 '국문'의 일부 또는 부속품이 되었다고 인식하여 한자를 함께 사용하여 교과서를 서술할 수 있다고 보았다. 또 한자통일회가 한, 중, 일 상호 교류와 무역을 증진하려는 실용적 목적에서 한자를 중시하고 통일을 추진했던 것과 같이 유길준도 외국과의 교류, 즉 중국, 일본과의 교류를 염두에 두고 한자를 사용하지 않을 수 없다고 보았다. 그의 한자에 대한 인식은 앞서 살펴본 한자가 이미 '국문'의 일부가 되었으므로 한문을 폐지할 수 없다는 한문 폐지 반대론자들의 논리와 유사하다. '국문'을 위주로 하되 한자를 사용할 수 있다는 유길준의 입장은 자신의 저서 대부분을 국한문혼용체로 서술하는 것으로 나타났다.

또한 그가 한자통일회의 《동문신자전》 편찬에 참여했던 것도 이러한 인식, 입장에서 비롯되었다고 보인다. 한문에 대해서는 부정적이었지만 한자를 '국문'의 일부라고 여기고, 중국, 일본과의 교류에서 한자를 사용하는 것이 유용하다는 입장에서 삼국 공통의 한자자전을 편찬하려는 한자통일회의 계획을 긍정하고 함께 참여했던 것으로 보인다.

68 《皇城新聞》, 1908년 6월 10일, 〈小學教育에 對ᄒᆞᄂᆞᆫ 意見〉.

그리고 무엇보다 유길준은《대한문전》과 같은 문법서를 저술한 정도로 해박한 '국문' 지식을 가지고 있었다. '국문'과 한문, 한자에 대한 인식, '국문' 문법에 대한 지식, 그리고 일본어에 대한 이해 등이 그가《동문신자전》 편찬 과정에서 교정에 참여했던 이유였을 것으로 추측된다. 유길준은 이후 조선총독부가 1912년 4월 제정, 공포한 '보통학교용 언문철자법'의 논의 과정에 참여했다. 총독부는 1911년 보통학교용 교과서 편찬용 조선어 철자법 정리를 위해 '조선어조사회의'를 총 5차에 걸쳐 개최했는데, 이 회의 조선인 참가자 명단에는 어윤적, 강화석, 현은과 함께 유길준이 포함되어 있다.[69]

'국문'에 대한 지식, 그리고 한자 사용에 대한 긍정적인 인식 외에 유길준이 자전 편찬에 참여하게 된 또 하나의 요인은 그가 처한 정치적 상황과 인식에 있었다고 보인다. 일본에 망명했던 유길준은 고종 황제가 강제 퇴위된 직후 1907년 8월에서야 다시 귀국할 수 있었다. 귀국 직전 유길준을 비롯한 망명자들은 일본 정부 관료를 비롯한 정치 인사들과 접촉했다. 유길준과 만난 자리에서 우쓰노미야 타로[宇都宮太郎]는 그에게 일본과의 "연방론"을 언급했고, 이에 대해 유길준 역시 "협동해서 백인에게 맞서야 한다"고 화답했다는 것이다.[70] 또 유길준은 동아청년회(東亞靑年會)에 보낸 서신에서 "지금 조선은 절대로 일본에 미치지 못하고 만일 조금이라도 반대한다면 나라는 막대한 손해를 입게 될 것"이며, "헛되이 일본에 반대하지 않고 친근하게 신용하고 서로 아끼고 성심으로 서로 도우면 국가는 보전될 것이다"라고 말했다.[71]

유길준은 그를 비롯해 망명자들이 귀국하는 데 큰 역할을 한 단체인 일한

69 권영민, 〈사료발굴 : 일제강점 1년 후 '조선어정책' 결정한 총독부의 원문사료 발견〉,《문학사상》2004년 12월, 178-180쪽.

70 宇都宮太郎關係資料硏究會 編, 2007,《日本陸軍とアジア政策 陸軍大將宇都宮太郎日記 1》, 岩波書店, 129-130쪽(마스타니 유이치, 2017, 〈유길준의 인맥에 대한 연구(1907-1914)〉,《韓國史學報》68, 207-208쪽 재인용).

71 〈兪吉濬君之書翰〉,《東亞》26, 1907년 10월 16일, 32쪽(마스타니 유이치, 2017, 위의 논문, 208쪽 재인용).

동지회(日韓同志會)와 긴밀한 관계를 맺고 있었다. 이 단체는 앞서 언급한 유길준과 서신을 주고받은 동아청년회를 모태로 하여 만들어진 단체로, 망명자들이 조속히 귀국할 수 있도록 많은 노력을 기울였다. 일한동지회는 "일한(日韓) 양국의 친목", "한국의 부식(扶植)"을 내세우며 망명자들을 적극적으로 도왔던 것이다. 이러한 활동의 최종 목표는 한국과 일본의 '동맹'에 의한 양국의 '번영'이었다.[72] 이러한 한일동맹론의 입장에서 일한동지회는 한국에서 교육 발달을 도모하려는 계획을 세웠다. 이를 위해 일본에 이어 한국에서도 일한동지회를 설립하고자 했으며, 유길준을 비롯한 망명자들과 대동학회의 김윤식, 신기선 등이 참여했던 것으로 보인다.[73]

이상에서 살펴본 바와 같이 유길준이 이자와 슈지가 참여 또는 주도했던 동아동문회, 그리고 한자통일회의 회원으로서 직접 참여했던 흔적은 찾아볼 수 없었다. 하지만 유길준이 이들 단체와 유사한 성격의 일한동지회에 참여했다는 것은 일본이 주장했던 한일 간의 '친목'과 '동맹'의 필요성에 동의했던 것으로 볼 수 있다. 한자통일회의 자전 편찬에 그가 참여한 것 역시 이와 같은 인식을 바탕으로 한 활동의 일환이라고 볼 수 있을 것이다.

4. 맺음말

한자통일회는 1907년 가네코 겐타로, 이자와 슈지 등 일본의 정치인, 교육자 등이 중심이 되어 설립된 단체였다. 가네코 겐타로가 회장직을 맡고 있었으나 실질적으로 한자통일회 설립을 주도하고 단체 활동의 유일한 결과물이었던《동문신자전》을 편찬한 것은 부회장이었던 이자와 슈지였다. 이자와는 미국 유학을 통해 근대적 교육사상과 정책을 수학하고, 귀국 후 일본의 근대

72 池川英勝, 1990,〈日韓同志會について〉,《朝鮮學報》135, 105-106쪽.
73 池川英勝, 1990, 위의 논문, 113쪽.

교육정책을 수립했던 교육자로 잘 알려져 있다. 그는 또한 메이지 시기 일본이 처음으로 획득했던 식민지 대만에서 '혼화주의', '동화주의' 교육 정책을 실현하며 식민교육정책의 원안을 마련한 인물로도 평가받고 있다. 대만에서 활동을 마친 이후 이자와의 관심은 중국과 한국으로 향했다. 그는 '동문' 의식을 바탕으로 일본, 한국, 중국이 '제휴'해야 한다고 주장했으며, 이를 실현하기 위한 교육 및 출판 활동을 전개했다. 중국에서 이자와의 활동은 동아동문회의 교육 활동과 함께 전개되었다. 동아동문회 역시 아시아의 '동문', '동종'이 서로 연대해야 한다는 인식을 바탕으로 교육 활동을 전개했던 단체였다.

이와 같이 '동문' 의식을 바탕으로 아시아의 '제휴', '연대'를 주장했던 이자와는 삼국의 '동문' 의식을 재정립하고 강화하기 위한 활동의 일환으로 한자통일회를 설립했다. '동문'은 삼국이 공통적으로 사용해 온 한자, 한문을 가리키는 동시에 삼국이 공유했던 문화적, 정치적 정체성이기도 했다. 전근대부터 삼국의 지식인들은 중국을 중심으로 하는 '동문' 의식을 공유해 왔다. 하지만 근대에 접어들면서 이러한 '동문' 의식은 약화되어 갔다. 특히 청일전쟁 이후 중국의 정치적, 문화적 영향력이 현저히 감소하면서 한국의 지식인들은 한자, 한문을 대신하여 훈민정음, 언문을 '국문'으로 사용할 것을 주장하고 이를 실천해 갔다. 어문민족주의에 기반한 '국문' 또는 '국한문'의 사용이 늘어가고 한자, 한문 폐지론이 비등하면서 '동문' 의식 역시 약화되어 갔다. 이와 같은 어문민족주의는 일본에서 먼저 등장하기 시작했다.

이러한 변화 속에서 이자와 슈지는 한국, 중국, 일본에서 사용되는 한자를 통일하여 '동문' 의식을 재정립하고 강화하기 위해 한자통일회를 조직했던 것이다. 그리고 한국, 중국에도 지회를 설립했다. 한국 언론은 1907년부터 한자통일회가 설립되었다는 사실과 가네코 겐타로의 설립 취지문을 번역하여 보도하기 시작했다. 한자통일회의 설립 취지에 가장 적극적으로 호응한 것은 대동학회였다. 신기선, 여규형을 비롯한 유학자들이 중심이 되어 유교의 진흥을 목적으로 설립한 대동학회는 한자통일회가 내세운 '동문'의 중요성에 동조하며 지지를 표명했다. 반면《대한매일신보》는 일본이 내세운 '동종'의 허구성과 침략성을 지적하기도 했다. 일본이 주장하는 '동문', '동종'의 실체는 한자통일회의 '동문' 의식에서도 찾아볼 수 있다. 한자통일회는 '동문'이라는 용어와 개념을 통해 전근대부터 존재해 왔던 한자문화권의 존속 또는 강화를 내세우고 있으나 그 실상은 일본에 의해 주도되고 일본이 중심이 되는 새로운 아시아 형성을 목표로 한 것이었다.

'동문'을 실현하기 위한 한자통일회의 실질적인 활동과 결과물은 1909년《동문신자전》을 편찬, 출판한 것이었다. 이 자전은 한·중·일에서 사용하는 공통한자 6천 자를 선별하여 각국의 발음으로 표기하고 그 뜻을 밝혀 놓았다. 자전의 표지와 범례에는 유길준이 한국어 발음 교정에 참여했다는 사실을 밝혀놓았다. 유길준이 한자통일회의 회원으로 입회하거나 활동한 기록은 찾아볼 수 없었다. 하지만 그가 자전 편찬에 참여하게 된 계기는 크게 두 가지로 볼 수 있을 것이다. 먼저 유길준의 '국문'에 대한 관심과 풍부한 지식이다. 즉, 이자와 슈지는 유길준이 오랫동안 '국문'에 관심을 가지고 언어학적인 연구를 해왔으므로 한국어 발음 교정을 맡기기에 적합한 인물로 판단했을 것이다. 또 유길준은 일찍부터 '국문' 사용의 중요성을 강조하고 실천했지만 한문이 아닌 한자의 사용에 대해서는 이미 '국문'의 일부가 되었다는 점과 중국, 일본과의 교류에서 유용하다는 점을 들어 한자 폐기를 반대하는 입장이었다. 따라서 삼국 공통의 한자자전을 편찬하려는 한자통일회의 계획을 긍정하고 참여했던 것으로 보인다.

유길준이 자전 편찬에 참여했던 또 다른 요인은 그가 처했던 정치적 상황과 인식에 있었다고 보인다. 유길준은 1907년 8월, 일본에서 망명 생활을 끝내고 귀국할 수 있었다. 유길준과 교류하며 그의 귀국을 도왔던 일본의 인사들, 일한동지회와 같은 단체는 한국과 일본의 '친목'과 공동 '번영'을 내세우며 '연방론', '연대론'을 주장하고 있었다. 유길준 역시 이러한 주장에 동의를 표하며 함께 활동하기도 했다. 한자통일회의 자전 편찬에 그가 참여한 것 역시 이와 같은 정치 인식에 기초한 활동의 일환으로 볼 수 있을 것이다.

참고문헌

1. 자료
《독립신문》.《대조선독립협회회보》.《西友》.《大東學會月報》.《太極學報》.《夜雷》.
《皇城新聞》.《대한매일신보》.《太陽》.《三千里》.《同文新字典》.《兪吉濬全書》.
《西遊見聞》.《大韓文典》.《勞動夜學讀本》.

2. 저서 및 논문
上沼八郎, 1962,《伊澤修二》, 吉川弘文館.
강창일, 2002,《근대 일본의 조선침략과 대아시아주의》, 역사비평사.
정용화, 2004,《문명의 정치사상: 유길준과 근대한국》, 문학과지성사.
이연숙 지음, 고영진·임경화 역, 2006,《국어라는 사상 : 근대 일본의언어 인식》, 소명출판.
고마고메 다케시 지음, 오성철 외 옮김, 2008,《식민지제국 일본의 문화통합》, 역사비평사.
尹健次, 1982,〈明治前期国民形成論の展開 — 伊沢修二の教育思想にみるその一研究〉,《교육학연구》49-2.
강명관, 1985,〈한문폐지론과 애국계몽기의 국·한문 논쟁〉,《한국한문학연구》8.
朱鵬, 2001,〈伊沢修二の漢語研究(上)〉,《天理大學學報》52-2.
朱鵬, 2001,〈伊沢修二の漢語研究(下)〉,《天理大學學報》53-1.
고영근, 2004,〈유길준의 국문관과 사회사상〉,《어문연구》121.
김윤희, 2009,〈1909년 대한제국 사회의 "동양" 개념과 그 기원 — 신문 매체의 의미화 과정을 중심으로〉,《개념과 소통》4.
조성산, 2009,〈18세기 후반-19세기 전반 조선 지식인의 語文 인식 경향〉,《한국문화》47.
한성우, 2009,〈《兒學編》을 통해 본 근대 동아시아의 언어 교류〉,《한국학연구》21.
정준영, 2011,〈식민지 교육정책의 원점 — 이자와 슈지의 동화주의와 청각적 근대성〉,《정신문화연구》34-2.
마스타니 유이치, 2017,〈유길준의 인맥에 대한 연구(1907-1914)〉,《韓國史學報》68.
池川英勝, 1990,〈日韓同志會について〉,《朝鮮學報》135.
陳娟, 2014,〈清末における日本語の辞書—中国人学習者を対象として〉,《東アジア文化交涉研究》7.

Cho Sung-san, 2011, "The Formation and Transformation of the Awareness of a Common Cultural Identity in 19th Century Chosŏn", *International Journal of Korean History* 16-1.

마포-노량진 도선업의 변화와 조합회사의 역할

김윤희

1. 머리말

麻浦渡船組合은 1909년 1월 마포와 노량진 간 도선업자를 조직하여 설립되었고, 1910년 5월 漢江船橋 개통으로 폐지되었다가 1912년 다시 복설되었다. 이후 이 조합이 언제 폐지되었는지 확인되지 않지만, 적어도 1915년까지는 운영된 것으로 확인된다. 최근 새롭게 발굴된 유길준 소장자료 중 마포도선조합과 노량진의 선조합 관련 문서에는 1910년대 마포-노량진 간 도선업의 변화 과정뿐만 아니라 조합회사의 성격과 운영형태를 알려주는 정보가 담겨져 있다.[1]

유길준이 마포-노량진 간 도선업 관련 문서를 소장하고 있었던 이유는 그가 1907년 이후 노량진 도선업자를 조직하여 선조합을 조직했기 때문이었다. 유길준은 1907년 12월 순종으로부터 노량진 주교사 소속 주정소의 창고, 산울, 목재 그리고 그 주변 논 46두락(약 7200평)와 밭 4日耕[2](약 9600평)을

1 1971년 발간된《兪吉濬全書》(一潮閣)에 수록되지 않는 많은 문서가 유길준 유족에 의해 고려대학교 박물관에 기증되었다. 고려대학교 한국사연구소는 2014년 한국연구재단 토대연구지원사업의 지원을 받아 이 기증문서에 대한 정리와 해제 작업을 진행하였다.

2 소가 하루에 갈 수 있는 면적을 의미한다. 1일경은 약 10畝, 1무는 약 240평 정도로 추정

하사받았다. 유길준은 주정소 부지를 노량진 하북면 본동 동민에게 30년간 무상임대하고, 선조합을 설립했다. 선조합의 도선운행 노선은 마포, 용산, 아현 등이었는데, 마포도선조합이 설립되면서 노량진 도선장이 마포도선조합의 南岸으로 사용되었다. 이 과정에서 유길준이 마포도선조합과 관계를 맺게 된 것이다.

마포도선조합이 1910년 일본인의 한강선교 가설로 일시적으로 폐지되었기 때문에 기존 연구에서는 일본의 경제적 침략 사례로 간략하게 언급되었을 뿐이다.[3] 1911년 회사령 이전 객주의 조합회사에 대한 연구는 1)자본합자를 통한 상권 보호, 근대적 조직으로의 전환 노력이었지만,[4] 2)기존의 독점영업권이 유지되면서 소자본가, 소생산자의 성장을 제약했다고 평가했다.[5] 양자의 연구는 조합회사의 성격에 대해 상이한 입장에 서 있지만, 외상의 상권 침탈을 방어하기 위한 노력이었다는 점, 이후 일본자본에 종속적으로 재편되었다는 점에서는 의견을 같이했다.

민족주의적 관점을 중심으로 경제문제를 고찰하는 연구 경향으로 인해 1910년을 전후로 확대된 시장경제가 다양한 경제활동의 조건을 어떻게 변화시켰는지에 대한 연구는 상대적으로 소홀했다. 또한《대한매일신보》가 경제문제를 민족문제로 해석했던 담론을 그대로 승인함으로써 경제문제가 정치화되는 과정, 그리고 기존의 경제적 기득권이 자본주의 경제조직을 통해 사회적으로 승인되는 과정을 포착하지 못했다.

한편 조합조직에 대한 기존 연구는 조합을 전통의 계 조직과 주식회사의 중간단계로 보고, 주식회사와 조합의 병행적 증가를 식민지적 특수성으로

된다.

3 전우용은 한강선교의 개통을 일본인에 의한 경강 교통운수체계의 전반적 개조를 통한 경제침탈 사례로 언급했다(2005, 〈근대 이행기 서울의 객주와 객주업〉, 《서울학연구》 24, 147-148쪽).

4 유승렬, 1996, 〈한말·일제 초기 상업변동과 객주〉, 서울대학교 박사학위논문.

5 전우용, 1997, 〈19세기 말-20세기 초 한인 회사연구〉, 서울대학교 박사학위논문.

평가했다.[6] 그러나 조합은 이행기적 특성으로 규정할 수 없다. 공동의 이해를 기반으로 한 수많은 조합이 현재에도 설립되고 운영되고 있다는 점이 그것이다. 조합은 공동의 이해를 갖는 사람들의 조직(사단법인)으로 주식회사(재단법인)로 환원될 수 없는 특정 이익을 기반으로 한다. 개별주식으로 환원될 수 없는 지역의 장소성[7]과 그것을 토대로 형성된 이익의 공유가 조합의 토대이다. 따라서 조합은 주식회사 조직이 포섭할 수 없는 영역을 자본화[8] 시키기도 하고, 자본화에 대응하여 그 속도를 완화시키기도 한다. 즉 마포도선조합은 도선장을 공유하는 지역민의 경제적 이해를 배당이익으로 전환시켰던 조직임과 동시에 이 지역 도선업에 대한 새로운 자본투자를 방어하는 조직이기도 했다.

이 글은 자본주의 발달 과정에서 조합의 이러한 기능과 갑오개혁 이후 경제적 기득권이 사회적으로 승인되는 과정에 주목하고자 한다. 조합을 통해 기존의 경제적 이익이 어떻게 변화되었는지, 거대자본의 투자와 조합의 갈등 속에서 도선노동자의 환경이 어떻게 변화되었는지를 고찰하고자 한다. 또한 이러한 경제문제의 정치담론화가 사회적으로 어떠한 효과와 연결되고 있었는지를 고찰하고자 한다. 이를 통해 자본주의가 한국사회에 구축되는 과정을 비판적으로 성찰할 수 있는 계기를 모색하는 데 기여하고자 한다.

---

6 정승진, 2016, 〈파시즘적 동원체제가 낳은 식민지 조합제도 — 조선 계와 회사 사이에서〉, 《대동문화연구》 96, 145-164쪽. 조합이 장소성을 공유하는 경제조직이기 때문에 '게젤샤프트이지만 게마인샤프트적 성격'을 가졌다고 볼 수 있다. 또한 이점이 물적 기반이 취약했던 전시동원 체제를 효과적으로 구축하는 데 기여했다고 볼 수 있다.

7 장소는 특정한 활동이 이루어지는 곳, 그 활동이 이루어지는 물리적 배경, 그 활동을 통해 부여된 상징적 의미와 관련되어 있으며, 장소성은 특정 사회의 구성원들이 집단적 생활을 영위하는 과정에서 그 생활의 기반이 되는 장소에 대해 가지는 사회적 의식이다. 조선 후기 주인권은 특정지역의 경제적 활동을 기반으로 설정된 무형의 경제적 이익이었으며, 그 장소를 공유한 사람들에 의해 승인된 경제질서이기도 했다.

8 자본화는 비자본주의적인 것을 자본축적에 포섭하는 과정이란 의미로 사용한다. 자연환경, 지역성, 경험, 지식, 감정, 신체 등등은 테크놀로지의 발전으로 점차 자본투자의 대상으로 전환되어 왔다.

2. 마포도선조합과 기존의 경제적 권리

마포도선조합은 1909년 1월 崔喜泳이 경시청에 인허를 청원하고, 인가를 받아 설립되었다. 최희영은 三湖普成學校의 경비를 지원하기 위해서 이 조합을 설립한다고 했고, 이를 위해 해당 동에서는 최희영을 불러 설립 취지를 질문한 후 그를 동대표로 선정했다.[9] 마포도선조합은 해당 동민의 승인절차를 거쳐 설립된 것이었다. 마포도선조합은 삼개나루(麻浦津)가 있던 용산면(현재의 마포구 도화동)에 위치했다.[10]

최영희는 1907년 만 원을 자금으로 모집하여 麻浦鹽廛頭에 普信号를 창립했던 객주 4명 중의 한 명이었다.[11] 마포 염전객주는 1896년 궁내부에 의해 명례궁 염전주인으로 새롭게 차정되면서 갑오개혁 이후 혁파된 有文券主人의 권리를 다시 획득할 수 있었다.[12] 이후 대한제국 시기 농상공부의 잡세 혁파 조치로 주인권 행사는 불법화되었고, 통감부의 황실재정 정리로 유문권주인의 권리 기반이 해체되어 갔다. 그러나 分稅를 둘러싼 유문권주인과 세납인들 사이의 갈등이 끊이지 않았다. 여기에 더해 증대되는 한강 연안의 물류유통을 둘러싼 경쟁이 치열해지면서 새로운 자본투자로부터 기존 권리를 유지할 필요성이 제기되고 있었다. 후술하겠지만, 최희영이 마포도선조합을 결성하기 전부터 마포-노량진 사이에 선교 가설 논의가 제기되고 있었다.

최희영이 보신호를 설립한 것은 경쟁력을 확보하기 위한 자본합자의 노력이었고, 마포도선조합을 결성한 것은 기존 유문권주인의 권리를 다른 형태로 보전하고자 하는 노력이었다고 볼 수 있다. 특히 유문권주인이 주도하

9 《大韓每日申報》(국한문판), 1909년 1월 7일, 1월 8일 雜報.

10 마포도선조합과 한강선교주식회사의 마찰을 대한매일신보는 삼개사건으로 보도했다(《大韓每日申報》 1910년 4월 17일 전보 '삼개사건').

11 《大韓每日申報》 1907년 8월 11일-21일 廣告.

12 전우용, 2005, 앞 논문, 141쪽; 포구의 주인권 형성과정에 대해서는 고동환의 연구(1985, 〈18-19세기 외방포구의 상품유통발달〉, 《韓國史論》 13, 235-305쪽)를 참조.

는 조합은 기존 동업자를 조합 조직에 참여시켜 주인권의 이익을 유지하려는 경우가 많았다.

예를 들어, 1906년 4월 경성상업회의소는 경성객주조합 설립을 농상공부에 청원했다가 거절당하기도 했다.[13] 농상공부의 거절 이유는 조합설립에 대한 규칙이 아직 분명히 마련되지 않았고, 동업자 2/3의 찬성이라는 일본의 조합규칙을 준용하더라도 경성객주조합은 1/2의 찬성에 불과하기 때문에 허가하기 어렵다는 것이었다. 그러나 이보다 더 크게 문제 삼은 것은 조직 결성을 주도한 인물이 대부분 유문권주인으로 폐단이 발생할 것이라는 우려 때문이었다. 일례로 西江, 玄湖, 延安, 江華의 선상들은 유문권주인의 폐단을 혁파해줄 것을 농상공부와 한성판윤에게 요청했다.[14] 도선세를 늑봉했던 楊州도선조합에 대해서 도강선 선주들이 혁파를 요청하기도 했다.[15] 이들 사례는 주인권이 소멸될 위기에 처한 유문권주인이 조합을 결성하고, 수세영업을 지속한 경우라고 할 수 있다.

갑오개혁 이후 조합은 주로 거류지 일본인들이 지역 내 동종업의 이익독점을 위해 결성되기 시작했다. 1896년 경인철도부설권을 인수받은 일본의 경인철도인수조합을 시작으로 조합결성이 점차 확대되어갔다.[16] 경부철도부설 과정에서 한국인의 조합회사 설치가 규정되면서,[17] 철도 부설 관련 조선인 '조합'이 결성되기 시작했다. 또한 거류지 일본인의 이주 증가로 일본인 사이에 경쟁이 격화되자, 대자본 일본상인들은 영업독점권을 확보하기 위해 조합을 결성했다.

인천宋函석유조합(1900년), 수출곡물조합(1902년), 상품중개조합(1902년), 인천곡물협회(1903년), 인천世昌석유조합(1903년), 京仁綿絲組合(1903년) 등

13 《皇城新聞》, 1906년 4월 11일 〈商會答申〉.
14 《帝國新聞》, 1907년 1월 3일 〈廣告〉.
15 《皇城新聞》, 1910년 5월 15일 〈渡船貰勒捧〉.
16 《高宗實錄》, 高宗 33년(1896년) 3월 29일 〈許米國人謨於時京仁鐵道敷設權〉.
17 《皇城新聞》, 1900년 4월 3일 〈京釜鐵道合同條欵〉.

은 새로운 일본인 경쟁자의 진입 제한, 상품의 수급조절, 정책입안에 대한 요청 등의 활동을 통해 해당 업종에 대한 독점권을 강화 · 유지했던 조직이었다. 거류지 일본인 조합을 관리했던 일본영사관은 독점권 행사, 조합원에 대한 수취와 영업개입 등으로 상인의 피해가 크다고 판단될 경우 조합을 강제 해산시키기도 했다. 일례로 인천의 미곡거래소는 독점영업의 폐단이 극심하여 해산되었다가 일본인 미곡상의 청원운동에 의해 다시 복설되기도 했다.[18]

조합이 동업자 간 경쟁을 제한하고, 독점권을 확보하기 위한 경제조직의 한 형태였기 때문에 조합 설립에 대한 허가는 참여하는 조합원뿐만 아니라 참여하지 않는 동업자의 이해와 충돌될 수 있는 문제였다. 따라서 앞서 언급한 경성객주조합의 사례에서 보듯 통감부시기 조합설립의 인허는 일본 조합규칙을 준용하여 엄격히 제한하고 있었다. 최희영이 마포도선조합을 설립하기 위해 해당 동민의 동의를 얻고, 공익사업으로 학교비 지원을 제시한 것은 자본이익에 공익적 의미를 부여하고 조합에 대한 부정적 인식을 탈각시킴으로써 인허를 쉽게 받기 위한 것이었다고 할 수 있다.

한편, 마포도선조합 설립에 앞서 1907년에는 마포 선주 金順集 등이 사공 80명을 규합하여 渡津社 설립인가를 받았다. 이때 제시된 설립 이유는 사공의 불친절한 행동을 없애겠다는 것과 농상공부에 매년 10환을 상납하겠다는 것이었다.[19] 도진사는 사공 80명을 규합한 회사조직이었기 때문에 마포도선조합과 같이 동민의 동의가 필요 없었던 것으로 보인다. 도진사에 대한 이후 기록이 발견되지 않지만, 김순집이 1912년 영업이 재개된 마포도선조합의 勞務 주주였다는 점으로 볼 때 도진사가 마포도선조합에 흡수된 것이 아닌가 생각된다.

마포도선조합은 1910년 마포와 노량진에 선교가 놓이자 해산했다가 홍수로 선교가 유실되자 1912년 영업을 재개했다. 유길준이 소장하고 있었던

---

18 김윤희, 2013, 〈1883년-1905년 인천항 일본상인의 영업활동〉, 《史林》 44, 149-179쪽.
19 《皇城新聞》, 1907년 6월 22일 雜報 〈渡津社請認〉.

1912년 영업보고서는 그해 3월에서 12월까지의 영업상황에 대한 것이다. 1월과 2월은 한강 결빙기로 운항이 정지되는 시기였기 때문에 3월부터 영업을 재개했다. 조합장은 崔淳英(감사 겸임, 200주 소유), 이사는 金仁浩(200주 소유)와 金溶夏(203주 소유)였다. 이름으로 보아 최순영은 최희영과 같은 집안 사람으로 추정된다.

표1. 1912년 마포도선조합 대차대조표

부채		자산	
자본금	8,000원 000	노무금	860원 000
당기순익금	2,276원 175	창립비	3,204원 035
		가옥	800원 000
		선박	3,101원 885
		집기	343원 400
		假拂金	1,881원 430
		金銀	85원 425
합계	10,276원 175	합계	10,276원 175

* 출전:《마포도선조합영업보고서》
* 가불금은 아직 계정이 확정되지 않는 것을 의미함

마포도선조합의 자본금은 8천 원으로 주당 10원, 총 800주가 발행되었다. 金錢불입금 7140원, 勞務불입금 860원으로 구성되어 있다. 조합원 총 48명 중 금전불입자는 12명, 노무불입자는 43명(각 2주), 금전과 노무를 동시에 불입한 자는 8명이었다. 금전은 현금납입을, 노무는 노동자에 대한 생활보조, 후생복리 등을 위한 목적의 勞動金庫에 출연한 것이다. 일본에서는 노동금고를 흔히 勞務金, 勞金으로 지칭했는데, 勞働金庫法이 공포되어 노동조합, 소비생활협동조합 등이 노동자 복리를 위한 금융기관으로 승인은 것은 한참 후인 1953년이었다. 일본의 勞務金제도가 도입된 것이다.

대차대조표 상 차변(부채)에 자본금을 표기하고 동시에 대변(자산)에 노무금을 기록된 것으로 보아, 노동금고 기금 납입액을 주식으로 대환한 것이라고 할 수 있다. 후술하겠지만, 노무는 유길준이 노량진에 설립한 선조합의 船主共同貯蓄契와 동일한 것이었다.

대주주는 모두 금전주주였다. 203주를 소유한 金溶夏는 1906년 설립된 한성수형조합 五江支所에 신입조합원으로 가입했으며,[20] 최희영과 함께 보신호를 설립한 경강주인이었다. 그는 1908년 설립된 弼雲學校에 50전의 기부금내기도 했고,[21] 서부 서강 坊會 설립을 수도하는 등 1930년대 초반까지 서강지역 유지로 활동했다.[22] 1922년에는 남창동 중앙물산주식회사(지금의 남대문시장)의 중역을 지냈다.[23]

200주를 보유한 崔淳英은 立廛隅房(현재 종로2가, 3가, 관철동 일대)에 거주했던 인물로 시전상인일 가능성이 높다. 그는 1910년 설립된 청결조합소의 소장을 지내기도 했다.[24] 200주를 소유한 金仁浩는 서부 龍山坊 灘項契(지금의 용산구 산천동 일대)에 거주했던 인물로 국채보상운동, 경성고아원 등에 기부를 했던 인물이다.[25] 1910년 공립마포보통학교 사무위원을 지낸 것으로 보아 이 지역에서 활동했던 유지였던 것으로 보인다.[26] 뚜렷한 경제활동은 발견되지 않는다. 대주주에 속하는 이들 3명은 마포 일대에서는 상당한 재력으로 갖춘 인물로 마포의 유문권주인일 가능성이 높다. 이들 3명에 비해 현저히 적은 22주를 소유한 李相元은 관리소학교 교원(1897년), 龍川감리서 주사(1906년), 관립 한성한어학교 교관(1907년)을 지냈고, 餘慶坊 芳橋契 芳橋洞(현 종로구 신문로 1가)에 거주했던 인물로 추정된다.[27]

---

20 《皇城新聞》, 1906년 8월 10일 〈廣告〉.

21 《皇城新聞》, 1908년 9월 18일 〈弼雲學校本洞〉.

22 京城地法檢事局, 1931, 〈京龍高秘 제6765호, 麻浦洞 總代의 改選에 관한 건〉, 《思想에 關한 情報》 1. (http://db.history.go.kr/id/had_149_0890).

23 中村資良, 1923, 《朝鮮銀行會社要錄》, 東亞經濟時報社. (http://db.history.go.kr/item/level.do?levelId=ch_015_1922_04_17_0020).

24 《皇城新聞》, 1907년 5월 3일 〈國債報償義務金集送人員及額數〉; 1910년 1월 6일 〈清潔所任員〉.

25 《皇城新聞》, 1906년 6월 30일 〈在桑港遭難同胞救助金(20전 납부)〉; 1907년 5월 3일 〈國債報償義務金集送人員及額數〉.

26 《皇城新聞》, 1910년 8월 18일 〈學事〉.

27 《大韓帝國官憲履歷書》 3, 99 (http://db.history.go.kr/item/level.do?levelId=im_108_02884).

금전과 노무를 동시에 불입했던 8명은 삼개와 노들 양안의 선주라고 할 수 있다. 현금 50주와 노무2주를 소유했던 鄭仁壽는 과천군 하서면(현재 노량진 일대)에 거주했던 인물이었고,[28] 금전과 노무 각각 2주를 보유한 林順汝는 마포 미전 상인이었다.[29] 이들은 선박만을 소유한 인물로 추정된다.

유문권주인과 선주로 구성된 마포도선조합은 설립 시점부터 갈등을 안고 있었던 것으로 보인다. 1914년 9월 용산경찰서의 개입으로 8년간의 갈등이 일단락되었다는 기사를 통해 이를 확인할 수 있다.[30] 기사 내용을 보면, 갈등을 해소하기 위해 자본금 총액 8천 원을 4천 원으로 감액하고 나머지 중역소유주주 4천 원에 대하여 연리 10% 이자로 매 분기 이월금에서 상환하도록 했다는 것이다. 이 기사에서 언급한 중역은 금전주주, 역부 또는 선부는 선주인 노무주주라고 할 수 있다. 금전 200주씩을 소유한 김인호와 김용하의 자본금 4천 원을 조합 차입금으로 전환하여 상환하도록 함으로써 조합장 최순영, 금전주주 이상원, 노무주주(선주)가 조합을 공동소유하게 된 것이었다.

마포도선조합의 갈등은 기존 유문권주인이 금전주주로 전환하여 조합의 운영과 이익을 사실상 독점하고 있었던 상황에 기인한 것으로 보인다. 설립 당시 조합구성의 이질성이 운영과 이익분배 과정에서 갈등을 촉발했고, 1914년 규약 개정을 통해 일정하게 정리되었다. 그리고 그 과정에서 각각 200주를 소유했던 유문권주인 2명은 이자소득자로 전환되었다고 할 수 있다.

마포도선조합의 자산계정 세부 항목을 보면(〈표1〉 참조), 가옥은 뱃사공휴게실 1동, 남북 양안에 각각 매표실, 대합실이 있었다. 선박은 선체 규모를 대소 두 가지로 분류했고, 대선이 27척, 소선이 8척이고 그 대금이 3101원 88전 5리였다.

---

28 《大韓每日申報》, 1907년 5월 23일 〈國債報償捐義金收入廣告(40전기부)〉.
29 《皇城新聞》, 1907년 4월 19일 〈廣告〉.
30 《每日申報》, 1914년 9월 29일 〈麻浦渡船組合 紛爭落着〉.

표2. 2012년 마포도선조합 현금납입주주

	보유 주식	주주	
金錢	203	金溶夏	이사
金錢	200	崔淳英	조합장
金錢	200	金仁浩	이사
金錢	50	鄭仁壽	(노무)
金錢	22	李相元	
金錢	10	朴景春	(노무)
金錢	9	林根龍	(노무)
金錢	8	宋順元	(노무)
金錢	6	金錫雲	(노무)
金錢	2	安性義	(노무)
金錢	2	鄭啓順	(노무)
金錢	2	林順汝	(노무)
합계	714		

* 출전:《마포도선조합영업보고서》
* (노무)는 현금납입주주 중 노무납입을 동시에 불입한 경우다.

자산계정 중 액수가 가장 많은 창립비에 대한 구체적인 내용이 없다. 건축계정만 있을 뿐 토지계정이 없는 것으로 보아 창립비에는 마포의 토지 사용권 지불비용과 함께 기존 주인권에 대한 보상, 인허에 필요한 로비금액 등이 포함되었을 가능성이 높다. 그렇지 않으면 자본금의 38%를 상회하는 창립비의 규모가 설명되지 않는다.

1910년 한강선교 가설에 반대하는 마포도선조합 청원서에 따르면, "선교가 들어설 땅은 1907년 9월 李柱國에게 1,500환을 주고 산 마포 인민의 사유지이고, 1909년 경시청에서 허가한 도선조합의 共有權이다."[31]라고 주장했다. 1907년 이국주로부터 땅을 매입한 마포인민은 1907년 김순집이 주도한 도진사와 관련이 있을 가능성이 높다. 그리고 이 땅에 대해 마포도선조합이 공유권을 획득할 수 있었던 것은 앞서 언급했듯이 이해관계가 얽혀 있는 동민의 공청회를 거쳐 승인을 받았기에 가능했던 것으로 보인다.

마포도선조합의 차변 계정항목 중 당기순익금의 손익계산 항목(〈표3〉 참조)에 뱃사공에 대한 급료, 선박 수선비, 임원급료, 영업비 등이 포함된 것을 보면 조합이 도선운영에 직접 개입한 것처럼 보인다. 이러한 운영방식

31 《皇城新聞》, 1910년 2월 22일 〈船橋許可激繳消請願〉.

이 1909년 설립 당시부터였는지 아니면 1912년 복설 이후였는지는 확인할 수 없다. 그러나 유문권주인이 설립한 조합 대부분이 회사령에 의해 해산되고,[32] 유문권주인의 권리 행사를 위한 조합 설립을 불허하고 있었다는 점을 고려한다면 마포도선조합은 복설을 위해 수세영업 형태를 탈각시키고 직접 경영하는 것과 같은 형태로 회계처리를 했을 가능성도 있다. 여하튼 회사령 선포로 많은 조선인 조합회사가 폐지되었음에도 1912년 복설된 마포도선조합은 기존 유문권주인이 조합의 중역으로 그 모습을 바꾼 사례라고 할 수 있다.

표3. 1912년 마포도선조합 손익계산

이익		손실	
도선료	5,182원 780	영업비	662원 850
잡수입	1,753원 920	급료	1,265원 200
		선부급료	2,467원 070
		수선비	265원 405
		순익금	2,276원 175
합계	6,936원 700	합계	6,936원 700

* 출전:《마포도선조합영업보고서》

조합의 수입은 도선료와 잡수입으로 구분되었는데, 잡수입의 구체적 항목은 기록되어 있지 않다(〈표3〉 참조). 3월-12월까지 남안과 북안을 합친 도선 이용 현황은 행인(이하 도선료 2전) 90,434명, 짐꾼(卜軍, 2전5리) 9,168명, 荷牛(8전) 25,493마리, 空牛(6전) 18,358마리, 空馬(4전) 13마리, 牛車(10전) 2대, 작은 가마(步轎, 6전) 2대, 空牛車(8전) 6대, 상여(대 40전, 소15전) 4대, 荷車(8전) 1대, 馬車(10전) 1대였다. 도선료 수입에서 행인과 짐을 실은 소의 이용이 가장 비중이 높았다고 할 수 있다. 1911년 서울 인구가 292,667명 정도였음을 고려한다면[33] 서울 인구의 1/3 정도가 1년에 한 번은 마포도선조합의

32 전우용, 1997, 〈1910년대 객주 통제와 '조선회사령(朝鮮會社令)'〉, 《역사문제연구》 2, 103-147쪽.

33 《朝鮮總督府統計年報》(http://kosis.kr/statisticsList/).

도선을 이용한 셈이었다.

표4. 1912년 純益계정

법정적립금	220원 000
선박수선준비금	500원 000
주주배당금	960원 000
역원상여금	220원 000
공익적립금	220원 000
이월금	156원 175
합계	2,276원 175

* 출전:《마포도선조합영업보고서》

영업비, 관리직에 대한 급료, 뱃사공 임금, 수선비를 지출하고 2,276원 17전 5리가 순이익으로 남았다. 자본금 대비 약 28%에 달하는 액수였다. 당시 대출 이자가 연리 13% 내외였던 점을 고려한다면 매우 높은 수익률이었다고 할 수 있다.[34] 조합원에 대한 이익 배당 역시 1주당 1원 20전으로 12%에 달했다. 대한천일은행 주식 배당률이 10%였던 점을 감안한다면 배당률이 꽤 높은 사업이었다고 할 수 있다.

순익계정의 구체적인 내용을 보면(〈표4〉 참조), 주주배당금, 선박수선준비금에 대한 지출이 높았고, 법정적립금, 역원상여금, 공익적립금은 모두 220원이 지출되었다. 적립금은 법정 10% 적립이 규정되어 있던 것으로 보이는데, 대한천일은행 역시 순익금의 10%를 적립하고 있었다. 공익적립금은 최희영이 설립 당시 제시했던 학교비 지원을 위한 기금이었던 것으로 보인다.

1912년 마포도선조합은 유문권주인과 선주로 구성되었고, 영업보고서는 선박구입, 뱃사공임금, 선박수리비 등의 지출항목을 배치하여 직접 운영한 것처럼 회계처리가 되었다. 그러나 조합 내부 갈등이 설립 당시부터 계속되었다가 1914년 유문권주인 일부의 불입금이 차입금으로 전환되면서 이들은 이자소득자로 전환되었다. 마포도선조합은 기존 유문권주인의 기득권이 합법화되고, 다시 이자소득으로 전환되는 데 그 매개 역할을 했다고 할 수 있다.

34 1910-1914년 사이 조선평균 대출금리(日步)는 최저 2전 9리-3전 4리로 연리 약 10-12.4%였고, 정기예금금리는 5.3-5.7%였다(朝鮮總督府財務局, 1923,《朝鮮金融事項參考書》, 57-58쪽).

3. 유길준의 선조합과 자본의 사회적 기여

유길준은 1909년 상반기 노량진의 선조합을 직접 운영했다. 유길준은 1907년 8월 16일 망명생활을 접고 한국에 돌아왔고, 9월 6일 순종즉위기념으로 사면령을 받았다.[35] 그리고 그해 12월 순종은 유길준에게 노량진 駐停所의 소속 사옥, 전토, 산울 그리고 창고와 목재를 하사했다. 노량진 주정소는 과천군 하북면 본동에 있었고, 그 중 유길준이 세금을 내야 했던 땅은 밭 46두락(약 9200평)과 전 4日耕(약 9600평)이었다.[36] 유길준은 하사받은 땅의 일부인 渡江場 기지를 이 지역 舡頭(뱃사공)에게 30년간 무상으로 임대해 주었고,[37] 대신 이 지역 도선업자를 조직하여 선조합을 결성했다.

유길준이 선조합을 결성하기 이전인 1907년 7월 4일 노량진 사립보통학교 교장 李炳鶴이 학교경비 마련을 위해 학부에 船津인허를 신청했다.[38] 그는 아현, 동작, 영등포의 3포구의 배를 매입하고 뱃사공을 고용하여 영업을 하겠다는 계획을 세우고, 학부를 통해 농상공부의 특별 허가를 받았다. 이미 한 달 전 마포에 도진사 설립허가가 내려졌기 때문에 이병학은 마포를 제외하고 아현, 동작, 영등포를 포함하는 도선 사업을 계획했던 것으로 보인다. 이후 이병학이 도선업을 운영했는지는 확인되지 않는다.

유길준의 선조합과 마포도선조합이 어떠한 관계에 있었는지는 분명하지 않다. 그러나 다음의 사실로 보아, 마포도선조합과 '선조합'은 마포-노량진 노선의 공동사업자였던 것으로 보인다.

첫째, 마포도선조합 주주 중 정인수(금전50주, 노무 2주 소유)는 과천군 하서면에 거주했던 자였고, 도진사를 설립한 마포의 김순집과 같은 집안으로 추

35 《純宗實錄》, 1907년 9월 6일.

36 〈표5〉의 3번 문서.

37 〈표5〉의 4번 문서.

38 《皇城新聞》, 1907년 7월 4일 〈船津認許請願〉.

정되는 金順默이 유길준이 소유한 선조합의 조합원이었다. 마포도선조합과 선조합에 과천과 마포의 선주가 포함되어 있었다는 점은 선조합과 마포도선조합이 사업 파트너였을 가능성을 시사한다. 둘째, 1912년 마포도선조합의 노무주주는 유길준이 '선조합'의 노동금고로 설치한 '선주공동저축계'를 계승한 형태였다. 셋째, 1914년 마포도선조합의 선주들이 유길준에게 조합의 갈등을 해결해 달라고 호소했고, 유길준은 그들을 설득하고 한석진을 조합장으로 추천하여 문제를 해결하려고 했다.[39] 이 점은 유길준이 마포도선조합에 지속적으로 관계하고 있었음을 알려준다.

1910년 한강선교 설치로 양 조합이 해산되기 전까지 양 조합은 사업파트너였다가 1912년 마포도선조합이 선조합의 마포노선을 흡수하여 복설했을 가능성이 높다. 그렇지 않으면 마포도선조합의 주주도 아니고, 직함도 없었던 유길준이 마포도선조합영업보고서와 선조합 관련 문서를 함께 갖고 있었던 이유가 설명되지 않는다.

표5. 유길준 소장 도선업 관련 문서

번호	문서 내용	비고
1	노량진 주교사소유지를 유길준에게 하사한다는 순종의 교지	1907년 12월 궁내부대신 서리 민병석 발신
2	노량진 도선료 수납 대리인 소야마군스케(曾山軍助)에게 도선료를 노량7동 동민에게 입금하라는 유길준의 편지	1909년 5월 9일 유길준이 소야마군스케에게 보낸 편지 초고
3	노량진 도선장 부근 전답과 택지 일부가 수도국 용지로 편입되어 납부세액의 조정을 요청하는 유길준의 상신서	1909년 12월 3일 유길준이 재무서장에게 보낸 상신서 초고
4	선교에 반대하는 뱃사공을 설득하고 그들의 업종 전환 및 생계보조 방식을 강구해 달라는 우에다미츠루(上田充) 편지. 한강선교 예상수익 계산서 포함.	1910년 3월 18일 우에다미츠루가 유길준에게 보낸 편지
5	노량진 도선장의 가옥과 토지의 소유권을 주장하는 유길준의 신청서	1911년 5월 22일 유길준이 토지조사국 총재에게 보낸 신청서 초고
6	1912년 마포도선조합영업보고서	유길준에게 보낸 인쇄물
7	7-1. 조합규약 일부(1쪽)/ 이익배당에 대한 내용	유길준이 작성한 것으로 추정
	7-2. 船主共同貯蓄契約定(舡頭救濟細則, 誓約, 行人待謁上注意 3종 포함)	
	7-3. 出資人氏名錄	
	7-4. 任員錄	

39 《每日申報》, 1914년 9월 12일 〈渡船組合內訌〉.

도선조합과 관련하여 유길준이 소장하고 있었던 자료는 총 10 종류이다. 유길준이 선조합을 결성해서 운영했음을 알려주는 문서는 〈표5〉의 2번 문서로 1909년 3월 9일 유길준이 소야마 군스케(曾山軍助)에게 보낸 편지의 초고이다. 내용은 다음과 같다.

유길준은 흥사단을 찾아온 소야마와 도선표 판매를 협약하고 판매한 도선료에서 비용을 제하고 노량7동 동민에게 보내도록 협약을 했다. 그러나 소야마가 약 3개월 동안 도선료를 지역민에게 납부하지 않았고, 그 돈을 받으러간 동민과 언쟁을 해서 동민의 감정을 상하게 했다. 또한 언쟁 과정에서 동민들은 유길준과 소야마가 비밀거래를 한 것이 아닌지 의심하기도 했다. 유길준은 매우 강경한 어조로 소야마의 행위를 비판하고 도선료를 빨리 보내지 않으면 계약을 파기하고, 그에게 지급할 보수도 주지 않겠다고 이야기했다. 그리고 이 편지와 함께 소야마에게 받아야 하는 금액의 내역서가 첨부되어 있다.

내역서는 1909년 2월 22일-4월15일까지의 渡船賣票金日記로 선조합의 운영상황을 알려준다. 이 기간 일일 매표금액을 합산한 총 매표금액은 16,101냥이었다. 동일 기간 매표소의 인주, 종이, 난방 등의 사용료, 각종 세금, 幕軍일당, 赴役軍과 幕軍의 음식값, 못과 경첩 등 선박수리용품, 지역 동민의 외상 등으로 비용 처리된 用下條 합계는 9,516냥이었다. 매표금액에서 용하조를 제하고 소야마가 동민에게 주어야 하는 금액은 6,585냥이었다. 편지와 내역서를 보면 소야마는 표 판매대행을 하면서 조합의 지출 등을 대행

그림1. 유길준이 설립한 선조합의 도선표

했다. 사실상 조합 출납인의 역할이었다고 볼 수 있다.

내역서 앞장에는 선표의 앞뒷면이 첨부되어 있었다. 앞면에는 '渡船札' 대인은 2전 5리, 소인은 1전 5리의 도선료가 적혀 있었고, 뒷장에는 '舩組合之印'이란 인장이 찍혀 있었다.

2달 정도의 도선료 16,101냥(3,220원)은 1912년 마포도선조합 도선료(3월 22일-5월 31일) 1,560원 79전 5리보다 훨씬 많다. '선조합'의 도선료가 대인 기준으로 마포도선조합에 비해 5리가 비쌌고, 한강 해빙 직후이기 때문에 이용객이 많은 시기임을 감안하더라도 선조합의 도선료 수입이 많았다. 또한 1912년 같은 시기 마포도선조합 남안 도선료와 비교하면 거의 4배에 달하는 액수이다. 선조합의 도선료 수입으로 볼 때 마포 방향 이외 지역(아연, 동작, 영등포 등)으로 운항한 도선료를 포함하는 것이라고 볼 수 있다.

선조합의 구성을 알려주는 문서는 〈표5〉의 7번문서 4종이다. 그 중 조합구성은 7-3의 출자인씨명록과 7-4의 임원록이다. 선조합의 임원록에는 조합장 유길준, 감독 김제윤 그리고 19명의 조합원 명단이 나온다. 그러나 출자인씨명록에는 16명의 조합원 명단이 적혀 있을 뿐, 유길준과 임원록에 있는 김순묵 등 4명의 이름은 없다. 유길준은 도선장을 무상 대여하여 조합원 자격

표6. 선조합 임원 및 출자현황 (단위 : 엔)

이름	출자인씨명록	임원록
유길준		조합장
金濟允	65.000	감독
李龍來	155.000	조합원
朴斗三	183.600	조합원
李敬錫	294.808	조합원
李枝盛	74.000	조합원
白龍現	200.000	조합원
白世基	196.000	조합원
金濟豊	183.600	조합원
千周旭	196.000	조합원
朴泰鎬	183.600	조합원
景在善	183.600	조합원
李泰敏	148.000	조합원
景致榮	183.600	조합원
景斗鉉	190.000	조합원
金濟善	190.000	조합원
景奎鉉	190.000	조합원
金順黙		조합원
徐丙漢		조합원
徐相燁		조합원
金永國		조합원
합계	2816.808(16인)	총 21인

* 출전: 〈표5〉의 7-3, 7-4

을 얻었다고 볼 수 있지만, 나머지 4명은 조합에서 탈퇴한 것인지 아니면 조합비 대신 다른 형태로 조합원 자격을 획득한 것인지는 알 수 없다.

한편 선조합의 조합원이었다가 마포도선조합의 조합원이 된 경우는 없었다. 다만, 선조합의 김순묵은 마포에 도진사를 설립했던 김순집과 같은 집안사람으로 추정되며, 마포도선조합의 노무기금 납입 주주 중 金順圭, 金順根, 金順龍, 金順明도 이들과 같은 집안사람으로 추정된다. 또한 선조합의 감독인 김제윤의 거주지는 서대문 옥폭동(현재 옥천동)[40]이었고, 이경석(294엔 80전 8리 출자)은 서빙고의 자산가였다.[41] 백세기는 유길준이 1914년 교장으로 있었던 서빙고의 사립芝山학교 교감[42]이었다. 선조합과 마포도선조합 조합원의 상이함은 선조합의 다양한 노선 중 마포노선이 마포도선조합에 편입되었고, 1910년 한강선교 설립으로 조합이 일시적으로 해체되어 도선업 환경에 변동이 심했기 때문인 것으로 보인다.

표7. 선조합 이익배당 내용

1. 資金 畢債 후 일반 임원이 함께 이익을 나눈다.
1. 資金 分債 시 자금의 다소에 따라 차등 분급한다.
1. 매일 수입액 내에 학교비로 10%와 사무 2인의 일비 60전을 제하고 銖額分衿한다.
1. 舡人 당 1衿
1. 대선 1척 半衿
1. 소선 2척 半衿
1. 예비금 1衿
1. 강인저축금 1衿
1. 매일 수입이 20엔에 달한 경우 규례를 개정한다.

* 출전 : 〈표5〉의 7-1

조합규약으로 추정되는 7-1문서는 조합원에 대한 이익 배당에 관한 사항이 일부 적혀 있다. 이익배당이 주식을 기준으로 한 것처럼 보이지만, 출자인

40 《大韓每日申報》, 1907년 3월 16일 〈國債報償期成會義金廣告 第一號〉.
41 《皇城新聞》, 1906년 3월 5일 〈廣告〉;《매일신보》, 1913년 3월 11일 〈서빙고의 두 자선가〉.
42 《每日申報》, 1914년 10월 6일 〈芝山校 兪氏 護喪〉.

씨명록의 출자금액은 주식을 기준으로 한 것이 아니다. 출자인씨명록의 출자금액에서 가장 적은 출자액인 65엔 이하의 최소공배수가 존재하지 않는다는 점은 출자가 정액의 주식발행을 통해 이루어지지 않았음을 알려준다. 그러나 출자액 중 183엔 60전이 5명, 190엔이 3명, 196엔이 2명으로 동일금액의 출자가 존재함을 볼 때, 이 출자금은 조합에 持入한 주인권의 가격일 가능성이 높다.[43] 결성 초기 출자금을 이후 주식으로 전환한 것으로 보인다.

조합의 이익 배분 내용을 보면, 강인(선주)에게는 1주, 대선 1척과 소선 2척에 대해 각각 0.5주, 선인저축금 1주로 배당규정이 별도로 규정되어 있었다. 만약 출자금이 선주가 지입한 선박 가격이라면 선주에게 별도의 이익배당을 할 필요는 없었을 것이다. 따라서 강인 1주는 선박사용료, 대소 선박 각 0.5주는 감가상각비, 강인저축금은 선주공동저축계의 기금에 대한 배분이었다고 보는 것이 타당하다. 만약 조합출자금이 지입된 주인권 가격이라면 선조합은 유문권주인 중심의 조합일 가능성이 높다.

이 외에 학교비 10%와 사무원 일당 1원 20전을 제하고, 나머지는 출자금에 비례하여 분배했다. 학교비 지원은 마포도선조합의 공익기여와 동일한 것으로 자본이익의 사회적 기여를 통해 자본 활동에 공익적 의미를 부여한 것이었다. 그리고 이익 배당을 일일 수입 20엔을 기준으로 산정한 것으로 보아 주식 1주는 20엔이었을 것으로 추정된다.

한편, 앞장에서 언급한 마포도선조합의 노무 불입금은 유길준이 설립한 선주공동저축계를 승계한 것이었다. 〈표5〉의 7-2 문서 船主共同貯蓄契約定은 초고본이다. 공동저축계는 한강 결빙기에 임금을 받지 못하는 강두(뱃사공)의 생계를 지원하기 위해 선주가 하루 수익금을 기금으로 하고, 그 이자를 강두의 생계지원비로 쓰기 위해 조직된 것이었다.

---

43 18세기를 거치면서 포구에 설정된 다양한 주인권이 소수에 집중되어 갔으며, 19세기에는 거래가 활발히 진행되는 과정에서 권리 표준화가 진행되었다. 주인권 가격은 1860년 이후 인플레이션의 영향 등으로 상승하는 경향을 보였다(조영준, 2012, 〈조선후기 여객주인 및 여객주인권 재론: 경기·충청 莊土文績의 재구성을 통하여〉, 《한국문화》 57, 3-24쪽).

선주공동저축계약정 문서는 舡頭救濟細則, 誓約, 行人待謁上注意란 3개 문서를 포함하고 있다. 먼저 선주공동저축계약정은 연필로 매우 흐르게 작성된 초고로 중간 중간 삭제, 첨삭된 부분이 많아서 내용을 정확히 판독하기 어렵다. 파악 가능한 내용은 선주공동저축계를 과천군 하북면 노량진 본동에 두고, 기한은 5년으로 하고, 41舡이 매일 첫 번째 운임을 기금으로 한다는 것이다. 기금을 납부하지 않을 때는 배 1척에 5전을 부과하고, 기금을 모아 대금업을 하고, 계원과 강주는 채무자가 될 수 없다고 규정했다. 계 구성은 계장1인, 간사 약간 명, 회계2인, 서기1인으로 구성하고 본 계의 약정은 변경할 수 없다고 규정했다.

유길준이 선주공동저축계를 조직한 것은 노동력을 안정적으로 확보하려는 조치였다. 러일전쟁 이후 이주 일본인의 증대, 사회간접자본 확충으로 인한 노동력 수요증대, 임금상승이 진행되고 있었고, 이에 편승하여 노동야학, 노동회 등 노동력 공급 조직이 결성되기 시작했다. 노동시장의 확대와 자유거래가 촉진되고 있었다.[44] 결빙기 휴업이라는 도선업의 특성상 뱃사공을 안정적으로 확보하려면 노동금고가 필요했다고 할 수 있다. 선주공동저축계는 노동금고가 고용주에 의해 결성된 사례이며, 자본에 의한 노동자 포섭이 노동력의 교환가치 상승에 의해 추동된다는 점을 확인할 수 있는 사례라고 할 수 있다.

강두구제세칙은 강두구제방법을 규정한 것이다. 강두구제는 선주의 협의에 의해 결빙기에 이루어져야 한다는 것, 구제금은 배 한 척을 기준으로 주식 하나의 비율로 지급하고, 구제금 상환은 해빙 이후 도강 운임으로 한다는 것이었다. 상환 주체가 선주 및 강두라고 되어 있지만, '강두'에 삭제 표시를 한 것으로 보아 선주를 상환 주체로 정정하려 했던 것으로 보인다. 그러나 앞서 이익배분 내용에서 강인저축금에 대한 1주 배당을 규정한 것을 보면(〈표

44 윤진호, 2012, 〈대한제국기 '노동회'의 성격과 활동에 관한 연구 — 한국 노동운동의 기원과 관련하여〉, 《경제발전연구》 18-1, 143-197쪽.

7)), 구제금 변제는 조합이 공동으로 부담했다.

선주공동저축계에 이어서 작성된 서약의 내용은 1)결빙기 강두의 窘難을 구제하고, 2)본 면의 번영을 도모하여 유익한 사업을 위한 자본을 만들고, 3)대자본을 만들기 위해 저축의 미풍을 양성한다는 것이었다. 서약 마지막 부분에 공동저축계 계원의 성명을 적는 양식이 첨부되어 있었다. 행인대알상주의는 강두의 업무 매뉴얼이라고 할 수 있다. 행인에 대해 친절할 것, 도선표를 일일이 확인하고 받을 것, 행인과 신체 접촉을 피할 것, 인원을 채우기 위해 행인을 기다리게 하지 말 것, 비올 때는 행인을 많이 태우지 말 것 등 상세한 업무지침이다. 유길준은 강주와 강두의 사회적 역할과 직업정신을 강조하기 위해 서약과 강두의 행동수칙을 작성하여 그들이 숙지하도록 했다.

기반이 취약해진 노량진 유문권주인의 기득권은 선조합을 통해 합법적으로 유지될 수 있었다. 유길준은 여기에 머물지 않고 조합의 이익기반을 안정적으로 유지하기 위해 선주공동저축계를 조직했고, 선주와 뱃사공이 직업의식을 갖도록 선주에 대한 서약, 뱃사공의 업무지침 등을 작성했다. 또한 조합이익의 일부가 지역의 공익적 사업에 사용되도록 하여 자본의 이익이 사회적으로 기여할 수 있다는 관념을 형성하는 데 기여했다.

유문권주인의 기득권이 도선조합을 통해 합법화되는 과정은 지역민의 동의, 자본이익의 사회적 기여, 근대 직업윤리 형성 등 자본주의를 사회적으로 승인하도록 하는 기제를 수반하고 있었다.

4. 한강선교와 마포도선조합, 경제문제의 정치담론화

한강선교 가설 논의는 이미 1908년부터 다수의 사람들이 청원을 하면서 회자되기 시작했다. 그러다가 용산에 거주하는 일본인 우에다 미츠루(上田充)

그림2. 1911년 마포-노량진 도강도

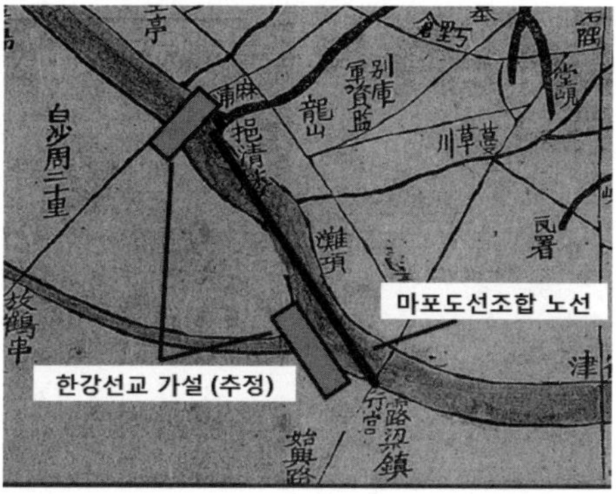

가 가설 인허를 받은 것은 1909년 8월 7일이었다.[45] 우에다는 결세납부 연체로 1906년 대구 경찰지부에서 일본인 부정행위자로 적발되기도 했다.[46]

최희영이 마포조선조합 인허를 받은 것은 1월 7일이었고, 조합이 도선장 영업허가를 받은 것은 5월 21일이었다. 한강선교 인허 이전 3개월도 되지 않는 시점이었다. 또한 한강 선교 가설 논의가 마포도선조합 인허 이전부터 제기되고 있었다는 점은, 유문권주인과 기존 선주들이 한강선교 가설에 공동 대응하여 기존의 권리를 유지하거나 보상받으려는 의도로 마포도선조합을 결성했을 가능성을 시사한다.

우에다가 인허를 받은 이후 본격적으로 가설 공사를 시작한 것은 5개월 후인 1910년 1월이었다. 총공사비는 1만 5천 원으로 마포도선조합 자본금 8천 원의 두 배에 가까운 금액이었다.[47] 한강 해운을 이용하고 있었던 한상과 일본상인들은 한강선교에 대해서 반대하고 나섰다. 2월 18일 경성상업회의소(회두 趙秉澤)[48]와 25일 용산방회(회두 李址鎔)[49]는 내부에 반대 청원서를 제출했고, 2월 24일에는 용산 거류 일본인이 발행한《朝鮮日之出新聞》에 한강선교에 대한 반대 기사가 실렸다.[50] 또한 용산 일본 거류민단(민장 大久保)은 통감부와 대한제국정부에 반대 청원을 했다.[51] 그러나 이 청원은 모두 각하

45《皇城新聞》, 1909년 8월 7일〈船橋架設承認〉.

46《皇城新聞》, 1906년 5월 14일〈日人不正行爲禁止〉.

47《大韓每日申報》, 1910년 1월 26일〈船橋經費〉.

48《皇城新聞》, 1910년 2월 19일〈船橋架設反對請願〉.

49《皇城新聞》, 1909년 2월 25일〈龍山坊會請願〉.

50 朝鮮日之出新聞은 용산에서 발행된 일본어 신문으로 龍山日之出新聞이라고도 한다.

51《皇城新聞》, 1909년 4월 19일〈麻浦船橋에 對호 顚末(續)〉.

되었고 한강선교는 1910년 5월 준공식을 개최하고 영업을 개시했다.

용산 지역 조선인과 일본인 그리고 경성상공회의소와 인천 조운업자들이 한강선교 가설을 반대했던 이유는 한강선교가 선박운항에 방해가 된다는 것이었다. 한강은 강우량에 따라 수면의 높이와 물살의 변화가 심해서 한강선교가 놓이게 되면 선박운항 속도가 느려질 뿐만 아니라 잦은 충돌사고로 안전을 담보하기 어렵다는 것이다. 용산방회의 청원 내용에는 한강선교의 높이가 한강 강수량의 변화와 맞지 않는다는 기술적인 문제가 자세히 언급되어 있었다.[52] 실제로 7월 장마로 한강 수면이 상승했고, 영국인 소유 석유발동선과 목선대선 2척이 선교와 충돌하여 선교 일부가 유실되기도 했다.[53]

선교 반대 청원이 기각되면서 한강선교 설치는 기정사실화되었다. 3월 상업계에 종사하는 인민들이 다시 내부 앞에 몰려가 청원서를 제출하였으나 소용이 없었다.[54] 그리고 한 달 후인 4월 언론을 통해 이 문제가 다시 불거지기 시작했다. 우에다가 한국인을 내세워 동민과 뱃사공들을 회유 · 협박했고, 여기에 일본인 경시가 가담한 사실이 알려졌기 때문이었다.[55] 우에다는 마포 지역 동민과 뱃사공에게 보상을 약속하는 대신 선교설치에 찬성할 것을 요구했고, 그중 일부는 회유와 협박으로 동의서에 날인하기도 했다. 여기에 폭력적 갈등을 조정해야 할 용산경찰서는 오히려 우에다의 편에 서서 뱃사공을 회유, 협박했고, 뱃사공을 속여 반대서명을 찬성서명으로 바꿔치기하기도 했다.

뱃사공에 대한 보상 문제로 갈등이 표면화되기 전인 3월 18일 우에다는 유길준에 편지를 보내 한강선교를 둘러싼 갈등 문제를 해결해 달라고 요청

---

52 《皇城新聞》, 1909년 2월 25일 〈龍山坊會請願〉.

53 《皇城新聞》, 1910년 7월 9일 〈麻浦船橋破壞〉.

54 《大韓每日申報》, 1910년 3월 11일 〈何不許施〉.

55 《皇城新聞》, 1910년 4월 15일, 16일, 19일 〈麻浦船橋에 對ᄒᆞᆫ 顚末〉; 《大韓每日申報》, 1910년 4월 16일, 17일, 20일 〈麻浦船橋의 事件〉, 22일 〈麻民嗷嗷〉.

했다(〈표5〉 7-4). 편지의 내용은 다음과 같다. 첫째, 우에다는 편지를 보내기 전에 유길준에게 의뢰받은 고철을 조사한 결과를 알렸다. 선교용으로는 적당하지 않지만, 공매입하는 것도 나쁘지 않다는 것이었다. 둘째, 마포 선교 공사 이후 노량진 선교 공사를 착수하면 해당 뱃사공의 생계 문제가 발생하기 때문에 이들의 구제방책을 마련해 달라는 것이었다. 셋째, 뱃사공에게 상당한 전업료를 지불할 것이며, 학교비도 종전대로 지원하여 동민에게 이익이 되도록 하겠다는 것이었다. 마지막으로 뱃사공을 설득해 줄 것과 뱃사공의 구제방책을 반드시 마련해 달라고 재차 당부했다. 우에다는 이 편지와 함께 한강선교 1개년 예상 수익과 지출사항을 첨부했다. 우에다가 한강선교 운영계획을 편지와 함께 첨부했던 점과 유길준이 우에다에게 고철 판매를 부탁한 점을 볼 때 우에다와 유길준은 한강 선교 가설에 서로 교감이 있었고, 유길준이 이에 동의했던 것으로 보인다.

하루 예상수익은 평균 31엔 25전이었고, 1년 총 예상수입은 11,250원으로 1912년 마포도선조합의 도선료 수입의 2배 이상이었다. 한강선교 완성 직후인 6월 사람들이 여전히 배를 이용하자 한강선교 간사 등이 도선이용자에게 야료를 부리는 사건이 발생한 것으로 보아[56] 선교통행교가 도선료보다 비쌌던 것 같다. 우에다가 예상한 선교순익금은 6,750원으로 1912년 마포도선조합 순익금의 3배가 넘었다. 수익을 너무 부풀린 것이 아닌가 생각된다.

표8. 마포선교 1개년 예상수입 내역 (단위: 엔)

월별	일일수익	월수익
1月	45	1,350
2月	40	1,200
3月	30	900
4月	20	600
5月	20	600
6月	20	600
7月	20	600
8月	30	900
9月	30	900
10月	35	1,050
11月	40	1,200
12月	45	1,350
합계		11,250

* 출전: 〈표5〉 4번문서

56 《皇城新聞》, 1910년 6월 10일 〈當所禁戢〉.

표9. 마포선교 1개년 예상 지출 (단위:엔)

지출항목	액수
마포구선두 1년 지불액(매달 230엔)	2,760
일본선두1명(매달 25엔)	300
일본사무원 1명(매달 15엔)	180
조선선두 4명(매달 10엔)	480
조선사무원 3명(매달 10엔)	360
사무소비	120
선교수선비	300
합계	4,500

* 출전 〈표5〉 4번문

한편 우에다가 예상한 지출 내역 중에는 기존 도선조합 뱃사공에 대한 보상금 내역이 포함되어 있었다(〈표9〉참조). 편지에 뱃사공의 전업료를 지불하겠다고 한 것으로 보아 '마포구선두' 항목은 뱃사공의 전업료에 해당한다고 볼 수 있다. 마포도선조합 뱃사공이 총 몇 명이었는지는 알 수 없지만, 선교 운영을 위해 고용된 조선인 뱃사공에게 매달 10엔을 지불할 계획이었고 마포구선두 항목지불액이 매달 230엔이었음을 볼 때 적어도 보상 대상 뱃사공은 23명 이상이었을 것으로 보인다. 우에다는 일본뱃사공 1명, 조선뱃사공 4명, 일본인 사무원1명, 조선인 사무원 3명을 고용하여 사무소 운영과 선교 관리를 할 계획이었다. 한강선교에 고용될 뱃사공은 4명에 불과했다.

한편, 뱃사공에 대한 보상 문제가 불거졌을 시점에서 도선업 관련자들의 이해관계는 점차 분화된 것으로 추정된다. 선교 공사가 시작된 2월 선교가설에 대한 반대 청원이 거부되고, 선교가설이 기정사실화되자 유길준이 선교가설에 협조적인 태도를 보인 것처럼 마포도선조합 금전주주 등도 태도를 바꾸었을 가능성이 높다. 4월 뱃사공에 대한 보상 문제가 불거졌을 때 실제 마포도선조합원의 움직임이 드러나지 않고 있었다. 3월 우에다가 보낸 편지에도 조합에 대한 보상내용은 전혀 없고, 뱃사공에 대한 보상과 설득만을 언급했다. 이는 조합원들과는 이미 타협이 성사되었기 때문일 가능성이 높다.

마포도선조합은 5월 말 한강선교가 개통된 이후 6월까지는 영업을 했던 것으로 보인다. 도선조합의 영업이 타격을 입자 金宗國(경성상공회의소), 朴弘溢(경성상공회의소), 金基永(한성은행주주), 朴基福(한성부민회), 白周鉉(한일은행주주), 李泰郁, 成基鎬, 李達鎬, 張允煥 등이 조합의 영업을 진작시킨다는

의미로 20원을 기부하기도 했다.[57]

마포도선조합이 언제 폐지되었는지를 정확히 알 수 없다. 1912년 영업보고서에는 한강선교 개설 직후 폐지되었다고 언급하고 있을 뿐이다. 7월 장마로 한강수면이 상승했을 때 마포-노량진, 서빙고의 도선을 정지한다는 기사 이외에는 마포도선조합에 대한 기록이 없다. 조합은 폐지되었지만, 마포-노량진 도선은 계속 영업을 했고, 선교의 보완적 기능을 담당했다고 볼 수 있다. 1911년 홍수로 한강선교가 완전히 무너지면서 도선업 영업이 호전되었고, 이에 1912년 마포도선조합이 다시 복설될 수 있었다.

1905년 이후 일본인의 이주 증가, 도시의 건축붐, 새로운 사업의 등장 등이 진행되면서 소위 '개발의 시대'가 도래했다. 그 중 거대자본의 투자는 기존 사업자 내부의 분화를 가속화시키고, 노동자의 노동환경을 악화시켰다. 예를 들어, 유길준 소유 노량진 토지 중 일부를 편입하여 가설된 수도시설은 기존 水商의 영업을 재편하고 있었다.

기존 수상은 서울 5부를 구역으로 나누어 각각 汲水窠(우물)를 소유한 자들이었고, 이들은 급수과를 매매하고 있었다. 급수과에서 물을 길어 가정에 공급했던 물장수들은 이들에게 물 값을 지불하고 있었다. 급수과 소유자와 물장수는 모두 水商夜學會(일명 水商會, 이후 水商共益所)에 소속되어 있었다.[58] 수도국은 급수과 소유자를 汲水商 牌長으로 삼아 水栓에 열쇠와 호패 3매를 주는 대신 수전사용료로 매달 40환을 납부하도록 했다. 수전 하나에 100호씩을 배당하여 牌長이 급수사업을 독자적으로 운영하도록 하여 기존 급수과 소유자의 기득권을 어느 정도 승인한 것이었다.

문제는 수전사용료와 물장수의 임금을 지불하기 위해서는 물 값을 올릴 수밖에 없는 상황이 발생했다. 수도국 설치 이후 한 지게에 2전 하던 물 값이

57 《大韓每日申報》, 1910년 6월 16일 〈廣告〉.
58 《皇城新聞》, 1908년 8월 31일 〈水商會公函〉.

50냥으로 수십 배가 뛰었다.[59] 여기에 더해 매일의 물 값은 상등 50전에서 최하등 5전으로 등급이 정해져 있었기 때문에 한성 5서의 대표적인 빈민촌이었던 樓閣동(북부), 倉會동(남부), 廟동(중부), 養生동(동부), 慕華館(서부) 지역의 가정은 한 달에 20전을 부담하기에 힘든 상황이었다.

수도국은 기존 사업자조직을 재편함으로써 수전관리와 급수망 구축 비용을 절감할 수 있었지만, 기존 사업자 중 급수과 소유자는 수도국의 수전관리자로 전환되었고, 급수노동자는 임금 체불과 소비자의 불만에 시달리게 되었다.[60] 수도국과 수상의 갈등 속에서 기존의 수상(井水商)들은 가격 경쟁력을 앞세워 영업을 지속할 것을 결의하기도 했다.[61] 수도국에서는 사람을 동원해서 水商共益所長 尹世豐을 몰아내기도 했다.[62] 또한 수도국은 수상이 운영하던 水桶 열쇠를 거둬들이기도 하고,[63] 수통에서 벌레가 발견되었다고 하면서 위생상의 문제를 제기하는 등 수상의 기존 영업을 방해했다.[64] 수도시설은 생활의 편리를 증진하는 것이었지만, 그 편리함이 시장의 논리에 따라 보급되면서 기존 수상 내부의 분화를 촉진하고, 급수노동 환경은 더욱 악화되어 갔다. 나아가 물 값의 상승으로 소비자인 도시민의 부담을 가중시켰다. 물 값 상승으로 민심이 동요하자 순종은 40만 원을 수도국에 보내 한성부민들이 1개월간 수도를 무료 사용하도록 했다.[65]

마찬가지로 한강선교의 설치는 기존 마포 유문권주인, 선주, 뱃사공의 이해와는 대립되는 것이었지만, 보상 과정에서 이들의 이해는 달라졌을 가능성이 높다. 한강선교 이후 마포도선조합이 곧바로 폐지된 것은 마포도선조

59 《皇城新聞》, 1908년 10월 9일 〈天一布告〉.

60 앞의 기사에서는 급수 雇價지불의 어려움뿐만 아니라 물값 폭등으로 수상이 他殺을 면치 못할 것이라고 토로하고 있다.

61 《皇城新聞》, 1908년 9월 16일 〈水道局과 水商의 協議〉.

62 《皇城新聞》, 1909년 6월 17일 〈逐長收物〉.

63 《皇城新聞》, 1909년 5월 5일 〈兩難兩難〉.

64 《皇城新聞》, 1910년 6월 25일 〈水桶生虫〉.

65 《皇城新聞》, 1909년 10월 27일 〈惠及衆民〉.

합의 조합원에 대한 보상이 완료되었기 때문이었다고 볼 수 있다. 반면, 뱃사공과 나루의 하역노동자 등은 수입 축소, 생계수단의 상실, 전업의 위기에 직접적으로 노출되었다. 뱃사공에 대한 보상이 이루어졌지만, 그들의 생계는 매우 불안정한 상황에 놓이게 되었다. 1만 5천 원이란 거액이 투자된 한강설교는 1911년 한강 홍수로 유실되면서 실패로 귀결되었지만, 한강도선 뱃사공의 노동환경은 이미 불안정한 것이 되었다. 1917년 용산 이촌동과 동작구 본동을 연결하는 한강교가 개통되면서 동작지역 도선업자의 전업이 발생했다.

통감부 시기 '개발의 시대'가 초래한 현상에 대한 해석 여부는 자본주의 경쟁 질서를 어떻게 이해할 것인가의 문제와 연결되는 것이었다. 《皇城新聞》은 이 문제를 사익과 공익의 대립으로 해석했다. "(《朝鮮日之出新聞》)언론계와 (용산 일본인)민단에서 극단의 반대의사를 표시하는 이유가 비록 일본인 중심의 관념에서 나온 것이나 개인 우에다의 사익 때문에 막대한 공중의 피해를 설명한 점은 정확"한 것이라는 입장을 지지하고 있었다.[66]

《皇城新聞》은 당시의 경제상황을 '상업전쟁'의 시대로 파악하고, 만주 시장으로 진출하기 위해 농업과 제조업을 발전시켜야 한다고 주장하고 있었다.[67] '舊大韓'과 달리 '新大韓'은 교통수단의 발달로 세계를 무대로 사업을 발달시킬 호기회를 가졌다고 하여 경제발전에 대한 기대를 고조시키고 있었다.[68] 그러나 '新舊교환의 시대'에 대응하기 위해 '舊道德와 新知識'의 상호조화가 필요하며, 만약 신지식에만 의존할 경우 개인 사업과 사회풍류에 좋지 않는 영향을 끼친다는 입장을 취하고 있었다.[69] 새로운 사업을 일으키는

66 《皇城新聞》의 〈麻浦船橋에 對ᄒᆞᆫ 顚末〉과 《大韓每日申報》의 〈麻浦船橋의 事件〉 기사는 동일한 내용과 문장이었던 것으로 보아, 마포도선조합에서 작성한 보도자료로 보인다.

67 《皇城新聞》, 1910년 2월 5일 〈商業戰爭의 準備를 注意ᄒᆞᆷ이 最要ᄒᆞᆷ〉, 19일 〈勸告國內實業家〉, 4월 27일 〈大陸發達의 時代〉.

68 《皇城新聞》, 1910년 3월 2일 〈今日新大韓의 位置〉.

69 《皇城新聞》, 1910년 2월 6일 〈新舊交換時代가 最有可觀〉.

'기업심'만으로는 국가와 민족의 보존이 어렵기 때문에 공익을 위한 의협심이 동시에 필요함을 강조하고 있었다.[70] 즉 경제발전을 위해 개인투자를 장려하면서도 개인투자가 공익에 구속되어야 한다는 입장을 갖고 있었다. 이 점은 앞서 자본이익을 사회적 기여와 연결시키려 했던 유길준의 실천과 동일한 맥락에 놓여 있는 것이었다. 따라서 한강선교 문제를 우에다의 개인적 사익과 도선업, 해운업, 지역민이라는 다수의 이익이란 대립적 관계로 파악했다. 이러한 입장은 자본화에 따른 사회적 갈등을 공익으로 제어해야 한다는 것임과 동시에 자본이익의 사회적 기여를 통해 자본의 힘이 사회적으로 승인받을 수 있도록 하는 효과를 발생시키는 것이었다.

《대한매일신보》는 여기서 한 걸음 더 나아가 "이는 국가의 공익을 위함도 아니고, 인민의 편리를 취함도 아니고 단지 일개 외인의 사익을 위하여 …(중략)… 동포의 제일 중요한 업은 여각이거늘 이전부터 일진회의 방해로 인해 세력을 잃고 점점 시들어 지거늘 …(중략)… 오호라 용산방 동포여 장차 어떻게 생활하고자 하는가, 생명의 업을 잃은 자 동포가 아닌가."라는[71] 기사를 게재하여 사익과 공익의 대립을 넘어서 민족 문제로 해석했다. 또한 "요사이 정부에서 처리하는 일이 공평치 못하여 가령 한인과 외인 간에 권리를 경쟁할 때에 정부에서는 외인을 위하여 편리하게 하여 주는 것이 많고 외인을 위하여 번성하게 하여 주는 일이 많아서 민정이 시끄러운 지경에 이른 것은 세상 사람들이 모두 목격하는 바다."[72]라고 하여 경제문제를 적극적으로 정치쟁점화해 갔다. 이는 한인 자본과 일본인 자본을 대립적으로 파악함으로써 자본화 과정의 문제를 민족 간 대립으로 이전시키고, 자본주의 경쟁 질서를 그대로 승인하도록 하는 것이었다. 즉 자본투자의 폭력성을 민족문제로 환원시킴으로써 '민족에 의한' 자본투자를 긍정적으로 승인하도록 하는 것이었다.

---

70 《皇城新聞》, 1910년 3월 6일 〈企業家와 義俠家의 討論問題〉.
71 《大韓每日申報》, 1910년 4월 27일 〈麻浦架橋에 對ᄒᆞ야〉.
72 《大韓每日申報》, 1910년 4월 20일 〈人民의 境遇〉.

《大韓每日申報》가《皇城新聞》에 비해 자본의 투자와 개발을 가속화시키는 인식 틀이었지만, 양자는 적극적으로 자본주의를 체제 내로 포섭하고 있다는 점에서는 동일하다. '공익에 기여하는 자본가' 또는 '민족에 기여하는 자본가'를 사회와 국가 발전의 주체로 상정하고 있었다. 이는 자본주의 시장 질서가 자본가 중심으로 구축되어야 한다는 관념이 사회적으로 승인되는 효과와 연결되는 것이었다.

5. 맺음말

마포도선조합은 기존 도선업에 존재했던 주인권이 자본주의 경제조직인 조합을 통해 어떻게 유지될 수 있었는지를 보여주는 사례라고 할 수 있다. 또한 한강선교 가설이라는 거대자본 투자가 기존 영업자의 이해관계를 재편하고, 도선업 노동자의 생계위기를 심화시켰던 사례라고 할 수 있다.

1909년 설립된 마포도선조합은 마포-노량진 도선업 관련자였던 유문권주인과 선주로 구성되었다. 갑오개혁 이후 유문권주인의 이익 기반이 해체되는 상황은 통감부 설치 이후 더욱 가속화되었다. 기존의 독점영업권을 유지하기 위한 조합 설립이 진행되고 있었던 상황에서 마포도선조합은 주인권의 권리를 자본주의 경제조직을 통해 합법화하고 유지하려는 노력의 일환이었다고 할 수 있다.

그러나 한강선교 가설이라는 새로운 자본투자가 이루어지면서 마포도선조합은 이익기반이 해체되는 위기를 맞았고, 그 과정에서 유문권주인, 선주, 뱃사공의 이해관계는 분화되어 갔다. 한강선교에 대한 반대 청원이 기각된 후 마포도선조합 조합원의 대응이 분명히 드러나지 않았다는 점, 그리고 한강선교 공사가 시작되면서 뱃사공에 대한 보상 문제만이 대두되었다는 점은 마포도선조합원에 대한 보상이 이미 완료되었기 때문으로 보인다. 또한

1912년 복설된 마포도선조합은 1909년 설립 당시부터 발생했던 유문권주인과 선주 사이의 이익배당을 둘러싼 갈등을 해소하지 못했고, 결국 1914년 마포도선조합에 납입된 유문권주인의 지분은 조합에 대한 차입금으로 전환되었다. 이 과정을 거치면서 유문권주인은 이자소득자로, 선주는 차입금에 대한 이자를 부담하는 영업자로 전환되었다. 또한 선주와 뱃사공은 한강선교 가설로 실업, 전업 등의 생계위기에 직접적으로 노출되었고, 뱃사공의 노동환경은 더욱 불안정한 것이 되었다.

한강선교 가설과 마포도선조합의 관계를 어떻게 해석할 것인가의 문제는 당시 자본주의 경쟁질서를 어떻게 이해할 것인가의 문제와 직접적으로 연결되는 것이었다. 《황성신문》은 한강선교를 우에다의 사익으로 규정했고, 우에다의 사익이 해운업자, 도선업자, 지역민 등 다수의 이해를 희생시켰다고 보았다. 《대한매일신보》는 여기서 더 나아가 일본인 자본가에 의한 조선인 자본가의 피해를 부각시켰고, 민족적 대립의 관계로 해석했다. 자본주의 경쟁 질서를 공익이란 관점에서 제어하려 했던 《황성신문》과 자본주의 경쟁관계를 민족관계로 환원시켰던 《대한매일신보》 사이에는 입장 차이가 존재했다. 그러나 양자는 모두 자본가를 경제 주체로 상정하고, 그들의 관점에서 경제문제를 해석함으로써 노동환경의 불안정성이 심화되는 현상에 주목하지 않았다. 이점은 자본주의 시장질서가 자본가 중심으로 구축되어야 한다는 관념의 형성과 사회적 유통에 기여하는 것이었다.

한편, 1909년 노량진 주정소 부지를 하사받은 유길준은 노량진 도선장을 지역민에게 무상으로 임대하고, 유문권주인을 중심으로 선조합을 결성했다. 유길준은 결빙기 뱃사공의 생계 보전을 위해 선주공동저축계를 조직하여, 뱃사공을 안정적으로 확보하는 제도를 만들었다. 선주의 서약과 뱃사공의 작업 지침을 작성하여 그들이 직업윤리관을 체화하도록 했다. 또한 조합이익의 일부를 지역의 공익적 사업에 사용하여 자본이익이 사회적 기여로 연결될 수 있다는 관념을 형성하는 데 기여했다. 유길준의 이러한 실천은

1912년 마포도선조합으로 계승되었다.

기존의 경제적 기득권이 도선조합을 통해 합법화되는 과정은 지역민의 동의, 자본이익의 사회적 기여, 근대 직업윤리 형성을 수반하고 있었다. 이것은 공익기여, 자선, 직업윤리를 통해 자본의 활동이 사회적으로 승인된다는 점을 확인시켜 주는 사례다.

참고문헌

1. 자료

《大韓每日申報》.《皇城新聞》.《帝國新聞》.《每日申報》.《大韓帝國官憲履歷書》.
《朝鮮總督府統計年報》.《純宗實錄》.《麻浦渡船組合營業報告書》.《船主共同貯蓄契約》.
《出資人氏名錄》(선조합).《任員錄》(선조합).

2. 단행본

京城地法檢事局, 1931,《思想에 關한 情報》1.
朝鮮總督府財務局, 1923,《朝鮮金融事項參考書》.
中村資良, 1923,《朝鮮銀行會社要錄》, 東亞經濟時報社.

3. 논문

고동환, 1985,〈18·19세기 외방포구의 상품유통발달〉,《韓國史論》13.
김윤희, 2013,〈1883년-1905년 인천항 일본상인의 영업활동〉,《史林》44.
유승렬, 1996,〈한말·일제초기 상업변동과 객주〉, 서울대학교 박사학위논문.
윤진호, 2012,〈대한제국기 '노동회'의 성격과 활동에 관한 연구 — 한국 노동운동의 기원과 관련하여〉,《경제발전연구》18-1.
전우용, 1997,〈19세기말-20세기 초 한인 회사연구〉, 서울대학교 박사학위논문.
______, 1997,〈1910년대 객주 통제와 '조선회사령(朝鮮會社令)'〉,《역사문제연구》2.
______, 2005,〈근대 이행기 서울의 객주와 객주업〉,《서울학연구》24.
정승진, 2016,〈파시즘적 동원체제가 낳은 식민지 조합제도 — 조선 계와 회사 사이에서〉,《대동문화연구》96.
조영준, 2012,〈조선후기 여객주인 및 여객주인권 재론: 경기·충청 莊土文績의 재구성을 통하여〉,《한국문화》57.

1910년대 유길준의 경남지역 토지경영

晉州, 宜寧, 咸安을 중심으로

김기성

1. 머리말

俞吉濬은 1907년 8월 오랜 망명생활을 청산하고 일본에서 귀국하였다. 이후 유길준은 정치활동보다는 畿湖興學會, 大同學會 등의 학회활동이나 興士團, 漢城府民會, 勞動夜學會 등의 사회단체, 그리고 勞動夜學讀本의 저술, 隆熙學校의 설립 등 교육 부문에서 주로 활동하였다. 따라서 기존 연구에서는 이러한 활동을 중심으로 귀국 이후 유길준의 행적을 다루었다.

반면, 경제활동에 대한 연구는 귀국 이후 유길준이 상당히 활발하게 활동했음에도 불구하고 강재순이 거의 유일하다.[1] 강재순에 따르면, 1907년 이후 유길준은 興商團·興農團·興工團 설립(1907), 漢城衛生會 평의원(1908.4), 小手工組合 창립(1909.4), 帝國實業會 회장(1908.9), 湖南鐵道株式會社 찬성원(1908), 平壤瓷器會社 찬성원(1908.10), 大韓山林協會 명예회원(1908.11), 庖肆會社 설립(1908.11), 工業研究會 찬성원(1909.1), 大韓測量總管會 평의장(1909.2), 京城商業會議所 고문(1909.3), 大韓商務組合 고문(1909.7), 大韓

1 강재순, 2004, 〈한말 俞吉濬의 實業活動과 勞動觀〉, 《역사와 경계》 50, 부산경남사학회.

水商總會所 고문(1909.11), 大韓興業會 찬성장(1909.11), 漢城普信社 총재(1909.11), 興隆農林學習所 소장(1909), 韓國興産組合長(1909), 草坪會社 부위원장(1909), 國民經濟會 회장(1910.3) 한성직물주식회사(1910.7), 煙草織工組合所 총재(1911.3), 朝鮮貿易株式會社 설립 발기인(1913) 등의 활동을 하였다.[2]

다만, 강재순은 사료의 부족 때문에 신문기사를 중심으로 유길준의 경제활동을 살필 수밖에 없었다. 그런데 최근 유길준의 후손들이 고려대학교 박물관에 기증한 사료들 가운데 1907년 이후 유길준의 경제활동을 추적할 수 있는 자료가 상당수 새롭게 발굴되었다.[3]

이 가운데서도 특히 1910년 이후 유길준의 경상남도 晉州, 宜寧, 咸安 지역 토지매입과 경영에 대한 사료는 그 양과 질에서 상당히 주목할 만하다.[4] 1910년 이후 유길준에 대해서는 일본정부로부터 받았던 爵位를 반환하였다는 것 이외에 잘 알려진 바가 없다는 점에서 그 사료적 가치가 매우 높다. 이를 통해 1910년 이후부터 사망하기까지 유길준의 행적에 대해서 추적해볼 수 있을 것이다.

1905년 을사조약의 체결 이후 조선에서는 '식민지형 개발'이 본격적으로 진행된다. 특히, 조선의 농법은 유치하기 때문에 근대적 농법의 도입을 통해 조선 농지의 생산력을 획기적으로 높일 수 있다는 인식이 널리 퍼져 있었다.[5]

2 강재순, 2004, 위의 논문, 3-4쪽.

3 이 자료들은 현재 한국연구재단의 지원을 받아 '한국근대인, 유길준 관련 미발굴 자료의 해제 및 저작의 정본화 연구팀'에서 정리 및 해제작업을 진행하고 있다. 이 가운데 몇 가지만 예를 들자면, 農事奬勵會 관련 문서 11건, 帝國實業會 관련 문서 14건, 日韓雲母株式會社 관련 문서 13건, 漢城材木柴炭株式會社 관련 문서 13건, 興産組合 관련 문서 11건, 馬浦渡船組合 관련 문서 10건, 京城製粉所 관련 문서 15건, 莞島郡 漁場 관련 문서 11건, 端川郡鑛山 관련 문서 45건 등이다.

4 2017년 4월 현재 유길준의 진주, 함안, 의령 지역 토지경영과 관련된 문서는 총 138건이 발견되었다. 여기에는 토지매입 과정과 토지경영을 살펴볼 수 있는 문서들을 비롯하여 토지증명을 위한 서류, 유길준이 구입한 토지의 목록, 추수기와 用下記, 소유권 분쟁 등 다양한 문서들이 풍부하게 남아 있다(〈부록 1〉 참조).

5 하지연, 2010,《일제하 식민지 지주제 연구 — 일본인 회사지주 조선흥업주식회사 사례를 중심으로》, 혜안, 87-88쪽 ; 96-102쪽.

그리고 그 방법으로 우량품종의 도입, 수리시설의 확충, 비료의 개량, 개량 농기구의 보급과 牛耕의 강화가 제시되었다.[6] 이 가운데 수리시설의 확충은 신설보다는 기존시설을 보완하는 방향으로 진행되었고, 1918년까지 1,937 개소의 제언과 보가 수축되었다.[7]

南江 연안의 진주, 의령, 함안 일대에는 비옥하기는 하지만 장마철에 상습적인 수해를 입었던 浦田과 浦畓이 널리 분포되어 있었다. 때문에 이 지역에도 대규모 치수사업이 계획되었다. 그러자 그동안 별다른 주목을 받지 못하였던 浦田과 浦畓이 갑자기 옥토로 바뀔 것이라는 기대가 널리 퍼졌고, 이 지역은 토지매입을 통해 많은 이득을 볼 수 있는 곳으로 떠오르게 된다. 유길준도 이러한 개발호재에 편승하여 이 지역의 토지를 매입해 토지경영을 시도하게 된다.

이 글의 목표는 새로 발굴된 유길준 관련 사료를 통해 토지경영을 중심으로 자본가로서 그의 모습과 경제활동에 대해 밝혀내는 것이다. 다만, 이 글이 유길준에 대한 개인적인 평가를 하기 위한 것은 아니라는 점을 분명히 하고 싶다. 오히려 유길준 개인보다는 그가 이 지역의 토지매입에 뛰어들게 된 시대적 상황과 지역의 분위기에 집중하려고 한다. 이를 통해 개발이라는 근대적 사회현상의 한 단면을 살펴보고, 거기에서 발생하는 모험적 투자에 대해 실증적으로 접근해 보도록 하겠다.

그러기 위해서 우선 유길준이 이 지역의 토지를 매입하게 된 원인과 당시 이 지역의 분위기를 살펴볼 것이다. 다음으로 토지매입 과정과 그 속에서 발생한 소유권 분쟁에 대해 살펴보겠다. 마지막으로 유길준이 매입한 토지를 통해 어느 정도의 수익을 올렸는지를 파악하는 것으로써 이 글을 마치고자 한다.

---

6 정연태, 1988, 〈1910년대 일제의 농업정책과 식민지 지주제 — 이른바 '미작개량정책'을 중심으로〉, 《韓國史論》 20, 서울대학교 국사학과, 442-469쪽.

7 허수열, 2011, 《일제초기 조선의 농업》, 한길사, 231-232쪽.

2. 토지중매인 張基茂와 진주, 의령, 함안 지역의 상황

유길준이 진주, 함안, 의령의 토지에 관심을 가지게 된 것은 1912년[8] 3월 4일 張基茂가 보낸 편지를 받으면서부터이다. 장기무는 편지를 보내 '한 가지 사업에 대하여 유길준의 의견을 듣고 싶어 사사로운 의견서를 보내니 물리치지 말고 만나 달라'고 요청하였다.[9] 그리고 이 편지에 〈慶南三郡浦田調査實況〉(320103501)[10]이라는 문서를 첨부하여 유길준에게 보냈다. 〈慶南三郡浦田調査實況〉은 양면괘지 12쪽 분량의 투자설명서로 진주, 함안, 의령의 浦田에 투자해야 하는 이유와 구체적인 매입방법에 대하여 제시하고 있다.(전체적인 내용은 〈부록 2〉 참조)

장기무는 진주, 함안, 의령 지방에 투자해야 하는 이유로 첫째, 이 지역의 농민들이 토지를 팔려는 의향이 있다는 점을 들고 있다. 그에 따르면 남강 유역 80여 리에 있는 浦田은 토지가 척박하지 않고 비료도 부족하지 않지만, 해마다 계속되는 재해에 관개시설의 부족으로 浦民들은 생활이 어려워 굶주림

8 〈向於客歲〉(320315801), 연도미상 3월 4일, 편지, 張基茂→俞吉濬. 이 편지에는 연도가 없이, 날짜가 3월 4일이라고만 적혀 있다. 그러나 유길준이 토지를 매입한 시기가 1912년이고, 토지매매로 유길준이 장기무와 계약한 시기가 1912년 4월부터 1913년 6월 19일까지인 점으로 볼 때, 장기무가 이 편지를 보낸 연도는 1912년이 확실하다. 이하 장기무가 유길준에게 보낸 편지 가운데 연도가 불분명한 경우 위의 사실에 기초하여 연도를 추정하였다. 문서제목과 문서번호는 다음과 같은 기준으로 작성하였다. 우선 문서제목은 문서에 제목이 명확히 기재되어 있으면 그대로 사용하였다. 그러나 엽서나 편지 등 문서의 제목이 명확하지 않는 경우는 제일 앞에 나오는 단어를 문서제목으로 하였다. 문서번호는 문서의 구분을 위해 '한국근대인, 유길준 관련 미발굴 자료의 해제 및 저작의 정본화 연구팀'에서 임의로 부여한 것이다.

9 〈向於客歲〉(320315801), 연도미상 3월 4일, 편지, 張基茂→俞吉濬. "伏白玆有一事 尾附私案 敢煩高明 固知閣下浮雲之志 已無意於慾界 而倘燕閒之時 乞賜垂賢 勿以言卑而却之俾示方便 得蒙指敎則 卽當雷赴京城 備白委細共贊方略伏計矣 餘ㅁ草不備上白".

10 〈慶南三郡浦田調査實況〉(320103501), 3월 2일. 사료를 수집할 당시에 〈向於客歲〉(320315801)와 〈慶南三郡浦田調査實況〉(320103501)은 함께 묶여 있지 않았기 때문에 〈向於客歲〉(320315801)에 언급된 사사로운 의견서[私案]가 〈慶南三郡浦田調査實況〉(320103501)라고 단정할 수 없다. 그러나 이 두 문서는 작성 시기가 비슷하고, 작성자가 동일하며, 결정적으로 같은 용지에 작성되었다. 따라서 장기무가 1912년 3월 2일에 〈慶南三郡浦田調査實況〉(320103501)을 작성하고 2일 뒤에 이를 첨부하여 유길준에게 〈向於客歲〉(320315801)를 보냈다고 보아도 무방할 것이다.

과 추위를 호소하고 있다. 따라서 살 길이 없어진 백성들이 다른 곳으로 이사를 가고 싶어 하고, 또 당시 금융경색[金融壅滯]의 영향 때문에 토지를 팔려는 사람이 많았다.[11]

둘째는 東洋拓殖株式會社(이하 동척)가 토지를 매입하고 있다는 점이다. 장기무에 따르면, 당시 이 지역 최대의 농업경영자는 동척이었다.[12] 동척은 舊馬山港에 출장소를 두고 진주, 의령, 함안을 비롯하여 마산과 灵山(현 창녕)에도 사원을 보내 토지매입에 나서, 막대한 양의 토지를 사들였다. 특히 진주, 의령, 함안의 토지는 전부 매입할 예정이었다. 그런데 최근 이 지역에 토지를 매입하려는 사람이 늘어나면서 동척의 토지매입은 큰 난관에 부딪히게 되었다. 따라서 동척에서는 토지를 모아 대량으로 판매하는 자가 있다면 매입과정에서 발생하는 수고와 비용을 줄일 수 있기 때문에 환영할 것이라고 보았다.[13] 즉, 장기무는 이 지역의 토지를 대량으로 매입했다가 이후에 동척에 판매할 것을 유길준에게 권하고 있다.

셋째는 진주-마산의 철도부설 소문이다. 진주, 함안, 의령 3군과 마산항

11 〈慶南三郡浦田調查實況〉(320103501), 3쪽. "長江의 沿岸全長이 畧八十餘里를 占有하야 … 其地味가 磽薄홈도 아니오 肥料도 不足홈도 아니나 如上不幸에 陷ᄒᆞ야 年年多大ᄒᆞᆫ 災害로 因ᄒᆞ야 此에 生命을 寄ᄒᆞᆫ 幾多의 浦民은 生活의 路를 失ᄒᆞ고 飢寒을 呼ᄒᆞᆯ ᄲᅮᆫ아니라 又近日一種移外居住의 目的과 金融壅滯의 影響으로 今日多數發賣고져ᄒᆞᄂᆞᆫ 熱望에 不外ᄒᆞ도다".

12 당시 동척은 조선에서 국유지뿐만 아니라 민유지의 매입도 활발히 진행하고 있었다. 경상남도 지역에서는 1913년까지 모두 93만 7,023엔을 투입하여 3,363헥타르의 땅을 사들였다. 당시 동척이 민유지를 매입할 때에는 농경 가능 여부보다는 농지로 조성이 가능한 토지를 선호하였다. 따라서 南江 연안의 浦田은 이러한 동척의 의도에 부합하는 토지였다고 할 수 있다. 이에 대하여는 大河內一雄, 1982,《幻の國策會社 東洋拓殖》, 東京: 日本經濟新聞社, 43-46쪽을 참조하였다.

13 〈慶南三郡浦田調查實況〉(320103501), 3-5쪽. "當地附近에셔 最大의 農事經營者ᄂᆞᆫ 實로 東洋拓殖會社出張所라. 그 位置ᄂᆞᆫ 舊馬山港에 在ᄒᆞ니 … 土地買入에 專力ᄒᆞᄂᆞᆫ 故로 當三郡及馬山灵山地方에 社員이 連絡巡廻ᄒᆞ야 土地買收에 殆히 執中된 貌樣인ᄃᆡ … 畧正萬七八千斗落은 時價每斗落에 貳円五拾錢式에 既爲買收이고 … 近日買收者가 逐日增加ᄒᆞᆷ으로 地價의 關係上 朝鮮人側에 多爲傾向ᄒᆞᄂᆞᆫ 故로 東拓社의 土地買收上에 一大打擊이나 後日에는 畢竟 三郡土地ᄂᆞᆫ 沒數買入ᄒᆞᆯ 經營인즉 目下 東拓社의 希望은 個人與公衆을 勿論ᄒᆞ고 幾萬斗落을 一時都聚發賣者가 有ᄒᆞ면 歡迎ᄒᆞᆯ지니 此ᄂᆞᆫ 許多ᄒᆞᆫ 勞費를 省ᄒᆞᄂᆞᆫ 利가 有ᄒᆞᆷ이라".

의 거리는 함안이 40리, 의령이 80리, 진주가 120리로 교통이 불편하였다. 그러나 마산항이 발달함에 따라 마산과 진주 사이에 도로가 건설되었고, 철도 역시 곧 부설된다는 소문이 있다는 것이다.[14] 실제로 진주-마산 사이의 도로는 1910년에 건설되었고,[15] 1912년에는 진주와 마산 사이에 여객용 자동차가 정기적으로 다니기 시작하였다. 이 정기 자동차는 기선과 기차의 시간에 맞추어 다녔는데, 기존에 진주에서 항구로 가려면 삼천포까지 2일이 걸렸던 것에 비하여 이 자동차를 통해 진주와 마산 사이를 4시간 만에 다닐 수 있게 되었다.[16]

그러나 철도는 일본인 福井安住가 진주-삼천포 간 輕便鐵道 부설에 대해 통감부의 허가를 받아낸 것이 전부였다.[17] 실제로 진주와 마산을 연결하는 慶南線이 개통된 것은 훨씬 이후인 1925년 6월이다.[18] 그러나 장기무는 이미 건설된 도로를 언급하며 철도 부설의 소문을 과장한 뒤, 철도가 완성되면 철로 근처의 浦田은 값이 오르고 또 진주, 함안, 의령도 번영할 것이기 때문에 지금 포전을 매입하는 것이 좋다고 권유하였다.[19]

마지막으로 가장 중요한 요소인 南江의 치수사업이다. 원래 남강 연안은 저습지가 많아 여름 장마철에 홍수로 인한 피해가 상당한 지역이었기 때문에 치수사업은 당시 지역주민들의 숙원 사업이었다. 실제로 1907년 진주군

---

14 〈慶南三郡浦田調査實況〉(320103501), 7쪽. "從來三郡의 距離는 馬浦에서 咸安이 四十里요. 宜寧이 八十里요. 晉州가 一百二十里라. 交通이 不便ᄒᆞ야 運輸에 頗히 困難하더니 一自馬港이 發展됨으로 馬晉間道路가 旣爲開通되야 交通上 亦一比前便利ᄒᆞ나 近日馬晉鐵道敷設說이 有ᄒᆞ야……".

15 晉州市史編纂委員會, 1995,《晉州市史》下, 457쪽.

16 《매일신보》1912년 4월 18일,〈馬山晋州間自働車, 마산 진주 사이에 자동차를 준비함〉.

17 《大韓每日申報》1910년 4월 3일, 잡보 〈輕鐵交涉〉;《大韓每日申報》1910년 7월 28일, 잡보〈軌道會社〉. 그러나 사업은 곧 연기되었다(《皇城新聞》1910년 7월 28일, 잡보〈晋三鉄道延期〉).

18 晉州市史編纂委員會, 1995,《晉州市史》下, 499쪽.

19 〈慶南三郡浦田調査實況〉(320103501), 7쪽. "此가 完城되는 日이면 鐵路沿岸에 近距離에 在ᄒᆞᆫ 浦田은 實로 將來에 最要ᄒᆞᆫ 地點이 되고 三郡도 亦隨而繁榮ᄒᆞᆯ지니 此亦今日浦田과 重要ᄒᆞᆫ 關係가 有ᄒᆞ도다".

代如村面 南星洞에 사는 成鎬基가 진주 남강 일대의 홍수피해를 막기 위해 진주군 井村面 開洋洞[20](현 진주시 가좌동)에서 夫火谷面 舊海倉[21] 海岸(현 사천시 축동면)까지 2리 정도의 운하를 뚫어 배수시설을 만들겠다고 농상공부에 청원한 사례가 있었다.[22] 그는 사업을 시작하기 위해 內部에서 경험이 있는 技師를 초빙하여 설계를 맡겼다. 그런데 사업비가 300만 엔이 넘어 혼자 사업을 진행할 수 없었다. 그래서 여러 자본가들에게 자금을 모았지만 결국 실패하고, 16대를 내려오던 재산마저 모두 소진하여 사업의 추진이 어렵게 되었다. 그때 한 일본인이 사업권을 40만 엔으로 매수하려고 하였지만, 성호기는 '10여 년을 고심하던 사업을 타인에게 넘길 수 없다'며 거절하였다.[23]

그러다 1909년 성호기는 당시 총리대신이었던 李完用, 농상대산 趙重應, 표훈원총재 趙羲淵과 논의하여 그들과 합동사업을 하기로 결정하였다.[24] 이처럼 고위관료들이 치수사업에 뛰어들면서 사업의 성사 가능성이 매우 높아지자 이 지역의 개간사업 역시 활기를 띠게 되었다. 원래 이 지역은 1905년에 金嘉鎭이 진주, 의령, 함안 3군의 황무지 개간을 허가받았고,[25] 1906년에 黃

20 開洋洞은 開陽洞의 오자로 생각된다.

21 경상남도 泗川 場岩倉의 다른 이름이다.

22 《매일신보》 1913년 6월 17일, 〈晉州郡의 大活佛〉. 1907년 당시 《대한매일신보》에는 成在圭를 비롯한 여러 사람이 남강 주변 전답에 수리시설을 만들기 위해 자본금 3만 원을 모아서 농상공부에 허가를 청원하였고(《大韓每日申報》, 1907년 9월 11일, 잡보 〈灌漑請認〉), 농상공부에서 이 사업을 허락하였다는(《大韓每日申報》, 1907년 9월 20일, 잡보 〈灌漑認許〉) 기사가 있다. 《매일신보》의 기사에서 성호기가 16대를 내려오던 재산을 전부 소진하였다는 내용이 나오는 것으로 볼 때, 남강의 치수사업은 성호기 자신뿐만 아니라 그의 가문에서 함께 추진한 것으로 추측된다. 따라서 《대한매일신보》에 나오는 성재규와 성호기는 같은 집안의 인물로 보이며, 《대한매일신보》에 언급된 사업과 《매일신보》에 나오는 사업은 동일한 치수사업을 지칭하는 것이라고 생각된다.

23 《매일신보》, 1913년 6월 17일, 위의 사료.

24 〈晉州郡의 大活佛〉에는 성호기가 세 대신과 협약을 맺은 연도가 정확히 나와 있지 않다. 그러나 이 기사에서 성호기가 세 대신과 협약을 맺은 지 5년여가 지났다고 한 것과 1909년 11월에 조희연이 진주 남강에서 바다 쪽으로 운하를 파기로 했다는 《대한매일신보》의 기사(《대한매일신보》, 1909년 11월 11일, 잡보외방통신 〈운하를 판다〉)가 있는 것으로 보아 협약을 맺은 것은 1909년임이 분명하다.

25 《大韓每日申報》, 1905년 9월 15일, 잡보 〈開墾請願〉.

鐵도 진주군의 황무지 개간을 청원하여 농상공부의 허락[26]을 받았을 정도로 개간에 대한 수요가 있었던 지역이었다.

1909년 이후 치수사업의 전면에 나선 이완용, 조중응, 조희연 역시 이 지역에서 개간사업을 활발하게 진행하였다. 1909년 6월 조희연은 경상남도 지방을 시찰한 뒤, 이완용, 조중응과 170만 환을 합자하여 경상남도 진황지를 개간하려고 하였다.[27] 그리고 8월에도 조희연은 진주군의 陳荒地를 개간하려고 하였다.[28] 내각총리대신 이완용도 1908년에 진주군과 함안군의 황무지를 개간하기 위해 농상공부에 청원하여 인가를 얻은 후 1909년 10월 토지측량을 위해 측량졸업생을 파견하였다.[29] 그리고 진주군 前坪에 보를 쌓아 세금을 거두기 위한 활동을 벌이기도 하였다.[30] 1912년 1월에는 이완용, 朴齊純, 조중응이 동양척식회사와 교섭하여 자본금 300만 엔을 투자해 개간에 나섰다.[31] 처음부터 이들은 진주, 함안, 의령 지역의 개간사업이 유망하다는 것을 염두에 두고 치수사업에 뛰어들었을 가능성이 매우 높다.

이와 함께 치수공사 역시 순조롭게 진행되고 있다는 신문기사들이 이어졌다. 당시 신문기사에 따르면, 1911년 여름 이완용을 사장으로 하는 運河開鑿會社가 설립되었고, 이완용, 조중응, 조희연 세 사람이 각 20만 엔을 출자하여,[32] 공사비 30만 엔으로 공사가 곧 시작될 것이라는 소문이 돌았다.[33] 1912년 2월에는 위 세 사람의 발기로 사업비 280만 원의 放水開鑿工事가 곧 시작될 예정이라는 기사가 났고,[34] 1912년 3월에는 일본인 기수와 傭員 100

26 《皇城新聞》, 1906년 7월 31일, 잡보 〈陳荒起墬〉.

27 《대한매일신보》, 1909년 6월 25일, 잡보외방통신 〈개척계획〉 ; 《皇城新聞》, 1909년 6월 25일 잡보 〈開拓計劃〉.

28 《皇城新聞》, 1909년 8월 29일, 잡보 〈何所挾憾〉.

29 《대한매일신보》, 1909년 10월 3일, 잡보외방통신 〈면당감이로고〉.

30 《大韓每日申報》, 1909년 12월 2일, 잡보 〈運動何多〉.

31 《매일신보》, 1912년 1월 28일, 〈貴族陳荒地開墾〉.

32 《매일신보》, 1911년 9월 22일, 〈貴族의 築보〉.

33 《매일신보》, 1912년 3월 2일, 〈晉州三千浦間運河〉.

34 《매일신보》, 1912년 2월 14일, 논설 〈貴族의 放水事業〉.

명을 고용한 뒤, 조희연이 진주로 내려가 계획을 재조사하여 공사를 시작할 것이라는 기사가 났다. 1914년에도 현재 진주, 함안, 의령의 토지조사사업이 시작되어 공사가 늦어지고는 있지만, 세부 측량이 종료되어 토지 등급이 조정되고 수해지 면적이 파악되면 즉시 인가를 얻어 공사에 착수할 것이라는 신문보도가 이어졌다.[35]

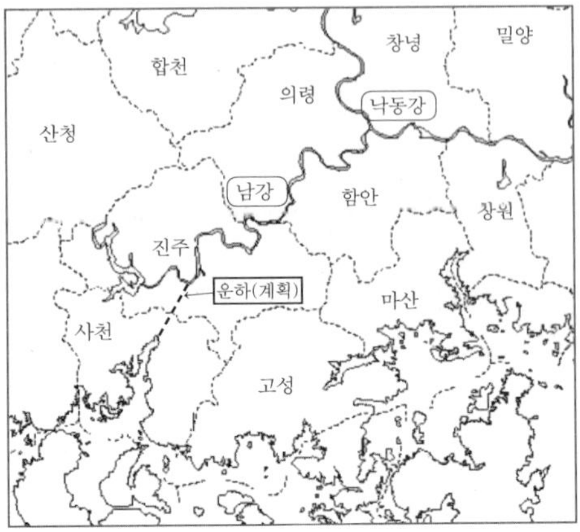

그림1. 운하의 위치

이처럼 장기무는 지역 농민들의 판매 의지, 동척의 토지 매입, 철도의 부설 소문, 남강의 치수사업 등을 상세하게 언급하면서 이 지역의 땅값이 분명히 오를 수밖에 없다는 점을 강조하였다. 이와 같이 지가 상승에 대한 확신을 심어주려고 노력한 장기무는 왜 이 지역의 여러 토지 가운데 浦田을 지금 시점에서 대량으로 매입해야 하는지에 대하여 아래와 같이 말하고 있다.

> 通江의 竣工되기ᄭᆞ지는 遠矣라 莫論ᄒᆞ고 開通의 始役되ᄂᆞᆫ 日이면 地價의 呼□이 漸高ᄒᆞ야 舊日狀態와 懸殊ᄒᆞ겟고 且 開通始役되기젼에ᄂᆞᆫ 價賤易買ᄒᆞᆯ 샌더러 … 三郡土地賣買에 關ᄒᆞᆫ 利益의 提供은 久히 世上에 厭聞ᄒᆞᄂᆞᆫ바ㅣ요 此處에 麕集ᄒᆞᆫ 資本家의 焦點이 實로 此에 集中됨은 不足怪異로다[36] (□는 해독불능, 강조는 필자, 이하 동일)

> 三郡이 地理上·風俗上 關係로 畓則貴而價高ᄒᆞ고 田則賤而價廉ᄒᆞ야 … 此地住民은 永久之計로 田土多爲賣置ᄒᆞᆷ이 常例나 浦田以外의 田土ᄂᆞᆫ 多數求不得이오 價亦浦田五倍以上이 超越ᄒᆞᆫ 故요 又通江이 着手되면 浦田도 到底今日時價로 言論키 難ᄒᆞᆫ則 今日浦田買收策이 雖曰一投機的에 不過ᄒᆞ나 彼開鑛採金 及 其他漁場 等 事業에 比ᄒᆞ면 其穩健着實ᄒᆞᆷ이라 有望ᄒᆞᆷ이 短期間에 成效되ᄂᆞᆫ 不可同日而論이로다[37]

---

35 《매일신보》, 1914년 3월 6일, 地方每日 〈晉州〉.
36 〈慶南三郡浦田調査實況〉(320103501), 8쪽.
37 위의 사료, 9-10쪽.

즉, 이 지역에서 치수공사가 시작되면 값이 오를 것이기 때문에 지금 대량으로 매입하는 것이 좋고, 또 다른 논밭보다는 상습침수지역인 浦田이 지가가 매우 싸고 이후의 지가상승 요인도 크다는 점을 지적하고 있다. 그리고 이러한 이유 때문에 자본가들의 관심이 집중되고 있다는 점 역시 강조하고 있다. 한 가지 흥미로운 부분은 장기무가 '이 지역에 대한 투자가 위험하다'는 항간의 소문을 인정하면서도, 採鑛이나 漁場 사업에 비하면 매우 온건하고 착실한 사업임을 강조하고 있다는 점이다. 당시 유길준은 端川, 遂安, 祥原 등 여러 지역에서 광산을 개발하고 있었고,[38] 莞島郡의 어장 사업에도 깊숙이 관여하고 있었다.[39] 장기무는 이러한 사실을 인지하고 어장과 광산 사업을 언급하며 이 지역에 대한 유길준의 투자를 종용했던 것이다.

다음으로 장기무는 토지매입계획을 3단계로 나누어 제시한다. 우선 1단계는 토지를 상(고지대로 黑土泥土), 중(평원지대로 半黑半紅), 하(저지대로 沙土白地)로 구분하는 것이다. 2단계는 매매계약으로, 면장 혹은 이장의 인증을 받아 100두락당 20엔을 우선 지급하는 과정이다. 마지막 3단계는 매입으로, 토지의 소재지와 字號, 結數, 結稅, 面積, 四標를 조사하여 증명신청을 하고, 증명서를 받은 후 나머지 대금을 지급하는 일이다. 이처럼 토지매매는 3단계를 거쳐서 완료되는데, 증명을 신청하고 기다리는 사이에 轉賣가 가능하고 또 留待其間이 60일이므로 그 동안 남강의 공사가 이미 시작될 것이라고 보았다. 따라서 당장 많은 돈이 없더라도 5-6만 두락까지는 걱정할 것이 없으며,

38 〈雲母採取許可願〉(320000801), 1908년 3월 9일, 俞吉濬 → 農商工部大臣; 〈久未問候〉(220122301), 1910년 9월 11일, 편지, 遂安郡守 元世祿 → 俞吉濬; 〈鑛區稅納付ノ件〉(320021101), 1913년 12월 19일, 鄭來岐 → 俞吉濬. 유길준은 본문에 언급한 지역 외에도 다양한 지역에서 광산을 운영하고 있었다. 이 문서들은 유길준의 광산운영과 관련된 문서들 가운데 하나씩 추출하여 제시한 것이다. 추후 이 문서들을 통해 유길준의 광산 운영 및 경제활동에 대한 연구가 가능할 것으로 생각된다.

39 〈拜啓小生一昨日歸京〉(220141101), 1911년 7월 17일, 편지, 中村太八郎 → 俞吉濬. 이 문서 역시 완도군 어장사업과 관련된 여러 문서 가운데 추출한 것이다. 완도군 어장사업과 관련된 문서들 역시 이를 통해 유길준의 어장사업 및 경제활동에 대한 후속 연구가 가능할 것이다.

기타 자금의 운용방법과 처리방법은 직접 만나서 이야기하겠다고 하였다.[40]

위에서 살펴본 바와 같이 남강 유역의 운하공사는 지역의 숙원사업으로 중앙의 권력자들이 관심을 가지면서 구체화되었다. 그리고 여기에 동척의 토지매입 소문, 철도와 도로 건설 등 다른 개발호재가 연결되어, 결국 당시 남강 유역 일대에는 모험적 투자가 만연하게 되었다. 토지중매인 장기무는 이점을 이용하여 유길준에게 접근하였고, 유길준은 그의 유혹에 넘어가 토지매입을 결정하였던 것이다.

3. 토지매입 과정의 갈등과 소유권 분쟁

1) 매입과정에서 불거진 장기무와 유길준의 갈등

유길준은 장기무와 1912년 4월부터 진주, 함안, 의령의 토지를 매입하겠다는 계약을 체결하였다.[41] 〈표1〉은 1912년 유길준이 토지를 매입할 때 들어간 비용을 정리한 것이고, 〈표2〉는 매입한 토지의 위치와 가격을 표시한 것이다.

표1. 지출결산표 (단위 : 円)

총액	10,000
3군 소재 浦田 3,134斗 9升 3合	8,382.66
3군 소재 浦畓 144斗 7升 6合	1,158
4面 여비	60
숙박비	80
巡面費	126
雇人費	36
통신 및 잡비	30
인쇄비	6
측량비	120
지출합계	9,998.66
차액	1.34

* 출전 : 〈秋收記幷收支決算書〉(320003301)

40 〈慶南三郡浦田調査實況〉(320103501), 10-11쪽.
41 〈解除書〉(320006301), 1913년 6월 19일.

표 2. 진주, 함안, 의령 3군 포전답 가격표 (단위 : 円)

지명		地目	두락수	가격	단가
晉州郡	麻津	밭	273.16	628.13	2.3
咸安郡	下坪	밭	1045	2926.5	2.8
咸安郡	世谷	밭	63.73	171.99	2.7
咸安郡	鴨峴	밭	14.68	51.1	3.5
咸安郡	禿旨	밭	51.53	128.75	2.5
咸安郡	登巾	밭	96.48	289.44	3
咸安郡	市城	밭	34.96	94.23	2.8
咸安郡	筆洞	밭	64.61	174.42	2.7
咸安郡	登巾	밭	120.61	226.8	1.85
咸安郡	禿旨, 鴨峴	밭	56.8	170.4	3
咸安郡	山西	밭	31.15	33.45	3
咸安郡	馬輪	밭	93	279	3
宜寧郡	華陽, 長朴	밭	69.88	188.46	2.7
宜寧郡	後谷	밭	85.17	230.27	2.7
宜寧郡	沃野	밭	103.7	287.4	2.8
宜寧郡	梧川	밭	242.3	558.74	2.5
宜寧郡	鳳谷	밭	247.27	618	2.5
宜寧郡	大橋	밭	174.2	460.26	2.6
宜寧郡	小橋	밭	26.1	52.26	2.6
宜寧郡	間坪	밭	40.8	106.08	2.6
宜寧郡	羅浮員	밭	42.8	111.28	2.6
宜寧郡	文谷	밭	6.6	17.16	2.6
宜寧郡	世谷	밭	6.9	17.94	2.6
宜寧郡	禮ㅁ	밭	16.6	49.5	3
宜寧郡	ㅁ水員	밭	59.7	155.22	2.6
宜寧郡	虎尾, 乾ㅁ	밭	75.9	227.7	3
밭 합계			3143.63	8254.48	2.6
咸安郡	世谷	논	58.29	466.32	8
咸安郡	筆洞	논	11.36	90.88	8
咸安郡	筆洞	논	10	80	8
咸安郡	下奉	논	60.51	484	8
咸安郡	登巾	논	4.6	36.8	8
논 합계			144.76	1158	8

* 출전 : 〈秋收記幷收支決算書〉(320003301)
* 비고 : 밭의 두락수와 가격의 합계가 〈표 1〉과 일치하지 않는다. 기록상의 오기나 계산상의 착오로 추측.

유길준은 토지매입에 1만 엔[42]의 거금을 투자하여 浦田 3,134斗 9升 3合

42 이 1만 엔은 유길준과 대자본가였던 趙鎭泰가 절반씩 부담하였을 가능성이 있다. 그 이유는 첫째, 조진태는 유길준과 함께 장기무와 계약을 했다[〈解除書〉(320006301), 1913년 6월 19일]. 둘째, 이후 장기무는 계약 때문에 趙鎭泰를 찾아갔다는 것을 유길준에게 알렸고[〈辭退有日下懷〉(320180301), 1912년 3월 22일, 편지, 張基茂 → 兪吉濬], 또 유길준에게 운하사업이 언제 시작될지 모르겠다는 소식을 조진태에게 전해달라고 하기도 했다[〈拜退多日〉(320103901), 연도미상 7월 19일, 편지, 張基茂 → 兪吉濬]. 즉, 장기무는 사업의 진행상황을 유길준과 조진태 두 사람에게 동시에 전달하고 있었던 것이다. 셋째, 판매수

落, 浦畓 144斗 7升 6合落, 총 3,279斗 6升 9合落의 넓은 토지를 매입하였다. 그러나 장기무가 말한 5-6만 두락과는 많은 차이가 있다. 이렇게 차이가 나는 원인이 무엇인지 토지의 매입과정에서 발생한 문제를 살펴보면서 추적해 보도록 하겠다.

유길준이 장기무를 통해 진주, 함안, 의령의 토지를 매입하고 판매하는 과정은 평탄하지 않았다. 우선 林文鎬라는 사람이 토지에 대한 과장된 소문으로 지역민들을 현혹시키자, 지역민들이 그의 말을 듣고서 토지가격을 두고 다투는 일이 발생하였다.[43] 아마도 임문호는 당시에 이 지역으로 땅을 사려는 사람들이 몰려드는 것을 알고 더 높은 가격으로 땅을 팔기 위해 사람들을 선동한 것 같다.

그리고 유길준은 장기무의 말에 따라 이 지역에 투자하면서도 그를 온전히 믿지 못한 것으로 보인다. 때문에 李源詩[44]를 보내 장기무의 토지매입에 대하여 살펴보도록 하였더니, 장기무가 매입한 토지가 생각보다 지질은 척박한데 가격은 비쌌다.[45] 그리고 장기무가 "횡령을 했다.", "같은 일을 하는 사람에게 사기를 당했다.", "같은 일을 하는 趙某에게 빌린 돈을 착복하라고 시켰다." 등 장기무의 신뢰에 문제가 있다는 소문도 들려왔다.[46]

익을 계산한 문서에도 제일 뒤에 수익을 반으로 나눈 액수를 기록하고 있고[〈慶南土地所出牟麥收賣記〉(320006902), 〈慶南土地所出夏牟及秋穀放賣記〉(320006904)], 1913년 가을부터 1914년 가을까지 수입의 절반인 192엔 5센 5리[〈慶南土地所出夏牟及秋穀放賣記〉(320006904)]는 1915년 6월 13일 조진태에게 '麥租代金'이라는 명목으로 넘겨주었던 금액과 동일하다[〈証〉(320006801), 1915년 6월 13일]. 따라서 이 1만 엔은 유길준이 단독으로 투자한 금액이 아니라 조진태와 각각 5천 엔씩 출자했을 가능성이 농후하다. 그러나 이를 증명할 수 있는 계약서가 남아 있지 않아 추측에서 그칠 뿐이다.

43 〈屢辭退有日下懷〉(320180301), 1912년 3월 11일 편지, 張基茂 → 俞吉濬. "有林文鎬爲名者 率群入郡 聲言誇矜 人多被惑 故小有地價競爭之變動".

44 정확한 인적사항은 파악되지 않는다. 다만, 유길준의 부탁으로 업무를 담당하였던 인물로 보인다.

45 〈屢次李源詩便〉(320104001), 연도미상 3월 11일 편지, 張基茂 → 俞吉濬. "本處土地事一自源詩下來後 交算整理中 地質極劣 價格太高云云".

46 위의 사료, "價格之畧相左 … 見欺於同事者 … 彼同事趙某之含債 寔出於侍生之所措 ……" 이 편지는 유길준의 편지에 대한 장기무의 답장이다. 유길준이 장기무에 대해 좋지 소문을 들은 후에 이를 질책하는 편지를 보냈고, 장기무는 자신에게 좋지 않은 소문들을 언급

그러자 장기무는 다음과 같이 해명하였다. 이 지역은 오래도록 농장을 운영할 곳이 아니라 일시에 투자하는 사업으로 남강의 운하공사에 의지하는 곳이다. 따라서 토지의 혼잡함과 가격이 약간 높은 것은 우려할 바가 아니다.[47] 그리고 지금 운하공사의 착공이 늦어지는 것이 문제이기는 하지만, 급하게 판매하는 것은 오히려 더 손해다.[48] 마지막으로 횡령이나 사기와 같은 소문들은 모두 근거가 없는 헛소문이니 걱정하지 말고 몇 달만 더 기다려 달라고 하였다.

유길준은 일단 장기무의 해명을 받아들였던 것 같다. 장기무가 소작료 독촉, 토지측량, 곡물판매 및 대금송부, 운하공사의 착공지연 등에 대하여 7월 11일에 유길준에게 보고한 기록이 남아 있기 때문이다.[49] 그리고 장기무가 곡물판매까지 담당하고 있는 것으로 볼 때, 운하공사의 착공이 계속 지연되면서 매입한 토지를 판매하는 일이 늦어지자, 유길준은 토지매매에 관한 사항뿐만 아니라 관리도 장기무에게 위임하기 시작한 것으로 보인다.

그러나 장기무에 대한 유길준의 신뢰는 그리 오래가지 않았다. 1913년 3월 23일 유길준은 장기무에게 다시 편지를 보내 토지와 관련된 문제를 질책하며 그의 해명을 요구하였다.[50] 유길준이 지적한 문제는 1) 매입가격과 실

하면서 그에 대한 해명을 하는 방식으로 이 편지를 보낸 것이다. 따라서 그 안에는 위와 같이 장기무에 대해 났던 악소문의 대략적인 내용이 기록되어 있다.

47 위의 사료, "地質之稍劣 勢有必至 而價格之畧高 似無可慮 元來此處土地之經營 固非永久致產之計 徒以一時投機之事業".

48 위의 사료, "以待南江之運河者 … 但時不與便 彼運河之擧 尙邇早夕云 而未知緣何 遲延稍弛時日 故今若伋伋還賣 不無受損之慮 而甚非所以得達最初之目的也".

49 〈拜退多日〉(320103901), 연도미상 7월 19일 편지, 張基茂 → 俞吉濬. 장기무가 유길준과 계약한 기간은 1912년 4월부터 1913년 6월 19일까지이므로 이 편지의 연도는 1912년으로 추정된다.

50 현재 유길준이 장기무에게 보낸 편지는 남아 있지 않다. 그러나 4월 1일에 장기무가 유길준에 보낸 연도미상의 편지에 "지난 23일 유길준으로부터 질책하는 편지를 받았다"는 내용이 있다[〈伏維麓日和照〉(320103601), 연도미상 4월 1일, 편지, 張基茂 → 俞吉濬]. 그리고 이와는 별도로 유길준의 힐문에 대한 장기무의 답변서가 존재한다[〈一當初買收田土의〉(320103701), 연월일미상, 편지, 張基茂 → 俞吉濬]. 이 두 문서는 수집과정에서 연속적으로 발견되었고 또 내용상 유길준의 질책에 장기무가 답변하는 양상을 보인다. 따라서 〈一當初買收田土의〉(320103701)는 〈伏維麓日和照〉(320103601)에 첨부된 문서로 보는 것

제 비용이 1,300엔 정도 차이가 나는 점, 2) 수확물을 판매한 돈이 모자란 점, 3) 유길준이 매입한 밭 가운데 일부를 자신의 소유로 변경한 점, 4) 토지매입 文券에 착오가 있는 점, 5) 거짓말을 하고 돈을 물처럼 쓴다는 소문이 있다는 점이다.[51]

이러한 유길준의 질책에 대하여 장기무는 다음과 같이 대답하였다. 1) 당초에 토지를 매입하는 과정에서 매매자들 사이에 많은 중매인이 있었기 때문에, 매수 당시에 원래 정한 비용보다 2배나 늘어나, 매수가액과 대조하면 1,300엔의 차이가 있다. 그러나 이는 매매하는 동안 얼마씩 늘어나는 것이 관행이고,[52] 또 이 관행은 따로 정해진 바가 없이 쌍방의 의사에 따라 결정되는 것으로 고의로 사기를 쳐서 비용이 늘어난 것이 아니다.[53] 2) 판매대금은 횡령한 것이 아니라 소작인 및 곡물을 매입한 자에게 받지 못한 돈과 결세로 납부한 액수가 제외된 것이다. 이 점은 李東秀[54]가 지금 조사하고 있다.[55] 3)

이 타당할 것이다. 그리고 〈一當初買收田土의〉(320103701)에 "秋收穀은 昨年上書時에도 曾已書告이언대로"라는 말이 있는 것과 유길준과 장기무의 계약기간(1912년 4월 - 1913년 6월 19일), 그리고 4월 1일이라는 날짜를 고려해 볼 때 두 문서의 작성 시기는 1913년 4월 1일이라고 볼 수 있다. 그렇다면 유길준이 장기무에게 편지를 보낸 날짜는 1913년 3월 23일이다.

51 〈一當初買收田土의〉(320103701), 연월일 미상 편지, 張基茂 → 俞吉濬. 이 문서는 위에서 언급한 대로 유길준의 힐문에 대한 장기무의 답변서이다. 이 문서에는 유길준의 질문이 무엇인지 분명하게 나와 있지는 않다. 그러나 장기무가 다섯 가지 사항에 대해 답변하는 형식으로 작성되어 유길준이 어떤 지점에 의문을 가지고 있었는지는 확인할 수 있다.

52 이러한 관행이 사실이었는지 아니면 장기무가 유길준에게 핑계를 댄 것인지는 명확히 확인할 수 없었다. 다만 당시에 동척에 토지를 판매하는 과정에서 비용 때문에 중매인과 갈등이 발생한 사례가 발견된다(《大韓每日申報》, 1910년 2월 19일, 잡보 〈自取之孼〉).

53 〈一當初買收田土의〉(320103701), 연월일미상 편지, 張基茂 → 俞吉濬. "當初買收田土의 目的이 一種投機에 在ᄒᆞ야 各自競買ᄒᆞᄂᆞᆫ 際에 賣買者 雙方에 多數ᄒᆞᆫ 仲買人等이 有ᄒᆞᆯ ᄲᅮᆫ 아니라 買收當時에도 元定經費以外에 倍率이나 增加되야 買收價額과 對照ᄒᆞ면 畧一千三百餘円의 差異가 生ᄒᆞ나 此ᄂᆞᆫ 賣買間에 幾許式 加增ᄒᆞᄂᆞᆫ 現行規例이오 又此等加例ᄂᆞᆫ 別로 約定ᄒᆞᆫ 바ㅣ 無ᄒᆞ고 但兩者의 隨意作定이고 買收者도 亦此等事로ᄂᆞᆫ 金主의게 甚大ᄒᆞᆫ 關係가 無ᄒᆞᆷ으로 思維ᄒᆞᆫ 者라 此ᄂᆞᆫ 故意로 作欺고져하야 加捧ᄒᆞᆫ 者도 아니고 …".

54 유길준의 재산관리인으로 추정되는 인물이다. 자세한 내용은 Ⅳ장을 참조.

55 〈一當初買收田土의〉(320103701), 연월일미상 편지, 張基茂 → 俞吉濬. "春期收穀도 如意치 못ᄒᆞᆫ 中에 弦琴未捧麥이 二十二石 以上에다 … 元買收人(春穀買受人)의 督促이 ㅁ大ㅁㅁᄒᆞ야도 事屬陳久ᄲᅮᆫ더러 小作人은 盡是難捧에도 … 夏收穀二十餘円은 … 結稅未納條를 支拂이고, 秋收穀은 九石餘에 此代金六十円中 … 三十円은 결세로 支拂이온바 … 李君

명의를 옮긴 것이 아니라 결수부에 오기가 되어 수정한 것이다.[56] 4) 문권의 착오는 지금 수정 중이다.[57] 5) 거짓말을 하고 돈을 물처럼 쓴다는 것은 중상 모략에 따른 헛소문이다.[58]

위의 상황을 정리해보면 다음과 같다. 이 지역의 사정과 토지매매방식에 어두웠던 유길준은 처음에 장기무의 말을 따를 수밖에 없었다. 그러나 그는 장기무를 전적으로 믿을 수 없었기 때문에 계속 사람을 보내 그의 활동을 감시하고 확인하였다. 이와 함께 진주, 함안, 의령 지역에서 장기무와 관련된 좋지 않은 소식이 계속 들려오자 유길준은 장기무에게 편지를 보내 직접적으로 해명을 요구하였다.

반면, 처음부터 모험적인 투자 성향을 가지고 토지매매를 하던 장기무는 매입과정에서 무리한 시도를 계속하여 유길준의 의심을 샀다. 거기에 결정적으로 가장 중요한 투자의 요인이었던 운하공사의 착공이 늦어지자, 장기무가 저질렀던 그동안의 잘못들이 누적되어 불거지기 시작하였고, 그 결과 양자의 갈등이 노골적으로 드러나게 된 것이다. 결국 유길준은 두 달 후인 1913년 6월 19일에 장기무와 맺은 계약을 해지한다.[59]

모험적 투자를 위해 맺어진 두 사람의 관계가 결국 파탄으로 결론이 난 것이다. 중매인과 투자자라고 할 수 있는 장기무와 유길준의 관계는 당시 진주, 함안, 의령 지역의 토지매매 관행과 모험적 투자의 열기, 그리고 많은 매매가 짧은 시기에 이루어지면서 빚어지는 문제들을 잘 보여준다.

2) 토지소유권 분쟁

당시 진주, 함안, 의령 지역은 위에서 언급한 대로 여러 자본가들이 모여들어

이 現調査中이오며…".

56 위의 사료, "結數簿에 誤記되야 訂正이오며…".

57 위의 사료, "文券錯誤도 現方釐整이온즉 事實이 自明不必ㅁ陳".

58 위의 사료, "ㅁㅁ作妄하고 用錢如水라 言은 何者의 中傷的做出浮說이온지 未知이오나 ……".

59 〈解除書〉(320006301), 1913년 6월 19일.

그림2. 인물 관계도

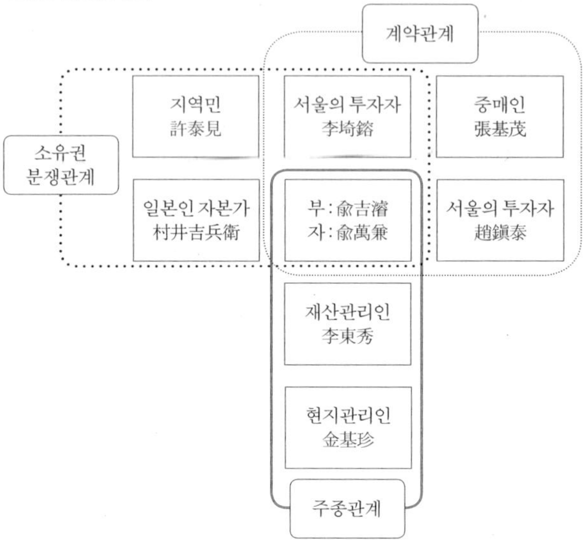

짧은 시간에 많은 토지를 매매하였던 곳이다. 따라서 토지를 매매하는 과정에서 소유권 분쟁이 발생할 수밖에 없었고 이것은 유길준도 예외가 아니었다.[60]

장기무는 진주, 함안, 의령의 토지매입과 관련하여 유길준과만 계약을 맺은 것이 아니었다. 趙鎭泰[61]와는 유길준과 함께 계약을 맺었고,[62] 이와는 별

60 이 지역과 바로 인접한 昌原과 金海지역에 대규모의 농장을 경영하였던 村井吉兵衛 역시 대리인을 내세워 대량의 토지를 일괄매입하였다. 그러나 개별 토지소유자의 의사를 확인하지 않고 급하게 매매하면서 조선인 토지소유자들과 소유권분쟁이 발생하였다(이영학, 2011, 〈한말 일제하 창원군 식민지주의 형성과 그 특질〉, 《일제의 창원군 토지조사와 장부》, 선인, 318-332쪽). 당시 소유권 분쟁에 대해서는 다음 연구를 참조하였다. 최원규, 2011, 〈창원군의 토지소유권 분쟁과 처리〉, 《일제의 창원군 토지조사와 장부》, 선인 ; ____, 2014, 〈창원군 토지조사사업에서 소유권 분쟁의 유형과 성격〉, 《일제의 창원군 토지조사사업》, 선인.

61 1853-?. 개항, 일제시기의 자본가. 1875년 무과에 급제하여 관직에 나갔다. 1895년 관직을 사퇴하고 군부피복회사를 창립했으며, 1898년 대한천일은행을 설립하고 頭取가 되었다. 1905년 경성상업회의소 초대 會頭가 되었으며, 같은 해 漢城手形組合을 조직하고 한성창고회사 사장을 겸했다. 1907년 10월 일본 왕세자가 조선을 방문하게 되자 張憲植, 兪吉濬, 芮宗錫 등과 함께 환영을 위한 발기회를 조직했다. 1908년 동양척식주식회사가 창립되자 감사가 되었고, 1909년 伊藤博文의 사망 때에는 상업회의소 대표로 조문사절이 되어 일본에 다녀왔다(《한국민족문화대백과사전》).

62 〈解除書〉(320006301), 1913년 6월 19일.

도로 李埼鎔[63]과도 토지매입을 대리하는 계약을 맺었다.[64] 즉, 당시 장기무는 최소 유길준, 조진태, 이기용 3인의 토지매입을 대리하고 있었다. 따라서 토지매입 과정은 복잡하게 진행될 수밖에 없었고, 그 속에서 유길준과 이기용 사이에 소유권이 뒤바뀌는 사태가 발생하였다.

> 事實은 明治四十五年(1912) 五月分에 本人이 李埼鎔 俞吉濬 兩氏의 代理로 貴面(진주군 大谷面) 土地를 買收인바 麻津所在 田 四百餘斗落은 俞氏의 名義로 買收ᄒᆞ얏고 下村 田 十五斗 七升落 坪數 一萬五千一百七坪과 畓 六斗落 坪數 二千四十一坪 地는 李氏名義로 買收러니 同年異動時에 謬誤되야 俞氏名義로 되엿사오니 李埼鎔名義로 更正ᄒᆞ야 주심을 伏望홈
> 大正二年 五月 四日
> 右申請人 張基茂
> 晉州 大谷面長 成煥寔[65](괄호는 필자, 이하 동일)

같은 시기에 이기용도 자신이 매입한 토지가 유길준의 소유로 잘못 기록되었으니 이를 수정해 달라고 요청하였다.[66] 그리고 이듬해에는 반대로 유길준 소유의 토지가 이기용에게 넘어가는 사건도 있었다.[67]

---

63 1889-1961. 흥선대원군의 맏형인 興寧君 李昌應의 장손으로 고종의 종질이며, 完林君 李載元의 아들이다. 2세에 아버지를 여의었으나 계동궁의 사손으로, 풍족한 환경에서 성장하였다. 그의 증조부인 남연군이 본래는 인평대군의 후손이지만, 은신군의 양자로 들어가 직계 조상이 되었기 때문에 1902년 장조의 능참봉이 되었다. 1904년 宗戚執事, 1905년 시강원의 시종관에 임명되었고, 1906년 돈명의숙에 입학하여 1910년 졸업하였다. 병합 이후 22세의 나이로 자작의 작위를 받았다(《한국민족문화대백과사전》).

64 〈土地所有權異議申請書〉(320010501), 1913년 5월 4일, 張基茂 → 晋州 大谷面長 成煥寔.

65 위의 사료.

66 〈土地所有權異議申請書〉(320010601), 1913년 5월 2일, 李埼鎔 → 晋州 大谷面長.

67 〈李君東秀氏가〉(320103801), 연월일미상, 발신 미상 → 兪吉濬. "晉州郡 下村 田土에 對ᄒᆞ야는 其時 詔湖亭(당시 유길준의 거주지)으로 異動되얏다가 更히 桂洞(당시 이기용이 머물던 桂洞宮을 말함)으로 相換되게되야 昨年 十月頃에 旣히 訂正의 雙方申告가 有하얏으나 … 又 詔湖亭 所有 七十斗落이 桂洞에 沒入되야 旣爲證明ᄉᆞ지 되얏는딕…" 〈李君東秀氏가〉(320103801)는 연월일과 수발신이 명확하지 않다. 그러나 주요 내용이 유길준과 李埼鎔 사이에서 문제가 되었던 토지에 관해 소유자에게 의견을 제시하는 것이다. 따라서 수신자는 유길준으로 보아야 할 것이다. 또 작년 10월에 쌍방의 신고서가 있었다는 점을 언급

그런데 대곡면 하촌동 綿字 51 토지를 유길준에게 판매하였던 許泰見이 갑자기 이 토지에 대한 소유권을 주장하고 나섰다. 허태견에 따르면, 1912년 5월 경성에 사는 장기무가 위 토지를 100엔에 사갔다. 그런데 경성에서 온 이기용의 대리인 王世舜이 이 토지는 사실 이기용이 산 것이니 이기용에게 명의를 이전해 달라고 하여서, 장기무에게 확인하였더니 왕세순의 말이 틀림없다고 하였다. 그래서 이기용의 명의로 토지를 변경하였다. 그런데 갑자기 유길준이 이 토지를 허태견에게 매입하였다고 주장하며 대곡면사무소에 명의변경을 신청하였다는 것이다. 허태견은 유길준이 매매문서를 가지고 있을 리가 없다고 보았지만, 토지를 장기무에게 판매한 뒤에 그 이후의 일은 명확하게 확인하지 못하였기 때문에, 상황이 좋지 않다고 판단하였다. 그래서 그는 장기무를 찾아가 매매를 취소한 뒤 100엔을 돌려주고, 매매가 무효임을 인정하는 증서를 받았다. 따라서 이 토지에 대한 자신의 소유권은 문제가 없다고 주장하였다.[68]

반면, 유길준 측에서는 다음과 같이 반박하였다. 1912년 3월 25일에 李炳玉의 보증으로 허태견에게 매입하였고, 1912년의 소작료도 전부 받았다.[69] 그런데 허태견이 '땅은 장기무에게 팔았지 유길준에게 팔지 않았다'고 하고, '매매를 취소하고 돈을 장기무에게 돌려주었으니 이 토지는 자신의 소유'라며 우기고 있다는 것이다.[70]

이 와중에 허태견은 소작인들에게 해당 토지는 자신이 장기무에게 팔았

하고 있다. 이에 근거해 생각해 보면 작성 시점은 해당 사건이 일어나고 1년이 지난 1914년일 것으로 추정된다.

68 〈紛爭顚末書〉(320005301), 1914년 1월 8일, 第三十準備調査班 鑑査員 永島大雄. 이 문서에는 해당 토지의 위치가 하촌이 아니라 德谷이라고 적혀 있다. 이는 하촌동은 1914년 행정구역 개편에 따라 주변 동과 통합되어 德谷里가 되었기 때문이다.

69 〈申告書謄本〉(320005104), 1913년 12월 1일, 兪吉濬 → 土地調査局.

70 〈申請書〉(320005101), 1914년 11월 10일, 兪萬兼 → 土地調査局. 이 소송은 1914년 9월 30일 유길준이 사망한 뒤에도 이어졌다. 유만겸은 아버지의 사망 이후 문서를 정리하여 허태견에게 적극적으로 대응하였다. 이 소송에 대해 유길준이 사망한 1914년 9월 30일 이후의 문서가 등장하는 것을 그 때문이다.

다가 다시 돌려받았다고 말하면서,[71] 看事人 朴喜洙을 보내 수확 과정을 살피고 소작료를 받았다.[72] 이에 유길준 측의 김기진이 반발하자, 1913년의 수확물을 다른 사람에게 맡기고 穀票를 받은 뒤 절반을 가지고 가버렸다.[73] 이렇게 허태견이 적극적으로 유길준과 대결할 수 있었던 것은 유길준과 비교하여 자신이 불리하지 않다고 생각했기 때문인 것으로 보인다. 허태견은 "예전 같으면 유길준이 자기의 소유가 아니라도 위협을 할 수 있을지 몰라도 지금은 아무리 下南人이라도 그렇게 못한다."고[74] 하면서 유길준의 위세에 굴하지 않고 자신의 주장을 펼쳤다. 여기에 이 매매를 중개하였던 智水面長 李鳳善[75]도 허태견의 의견에 동조하면서[76] 그는 더욱 강하게 토지소유권을 주장할 수 있었다.

진주군 대곡면의 토지분쟁이 쉽게 처리될 기미가 보이지 않자 유길준은 직접 나서서 사태 해결을 시도한다. 우선 유길준은 자신과 함께 장기무와 계약하였던 조진태에게 편지를 보내서 이기용을 만나 이 사태에 대해 중재를 해줄 것을 부탁하였다. 유길준의 부탁을 받은 조진태는 이기용을 만났고 그 결과를 유길준에게 알려준다.

> 侍生 趙鎭泰 □白
> 下托ᄒᆞ오신 李埼鎔씨에게 田畓事를 問ᄒᆞ온즉 … 其言內에 '今時初聞이오 矩堂丈이 面篤下托ᄒᆞ셔도 될 거신듸 間接으로 말솜ᄒᆞ셔나 그 尊丈말솜을 거역ᄒᆞᆯ 이가 잇계소.'하오니 좀 들어오셔셔 親히 말솜ᄒᆞ시며 卽地□議ᄒᆞ계ᄉᆞ오니 明日로 入城ᄒᆞ오시

---

71 〈京釜線鷺梁津〉(320244601), 1913년 10월 11일, 엽서, 金基珍→李東秀.

72 〈伏詢比來〉(320246301), 연도미상 10월 25일, 편지, 金基珍→李東秀.

73 〈伏爲日來〉(320244402), 1013년 11월 10일, 엽서, 金基珍→李東秀.

74 〈京釜線鷺梁津〉(320244601), 1913년 10월 11일, 엽서, 金基珍 → 李東秀. "許氏言도 '兪大臣이 舊式갓트면 自己가 他人所有라도 위협할가 몰나도 此時는 아모리 下南人이라도 그리 못 ᄒᆞᆫ다.'고……".

75 〈保証人陳述書〉(320005105), 1914년 11월 13일, 李炳玉 → 朝鮮總督府 臨時土地調査局 技手.

76 〈京釜線鷺梁津〉(320244601), 1913년 10월 11일, 엽서, 金基珍→李東秀.

기를 千萬伏望
臘月 二十五日[77]

조진태의 말을 들은 이기용은 유길준을 존대하면서 토지문제에 대하여 그의 말을 따를 것이라고 한 것이다. 조진태는 이러한 이기용의 말을 유길준에게 전하며, 서울로 들어와 앞으로의 일을 상의하자고 하였다. 이기용은 왕족이기는 하지만 1889년에 태어나 1913년에는 20대 중반의 나이였고, 유길준은 1856년생으로 이기용보다 34세 연상이다. 또 당시 유길준은 사회적 원로로 명망이 상당했기 때문에 이기용은 유길준의 제안을 무시할 수 없었고, 소유권이 복잡하게 얽힌 이 토지의 소유권을 굳이 고집할 필요도 없었던 것으로 보인다. 결국 이기용은 1914년 2월 12일 진주군 대곡면장 성환식에게 전답이동에 대한 이의신청을 취소하겠다는 문서를 보낸다.[78]

그와 동시에 유길준은 1913년 12월 1일 土地調査局[79]에 신청서를 보내 해당 토지에 대한 소유권을 명확히 해 줄 것을 요청하였다.[80] 이후 토지조사국

77 〈伏問〉(260109901), 연도미상 12월 25일, 趙鎭泰 → 兪吉濬.

78 〈取消申請書〉(320008701), 1914년 2월 12일, 李埼鎔 → 晉州郡 大谷面長 成煥寔.

79 유길준이 토지를 매입한 시기에 마침 이 지역에서 토지조사사업이 진행되고 있었다. 진주군의 見取圖 작성은 1912년 10월에 종료되었고, 도면과 연명부의 차이가 발생하여 1913년 4월 吏員들을 군청으로 소집하여 정리하는 작업이 진행되었다(《매일신보》, 1913년 4월 23일, 〈晉州見取圖整理〉). 또, 진주군의 토지조사사업을 착수하기 위해 1913년 5월 28일에 곤도(近藤) 사무관이 면장과 각 동리의 대지주를 수백 명을 소집하여 각 동리의 경계에 표를 세우고 토지신고를 기한 내에 제출하도록 하였다(《매일신보》, 1913년 6월 1일, 〈晉州의 土地調査〉). 때문에 토지 소유권 분쟁 이외에도 토지조사국에서 토지소유 증명에 필요한 서류를 요청하거나 혹은 면적의 오류를 수정하기 위해 주고받은 문서가 상당수 남아 있다(〈부록 1〉 참조). 토지조사사업의 진행과정에 대하여는 다음 연구를 참고하였다. 최원규, 2011, 〈창원군 토지조사사업 관계장부의 종류와 성격〉, 《일제의 창원군 토지조사와 장부》, 선인 ; 왕현종, 2011, 〈창원군 토지조사의 시행과정과 장부체계의 변화〉, 《일제의 창원군 토지조사와 장부》, 선인 ; ____, 2014, 〈경남 창원 토지조사의 실시와 지역 주민의 대응〉, 《일제의 창원군 토지조사사업》, 선인 ; ____, 2016, 〈일제의 토지조사사업 실시와 경기지역 지주제의 재편〉, 《한국 근대 토지제도의 형성과 양안》, 혜안, 452-474쪽 ; ____, 2016, 〈일제초 토지조사·장부 체계와 파악 방식의 변화〉, 《한국 근대 토지제도의 형성과 양안》, 혜안 ; 남기현, 2014, 〈창원군 토지조사사업의 진행과정〉, 《일제의 창원군 토지조사사업》, 선인 ; 이영학, 2014, 〈1910년대 경상남도 과세지견취도의 비교〉, 《일제의 창원군 토지조사사업》, 선인.

80 〈申請書謄本〉(320005104), 1913년 12월 1일, 兪吉濬 → 土地調査局.

에서는 양측의 의견을 모두 들은 뒤 문제의 해결을 위해 양쪽을 설득하였지만 양측이 자신의 주장을 끝까지 고집하면서 결국 화해는 실패하였다.[81] 이후 이 토지소송은 진전이 없었고, 1914년 9월 30일 유길준의 사망까지 겹치면서 진행은 더욱 지지부진하였다.

유길준의 사망 이후인 1914년 11월 10일 그의 장남 兪萬兼은 다시 토지조사국에 신청서를 보낸다.[82] 이때 유만겸은 신청서에 〈土地賣渡証書謄本〉(320005102), 〈土地所有者異動申告書謄本〉(320005103), 〈申告書謄本〉(320005104), 〈保証人陳述書〉(320005105)을 첨부하였다. 그런데 이번에는 매매계약서에 허태견이 아닌 다른 사람의 도장이 날인되었다는 것이 문제가 되었다. 그래서 토지조사국에서는 허태견을 소환하여 조사하였는데, 이때 그는 자신이 장기무 때문에 허위계약서를 작성한 것이고 따라서 토지매매 자체가 무효라고 주장하였다.[83]

이에 유만겸은 당시 매매를 보증하였던 이병옥의 진술을 내세운다. 이병옥의 진술에 따르면, 그는 1912년[84] 5월에 智水面長 李鳳善의 요청으로 허태견의 토지매매를 보증하러 갔다. 그런데 유길준과 허태견 모두와 안면이 없기 때문에 매매인의 도장이 없으면 보증하지 못하겠다고 하였다. 그래서 서류를 허태견에게 보내서 날인해 오라고 하였더니 허태견의 대리인 許萬康(許萬綱이라고 적힌 문서도 있음[85])이 와서 도장을 찍었다고 진술하였다.[86] 그리

81 〈紛爭顚末書〉(320005301), 1914년 1월 8일, 第三十準備調査班 鑑査員 永島大雄.

82 〈申請書〉(320005101), 1914년 11월 10일, 兪萬兼 → 土地調査局.

83 〈實地立會通知에件〉(320004401), 1914년 12월 8일, 臨時土地調査局 監査員 技手 老山賢吉 → 兪萬兼.

84 사료에는 '明治四十四年(1911)'이라고 적혀 있지만 다른 사료와 비교해 보았을 때 '明治四十五年(1912)'의 오기로 생각된다(〈保証人陳述書〉(320005105), 1914년 11월 13일, 李炳玉 → 朝鮮總督府 臨時土地調査局 技手).

85 〈敬覆者〉(320004501), 1914년 12월 12일, 兪萬兼 → 臨時土地調査局 監査員 技手 老山賢吉.

86 〈保証人陳述書〉(320005105), 1914년 11월 13일, 李炳玉 → 朝鮮總督府 臨時土地調査局 技手.

고 허태견의 본명은 許萬純이고 泰見은 字라고 하였다. 따라서 유만겸은 장기무가 허위로 계약서를 작성한 것이 아니라 허태견에게 책임이 있으므로 그 이유를 엄중히 질문해 줄 것을 토지조사국에 요청하였다.[87] 그리고 결국 1915년 1월 17일 유만겸은 허태견과 소송에서 승소하여 토지의 소유권을 인정받게 되었다.[88]

이로써 1913년부터 진행된 유길준과 허태견의 토지소송은 유길준 측의 승리로 끝났다. 당사자인 유길준과 허태견뿐만 아니라 조진태, 이기용 등 서울의 토지매입자와 이병옥, 이봉선 등 지역 인물, 그리고 중매인인 장기무까지 얽혀서 진행된 이 사건은 당시 이 지역에서 발생하는 토지소송이 얼마나 복잡하게 전개되었는지 보여주는 사례라고 할 수 있다.

이 사건 이외에도 村井吉兵衛와 사이에서 발생한 소유권분쟁도 눈에 띈다. 무라이 기치베는 京都 출신의 자본가로, 담배판매상의 아들로 태어나 '선라이즈(Sunrise)', '히로(hero)' 등의 담배를 제조·판매하여 자본가로 성장하였다. 1894년에 형제들과 村井兄弟商會를 설립하고, 조선·대만·중국 등으로 판매망을 넓혔다. 특히 조선에서는 '히로'가 가장 많이 팔려 '히로'가 지권연초의 대명사처럼 인식되기도 하였다. 그러나 1904년 일본정부가 연초전매제를 실시하면서 연초사업을 정리하고 금융, 製絲 등의 사업에 진출하였다. 조선에서도 한국창고주식회사에 투자하는 한편 대토지를 매입하여 토지경영에 나섰다. 그 결과 1907년 김해와 창원 일대에 2,600정보에 이르는 대규모 농장을 건설하였다.[89]

유길준과 무라이가 소유권 분쟁을 벌인 토지는 함안군 外代山面 山西里

87 〈敬覆者〉(320004501), 1914년 12월 12일, 兪萬兼 → 臨時土地調査局 監査員 技手 老山賢吉.

88 〈土地異動申告書提出의 건〉(220166401), 1915년 1월 17일, 朝鮮總督府 臨時土地調査局 監査員 技手 老山賢吉 → 兪萬兼.

89 무라이 기치베와 무라이 농장에 대해서는 '이영학, 2011, 앞의 논문'을 참조하였다. 무라이는 김해와 창원 이외에 바로 인접해 있는 함안지역에도 많은 토지를 매입하였을 가능성이 높다.

輕字 18 토지이다. 유길준은 1912년 5월 安鍾洛에게 이 토지를 매입하였고, 1913년에는 함안군에서 소유권취득증명까지 받았다.[90] 그런데 1913년 9월 10일 土地調査局 咸安郡出張所 監查員 寺崎勇次가 위 토지는 무라이와 소유권 분쟁관계에 있기 때문에 이를 해결하기 위한 서류를 보내달라고 요청하였다.[91] 이에 유길준은 이 토지를 1912년 5월 10일에 안종락에게 토지를 매입하였고, 매년 수확물을 자신이 가졌을 뿐 아니라 세금도 납부하였으며, 함안군청에서 발급한 증명서도 가지고 있다고 하면서 소유권을 주장하였다.[92] 유길준의 이러한 노력에도 불구하고 1913년 12월 28일 함안군 외대산면장 李根榮은 해당 토지의 소유권이 1910년 5월 馬山理事廳의 조사에 따라 무라이에게로 넘어갔다고 유길준에게 통보하였다.[93] 아쉽게도 이후 이 소송이 어떻게 진행되어 결론이 났는지 지금으로서는 확인할 수 없다. 다만 해당 토지에 대한 유만겸의 진술서 초안[94]이 있는 것으로 보아 허태견의 사례와 마찬가지로 유만겸이 유길준의 사망 이후 계속 소송을 진행하였던 것으로 추측할 뿐이다.

마지막으로 유길준의 사후 그의 일가가 진주, 의령, 함안 지역의 토지들을 언제까지 소유하고 있었는지는 불분명하다. 다만 1915년 8월 21일 함안군 지주회에서 임시총회에 참석해 달라는 문서[95]가 남아 있는 것으로 보아 적어도 그 시점까지는 유만겸이 함안군의 토지를 소유하고 있었던 것은 확실하다.

---

90 〈陳述書〉(320002501), 1915년 9월 20일, 兪○○相續人 兪○○. 이 문서는 유길준의 장남인 유만겸이 작성한 진술서의 초안으로 생각된다.

91 〈大正二年〉(320002601), 1913년 9월 10일, 咸安郡邑內 土地調査局 出張所 監查員 寺崎勇次→兪吉濬.

92 〈大正二年〉(320002602), 1913년 9월 14일, 兪吉濬 → 咸安郡邑內 土地調査局 出張所 監查員 寺崎勇次.

93 〈質申書〉(320002401), 1914년 1월 20일, 兪吉濬→咸安郡守 李瓚永.

94 〈陳述書〉(320002501), 1915년 9월 20일, 兪○○相續人 兪○○.

95 〈臨時總會開催의件通知〉(320103201), 1915년 8월 21일, 咸安郡地主會長 → 地主會員 兪吉濬.

4. 토지경영의 난항

유길준은 장기무와 계약을 해지한 뒤 자신의 재산관리인이자 집사격인 李東秀를 대리인으로 내세워 이 지역 토지를 총괄하였고,[96] 현지에는 金基珍을 보내서 마름의 역할을 맡겼다.[97] 김기진은 현지에 상주하며 각종 상황을 이동수에게 보고하였고, 이동수는 유길준과 함께 과천에 있으면서 看坪이나 김기진이 해결하기 어려운 일이 있을 때 이 지역으로 내려와 일을 처리하였다.[98]

유길준은 매입 때와 마찬가지로 토지의 경영에도 많은 어려움을 겪었다. 이 지역에서 생산된 곡물은 현물로 유길준에게 보내진 것이 아니라 시장에 판매하여 현금으로 교환된 뒤에 그 돈이 유길준에게 전달되었다. 그런데 수확한 곡물의 품질이 너무 열악하여 식용으로는 판매가 불가능하고 싼 값으로 말이나 소의 먹이로 팔아야 했던 경우가 있었다.[99] 그리고 하천의 결빙으로 곡식의 판매가 불가능해지기도 하였다.[100] 또 錢荒이 발생하거나[101] 부산이나 마산 등 수출항의 곡가가 낮아져 판매가 어려워진 시기도 있었다.[102] 거

96 〈申請書〉(320004701), 1914년 11월 10일, 兪萬兼→土地調査局.

97 〈京釜線鷺梁津〉(320243401), 1914년 6월 13일 편지, 李東秀→兪吉濬.

98 〈京釜線鷺梁津〉(320245401), 1913년 9월 7일 편지, 金基珍 → 李東秀; 〈謹詢〉(320007101), 엽서, 1915년 6월 3일, 金基珍 → 李東秀. 이동수와 김기진 사이에 주고받은 편지와 엽서에는 간평, 추수, 세금납부, 소작료징수, 소작지분쟁, 곡물판매 등 농지경영과 관련된 내용이 대부분이고, 이 밖에도 토지증명과 소유권분쟁에 관한 사항들이 실려 있다(이에 대해서는 〈부표 1〉을 참조). 그리고 김기진은 이동수에게 편지와 엽서를 보내면서 자신을 '敎弟'[〈謹詢〉(320007501), 1915년 4월 23일 편지, 金基珍→李東秀]라고 겸칭하고 있고, '新敎堂의 건설'[〈謹詢〉(320007601), 1914년 11월 12일 편지, 金基珍→李東秀]을 언급하는 것과 12월 24일에 편지를 보내면서 '救主誕日'[〈京釜線鷺梁津〉(320244801), 1913년 12월 24일, 金基珍→李東秀]이라는 말을 사용하는 것으로 보아 이 둘은 모두 기독교인으로 추정된다.

99 〈謹詢〉(320007501), 1915년 4월 23일, 편지, 金基珍→李東秀, "各處大小麥을 放賣ᄒᆞ야스나 根本牟麥이 下之下라셔 ᄉᆞ름의 所用은 못되고 牛馬所用으로 願買者 廣求ᄒᆞ야 牟는 每石에 二円式 小麥은 每石 五円式 放ᄒᆞ야스니…".

100 〈京釜線鷺梁津〉(320244801), 1913년 12월 24일 편지, 金基珍→李東秀.

101 〈謹詢〉(320007601), 1914년 11월 12일 편지, 金基珍→李東秀, "今年은 錢황ᄒᆞ고 穀價 太無貰ᄒᆞ야 穀放이 難當ᄒᆞ오니 …".

102 〈京釜線鷺梁津〉(320244501), 1913년 11월 23일 편지, 金基珍→李東秀. "至今釜山馬

기에 매입한 토지가 남강 연안의 저습지였기 때문에 침수로 인한 피해도 종종 발생하였다.[103]

이어서 토지경영의 상황에 대해 좀 더 자세하게 살펴보도록 하자. 유길준이 경영했던 토지 가운데 밭을 통해 거둔 소작료는 〈표3〉과 같다.

표3. 1912년 봄 收麥明細表

지역		두락수	稅牟(斗)	소작인	지역		두락수	稅牟(斗)	소작인
晉州郡	厤津	273.16	3석 3두	姜子煥	咸安郡	下坪	65.5	65	朴濟淳
咸安郡	下坪	63.5	65	李仁瑞	咸安郡	世谷	6.78	4	鄭時陽
咸安郡	下坪	20.2	20	崔亨教	咸安郡	世谷	56.95	32	鄭昌陽
咸安郡	下坪	19.4	20	趙仁奎	咸安郡	鴨峴	6.03		韓文愚
咸安郡	下坪	21.4	25	李正燮	咸安郡	鴨峴	8.65		睦和日
咸安郡	下坪	16.8	18	姜周敬	咸安郡	禿旨	41.48		金性九
咸安郡	下坪	72.9	75	安鍾琦	咸安郡	禿旨	10.05		李鉉善
咸安郡	下坪	12.9	14	張性文	咸安郡	登巾	18.8	20	牟東錄
咸安郡	下坪	31.4	35	李仁瑞	咸安郡	登巾	48.93	20	牟東錄
咸安郡	下坪	55.2	55	金仁告	咸安郡	登巾	28.75	15	牟東錄
咸安郡	下坪	41.2	43	文興秀	咸安郡	登巾	32.72		牟東錄
咸安郡	下坪	29.3	30	崔雲嶋	咸安郡	登巾	40.32		曺贊伊
咸安郡	下坪	54.4	55	朴秀敦	咸安郡	登巾	13.01		鄭錫文
咸安郡	下坪	22	25	崔甲律	咸安郡	登巾	2.6		李世几
咸安郡	下坪	14.4	15	崔雲業	咸安郡	市城	34.96	50	朴完洙
咸安郡	下坪	20.2	25	朴寬浩	咸安郡	筆洞	42.61	25	鄭在仁
咸安郡	下坪	14	15	崔雲極	咸安郡	筆洞	22	14	鄭在仁
咸安郡	下坪	8.7	9	崔甲律	咸安郡	馬輪	93	100	洪禎燮
咸安郡	下坪	29	30	金周浩	宜寧郡	芝山面 梧川, 鳳谷	19.58	20	安基重
咸安郡	下坪	28.4	30	安鍾洛	宜寧郡	芝山面 梧川, 鳳谷	15.45	18	陳啓一
咸安郡	下坪	5.5	6	朴寬浩	宜寧郡	芝山面 梧川, 鳳谷	36.86	30	李述世
咸安郡	下坪	13.1	14	崔雲嶋	宜寧郡	芝山面 梧川, 鳳谷		27	李嶋魯
咸安郡	下坪	18.8	20	崔再教	宜寧郡	芝山面 梧川, 鳳谷	8.43	14	陳甲得
咸安郡	下坪	8.6	10	車相俊	宜寧郡	芝山面 梧川, 鳳谷	43.4	25	金中錫

山穀價가 大端無貫히야 放賣히기가 難當하오니 待時勢히야 放賣上送伏計耳…".

103 〈京釜線鷺梁津〉(320244201), 1914년 5월 24일 엽서, 金基珍 → 李東秀, "牟麥셔은 雨水가 심틱야오 하쳐는 永爲種子도 無흔듸 芝山과 禾谷과 勝山은 狼狽로소이다 兩次浸水가 되여스니 엇지 견듸려오…".

咸安郡	下坪	30	30	車敬俊	宜寧郡	芝山面 梧川, 鳳谷	38.93	40	陳成奎
咸安郡	下坪	24.1	25	趙性基	宜寧郡	芝山面 梧川, 鳳谷	18.04	10	陳孝奎
咸安郡	下坪	12.2	14	趙性基	宜寧郡	芝山面 梧川, 鳳谷	14.66	15	姜斗永
咸安郡	下坪	26.5	27	朴德魯	宜寧郡	芝山面 梧川, 鳳谷	8.75	12	鄭漢奭
咸安郡	下坪	36.1	37	朴秀平	宜寧郡	芝山面 梧川, 鳳谷		15	孫景五
咸安郡	下坪	15.6	15	安相業	宜寧郡	芝山面 梧川, 鳳谷		13	李致根
咸安郡	下坪	10.4	10	朴周浩	宜寧郡	芝山面 梧川, 鳳谷	17.6	50	鄭在愚
咸安郡	下坪	12.8	14	安相煒	宜寧郡	芝山面 梧川, 鳳谷	23.58	20	姜□□
咸安郡	下坪	19.5	20	金仁逑	宜寧郡	芝山面 梧川, 鳳谷		25	具成七
咸安郡	下坪	13.2	15	朴秀ㅁ	宜寧郡	芝山面 梧川, 鳳谷	16.28	15	陳英瑞
咸安郡	下坪	10.9	10	金致雲	宜寧郡	芝山面 梧川, 鳳谷	17.72	18	李嶋九
咸安郡	下坪	18	20	孫好甲	宜寧郡	芝山面 梧川, 鳳谷	18.4	22	具贊祚
咸安郡	下坪	12.2	13	朴和吉	宜寧郡	芝山面 梧川, 鳳谷	40.15	35	安孝恪
咸安郡	下坪	17.1	17	朴善一	宜寧郡	華陽	155.07	1석	李時禎
咸安郡	下坪	25.2	26	金致示	宜寧郡	中橋	449.6	549.8	李載斗
咸安郡	下坪	9	10	金見奎	宜寧郡	龍岩	13.6	5	徐性一
咸安郡	下坪	6	7	金仲昊	宜寧郡	龍岩	12.3	12.3	李基永
咸安郡	下坪	14.2	15	鄭相熙	宜寧郡	龍岩	7.3	7.3	姜載馨
咸安郡	下坪	29.8	30	朴秀平	宜寧郡	龍岩	12.2	32.05	姜範熙
咸安郡	下坪	14.6	15	朴秀安	宜寧郡	龍岩	19.9	19.9	姜性介
咸安郡	下坪	15.6	16	金嶋伊	宜寧郡	龍岩	38.9	38	金仁凡
咸安郡	下坪	15.1	15	朴萬熙					

* 출전 : 秋收記幷收支決算書(320003301)
* 비고 : 음영 표시는 稅牟가 밀.

유길준이 소유한 진주, 함안, 의령의 밭에서는 밀을 기르는 경우도 있었지만 주로 보리를 재배하였다. 소작료를 밀로 받은 것과 소작료가 명시되지 않은 경우를 제외하면, 밭의 두락당 평균 소작료는 1.05두로 소작료로는 거의 의미가 없는 수준이다. 이 밭들은 토지경영을 통한 이득보다는 운하가 완성된 이후 가치의 상승을 노리고 매입했을 가능성이 농후하다고 할 수 있다.

밭의 경우 소작인 및 소작료와 관련된 문서가 1912년뿐이라 추가적인 분석을 하는데 한계가 있다. 그러나 논의 경우는 1913-1914년의 추수기가 남아 있어 짧은 시기나마 변화의 양상을 살펴볼 수 있다.

표4. 1913-1914년 진주, 함안지역 유길준 소유 토지의 추수기 [단위 : 斗(1石=20斗)]

번호	지역		지목	1913년 가을			1914년 가을		
				두락수	소작료	소작인	두락수	소작료	소작인
1	晋州	下村	논	17	100	許泰見	17	46	李丙玉
2	咸安	筆洞	논	2.1	10	許遇僨	1.3	2	許過僨
3	咸安	筆洞	논	1.6	10	許遇僨	1.6	2	許過僨
4	咸安	筆洞	논	1.9	10	許遇僨	1.9	3	許過僨
5	咸安	筆洞	논	6.4	45	許遇僨	6.4	15	許過僨
6	咸安	筆洞	논	6.6	49	金鏦圭	6.8	20	鏦圭
7	咸安	筆洞	논	2.7	2	尹性云	3.7	5	尹性云
8	咸安	筆洞	논	1.7	4	鄭基陽	1.7	13	鄭基陽
9	咸安	登巾	논	1.8	7	朴古未	1.8	10	朴古未
10	咸安	登巾	논	2.4	20	李世九	2.4	3	李世九
11	咸安	世谷	논	2.7	10	許万儀	2.7	10	許万儀
12	咸安	世谷	논	2.1	10	許万儀	2.1	5	許万儀
13	咸安	世谷	논	1.6	10	鄭在仁	1.6	5	鄭在仁
14	咸安	禿旨	논	10.3	60	李鉉善	10.3	40	李鉉善
15	咸安	禿旨	논	2.3	6	李鉉善	2.3	10	李鉉善
16	咸安	禿旨	논	3.7	12	李鉉守	3.7	20	李鉉守
17	咸安	勝山	논	1.3	10	許(火+難)	1.3	10	許(火+難)
18	咸安	勝山	논	6	3	許(火+難)	0.6	3	許(火+難)
19	咸安	清潭	논	5	30	許(火+難)	5	40	許(火+難)
20	咸安	清潭	논	1.3	7	李鳳善	1.3	7	李鳳善
21	咸安	茂等	논	13.2	80	李鉉俊	13.2	50	禹鼎九
22	咸安	清潭	논	10	0	李鳳善	10	5	禹鼎九
23	咸安	茂等	논	5.2	20	李鉉尙	5.2	10	李鉉尙
24	咸安	世谷	논	5.3	10	鄭時陽	5.3	10	鄭在仁
25	咸安	世谷	논	5	10	鄭在根	5	7	鄭在仁
26	咸安	世谷	논	18.1	80	鄭穆陽	18.1	30	鄭在仁
27	咸安	世谷	논	8.2	58	鄭運斗	8.2	20	鄭在仁
28	咸安	世谷	논	4.5	30	鄭昌陽	4.5	10	鄭在仁
29	咸安	世谷	논	5.7	30	鄭昌陽	5.7	12	鄭在仁
30	咸安	世谷	논	1.4	10	鄭錫辰	1.4	5	鄭錫辰
31	咸安	世谷	논	3.2	20	鄭錫辰	3.3	4	鄭錫辰
32	咸安	世谷	논	1.2	10	鄭錫辰	1.2	6	鄭錫辰
33	咸安	世谷	논	2.4	10	鄭錫辰	2.4	5	鄭錫辰
34	咸安	世谷	논	2.2	14	鄭齋陽	2.2	8	鄭齋陽
35	咸安	世谷	논	1.8	7	鄭齋陽	5	4	鄭齋陽
36	咸安	用奉	논	5	9	朴彩緒	5	5	朴彩緒

* 출전 : 〈大正二年度秋期分詔湖亭秋收記〉(320244403),
〈大正三年舊十一月日晉州郡秋收穀各人名〉(320007701)

* 비고 : 음영은 소작인 교체, 1914년 소작방식은 半分作, 1913년의 소작방식은 불명.

〈그림 3〉은 1913년과 1914년의 경작지당 두락수와 소작료를 비교한 것이다. 1913년 경작지당 평균 두락수는 4.8두락이고 1914년 경작지당 평균

그림3. 1913-1914년 진주, 함안 지역 경작지당 두락수와 소작료

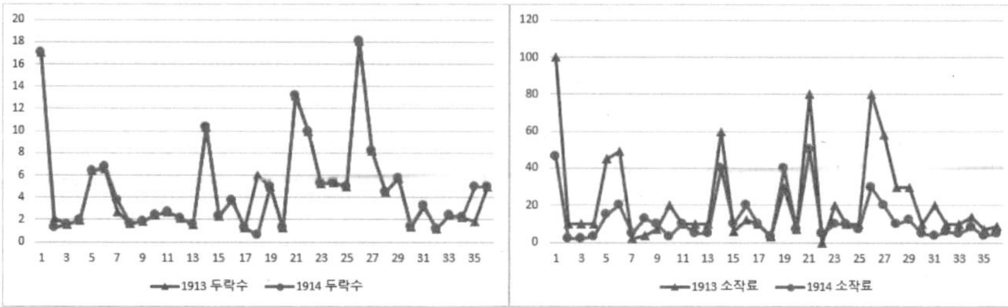

* 출전 : 〈표 4〉

두락수는 4.7두락이다. 반면에 1913년 경작지당 평균 소작료는 22.6두이고, 1914년 경작지당 평균 소작료는 12.8두이다. 소작료가 1년 만에 경작지당 평균 10두 정도가 감소한 것이다. 두락당 소작료를 살펴보더라도 1913년 4.7두, 1914년 2.7두로 2두가 감소하였다. 1년 사이에 경작면적은 거의 변동이 없지만, 소작료는 평균 42.6% 가량 줄어들었다는 것을 확인할 수 있다. 이러한 급격한 소작료의 감소는 1914년의 침수피해로 인한 것으로 추정된다.

주목해야 할 부분은 두락당 2.7-4.7두라는 낮은 소작료이다. 이 액수는 다른 토지와 비교했을 때 상당히 낮은 수준이다. 같은 시기 나주 박씨가의 평균 소작료는 1913년에 11.6두 1914년에 12.8두였다.[104] 당시 유길준은 경기도 楊平郡에도 논과 밭을 소유하고 있었는데, 이 토지 가운데 논의 두락당 평균 소작료는 1909년 馬川에서 7.4두, 1910년 上下西面에서 6.4두였다(〈부표 2〉 참조). 이러한 점으로 볼 때 유길준이 매입한 진주, 함안, 의령 지역의 논도 밭과 마찬가지로 소작료가 낮아서 토지경영을 통해 많은 이득을 얻기는 어려웠을 것으로 추측된다. 이밖에 전체 경작지 36개 가운데 작인이 교체된 경작지는 9개로 작인의 존속률은 75%이다. 나주 박씨가의 작인존속률이 초기에 60-70%에서 1920년대 후반에는 80-90%로 상승했던 것과[105] 비교해보면

104 김건태, 2004,《조선시대 양반가의 농업경영》, 역사비평사, 447쪽.
105 김건태, 2004, 위의 책, 446쪽.

정상적인 수준이었다고 할 수 있다.

다음으로 유길준이 토지경영을 통해 거둔 수익에 대해서 살펴보도록 하겠다. 유길준의 수익을 추적해 볼 수 있는 자료들은 秋收記幷收支決算書(320003301), 大正二年慶南晉宜咸三郡土地調査時用下記(320006901), 慶南土地所出夏牟及秋穀放賣記(320006904), 慶南土地所出牟麥放賣記(320006902)로 이 문서들을 정리한 것이 〈표5〉이다(이 문서들에 대한 자세한 내용은 〈부표 4-6〉 참조).

표5. 1912-1914년 수입과 지출 (단위 : 円)

<table>
<tr><th rowspan="2">구분</th><th rowspan="2">1912</th><th colspan="2">1913</th><th colspan="2">1914</th><th rowspan="2">합계</th></tr>
<tr><th>여름</th><th>가을</th><th>여름</th><th>가을</th></tr>
<tr><td>수입</td><td>734.59</td><td>760.37</td><td>243.29</td><td>219.05</td><td>68</td><td>2,025.3</td></tr>
<tr><td>지출</td><td colspan="2">322.74</td><td colspan="3">146.21</td><td>468.95</td></tr>
</table>

* 출전 : 秋收記幷收支決算書(320003301), 大正二年慶南晉宜咸三郡土地調査時用下記(320006901), 慶南土地所出夏牟及秋穀放賣記(320006904), 慶南土地所出牟麥放賣記(320006902)

* 비고 : 慶南土地所出牟麥放賣記(320006902)에는 1912년 수입이 700엔으로 기록

곡물은 여름과 가을 두 차례에 걸쳐 판매하였는데, 우선 1912년의 경우 곡물을 판매하여 734.59円의 수익을 올렸고, 1913년에도 1,003.66円의 수익을 올릴 수 있었다. 그러나 1914년의 경우 수익은 급감하여 287.05円의 수익을 얻는데 그쳤다. 1914년 유길준의 토지경영은 심각한 타격을 받아 위기가 찾아왔을 것으로 생각된다.

당초에 유길준이 투자한 금액은 1만 엔이었다. 이를 기준으로 하여 연간 수익률을 계산하면 1912년 7.34%, 1913년 10.03%, 1914년 2.87%이다. 그런데 1911-1916년 동안 은행의 평균 대출금리는 연 12-13.5% 수준이었다.[106] 즉, 유길준이 진주, 의령, 함안 지역의 토지를 경영해서 얻은 수익은 당시 은행이자에 비하여 매우 낮은 수준이었다. 이와 같이 낮은 수익률은 애초에 유길준이 이 지역에 투자를 결정하였을 때에 기대하였던 것과 매우 큰 차

106 당시 은행의 평균 대출금리는 日步로 최저 3전 3리, 최고 3전 7리였다(朝鮮總督府財務局, 1923,《朝鮮金融事項參考書》, 57-58쪽). 이를 연리로 환산하면 12-13.5%가 된다.

이가 있었을 것으로 보인다.

그렇다고 지출이 과도한 것도 아니었다. 지출은 토지측량과 토지증명에 드는 비용, 이동수가 각 지역을 돌아다니며 소작료를 거두기 위한 비용, 그리고 미곡 판매를 위한 운반비 등으로 사용되었다(〈부표5〉, 〈부표6〉). 특별히 부적절하거나 집중적으로 투입되는 비용이 없는데도 수익률이 저조한 것은 유길준이 매입한 토지가 원래 수리시설의 미비로 수확량이 적은 농지였던 것이 그 이유라고 생각된다. 또 한편으로 당시 이 지역이 모험적인 투자지역으로 변하면서 지가가 올라 비싼 가격으로 토지를 매입하였기 때문에 수익률이 낮아졌을 가능성도 배제할 수는 없다.

유길준은 애초에 충실한 준비를 하고 진주, 함안, 의령 지역의 토지경영에 뛰어들었던 것이 아니라 개발을 통한 시세차익을 노리고 모험적인 투자를 감행하였다. 따라서 지역적 특성에 맞는 효율적인 경영을 기대하는 것은 무리였다. 그 상황에서 가장 중요한 지가상승요인이었던 운하건설마저 흐지부지되면서[107] 이후 토지를 판매하여 시세차익을 남기는 것 역시 쉽지 않았을 것이다. 따라서 전체적으로 보면 유길준의 투자는 성공이라기보다 실패에 가깝다고 할 수 있다. 장기무의 유혹에 넘어가 당시 진주, 함안, 의령 지역을 들썩이게 하였던 개발호재와 그에 따르는 모험적인 투자열기에 휩쓸렸던 유길준은 결국 그 소용돌이 속에서 피해자가 되어버린 것이다.

---

107 결국 당시 운하공사는 이루어지지 않아 남강유역에는 이후에도 계속 수해가 지속되었다(《동아일보》, 1938년 10월 1일, 〈二百萬住民關心하는 南江治水工事의 片貌(1)〉). 남강유역의 잦은 수해는 계속하여 문제가 되었지만, 식민지시기 내내 제대로 해결되지 않았다. 결국 사천만 쪽으로 운하를 파서 남강의 물을 바다로 방류한다는 성호기의 계획이 현실화된 것은 해방 이후 1960년대에 들어서였다. 현재 남강 상류인 진주시 판동면과 진양군 나동면 사이에 건설된 진양댐은 1962년에 착공되었고, 총 62억의 공사비를 들여 1969년 10월 완공되었다. 이때에 진양댐에서 사천만까지 11㎞의 방수하천이 함께 만들어지면서 남강의 수위조절이 가능해졌고, 이후 남강 유역의 홍수피해는 크게 감소하게 되었다(《경향신문》, 1969년 10월 7일, 〈南江多目的댐 준공〉).

5. 맺음말

이상의 내용을 정리하면 다음과 같다. 지역의 숙원사업이었던 남강 유역의 치수사업은 1909년 서울의 권력자들이 참여하면서 운하를 건설해 남강의 물을 조절하는 방식으로 구체화되었다. 여기에 동양척식주식회사가 대규모로 토지를 매입한다는 소문과 철도와 도로 건설 등 다른 개발호재가 결합되어 당시 남강 유역 일대에는 모험적 투자가 만연하게 되었다. 토지중매인 장기무는 이점을 이용하여 유길준에게 접근하였고, 유길준은 그의 유혹에 넘어가 이 지역의 토지를 매입하기로 결정하였다.

처음에 유길준은 지역의 사정과 토지매매에 어두웠기 때문에 장기무의 말에 따를 수밖에 없었다. 그러나 한편으로 장기무를 전적으로 믿을 수 없었기에 유길준은 계속 사람을 보내 그의 활동을 감시하였다, 이후 진주, 함안, 의령 지역에서는 장기무에 대한 좋지 않은 소식이 계속 들려왔고, 결국 유길준은 점차 장기무에 대한 신뢰를 거둔다.

반면, 처음부터 모험적인 성향을 강하게 가지고 토지매매에 뛰어들었던 장기무는 매입과정에서 무리한 시도를 계속하여 유길준의 의심을 샀다. 거기에 결정적으로 투자 결정의 가장 중요한 이유였던 운하공사의 착공이 늦어지자, 누적되었던 장기무의 잘못들이 불거지기 시작하였다. 그 결과 유길준과 장기무의 갈등이 표면화되었고, 결국 유길준은 장기무와 계약을 해지한다. 모험적 투자를 위해 맺어진 두 사람의 관계가 결국 파탄으로 치달은 것이다.

유길준은 장기무와 계약을 해지한 이후 본격적으로 이 지역에서 토지경영을 시도하였다. 그러나 애초에 충실한 준비를 하고 토지경영에 뛰어들었던 것이 아니라, 개발을 통한 시세차익을 노리고 모험적인 투자를 감행한 것이기 때문에 지역적 특성에 맞는 효율적 경영은 기대하기 어려웠다. 당시 유길준은 1만 엔이라는 거금을 들여 이 지역의 토지를 매입하였지만, 1913-

1914년 동안 이 토지에서 거둔 수익은 당시 은행이자에도 훨씬 미치지 못하는 낮은 수준이었다.

그리고 매입이 급하게 진행되는 과정에서 토지의 소유권이 불분명하게 처리되어 소유권 분쟁도 발생하였다. 게다가 가장 중요한 투자요인이었던 운하사업마저 계속 착공이 늦어지다가 결국 흐지부지되어 버렸다. 처음의 계획은 침수피해가 빈번하게 발생하는 포전이 운하건설을 통해 옥토로 바뀌는 것을 전제로 한 것이었지만, 상황은 이와는 완전히 다른 방향으로 흘러가 버렸다. 결국 유길준은 이 지역을 들썩이게 했던 개발호재와 그에 따르는 모험적인 투자열기 속에서 피해자가 되고 말았다.

이처럼 지역개발이 자본을 불러들여 거품을 일으키고 사람들을 열기 속으로 몰아넣었다가, 사업이 흐지부지되면서 거품이 꺼지고 열기가 가시면서 결국 피해자가 발생하고 마는 상황은 비단 유길준 개인에 그치는 것은 아닐 것이다. 이러한 사례들이 앞으로 꾸준히 축적된다면 개발주의에 대해 비판적으로 접근하는 데 중요한 단초가 마련될 것이라고 생각한다.

참고문헌

1. 논문

강재순, 2004, 〈한말 兪吉濬의 實業活動과 勞動觀〉, 《역사와 경계》 50, 부산경남사학회.

남기현, 2014, 〈창원군 토지조사사업의 진행과정〉, 《일제의 창원군 토지조사사업》, 선인.

정연태, 1988, 〈1910 년대 일제의 농업정책과 식민지 지주제 — 이른바 '미작개량정책'을 중심으로〉, 《韓國史論》 20, 서울대학교 국사학과.

왕현종, 2011, 〈창원군 토지조사의 시행과정과 장부체계의 변화〉, 《일제의 창원군 토지조사와 장부》, 선인.

______, 2014, 〈경남 창원 토지조사의 실시와 지역 주민의 대응〉, 《일제의 창원군 토지조사사업》, 선인.

______, 2016, 〈일제의 토지조사사업 실시와 경기지역 지주제의 재편〉, 《한국 근대 토지

제도의 형성과 양안》, 혜안.
______, 2016, 〈일제초 토지 조사·장부 체계와 파악 방식의 변화〉, 《한국 근대 토지제도의 형성과 양안》, 혜안.
이영학, 2011, 〈한말 일제하 창원군 식민지주의 형성과 그 특질〉, 《일제의 창원군 토지조사와 장부》, 선인.
______, 2014, 〈1910년대 경상남도 과세지견취도의 비교〉, 《일제의 창원군 토지조사사업》, 선인.
최원규, 2011, 〈창원군의 토지소유권 분쟁과 처리〉, 《일제의 창원군 토지조사와 장부》, 선인.
______, 2011, 〈창원군 토지조사사업 관계장부의 종류와 성격〉, 《일제의 창원군 토지조사와 장부》, 선인.
______, 2014, 〈창원군 토지조사사업에서 소유권 분쟁의 유형과 성격〉, 《일제의 창원군 토지조사사업》, 선인.

2. 저서
김건태, 2004, 《조선시대 양반가의 농업경영》, 역사비평사.
송규진 외, 2004, 《통계로 본 한국근현대사》, 아연출판부.
하지연, 2010, 《일제하 식민지 지주제 연구 — 일본인 회사지주 조선흥업주식회사 사례를 중심으로》, 혜안.
허수열, 2011, 《일제초기 조선의 농업》, 한길사.
大河内一雄, 1982, 《幻の國策會社 東洋拓殖》, 東京: 日本經濟新聞社.

| 보론 |

유길준의 인맥에 대한 연구[1]

마스타니 유이치(桝谷祐一)

1. 머리말

유길준(1856-1914)은 한국 개화파 중에서 많은 저작물을 남긴 인물로 일찍부터 주목을 받아왔다. 그 대표작이《西遊見聞》(1889년 봄 탈고, 1895년 4월 간행)이고, 유길준 연구의 흐름은《西遊見聞》을 정점으로 해서, 그 사상 형성 과정에 주목한 것이었다. 그의 후반기에 대해서는, 교육활동 및 한성부민회에 대한 논고가 있기는 하되, 상대적으로 주목을 받지 못하였고, 후반기의 활동도《西遊見聞》의 실천으로 파악하려고 하는 경향이 있었다. 이제 새로운 시각으로 유길준에게 접근할 필요성이 있다.[2]

기존 연구에서 소략하게 다루었던 영역으로 유길준의 교우관계를 들 수 있다. 종래 유길준의 사상 형성 과정에서 유년기에 박규수, 김옥균, 강위, 오

---

1 이 글은 본인이 유길준의 인맥에 관하여 다루었던 두 편의 논문을 통합하여 작성한 것이다. Masutani Yuichi, "A Study on Yu Kilchun and His Network of Acquaintances(1881-1907)", *International Journal of Korean History* Vol. 21 No. 2, Center for Korean History Korea University, Aug. 2016 ; 마스타니 유이치, 2017, 〈유길준의 인맥에 대한 연구(1907-1914)〉,《韓國史學報》68, 고려사학회.

2 유길준 연구의 흐름과 과제에 대해서는 다음 성과를 참조하였다. 최덕수, 2015, 〈해방 후 유길준 연구의 성과와 과제〉, 최덕수 편,《근대 한국의 개혁 구상과 유길준》, 고려대학교출판문화원(초출은 2013년).

경석, 민영익 등으로부터 훈도를 받았다고 하는 지적[3] 및 일본 유학 시기에 후쿠자와 유키치[福澤諭吉]에게서 영향을 받았다는 점이 지적되었다.[4] 사회진화론의 수용과 연결시켜서 에드워드 모스(Edward Sylvester Morse)와의 관계를 강조한 연구도 있었다.[5] 그러나 그 이외에 유길준의 교우관계에 대해서는 자세히 다룬 연구가 없다. 그의 생애를 다룬 몇 개의 저작[6]에서도 상기에 지적한 이외의 인맥에 대해서는 자세히 다루고 있지 않다. 특히 1896년 망명 이후 1907년 귀국 전까지 유길준의 움직임에 대해서는 1902년 혁명일심회 사건에 대한 연구[7] 이외에 잘 알려져 있지 않다.

유길준의 후반기(1907-1914)에 대해서는 윤병희의 연구가 대표적이다.[8] 이 연구에서 흥사단, 한성부민회를 중심으로 한 유길준 후반기의 활동이 정리되었다. 또한 쓰키아시 다쓰히코[月脚達彦]가 유길준을 주축으로 근대 한국의 내셔널리즘 형성을 그리는 가운데, 1880년대부터 '애국계몽운동기'까지 유길준의 저작물과 동정을 다룬 연구가 주목된다.[9] 그 이외에 유길준이 관여한 경성고아원에 대한 연구,[10] 노동회(노동야학회)에 대한 연구,[11] 이토 히로

3 兪東濬, 1987,《兪吉濬傳》, 一潮閣, 15-47쪽. 다만 유길준의 유년기에 대해서는 확실하지 않은 서술이 다수 포함되어 있다.

4 유길준의《西遊見聞》과 福澤諭吉의《西洋事情》을 비교 분석한 연구로는 다음 성과가 있다. 月脚達彦, 2009,〈朝鮮開化思想の構造 — 兪吉濬《西遊見聞》の文明論的立憲君主制論〉,《朝鮮開化思想とナショナリズム》, 東京大學出版會.

5 전복희, 1996,《사회진화론과 국가사상》, 한울 ; 허동현, 2002,〈1880년대 開化派 인사들의 社會進化論 수용양태 비교 연구〉,《史叢》55.

6 이광린, 1991,《유길준: 닫힌 사회에 던진 충격》, 東亞日報社 ; 정용화, 2004,〈유길준의 생애와 한국 근대사〉,《문명의 정치사상: 유길준과 근대한국》, 문학과지성사 ; 한철호, 2009,〈유길준의 생애와 사상〉,《한국 근대 개화파와 통치기구 연구》, 선인.

7 尹炳喜, 1998,〈일본망명시절 兪吉濬의 쿠데타 음모사건〉,《兪吉濬研究》, 國學資料院.

8 尹炳喜, 위의 책. 이외에 유길준의 전기로 후반기를 정리한 이광린 연구가 있다. 이광린, 앞의 책.

9 月脚達彦, 2009, 앞의 책.

10 河相洛, 1988,〈京城孤兒院에 對한 小考〉,《鄉土서울》45 ; 한규무·노기옥, 2010,〈대한제국기 경성고아원의 설립과 운영〉,《鄉土서울》76.

11 강제순, 2003,〈한말 유길준의 실업활동과 노동관〉,《역사와 경계》50.

부미 추도회에 관한 연구,[12] 일본 관광단에 대한 연구[13] 등 각 단체 활동에서 유길준의 역할이 밝혀졌다. 한편에서 이러한 후반기 유길준의 활동 가운데 유길준과 일본 당국과의 연관성 및 유길준이 주도한 흥사단, 한성부민회에 일진회원이 참여한 사실이 밝혀지면서 유길준의 평가를 어렵게 하고 있나. 예컨대 흥사단의 활동을 정리한 다구치 요조[田口容三]는 일진회원이 흥사단 간부에 들어간 사실을 들어 "그[廉仲模-필자 주]의 총무 취임을 허용한 유길준의 자세도 문제시해야 한다"고 비판하였다.[14] 그런데 본고에서 확인하듯이 유길준 관련 자료인 주소록, 일기, 조문록에 염중모는 나타나지 않는다. 따라서 다구치의 유길준에 대한 비판이 적절한지 재검토할 필요성이 있다. 이용창은 한성부민회의 조직원을 연구한 결과 "유길준은 … 일진회의 지속적인 간섭을 배제하기 위해 대한협회와 협력했다"고 설명하면서,[15] 유길준과 대한협회의 협력을 강조했다. 그런데 본고의 분석에 따르면, 대한협회의 중심 인물인 장지연, 윤효정 등은 유길준의 인맥에 나타나지 않는다. 오히려 한성부민회 부회장 윤효정과 회장 유길준은 대립관계에 있었다.

이와 같이 유길준의 인맥에 대해서는 미해명한 부분이 많다. 그 일차적인 원인은 자료 부족에 있었다. 유길준 유족의 기증을 통하여 고려대학교 박물관에 보관되어 있는 '유길준 관련 신자료'[16] 중에는 유길준의 인맥을 고찰하는 데 유익한 자료가 많이 포함되어 있다. 이 글에서는 '유길준 관련 신자료'에서 발굴한 유길준이 남긴 주소록과 일기 및 유길준 상례식의 기록인 조문록을 분석하였다. 이 자료를 살펴보면 지금까지 분명하지 않았던 유길준의 인맥 형성을 시기마다 확인할 수 있을 것이다. 이 글에서는 신문 자료 등 기타

12 이용창, 2003, 〈'伊藤博文追悼會' 개최 전후 '사회세력'의 동향과 親日 정치세력의 형성〉, 《史學硏究》 69.

13 朴羊信, 2005, 〈일본의 한국병합을 즈음한 '일본관광단'과 그 성격〉, 《東洋學》 37.

14 田口容三, 1992, 〈國民教育會および興士團について〉, 《朝鮮學報》 145, 80쪽.

15 이용창, 2004, 〈'漢城府民會'의 조직과정과 활동〉, 《한국독립운동사연구》 22.

16 '신자료'에 대해서는 다음 연구를 참조. 최덕수, 앞의 글, 32-33쪽.

자료를 아울러 확인하면서 유길준 인맥을 고찰해 보고자 한다.

2. 신자료인 주소록과 일기의 성격

본고에서 다루는 '유길준 신자료'로는 주소록과 일기가 있다. 먼저 주소록은 '知友錄'이라는 제목을 가지는 것과 제목이 없는 것이 2점 있다. 여기서는 《주소록 1》과 《주소록 2》라고 지칭하고자 한다.

《지우록》에는 한국인 454건, 일본인 161건, 기타 2건, 합계 617건(중복 있음)이 기록되어 있다. 크게 3부로 나눌 수 있고 제3부가 중심이 된다. 제1부는 '姓名', '年本', '居地', '面村', '統戶', '字號', '教業', '寄留'의 항목을 준비하고 기입하고 있다. 제2부는 성명과 주소 혹은 인적사항이 간략하게 기입되어 있다. 제3부는 '李部', '金部' 등이 정리되어 기입되어 있다. 첫 페이지에는 '융희 원년(隆熙元年, 1907)'이라고 적혀 있는데, 실제로 1907년의 기록을 반영하고 있는 것은 제1부의 전반 부분만이다. 예를 들어 제2부에 기록되어 있는 유진호(兪鎭浩)는 '강계군수(江界郡守)'란 정보가 담겨 있다. 하지만 그가

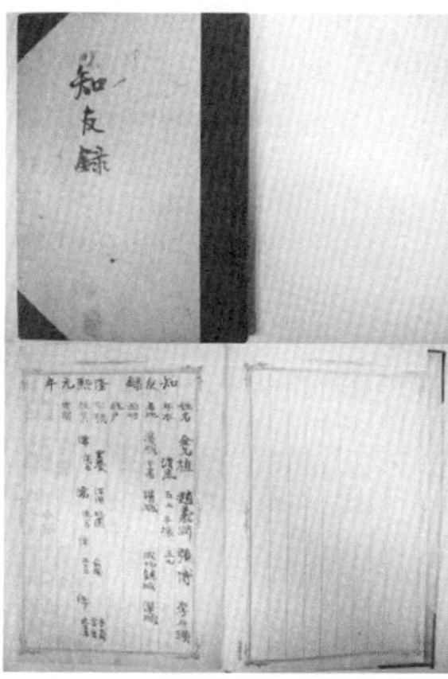

《知友錄》

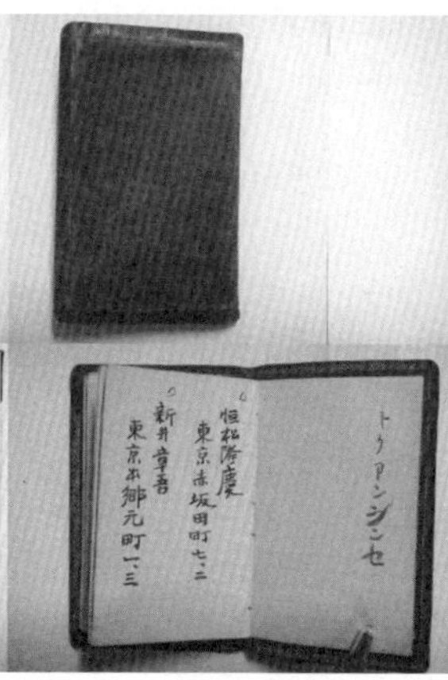

《주소록 1》

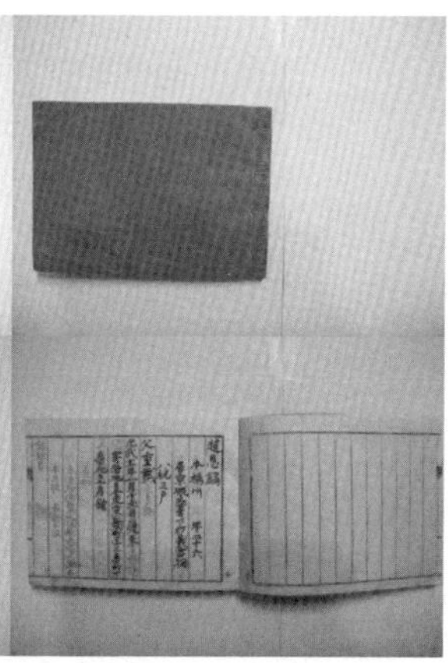

《주소록 2》

제1부(1907) 제2부(1911년 이후) 제3부(1911년 이후)

강계군수가 된 것은 1908년 7월 30일의 일이었다. '고양군수(高陽郡守)' 서상면(徐相勉)의 경우 1911년 5월 26일부터 고양군수가 되었던 것으로 확인된다.[17] 그러므로 제2부 이후에 수록된 인적 사항은 1911년 이후의 상황을 반영했던 것으로 추정된다.

《주소록 1》은 휴대용 수첩이고, 일본인과 한국인이 구분되어 있다. 한국인은 35건, 일본인은 123건, 기타 3건이다. 기록되어 있는 인물 중 다루이 도키치[樽井藤吉]의 인적사항에 '明治四十年 五十九年'이라고 기입되어 있고, 고히라 교[小平矯]의 인적사항에도 '明治四十年 五十一年'이라고 적혀 있다. 그러므로 1907년 망명에서 귀국하기 전의 주소록임을 알 수 있는데, 필적으로 보아 몇 차례에 걸쳐 나누어 기록했던 것으로 추정된다. 다만 기술된 인물이 만난 순서로 기록되어 있지 않는 경우가 있기 때문에, 아마 다른 주소록 혹은 명함 등을 어느 시점에서 정리한 것으로 생각된다.《주소록1》에서는 성명 위에 '○', 혹은 '∨'의 체크마크가 기입되어 있는 인물도 있고 무엇인가 인맥을 정리한 흔적이 보인다.

《주소록 2》는 한국인만 36건 기록되어 있다. 모두 도일 유학생이고, 본고에서 분석한 결과 그 일부 혹은 모두가 동학교단이 파견한 유학생이다. 성명, 본관, 한국 주소, 부친명, 도일 일자, 일본 주소순으로 정리되어 있고, 학생 관리를 위해서 작성된 것으로 생각된다. 유길준이 오가사와라 섬[小笠原島] 유

17 유진호, 서상면의 관리 임명 사실 조사에 대해서는 안용식, 1994,《韓國 行政史硏究》 제1권, 대영문화사, 250쪽·338쪽.

배에서 풀려난 1906년 이후 1907년 귀국 이전에 기록된 것이다. 동시기에 기록된《주소록 1》과 중복되는 인물은 없다.[18]

이러한 자료적 성격을 통해서 주소록에 나타나는 인물을 바라보면, 대략 다음과 같이 정리할 수 있다.

주소록에서 이름 출현 형태	유길준과의 관계	예
《주소록 1》에 있고《지우록》에도 있음	망명 중(1896-1907)에 관계가 깊은 자	吳世昌 中村太八郎
《주소록 1》에 있고《지우록》에 없음	귀국 후 관계가 뜸해진 자	尙灝 岡本柳之助
《주소록 1》에 없고《지우록》에 있음	귀국 후 관계가 시작 혹은 깊어진 자	金允植 大垣丈夫

물론 이 표에 맞지 않는 예외도 존재한다. 뜸해진 사정, 친해진 사정은 개별적으로 고찰해야 한다. 참고로 유길준의 아우 유성준(兪星濬), 아들 유만겸(兪萬兼), 유억겸(兪億兼) 등 직계 가족은 주소록에 기록이 없고, 방계 친족은 기록되어 있다. 즉 방계 친족인데도 기록이 없는 자는 유길준과 교류가 적었다고 하는 추론이 가능하다.

다음으로 '유길준 신자료' 가운데 유길준이 망명 중에 남긴 일기 자료로《行索》과《北遊日記》가 있다.

《행색》은 1901년 2월 16일부터 5월 2일까지 시즈오카[靜岡], 기후[岐阜] 방면을 여행한 기록이다. 전반 부분은 일기 형식으로 매일 행적을 기록하였고, 후반 부분은 시문 및 만난 사람의 인적 사항이 메모되어 있다. 마지막 쪽에는 암호 변환 표가 적혀 있다.

《북유일기》는 표제가《북행기》로 되어 있고, 속표지 제목이《북유일기》로 적혀 있다. 1901년 6월 12일부터 8월 3일까지 홋카이도[北海道]를 여행한 기록이다.《행색》과 비슷하게 전반 부분은 일기 형식으로 매일 행적을 기록하

18 여기까지 신자료인 주소록을 소개하였는데, 이 글에서는 주소록에 등장하는 모든 인물을 분석 대상으로 하지 않고 유길준의 활동과 뚜렷이 관련성이 확인되는 인물만을 취급한다.

《行索》

《北遊日記》(北行記)

였고, 후반부분은 시문 및 답사 내용이 메모되어 있다. 표지 및 내쪽에 '유문희(兪文喜)'란 이름이 보이는데, 이것은 유길준 친족의 낙서로 보인다. 내용으로 판단해 보면 이 기록은 유길준이 직접 썼거나, 혹은 그와 함께 행동했던 자가 대필했던 것으로 보인다. 이 일기의 내용은 일본 망명 당시 쿠데타 음모 계획 시기의 인맥을 확인하는 자료로써 제4장에서 깊이 고찰한다.

1910년 및 1912년 1월부터 5월까지의 유길준의 일기(《유길준 일기》로 가칭함)는 유길준의 그날그날의 교류를 실제로 확인할 수 있는 자료이다.[19] 이 일기는 유길준이 직접 서술한 것이 아니고 집사처럼 그를 도와주던 사람이 인맥관리를 위해 작성한 기록이다. 일기에는 유길준의 저택 노량진 조호정(詔湖亭)을 오고 간 수신인과 발신인, 방문객, 유길준이 방문한 사람과 장소가 기

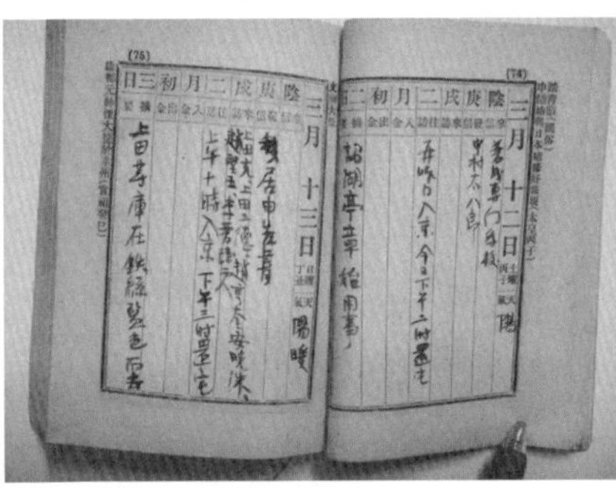

1910년 유길준 일기

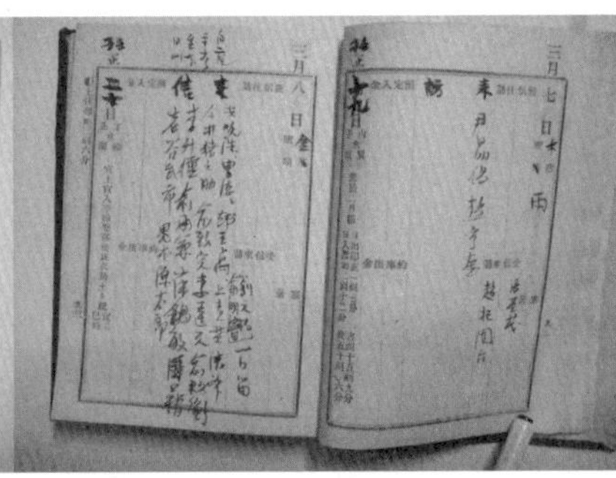

1912년 유길준 일기

19 남아 있는《유길준 일기》는 1910년도 일기와 1912년도 일기 2권이다. 1910년도 일기는 장지연이 제작한《懷中新鏡》이라는 보급형 일기장에 쓰여 있다. 1912년도 일기는 1911년도용 일기장을 1912년도에 사용하고 있고, 요일을 모두 1912년도로 수정하고 있다. 양 일기 모두 인적 교류 사항만을 기입한 것이다.

록되어 있다.[20] 1910년도 일기에는 '來信', '發信', '來訪', '往訪', '入金', '出金', '摘要'의 항목이 있고, 1912년도 일기도 거의 동일하다.[21] 그 중 '입금', '출금' 항목은 거의 기재가 없고, '적요'에는 세입자 및 하인의 출입, 순사, 조사원 등 조호정 운영에 관계하는 인물 정보가 기재되어 있다. 필자의 조사에 따르면 1910년도 및 1912년도《유길준 일기》를 합하여 총 1,212건의 인물 및 단체가 나타났고, 그 중 '내신', '발신', '내방', '왕방' 및 유길준의 인맥으로 인정되는 항목으로 한정하면 1,127건, 중복을 제외하면 약 490여 건이 나타난다.

또한 유길준의 장례식 참여자를 정리한《弔問錄》[22]은 말년의 유길준의 인맥을 확인할 수 있는 자료이다.《조문록》에는 514건(중복을 제외하면 한 480여

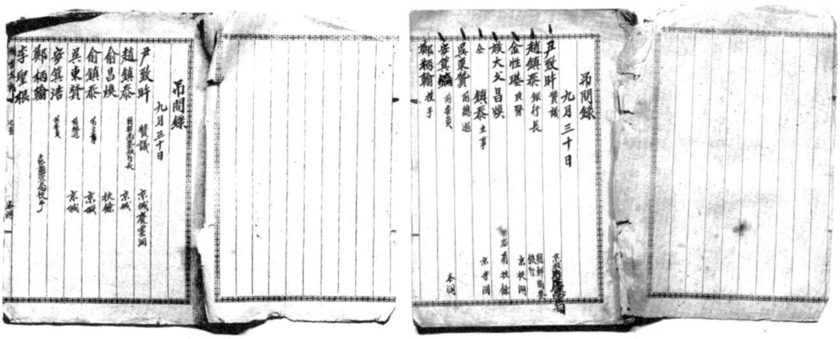

《조문록》2권

20 일기에서 유길준 자체는 '大監主'라고 불린다. 다만 이 호칭도 대부분 생략되어 나타나지 않는다. 이 일기의 기재 내용과 신문 보도 등에서 확인되는 유길준의 행동을 대조하면, 그 일기의 주인공이 유길준임을 알 수 있다.

21 각 항목에서 넘치는 경우 난외에 기재되어 있거나 '적용'난에 기재되어 있다. 이에 대해서는 필자가 적절한 항목에 넣어 분석하였다.

22 표제는 '大正三年九月三十日弔問錄'이라고 쓰여 있는데, 여기서는《조문록》이라고 부른다. 이 자료는 유길준 장례식에서 받은 조문, 弔電, 弔狀을 유족이 정리한 것으로 추정된 책자이다. 2권 보관되어 있는데, 거기에 기재된 내용을 분석하면, 11월 2일까지 일부 순서가 바뀌어 있는 경우도 있으나 인물명은 완전히 일치한다. 하나는 12월 28일까지 기록되어 있다. 2권에 기재된 인적사항에는 각각 생략되거나 추가 기입된 부분이 있다. 본고에서는 양쪽을 아울러 하나의 자료로써 분석하였다.

건)의 인물 및 단체가, '弔電', '弔狀', '弔問'(조문의 경우는 따로 명시되지 않음)을 구분할 수 있게 기록되어 있다.[23] 그 중, 한국인은 404건(중복 있음), 일본인은 107건(중복 있음), 서양인은 1건(게일), 단체는 2건이다.《조문록》은 당연히 유길준의 유족이 기록한 자료이다. 각 인물 위에 'V' 마크가 붙이 있는 것으로 보아 조문자의 관리에 쓰인 기록물로 여겨진다. 이 자료가 조문자(조전, 조장 포함)를 모두 기록한 것이라고 단정할 수는 없으나, 유족의 입장에서 봤을 때 유길준과 관계가 깊은 사람들이었다고 판단된다.

망명 이후의 유길준의 인맥은《지우록》,《유길준 일기》,《조문록》을 통해서 알 수 있을 것이다. 이 자료들은 모두 자료적 성격을 달리하고 있으면서 상호 보완관계에 있다.《지우록》은 주소록이기 때문에 거기에 나타나는 인물과 유길준의 친소관계는 짐작할 수 없다. 그러나《조문록》을 보면 유길준과의 친소관계가 어느 정도 분명해진다. 예컨대 어떤 인물이《조문록》에 이름이 없는 경우, 그 인물은 유길준 사망 당시 유길준과 관계가 깊지 않은 것으로 짐작할 수 있다. 또한 어떤 사람과 자주 교류하는 경우 그 사람과 관계가 깊다고 판단하는 것이 타당하다.《유길준 일기》에서는 1910년 및 1912년 1월부터 5월까지 유길준이 만나거나 혹은 오가는 편지의 빈도를 확인할 수 있다.《지우록》,《조문록》에 나타나는 인물이《유길준 일기》에도 자주 등장하면 그 인물은 유길준과 관계가 깊다고 볼 수 있다. 반대로《지우록》,《조문록》에 이름이 없고《유길준 일기》에도 이름이 나타나지 않으면 그 인물은 유길준과 관계가 깊지 않았다고 판단해 볼 수 있다.

유길준이 후반기에 형성한 인맥은 폭넓은데, 이 글에서는 한국인과 유길준의 관계에 초점을 두고 인맥의 측면에서 분석하고자 한다.[24] 또한 이 글에

23 이하, '조전', '조장', '조문객'을 아울러 '조문자'로 호칭한다.

24 다루는 인물이 많기 때문에 편의상 한국인과 일본인을 나누어서 고찰하였다. 하지만 본래 인맥은 복잡하게 얽혀 있어 이와 같이 한국인과 일본인을 나누어 분석하기에는 적절하지 않다. 그러나 유길준을 둘러싼 복잡한 인간관계의 전체상을 정리하는 첫 번째 시도이기 때문에 이와 같은 방법을 선택하였다. 유길준과 일본인의 관계에 대해서는 다른 기회를 통해 분석하고자 한다.

서는 위에서 소개한 '유길준 관련 신자료'에 나타나는 인물과 유길준의 관계를 개관하는 것을 목표로 한다. 1907년 유길준이 귀국했을 때는 망국의 위기 속에서 여러 단체가 난립하는 '자강운동'[25] 시기였다. 유길준의 인맥 분석을 통해서 유길준이 자강운동 참여자들과 어떤 관계를 구축하였는지 밝힐 수 있을 것이다.

3. 게이오기주쿠 유학과 갑오개혁 시기

유길준은 1881년 5월 16일 게이오기주쿠(慶應義塾)에 입학하고 1882년 12월까지 재학하였다. 그때 후쿠자와 유키치의 지도를 받은 것은 잘 알려져 있다. 주소록에서 게이오기주쿠 관련자를 찾아보면, 다음의 인물을 찾을 수 있다.

> 오카모토 류노스케[岡本柳之助, 주소록1], 이누카이 쓰요시[犬養毅, 주소록1], 가마타 에이키치[鎌田榮吉, 주소록1], 후쿠자와 스테지로[福澤捨次郎, 주소록1; 지우록], 후쿠자와 이치타로[福澤一太郎, 주소록1; 지우록], 이시카와 간메이[石河幹明, 주소록1; 지우록]

그 이외에도 게이오기주쿠 출신자가 없지는 않지만, 유길준이 유학 시절에 게이오기주쿠와 관계를 가진 인물은 위와 같다. 후쿠자와 유키치는 1901년에 죽었기 때문에 주소록에 기록되어 있지 않다. 후쿠자와의 아들 스테지로, 이치타로와는 후쿠자와 집에서 같이 수학한 사이였고, 유길준과 친했다고 짐작된다. 이치타로와 스테지로는 1883년 유길준이 미국에 가는 2개월

25 '자강운동'이라는 1905년경부터 나타나는 각종 실력 양성 단체 혹은 그 시대상을 가리키는 것이고, '애국계몽운동' 혹은 '계몽운동'이라고도 부른다. 호칭 문제에 대해서는 다음의 연구를 참조. 朴贊勝, 1992, 〈서론〉, 《한국근대정치사상사연구》, 역사비평사 ; 月脚達彦, 2009, 〈'愛國啓蒙運動の文明觀·日本觀' 再考〉, 앞의 책. 본고에서는 경제 단체도 포괄하여 고찰하였다.

전인 6월에 미국에 유학하였다.[26] 이어서 8월 유길준이 미국 유학을 위하여 일본에 들렀을 때 후쿠자와는 이치타로, 스테지로에게 유길준이 미국에 가는 것을 편지로 전달하고 있다.[27] 유길준은 생물학자 에드워드 모스의 지도를 받으며 수학하게 되었는데, 이것을 알선해 준 자도 후쿠자와였던 것으로 생각된다. 아래 편지는 스테지로와 유길준의 관계를 잘 보여준다.

> 스테지로의 일에서는 저번부터 보스턴 학교에 입학하기 위해서 매번 귀 집을 방문하고 여러모로 친절하게 도움을 받았고, 고맙게 생각합니다. 특히 세일럼 체류 중에는 거의 매일 방문하였다고 해서 귀찮게 한 것이 아닐까 걱정하고 있습니다. … 조선 서생 유길준 역시 집에 두고 도와주시고 계시는데, 그 학생은 지난해 오래 일본에서 제 집에 있었고, 영어는 통하지 않지만 서양문명의 일 등 조금 아는 사람입니다. 지금 귀하의 도움을 받아 조금씩 영문도 읽게 되어서 그 학업이 진보하고 있는 것은 저도 기뻐하는 바입니다.[28]

후쿠자와는 차남 스테지로를 모스에게 맡겼고, 유길준도 같은 경로로 모스에게 소개한 듯하다. 세일럼에서 유길준은 혼자서 수학한 것이 아니라, 스테지로라는 낯익은 친구가 있었던 것이다.

주소록상에서는 게이오기주쿠 관계자가 별로 포착되지 않으나, 실제로는 많은 인물과 교제하고 있었다. 1894년 요미우리 신문 기자가 유길준과 인터뷰할 때 "게이오기주쿠에 유학하셨으니 상류 國士에 아는 사람이 많겠지요?"라고 질문한 적이 있다. 유길준은 "서생이었기 때문에 대신 등에게는 아는 사람은 없는데, 후쿠자와 선생님은 물론이고, 오바타 도쿠지로[小幡篤次郎, 1842-1905] 씨를 비롯하여 오자키 유키오[尾崎行雄, 1858-1954], 이누카이 쓰요시[犬養毅, 1855-1932], 이노우에 가쿠고로[井上角五郎, 1860-1938], 기타

26 〈補注(こと)一太郎と捨次郎の留學〉,《福澤諭吉書簡集》4, 岩波書店, 2001년, 352쪽.
27 〈福澤一太郎·福澤捨次郎 明治16년(1883) 8월 17일〉,《福澤諭吉書簡集》3, 324-325쪽.
28 〈E. S. モース 明治 17년 8월 13일〉,《福澤諭吉書簡集》4, 171쪽. 원문은 일본어.

의원(議員) 여러 분과 친한[熱懇] 사람이 적지 않습니다"라고 대답하였다.[29] 이 인터뷰에서 열거된 사람은 모두 게이오기주쿠 출신이고, 오바타를 빼고서는 모두 유길준과 나이가 비슷하다. 유길준이 게이오기주쿠에서 일본인들과 잘 교제하였던 것을 짐작할 수 있다. 이시카와 간메이[石河幹明]와의 인맥은 이때 형성되어 오래 지속된 것으로 짐작된다. 유길준의 수학시절의 기록은 거의 남아 있지 않으나, 신문 보도에는 유길준이 김옥균(金玉均), 서광범(徐光範), 강위(姜瑋)와 함께 흥아회(興亞會)에 참여한 것이 기록되어 있어,[30] 일본인들과의 교류는 게이오기주쿠뿐만 아니라 다방면에 미치고 있었던 것으로 생각된다.

갑오개혁기(1894.8-1896.2) 유길준은 재조일본인 게이오기주쿠 동창회에 참가하였다. 제1회 동창회[31]는 1895년 5월 12일 남산 노인정(老人亭)에서 열렸는데, 10여 명이 모았다. 확인되는 사람으로 일본인은 고가네이 겐자부로[小金井權三郎], 다카미 히사시[高見龜], 호즈미 도라쿠로[穗積寅九郎], 에나미 데쓰오[江南哲夫], 사사키 다다시[佐佐木正], 그리고 時事新報 기자(오가와 신키치[小原信吉]라고 추정됨), 한국인은 유길준, 김인식, 엄주흥, 신재영(지우록), 박영우, 안영수, 조병교(지우록), 유성준, 백철용, 이창렬이었다. 또한 초대는 했으나 사정으로 못 온 사람으로는 김익승, 현영운, 정훈교, 정란교(주소록 1; 지우록)가 있었다. 그 중 한국인 참가자의 경우는 게이오기주쿠 출신자만이 아니라 게이오기주쿠 관계자와 친분이 있던 인물도 포함되어 있다. 보도에서는 유길준이 이 모임 장소를 청소하고 준비하였다고 하니, 주체적으로 관여하였던 것으로 보인다. 제2회(1895년 9월 1일)[32]는 유길준, 윤치호, 현영운, 윤치오(지우록), 가마타 에이키치, 호즈미 도라쿠로, 니시카와 쓰테쓰[西川通

29 〈兪吉濬氏を訪ふ〉,《讀賣新聞》, 1894년 10월 31일자 2면.

30 〈興亞親睦〉,《東京日日新聞》, 1882년 6월 23일자 3면 ; 李光麟, 1989, 〈開化期 韓國人의 아시아連帶論〉,《開化派와 開化思想 硏究》, 一潮閣, 140-141쪽.

31 〈京城特報 5月13日〉,《時事新報》, 1895년 5월 26일자 3면.

32 〈京城特報 9月 1日〉,《時事新報》, 1895년 9월 12일자 2면.

徹], 오가와 신키치 등 10여 명이 참가하였다. 이 보도에 의하면 동창회 멤버는 조선인 22명, 일본인 13명이었다. 제3회(1896년 1월 19일)[33]는 파성관(巴城館)에서 신년회로 개최되었다. 참가자 한국인은 백철용(白喆鏞), 박영훈(朴永勳), 고영희(高永喜), 현영운(玄暎運), 정종진(鄭鍾振), 김영찬(金永燦)[이상은 지우록], 김인식(金仁植), 유길준, 신재영(申載永), 서재필(徐載弼), 일본인은 니시카와 쓰테쓰, 나카이 류타로[中井龍太郎], 다카미 히사시, 우치다 사다쓰지[內田定槌], 구스모토 다케토시[楠本武俊], 야마자키 마사히데[山崎正秀], 마리코 하치고로[鞠利子八五郎], 마쓰미 도쿠분[松見得聞], 고야마 미쓰토시[小山光利], 미즈시마 세쓰지로[水嶋節次郎]였다.

게이오기주쿠 출신자는 이 동창회를 통해서 친목을 다지고 있었고, 유길준의 주변에 학연이 형성되어 있었다고 말할 수 있다. 다카미 히사시, 오가와 신키치, 마리코 하치고로(이상 時事新報), 니시카와 쓰테쓰(朝日新聞), 야마자키 마사히데(東京日日新聞) 등은 동창회를 통해서 한국정부 관리들과 내부 정보를 교환할 기회를 얻었다. 유길준도 이러한 인맥을 정권 운영에 이용하려 하였을 것으로 생각된다.

현존하는 주소록이 1906년 전후 이후의 기록이라는 자료적 문제 때문에 한국인으로 주소록에 나타나는 인물은 유길준과 같이 망명한 인물 및 귀국 후에 다시 관계를 가진 인물에 한정된다. 그렇기 때문에 갑오개혁기에 누구와 친교가 깊었는지는 주소록에서는 판단할 수 없다. 1896년 당시 유길준은 김홍집파에 속하고 있다고 판단되고 있고,[34] 이 그룹에 속하는 김홍집, 어윤중, 김윤식, 조희연, 권영진, 장박, 유세남, 이두호, 황철, 조금응, 현채, 박세환, 정만조, 김춘희 등과 친했다고 생각된다. 더욱이 아래 조선협회의 활동에

33 〈京城通信 1月 20日〉, 《時事新報》, 1896년 1월 31일자 3면.

34 왕현종, 2003, 《한국 근대국가의 형성과 갑오개혁》, 역사비평사, 165쪽 각주 86번. 또한 왕현종 자신의 분류에 따르면, 유길준은 조희연, 권영진, 이윤용, 이완용, 김가진, 김학우, 장박, 유세남 등과 함께 '개혁관료(B)'로 분류된다(왕현종, 같은 책, 167쪽 〈표 11〉). '개혁관료(B)'란 일본파, 친일파로 불리는 사람들이다.

서 보면 정치적 입장 차이를 넘어서 폭넓은 교제가 있었던 것으로 짐작된다.

1895년 6월 23일 한일의 원활한 관계를 기도한 조선협회(朝鮮協會)란 단체가 설립되었다.[35] 유길준이 이 단체에 참여한 사실이 확인된다.《時事新報》는 이때 모습을 자세히 보도하였다.[36] 기사에 의하면 조선협회는 에나미 데쓰오와 김인식이 창립총대로 발기하였다. 그들은 게이오기주쿠 동창회 멤버이고, 유길준과는 학연이었다. 남별궁에서 개최된 창립총회에는 240명이 모였다고 한다. 그때 주요 간부는 박영효의 추천으로 선발되었는데, 명단은 다음과 같다.

副會長 金允植
評議員 兪吉濬, 尹致昊, 安駉壽, 權在衡, 趙重應, 李允用, 李采淵, 禹範善, 黃鐵, 廉仲模, 鄭秉夏, 金嘉鎭, 杉村濬, 內田定槌, 岡本柳之助, 石塚英藏, 恆屋盛服, 穗積寅九郞, 國友重章, 江南哲夫
幹事 金仁植, 玄暎運, 青山好惠

이 날 회장은 선출되지 않았다.[37] 이들 이외에, 신응희, 이규완, 구로다 다쿠마[黑田太久馬], 오가와 미노루[小川實]의 참여가 확인된다. 다만 그들과 박영효는 7월 27일 전에 제명되었다.[38] 참가자를 살펴보면, 개혁파 관료를 주로 하여 김굉집파 이외에 박영효파(박영효, 이규완), 영어파(윤치호, 이채연, 이윤용)가 골고루 참여하고 있는 것을 알 수 있다.[39]

이 회의에서 첫 번째 연설자는 윤치호였다. 또한 동방협회(東邦協會) 대표로 야마다 이타로[山田猪太郎]가 동방협회와 조선협회의 연대를 제의하자,

35 조선협회에 대해서는 다음 성과를 참조. 柳永益, 1990,《甲午更張硏究》一潮閣, 206쪽; 왕현종, 위의 책, 168-169쪽.

36 〈京城特報 6月 23日〉,《時事新報》, 1895년 7월 5일자 3면.

37 金允植,《續陰晴史》上, 국사편찬위원회 편, 1895년 음 윤5월 1일자, 368쪽.

38 〈京城特報 7月 27日〉,《時事新報》, 1895년 8월 7일자 2면.

39 각 파의 분류에 대해서는 왕현종, 위의 책, 167쪽 〈표 11〉을 참조.

유길준은 거기에 응하였다. 조선협회의 활동은 이와 같이 크게 시작되었으나, 이후 7월 6일 박영효의 불궤사건에 의한 망명, 명성황후 시해 사건 등으로 두드러진 활동을 하지 못하였다.

조선협회 참여를 확인할 수 있는 인물 중, 유길준의 주소록에서 확인되는 인물은 다음과 같다.

> 박영효(지우록), 김윤식(주소록, 지우록), 윤치호(지우록), 조중응(주소록1; 지우록), 신응희(주소록1; 지우록), 이규완(주소록1; 지우록), 오카모토 류노스케[岡本柳之助](주소록1), 이시즈카 에이조[石塚英藏](주소록1; 지우록), 쓰네야 세이후쿠[恆屋盛服](주소록1)

조선협회 참여자 중에는 스기무라 후카시[杉村濬], 오카모토 류노스케, 구니토모 시게아키[國友重章] 등 명성황후 시해사건에 관여한 인물도 있었다. 유길준 주소록에는 명성황후 시해 사건 관여자로 기타 미우라 고로[三浦梧樓](주소록1), 시바 시로[柴四朗](주소록1; 지우록)가 기록되어 있다.

아관파천이 일어나자, 유길준은 즉각 파면되고 역적으로 몰려 체포령이 떨어졌다. 유길준은 광화문 앞에서 조선 순검에게 잡혔는데, 관보국 雇人 일본인 2명이 그를 구출하였다.[40] 그간 일본 당국자가 유길준 구출에 움직인 흔적은 없고 그 시간적 여유도 없었기 때문에 일본 민간인이 유길준을 돌발적으로 구출한 것이었다. 유길준 등은 일본공사관에 들어가 반나절 숨어 있다가 일본인 상점으로 이동하였다.[41] 거기서 잠깐 정세를 관망하다가 결국 국내에 머무르는 것을 단념하고 4월 21일에는 히로시마[廣島]에 도착,[42] 망명하였다.

---

40 《日本外交文書》卷29, 1896년 2월 13일발 #353 〈朝鮮國大君主幷ニ世子宮露國公使館ニ入御顚末報告ノ件〉, 684쪽 ; 《伊藤博文關係文書》卷6, 〈武久克造 發 1896년 2월 11일자 서한〉, 150쪽. 다케히사 보고에서는 일본 병사가 유길준을 구출하였다고 한다.

41 《伊藤博文關係文書》卷7, 〈陸奥宗光 發, 1896년 2월 28일자 서한〉, 401쪽.

42 〈電報 広嶋四月廿一日午後特發〉, 《時事新報》, 1896년 4월 22일자 2면.

4. 망명 중 쿠데타 음모 시기

혁명일심회(革命一心會) 사건은 일본 망명 중 유길준이 일으킨 쿠데타 미수 사건이다.[43] 윤병희의 연구에서 이미 밝혀져 있듯이 이 사건에는 일본인도 관여하고 있었다. 주소록에서 이 사건에 관여한 것이 확실한 인물을 들면 다음과 같다.

> 가토노 리쓰[上遠野栗](주소록 1; 지우록), 후카가와 준이치[深川淳一](지우록), 요코이 도쿠이치[横井德一](주소록 1)

윤병희의 연구에 의하면 기타 인물로 곤도 겐키치[近藤賢吉], 모리나가 신조[守永新三]의 관여가 지적되어 있다. 그런데 쿠데타 모의를 보여주는 〈仁川來書〉[44]에서는 일본인 동지가 수백 명 있는 것으로 되어 있는 것으로 보아, 유길준이 이때 관여시키려고 한 인물이 위에서 지적한 인물 이외에도 상당수 있었다고 생각된다. 《주소록1》에서도 쿠데타 모의를 위해서 관계를 가졌다고 생각되는 인물이 다수 기록되어 있다. 이것을 조금 더 깊이 고찰하기 위해서 '유길준 신자료' 중 유길준이 남긴 일기 자료《行索》(1901년 2월 16일-5월 2일까지) 및《北遊日記》(표제는 '北行記'. 1901년 6월 12일-8월 3일까지)를 살펴본다.[45]

1901년 2월 16일부터 시작하는 일기를 보면, 먼저 2월 17일, 기차를 타고 시즈오카 현[靜岡縣] 미시마[三島町]에 갔다. 23일, 시즈오카 시로 이동하고 잠깐 머문 후, 3월 21일 기후 현[岐阜縣] 구모마치[雲町]로 갔다. 27일 아이치 현[愛知縣] 나카지마 군[中島郡] 이치노미야[一宮町]에 가고, 4월 9일 쓰시마[津島]로 이동하였다가, 20일에 다시 이치노미야에 돌아갔다. 21일 오사카[大阪]

---

43 혁명일심회 사건의 개략에 대해서는 다음 연구를 참고. 윤병희, 1998, 〈일본망명시절 兪吉濬의 쿠데타 음모사건〉, 앞의 책.

44 《兪吉濬全書》Ⅳ, 261-263쪽.

45 이하 서술하는 1901년 2월부터 8월까지 유길준의 행적은《행색》,《북유일기》에 의거했다.

로 가고, 29일, 오사카에서 하마마쓰[濱松]로 갔다.《行索》은 5월 2일로 끝났는데, 일본 당국의 보고에서 5월 4일 9시 23분에 도쿄로 돌아온 것을 확인할 수 있다.[46] 여기까지 유길준의 행적에서 그가 접촉한 인물은 다음과 같다.[47]

이름	행적	이름	행적
金應元(지우록)	2.16-5.4 유길준과 같이 행동	柳赫魯(주소록1; 지우록)	2.17 음식
와타나베 주타로[渡邊壽太郎]	2.17 방문객	야마구치 요이치[山口餘一]	2.18 전 국회의원. 방문객
다나카[田中]	2.18 전 국회의원. 방문객	시마모토[島本]	2.18 방문객
미우라[三浦]	2.18 방문객	데라다 히코타로 [寺田彦太郎](주소록1)	2.24 방문객 3.5 음식
후지타 초민[藤田長民]	2.25 大尉. 음식	오니와 헤이타로 [大庭平太郎](주소록1)	2.25 俠士. 음식
스즈키 요시타로 [鈴木義太郎]	2.25 방문객	나카무라 도라이치 [中村寅一 혹은 寅一郎]	3.3 방문객 4.29 방문객 4.30 그 집에 숙박
데라다 주사쿠[寺田壽作]	3.6 방문객	마쓰이 요시유키[松井義之]	3.8 방문객
후카가와 요시히치[深川義七]	3.21 그 집에 숙박	가지와라[梶原]	3.23 警察署長. 방문객
■하라[■原]	3.23 방문객	쓰치카와 에이타로 [土川榮太郎]	4.3 식사
마나베 신타로[眞鍋槇太郎]	4.9 방문객	야마시타 다카시[山下隆]	4.12 방문객
다무라[田村]	4.15 방문객	趙義淵 (杞園, 주소록1; 지우록)	4.21 마중 나옴

출전:《行索》. ■은 판독 불가.

《行索》의 뒤쪽에는 인적 사항에 대한 메모가 있다. 그 성명만을 순서대로 나열하면 다음과 같다.

마나베 신타로[眞鍋槇太郎], 사와야마 고이치로[澤山好一郎], 니노미야 요시마[二宮義嗎], 스즈키 요시타로[鈴木義太郎], 요코이 진시로[橫井甚四郎], 나가무라 주헤이[中村重平], 우치다 ■타로[內田■太郎], 시마다 요시카도[島田義廉], 나이토 마사카리[內藤鉞], 쓰치카와 에이타로[土川榮太郎], 시노하라 주칸[篠原重瓘], 아베 요시히토[阿部義人], 야마시타 다카시[山下隆], 후카가와 요시히치[深川義七], 히사마쓰 신[久松信], 나카무라 도라이치[中村寅一], 하야시 묘치로[林妙治郎], 오니와 헤이타로[大庭平太郎], 후지타 초민[藤田長民], 데라다 신타로[寺田信太郎],

46 국사편찬위원회 편,《要視察韓國人擧動》2, 1901년 5월 4일 〈兪吉濬의 動靜 報告〉, 390쪽. 또한 여기까지 유길준 행적은《要視察韓國人擧動》을 통해서 일본 당국이 일일이 조사하고 있는 것을 확인할 수 있다.《要視察韓國人擧動》2, 177쪽·383-384쪽·387쪽.

47 자료가 초서체로 쓰여 있기 때문에 글씨 판독이 어렵다. 일부 인명에는 판독에 의심스러운 것도 있다.

시마모토[島本, 이름 잊어버림], 미우라[三浦, 이름 잊어버림], 야마구치 요이치[山口餘一], 와타나베 주타로[渡邊壽太郎]

밑줄을 친 인물은 일기 본문에 나타나지 않았던 자이다. 이것은 일기 본문에 기재된 인물 이외에도 유길준이 접촉한 인물이 상당수 있었던 것을 의미한다.

유길준은 6월 12월 우에노[上野] 역에서 표를 사고 야행 기차로 아오모리[青森]로 갔다. 동행자는 가토 다케이에[加藤武家], 가토 다케오쓰[加藤武乙], 후카가와 준이치, 수도 겐지로[須藤源次郎], 사토 다다시[佐藤正]이다. 13일 오후 5시 반, 아오모리 시에 도착하고, 밤 0시 출항하는 효고마루[兵庫丸]를 타고 14일 오전 8시 반 하코다테[函館]에 도착하였다. 여기서 김응원이 합류하였다. 16일 삿포로[札幌]로 이동해서 야마모토[山本] 집에 숙박, 19일에 게이오기주쿠 동창회에 참여하였다. 19일 김응원 집에 숙박, 7월 9일 에사시[江差]로 이동하고, 7월 27일 오타루 군[小樽郡] 벳쇼[別所村]로 이동하였다. 일기는 오타루 체재 중인 8월 3일로 끝났다. 여기까지 유길준의 행적에서 그가 접촉한 인물은 다음과 같다.

이름	행적	이름	행적
가토 다케이에[加藤武家]	6.12-8.3 유길준과 같이 행동하였다고 추정	가토 다케오쓰[加藤武乙]	6.12-8.3 유길준과 같이 행동하였다고 추정
후카가와 준이치[深川淳一](지우록)	6.12-8.3 유길준과 같이 행동하였다고 추정	수도 겐지로 [須藤源次郎](주소록1)	6.12-8.3 유길준과 같이 행동하였다고 추정
*사토 다다시 [佐藤正](주소록 1)	6.12-8.3 유길준과 같이 행동하였다고 추정	야마모토[山本]	6.14 전화로 호출 그 집에서 숙박 6.16 그를 따라 삿포로로 이동하여 숙박
기쿠모토 나오지로 [菊本直次郎]	6.14 은행원. 초빙 면회 6.16 방문객	金應元(지우록)	6.14-8.3 유길준과 같이 행동하였다고 추정
우에다 이치타로 [植田一太郎]	6.17 음식	*이자카 신칸 [井坂眞幹](주소록1)	7.3 만남
*마쓰마에 조 [松前讓](주소로1)	7.9 찾아감 음식 7.10 음식 7.11 음식 7.12 음식 7.15 음식 7.29 음식	이마이즈미 가쓰타로 [今泉勝太郎]	7.9 음식 7.11 음식 7.15 음식 7.17 음식

아사이 세이키[淺井清規] (주소록1; 지우록)	7.9 음식 7.10 음식 7.15 음식	다자와 겐조[田澤健藏]	7.9 음식
사와다 겐코[澤田玄弘]	7.9 음식	노자키 하라사부로 [野崎原三郎]	7.9 음식
수미타니 쇼헤이[住谷尙平]	7.9 음식	세키카와[關川]	7.11 음식
*나가타키 마쓰타로[永瀧松太郞](주소록1; 지우록)	7.12 음식 7.18 방문객 7.29 음식	호리타 긴페이[堀田均平]	7.15 그 집에 숙박
스와[諏訪]	7.15 음식 7.17 음식	오시마[大島]	7.18 방문객
趙義聞(주소록1; 지우록)	7.27 大阪에서 올라옴		

출전:《北遊日記》. '*'는 일기에 姓만 적혀 있고 주소록으로 추정한 인물임.

홋카이도[北海道] 체재 중, 6월 23일에 이자카[井坂], 오무라[大村], 24일에 尙灝, 7월 27일에 조중응에게서 서한을 받았다. 조희문은 7월 27일 오사카[大阪]에서 올라왔고, 아사히카와[旭川] 제7 야전부대 관사(官舍)로 들어갔다. 7월 30일 항에는 "오이구두타구노", 31일 항에는 "니까치꼬아려"라는 암호가 적혀 있다. 이 암호가 무엇을 의미하는지 알 수 없다.[48] 다만 그 여행이 끝난 다음에 유길준은 쿠데타 계획을 한 걸음 진행시킨 모양인데, "士官中 同志를 어덧다 하시니 此事를 爲하야 다행하오나"(8월), "令監게셔는 日本同志人만 限 二百名 求得하시압"(10월) 등 불온한 음모를 기도하는 〈仁川來書〉가 그것을 증명하고 있다.

즉, 유길준이 1901년 2월부터 8월에 걸쳐서 일본 동서를 여행한 것은 쿠데타의 준비를 위한 것이었고, 여기서 만난 인물 중 몇 명은 실제로 쿠데타에 가담하였다. 그 대표적인 인물이 후카가와 준이치[深川淳一]였다. 기후[岐阜] 방면을 찾은 것은 후카가와의 고향이 기후였기 때문이고,[49] 홋카이도 방면을 찾은 것은 후카가와의 여동생이 그 지방에 사는 야마모토에게 시집갔기 때

48 참고로《行索》마지막 쪽에는 암호 변환표가 적혀 있는데, 그것을 사용해도 해독할 수 없었다. 그 암호 변환표는 다음과 같다.

ㄷ ㄱ ㅅ ㄴ ㅁ ㄹ ㅂ ㅎ ㅌ ㄲ ㅈ ㅇ ㅊ ㅍ

ㅎ ㅍ ㅌ ㄲ ㅊ ㅈ ㅇ ㅅ ㅂ ㅁ ㄹ ㄷ ㄴ ㄱ

變 ㅇ ㅂ ㄱ ㄴ ㄹ ㅁ ㅅ

49《지우록》에 기록되어 있는 후카가와 준이치의 주소는 "기후 현[岐阜縣] 세키[關町]"이다.

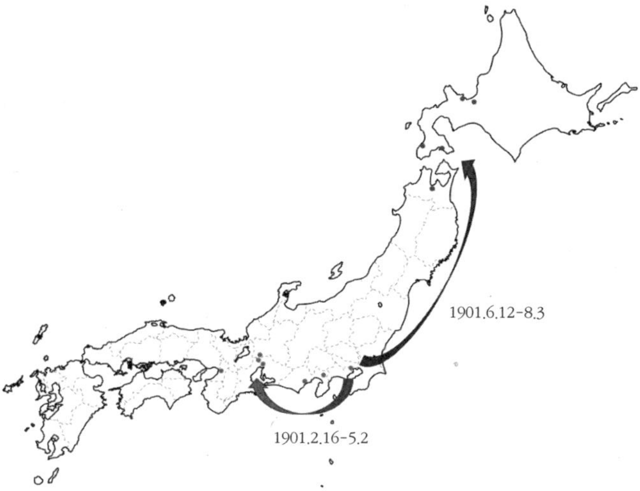

그림1. 1901년 유길준의 여행 경로

문[50]이라고 짐작된다.《주소록 1》에는 홋카이도 오타루[小樽] 거주자로 소에다 히쓰[添田弼], 나카타니 우키치[中谷宇吉]가 보이는데, 이들도 이때 만난 인물이라고 생각된다. 쿠데타 관여자 가토노 리쓰[上遠野栗]는 아키타[秋田] 출신이고, 유길준에게 서한을 내고 직접 만나기도 한 이자카 신칸[井坂眞幹]과 동향인이다. 쓰네마쓰 류케이[恒松隆慶]는 1897년에《北海道視察談》을 간행한 인물이었다. 또한 여행 중에 만난 기록이 없지만, 가토 다케지로[加藤武次郎]는 가토 다케이에와 가토 다케오쓰의 친족으로 추정된다.

5. 오가사와라 섬 유배 및 도쿄에 돌아온 후

쿠데타 실패로 유길준은 오가사와라 섬에 유배되었다. 이때 유길준이 주고받은 편지는 검열을 받았고, 일본 당국에 의해서 그 수발신자가 일부 기록되

50《북유일기》, 3-4쪽, "山本氏夫人即深川君妹也".

어 있다.[51] 그 인물을 주소록과 대조하면 다음과 같다.

주소록에 이름이 있는 인물	金英鎭(주소록 1; 지우록), 곤도 게이조[近藤圭三](주소록 1), 요시무라 요시치[吉村要質](주소록 1), 가토노 리쓰(주소록 1; 지우록), 尙灝(주소록 1), 시노하라 료카이[篠原亮海](주소록 1; 지우록), 수도 곤조[須藤今三](지우록), 수도 겐지로[須藤源次郎](주소록 1), 스즈키 조조[鈴木錠藏](주소록 1; 지우록), 張博(지우록) 陸鍾允[成田信雄](주소록 1; 지우록), 조중응[吉見仁達](주소록 1; 지우록), 시무라 지로[志村次郎, 혹은 시무라 후미지로志村文次郎](지우록), 아사누마 사다이치[淺沼禎一](지우록), 아라이 도쿠이치[荒井德一](주소록 1)
주소록에 이름이 없는 인물	다카시마 유비[高島指], 구도 이와마쓰[工藤岩松], 기쿠치 야마자부로[菊地山三郎], 오무라 도모죠[大村智三], 오야마 다다아키[大山忠章], 오야마 안쇼[大山安正], 다마키 류키치[玉木留吉], 우노 요시타로[宇野義太郎], 이선재(李璿在), 가와시마 사다지로[川島定次郎], 시미즈 요시모토[淸水義質]

오가사와라 유배 중에 유길준과 연락을 유지한 인물은 그 인맥에 비해서 한정된 것이었고, 여기서 통신을 한 인물도 대부분은 인적 사항을 파악할 수 없다. 혹은 조선인이 일본식 이름을 쓰고 있거나 가명, 지인을 통해서 연락하고 있을 가능성 등도 있기는 하나[52] 이를 좀 더 깊이 고찰할 방법은 없다.

유길준 망명생활 중 오가사와라 체류는 1902년 5월부터 1906년 3월까지 약 4년간에 걸쳐 있다. 그간 섬 주민들과 교류를 하고 있었던 모양이다. 주소록에는 아자카 다이치로[阿坂多一郎](주소록 1), 아리 고타로[阿利孝太郎](주소록 1), 사메지마 세이준[鮫島正純](지우록)이 기록되어 있다. 또한 유길준이 서거하였을 때 하치조시마[八丈島] 출신 아메노모리 데쓰노조[雨森鐵之丞], 오쿠무라 시게루[奧村茂]가 조의 서한을 보냈다.[53]

유길준은 1906년 3월 21일 오가사와라에서 도쿄로 돌아와, 조희연 집에 숙박하였다.[54] 이후 유길준은 조희연과 행동을 같이하고 있다. 그 1년 후 1907년 3월 7일 《萬歲報》에 유길준의 미정고 〈政治學〉의 일부가 게재

51 《要視察韓國人擧動》 3, 1904년 5월 5일 〈韓人ノ動靜〉, 41-42쪽 ; 1904년 7월 30일 〈兪吉濬의 書信 發受信者 名單〉, 64쪽 ; 1905년 4월 12일 〈韓人動靜〉, 97-98쪽 ; 1905년 7월 26일 〈韓人ノ出入ニ付〉, 116쪽 ; 1905년 11월 28일 〈韓人ノ來往〉, 132-133쪽.

52 《주소록 1》에 실려 있는 망명 한국인 중에는, 趙重應=吉見仁達, 陸鍾允=成田信雄 등 일본식 이름이 기록되어 있는 자도 있다.

53 《弔狀》(신자료).

54 《要視察韓國人擧動》 3, 1906년 3월 24일 〈韓國亡命者ニ付テ〉, 141쪽.

되었다.[55] 《萬歲報》에 〈政治學〉이 실린 배경에 대해 선행 연구에서는 언급이 없다.

《萬歲報》에 〈政治學〉이 실린 과정은 동아청년회(東亞靑年會), 일한동지회(日韓同志會)[56]와의 인맥을 통해서 이해할 수 있다. 동아청년회는 1904년 9월 10일 도쿄(東京)에서 발기하였는데, 발기인 명단은 다음과 같다.

> 나카무라 다하치로[中村太八郎](주소록 1; 지우록), 이시카와 야스지로[石川安次郎](지우록), 야마지 미키치[山路彌吉, 혹은 야마지 아이잔山路愛山](주소록1), 히구치 히데오[樋口秀雄](지우록), 마루야마 나가토[丸山長渡], 호카쿠 젠쿄[寶閣善教], 가토 마사하루[加藤正治], 다키무라 아야오[瀧村斐男], 구쓰미 야스타다[久津見息忠], 아네자키 세이지[姉崎政治], [이하 5명은 중국인]范源廉, 陸世芬, 王榮樹, 楊度, 黎淵

발기인 중 주된 멤버로 나카무라 다하치로[中村太八郎], 이시카와 야스지로[石川安次郎], 야마지 아이잔[山路愛山], 히구치 히데오[樋口秀雄]가 유길준의 주소록에 기록되어 있다. 기타 나카무라 미로쿠[中村彌六](주소록 1), 우에노 야스타로[上埜安太郎](주소록 1), 가나자와 쇼자부로[金澤庄三郎](주소록 1, 지우록), 가지 주에이키치[加治壽衛吉](주소록 1)도 동아청년회, 일한동지회 멤버이다.[57]

조선인이 동아청년회에 처음 참가한 것은 1905년 1월 15일 제5회 간화회(懇話會)였다. 그때 참가자의 성명은 알 수 없다. 3월 5일 정례회[例會]에는 이인직(李人稙), 주일공사 조민희(趙民熙), 역관 박영순(朴永純)이 참가하였다.

---

55 〈政治學〉의 분석에 대해서는 다음 성과를 참조. 윤병희, 〈유길준의 입헌군주제론 : 미정고 〈政治學〉을 중심으로〉, 앞의 책.

56 동아청년회와 일한동지회는 구성원이 거의 같은 단체였다. 그 개략에 대해서는 池川英勝, 1990, 〈日韓同志會について〉, 《朝鮮學報》 135. 이하 각주 없이 기술되어 있는 부분은 이 논문에 의거하였다. 또한 '일한동지회'는 일본인이 주된 활동자였기 때문에 원문대로 '일한'으로 표기한다.

57 平野義太郎, 1938, 《普選-土地國有論の父中村太八郎傳》, 中村マリ, 81-82·84쪽.

1906년 3월 5일 이시카와 야스지로의 귀국 환영회에서 조중응 및 유학생들이 참가하였다. 유길준도 1907년 춘계대회에 참가한 것이 확인된다. 이시카와 일기에 의하면 1907년 2월 15일과 26일에 이시카와와 나카무라 다하치로는 박영효, 유길준과 가이라쿠엔[偕樂園]에서 만났다.[58] 유길준의 일한동지회 참여는 많이 확인되지 않지만, 귀국 후 유길준이 자주 교류한 일본인은 일한동지회 멤버들이었다.

나카무라 다하치로는 다루이 도키치(주소록 1)와 친한 사이였다.[59] 유길준 주소록에 다루이가 기록되어 있는 것은 나카무라와의 인맥에 의한 것이다.

동아청년회, 일한동지회에서 주목되는 것은 1905년 3월 5일부터 참가가 확인되는 이인직(李人稙)이다. 그는 유길준의 주소록에 없다. 그것은 그가 1906년 2월에는 국민신보사 주필로 귀국하고 있기 때문에 유길준과 직접 면식이 없었기 때문이다. 그는 6월에는《萬歲報》주필이 되어 있었다.《萬歲報》는 동학 손병희(孫秉熙, 지우록) 계열의 신문이었고, 그 사장은 오세창(吳世昌, 주소록 1, 지우록)이었다. 오세창은 혁명일심회 사건에서 유길준에 가담한 인물이다.

유길준과 동학의 관계는《주소록 2》에서 확인된다. 즉, 여기에 기록되어 있는 유학생 중 상당수가 '단지동맹'에 참여한 유학생이었다.[60] 여기서 그 이름을 열거하면 다음과 같다.

《주소록 2》인명 중 단지동맹 참가자 (36명 중 20명)
金潤英, 金昌河, 金致鍊, 閔在賢, 朴允喆, 白宗洽, 徐允京, 安希貞, 梁大卿, 劉永熙, 李善暻, 李允燦, 李熙澈, 張景洛, 張雲龍, 鄭利泰, 崔忠昊, 韓文善, 韓文彦, 咸俊灝

58 池川英勝, 앞의 글, 107쪽.

59 田中惣五郎, 1930,《東洋社会党考》, 一元社, 3쪽.

60 동학교단 파견 유학생 및 '단지동맹'에 대해서는 다음 성과를 참조. 이용창, 2011,〈東學敎團과 (合同)一進會의 일본 유학생 파견과 '斷指同盟'〉,《동학학보》22. 이 논문을 근거로 동학교단 파견 유학생, 및 단지동맹자를 특정하였다.

유길준이 일본에서 동학 교주 손병희와 교류하고 있었다고 하는 실마리는 잡지 못하였으나,[61] 이인직, 오세창, 및 동학교단 파견 유학생들과의 관계를 보면 유길준은 이 시기 동학교단과 접점이 있었다. 또한 유길준이 귀국 후 일부 일진회원과 자주 교류하게 되는 것도 동학교단과의 관계에 의한 것이라고 생각된다.

《萬歲報》를 보면 1906년 7월 7일자에 이시카와의 한문 논설이 게재되었다.[62] 다음에 〈東亞青年會報謄 世界主義與國家主義(淸國人 楊度)〉가 게재되었다.[63] 이러한 보도에는 이인직과 동아청년회, 일한동지회의 관계가 작용되어 있다. 유길준 저작 〈政治學〉도 이인직, 오세창의 인맥을 통해서 《萬歲報》에 게재되었다고 볼 수 있다. 《萬歲報》에는 장문 논설이 다수 게재되어 있는데, 그러한 논설 중에는 유길준의 저작이 숨어 있을 가능성도 있다.

유길준의 망명 전의 주소록인 《주소록 1》에는 여기까지 언급하지 않았던 인물이 상당수 남아 있다. 그 중 나가노 현[長野縣],[64] 야마나시 현[山梨縣],[65] 후쿠이 현[福井縣],[66] 도야마 현[富山縣][67]에 거주하는 인물이 한 묶음으로 기록되어 있는 것은 주목할 만하다. 주소록만으로 판단하면, 유길준은 오가사와라 섬에서 도쿄로 돌아온 후, 한번 일본 중부 북방을 여행한 듯하다. 그 자세한 행적은 파악할 수 없었다. 다만 1906년 12월 3일 富山賣藥同業組合事務長 히나타 우하치로(日南田宇八郎, 주 1-100)와 유길준 사이에 맺어진 매약에 관한 〈約定書〉(신자료)가 남아 있어, 유길준의 여행 목적을 살필 수 있

61 손병희는 망명 중 李祥憲이라는 변명을 사용하고 있었다고 하는데, 다른 변명도 가지고 있어 주소록에 숨어 있을지도 모른다.

62 《萬歲報》, 1906년 7월 7일자 1면.

63 《萬歲報》, 1906년 7월 12일자 1면.

64 田原秀人, 淺川是勝, 湯本安運, 井出登一郎, 新田新三郎, 金山龜儀, 田中敏理, 內村日助.

65 篠原信康, 村松志孝, 土屋喜一郎, 河野豊佐, 小野由馨, 村松甚藏.

66 山品捨錄, 土生彰, 東鄕龍雄, 黑田懿十郎, 塚原儀三郎, 辻岡卓, 石田磊, 狛教澄, 大九保鋑彌, 竹尾茂, 篠原龍治.

67 日南田宇八郎.

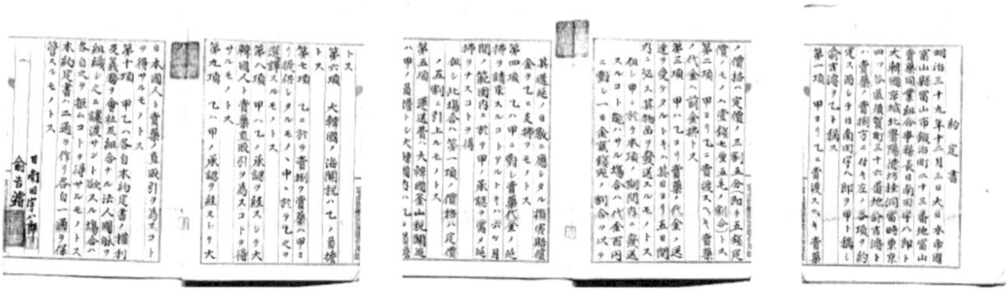

그림2. 約定書(1906년 12월 3일)

다.(그림2 참조)

이 〈약정서〉에 의하면, 유길준은 히나타에게서 정가의 35% 가격으로 약을 사들이고 한국 내에서 판매하는 계약을 맺고 있다. 실제로 유길준이 매약사업을 전개하였는지는 불분명하다. 다만 1906년 12월이라는 시점은 아직 귀국 가능성 여부도 분명하지 않는 시기이다. 위에서 살펴보았듯이 유길준은 오세창 등을 통해서 한국 언론에서 의견을 말할 수 있었다. 같은 식으로 일한동지회 멤버의 인맥을 통해서 유길준은 무역 중매도 시도하였다고 짐작된다.

그림3. 1906년 유길준의 여행 경로(추정)

즉, 유길준은 산업 진흥이라는 확고한 목적을 가지고 중부 북방을 여행했던 것으로 생각된다. 후쿠이 현 거주자 중 야마시나 샤로쿠[山品捨錄]는 후쿠이 시장[福井市長]이고, 구로다 이주로[黑田懿十郎]는 후쿠이 현 보안과장(保安課長), 쓰카하라 이사부로[塚原儀三郎]는 후쿠이 시 조역[福井市助役], 쓰지오카 타쿠[辻岡卓]는 시회 의장(市會議長), 이시다 라이[石田磊]는 규주니국립은행장[九十二銀行頭取]이었다. 이러한 인적 사항으로 짐작해 보면 유길준은 후쿠이 현에서는 정치가 및 유력자와 만나고 무엇인가 운동을 하고 있었던 듯하다. 한편 나가노, 야마나시[山梨]에서 만난 인물 중에는 정치적 영향력을 가진 유력자는 없는 듯하다. 다만 일한동지회 중심 멤버인 나카무라 다하치로의 고향이 나가노였고, 그는 병합 후에 유길준을 통해서 나가노의 농작물 및 양잠을 조선에 이식하는 것을 꾀하고 있었다.[68] 주소록에 나오는 나가노, 야마나시 거주 사람들은 그 토지의 상공농업 유력자들이었다고 생각된다.

6.《지우록》을 통해서 본 자강운동 참여자와 유길준

1907년 유길준은 오랜 망명 생활을 마쳐 귀국하였다. 그 후 유길준은 흥사단, 한성부민회를 비롯하여 자강운동, 경제활동의 리더로서 활약하였다. 이 시기를 '후반기'로 규정하고자 한다. 유길준 후반기의 인맥을 고찰하기에 앞서 유길준이 남긴 주소록 자료《지우록》을 통해서 그의 인맥을 개관하고자 한다. '머리말'에서 언급했듯이《지우록》은 1907년부터 기록되기 시작하였지만, 대부분은 1911년 이후에 정리한 것이다. 거기에 기록된 인물은 대부분 유길준이 귀국한 후 교류를 가진 사람들로 사료된다. 〈표1〉은《지우록》에 기재된 한국인의 자강운동 단체 참여 실태를 정리한 것이다.

68 예컨대 1911년 9월 4일자 中村太八郎이 유길준에게 부친 편지. 신자료인 서한 자료는 다음 기회에 정리 분석하겠다.

표1.《지우록》에 기재된 한국인의 자강운동 단체 참여 실태 조사

단체명	관계 인물	인원수
大韓自强會	金基純 金明濬(평의원) 羅壽淵(총무) 朴章煥 安秉瓚(간사원) 魚瑢善(총무) 吳相奎 柳秉珌(투고) 劉元杓 尹致昊(회장) 尹夏榮 李道榮(간사원) 李命健(간사원) 李炳烈 李升鉉 李昌熙 李喜轍 鄭顯哲 趙鼎國 太明軾(평의원) 洪淳七 洪在祺 洪忠鉉	23 (9)
大韓協會	權東鎭(평의원) 權承夏 (평의원) 金聖基 金永燦(지회 평의원) 金永哲(지회 평의원) 金祐翼(지회 평의원) 金應元 金彰漢 閔泳殷 朴章煥 徐相八 申錫麟 申應熙 安秉瓚 安濯 吳世光 吳世昌(부회장) 柳秉珌 兪鎭泰 柳海昌 陸定洙(교육부원) 尹炳奎 尹致昭 尹夏榮 李圭完 李基燦(지회 평의원) 李道榮(교육부원) 李敏卿(평의원) 李淵會 李重愚 李春世 鄭達永(투고) 鄭顯哲 鄭薰謨(투고) 鄭熙燦 趙鼎國(지회 평의원) 千章郁 崔時榮 太明軾(평의원) 韓圭錫 許璡 洪淳昌 洪忠鉉	43 (14)
進步會	李容台(발기인)	1
一進會	具然壽(평의원) 金明濬(총대) 尙灝 安淳煥(紀念會 茶果委員) 芮宗錫 崔相浩 崔廷德(총무원) 韓錫振(총무원) 洪肯燮(부회장)	10
西友	金明濬(부회장) 金祥演 金英鎭 金永哲 金祐翼 安秉瓚(평의원) 安濯(평의원) 吳相奎 兪鎭浩 尹德榮 尹炳奎 李基燦 李達元(서기원) 趙志瀚 太明軾 韓敎學 洪淳七	17 (4)
西北學會	權承夏 金明濬(평의원) 金相鎬 金英鎭 金鐸 南鳳熙 文錫琬 安濯 吳相奎(회장) 劉元杓(투고) 兪鎭浩 尹致旿(찬성원) 尹鎬烈 李基燦 李吉賢 李達元(평의원) 李炳觀(교사) 張鳳鎭 太明軾(평의원) 韓敎學 韓圭錫 洪淳國(지회 평의원) 洪淳七	23 (8)
畿湖 興學會	康元達(지회 교육부장) 高源植 高允默(찬무원) 金敎先(찬무원) 金世熙 金容達 金允植(찬무원) 金鎭燮(찬무원) 金彰漢(찬무원) 金春熙(찬무원) 金鴻圭 羅壽淵(찬무원) 南泌祐 閔泳殷(찬무원) 朴夔和 徐相八(평의원) 徐相勛(찬무원) 徐載德 成樂憲 孫秉熙 宋之憲(찬무원) 申鉉直(지회 평의원) 安鍾元[安鐘元](찬무원) 魚瑢善(평의원) 嚴柱益(찬무원) 嚴俊源(찬무원) 吳世昌(평의원) 元應常(찬무원) 劉文煥(찬무원) 柳秉珌(평의원) 兪承兼(평의원) 兪鎭泰(평의원) 兪致憲(찬무원) 尹德榮(찬무원) 尹炳奎 尹晶錫(찬무원) 尹致旿(평의원) 尹泰興 尹弼求 李基東 李基燦 李敏卿 李範來 李範益 李升圭 李完珪 李容泰(찬무원) 李章魯(교사) 李載崑(찬무원) 李鍾振 李軫鎬 李春世(평의원) 張斗鉉[張斗玹] 張憲植(평의원) 鄭顯哲(찬무원) 鄭薰謨(찬무원) 鄭熙燦(찬무원) 趙同熙(찬무원) 趙秉健(찬무원) 趙重完(찬무원) 趙重應(찬무원) 崔炳憲(찬무원) 崔思永(찬무원) 崔錫敏(찬무원) 崔鎭 韓肯鎬(찬무원) 韓相龍(찬무원) 韓錫振(찬무원) 韓昌履(평의원) 許璡(찬무원) 洪肯燮(찬무원) 洪忠鉉(찬무원)	72 (49)
湖南學會	具本舜[具本淳](평의원) 金相閏 金永哲(지회 경리부장) 朴榮喆(총무) 白寅基(재무부장) 蘇錫政(평의원) 李大圭 李淵會 鄭達永(서기원) 鄭應卨(평의원)	10 (7)
嶠南 敎育會	具然壽 權秉悳 金性璂(학무원) 金賢默 尙灝(평의장) 孫庚鉉 孫之鉉(총무) 柳寅植 李謙來(회장) 李重華(평의원) 鄭恒謨(평의원) 崔廷德(평의원)	12 (7)
大東學會	金祥演 金永燦[金永粲] 金允植 金春熙(찬무원) 閔泳殷 白南奎 徐相勉(평의원) 徐相勛(평의원) 成樂憲(규칙조사위원) 孫庚鉉 申應熙 申載永[申載泳] 魚瑢善 元應常 兪承兼(투고) 柳赫魯(평의원) 尹德榮[尹悳榮](평의원) 尹德榮 李健宇 李根豊 李升鉉(평의원) 李載崑 李重愚 李春世 張博(博文科長) 張憲植 趙同熙(찬무원) 趙秉健(평의원) 趙重應(평의원) 許璡	30 (12)
大韓 俱樂部	金寬鉉 金祥演 金相閏[金相潤] 金彰漢 羅壽淵(평의원) 朴榮喆(찬성금청구위원) 尙灝(평의원) 安鍾元 魚瑢善(부장) 芮宗錫 吳台煥(편찬원) 元應常(편찬원) 劉文煥(평의원) 兪承兼(평의원) 兪鎭明 尹致旿(임시부장) 尹致昊 李道榮 李炳烈 張憲植 鄭薰謨(찬성금청구위원) 崔錫敏 太明軾(편찬원) 韓相龍(찬성금청구위원) 洪在箕(평의원)	25 (13)
中央學會	申宜碩 柳秉珌(교사) 尹德榮 李康賢(학감) 李基東(교사) 李命求(교사) 李重華(교사) 趙同熙 崔奎東(교사) 崔鎭 洪在祺	11 (6)
經濟硏究會	金春熙(고문) 朴榮喆(발기인) 嚴柱益(찬성장) 尹晶錫(발기인) 李春世(평의원)	5
漢城 手形組合	金允植 金鎭燮 白寅基 尹晶錫 崔思永 韓相龍	6
法學協會	金祥演(평의원) 劉文煥(평의원) 柳秉珌 兪承兼(평의원) 柳海昌 李基燦(간사) 李元稙(간사) 張憲植(회장) 鄭達永 崔鎭 洪在祺(회장)	11 (7)
國民 敎育會	徐相八 吳相奎 兪承兼 兪鎭泰 兪鎭浩 李道榮 洪在箕	7
國民學契	金明濬 徐相八 魚瑢善 柳秉珌 兪承兼 兪鎭泰 兪鎭浩 兪夏濬 尹致昊 尹夏榮 李命健 李範益 李淵會 李容泰 李浩升 鄭斗源 鄭應卨 鄭恒謨 趙重完 趙重恩 崔炳憲 崔錫敏 洪淳七 洪在箕	24

興士團	金祥演(총무) 金允植(회장) 羅壽淵(평의원) 魚瑢善(평의원) 吳相奎(평의원) 劉文煥(평의원) 兪承兼(평의원) 尹致旿(평의원) 張憲植(평의원) 韓錫振(평의원) 洪在箕(평의원)	11
天道教 中立會	金明濬(발기인) 朴寅浩(발기인)	2

출전:《畿湖興學會月報》,《大韓自强會月報》,《大韓協會會報》.《西友》,《西北學會月報》,《嶠南教育會月報》,《湖南學報》,《大東學會月報》,《大韓俱樂》,《元韓國一進會歷史》,《天道教創建史》,《國民學契》,《中央學會沿革》,《漢城手形組合規約及沿革》,《經濟研究會趣旨書》, 崔起榮, 1997,《韓國近代 啓蒙運動研究》一潮閣, 205쪽.

※ 인명 옆 ( ) 는 주요 직책, [ ]는 자료상의 표기이고 동일인물로 추정되는 경우. 주목할 만한 단체는 합계 옆에 임원 합계를 ( ) 안에 병기하였음.

〈표1〉에서는 통감부 시기 전후에 나타난 각종 자강운동 단체 중 유길준의 인맥과 관계를 정리하였다. 다만 노동회(노동야학회), 경성고아원 등은 그 구성원의 전체상을 밝히지 못하였기 때문에 제외하였고, 한성부민회는 몇 번에 걸쳐서 구성원과 성격이 변화했기 때문에 제외하였다. 각 단체의 규모가 다르기 때문에 단순 비교는 할 수 없으나, 이 표를 통해서 유길준과 연결되는 인물들이 여러 단체에 걸쳐서 확인되는 것을 알 수 있다.

〈표1〉을 보고 먼저 눈에 띄는 것은 교육관계 단체에 소속된 인물과의 교류이다. 유길준은 흥사단 설립 등 교육활동에 주력하고 있었기 때문에 이러한 인맥이 두터웠던 것으로 생각된다. "本會精神은 是教育的이오 非政治的이라"[69]고 취지를 선언했던 기호흥학회 관계자가 가장 많았고, 호남학회, 교남교육회 관련 인사들은 대부분 단체의 임원이다. 유길준은《勞動夜學讀本》을 호남학회에 기부한 적이 있는데,[70]《지우록》에서도 호남학회와의 관계를 알 수 있다.

한편, 대한협회, 서북학회, 일진회 등 정치적 성향을 가진 단체 소속자도 다수 확인되었다. 그런데 이러한 정치 지향적 단체에서 사회적 지도자로서 저명한 인물들이 대부분 빠져 있는 것이 특징적이다. 예컨대 대한협회의 대표적인 인물인 윤효정, 장지연, 서북학회의 대표적 인물인 정운복, 박은식, 혹은《대한매일신보》주필 신채호 등이 등장하지 않는다. 대한자강회 회장을 맡았던 윤치호는《지우록》에 이름이 적혀 있지만,《조문록》에는 나타나

69《畿湖興學會月報》1, 1908년 8월, 12쪽.

70〈奬勵勞働〉,《皇城新聞》, 1907년 7월 25일자 2면.

지 않는다. 일진회는 전체 회원을 파악할 수 없는데, 평의원 등 중심 멤버에 한정해서 보아도 유길준과의 관계는 깊지 않다. 무엇보다도 이용구, 송병준과 같은 가장 핵심적인 인물이 나타나지 않는다.

〈표1〉에서 주목할 만한 것은 한성수형조합이나 경제연구회 등에 소속된 산업계 인사들과 유길준의 관계이다. 이미 기존 연구에서 지적하고 있듯이,[71] 《지우록》을 통해서도 유길준과 산업계 인사들의 관계를 명확하게 할 수 있다. 이상 유길준은 각 사회운동 단체 관계자들과 폭넓은 교류를 하고 있었던 것이 확인되었는데, 그 교류 양태에는 어떤 경향이 있는 듯 보인다.

이와 같은 유길준의 인맥을 전제로 하고, 이하 유길준의 행적을 귀국 전후부터 살펴보도록 한다.

7. 귀국과 자강운동 참여 과정: 대동학회, 흥사단

러일전쟁 후 고종의 권력이 약화되자 망명자들은 점차 귀국하기 시작했다.[72] 1906년 1월에 오세창, 권동진이 귀국하였고, 3월에는 조중응, 정진홍(鄭鎭弘), 한석로(韓錫璐)가 귀국하였다. 박영효는 6월 8일 비밀리에 귀국하였고, 12일에 사면을 받았다. 그러나 박영효는 1907년 7월 고종 황제 폐위에 반대하고 제주도에 유배당하였다.

일본 당국이 첩보한《要視察韓國人擧動》[73]을 보면, 일본 당국은 1907년 7월 25일부터 유길준의 동정을 자세히 탐지하고 있었음을 알 수 있다. 7월 25

71 강재순, 2003, 앞의 논문 ; 月脚達彦, 2009, 앞의 책, 제3장 등.

72 망명자의 귀국에 대해서는 다음 연구를 참조. 서영희, 2003,《대한제국 정치사 연구》, 서울대학교출판부, 366-380쪽. 주요 망명자의 귀국 날짜는 〈표 3-7〉(374쪽)에 자세히 정리되어 있다. 이하 서술은 이 논문을 참조.

73 국사편찬위원회 편, 2001,《要視察韓國人擧動》3, 203-215쪽. 이하 주 없이 설명한 부분은 이 자료에 의거한 것임.

일 오전, 유길준은 조희연 집을 방문하고 오후 3시 40분에 아오야마(青山)까지 가기 위해 외출하고 밤까지 귀택하지 않았다. 26일에는 이범래 집을 방문하고 그와 같이 조희연 집을 방문하였다. 27일에는 오전 9시에 나가고 정오에 귀가 후 다시 나갔다. 신문 보도에 따르면, 28일에는 망명자 일행과 같이 조희연 집에 모여서 무엇인가 협의하였다고 한다.[74] 29일은 오전에 외출한 후, 오후에 다시 나가 조희연 집을 방문하였다. 30일 역시 조희연 집을 방문하고, 오후 6시 요리점에서 송별회를 가졌다. 8월 5일 오후, 조희문, 이진호(李軫鎬) 집을 방문하였고, 6일도 오후 3시 조희문 집을 방문하여 같이 장박 집을 방문하고 밤까지 돌아오지 않았다. 8일 오전 11시 다시 조희연 집을 방문하고, 일단 귀택한 후 이타가키 다이스케[板垣退助] 집을 방문하였다. 이때의 일은《東京朝日新聞》,《大阪毎日新聞》에도 보도되었고,[75]《皇城新聞》도 기사를 번역하여 국내에 소개하였다.[76] 9일, 조희연 집을 방문하고 밤 10시에 귀택하였다. 10일에는 아침 9시부터 귀국 인사를 위해 돌아다니고, 오후 5시 조희문 집을 들렀다가 조희연, 이범래, 조희문과 같이 외무성 관리 주최의 송별회에 참가하였다. 이즈음 유길준은 일본 내각대신 사이온지 긴모치[西園寺公望]에게 편지를 보냈다.[77] 11일은 아침 8시부터 외출하고 일단 귀택한 후 오후 5시에 조희연 집을 방문하고 일한동지회 주최의 송별회에 참가하였다. 13일 오후 3시 유길준은 장박, 조희연, 조희문, 이범래, 이진호, 최정덕(崔廷德)과 같이 신바시[新橋]역에서 기차를 타고 귀국길에 올라갔다.

이상이 귀국 직전의 유길준의 동정인데, 거의 매일 조희연의 집에 가고 있었음을 알 수 있다. 7월 27일자 보도는 "망명객들은 사죄(赦罪)를 받을 것이

---

74 〈韓國亡命客の密會〉,《讀賣新聞》, 1907년 7월 30일자 1면.

75 〈兪吉濬氏の板垣伯訪問〉,《東京朝日新聞》, 1907년 8월 10일자 4면 ; 〈板垣伯と亡命韓客〉,《大阪毎日新聞》, 1907년 8월 10일자 2면.

76 〈兩氏談話〉,《皇城新聞》, 1907년 8월 13일자 2면; 윤병희, 1998, 앞의 책, 24-25쪽.

77 《東京日日新聞》에 보도된 유길준의 편지가《皇城新聞》에 전재되어 있다(〈兪氏長書〉 1907년 8월 21일자 2면). 〈建白書〉,《兪吉濬全書》Ⅳ, 347-348쪽 ; 윤병희, 1998, 앞의 책, 58쪽.

다”라는 소문을 전하였다.[78] 8월 10일자에서는 “조 법부대신으로부터 이 기회를 이용해 귀국하는 것이 좋겠다는 편지가 있었고, 이토 통감도 이의가 없다고 관계자에게 공보가 있었”기 때문에 귀국을 결심하였다고 보도하였다.[79] 조중응은 먼저 귀국한 망명자로 1907년 5월 25일에 법부대신에 임명되었다.[80] 조중응이 국내의 안전을 보장하는 것을 확인하고 귀국을 모색하기 시작한 것이다. 이 편지도 24일 이전에 받은 것으로 추정된다. 우쓰노미야 다로[宇都宮太郎]는 이 시기 망명자들과 만난 것을 일기에 기록하였다.

> 1907년 7월 24일(수)
> 조선의 망명객이자 오랜 지인인 전 법부대신 장박(張博) 內營. 근일 귀국할지도 모른다고 말하기에 다른 망명자 전 육군대신(자료 그대로 — 필자 주) 조희연, 동 내부대신 유길준, 대대장 이두황, 이범래, 이진호와 같이 내일 오후 4시에 집에서 같이 식사 하자고 전하자 승낙하여 갔다.
>
> 1907년 7월 25일(목)
> 오후 4시부터 약속대로 조선인 망명자 6명 놀러옴. 오랜만에 서로 술을 마심. 마침 어제 24일 체결 일한신협약 발표 신문 호외를 받아 그들은 조금 불안한 표정이다. 나는 선언해서 “조선의 오늘 운명은 어쩔 수 없지만 그들[조선인]의 입장에 대해서는 동정을 금할 수 없다. 우리 私交는 사교이다. 國事는 국사이다. 여러분이 귀국하는 날, 일본에 대해 반항의 깃발을 휘두를 것도 물론 자유이다. 나는 역시 우리나라를 위하여 兵馬 사이에 여러분과 만날 것이다. 그러나 일이 끝나면 여러분과 따뜻한 사교를 회복할 것을 오늘과 같이 하자. 원래 내 의견으로는 오늘과 같은 경우 일본에 반항하는 것이 좋은 방법은 아니라고 생각한다. 나의 원래 지론(宿論)은 연방론이다”라고 말했다. 유길준은 뭔가 말하면서 [일본과]협동해서 백인에 맞서지 않을 수 없다는 논의를 하였는데, 본심인지, 본심이라고 해도 귀국해서 음모의 화중에 휩쓸리지 않을지 매우 의심스럽다. [유길준은] 6명 중 가장 마음을 놓을 수 있는 快人物이다. 장박, 조희연은 의리가 굳센 인물이다.[81] (강조 및 [ ]는 필자)

---

78 〈現在の亡命客〉,《東京日日新聞》, 1907년 7월 27일자 3면.

79 〈亡命韓客歸國の事情〉,《大阪每日新聞》, 1908년 8월 10일자 2면 ; 〈韓國亡命者の歸國〉,《東京日日新聞》, 1907년 8월 10일자 3면.

80 〈敍任〉,《官報》, 1907년 5월 26일자.

81 宇都宮太郎關係資料硏究會 編, 2007,《日本陸軍とアジア政策 陸軍大將宇都宮太郎日

이 기록에서 망명자가 24일에 귀국 준비를 시작한 것이 제 3차 한일협약의 소식을 접하기 전이었던 것을 알 수 있다. 우쓰노미야는 한국의 말로를 예견하며 서로 국가를 위해 싸울 일이 있어도 친교를 유지하자고 말하면서도, 일본에 저항하는 것은 현명한 선택이 아니라고 충고하고 '연방'을 지향해야 한다고 주장하였다. 이에 유길준은 동조하는 태도였다고 하나, 우쓰노미야는 그것을 의심하고 있었다. 그럼에도 불구하고 그는 유길준을 가장 신뢰할 수 있는 인물이라고 높이 평가하고 있다.

우쓰노미야의 말에 동의하였는지 확실하지 않지만, 유길준은 동아청년회에 보낸 편지 중에서도 "지금 조선이 절대로 일본에 미치지 못하고, 만약 조금이라도 반대하면 즉 나라는 막대한 손해를 받을 것이다"라고 하고, "헛되이 일본에 반대하지 말고 친근히 신용하고 서로 아끼고 성심으로 서로 도우면 국가는 보전될 것이다"라고 말하고 있다.[82] 또한 유길준은 1907년에 《大東合邦論》(1893)의 저자 다루이 도키치를 만나 그의 저서《日韓聯邦條規私案草稿》(1907)를 받은 적이 있다.[83] 다루이는 동아청년회 및 일한동지회의 중심인물인 나카무라 다하치로와 친한 사이였고, 주소록에 이름이 보이듯이 나카무라는 유길준과 친했다.《日韓聯邦條規私案草稿》의 서언(緖言)은 동아청년회의 신문인《東亞》에 전재되어 있다.[84] 즉 유길준은 일본에서 연방론을 지지하는 인사들과 교류가 있었다.

유길준 일행은 8월 12일 오후 3시 신바시[新橋] 역을 출발하였다. 이때 "우사가와[宇佐川] 군무국장, 야마자[山座] 정무국장 및 한국인 유학생 100여 명이 배웅하였다"고 한다.[85] 도중 14일에 시모노세키[下關]에서 이토 히로부미

記》1, 岩波書店, 129-130쪽.

82 〈兪吉濬君之書翰〉,《東亞》26, 1907년 10월 16일, 32쪽;《俞吉濬全書》V, 281쪽.

83 앞에서 언급했듯이《주소록 1》에서 다루이 도키치 이름을 확인할 수 있다. 또한《日韓聯邦條規私案草稿》(1907)는 '유길준 관련 신자료'에 포함되어 있다.

84 〈日韓聯邦の議〉,《東亞》18, 1907년 2월 10일자 1면.

85 〈亡命韓客歸國〉,《大阪每日新聞》, 1907년 8월 13일자 2면.

[伊藤博文] 통감을 만나 귀국하더라도 정치에 관여하지 않을 것을 약속하였다.[86] 15일 부산항에 도착,[87] 16일 오후 9시 남대문에 도착했다.[88]《大阪每日新聞》에 따르면 친척과 친구들 수백 명이 정거장에 마중 나와 크게 환영하였다고 한다.[89] 일본에서의 배웅과 남대문에서의 환영을 보면, 유길준은 오래 망명했음에도 불구하고 많은 사람들에게 지지를 받고 있었고 귀국 후 바로 지도자로서 활동할 기반을 가지고 있었던 것을 알 수 있다.

그러나 유길준은 귀국 후 바로 행동하지 않았다. 9월 6일에 망명자들에 대해 사면이 내렸고,[90] 유길준은 궁내부 특진관에 임명되었으나,[91] 세 번 사양하고 관직에 올라가지 않았다. 10월 말에 집필한 〈平和光復策〉을 공개한 이외에 두드러진 활동을 하지 않았다. 11월 6일자《皇城新聞》은 유길준이 일본 황태자에게서 1천 원을 받았다고 보도하기도 하였다.[92] 11월 7일에는 계산학교(桂山學校)와 고아원에 20원씩 기부하였고,[93] 11월 9일에는 수원에서 하루 머물면서 수원농림장을 구경하였다.[94]

유길준은 귀국 이후 많은 인사들과 교류하였지만, 기존의 자강운동 단체에는 거의 관여하지 않았다. 그 중 유일하게 참여한 단체가 대동학회(大東學會)였다.《대동학회월보》에는 회원 및 '강사'로 유길준 이름이 기록되어 있고, 또한 그의 〈時代思想〉이라는 글이 게재되어 있다.[95] 유길준이 기존 자강운동 단체 중 대동학회에만 참여한 것은 앞에서 확인한 귀국 전의 인맥과 관

86 1907년 8월 14일자 〈趙義淵·兪吉濬·張博 외 六名 歸國에 앞서 滯日中인 統監과의 面談件〉,《統監府文書》3, 국사편찬위원회 편, 350쪽.
87 〈兪氏入城期〉,《皇城新聞》, 1907년 8월 16일자 2면.
88 〈渡海諸氏入城〉,《皇城新聞》, 1907년 8월 17일자 2면.
89 〈亡命客歡迎〉,《大阪每日新聞》, 1907년 8월 18일자 2면.
90 《官報》, 1907년 9월 9일자.
91 《官報》, 1907년 10월 17일자.
92 〈日儲賜金〉,《皇城新聞》, 1907년 11월 6일자 2면.
93 〈捐義院校〉,《皇城新聞》, 1907년 11월 7일자.
94 金允植,《續陰晴史》, 1907년 11월 9일조.
95 《大東學會月報》1, 1908년 2월, 12-14쪽, 71-72쪽.

계가 있다.

대동학회는 1907년 7월에 신기선, 조중응을 중심으로 설립된 단체로, 사에키 고헤이[佐伯剛平]가 고문직으로 있었다.[96] 사에키는 박영효와 함께 도한한 이후 박영효의 特赦 운동을 전개한 인물이다. 또한 사에키는 일한동지회 경성지부 간사로, 조중응, 신기선과 친교를 맺었고 나카무라 다하치로와도 관계가 두터웠다. 즉 일한동지회와 대동학회는 인맥에 깊은 관계가 있었다. 일한동지회의 중심 멤버인 나카무라 야로쿠[中村彌六]는 "동지회는 일진회와 반대 측에 서 있기 때문에 오해를 받기 쉽지만 친일주의를 표방하는 단체이고, 결코 자강회와 제휴하지 않는다"고 주장하고 있었다.[97] 일한동지회의 영향이 미치는 대동학회는 일진회, 대한협회와 다른 노선을 지향한 단체였다. 이것은 대한협회, 일진회 등의 중심 멤버와 교류가 없는 유길준의 인맥과도 겹친다.

유길준이 본격적으로 자강운동을 시작하는 것은 1907년 11월 말 흥사단(興士團) 설립 이후이다. 11월 29일에 김상연(金祥演)이 김윤식 집을 찾아가 흥사단 단장이 되어 달라는 유길준의 부탁을 전하였다. 당시 이미 염중모, 윤치오를 포함한 20여 명이 평의원이 결정되어 있었다.[98] 흥사단 창립 멤버를 보면 1907년 8월 귀국 이후 11월까지 맺어진 유길준의 인맥의 중핵을 짐작할 수 있을 것이다.

흥사단은 국민교육회를 흡수한 단체인 것으로 알려져 있다.[99] 〈표2〉는 흥

96 대동학회와 佐伯剛平의 관계에 대해서는 다음 연구를 참조. 池川英勝, 1990, 〈日韓同志會について〉, 《朝鮮學報》 135 ; ____, 1996, 〈大韓帝國末期各團體にみられる日本人顧問について: 佐伯剛平〉, 《朝鮮學報》 158. 대동학회의 설립 과정에 대해서는 이케가와의 연구가 가장 자세한데, 한국학계에서는 참조되어 있지 않다. 또한 대동학회 회장 신기선에 대한 연구(노대환, 2012, 〈19세기 후반 申箕善의 현실 인식과 사상적 변화〉, 《東國史學》 53), 유학계 인사들의 담론 연구(김종준, 2016, 〈대한제국기 성균관의 고등교육기관화를 둘러싼 담론〉, 《역사문화연구》 57)에서 대동학회에 대해서 약간의 언급이 있기는 하되, 대동학회 자체의 분석은 아직 시도되어 있지 않다.

97 池川英勝, 1990, 위의 논문, 113쪽.

98 金允植, 《續陰晴史》 卷12, 1907년 11월 29일자.

99 윤병희, 1998, 앞의 책, 149쪽 ; 崔起榮, 1997, 《韓國近代啓蒙運動硏究》, 一朝閣, 224쪽.

사단 창립 임원의 자강운동 참여를 정리한 것이다.

표2. 興士團 창립 임원의 전후 자강운동 단체 참여 현황

단체명	인물	합계
國民學契	崔錫敏 魚瑢善 ~~兪星濬~~ ~~兪承兼~~ ~~洪在箕~~	5
國民教育會	李甲 ~~兪承兼~~ ~~兪星濬~~ ~~洪在箕~~	4
一進會	廉仲模(評議員) 韓錫振(評議員)	2
大韓俱樂部	金祥演(評議員) 張憲植(收金委托員) 崔錫敏 尹致旿(臨時部長) 石鎭衡(評議員) 盧伯麟(評議員) 羅壽淵(摠務員) 張燾(評議員) 魚瑢善(部長) 李甲(評議員) 劉文煥(評議員) 李冕宇(評議員) 朴承赫(編纂員) 柳東作(評議員) ~~申佑善(編纂員)~~ ~~兪承兼(評議員)~~ 趙齊桓(評議員) ~~兪星濬(臨時部長)~~ ~~洪在箕(評議員)~~	19
大韓協會	羅壽淵(總務) 朴承赫 石鎭衡(投稿) 魚瑢善(總務)	4
西北學會	盧伯麟(評議員) 李甲(評議員) 柳東作(評議員)	3
大東學會	金允植 金祥演(投稿) 張憲植 魚瑢善 朴承赫(評議員) ~~兪承兼(投稿)~~	6
畿湖興學會	金允植(會長) 廉仲模(贊務員) 張憲植(評議員) 崔錫敏(贊務員) 尹致旿(評議員) 韓錫振(贊務員) 羅壽淵(贊務員) 張燾(評議員) 魚瑢善(評議員) 劉文煥(贊務員) 李冕宇(評議員) ~~兪承兼(評議員)~~ ~~趙齊桓(贊務員)~~ ~~兪星濬(副會長)~~	14

出典: 〈표1〉과 같음. 대한협회는 대한자강회를 포함함. 서북학회는 서우학회를 포함함.
※ 취소선을 친 인물은 12월 14일에 해임된 자.

위의 단체 가운데 국민학계는 국민교육회의 前身的 단체이고 '유길준 관련 신자료'에 있는 《國民學契》를 통해 확인할 수 있다.[100] 《대한매일신보》 보도에 따르면, 흥사단이 국민교육회 사무소에서 처음 회의를 개최한 것은 12월 14일 오후 7시 반이다.[101] 이 회의에서 국민교육회가 흥사단에 합류할 것을 결정했다고 생각된다.[102] 이는 국민교육회 사무소에서 회의를 개최한 날짜와 국민교육회가 해산하고 흥사단에 합류할 것을 결정한 날짜가 동일하기 때문이다. 또한 그 회의에서 중요한 사건이 있었다.

> 日昨 興士團에서 臨時総會及評議員會를 開하고 諸般 團務를 處理議決한 後 評議員 申佑善 兪星濬 兪承兼 趙齊桓 洪在箕 五氏가 請願遞任한 代에 李商在 吳相奎 安鍾

국민교육회에 대해서는 최기영의 연구를 참조.

100 《國民學契》에 대해서는 최기영이 자료 분석을 시도한 바 있다. 최기영, 2016, 〈한말 국민교육회 재고〉, 《유길준 미발굴 자료를 통해 본 근대 지식인의 사회활동》, 고려대학교 한국사연구소 주관 학술대회 자료집.

101 〈흥사단평의회〉, 《대한매일신보》, 1907년 12월 13일자 3면 ; 〈흥사단평의회〉, 《대한매일신보》, 1907년 12월 15일자 3면. 고어체는 현대어 표기로 다듬어 제시하였다.

102 〈회와 단이 합하다〉, 《대한매일신보》, 1907년 12월 17일자 2면.

和徐丙吉 張志淵 諸氏가 被選되얏다더라[103]

이날 평의원인 신우선, 유성준, 유승겸, 조제환, 홍재기가 자진해서 그만 두었다. 이러한 사실을 고려해 〈표2〉를 보면, 국민교육회 출신 임원은 이갑 1명이고, 국민교육회의 전신인 국민학계 출신은 최석민과 어용선밖에 남지 않는다. 교체로 들어온 평의원 오상규, 서병길은 국민교육회원이었던 것이 확인되지만, 전체로 보면 국민교육회 멤버가 주도권을 잡았다고 보기는 어렵다. 즉 임원의 소속단체로 살펴보면, 흥사단은 국민교육회를 흡수했다기보다는 대한구락부 멤버가 깊이 관여한 단체였다.[104] 그러나 대한구락부 멤버였던 신우선, 유성준, 유승겸, 조제환, 홍재기가 12월 14일에 흥사단 평의원에서 물러나면서 이후 대한구락부 멤버의 영향력은 약화되었다.

12월 14일에 그만둔 임원 대신에 들어온 자는 오상규, 이상재, 안종화, 서병길, 장지연이었다. 이들은 모두 대한구락부 멤버가 아니니다. 이들을 포함한 초기 임원진을 유길준의 인맥과 대조해 보면 염중모, 노백린, 이갑, 유문환, 이면우, 박승혁, 유동작, 조제환, 안종화, 서병길, 장지연의 11명은《지우록》, 《조문록》에 나오지 않는다. 석진형, 장도, 신우선, 이상재는《지우록》에 기록이 없다. 오상규는《지우록》에 기록이 있으나《조문록》에는 기록이 없다. 즉, 흥사단 임원의 절반 정도는 유길준과 교류가 끊어졌거나 애초부터 친교 관계가 없었던 것으로 판단된다.

유길준은 흥사단 결성을 시작으로 자강운동의 리더로 활동하였다. "국어독본과 수신 교과서를 집필하고 있다"는 보도가 있었고,[105] 김윤식도 "유길준 집에 가서 초등교과서를 편집하였다"고 기록하고 있어,[106] 유길준의 자강

103 〈興士團總會〉,《皇城新聞》, 1907년 12월 17일자 2면.

104 대한구락부는 1907년 11월 24일 이후 활동을 정지한지 자료에 나타나지 않는다. 그리하여 흥사단 결성이 11월 29일이다.

105 〈兪氏熱心〉,《皇城新聞》, 1907년 12월 18일자 2면.

106 金允植,《續陰晴史》卷12, 1908년 1월 7일조.

운동은 교과서 편찬으로 시작되었다. 또한 수진측량학교(1908.5), 융희학교(1908.8), 융흥농림강습소(1909.10) 등을 경영하였다. 이러한 활동은 기존의 자강운동 세력에 협조한 것이 아니었고 유길준이 독자적으로 추진한 것이었다. 그렇기 때문에 기존의 자강운동 세력과 부딪히는 경우도 있었다. '유지회(維持會) 사건'[107]에서 혼란스러워진 보성전문학교(普成專門學校)를 둘러싸고 보전 교장 이종호(李鍾浩)와 대립한 것이 첫 번째의 마찰이었다. 그 때문인지 이종호는 유길준의 인맥에 나타나지 않는다. 유길준은 1908년 2월 9일에 기호흥학회 정기총회에서 교육부장에 선출되었는데,[108] 한 달 후인 3월 8일에 사임하였다.[109] 〈표1〉에 보이듯이 유길준의 인맥 중에는 기호흥학회 참여자가 가장 많지만 유길준은 기호흥학회에 소속하고 있지 않았다.《대한매일신보》는 유길준의 사업이 무책임하다고 비난하는 기사를 실었다.[110] 이처럼 유길준의 활동에 부정적인 세력도 존재하였다.

8. 독자노선의 자강운동: 한성부민회

유길준 후반기를 대표하는 또 하나의 활동은 한성부민회였다. 사료상으로 나타나는 첫 번째의 한성부민회는 1907년 10월 도한한 일본 황태자(이후 大正天皇)를 환영하기 위해 조직된 일시적인 모임이었다. 회장은 장헌식(張憲植), 부회장은 홍긍섭(洪肯燮), 임원에 김우현(金宇鉉), 조병택(趙秉澤), 윤정석(尹晶錫), 박기원(朴基元), 한상룡(韓相龍), 백인기(白寅基), 정영두(鄭永斗), 최

107 '유지회 사건'에 대해서는 다음 연구를 참조. 裵亢燮, 2004, 〈高宗과 普成專門學校의 창립 및 초기운영〉, 《史叢》 59.

108 〈畿湖総會盛況〉, 《皇城新聞》, 1908년 2월 11일자 2면.

109 〈畿湖通常會〉, 《皇城新聞》, 1908년 3월 10일자 2면.

110 〈시사평론〉, 《대한매일신보》, 1908년 3월 22일자 2면 ; 〈홍사단의 상태〉, 《대한매일신보》, 1909년 6월 4일자 2면.

경순(崔敬淳), 김기영(金基永), 조진태(趙鎭泰), 백완혁(白完爀) 등이 취임하였다. 쓰키아시가 밝힌 바에 따르면 부회장 이하 임원들은 모두 한성상업회의소 임원진이었고, 당시 대표적인 실업가였다.[111] 그들 중 장헌식, 홍긍섭, 윤정석, 한상룡 백인기, 김기영 6명은《지우록》에 이름을 확인할 수 있고, 정영두, 조진태, 백완혁 3명은《조문록》에 그 이름을 확인할 수 있다. 유길준이 1907년 10월 한성부민회에 직접 관여한 흔적은 없지만, 인맥상으로 보면 이미 접점이 있었던 것으로 보인다.

한성부민회는 1908년 3월 및 5월에 재결성된다. 유길준이 한성부민회에 관여한 것은 1908년 5월 한성부민회부터였다.[112] 한상룡은 5월 5일의 모습을 다음과 같이 회상하였다.

> 유길준 씨에 대해서는 다음과 같은 추억이 있습니다. … 어느 날 경성 한성부민회가 만들어졌는데 당시 부민회장은 마치 東京의 市長처럼 민중에게 보였기 때문에 경쟁자도 많았습니다. 그 무렵은 일진회도 있고 자강회도 있어 양 회가 서로 대립하고 있었기 때문에 이 부민회장 선출도 상당히 시끄러웠습니다. 어느 날 선출할 때, 지금의 총독부 도서관 위치(당시에는 石鼓壇)에 많은 부민들이 모여 양 회에서 각각 후보자를 내고 투표하기로 하였습니다. 그러나 항상 대립하지 않을 수 없던 양 회이기에 어느 회에서 회장을 선출해도 잘 되지 않을 것이라는 의견을 가지고 있었던 저는 돌연히 일어나서 자신의 의견을 말하고 이 회장직에 이상적인 인물로서 유길준 선생님을 추천한다는 뜻을 말하고 반대 의견이 있는 사람은 나오라고 과장해서 말했더니, 찬성의 목소리가 사방으로 터져 나와 유길준 선생님이 회장직에 취임하게 된 것입니다.[113]

이 증언은 유길준이 처음 회장직에 취임한 장면으로, 1908년 5월 당시의 한성부민회 결성식임을 알 수 있다. 여기서 주목할 만한 것은 유길준은 한상룡의 추천에 의해서 회장에 추대되었는데, 한상룡은 일진회에도 대한협회

111 月脚達彦, 2009, 앞의 책, 107쪽.

112 윤병희, 1998, 앞의 책, 179쪽 ; 月脚達彦, 2009, 위의 책, 108쪽.

113 韓相龍氏還暦記念會 編, 1941,《韓相龍君を語る》, 141-142쪽.

에도 참여하지 않는 산업계 인사였다.[114] 이때 부회장에 조진태, 창립위원에 정응설, 조윤용, 정영두, 예종석, 한상룡, 정병조가 선출되었다. 그들 중 정응설, 조윤용, 예종석, 한상룡, 정병조는《지우록》,《조문록》에 이름을 확인할 수 있다.[115] 즉 이 멤버는 유길준의 인맥에 깊은 관계가 있는 것을 알 수 있다. 또한 위 창립위원은 모두 대한협회, 일진회에 참여한 흔적이 없는 인물들이다. 여기서 1908년 5월 한성부민회의 성격이 대한협회 및 일진회 세력과 다른 집단에서 구성되어 있는 것을 알 수 있다. 이때의 한성부민회는 순종 황제 즉위 1주년을 기념하는 경축행사를 위해 일시적으로 조직되었고, 상설을 기도한 움직임도 있었으나 결국 활동은 중지되었다.

1908년 11월 7일, 다시 한성부민회가 활동하기 시작했고 21일에 창립취지서 및 창립이유서가 채택되어 조직화되었다. 이때 한성부민회의 발기인은 267명이지만,[116] 그 명단을 확인할 수는 없다. 다만 한성부민회 설립에 관여한 인사 및 단체의 명단과 당시 납부한 기부금은《皇城新聞》에 보도되어 있다.[117] 그 명단 가운데 1,036명이 개인 명의로 기부하였고,[118] 유길준도 기부금 납부자 명단에 이름을 올리고 있다. 그러므로 발기인 267명이 이 기부금 납부자 1,036명에 포함되었을 것으로 추정된다. 이들과 자강운동과의 관계를 분석해보면〈표3〉과 같은 결과가 나왔다.

이 기부금 납부자에 대해서는 쓰키아시가 분석한 바 있는데, "보호국하에 있는 황실·정부, 개화파·독립협회의 흐름을 이은 학회, 일진회, 그리고 황실과 관계가 깊은 종로 상인·실업가들을 중심으로 한성에서 황제경축행사가 행해지고 있었다"고 지적하면서, "다만 대한협회 및 천도교가 빠져 있는

114 필자의 조사에서 한상룡의 소속이 확인되는 단체는, 기호흥학회(찬무원), 대한구락부(찬성금청구위원), 한성수형조합이다.

115 조진태, 정영두는《지우록》에 이름을 확인할 수 없으나《조문록》에는 나온다.

116 1908년 11월,〈漢城府民會剏立趣旨書〉,《兪吉濬全書》Ⅳ, 313쪽.

117〈卽位紀念式慶祝漢城府民會決算書〉,《皇城新聞》, 1908년 11월 21일 3면. 이하 12월 11일까지 매 호 게재.

118 황실, 유길준 및 중복을 제외한 숫자.

표 3. 1908년 11월 한성부민회 관계자의 자강운동 참여 조사

大韓 96(21)	一進 21(10)	西北 29(8)	畿湖 138(130)	大東 40(17)	韓俱 20(7)	興士 3	手形 38
經濟 12	中央 22	國契 21	湖南 12	嶠南 5	知友 28	弔問 29	

出典: 〈표1〉과 같음. 대한협회는 대한자강회를 포함함. 서북학회는 서우학회를 포함함.
약칭: 대한 → 대한협회/대한자강회, 일진 → 일진회, 서북 → 서북학회/서우학회, 기호 → 기호흥학회, 대동 → 대동학회, 한구 → 대한구락부, 흥사 → 흥사단, 수형 → 한성수형조합, 경제 → 경제연구회, 중앙 → 중앙학회, 국계 → 국민학계, 호남 → 호남학회, 교남 → 교남교육회, 지우 →《지우록》, 조문 →《조문록》.
※ 주된 단체에는 임원 수를 ( ) 내에 표기함.
※《지우록》,《조문록》은 참고자료로 제시한 것임.

데, 이것은 한성부민회가 일진회와 관계가 깊었기 때문일 것이다"라고 분석하였다.[119] 본고의 조사에 따르면, 대한협회 참여가가 96명으로 나왔고, 임원진 참여자는 21명이었다. 언뜻 보면 대한협회 소속자도 많은 듯 보이지만, 대한협회 중심 멤버가 거의 확인되지 않는다. 1907년 11월 17일 대한협회 창립 시 임원진(후 선출 포함)과 1908년 11월 7일 한성부민회 창립 기부자를 비교하면 〈표4〉와 같다.

표4. 한성부민회 기부금 명단에 확인되는 대한협회 초기 임원

	기부금 명단		《지우록》		《조문록》		《유길준 일기》	
이름이 없는 자	姜玩熙 姜漢倬 權東鎮 金明濬 金聖旭 金英圭 金一善 金熙彰 南宮檍 南宮濬 盧炳善 方漢德 卞鍾獻 申昌休 沈宜性 呂炳鉉 吳相奎 吳世昌 吳周爀 陸相弼 陸定洙 尹性普 尹孝定 李建鎬 李道榮 李敏卿 李範世 李範壽 李秉昊 李用基 李宇榮 李鍾一 李海朝 張基濂 張志淵 鄭泰容 周時經 池錫永 太明軾 崔在學 韓基準 韓鎮忠 洪弼周 玄檃	44	權東鎮 金明濬 吳相奎 吳世昌 陸定洙 李道榮 李敏卿 太明軾	8	權東鎮 金明濬 金聖旭 金一善 南宮濬 申昌休 吳世昌 陸定洙 李道榮 李鍾一 李海朝 張基濂 太明軾 玄檃	14	없음	0
있는 자	金重煥 吳普泳 柳瑾 李舜夏 鄭喬 鄭鳳時 鄭雲復 崔岡	8	없음	0	柳瑾	1	없음	0

〈표3〉에서 대한협회 임원 수 21명은 지회 임원을 포함한 숫자인데, 〈표4〉에서 알 수 있듯이 초창기 대표적인 임원진인 윤효정, 장지연, 여병현, 남궁억, 태명식과 같은 인사들이 한성부민회 기부금 명단에서 확인되지 않는다.

---

119 月脚達彦, 2009, 앞의 책, 113쪽.

그리고 기부금을 납부하든 안하든 간에 유길준과의 인맥을 확인할 수 있는 자가 적었다.

오히려 1908년 11월 한성부민회는 한성수형조합, 경제연구회 등 산업계 인사들 및 중앙학회, 국민학계 등 교육계 인사들(기호흥학회도 포함)이 참여하고 있었다. 그러나 흥사단 멤버가 거의 나타나지 않는 것으로 보아, 흥사단과 한성부민회 사이에 관계가 미약했던 것으로 보인다. 또한 소속을 확인할 수 없는 인물도 상당하였다. 이를 통해 1908년 11월 한성부민회는 비정치적 성향의 인사들이 중심이었다고 지적할 수 있다.

1908년 11월 한성부민회에 산업계 인사들이 많이 참여하고 있는 것 자체는 1908년 5월 혹은 그 이전의 한성부민회와 같은 성격을 지니고 있었다. 그런데 1,036명이나 나타나는 기부금 납부자들 중 유길준과 인맥이 연결되는 자는 30명에 그쳤다. 〈표5〉는 1908년 11월 한성부민회 중《지우록》에 이름을 확인할 수 있는 인물들을 정리한 것이다.

표5. 1908년 11월 한성부민회 기부금 납부자 중《지우록》에 이름이 있는 인물 조사

大韓	一進	畿湖	大東	興士
高允默 金彰漢 尹致昭 尹致昊 李升鉉 洪淳昌 洪忠鉉	安淳焕 芮宗錫 韓錫振 洪肯燮	高允默 金鎭燮 金彰漢 嚴俊源 尹晶錫 李容泰 李章魯 張憲植 趙民熙 趙重完 崔思永 韓錫振 洪肯燮 洪忠鉉	李升鉉 張博 張憲植 趙民熙	張憲植 韓錫振
手形	**經濟**	**國契**	**湖南**	**상기 단체 미가입**
金鎭燮 白寅基 尹晶錫 崔思永 韓相龍	朴榮喆 尹晶錫	尹致昊 李容泰 鄭應卨 趙重完	金相閏 朴榮喆 白寅基 鄭應卨	金相卨 趙允鏞

出典:〈표 1〉과 같음. 대한협회는 대한자강회를 포함함. 서북학회는 서우학회를 포함함.
약칭:〈표3〉과 같음.

〈표5〉에서는 대한협회에서 7명이 확인되지만 윤치호를 제외하고 모두 일반회원이다. 주목할 인물은 정응설, 조윤용, 예종석, 한상룡인데, 이들은 유길준이 첫 회장이 된 1908년 5월 한성부민회 임원들이다. 또한 장헌식, 홍긍섭, 백인기는 1907년 10월 한성부민회 임원들이다. 즉, 1908년 11월 한성부민회 기부금 납부자 중 유길준과 인맥이 연결되는 자는 상당수가 1908년

11월 이전부터 한성부민회 활동을 하고 있었던 인물들이었다.

이후 일진회의 부정선거로 혼란스러운 속에서 한성부민회는 1909년 1월 17일 회장에 유길준, 부회장에 윤효정을 선출하였다.[120] 1909년 1월 한성부민회의 임원 및 전체 회원에 대해서는 자세히 알 수 없다. 다만 일본 당국의 조사에서는 1909년 1월 한성부민회에서 의사규칙선정위원에 여병현(呂炳鉉), 강화석(姜華錫), 김용제(金容濟), 정운복(鄭雲復), 권동진(權東鎭), 민회규칙기초위원에 박승목(朴勝穆), 남궁훈(南宮薰), 이종일(李鍾一), 유경필(劉京弼), 현은(玄檃)이 선출되었다고 한다.[121] 이들이 대한협회의 중심인물이었다는 것은 이미 선행연구에서 밝힌 바 있다.[122] 이 시기 한성부민회의 운영은 대한협회 세력이 장악하였다고 할 수 있는데, 이들과 유길준 사이의 관계를 인맥상으로는 찾을 수 없다. 〈표6〉은 이를 보여준다.

표6. 1909년 1월 한성부민회 임원 11명의 조사

大韓協會	畿湖興學會	西北學會	知友錄	弔問錄
尹孝定 呂炳鉉 姜華錫 鄭雲復 權東鎭 朴勝穆 南宮薰 李鍾一 玄檃	南宮薰 李鍾一 玄檃	呂炳鉉 姜華錫 鄭雲復	權東鎭	權東鎭 南宮薰 李鍾一 玄檃
9명	3명	3명	1명	4명

출전: 〈표1〉과 같음. 대한협회는 대한자강회를 포함함. 서북학회는 서우학회를 포함함.

〈표6〉에서 볼 수 있듯이, 1909년 1월 한성부민회 임원은 대한협회계 인사들이 차지하였다. 그러나 이들은 권동진을 제외하고《지우록》에는 나타나지 않고,《조문록》에도 4명밖에 확인되지 않았다. 이는 1909년 1월 한성부민회 임원진이 유길준과는 친밀하지 않았다는 것을 보여준다.

여기서 주목할 자료는 다음의 일본 당국 보고서이다.

120 〈府民會任員〉,《皇城新聞》, 1909년 1월 19일자 2면. 한성부민회의 변천에 대해서는 다음의 글을 참조. 윤병희, 1998, 앞의 책, 178-188쪽 ; 月脚達彦, 2009, 앞의 책, 107-110쪽.

121 1909년 1월 25일 〈漢城府會規則 起草委員選定 및 皇帝北方巡幸 送迎委員選定 件〉,《統監府文書》10, 국사편찬위원회 편, 272쪽.

122 윤병희, 1998, 위의 글, 186쪽.

> 본월[1909년 1월 - 필자 주] 27일 부민회의 주된 인물들이 회장 유길준 집에 모여서 윤효정을 면출하고 城內에서 富民의 소문이 있는 조진태를 후임으로 추천하는 것을 內意하였다고 한다.[123]

당시 윤효정은 부회장직을 사퇴하였는데, 위 보고서는 그에 대한 대응책을 논의한 것이다.[124] 윤효정은 이미 사표를 낸 상태였지만, 한성부민회 중 유길준 일파는 자체적으로 윤효정을 축출하고 조진태를 추대하려 했던 것으로 보인다. 조진태는 1908년 5월 당시의 한성부민회 부회장이었다. 즉 유길준 집에 모인 부민회의 주된 인물들이란 실업가들의 입장을 대변하는 인사들이었고, 그 중에는 일진회원도 포함되어 있었다고 생각된다. 그리고 유길준 집에 모인 그들은 대한협회에 임원진을 빼앗긴 것에 대한 보복 조치를 논의하고 있었던 것이다. 이와 같은 논의가 있었으나, 결국 윤효정은 부회장직에 복귀하였다.

앞에서 분석하였듯이 1907년 10월부터 1908년 5월까지 유길준과 한성부민회의 관계는 산업계 인사 및 홍긍섭, 한석진 등 일부 일진회원들과 깊이 연결되어 있었다. 그러나 1908년 11월 한성부민회 기부금 납부자 및 1909년 1월 한성부민회 임원진은 유길준의 인맥과 거리가 먼 인물들이었다. 한성부민회가 비대해짐에 따라 한성부민회에서 유길준의 리더십이 약화된 것으로 여겨진다. 이는 아래에 인용하는 일본 당국의 기록을 통해 대한협회와 유길준의 관계를 유추할 수 있다.

> 한성부민회는 대한협회에서 통일할 목적으로 유길준에게 동의하고 조직한 것이지만, 설립 후 유길준은 자유행동을 하여 예상에 반하므로 동 협회에서는 이를 해산시키고자 협정하였다고 한다.[125]

---

123 1909년 1월 31일 〈大韓協會總務 尹孝定 漢城府民會의 副會長職 辭退 件〉,《統監府文書》10, 283-284쪽.

124 1909년 1월 25일 〈大韓協會·漢城府民會間 共助決裂 件〉,《統監府文書》10, 272쪽.

125 1909년 11월 24일 〈集報 [韓國內社會團體 (一進會 大韓協會 國是遊說團 韓美興業會

여기서 대한협회가 유길준에 동의하여 한성부민회에 합류한 것이라는 설명은, 1909년 1월 시점을 가리킨다. 1908년 11월 기부금 납부자들 중 대한협회 초창기 중심 멤버는 〈표4〉에서 확인할 수 있듯이 8명이었고, 1909년 1월 한성부민회 임원 10명 가운데 김용제, 정운복을 제외한 8명은 기부금을 납부하지 않았다. 이것으로 보아 1908년 11월 이후부터 1909년 1월 사이에 윤효정을 중심으로 하는 대한협회 임원들이 한성부민회를 장악했던 것으로 판단된다. 한편, 앞서 언급한 일본 당국의 자료를 통해, 유길준과 대한협회 계열 인사들은 의견을 달리했음을 짐작할 수 있다.

한성부민회의 주도권을 대한협회가 차지한 것에 강력히 반대한 것은 주지하듯이 일진회였다. 일진회 부회장이던 홍긍섭은 한성부민회가 일진회를 배척하고 있는 것을 강하게 비난하였다.[126] 선행 연구에서는 일진회와 한성부민회의 대립에 초점을 두고 있다. 이러한 대립을 도식화하면, 윤효정을 축출하려던 유길준은 일진회 쪽에 서 있었던 셈이 된다.

그러나 유길준의 인맥에서는 일진회에서 가장 중심에 있던 인물인 송병준 및 이용구가 나타나지 않는다. 그리고 우치다 료헤이[內田良平], 다케다 한시[武田範之]와 같은 일진회를 조종한 일본인들도 유길준과 연결되지 않는다. 더욱이 〈표1〉에 보이는 일진회원들은 1909년 '정합방' 정국에서 일진회를 탈퇴한 인물들이다. 즉, 유길준이 교류했던 일진회원은 일진회의 일부로 한정된다.[127]

한편 유길준이 대표적인 산업계 인사인 조진태와 친한 관계에 있었다고 하더라도, 조진태 일파와 친근한 관계에 있었던 것도 아니었다.《대한매일신

社) 등의 動靜 綜合報告〉,《統監府文書》6, 434쪽.

126 윤병희, 1998, 앞의 책, 185쪽.

127 유길준과 일진회원의 관계는 일본 망명 중 형성되었던 것으로 짐작된다. 앞에서 보았듯이 유길준은 일진회가 일본에 보낸 유학생들을 기록한 주소록을 소유하고 있었고, 천도교주 손병희, 신자이자 천도교계 신문《萬歲報》사장 오세창과의 관계는 망명 시절에 형성된 것이다.

보》는 동양척식주식회사 위원을 둘러싸고 이완용파와 송병준파의 대립을 보도하였다.[128] 여기서 이름이 올라가 있는 이완용파 조희연, 한상룡, 원응상, 유승겸, 석진형, 장헌식 중 석진형을 제외하고 모두《지우록》에서 이름을 확인할 수 있으며,《조문록》에는 전원을 확인할 수 있다. 한편 송병준파에 속하는 이근배, 김시현, 조진태, 백완혁, 백인기, 윤정석 중 이근배, 김시현, 조진태, 백완혁은《지우록》에 이름을 확인할 수 없고, 이근배, 김시현은《조문록》에서도 이름을 확인할 수 없다.

이러한 유길준의 인맥은 유길준의 저택 조호정(詔湖亭)을 오고간 인물들과 편지를 기록한《유길준 일기》에서도 확인할 수 있다. 〈표7〉은 일기에 나타나는 주요 인물의 자강운동 참여의 분석 결과이다.[129]

표7.《유길준 일기》에 나타나는 주요 인물의 자강운동 참여 실태

大韓協會(9)	畿湖興學會(18)	西北學會(3)	一進會(1)
金相天 沈宜性 安晩洙 李道榮 李億 李春世 趙亨奎 趙鎭泰 車丙轍	金相天 金允植 徐丙斗 沈宜性 安晩洙 兪承兼 兪致衡 尹晶錫 尹致旽 李億 李春世 鄭永斗 趙重應 趙鎭泰 崔思永 崔錫敏 韓圭卨 韓錫振	尹致旽 李達元 鄭永斗	芮宗錫 韓錫振
大東學會(6)	**興士團(6)**	**漢城手形組合(5)**	**經濟研究會(3)**
金允植 白南奎 兪承兼 李春世 趙重應 韓圭卨	金允植 兪承兼 尹致旽 李億 崔錫敏 韓錫振	金允植 朴台胤 尹晶錫 趙鎭泰 崔思永	李春世 尹晶錫 趙鎭泰
國民敎育會(1)	**中央學會(2)**	**國民學契(3)**	**國民敎育會(4)**
金相天	安晩洙 李命求	沈宜性 兪承兼 崔錫敏	金相天 兪承兼 兪致衡 李道榮

출전: 〈표 1〉과 같음. 대한협회는 대한자강회를 포함함. 서북학회는 서우학회를 포함함.

대한협회는 9명이 확인된다. 그 중 심의성이 평의원, 안만수, 이도영이 자

128 〈兩大奔競의 內容〉,《大韓每日申報》, 1908년 9월 4일자 2 면. "摠相李完用內大宋秉畯兩氏가 拓殖社委員을 組織하기로 互相奔競한다는 說은 已揭어니와 其奔競의 內容을 得聞한즉 李摠相은 趙羲淵氏로 摠裁를 選定하고 設立委員은 韓相龍, 元應常, 兪承兼, 石鎭衡, 張憲植 諸氏로 任用코자하며 宋內大는 李根培氏로 摠裁를 選定하고 設立委員은 金時鉉, 趙鎭泰, 白完혁, 白寅基, 尹晶셕諸氏로 任用코자하는 故로 延拖가된다더라."

129 자주 교류가 있는 인물과 그렇지 않는 인물을 같은 기준으로 분석하는 것은 타당하지 않다고 판단했다. 따라서《유길준 일기》에 나타나는 490여 명의 인물 중 4번 이상 나타나는 인물을 추출하여 분석하였다.

강회 때에 幹事員을 맡았으나 대한협회의 중심인물은 아니었다. 또한 한성부민회 윤효정과도 교류하지 않는 것으로 확인되며, 흥사단 멤버인 장지연, 이갑, 노백린 등과도 별다른 교류가 없었던 것으로 여겨진다. 그 이외 신채호, 박은식, 정운복 등 당시 자강운동의 중심적 인물과도 왕래가 없었던 것으로 보인다.

한편 일진회원은 예종석, 한석진을 자주 만났고, 최상호도 두 번 정도 유길준을 방문했으나, 《지우록》에 나타나는 구연수, 김명준, 안순환, 최상호, 최정덕, 홍긍섭과는 연락이 소원해졌다.[130]

일기에서는 490여 명의 인물과의 교류가 확인되지만, 실제 유길준이 자주 교류한 인물은 한정적이었다. 그 인맥관계는 교육과 산업에 집중된 반면, 언론, 운동가들과는 교류가 적었다는 것을 확인할 수 있다.

9. 맺음말

이 글에서는 '유길준 관련 신자료' 중, 《지우록》, 《주소록1》, 《주소록2》, 《행색》, 《북유일기》, 《조문록》, 《유길준 일기》를 발굴해서 유길준의 인맥을 살펴보았다. 이를 정리하면 다음과 같다.

수학 시기부터 1907년 귀국 전까지 유길준의 인맥은 크게 보면, 첫째 수학 시기 게이오기주쿠에서 형성한 인맥, 둘째 망명 시기 쿠데타 준비를 위하여 구축된 인맥, 셋째 1906년부터 동아청년회, 일한동지회 계열 인사들과의 인맥으로 나눌 수 있다. 게이오기주쿠에서 수학한 시기는 길지 않았으나, 그 인맥은 두터운 결속력을 가지고 있었고, 동창회를 통해서 학연이 형성되어 있었다. 1894년 갑오개혁기 유길준이 정치계에서 활약하였을 때 이 인맥이 크

130 다만 이들 일진회원에 대해서는 최상호를 제외하고 《조문록》에 이름이 나타나기 때문에 관계가 소원해졌다는 정도로 해석할 수 있다.

게 작용하였다고 할 수 있다. 1896년 2월 아관파천에 의해서 망명한 후, 유길준은 새롭게 인맥을 구축하였다. 그 구체적인 움직임으로써 1901년에 쓰인 일기를 통해서 시즈오카, 기후, 홋카이도에서 음모에 가담할 만한 인사를 찾고 있었던 것을 확인하였다. 오가사와라 섬 유배를 거쳐 도쿄로 돌아온 후는 동아청년회, 일한동지회와 행동을 같이하였다. 동시에 동학교단과 관계를 가졌고, 국내에 있는 오세창, 이인직을 통해서 언론에서 의견을 말할 수 있었던 가능성을 지적하였다. 이 시기 야마나시, 나가노, 도야마, 후쿠이를 여행하고 한국 내지와 무역 중매를 하려고 기도하였다. 이러한 것이 가능하였던 것은 국내에 협력자가 있었기 때문일 것이다.

유길준 후반기의 인맥은 자강운동과의 관계에서 고찰하였다. 유길준은 귀국 전에 조중응, 조희연, 장박 등 망명자들과 깊은 관계를 맺고 있었고 그 인맥이 귀국 후에도 계속되었다. 유길준은 일본에서 동아청년회에 관여하였는데, 이 단체는 연방제에 관심을 가지고 있었다. 또한 동아청년회 및 일한동지회에 소속하는 일본인들은 일진회 및 대한협회에 반대하고 독자적인 운동을 전개하려고 하였는데, 유길준의 인맥 또한 이와 같은 경향을 보였다. 그리고 유길준이 유일하게 참여한 기존 자강운동 단체인 대동학회는 그가 귀국 전부터 교류하던 일한동지회가 관여한 단체였다.

1907년 11월 유길준은 흥사단을 결성하여 자강운동에 본격적으로 참여하였다. 그 창립 임원은 대한구락부에서 활동한 인물들이 많았는데, 결성 후 얼마 지나지 않은 12월 14일에 평의원의 교체가 있었고 대한구락부 멤버의 영향력은 약화되었다. 흥사단 초기 멤버를 유길준의 인맥과 대조해 보면 그들의 절반 정도는 유길준과 교류가 없었다. 유길준의 흥사단 활동은 이미 활동하고 있던 교육 지도자들과 거리를 두고 독자적으로 전개하였다. 이로 인해 유길준을 비난하는 세력도 존재하였다.

한성부민회 역시 유길준이 독자적으로 전개한 활동이었다. 한성부민회는 수차례에 걸쳐 설립·해산하였는데, 1908년 5월 단계까지는 산업계 인사들을 중심으로 유길준과 깊은 관계가 확인되었다. 그런데 1908년 11월 한성부민회 기부금 납부자를 살펴보면, 유길준과 연결되는 인물은 많지 않았다. 또한 1909년 1월 한성부민회에 대한협회 인사들이 참여하였는데, 결국 유길준과 의사를 같이할 수 없었다. 즉, 1908년 11월 이후 한성부민회에서 유길준의 리더십은 그 이전에 비해서 약화되었던 것으로 생각된다. 이러한 유길준의 인맥은 1910년 및 1912년 일기를 통해서도 확인되었다. 당시 자강운동 세력을 이끄는 윤효정, 장지연, 신채호, 박은식과 같은 인물은 유길준의 주소록인《지우록》과《조문록》,《유길준 일기》에 나타나지 않았다.

한성부민회 기부금 납부자 명단 1,036명 중 대한협회 중심 멤버가 8명밖에 확인되지 않은 점과 한성부민회 회장 유길준과 부회장 윤효정과의 갈등은《지우록》,《조문록》,《유길준 일기》에 대한협회를 중심으로 한 자강운동의 지도자들이 나타나지 않았던 것과 무관하지 않을 것이다. 또한 유길준 후반기의 활동에 일진회원이 나타나는 것이 문제시되어 왔지만, 이는 일부 개인들과의 관계라는 것을 밝혔다. 또한 본고에서 사용한 자료가 유길준의 인맥을 완전히 보존하고 있는 것이 아니라고 하더라도, 유길준의 인맥에는 하나의 경향이 있었다는 것을 밝히기에는 충분하다고 생각한다. 유길준은 망명에서 귀국한 후 새롭게 등장한 젊은 운동가들에게 합류하지 않고 독자적인 자강운동을 전개하려고 하였고, 이를 위해 산업계 인사들을 포섭해 인적 네트워크를 구축하고자 하였다.

이 글에서 사용한 자료 중 주소록 자료는 1906년경 이후에 작성 혹은 정리된 것이라고 추정되기 때문에 그 이전, 특히 1895년 망명 이전의 인맥에 대해서는 살피기 어려운 한계가 있다. 또한 귀국 후 유길준은 많은 일본인들과도 교류를 가졌으나, 이것에 대해서는 분석이 미치지 않았다. 나아가 이 글에서는 발굴된 신자료의 전체상을 확인하는 것에 주력하였기 때문에 각 개인과 유길준의 관계에 대해서는 세밀하게 고찰하지 못하였다. 이와 같은 문제에 대해서는 추후 과제로 삼고자 한다.

참고문헌

1. 자료

《知友錄》.《주소록 1》.《주소록 2》.《行索》.《北遊日記》.《유길준 일기》.《弔問錄》.
《約定書》(1906년 12월 3일).《國民學契》.《官報》.《대한매일신보》.《萬歲報》.
《皇城新聞》.《大阪每日新聞》.《讀賣新聞》.《東京日日新聞》.《東京朝日新聞》.《東亞》.
《時事新報》.《日本外交文書》.《畿湖興學會月報》.《大韓自强會月報》.《大韓協會會報》.
《西友》.《西北學會月報》.《嶠南教育會月報》.《湖南學報》.《大東學會月報》.《大韓俱樂》.
《元韓國一進會歷史》.《天道教創建史》.《中央學會沿革》.《漢城手形組合規約及沿革》.
《經濟研究會趣旨書》.

兪吉濬全書編纂委員會 編, 1971,《兪吉濬全書》Ⅳ·Ⅴ, 一潮閣.

金允植,《續陰晴史》, 국사편찬위원회 편.

국사편찬위원회 편,《要視察韓國人擧動》.

국사편찬위원회 편,《統監府文書》.

伊藤博文關係文書研究會 編, 1978-1979,《伊藤博文關係文書》6-7, 塙書房.

慶應義塾 編, 2001,《福澤諭吉書簡集》3-4, 岩波書店.

韓相龍氏還曆記念會 編, 1941,《韓相龍君を語る》.

宇都宮太郎關係資料研究會 編, 2007,《日本陸軍とアジア政策 陸軍大將宇都宮太郎日記》1, 岩波書店.

2. 논문

강제순, 2003,〈한말 유길준의 실업활동과 노동관〉,《역사와 경계》50.

朴羊信, 2005,〈일본의 한국병합을 즈음한 '일본관광단'과 그 성격〉,《東洋學》37.

裵亢燮, 2004,〈高宗과 普成專門學校의 창립 및 초기운영〉,《史叢》59.

이용창, 2003,〈'伊藤博文追悼會' 개최 전후 '사회세력'의 동향과 親日 정치세력의 형성〉,《史學研究》69.

______, 2004,〈'漢城府民會'의 조직과정과 활동〉,《한국독립운동사연구》22.

______, 2011,〈東學教團과 (合同)一進會의 일본 유학생 파견과 '斷指同盟'〉,《동학학보》22.

李鉉淙, 1993,〈大韓協會의 組織과 活動에 관한 性格〉, 趙恒來 編,《1900年代의 愛國啓蒙運動研究》, 亞細亞文化社.

최덕수, 2015,〈해방 후 유길준 연구의 성과와 과제〉, 최덕수 외,《근대 한국의 개혁 구상과 유길준》, 고려대학교출판문화원.

河相洛, 1988,〈京城孤兒院에 對한 小考〉,《鄕土서울》45.

한규무·노기옥, 2010,〈대한제국기 경성고아원의 설립과 운영〉,《鄕土서울》76.

허동현, 2002,〈1880년대 開化派 인사들의 社會進化論 수용양태 비교 연구〉,《史叢》55.

田口容三, 1992,〈國民教育會および興士團について〉,《朝鮮學報》145.

池川英勝, 1990,〈日韓同志會について〉,《朝鮮學報》135.
______, 1996,〈大韓帝國末期各團體にみられる日本人顧問について : 佐伯剛平〉,《朝鮮學報》158.

3. 연구서
朴贊勝, 1992,《한국근대정치사상사연구》, 역사비평사.
서영희, 2003,《대한제국 정치사 연구》, 서울대학교출판부.
왕현종, 2003,《한국 근대국가의 형성과 갑오개혁》, 역사비평사.
兪東濬, 1987,《兪吉濬傳》, 一潮閣.
柳永益, 1990,《甲午更張研究》, 一潮閣.
윤병희, 1998,《兪吉濬研究》, 國學資料院.
이광린, 1989,《開化派와 開化思想 研究》, 一潮閣.
______, 1991,《유길준: 닫힌 사회에 던진 충격》, 東亞日報社.
전복희, 1996,《사회진화론과 국가사상》, 한울.
정용화, 2004,《문명의 정치사상: 유길준과 근대한국》, 문학과지성사.
崔起榮, 1997,《韓國近代啓蒙運動研究》, 一潮閣.
한철호, 2009,《한국 근대 개화파와 통치기구 연구》, 선인.
月脚達彦, 2009,《朝鮮開化思想とナショナリズム》, 東京大學出版會.
田中惣五郎, 1930,《東洋社会党考》, 一元社.
平野義太郎, 1938,《普選·土地國有論の父中村太八郎傳》, 中村マリ.

부록1. 유길준 관련 참고자료 표

부표1. 李東秀와 金基珍 관련 문서의 주요내용

문서번호	제목	발신	수신	쪽수	작성시기	주요내용
320008601	留置票	李丙玉	李東秀	8	1913.06.29	미곡보관증
320243101	京釜線鷺梁津	李東秀	兪吉濬	6	1914.05.07	미곡판매, 소유권분쟁
320243201	京釜線鷺梁津	李東秀	兪吉濬	8	1914.06.13	간평, 소유권분쟁
320243401	京釜線鷺梁津	李東秀	兪吉濬	3	1914.11.17	간평, 미곡판매, 소유권분쟁, 토지측량
320247501	京畿道果川郡下北面	李丙玉	李東秀	2	1913.10.26	소유권분쟁
320247601	謹候上頓首	李丙玉		3	1915.01.03	소유권분쟁
320247701	雖在一舍之內	李時魯	李東秀	1	1913.07.22	세금납부
320007001	京釜線	金基珍	李東秀	2	1915.04.13	편지봉투
320007101	謹詢	金基珍	李東秀	2	1915.06.03	간평, 추수
320007201	謹詢	金基珍	李東秀	2	1915.06.11	간평
320007401	謹詢	金基珍	李東秀	2	1915.05.26	추수
320007501	謹詢	金基珍	李東秀	4	1915.04.23	세금납부, 미곡판매
320007601	謹詢	金基珍	李東秀	2	1914.11.12	미곡판매, 토지증명
320243801	京釜線鷺梁津	金基珍	李東秀	2	1914.02.25	미곡판매
320243901	京釜線鷺梁津	金基珍	李東秀	2	1914.03.29	미곡판매
320244001	京釜線鷺梁津	金基珍	李東秀	2	1914.03.31	미곡판매
320244101	京釜線鷺梁津	金基珍	李東秀	2	1914.05.09	토지증명, 송금
320244201	京釜線鷺梁津	金基珍	李東秀	2	1914.05.24	추수
320244301	京釜線鷺梁津	金基珍	李東秀	2	1914.07.07	토지증명, 추수
320244401	京釜線鷺梁津	金基珍	李東秀	2	1913.11.10	편지봉투
320244402	伏爲日來	金基珍	李東秀	6	1913.11.10	추수, 미곡판매, 토지증명, 소유권분쟁
320244501	京釜線鷺梁津	金基珍	李東秀	4	1913.11.23	토지증명, 미곡판매
320244601	京釜線鷺梁津	金基珍	李東秀	2	1913.10.11	소유권분쟁, 미곡판매
320244701	京釜線鷺梁津	金基珍	李東秀	5	1913.11.08	토지증명
320244801	京釜線鷺梁津	金基珍	李東秀	4	1913.12.24	토지증명, 미곡판매
320244901	謹詢比才에	金基珍	李東秀	5	1914.11.10	토지증명, 추수, 미곡판매, 유길준사망
320245001	京釜線鷺梁津	金基珍	李東秀	2	1914.10.31	토지증명, 소유권분쟁
320245101	京釜線鷺梁津	金基珍	李東秀	4	1914.08.28	소유권분쟁
320245201	京釜線鷺梁津	金基珍	李東秀	5	1914.04.17	소유권분쟁, 미곡판매, 세금납부
320245301	京釜線鷺梁津	金基珍	李東秀	4	1914.09.11	소유권분쟁, 미곡판매
320245401	京釜線鷺梁津	金基珍	李東秀	8	1913.09.07	소작료징수, 소유권분쟁, 세금납부, 소작분쟁
320245501	京釜線鷺梁津	金基珍	李東秀	4	1913.12.12	소유권분쟁
320245601	京釜線鷺梁津	金基珍	李東秀	6	1913.09.30	소유권분쟁, 미곡판매, 간평
320245701	伏詢新元	金基珍	李東秀	3	1914.02.10	미곡판매, 소유권분쟁
320245801	京釜線鷺梁津	金基珍	李東秀	4	1914.07.11	소유권분쟁, 소작지분쟁
320245901	京釜線鷺梁津	金基珍	李東秀	4	1914.11.27	토지증명, 미곡판매
320246001	京釜線鷺梁津	金基珍	李東秀	2	1914.08.17	소유권분쟁, 미곡판매
320246101	謹詢日來	金基珍	李東秀	3	1914.05.03	토지증명, 소유권분쟁, 추수
320246201	京釜線鷺梁津	金基珍	李東秀	5	1914.08.14	미곡판매, 소유권분쟁
320246301	京釜線鷺梁津	金基珍	李東秀	1	0000.10.25	추수, 소유권분쟁, 미곡판매
320247301	伏詢日來에	金基珍	李東秀	4	1915.01.04	추수, 소유권분쟁
320247401	京釜線鷺梁津	金基珍	李東秀	2	1915.01.04	조세납부
320009001	京釜線鷺梁津	金基珍	李東秀	2	0000.12.25	소유권분쟁
320243501	主保護之下에	金基珍	李東秀	2	1913.09.18	미곡판매, 토지증명

부표2. 유길준 소유 楊平郡 토지의 두락수와 소작료

경작지 번호	馬川 1909년 10월		上下西面 1911년 9월	
	두락수	소작료(斗)	두락수	소작료(斗)
1	5	82	4	41
2	5	90	4	42
3	3	55	3	39
4	2	10	1	8
5	4	60	2	10
6	4	12	3	
7	1.6	4.8	4	49
8	3	23	1.5	8
9	4	40	3	9
10	4	8	4	35
11	7.5	6	3	9
12	3	15	1.5	5
13	3	4	3	21
14	1.5	4.5	2.5	17
15	3	20	3	32
16	3	15	2	19
17	2.5	6.9	2	10
18	6	40	10	65
19	3	15	9	53
20	5	30	12	46
21	2	12	7	50
22	3	17	8	38
23	4.5	16	1	4
24	2	10	2	4
25	2	10	3	18
26			2	7
27			5	22
28			3	11
29			3	8
30			2	5
31			4	4
32			10	88
33			4	25
34			4	24
35			3	17
36			4	17
37			5	42
38			4	21
39			4	15
40			3	37
41			5	55
42			4	16
43			4	31
44			4	43
45			8	66
46			3	23

출전 : 「楊平郡馬川秋收記」(320001201), 「楊平郡上下西面水稅及打賭記」(320001202)
비고 : 1석 = 20두, 음영은 밭, 나머지는 논

부표3. 地籍原圖의 유길준 명의 토지(1914)

연번	군	면	리	지번	원도번호	분쟁대상자
1	진주군	대곡면	마진리	0391	014	
2	진주군	대곡면	마진리	0393	014	
3	진주군	대곡면	마진리	0399	014	
4	진주군	대곡면	마진리	0408	014	
5	진주군	대곡면	마진리	0414	014	
6	진주군	대곡면	마진리	0430	014	
7	진주군	대곡면	마진리	0435	020	
8	진주군	대곡면	마진리	0445	020	
9	진주군	대곡면	마진리	0449	020	
10	진주군	대곡면	마진리	0460	020	
11	진주군	대곡면	마진리	0465	020	
12	진주군	대곡면	마진리	0466	020	
13	의령군	용덕면	소상리	0235	006	
14	의령군	용덕면	소상리	0086	009	
15	의령군	용덕면	소상리	0396	012	
16	의령군	용덕면	소상리	0483	013	
17	의령군	용덕면	소상리	0547	014	
18	의령군	지정면	봉곡리	0003	001	
19	의령군	지정면	봉곡리	0008	001	
20	의령군	지정면	봉곡리	0012	005	
21	의령군	지정면	봉곡리	0014	005	
22	의령군	지정면	두곡리	0207	008	
23	의령군	지정면	오천리	0116	007	
24	의령군	지정면	오천리	0128	007	
25	의령군	화양면	부곡리	0654	010	
26	의령군	화양면	부곡리	0656	010	
27	의령군	정곡면	중교리	0116	003	국유지
28	의령군	정곡면	중교리	0117	003	국유지
29	의령군	정곡면	중교리	0119	003	국유지
30	의령군	정곡면	중교리	0129	005	국유지
31	의령군	정곡면	중교리	0134	005	국유지
32	의령군	정곡면	중교리	0144	011	
33	의령군	정곡면	중교리	0155	011	국유지
34	의령군	정곡면	죽전리	0004	001	국유지
35	의령군	정곡면	죽전리	0138	004	국유지
36	의령군	정곡면	죽전리	0140	004	국유지
37	의령군	정곡면	죽전리	0142	004	국유지
38	의령군	정곡면	죽전리	0143	004	국유지
39	의령군	정곡면	죽전리	0100	005	
40	의령군	정곡면	죽전리	0027	006	
41	의령군	정곡면	죽전리	0028	006	
42	의령군	정곡면	죽전리	0029	006	
43	의령군	정곡면	죽전리	0158	007	국유지
44	의령군	정곡면	죽전리	0160	007	국유지
45	의령군	정곡면	죽전리	0191	007	국유지
46	의령군	화양면	부곡리	0597	009	
47	의령군	화양면	부곡리	0625	009	
48	의령군	화양면	부곡리	0638	009	

49	의령군	화양면	부곡리	0644	009	
50	의령군	화양면	부곡리	0689	015	
51	함안군	대산면	산서리	0454	017	村井吉兵衛
52	함안군	대산면	하기리	1113	021	
53	함안군	대산면	하기리	1074	022	
54	함안군	대산면	하기리	1270	028	
55	함안군	대산면	하기리	1322	029	
56	함안군	대산면	하기리	1340	029	
57	함안군	대산면	하기리	1345	029	
58	함안군	대산면	하기리	1347	030	
59	함안군	대산면	하기리	1350	030	
60	함안군	대산면	하기리	1445	030	
61	함안군	대산면	하기리	1459	036	
62	함안군	대산면	하기리	1470	036	
63	함안군	법수면	윤내리	0156	015	

출전 : 지적아카이브(http://theme.archives.go.kr/next/acreage/viewMain.do)

부표4. 1912년 牟麥 판매액

지역		收麥石數	판매액(円)	석당단가(円)	비고
晋州郡	麻津	3.03	24	8	
咸安郡	下坪	24.16	148.8	6	
咸安郡	下坪	32.07	174.69	5.4	
宜寧郡	龍岩	5.03	30.8	6	
宜寧郡	芝山	22	118.8	5.4	
咸安郡	上寺	9	54	6	
宜寧郡	後谷	1	8	8	小麥
宜寧郡	中橋	27.098	148.5	5.4	
咸安郡	馬輪	5	27	5.4	
합계		129.188	734.59		

출전 : 秋收記幷收支決算書(320003301)

부표5. 1912-1913년 수입과 지출 (단위 : 円)

牟麥販賣收入		
1912		700
1913		760.37
합계①		1460.37
調査費用		
제1회 (2월 10일 - 2월 24일, 15일간)		
식비	雜用포함	6
雜用	褁足費, 草鞋價 및 船賃	1.44
車費	왕복 1인	10.56
합계②		18
제2회 (2월 28일 - 5월 4일, 66일간)		
식비	3인(李東秀, 측량자, 指尋人)	66
잡용	3인 雜用 및 交際費, 雇價, 通信費	35
증명수속시 사용	各面수속비, 물품가	21.5

수입인지		8.44
측량기구입	布卷尺 1개와 부속용품	5.7
측량자 수수료		40
차비	왕복 2인(이동수, 측량자)	21.12
寄附金 부족액	晉州郡 大谷面	1.41
합계③		199.17
제3회 (6월 16일 - 8월 20일, 66일간)		
식비	3인(이동수, 관리자, 斗用人) 단, 관리자의 집에 숙박할 때는 제외	17
잡용	3인 雜用 및 交際費, 雇價, 通信費	7.2
雇價	收麥時 불응자로 인한 보리타작 고용비 포함	8.1
의복비와 세탁비		8.3
인지가	증명미완료건 제출시 수입인지가	12.5
各廳員 交際時 사용		6.8
보리 판매대금 발송시 爲替料와 통신비		3.99
面費支給	咸安郡 上寺面	1.1
차비	왕복 1인	10.58
합계④		105.57
3회 합계(②+③+④)		322.74
차액①-(②+③+④)		1137.63

출전 : 大正二年慶南晉宜咸三郡土地調査時用下記(320006901), 慶南土地所出牟麥放賣記(320006902)

부표6. 1913년 가을-1914년 가을 수입과 지출 (단위 : 円)

수입	
1913년 秋穀	243.29
1914년 夏牟	219.05
1914년 秋穀	68
합계	530.34
지출	
1914년 5월 하모 收賭時 비용, 8월 분쟁지 출두시 비용, 晉州郡 증명비	84.71
미증명토지 증명비, 각군 結卜補充費, 雜用下	26.11
面經費, 結卜代金, 미증명토지 증명비, 雜用下	29.72
1915년 4월 19일 咸安郡 法守面(舊 馬輪面) 소작 등 독촉 結錢 납부액 및 통신비	5.67
합계	146.21
잔금	384.13

출전 : 慶南土地所出夏牟及秋穀放賣記(320006904)

부록2. 문서목록

2017년 4월 현재 유길준의 진주, 함안, 의령 지역 토지경영과 관련된 문서는 총 138건이다. 아래의 표는 이 가운데 중요한 문서를 선별한 뒤 사안에 따라 나누어 정리한 것이다. 여러 사안과 관련이 있는 문서의 경우는 사안별로 중복 수록하였다.

1. 張基茂 관련 문서

문서번호	제목	발신	수신	쪽수	작성시기	추정시기
320103501	慶南三郡浦田調査實況	張基茂		12	0000.03.02	1912.03.02
320315801	向於客歲	張基茂		2	0000.03.04	1912.03.04
320104001	屢次李源詩便	張基茂		4	0000.03.11	1912.03.11
320180301	辭退有日下懷	張基茂	兪吉濬	5	1912.03.22	1912.03.22
320103601	伏維麓日和照	張基茂		2	0000.04.01	1913.04.01
320103901	拜退多日	張基茂		3	0000.07.19	1912.07.19
320103701	一當初買收田土의	張基茂		4		1912년
320006301	解除書			1	1913.06.19	1913.06.19

2. 李東秀와 金基珍 관련 문서

문서번호	제목	발신	수신	쪽수	작성시기
320008601	留置票	李丙玉	李東秀	8	1913.06.29
320243101	京釜線鷺梁津	李東秀	兪吉濬	6	1914.05.07
320243201	京釜線鷺梁津	李東秀	兪吉濬	8	1914.06.13
320243401	京釜線鷺梁津	李東秀	兪吉濬	3	1914.11.17
320247501	京畿道果川郡下北面	李丙玉	李東秀	2	1913.10.26
320247601	謹候上頓首	李丙玉		3	1915.01.03
320247701	雖在一舍之內	李時魯	李東秀	1	1913.07.22
320007001	京釜線	金基珍	李東秀	2	1915.04.13
320007101	謹詢	金基珍	李東秀	2	1915.06.03
320007201	謹詢	金基珍	李東秀	2	1915.06.11
320007401	謹詢	金基珍	李東秀	2	1915.05.26
320007501	謹詢	金基珍	李東秀	4	1915.04.23
320007601	謹詢	金基珍	李東秀	2	1914.11.12
320243801	京釜線鷺梁津	金基珍	李東秀	2	1914.02.25
320243901	京釜線鷺梁津	金基珍	李東秀	2	1914.03.29
320244001	京釜線鷺梁津	金基珍	李東秀	2	1914.03.31
320244101	京釜線鷺梁津	金基珍	李東秀	2	1914.05.09
320244201	京釜線鷺梁津	金基珍	李東秀	2	1914.05.24
320244301	京釜線鷺梁津	金基珍	李東秀	2	1914.07.07
320244401	京釜線鷺梁津	金基珍	李東秀	2	1913.11.10
320244402	伏爲日來	金基珍	李東秀	6	1913.11.10
320244501	京釜線鷺梁津	金基珍	李東秀	4	1913.11.23
320244601	京釜線鷺梁津	金基珍	李東秀	2	1913.10.11
320244701	京釜線鷺梁津	金基珍	李東秀	5	1913.11.08
320244801	京釜線鷺梁津	金基珍	李東秀	4	1913.12.24
320244901	謹詢比才에	金基珍	李東秀	5	1914.11.10
320245001	京釜線鷺梁津	金基珍	李東秀	2	1914.10.31
320245101	京釜線鷺梁津	金基珍	李東秀	4	1914.08.28
320245201	京釜線鷺梁津	金基珍	李東秀	5	1914.04.17
320245301	京釜線鷺梁津	金基珍	李東秀	4	1914.09.11
320245401	京釜線鷺梁津	金基珍	李東秀	8	1913.09.07

320245501	京釜線鷺梁津	金基珍	李東秀	4	1913.12.12
320245601	京釜線鷺梁津	金基珍	李東秀	6	1913.09.30
320245701	伏詢新元	金基珍	李東秀	3	1914.02.10
320245801	京釜線鷺梁津	金基珍	李東秀	4	1914.07.11
320245901	京釜線鷺梁津	金基珍	李東秀	4	1914.11.27
320246001	京釜線鷺梁津	金基珍	李東秀	2	1914.08.17
320246101	謹詢日來	金基珍	李東秀	3	1914.05.03
320246201	京釜線鷺梁津	金基珍	李東秀	5	1914.08.14
320246301	京釜線鷺梁津	金基珍	李東秀	1	0000.10.25
320247301	伏詢日來에	金基珍	李東秀	4	1915.01.04
320247401	京釜線鷺梁津	金基珍	李東秀	2	1915.01.04
320009001	京釜線鷺梁津	金基珍	李東秀	2	0000.12.25
320243501	主保護之下에	金基珍	李東秀	2	1913.09.18

3. 실측도와 토지목록

문서번호	제목	발신	수신	쪽수	작성시기	추정시기
220172001	慶尙南道 咸安郡			39		
320006601	民有地實測圖			58	1912.00.00	
320104201	不動産目錄			19		
320104301	土地所有權保存証明申請	代理人 李東秀	宜寧郡廳	9	1913.04.00	
320104401	土地所有權保存証明申請	代理人 李東秀	宜寧郡廳	7	1913.04.00	
320104501	土地所有權保存証明申請	代理人 李東秀	宜寧郡廳	11	1913.04.00	
320104601	土地所有權保存証明申請	代理人 李東秀	宜寧郡廳	14	1913.04.00	
320104701	土地所有權保存ニ付證明申請	代理人 李東秀		52	1913.04.00	
320010101	留置票抄			2		
320008501	始興郡			1		

4. 秋收記와 用下記

문서번호	제목	발신	수신	쪽수	작성시기	추정시기
320003301	秋收記幷收支決算書			19	1912.00.00	
320006801	領收證	趙鎭泰		1	1915.06.13	
320006802	大正三年五月日慶南收牟時用下記			2	1914.05.00	
320006901	慶南晉宜咸三郡土地調査時用下記			5	1913.08.21	
320006902	慶南土地所出牟麦收賣記			1	1913.10.17	
320006903	大正三年五月日慶南收牟時用下記			2	1915.04.19	
320006904	慶南土地所出夏牟及秋穀收賣記			2		1914년 가을 이후
320007301	大正三年度晉州郡大谷面厤津下村秋穀區別記			1		1914년 가을 이후
320007701	大正三年旧十一月日晉州郡秋收穀各人名			4	1914.11.00	
320010001	領收證			2		
320244403	秋收記	金基珍	李東秀	8	1913.11.00	

5. 토지분쟁 관련 문서

1) 許泰見

문서번호	제목	발신	수신	쪽수	작성시기	추정시기
220166401	土地異動申告書提出의 件	朝鮮總督府 臨時土地調查局 慶南 河東郡 金陽面 大峙里 土地調查局 出張所	兪萬兼	4	1915.01.17	
260109801	金基珍氏보시압		金基珍	3		
320004201	申請書		土地調查局	2	1913.12.01	
320004401	實地立會通知에 件	臨時土地調查局 監查員 技手 老山賢吉	兪萬兼	2	1914.12.08	
320004501	敬覆者	兪萬兼	臨時土地調查局 監查員 技手 老山賢吉	2	1914.12.12	
320004601	回告書	兪萬兼	晋州郡 大谷面 德谷里 土地調查局 出張所 技手 黃在淑	2	1914.11.15	
320004701	申請書	兪萬兼	土地調查局	4	1914.11.10	
320004901	通告回答書	兪萬兼	土地調查局 出張員 黃在淑	2	1914.11.15	
320004902	通告回答書			2	1912.03.25	
320004903	通告回答書			2	1912.08.02	
320005001	敬覆者	兪萬兼	臨時土地調查局 監查員 技手 老山賢吉	2	1914.12.12	
320005101	申請書	兪萬兼	土地調查局	4	1914.11.10	
320005102	申請書			2	1912.03.25	
320005103	申請書			2	1912.08.02	
320005104	申請書	兪吉濬	土地調查局	2	1913.12.01	
320005105	申請書	李丙玉	朝鮮總督府臨時土地調查局技手	3	1914.11.13	
320005201	土地申告書			2	1913.12.01	
320005202	土地申告書	兪吉濬	土地調查局	2	1913.12.01	
320005203	土地申告書			2	1912.03.25	
320005204	土地申告書			1		
320005301	紛爭顚末書			4	1914.01.08	
320006501	土地所有者異動申請書			4	1913.00.00	
320006502	土地賣渡証書			2	1912.05.10	
320010301	土地賣渡證書中年月日抄錄			2	1912.03.02	
320010701	異議申請書			1	1913.07.26	
320103301	書類提出通告書	土地調查局 技手 黃在淑	兪吉濬	4	1914.11.11	
320243601	今一日修書은	金基珍	李東秀	2	1913.10.05	
320244402	伏爲日來	金基珍	李東秀	6	1913.11.10	
320244601	京釜線鷺梁津	金基珍	李東秀	2	1913.10.11	
320245201	京釜線鷺梁津	金基珍	李東秀	5	1914.04.17	
320245601	京釜線鷺梁津	金基珍	李東秀	6	1913.09.30	
320246301	伏詢比來	金基珍	李東秀	1	0000.10.25	
320247201	仰面已久矣	李明克	李東秀	3	1914.11.14	

2) 村井吉兵衛

문서번호	제목	발신	수신	쪽수	작성시기	추정시기
320002401	質申書	兪吉濬	咸安郡守 李瓚永	3	1914.01.20	
320002402	結數連名簿所有者異動通知의件	咸安郡 外代山面長 李根榮	兪吉濬	2	1914.01.05	
320002403	通告書	慶南 咸安郡廳內 臨時土地調査局 係爭班 出張所 監査員書記 菅原喜祿	兪吉濬	3	1915.09.05	
320002501	陳述書	兪○○相續人兪○○		8	1915.09.20	
320002601	大正二年	咸安郡邑內 土地調査局 出張所 監査員 寺崎勇次	兪吉濬	3	1913.09.10	
320002602	大正二年	兪吉濬	咸安郡邑內 土地調査局 出張所 監査員 寺崎勇次	3	1913.09.14	
320244301	京釜線鷺梁津	金基珍	李東秀	2	1914.07.07	

3) 李埼鎔

문서번호	제목	발신	수신	쪽수	작성시기	추정시기
320010501	土地所有權異議申請書	張基茂	晋州 大谷面長 成煥寔	2	1913.05.04	
320010601	土地所有權異議申請書	李埼鎔	晋州 大谷面長	2	1913.05.02	
260111501	伏問	趙鎭泰		2	0000.12.25	
320008701	取消申請書	李埼鎔	成煥寔	1	1914.02.12	
320103801	李君東秀氏가	張基茂		3		1912년

6. 토지증명

문서번호	제목	발신	수신	쪽수	작성시기	추정시기
320008801	陳述書	兪○○家督相續人兪○○	土地調査局	1	1915.03.10	
320009101	伏詢	臨時土地調査局總務課麻生*亀	兪吉濬	3	1915.02.26	
320010201	明治四十五年五月日	兪○○家督相續人兪○○	臨時土地調査局	2	1915.03.10	
320017001	書類提出通告書	慶南 晋州郡 平居面 上鳳里 出張 監査員 外山米一	兪吉濬	5	1914.11.27	
320017101	書類提出通告書	慶南 晋州郡 平居面 上鳳里 出張 監査員 外山米一	兪萬兼	4	1914.12.15	
320017201	陳述書	兪萬兼	臨時土地調査局 監査員 外山米一	2	1914.12.21	
320017301	大正三年九月六日	慶南馬山郵便局區內漆原旧邑內出張土地調査局監査員本多增一	兪吉濬	6	1914.09.06	
320017401	大正三年十一月四日	慶尙南道 晋州郡 平居面 上鳳里 監査員 外山米一	兪吉濬	4	1914.11.04	
220166501	大正四年貳月二十六日	外山米一	兪萬兼	6	1915.02.26	
220166601	京城府 宛洞 二百十番地 兪萬兼殿	外山米一	兪萬兼	4		1월 15일
320184601	通告書	島田滋一	兪吉濬	3	1914.08.16	

7. 면적오류수정

문서번호	제목	발신	수신	쪽수	작성시기	추정시기
320006101	契約書			1	1913.04.24	
320006201	契約書			2	1913.07.25	
320006401	結數連名簿 訂正 및 認證書의 件	龍岩面長 黃中烈	宜寧郡守	1	1913.08.11	
320006402	結數連名簿 및 見取圖 訂正의 件	芝山面長 代理 李興世	宜寧郡守	1	1913.08.06	
320006403	結數連名簿訂正의 件	禾谷面長 李震雨	宜寧郡守	1	1913.08.02	
320006404	結數連名簿 및 見取圖 訂正의 件	一正洞面長 南相舜	宜寧郡守	1	1913.08.04	

부록3. 慶南三郡浦田調査實況(320103501)

慶南三郡浦田에 關ᄒᆞ야 余의 企業고져ᄒᆞᆫ 動機ᄂᆞᆫ 客年十月頃이러니 友人의 勸告로 當三郡浦田에 關係가 深ᄒᆞᆫ 趙鏞一(咸安人)君의 上京을 際ᄒᆞ야 相互의 約款을 結ᄒᆞ고 本年一月下旬에 京城을 出發ᄒᆞ야 當地에 倒着ᄒᆞ야 所在及事實을 精細調查ᄒᆞ고 仍히 當地에 滯留ᄒᆞ야 右浦田에 對ᄒᆞᆫ 實況을 調查ᄒᆞ야 左의 記案을 作成ᄒᆞ야 參考實行에 資케홈

一 三郡浦田의 發賣近因

大抵嶺南一帶의 地方은 古來로 著名ᄒᆞᆫ 最良農山地라 沃野가 延亘ᄒᆞ고 氣候가 溫和ᄒᆞ야 農產耕作에 頗適ᄒᆞ고 產出額이 亦豐饒ᄒᆞ야 各道中에 首位를 占有홈은 事實이라 然이나 由來我邦의 農業狀態ᄂᆞᆫ 舊慣을 膠守ᄒᆞ고 改良을 不謨ᄒᆞ야 治水의 防備가 幼稚홈으로 到處에 河水의 氾濫을 坊任ᄒᆞᄂᆞᆫ 結果로 低濕ᄒᆞᆫ 地에ᄂᆞᆫ 一朝降雨가 連續ᄒᆞ면 溝渠가 盈溢ᄒᆞ고 堤堰이 破壞되야 意外의 大害를 蒙ᄒᆞ며 高燥ᄒᆞᆫ 地에ᄂᆞᆫ 水利의 便宜가 無ᄒᆞ야 久陰不雨의 旱天에ᄂᆞᆫ 水源이 涸渴되야 移秧이 失時되고 歉凶을 荐遭ᄒᆞᄂᆞᆫ 等實로 治水灌漑의 設備가 今日農業經營上急務됨은 一般共認ᄒᆞᄂᆞᆫ바ㅣ라 今此浦田도 其位置로 言ᄒᆞ면 晉州南江에셔 發源되야 洛東江과 合流되야 更히 金海郡 明浦로 廻流ᄒᆞᄂᆞᆫ 長江의 沿岸全長이 畧八十餘里를 占有ᄒᆞ야 其形狀이 蜿蜒屈伏ᄒᆞ고 高低自在ᄒᆞ니 其地味가 磽薄홈도 아니오 肥料도 不足홈도 아니나 如上不幸에 陷ᄒᆞ야 年年多大ᄒᆞᆫ 災害로 因ᄒᆞ야 此에 生命을 寄ᄒᆞᆫ 幾多의 浦民은 生活의 路를 失ᄒᆞ고 飢寒을 呼홀ᄲᅮᆫ아니라 又近日 一種移外居住의 目的과 金融壅塞의 影響으로 今日多數發賣고져ᄒᆞᄂᆞᆫ 熱望에 不外ᄒᆞ도다

二 東拓社의 田地買收狀況

當地附近에셔 最大의 農事經營者ᄂᆞᆫ 實로 東洋拓殖會社 出張所라 其位置ᄂᆞᆫ 舊馬山港에 在ᄒᆞ니 其主ᄒᆞᆫ 事業은 土地管理, 土地買收, 移住民의 土地分配, 農資貸與 等인ᄃᆡ 其中 土地買入에 專力ᄒᆞᄂᆞᆫ 故로 當三郡及馬山灵山地方에 社員이 連絡巡回ᄒᆞ야 土地買收에 殆히 執中된 模樣인ᄃᆡ 其間東拓社에 最下劣土(此ᄂᆞᆫ 白沙地니 社員의 不正行爲로 因홈)로 畧正萬七八千斗落은 時價 每斗落에 貳円五十錢(元價則每斗落壹円三四十錢內外)式에 旣爲買收이고 又三郡에 散在ᄒᆞᆫ 田土도 買入計畫인ᄃᆡ 近日買收者가 逐日增加홈으로 地價의 關係上 朝鮮人側에 多爲傾向ᄒᆞᄂᆞᆫ 故로 東拓社의 田土買收上에 一大打擊이나 後日에ᄂᆞᆫ 畢竟三郡土地ᄂᆞᆫ 沒數買入홀 經營인즉 目下東拓社의 希望은 個人與公衆을 勿論ᄒᆞ고 幾萬斗落을 一時都聚發賣者가 有ᄒᆞ면 歡迎홀지니 此ᄂᆞᆫ 許多ᄒᆞᆫ 勞費를 省ᄒᆞᄂᆞᆫ 利가 有홈이라

三 浦田과 南江役說

一攫千金을 贏得ᄒᆞ난 好奇心은 何人이던지 渴望四求ᄒᆞᄂᆞᆫ바ㅣ라 今此南江通役의 說이 一次流布됨에 土地買收者가 四處에 雲集ᄒᆞ야 三郡은 殆히 逐鹿場을 成ᄒᆞᆫ 奇觀이 有ᄒᆞ야 果然浩大ᄒᆞᆫ 利藪가 何人의 手에 落홀ᄂᆞᆫ지 卜知키 難ᄒᆞ도다 抑晉州南江通役의 計畫은 貴族諸氏가 數年前브터 經營ᄒᆞ야 旣爲巨款의 財도 費ᄒᆞ얏고 且設計도 已了ᄒᆞ야 工事의 着手가 在邇ᄒᆞᆫᄃᆡ(今月中旬始役) 實로 三郡浦民의 恩賜幸福이오 亦慶南에 無前ᄒᆞᆫ 治水的好個暮範事業이라 今其概況을 聞ᄒᆞᆫ즉 晉州郡南江에셔 起工ᄒᆞ야 泗川地方으로 導流ᄒᆞᄂᆞᆫᄃᆡ 工費가 畧二三百萬円이오 全距離가 晉泗間三十里에 亘ᄒᆞᄂᆞᆫ 二個年繼續事業으로 江流를 橫斷ᄒᆞ면 曾往河流의 汎濫되던 南江沿岸은 無限ᄒᆞᆫ 利益을 享受케 될지니 若此工事가 竣工되ᄂᆞᆫ 日에ᄂᆞᆫ 沿江浦田畓과 未開墾草坪地도 其價激增홀 것슨 明若觀火요 又元來此等浦田의 地味가 肥沃ᄒᆞᆫ 者則 浸水及汎濫의 害만 無ᄒᆞᆫ 則 擧皆升種石出의 良田美畓이 될 터인 故로 爭相競爭ᄒᆞᄂᆞᆫ 趨勢인즉 苟히 金錢循環의 方便이 有ᄒᆞ면 此機를 勿失ᄒᆞ고 一擁前進ᄒᆞ야 因其勢而導之면 雖曰今日競爭의 趨勢가 如許ᄒᆞ나 人心所向에 孰不樂從이리오

四 馬晉間鐵道敷設과 浦田의 關係

從來三郡의 距離는 馬浦에셔 咸安이 四十里요 宜寧이 八十里요 晉州가 一百二十里라 交通이 不便ᄒᆞ야 運輸에 頗히 困難ᄒᆞ더니 一自馬港에 發展됨으로 馬晉間道路가 旣爲開通되야 交通上 亦一比前便利ᄒᆞ나 近日馬晉鐵道敷設說이 有ᄒᆞ야 此가 完成되는 日이면 鐵路沿岸에 近距離에 在ᄒᆞᆫ 浦田은 實로 將來에 最要ᄒᆞᆫ 地點이 되고 三郡도 亦隨而繁榮ᄒᆞᆯ지니 此亦今日浦田과 重要ᄒᆞᆫ 關係가 有ᄒᆞ도다

五 南江의 通役과 浦田의 將來

通江의 竣工되기ᄭᆞ지는 遠矣라 莫論ᄒᆞ고 開通의 始役되는 日이면 地價의 呼□이 漸高ᄒᆞ야 舊日狀態와 懸殊ᄒᆞ겟고 且 開通始役되기젼에는 價賤易買ᄒᆞᆯ ᄲᅮᆫ더러 年來地主의 受欺가 屢次이오 浦田의 將來로 言ᄒᆞ야도 浸水의 害가 無ᄒᆞ야 耕作에 波及ᄒᆞᆯ 危險만 無ᄒᆞ면 賣買與小作人 等도 樂而歡迎ᄒᆞᆯ 것ᄉᆞᆫ 理勢固然이니 今日殖産經營의 好方針이 此를 捨ᄒᆞ고 何를 求ᄒᆞ리오 三郡土地賣買에 關ᄒᆞᆫ 利益의 提供은 久히 世上에 厭聞ᄒᆞᄂᆞᆫ바ㅣ요 此處에 麕集ᄒᆞᆫ 資本家의 焦點이 實로 此에 集中됨은 不足怪異로다

六 浦田買收에 對ᄒᆞᆫ 方針(私見)

如上事實로 觀察ᄒᆞ면 金錢으로 土地를 買收ᄒᆞᆯ진ᄃᆡ 何必沿江浦田에 限ᄒᆞ리요 必疑問이 滋至ᄒᆞᆯ지라 然아나 實有不然滋ᄒᆞ니 此三郡이 地理上, 風俗上 關係로 畓則貴而價高ᄒᆞ고 田則賤而價廉ᄒᆞ야 租包與麥價가 不甚相遠ᄒᆞ야 買畓與買田이 價亦懸殊而受益反多 故로 此地住民은 永久之計로 田土多爲賣置홈이 常例나 浦田以外의 田土는 多數求不得이오 價亦浦田五倍以上이 超越ᄒᆞᆫ 故요 又通江이 着手되면 浦田도 到底今日時價로 言論키 難ᄒᆞᆫ 則 今日浦田買收策이 雖曰一投機的에 不過ᄒᆞ나 彼開鑛採金 及 其他漁場 等 事業에 比ᄒᆞ면 其穩健着實홈이라 有望홈이 短期間에 成效되는 不可同日而論이로다 今予는 浦田買收에 對ᄒᆞ야 如左ᄒᆞᆫ 方針으로 企業에 着手홈

買收第一期

田土의 種類

上	高	黑土泥土	麥菽 白菜 菁根 荳類 通地
中	平原	半黑半紅	以上畧劣
下	低	沙土白地	牟 蕎麥 荳類 最劣

買收第二期

賣買契約의 成立

土地所在面里長의 認證이 有ᄒᆞᆯ 時는 契約의 表示로 每百斗落에 二十円比例로 先給홈

買收第三期

土地所在地名, 字號, 卜數, 結稅, 面積, 四標를 調查ᄒᆞ야 證明申請後에 證明出給을 待ᄒᆞ야 地價를 全部越交홈

如此히 三會에 土地買收는 簡易히 結了이되 其申請其間에 轉賣ᄒᆞ기도 有ᄒᆞ고 又留待其間이 六十日인즉 其間에 南江은 業已始役될지오 且多大ᄒᆞᆫ 金錢을 要치아니ᄒᆞ야도 五六萬斗落ᄭᆞ지는 無慮ᄒᆞᆯ 듯하며 其他資金運用方法 幷處置方法은 下問時에 更爲詳陳次

三月二日 咸安郡에셔

張基茂 稿

본서 수록 논문의 출전

1부

허동현, 〈유길준의 해외체험(1881~1885)과 〈중립론〉(1885)에 보이는 열강 인식〉, 《韓國史學報》 68, 고려사학회, 2017년 8월.

유바다, 〈兪吉濬 〈中立論〉에 대한 국제법적 검토〉, 《韓國史學報》 68, 고려사학회, 2017년 8월.

양진아, 〈갑오·을미개혁기 유길준의 향회개설론〉, 《韓國史學報》 68, 고려사학회, 2017년 8월.

서명일, 〈《서유견문》 19, 20편의 전거와 유길준의 번역〉, 《韓國史學報》 68, 고려사학회, 2017년 8월.

Yang Jinah, "Yu Kilchun's Concept of Reform of the Tax System in the Korean Empire", *International Journal of Korean History* Vol. 21 No. 2, Center for Korean History Korea University, Aug. 2016.

박한민, 〈1907년 유길준의 귀국과 〈平和光復策〉집필 — 초고본 검토를 중심으로〉, 《韓國史學報》 68, 고려사학회, 2017년 8월.

2부

Kim Soyoung, "Textbook Inspection and Censorship in Korea during the Protectorate Period: A Study of Inspection Copies of Textbooks Compiled by the Young Korean Academy", *International Journal of Korean History* Vol. 21 No. 2, Center for Korean History Korea University, Aug. 2016.

최덕수, 〈대한제국기 융희학교의 학사운영과 졸업생의 사회적 진출〉, 《韓國史學報》 68, 고려사학회, 2017년 8월.

김소영, 〈한자통일회(漢字統一會) 활동과 '동문(同文)' 의식〉, 《韓國史硏究》 177, 한국사연구회, 2017년 6월.

김윤희, 〈유길준과 마포도선조합 — 자본의 사회적 승인과정〉, 《韓國史硏究》 177, 한국사연구회, 2017년 6월.

김기성, 〈1910년대 유길준의 경남지역 토지경영 — 晉州, 宜寧, 咸安을 중심으로〉, 《韓國史硏究》 177, 한국사연구회, 2017년 6월.

보론

Masutani Yuichi, "A Study on Yu Kilchun and His Network of Acquaintances(1881-1907)", *International Journal of Korean History* Vol. 21 No. 2, Center for Korean History Korea University, Aug. 2016.

마스타니 유이치, 〈유길준의 인맥에 대한 연구(1907~1914)〉, 《韓國史學報》 68, 고려사학회, 2017년 8월.

집필자 소개

최덕수 고려대학교 문과대학 한국사학과 명예교수
근대 한국 정치사 및 외교사 전공. 저서로는《개항과 朝日관계》(2004, 고려대학교출판부)와《대한제국과 국제환경》(선인, 2005), 공저로《조약으로 본 한국 근대사》(열린책들, 2010),《근대 한국의 개혁 구상과 유길준》(고려대학교출판문화원, 2015)가 있다. 역서로는《조선의 개화사상과 내셔널리즘》(열린책들, 2014),《근대 조선과 일본》(열린책들, 2015) 등이 있다.

허동현 경희대학교 후마니타스 칼리지 교수
근현대 한국사 전공. 저서로는《장면 : 건국 · 외교 · 민주의 선구자》(분도출판사, 1999)와《근대 한일관계사연구: 朝士視察團의 일본관과 국가구상》(국학자료원, 2000), 역서로는《兪吉濬論疏選》(일조각, 1987)이 있다. 공저로는《우리역사 최전선》(푸른역사, 2003),《열강의 소용돌이에서 살아남기》(푸른역사, 2005),《길들이기와 편가르기를 넘어》(푸른역사, 2009),《장면 시대를 기록하다》(샘터, 2014),《장면 수첩에 세상을 담다》1(경인문화사, 2016) 등이 있다.

박은숙 고려대학교 강사
근대 한국 사회사 전공. 저서로는《갑신정변 연구》(2005, 역사비평사),《김옥균, 역사의 혁명가 시대의 이단아》(2011, 너머북스),《시장으로 나간 조선백자》(2016, 역사비평사), 역서로는《갑신정변 관련자 심문, 진술 기록》(2009, 아세아문화사) 등이 있다. 논문으로는〈개항 후 분원 공인과 공가에 대한 연구(1883~1895)〉(《韓國史研究》174, 2016),〈김윤식과 원세개·이홍장·주복의 교류(1881~1887)-장정체제 구축과 종속의 네트워크〉(《韓國史學報》61, 2015) 등이 있다.

김윤희 전주대학교 HK연구단 HK교수
근대 한국 경제사 및 사회사 전공. 저서로는《근대 동아시아와 한국자본주의》(2012, 고려대학교민족문화연구원),《이완용평전-극단의 시대, 합리성에 포획된 근대적 인간》(2011, 한겨레출판),《마주보는 한국사교실7-개혁과 자주를 외치다》(2011, 웅진주니어), 공저로《쌀은 우리에게 무엇이었나》(2009, 두산동아) 등이 있다.

김소영 고려대학교 한국사연구소 연구교수
근대 한국 정치사상사 전공. 공저로《조약으로 본 한국근대사》(열린책들, 2010),《한국 근대 신어의 특성과 유형》(역락, 2016)이 있다. 논문으로는〈대한제국기 '국민' 형성과 여성론〉(《한국근현대사연구》67, 2013),〈한말 魚潭의 '친일' 행적과 정체성 형성 과정〉(《韓國史學報》59, 2015),〈한말 지식인들의 '애국론'과 민족주의〉(《개념과 소통》16, 2016) 등이 있다.

서명일 고려대학교 박물관 학예사
한국근대사 전공. 논문으로는 2014,〈육영공원의 교과서와 근대 지식의 전파〉(《韓國史學報》56, 2014)가 있다.

유바다 고려대학교 BK21Plus 한국사학미래인재양성사업단 연구교수
근대 한국 대외관계사 전공. 박사학위 논문으로〈19세기 후반 조선의 국제법적 지위에 관한 연구〉(고려대학교, 2017)를 제출하였다.

박한민 동국대학교 역사교과서연구소 전문연구원
한국근대사와 한일관계사 전공. 공저로《근대 한국의 개혁 구상과 유길준》(고려대학교출판문화원, 2015)이 있다. 논문으로는〈1878년 두모진 수세를 둘러싼 조일 양국의 인식과 대응〉(《韓日關係史研究》39, 2011),〈조일수호조규 관철을 위한 일본의 정찰 활동과 조선의 대응〉(《歷史學報》217, 2013),〈개항장 '間行里程' 운영에 나타난 조일 양국의 인식과 대응〉(《韓國史研究》165, 2014) 등이 있다.

김기성 고려대학교 대학원 한국사학과 박사수료
근대 한국 경제사 전공. 논문으로는〈대한제국기 진위대 증설의 재정적 영향〉(《역사와 현실》90, 2013),〈갑오개혁 이후 탁지부(度支部) 파견 둔토감관(屯土監官) 연구〉(《大東文化研究》89, 2015),〈1890년 이후 개항장 미가의 단기변동과 미곡매매 사례〉(《奎章閣》49, 2016)가 있다.

양진아 고려대학교 대학원 한국사학과 박사수료
한국근대사 전공. 공저로《근대 한국의 개혁 구상과 유길준》(고려대학교출판문화원, 2015),《한국근대 신어의 유형과 특성》(역락, 2016)이 있다.

마스타니 유이치(桝谷祐一) 고려대학교 대학원 한국사학과 박사수료
한국 근대 사회사 전공. 논문으로는〈갑오개혁기 도일유학생 파견 정책의 전개와 중단 과정〉(《韓國史學報》56, 2014),〈甲午改革期渡日朝鮮人留學生の人脈形成と社會進出〉(《近代日本研究》33, 慶應義塾福澤研究センター, 2016),〈李容九の『大東合邦論』の受容について〉(《東アジア近代史》20, 2016)가 있다.

유길준의 知-人,
상상과 경험의 근대

초판 발행 1쇄 2018년 9월 19일
편저자 최덕수
펴낸곳 고려대학교출판문화원
www.kupress.com
kupress@korea.ac.kr
02841 서울특별시 성북구 안암로 145
02-3290-4230, 4232
Fax 923-6311
찍은곳 한국컴퓨터인쇄정보

ISBN 978-89-7641-954-5 93900

값 27,000원
* 잘못 만들어진 책은 바꿔드립니다.